刺
鞑　靼
木
河
京师◎
北京
渤海
河
黄
折
洲
明
怒
曲
江
大
西江
藏布
河
浙地港
吉大港
榜葛剌
孟加拉
缅
甸
湄
老
公
安
南
挝
河
暹　罗
泰国
真　腊
新门台
北揽港
新州
归仁
占
城
占城到爪哇
占城到龙牙门、
满剌加
南京
刘家港
东海
黄海
五虎门
长乐
钓鱼岛　赤尾屿
小琉球
东沙群岛
万里石塘
永兴岛
西沙群岛
中沙群岛
黄岩岛
南
海
苏
禄
万
里
长
沙
昆仑山
昆仑岛
南沙群岛
曾母暗沙
渤泥
度
孟加拉湾
榜葛剌到帽山到翠蓝山
苏门答剌到帽山到翠蓝山
翠蓝山
罗里
南浡里帽山到古里
门答剌过帽山到溜山
帽山
黎代
南浡里
亚齐
那孤儿
苏
门
答
剌
满剌加
马六甲
哑鲁
彭坑
龙牙门
新加坡
旧港
巨港
吉里闷山新村
杜板
图斑
爪
哇
格雷西
苏鲁马益
泗水
满者伯夷
（王居）
洋

族界
线
满剌加 古地名
马六甲　今地名
司或经过的主要国家与港口

1:22 000 000

明代中国的
大航海

万明 著

郑和下西洋论稿

科学出版社

北京

内 容 简 介

郑和下西洋集中反映了明代中国在古代丝绸之路上达到的新高度，成为人类航海史上的巅峰时代。本书作者长期耕耘明史，在经济史、中外关系史等领域卓有建树。本书将作者在郑和下西洋领域 30 多年爬梳整理文献史料的研究论稿结集展现，以飨读者。论稿收录中文 40 篇，外文 5 篇。其中中文论稿分为史实考析、回眸思考、史料开掘、意义阐释、文化视域、全球视野六部分，外文论稿另附其后。

本书适合对明史、中外关系史、郑和下西洋相关研究感兴趣的读者阅读。

审图号：GS（2024）5099 号

图书在版编目（CIP）数据

明代中国的大航海：郑和下西洋论稿 / 万明著. -- 北京：科学出版社, 2024. 12. -- ISBN 978-7-03-079262-4

Ⅰ. D829

中国国家版本馆 CIP 数据核字第 20246W2W57 号

责任编辑：李春伶 李秉乾／责任校对：王晓茜
责任印制：肖 兴／封面设计：有道文化

科 学 出 版 社 出版
北京东黄城根北街16号
邮政编码：100717
http://www.sciencep.com
北京建宏印刷有限公司印刷
科学出版社发行 各地新华书店经销
＊
2024 年 12 月第 一 版 开本：720×1000 1/16
2024 年 12 月第一次印刷 印张：45
字数：735 000
定价：228.00 元
（如有印装质量问题，我社负责调换）

自序：不懈的追求

还原历史真相，是史学研究者永恒的追求。

在古代丝绸之路史上，郑和下西洋极具代表性，集中反映了明代中国在古代丝绸之路上达到的新高度，成为人类航海史上的巅峰时代。以郑和下西洋作为历史还原和解释的对象，是一项中国中外关系史百年研究的重大课题。

1988年，我从北京大学历史系硕士研究生毕业，进入中国社会科学院历史研究所中外关系史研究室工作，开始投入郑和下西洋研究课题。自那时起，迄今已经历了30多年的研究历程，回顾自己研究最重要的特点，主要是从郑和下西洋第一手资料——马欢《瀛涯胜览》的整理与研究出发，把研究重点放在还原当时的历史场景，从基本史料上建立郑和下西洋史实的叙事，也即在郑和下西洋第一手史料整理的坚实基础上展开研究，一步步加深对古代中国与世界关系的历史认知。

在这里，论稿收文45篇，其中中文40篇，外文5篇。中文论稿分为史实考析、回眸思考、史料开掘、意义阐释、文化视域、全球视野六部分，外文论稿附于其后。下面择要谈一谈大致内容及其反映的心路探索历程。

改革开放以后，关于郑和下西洋，学界与社会评价一直存在一种二律背反现象：一方面大多肯定郑和下西洋是中国乃至世界航海史上的伟大壮举，是海上丝绸之路发展的巅峰。另一方面则否定郑和下西洋的意义，认为郑和是明朝宦官，其下西洋的目的是政治上扬威，经济上耗费巨大。作为官方海禁的代表，郑和镇压民间海外贸易，遂使中国海上事业从此一蹶不振，将海洋拱手让给西方。此外，学界更多的是将其与后来的西方大航海作比较，盛赞哥伦布开辟了人类历史的新篇章，中国航海不仅相形见绌，甚至成为中国落后的滥觞。

总之，研究存在的巨大分歧需要还原历史的本来面貌，对历史问题进行客观的具体分析。我的问题意识由此而生。1991 年我发表第一篇相关论文《郑和下西洋与明初海上丝绸之路——兼论郑和远航目的及终止原因》①，出于在北京大学跟随许大龄先生学习明史的基础，我的切入点是中国史本身，进行史实的辨析，阐述下西洋过程中商品货币经济的重要作用。此后尝试拓宽思路，转向社会史领域，观察与思考以往无人关注的郑和下西洋的社会效应，发表《郑和下西洋与明中叶社会变迁》《从明中叶华南地区看郑和下西洋的社会效果》②，揭示郑和下西洋与明代社会经济的关系及其对明代社会经济的深刻影响。

进入 21 世纪，随着临近 2005 年郑和下西洋 600 周年，我有幸被聘为国家 17 个部委联合纪念郑和下西洋 600 周年办公室顾问。这促使我对郑和下西洋研究进行了全面反思（《关于郑和研究的再思考》，2003 年），发掘第一手新资料——明宣宗《御制诗》，以诗证史，揭示明朝皇帝将下西洋与张骞凿通西域相提并论的世界观，提出破除西方中心论框架，客观认识东西方航海两种模式及其意义，指明郑和研究走向世界的大趋向及其时代意义。接着，我又全面梳理了郑和下西洋知识传递的过程，追寻研究的学术传统，指出自 1905 年"中国之新民"（梁启超）《祖国大航海家郑和传》③开始，研究的起步不同凡响，是从旧史学走向新史学的一个标志，对于传统史学具有突破性意义。这样的梳理是将郑和研究从置于中国史学发展脉络中考察，提升到 20 世纪新史学重要分支的高度，进一步论证了郑和研究的重要性，并从官方与民间两条线索追踪郑和下西洋知识传递过程（《知识视野中的郑和下西洋》，2003 年 11 月初稿，在国家相关部委主办的纪念郑和下西洋上海首届学术研讨会上发表）。为推动研究进一步发展，我参与编选《郑和研究百年论文选》④，并协助筹备北京大学 2004 年召开的"郑和远航与世界文明"学术研讨会，参与编选《郑和远航

---

① 万明：《郑和下西洋与明初海上丝绸之路——兼论郑和远航目的及终止原因》，《海交史研究》1991 年第 2 期。

② 万明：《郑和下西洋与明中叶社会变迁》，见中国明史学会主办：《明史研究》第 4 辑，合肥：黄山书社，1994 年；万明：《从明中叶华南地区看郑和下西洋的社会效果》，见中国中外关系史学会编：《中外关系史论丛》第 5 辑，北京：书目文献出版社，1995 年。

③ 梁启超：《祖国大航海家郑和传》，《新民丛报》1905 年第 21 号。

④ 王天有、万明编：《郑和研究百年论文选》，北京：北京大学出版社，2004 年。

与世界文明：纪念郑和下西洋 600 周年论文集》①。在这次学术讨论会上，我提交的论文是《释"西洋"——郑和下西洋深远影响的探析》。②在一片盛赞郑和下西洋伟大远航壮举的时候，我冷静地认识到"西洋"概念是下西洋研究的基本问题，而此前中外史界对东西洋的界分争议纷纭，莫衷一是，遮掩了对"西洋"本身的探究。因此，我从新的视角——语词演变的视角考察"西洋"一词的渊源，论证其在明初的含义及其演变，更在明初人认知的基础上，通过概念的厘清，揭示明初人眼里"西洋"的历史范围和明朝人下西洋的真实目的，以及郑和下西洋的深远影响力；提出明代"西洋"的凸显就是海洋的凸显，是大陆文明到海洋文明转换的标识。因此，下西洋不仅是对传统的一次历史性总结，同时也标志着一个新世纪——15 世纪海洋世纪的开端，在文明史上具有里程碑式的重要意义。

我在北京大学接受的优良史学传统教育是以发掘第一手资料为基本功。郑和本人没有留下任何亲撰文献为后世研究参考，而随从他下西洋的亲历者撰写的著作，仅能见到三部，即马欢的《瀛涯胜览》、费信的《星槎胜览》和巩珍的《西洋番国志》。其中尤以通事（翻译官）马欢的著述最为珍贵，学术价值最高。研究发现，巩珍的《西洋番国志》是《瀛涯胜览》的别本，其有价值之处是书前的三通皇帝敕书。因此，从进入研究，我就开始注意收集下西洋的第一手资料——《瀛涯胜览》存世的各种钞本。马欢之书反映的是明初人集体对于海外世界的认识，而不仅是其个人亲历现象的记录。2004 年中央决定于 2005 年举办纪念郑和下西洋 600 周年系列活动，我作为中央 17 个部委联合纪念郑和下西洋 600 周年活动办公室聘请顾问，参加了一系列学术会议与活动：在国内外发表了《释"西洋"——郑和下西洋深远影响的探析》《郑和与满剌加——一个世界文明互动中心的和平崛起》《郑和与满剌加王国》③等系列论文；到马来西亚、美国巡回演讲，参加相关国际会议，并出版了《明钞本〈瀛涯胜览〉校注》④。

---

① 王天有、徐凯、万明编：《郑和远航与世界文明：纪念郑和下西洋 600 周年论文集》，北京：北京大学出版社，2005 年。

② 万明：《释"西洋"——郑和下西洋深远影响的探析》，《南洋问题研究》2004 年第 4 期。

③ 万明：《郑和与满剌加——一个世界文明互动中心的和平崛起》，《中国文化研究》2005 年第 1 期；《郑和与满剌加王国》，（马来西亚）《华人研究学刊》2007 年第 8 期。

④ （明）马欢原著，万明校注：《明钞本〈瀛涯胜览〉校注》，北京：海洋出版社，2005 年。

马欢《瀛涯胜览》是郑和下西洋最重要的第一手资料，是中国古代对外交往史著名史籍之一，在国内外都产生了重大影响。1935 年冯承钧先生根据明清刻本出版了校注本，由于冯先生去世得早，没有修订本，长期以来该书是《瀛涯胜览》唯一的校注本。2005 年我出版《明钞本〈瀛涯胜览〉校注》，距离冯先生校注本出版已有 70 年之久。我搜集传世明钞本 4 种，逐条逐段地加以校勘、注释，并在全面梳理《瀛涯胜览》版本源流过程中，有重大突破，发现了第 5 种明钞本，从而解决了近百年对于《瀛涯胜览》作者和初刻本及时间等问题的学术积案，澄清了百年的误读，并对长期以来郑和宝船尺度问题进行了文献角度的澄清（《马欢〈瀛涯胜览〉源流考——以四种明钞本为中心的考察》校注代序）。回首往事，我正是在深入挖掘第一手资料的基础上，将研究进一步延伸，进入阐释郑和下西洋意义的新境界："众所周知，一部人类社会发展史，是人类从各自相对隔绝、相对闭塞的陆地走向海洋，最终融为一个整体世界的历史。追本溯源，经济全球化自海洋始，海洋的世纪自郑和下西洋始。它与中国强盛的国力和极其辉煌地走在世界前列的科技水平相联系，是中国人首次以史无前例的规模走出国门、走向海洋，与外部世界和平交往的壮举，是中华民族的光荣与骄傲，是我们的先民对世界文明的发展做出的巨大贡献。"（《郑和下西洋：永恒的辉煌》，2005 年）我首次指出一个整体的世界在海上诞生，功业堪与张骞凿空相媲美的郑和下西洋从海上贯通了陆海丝绸之路，是人类发展史上的重要里程碑，拉开了全球史的序幕（《从"西域"到"西洋"——郑和远航与人类文明史的重大转折》，《河北学刊》2005 年第 1 期）。在 2005 年国家组织活动纪念郑和下西洋 600 周年这一年，我撰写发表了系列论文：《明钞本〈瀛涯胜览〉与郑和宝船尺度》《传播中华文明的伟大使者——纪念郑和下西洋 600 周年》《明内府钞本〈奉天命三保下西洋〉杂剧浅探——兼及明朝人的下西洋理念》《郑和下西洋研究百年回眸》《郑和与满剌加——一个世界文明互动中心的和平崛起》《明代郑和的塑像——福建长乐显应宫出土彩塑再探》《郑和下西洋研究又有重大发现——马欢〈瀛涯胜览〉两卷本》《郑和下西洋与中外物产交流——以马欢〈瀛涯胜览〉为中心的探析》等。

在 2004 年 11 月"中外关系史百年学术回顾与展望国际学术研讨会"上的发言（后发表，题名《郑和下西洋研究百年回眸》，2005 年）中，我提出："百年来，中国经历了巨大的变化与发展，郑和下西洋研究负载的一直是中国在世界中的定位问题，与中国命运紧密相连。唯其如此，郑和下西洋研究才与高扬爱国主义精神和传统民族精神紧密联系在一起，吸引了众多学者的关注，而且也将引起更多具有爱国热忱和社会责任感的学人投入。另外，与中国史学发展同步，史学高度综合与高度分化相结合的趋势，在郑和研究上凸显，特别是成为社会科学与自然科学知识共享相互结合的平台，对郑和研究提出了新的要求。新世纪在理论、方法和史料上都将是一个突破发展的新时期。在认真回顾学术史的基础上，我们将继承和发扬老一辈学人的优秀史学传统，迎接郑和研究新高潮的到来。"而《郑和下西洋终止相关史实考辨》（2005 年）一文，是在以往探讨的基础上，加强实证研究，进一步对学界关于下西洋及其终止原因的误解加以澄清。《郑和与满剌加——一个世界文明互动中心的和平崛起》，是在受邀于马来西亚四地进行巡回讲座和参加吉隆坡郑和国际研讨会提交的成果，此文首次以中文与葡萄牙文第一手资料相结合，论证郑和与满剌加（即今天的马六甲）的关系及其对世界的重大影响，并提升到世界文明互动的高度阐释下西洋的重要作用，是对郑和研究的一个延展和推进。

　　在 21 世纪国家纪念郑和下西洋 600 周年以后，我提出"整体丝绸之路"的概念，将研究转向对整体丝绸之路和中国文明与世界文明的研究，代表性论文是《郑和下西洋：异文化、人群与文明交融》。这是 2010 年参加马来西亚马六甲"首届国际郑和研讨会"时提交的论文。文章首先从郑和其人是元朝以来外来民族与异文化在中国本土融合的一个缩影出发，论证了郑和的家世与他的才能，更重要的是指出了他的职任"为内官监太监"（《明代内官第一署变动考——以郑和下西洋为视角》，2010 年），推断郑和是推动下西洋决策的人物之一，下西洋统帅似乎非郑和莫属，由此生成了中国史上史无前例的大规模航海活动。其次，根据《瀛涯胜览》第一手资料的记载，阐释下西洋对于古代陆海丝绸之路全面贯通的意义，从人类文明发展的物质文明层面对话与交流，以及精神文明层面传播与交汇展开论述，全面展现了 15 世纪初整体丝绸之路发展的特征。最后结论指出："中国历史上外来民族与本土民族的大融合，在魏晋到唐是一大高潮期，从元到明是又一大高潮期。人群的迁徙是文化移植和融合的前提与基础，正是民族迁徙与融合引发了异文化融合或者说文明交融的高潮。就此而言，下西洋既是一个文明交融的过程，也是一个文明交融的结果。"相关探讨还有《整体丝绸之路视野下的郑和下西洋》《郑和下西洋：文化的融合与会通》《多重文化视域下的郑和》《海上丝绸之路：跨文明的对话与合作》等。2014 年加拿大维多利亚大学举办的"走向多元文化的全球史——郑和下西洋（1405—1433）及自古以来中国和印度洋世界的关系"国际研讨会，给了我重要启示。在以往对"西洋"语词研究的基础上，我进一步开掘《瀛涯胜览》第一手资料，在会上发表《郑和七下"那没黎洋"——印度洋》①一文，对马欢原始资料的开掘，使我豁然开朗，转而从印度洋寻找中国与世界关系的历史轨迹，推动研究进入了新境界。通过细致的实证研究，揭示在亲历下西洋的马欢笔下，明初人所认识的西洋具体指向"那没黎洋"，即后来被称为印度洋的海域，开辟了一个印度洋航海实践和认识的新纪元。文章继而特别指出，在百年以来的研究中，鲜见有将郑和下西洋的"西洋"就是印度洋的概念突出出来，即把下印度洋作为一个整体来探讨的。学界在中国与东南亚关系、中国与南亚关系、中国与西亚关系、中国与东非关系等方面，均有相当丰硕的研究成果，而作为郑和航海时代一个整体的印度洋却被极大地忽视了，应该加大对该领域的研究力度。其后围绕印度洋整体我发表的研究成果主要有《明代中国国际秩序的演绎》②，该文聚焦明初以"不征"作为对外关系基本国策，从建国之初就萌生了新的国际秩序思想；从农耕大国向海洋大国崛起的走势和郑和七下印度洋形成的国际秩序，是明代中国对元朝崩溃后快速变化的印度洋世界的应对对策；指出 15 世纪初印度洋国际关系的演变过程是明代中国不断推行和实施其国际秩序思想的过程，集中体现在郑和七下印度洋全面贯通了古代陆海丝绸之路，建立了新的国际秩序，形成了区域合作机制的过程。该文为区域史研究走向全球史做出了重要铺垫，我还尝试为 15 世纪初明代中国对外关系建立一个宏观的分析框架。《十五世纪印度洋国际体系的建构——以明代"下西洋"亲历者记述为线索》③一文指出，西方印度洋史与国际关系体系的研究长期以来极为忽视明代中国郑和在印度洋的活动。此文突破了西方的霸权话语，揭示了郑和下西洋是中国古代史无前例的海洋导向，其不仅在印度洋沿岸

---

① 万明：《郑和七下"那没黎洋"——印度洋》，见陈忠平主编：《走向多元文化的全球史：郑和下西洋（1405—1433）及中国与印度洋世界的关系》，北京：生活·读书·新知三联书店，2017 年。

② 万明：《明代中国国际秩序的演绎》，《新疆师范大学学报（哲学社会科学版）》2016 年第 5 期。

③ 万明：《十五世纪印度洋国际体系的建构——以明代"下西洋"亲历者记述为线索》，《南国学术》2018 年第 4 期。

形成了统一政权国家兴起和发展的趋势，也开启了构建一个新的国际体系的历史进程。明朝以"共享太平之福"为宗旨的国际秩序思想，适应了区域内各国的共同需要，维护了海道清宁、人民安业，也维护了人类文明的多样性；而与各国公平交易、互惠互利，推动了区域国际贸易的活跃发展，实际上起了一种区域整合作用。重新解读朝贡体系，实证下西洋在印度洋建构起一个在合作共享基础上的新的国际体系，并为全球一体化诞生于海上奠定了坚实的基础。

2018 年我出版了《明本〈瀛涯胜览〉校注》一书①。该书是在 2005 年《明钞本〈瀛涯胜览〉校注》②出版 10 年后，全面汇集、考证迄今传世的明清钞刻本与民国以后 27 种版本的基础上，形成的《瀛涯胜览》集大成校注本。该书全面系统地考察了现存诸本的版本特征，厘清了钞本与刻本之间的关系，梳理了《瀛涯胜览》一书的流传与递藏轨迹（《明代马欢〈瀛涯胜览〉版本考》）。

自 2005 年随中国代表团参加第 20 届国际历史科学大会，获得西方全球史研究的最新前沿动态后，我开始自觉地以全球史视野拓展明代中国与世界互动关系研究。近年在这方面先后发表《从〈郑和锡兰布施碑〉看海上丝绸之路上的文化共生》（2018 年）、《全球史视野下的郑和下西洋》（2019 年）等论文。《从印度洋时代向太平洋时代的转型：基于明代中国与海上丝绸之路的考察》（2019 年）一文，将以往的研究进一步融会，聚焦阐释明代中国与满剌加王国建立新型国际互动关系，认为满剌加王国兴起于印度洋与太平洋咽喉之地，对于世界格局从印度洋时代向太平洋时代转型有重要的历史作用。《马六甲海峡崛起的历史逻辑——郑和七下西洋七至满剌加考实》（2019 年）一文，则详细考证了郑和七下西洋七次到达满剌加的史实，澄清了迄今中国与马来西亚两国都存在的郑和五次到达满剌加的误解，凸显了郑和对马六甲海峡崛起的重要作用。《明代中国与爪哇的历史记忆——基于全球史的视野》（2020 年）一文，选取中外史学界鲜少关注的爪哇井里汶，探究地名与港口定位、郑和下西洋与当地关系、苏南·古农·查迪与"中国公主"王珍娘的故事，并由此追寻爪哇自东向西从厨闽、锦石、泗水，到三宝垄、井里汶、万丹、雅加达的港口发展演变史的脉络，以期有助于提高对早期全球化历史面貌的认知。该文指出

---

① （明）马欢著，万明校注：《明本〈瀛涯胜览〉校注》，广州：广东人民出版社，2018 年。
② （明）马欢原著，万明校注：《明钞本〈瀛涯胜览〉校注》，北京：海洋出版社，2005 年。

这些变化均在西方人到达前发生，对以往过分强调西方大航海影响的观点应该加以修正。

本书是我 30 多年对于郑和下西洋研究爬梳史料辛勤耕耘的部分成果，是学习与探索的一份还不够圆满的答卷。当我进入这个国际性大课题的时候，百年以来学界对于这一领域已经有了非常深厚的学术积累，但大多数研究仍然停留在回顾史实、阐发精神的层面，实证研究仍有不足；而长期以来以西方大航海历史经验为标准，对于中国的大航海多有否定之词。在方法论上，研究实际上有一个学术突破的问题，摆在我面前的问题是：郑和下西洋的整体特征以及这些特征与中国古代中外关系体系之间存在怎样的联系？这种联系与古代中国丝绸之路的发展有怎样的关系，与世界历史发展进程之间又有着怎样的关系？我认为，此前从来没有人提出这样的问题，并尝试去回答。我依循通事马欢的记载寻绎郑和下西洋的真实理念与实践全过程，探究先后整整 28 年间的航海活动背后有着怎样的历史内在逻辑，在海上巡回往复的特性何在，发现此前从未有人全面论证明初人的"西洋"概念，以及"西洋"在明初人认知中的具体范围。明朝人以自己的认知去看待海外世界，明朝人理念中的"西洋"，即今天的印度洋，揭示出实际上明初人的中国与整体印度洋世界关系的概念，那么我们将郑和下西洋作为一个整体研究就是可能的，从而使得郑和下西洋的整体结构特征凸显了出来。

基于第一手资料的整理与研究，我曾提出明朝以"不征"为特征的外交模式是史无前例的。郑和下西洋处于中国的大航海时代，今天的印度洋，是明朝人一个已然熟知的海外世界，在我首次发掘的明宣宗《御制诗》中，清楚地表明了明朝人"极天际地"的世界观。在 28 年间，在西洋连接西域的认知理念下，郑和代表明朝在印度洋区域与各国展开交流互动。跟随明朝人走向海洋世界的"宏大叙事"，展现明朝人的眼界，定位于明朝人在印度洋整体区域的航海活动，我提出明代中国国家航海的概念。历史上前所未有的明代国家大规模航海，史无前例地反映了中国从农业大国向海洋大国转型的强劲态势。郑和下西洋最重要的意义是从海上贯通了陆海丝绸之路，揭示了当时明朝人是从"那没黎洋"认识今天被称为印度洋的广阔海域，并将航海活动扩大至印度洋的整体区域，并指出实际上以印度洋为轴心，明朝建立起了一个全新的国际体系。

因此，我们今天的研究不应割裂为中国与东南亚关系、与南亚关系、与阿拉伯地区关系、与非洲关系等，而应冲破亚洲，深入了解明朝人对整体印度洋的认知，展现郑和下西洋对于世界格局从区域到全球发展的重要贡献；突破西方国际体系研究的霸权话语，反思对于明朝朝贡体系的传统主流观点，探索明朝中国外交的特殊形态，揭示明朝对外关系转变的内在历史逻辑；指出下西洋以后，中国从西太平洋到印度洋，建立起了一个整体丝绸之路的大格局，是对从区域史到全球史的重大贡献；对于郑和与满剌加王国崛起的关系，不仅以郑和时代亲历者的记述与后郑和时代葡萄牙亲历者的文献记载相结合，复原 15 世纪的历史原貌，而且对时代发展的过程进行历史性长时段的分析与解释，阐释两大洋连接咽喉之地的满剌加王国的兴起；不仅将丝绸之路的轴心转移到海上，为全球化诞生于海上奠定了重要的基础，而且将几千年东西方交往重心从亚欧大陆不可逆转地转移到海上，同时也引领了印度洋回归太平洋的世界发展趋势。由此，一个整体的全球史自海上呼之欲出，明代中国的大航海拉开了全球史序幕。进一步探讨，郑和下西洋不仅在中国内部，而且在远航的广袤地域，均产生了意义深远的重要影响，是中国对于人类历史发展进程的重大贡献。历史的不断探求不仅是一个学术过程，而且是在知识领域构建话语权的过程，这里的研究为补充学界一直以来缺乏的古代丝绸之路完整的体系构建和体系化的话语系统建构，做出了绵薄贡献。

最后的 5 篇外文论文基本上是在国际会议的发言稿，发表在英国、日本、马来西亚、德国等地刊物与论文集，在此衷心感谢帮助刊发的美国明尼苏达大学教授、美国明史学会第一任会长范德（Edward L. Farmer）与译者日本关西大学松浦章教授，加拿大维多利亚大学陈忠平教授，马来西亚新纪元大学文平强（Voon Phin Keong）教授，德国波恩大学廉亚明（Ralph Kauz）教授。

不言而喻，30 多年来，我的工作主要是从文献出发的研究，感到遗憾的是我也曾经计划开展社会调查，特别是海外遗迹的考察，我认为那将开启郑和下西洋研究新的发展阶段，不料先为马航事件，后为新冠疫情所阻。因此，我只能先将自己 30 多年爬梳整理文献史料的研究论稿结集呈现在这里。需要说明的是，沿着个人学术理路的发展，其中论文是陆续发表的，思路与论证在原有研究基础上延伸，所以若干论文之间有着密切关联，一些内容难免重叠，是原来已形成的；为了不影响全篇的完整，故除个别篇发现明显错误而略加改动外，其余均保持了发表时的原貌，尚祈读者见谅。在此我要衷心地感谢多年以来对我的研究工作给予鼓励与支持的师友，感谢科学出版社编辑的辛勤工作。由于论稿篇幅较大，编辑团队逐一核对引文，审读全书，组织英文、日文的外审及编绘郑和七下西洋航线图，兢兢业业，并让我的一篇新作《何以全球化：明代中国与世界》列入此书。至于论稿中挂一漏万和存在的不足，敬请读者批评指正。

万　明

2024 年底于北京万寿秀庐

目　录

外文

史实考析

郑和下西洋与明初海上丝绸之路

——兼论郑和远航目的及终止原因[*]

14 世纪兴起的明王朝，经历了人类历史上航海事业的巅峰时代，遭遇了西方资本主义狂潮的最初冲击，面临着世界历史平衡被打破的前所未有的局面。在世界交通史上这一关键时期到来之际，卓有盛名的海上丝绸之路命运又是如何呢？值得深入探讨和研究。本文仅就郑和下西洋与明初海上丝绸之路的兴盛谈一下自己不成熟的看法，就教于方家。

一

以享誉天下的中国丝绸而得名的丝绸之路，它的开辟是国际性的社会劳动成果。根据文献记载，公元前 1 世纪以前，中国通往西亚、欧洲的陆上丝绸之路就已经出现。在希腊地理学家的著作中，把中国称为赛里斯（Seres），意思就是产丝之地。[①]公元 1 世纪左右，西方利用印度洋的季风，开辟了从埃及通往印度的航路。在此以前，西汉王朝打通陆上丝绸之路的同时，我国业已有了与印度洋国家贸易的南海路线。东西方贸易的海上通道——海上丝绸之路，犹如一条白色的友好纽带，沟通了东西方之间的联系。在唐代以后，由于陆上丝绸之路不断受阻中断，海上丝绸之路转而具有了更为重要的意义，成为东西方

---

[*] 原载《海交史研究》1991 年第 2 期。收入本书，有订正。

[①] 《厄立特里亚海航行记》，转引自〔法〕戈岱司编：《希腊拉丁作家远东古文献辑录》，耿昇译，北京：中华书局，1987 年，第 17 页。

经济、文化交往的主要路线。

在元朝，海外贸易规模超越前代，海上丝绸之路空前畅达，中国商人扬帆到达东南亚、西亚、东非各沿海国家和地区的有近百人；当时陆路交通也畅通无阻，通过钦察汗国和伊儿汗国，元朝与阿拉伯及欧洲建立了紧密联系。然而，这些联系在元亡后都中断了。继元朝之后建立的明王朝，完成了全国统一，是当时屹立在东方的一个强大的封建王朝，建国伊始，它就面临着重振东西方交通路线的问题。

明初，元帝北遁，"元亡而实未始亡耳"，蒙古势力驰骋于西北，始终形成对新王朝的极大威胁。建国在中亚的帖木儿帝国推行对外扩张政策，随着扩张脚步的加快，该帝国阻断了元代一度畅通的陆上丝绸之路。于是，明代通过开通海上丝绸之路，沟通并恢复发展东西方间贸易与文化交流，具有重大的历史意义。

事实上，在郑和下西洋前，世界的航海贸易大致可以分为四个区域，即波罗的海、北海贸易区，地中海贸易区，印度洋贸易区，以及西太平洋贸易区。北德城市商人、意大利商人、阿拉伯商人、印度商人是前面三大贸易区的执牛耳者，而中国商人则除了是西太平洋贸易区的主要角色之外，还积极参与印度洋贸易。印度洋上的季风和南海上的信风促成了东南亚的贸易中转地位。当时，几乎占有整个东南太平洋地区的印度尼西亚麻喏巴歇王朝（1293—1478年）正经历过它短暂的鼎盛时期，这个海岛帝国的领土广大而分散，实际上对于众多岛屿上的属国和属地，不过保持着宗主权而已。①在那些地方，贸易的兴盛促成沿海城市的发达和繁荣，而正当北印度的德里苏丹国遭到帖木儿帝国的入侵和掠夺而大伤元气的时候，南印度维查耶那加尔国沿海各港的对外贸易仍发展势态良好。在传统的海上活跃者阿拉伯人方面，虽然由于1348年起鼠疫在埃及和叙利亚持续数年，造成众多居民的死亡，但是埃及马穆鲁克王朝统治下的埃及商业，特别是和欧洲、印度的转口贸易，还是十分兴旺的。②随着科学技术的发达，海上运输日益显示出比陆上运输更大的优越性，海上国际贸易的需求也逐渐增大，海上丝绸之路的恢复与兴盛是各国的共同愿望所在。

正是在这一历史背景下，明初太祖及其子明成祖从加强大一统中央集权专

---

① 王任叔：《印度尼西亚古代史》下册，北京：中国社会科学出版社，1987年，第588—589页。

② 郭应德：《阿拉伯中古史简编》，北京：北京大学出版社，1987年，第149页。

制主义封建王朝出发，制定了朝贡贸易制度。这一以强大国家为后盾的官方集权性质的对外贸易政策的积极推行，促使明初海上丝绸之路很快得到了恢复和勃兴。而海上丝绸之路得以在明初全面恢复和兴盛，主要是郑和七下西洋的功绩。

二

明朝沿袭历代封建王朝的做法，很早就设立了专掌海外诸番朝贡市易之事的市舶提举司，目的"正以通华夷之情，迁有无之货"①。建国以后，明太祖更遣使四出，修好于海外各国。洪武四年（1371年），朱元璋把朝鲜、日本、大琉球、小琉球、安南、真腊、暹罗、占城、苏门答剌、西洋、爪哇、湓亨、白花、三佛齐、浡泥等十五国列为"不征之国"②，招徕它们到明朝朝贡。伴随中国与海外各国传统友好关系的恢复，海上丝绸之路也开始活跃起来。其时"海外诸番与中国往来，使臣不绝，商贾便之"③。

朝贡贸易制度在明初对外贸易政策中的主导地位，在明太祖时就已确立。明初，海外贸易被限定在朝贡形式下，"是有贡舶，即有互市，非入贡，即不许其互市"④。于是，朝贡本身遂带有了贸易性质。对于海外诸国来说，"虽云修贡，实则慕利"⑤，使节来到中国，除贡品外，都随带商货进行贸易，即使是朝贡，也可得到大量"赏赉"物品。而明朝通过实行朝贡贸易制度，可以"通华夷之情，迁有无之货，收征税之利，减戍守之费，又以禁海贾，抑奸商，使利权在上"⑥。制度本身虽具有浓厚的政治色彩，却也不无经济的考虑。明太祖朱元璋就曾说过："尝闻凡有中国者利尽南海，以今观之，若放通海道，纳诸

---

① （明）郑晓：《今言》卷4。

② 《皇明祖训·祖训首章》，见（明）张卤辑：《皇明制书》下册，日本古典研究会，1967年。

③ 《明太祖实录》卷254，"洪武三十年八月丙午"条，台北：台湾"中央研究院"历史语言研究所校印本，1962年（以下实录类均采用此版本，不再一一标注）。

④ （明）王圻撰：《续文献通考》卷31《市粜考·市舶互市》，北京：现代出版社，1991年。

⑤ （明）严从简：《殊域周咨录》卷8《爪哇》，余思黎点校，北京：中华书局，1993年。

⑥ （明）王圻撰：《续文献通考》卷31《市粜考·市舶互市》，北京：现代出版社，1991年。

番之微贡，以其来商市舶之所，官得其人，取合古征，则可比十州之旷税。"①

朝贡贸易制度的确立，正是为了确保封建王朝对于海外贸易的垄断，因此，明朝统治者三令五申地禁海，阻止民间私人出海贸易便不足为奇了。朝贡贸易和海禁政策是明朝对外政策的两大支柱。②但到洪武末年，朝贡贸易却一度出现了波折，洪武三十年（1397 年），有礼部上奏："诸番国使臣，客旅不通。"③当时只有安南、占城、真腊、暹罗、大琉球仍旧入贡。这种情况一直持续到明成祖永乐登基后才得到较大的改观。

明成祖永乐即位以后，雄心勃勃，"锐意通四夷"，推行了更加积极的对外政策，除依洪武初制，在浙江、福建、广东设立市舶提举司外，对海外各国强调"一皆遇之以诚，其以土物来市易者，悉听其便。或有不知避忌而误干宪条，皆宽宥之，以怀远人"④；更积极地筹划派遣使节出使海外，开辟海道，广泛招徕海外各国入贡明朝，通商交好，其中最引人注目的就是在我国航海史上空前绝后的郑和七下西洋壮举。郑和远航的目的，正是"通西南海道朝贡""宣德化而柔远人"，带有明确的扩大朝贡贸易的使命，而明初中国与海外各国的友好通商关系，恰恰是建立在朝贡贸易的基础之上。由此，海上丝绸之路得到了极大的拓展与繁荣。

三

在明朝统治者看来，朝贡是以"天朝上国"自居，保持提高国际地位的有效经济手段。从与海外各国联系的方式上讲，郑和下西洋是通过赏赐和互市来加强与海外各国的通商贸易关系；从渠道上说，郑和下西洋开辟了通往海外各国的新贸易航线，从而使海上丝绸之路畅通并兴盛起来。

郑和七次率领庞大的宝船队，满载着深受海外各国人民喜爱与欢迎的绫绢、纱罗、彩帛、锦绮、瓷器、药材、铜钱等物品，航行于波涛汹涌的海洋

---

① （明）陈仁锡：《皇明世法录》卷十二。
② 〔日〕田中健夫：《东亚国际交往关系格局的形成和发展》，见中外关系史学会编：《中外关系史译丛》第 2 辑，上海：上海译文出版社，1985 年，第 153 页。
③ 《明太祖实录》卷 254，"洪武三十年八月丙午"条。
④ 《明太宗实录》卷 12 上，"洪武三十五年九月丁亥"条。

上，这一蔚为壮观的海上活动将明代中国与海外各国的友好通商关系推向一个新的发展阶段。

郑和船队所至，大都是当时各国的沿海贸易港口城市。每到一地，郑和首先向当地国王或酋长宣读明朝皇帝的诏谕，赏赐给他们锦绮、纱罗及金币等物品，并接受当地贡品，然后用宝船所载的各种货物在当地进行互市交易。这种通过赏赐及互市方式进行的贸易是建立在互惠互利原则的基础上的。关于郑和一行所进行的大量贸易活动，在《瀛涯胜览》《西洋番国志》《星槎胜览》等书中有不少记载。

占城："其买卖交易，使用七成淡金或银，中国青磁盘碗等品，纻丝、绫绢、烧珠等物，甚爱之，则将淡金换易。"①

暹罗："国之西北去二百余里，有一市镇名上水，可通云南后门。此处有番人五六百家，诸色番货皆有卖者。红马厮肯的石，此处多有卖者，此石在红雅姑肩下，明净如石榴子一般。中国宝船到暹罗，亦用小船去做买卖。"②

满剌加："各舡并聚，又分腙次前后诸番买卖以后，忽鲁谟斯等各国事毕回时，其小邦去而回者，先后迟早不过五七日俱各到齐。将各国诸色钱粮通行打点，装封仓储，停候五月中风信已顺，结腙回还。"③

那孤儿："一山产硫黄，我朝海船驻扎苏门答剌，差人船于其山采取硫黄。货用段帛、磁器之属。"④

爪哇："国人最喜中国青花磁器，并麝香、销金纻丝、烧珠之类，则用铜钱买易。"⑤

锡兰："王以金为钱，通行使用，每钱一个，重官秤一分六厘。中国麝香、纻丝、色绢、青磁盘碗、铜钱、樟脑，甚喜，则将宝石珍珠换易。"⑥

柯枝："名称哲地者，皆是财主。专一收买下宝石、珍珠、香货之类，候中国宝（石）船或别国番船客人来买。"⑦

①　冯承钧校注：《瀛涯胜览校注·占城国》，上海：商务印书馆，1935年。
②　冯承钧校注：《瀛涯胜览校注·暹罗国》，上海：商务印书馆，1935年。
③　（明）巩珍：《西洋番国志·满剌加国》，向达校注，北京：中华书局，1961年。
④　（明）费信著，冯承钧校注：《星槎胜览校注·星槎胜览前集·花面国》，北京：华文出版社，2019年。
⑤　冯承钧校注：《瀛涯胜览校注·爪哇国》，上海：商务印书馆，1935年。
⑥　冯承钧校注：《瀛涯胜览校注·锡兰国》，上海：商务印书馆，1935年。
⑦　冯承钧校注：《瀛涯胜览校注·柯枝国》，上海：商务印书馆，1935年。

古里："王有大头目二人，掌管国事……其二大头目受中国朝廷升赏，若宝船到彼，全凭二人主为买卖。……至日，先将带去锦绮等物，逐一议价已定，随写合同价数，彼此收执。其头目哲地即与内官大人众手相挐，其牙人则言某月某日于众手中拍一掌已定，或贵或贱，再不悔改。然后哲地富户才将宝石、珍珠、珊瑚等物来看议价，非一日能定，快则一月，缓则二三月。若价钱较议已定，如买一主珍珠等物，该价若干，是原经手头目未讷几计算，该还纻丝等物若干，照原打手之货交还，毫厘无改。"①

溜山："中国宝船一二只亦到彼处，收买龙涎香、椰子等物。"②

祖法儿："中国宝船到彼，开读赏赐毕，其王差头目遍谕国人，皆将乳香、血竭、芦荟、没药、安息香、苏合油、木别（鳖）子之类，来换易纻丝、磁器等物。"③

阿丹："其王甚尊中国。闻和船至，躬率部领来迎。入国宣诏讫，遍谕其下，尽出珍宝互易。"④

天方："宣德五年，钦蒙圣朝差正使太监内官郑和等往各番国开读赏赐。分䑸到古里国时，内官太监洪（某）见本国差人往彼，就选差通事等七人，赍带麝香、磁器等物，附本国船只到彼。往回一年，买到各色奇货异宝、麒麟、狮子、驼鸡等物，并画天堂图真本回京。"⑤

此外，《星槎胜览》对于郑和船队所到的国家和地区，以"货用……"的方式，记录了中国丝绸、瓷器等物品在当地进行交易的情况，如在苏门答剌、三佛齐、龙牙犀角、交栏山、小唄喃、榜葛剌、忽鲁谟斯、剌撒等国家和地区，所至多有。⑥

郑和远洋船队所进行的贸易活动，在埃及马穆鲁克王朝史料中也有记载。马格里兹在他的《道程志》中记述了希吉来历835年（宣德七年，1432年），郑和第七次远航船队的数艘船到达印度海岸，其中两艘到达阿丹港时，"由于也门情况混乱，他们的（载来的）陶器、丝绸、麝香等商品无法进行交易。因

① 冯承钧校注：《瀛涯胜览校注·古里国》，上海：商务印书馆，1935年。
② 冯承钧校注：《瀛涯胜览校注·溜山国》，上海：商务印书馆，1935年。
③ 冯承钧校注：《瀛涯胜览校注·祖法儿国》，上海：商务印书馆，1935年。
④ 《明史》卷326《阿丹传》，北京：中华书局，1974年。
⑤ 冯承钧校注：《瀛涯胜览校注·天方国》，上海：商务印书馆，1935年。
⑥ （明）费信著，冯承钧校注：《星槎胜览校注·星槎胜览前集》"各国"条，北京：华文出版社，2019年。

此，那两艘戎克的首领便向麦加的埃米尔希拉夫、伯拉克特·本·哈桑·本·艾兰和秩达的纳兹尔、沙特丁·易卜拉欣·本·姆拉呈递了书信，要求准许他们前往秩达。于是，伯拉克特和沙特丁二人便请求（马穆鲁克朝）苏丹（巴鲁士贝）俯允，并说，他们（'支那'船）到来时将会获得很大的利润。因此苏丹回答说，让他们来航，并殷勤地接待他们"。以后，"数艘'支那'戎克船载着不计其数的奢侈品到达麦加，并在麦加卖掉了那些货物"。①

"事实上，那些壮观的远航，证明了中国当时是世界最大的海上力量，它的造船技术和航海能力是其它任何国家都不能达到的。"②郑和远洋船队有强大封建国家作后盾，规模庞大，拥有的最大宝船长44丈，宽18丈，最多时这样的宝船达62艘，还有其他大小船只，共200多艘，满载精美丰富、数量可观的物品，与海外各国进行大量的贸易交流活动。而远航所产生的吸引招徕各国到明朝朝贡，则加深了中国与海外各国间友好通商关系。郑和船队七下西洋，遍访当时亚非三四十个国家和地区，所到的国家和地区几乎都派遣使节随郑和船队到中国朝贡，"自是蛮邦绝域，前代所不宾者，亦皆奉表献琛，接踵中国。或躬率妻孥，梯航数万里，面谒阙庭。殊方珍异之宝，麒麟、狮、犀、天马、神鹿、白象、火鸡诸奇畜，咸充廷实。天子顾而乐之，益泛海通使不绝"③。据不完全统计，有4个国家的11位国王曾亲到中国来朝贡，他们分别来自浡泥国、满剌加国、苏禄国和古麻剌朗国。永乐二十一年（1423年）出现了西洋古里（Calicut，今印度喀拉拉邦科泽科德）、忽鲁谟斯、锡兰山、阿丹、祖法儿、剌撒、不剌哇、木骨都剌、柯枝、加异勒、溜山、南渤利、苏门答剌、哑鲁、满剌加等国派遣使节1200人到明朝朝贡的盛况。④

如前所述，"是有贡舶，即有互市"，朝贡本身就是一种特殊的贸易形式。海外各国到明朝朝贡，都带有贡品及附带来进行交易的货物，明朝对各国贡品采取"厚往薄来"的原则，报以极为厚重的"赏赍"，并对附带的货物采用"给价收买"的办法。这样，各国贡品实际上具有了商品性质。郑和远航扩大

① 〔日〕家岛彦一：《郑和分舰访问也门》，见中外关系史学会编：《中外关系史译丛》第2辑，上海：上海译文出版社，1985年，第55—56页。

② Swanson B. *Eighth Voyage of the Dragon: A History of China's Quest for Seapower*. Annapolis: Naval Institute Press, 1982: 28.

③ （清）佚名：《明史稿·郑和传》，南京图书馆藏。

④ 《明太宗实录》卷263，"永乐二十一年九月戊戌"条。

了朝贡贸易的规模和范围，同时也为以中国为起点的海上丝绸之路的空前繁荣和兴盛作出了巨大的贡献。

四

郑和远航在传统的海上丝绸之路基础上开辟了新的贸易航线，从而为海上丝绸之路在明代的兴盛和发展铺平了道路。

郑和七次出使，历时28年之久，先后访问了"凡大小三十余国，涉沧溟十万余里"。不同于以往大多沿海岸航行，郑和远航开拓了许多新航线，自占城以下，分数路绕行各岛屿。根据学者研究，出航地点有20多处，所用航线达42条之多。特别是开辟了通过溜山和印度古里直达阿拉伯半岛红海沿岸及东非海岸各港口的多条远距离横渡印度洋的航线。沿着这些航线，连接东西方的宽阔的丝绸纽带一直延伸到了东非。

同时，郑和远航不仅在明初沟通了穿越马六甲海峡、贯通太平洋和印度洋的海上丝绸之路，他在海上的活动还为海上丝绸之路的畅通提供了保障。郑和所率船队人数众多，有2万多人，他们是派往各国的友好使者、通商代表，也为廓清海域、消除海上丝绸之路上的不安定因素作出了贡献。第一次出使俘获盘踞旧港的海盗首领陈祖义，在爪哇"西王与东王构兵"、部卒无辜被害的情况下，化干戈为玉帛；第二次出使调解暹罗和占城等国间的矛盾冲突；第三次出使生擒"屡邀劫其来往使臣"及强索郑和一行宝物的锡兰山国王；第四次出使帮助苏门答剌平定内乱。以上四次出使无一不是郑和为实现海上丝绸之路的繁荣与安定所作的努力，从而使"海道由是而清宁，番人赖之以安业"①，保证了海上丝绸之路的畅通与繁荣。

当时从南海、孟加拉湾、印度洋到阿拉伯海、波斯湾，分布有几个大的贸易据点：满剌加、苏门答剌、古里、忽鲁谟斯、阿丹、秩达等。郑和船队远航往返于那些地方，无疑对促进东西方的贸易联系起了重大作用。从明朝与满剌加的关系来看，尤其明显。满剌加王国是在三佛齐熄灭了的灰烬中迸出的火

---

① （明）钱谷辑：《吴都文粹续集》卷28《娄东刘家港天妃宫石刻通番事迹记》，《景印文渊阁四库全书》集部，第1385册，台北：台湾商务印书馆，1986年，第723页。

花。它地处马来半岛南端，占据东西方海上交通要冲，在经济贸易上的地位尤为重要，为“诸番之会”。明廷对于它的兴起起了积极扶植的作用。永乐七年（1409 年）郑和奉命封其首领为满剌加王，“赐印诰”，使满剌加摆脱暹罗控制而独立。从此，满剌加与明朝关系密切，交往频繁。在 1411—1433 年的 22 年中，满剌加的 3 位国王先后 5 次访问中国，并带贡品入贡。明朝皇帝赏赐也格外厚重，如 1411 年满剌加国王回国时仅绢一种就赐给千匹之多。①郑和使团出航时，在南海及印度洋，是以满剌加为中心来进行贸易的，“中国下西洋舡以此为外府，立摆栅墙垣，设四门更鼓楼。内又立重城，盖造库藏完备。大䑸宝舡已往占城、爪哇等国，并先䑸暹罗等国回还舡只，俱于此国海滨驻泊，一应钱粮皆入库内□贮。各舡并聚，又分䑸次前后诸番买卖以后，忽鲁谟斯等各国事毕回时，其小邦去而回者，先后迟早不过五七日俱各到齐。将各国诸色钱粮通行打点，装封仓䑢，停候五月中风信已顺，结䑸回还”②。满剌加也因此成为当时东南亚的国际贸易中心。它的港口接待来自开罗、麦加、亚丁、土耳其、中国、印度、中亚以及东南亚各国商人③，马鲁古的丁香、万丹的肉豆蔻、帝汶的檀香，各地货物云集④。满剌加的兴起和繁荣，从一个侧面反映出明朝对于 15 世纪初期海上丝绸之路的兴盛所起的作用。郑和下西洋扩大了朝贡贸易，也使中国海外贸易的直接接触面和间接影响扩大到世界范围，进而促进了海上丝绸之路的繁荣和发展。

联系当时埃及马穆鲁克王朝苏丹为了摆脱始于 14 世纪中叶的经济危机，增加国库收入，正积极推行贸易振兴政策，开展印度洋和红海的贸易。苏丹巴鲁士贝（1422—1438 年在位）不仅鼓励印度、中国商船将货物运输到埃及控制下的港口，甚至还派遣御用商人和船队前往古里，积极购入东方物产，直接开展印度和埃及间的贸易。而帖木儿帝国的后继者沙哈鲁在位时，也推行了以忽鲁谟斯为据点的积极的印度洋贸易政策。郑和远航与各国的交相呼应，为沟通东西方经济、文化交流、繁荣印度洋贸易圈，起了十分重要的作用。15 世纪郑

① （明）王世贞撰：《弇山堂别集》卷 77《赏赉考下·四夷来朝之赏》，魏连科点校，北京：中华书局，1985 年。

② （明）巩珍：《西洋番国志·满剌加国》，向达校注，北京：中华书局，1961 年。

③ 〔英〕理查德·温斯泰德：《马来亚史》上册，姚梓良译，北京：商务印书馆，1974 年，第 111 页。

④ Eldridge F B. *The Background of Eastern Seapower*. London: Phoenix House, 1948: 118.

和下西洋以后，他所开拓的海上丝绸之路交通繁忙，贸易兴盛，南海被称作"亚洲地中海"，从海上维系着东西方的联系。

五

郑和下西洋的目的，经济是其重要的一面。远航的主要目的可以概括为"通西南海道朝贡"，即扩大推行朝贡贸易为其重要使命。"宣德化而柔远人"的目的也不外乎要海外各国前来明朝朝贡。而朝贡只是形式，通商才是实质。在明朝统治者心理上得到"万国来朝"的满足的同时，朝贡的纱幕之下，掩盖的正是中国和海外各国经济上互通有无的贸易关系。郑和的出航，是明廷为了扩大官方海外贸易而采取的积极的对外贸易政策，郑和作为明朝政府的官方使节，负有与海外各国发展友好通商关系的使命，因此绝不仅仅是追踪建交踪迹，或是"欲耀兵异域，示中国富强"。如果说远航有炫耀国力性质，那可以说是为了开展同各国的友好通商关系需要而作出的，而多携军士护卫，从明初海盗、倭寇在出没于海上，航道并不安宁来看，更是无可厚非。郑和下西洋所形成的"万方宾朝"的政治局面，实际上也正反映出海外贸易繁荣的景象，所以代表朝贡贸易发展到鼎盛阶段的远航，也成为明初海上丝绸之路空前发展的标志。

明初海上丝绸之路的再度兴盛，与当时特定的时代背景和条件是相联系的，具有以下特点。

其一，它反映了明朝国力的兴盛，是建立在当时农业，特别是手工业生产具有相当高的水平，造船和航海技术居于世界前列的基础之上的。明朝初年，经过几十年的休养生息，国力强盛，为郑和下西洋扩大海外贸易提供了坚实的经济基础。而伴随商品经济的发展，产生了统治阶级与社会其他阶层对于海外产品的需求，从而使统治者采取了更为积极进取的海上贸易政策，为海上丝绸之路的兴盛铺平了道路。

其二，它适应了东西方交往和发展的需要。当时不仅明朝有着扩大官方海外贸易的需求，在东南亚、阿拉伯半岛、东非、中亚，以至更远的西方，对于东方贸易物品，特别是中国的丝绸、瓷器，也始终有着经久不衰的需求。郑和下西洋打通了海上丝绸之路，不仅为中国许多独步世界的产品开拓了海外市场，也为海外各国贸易开辟了广阔的销售市场。明初海上丝绸之路成为东西方经济、文化交流的一座桥梁。

其三，它产生于封建社会后期中央集权进一步加强的背景下，受限于官方朝贡贸易的形式。郑和出航是特定的官方海外贸易发展到顶峰的具体体现，沿途所到之处，明朝与海外各国建立起友好通商关系，在当时各国统治者也即国家最大商人的情况下，以友好交往为朝贡贸易开路，贸易的扩展促成了海上丝绸之路的再度兴盛。

其四，东西方交往的中心一环是贸易，明初中国对于联结古代东西方贸易往来的海上通道——海上丝绸之路的兴盛，起了重大的促进作用，在当时的国际贸易中占有重要地位。

六

郑和下西洋是中国传统社会后期产生的一次旨在扩大官方朝贡贸易的规模巨大的航海活动。它的经济意义明显，对明代社会经济的影响也极为深刻。

在古代，国际贸易实际就是远距离的贸易。比利时历史学家亨利·皮雷纳（Henri Pirenne）把它称作"中世纪经济复兴的特征"。他认为意大利商人从事的远洋航行是他们获得巨额利润的唯一方法。商人走得越远，越是有利可图。[1]因此我们可以推论，明初官方以雄厚的财力为后盾的远航，同样也具有到远方寻求货源充足的中国短缺物品，带回国内获得高额利润的目的。

郑和率宝船队来往于波涛万顷之中，每次都满载而去、丰硕而归，如果说他带回国的"海外奇珍"全属于"奢侈品"，那么宋元时期前往海外的民间商人带回的货物同样也是以"奢侈品"为主的。这是因为古代远洋贸易长途贩运有风险系数，"另外再加上古代世界地区的隔离状态，结果便使得当时许多地区性的普通商品变成了珍贵的奢侈品"[2]。所以，古代远洋商船就是专门从事

---

[1]　〔比利时〕亨利·皮雷纳：《中世纪的城市（经济和社会史评论）》，陈国樑译，北京：商务印书馆，1985年，第75页。

[2]　田汝康：《郑和海外航行与胡椒运销》，《上海大学学报（社会科学版）》1985年第2期。

贩运这种"奢侈品"而大获其利的。从这一角度可以看出明廷"贸易珍宝"的经济目的所在，即不仅在于供统治阶级消费。明初通过郑和远航，进一步扩大了朝贡贸易，朝贡各国将本国特产作为海外奇珍运到中国，而将中国生产的丝绸、瓷器等一般商品运回各国后也就转化为"奢侈品"，从这种朝贡贸易中，双方都可得到各自需要的商品，并且可获得高额的利润。例如，以当时输入中国的最大宗货物胡椒来讲，原产地的价格与运到中国后的价格相差悬殊。在苏门答剌，每100斤胡椒值银1两①；在柯枝，每100斤胡椒值银1两2钱5分②。即使是在明初一贯的"厚往薄来"原则下，洪武末每100斤胡椒给价20两，那么从中获利也有一二十倍之多了。③这才是明朝统治者大力推行朝贡贸易制度，同时严厉禁海的真实原因。

郑和下西洋，史称"所取无名宝物，不可胜计"④。从海外各国带回的物品必定种类繁多，数量惊人，可惜现在已无从全面稽考。根据《明会典》的记载，粗略统计海外各国进贡的贡品，可以分作香料类（如胡椒、苏木等）、珍宝类（如宝石、象牙等）、禽兽类（如孔雀、麒麟等）、手工业产品类（如金银器皿、各色苎布等）、矿产原料类（如锡、红铜、"回回青"等）、军用类（如马、马鞍、弓等）、药品类（如人参、没药等）七种。⑤其中尤以香料的数量最多。由此可见，明初朝贡贸易中并非仅以完全意义上的"奢侈品"为主，实际上输入了数量众多的海外土特产，是对于当时的国计民生有所裨益的贸易往来，"贡献毕至，奇货重宝前代所希，充溢库市。贫民承令博买，或多致富，而国用亦羡裕矣"⑥。

但随着朝贡贸易的空前扩大，以香料为主的海外土特产大量输入中国，造成在明朝官库中存货山积的状况。于是，明初历史上出现了把胡椒、苏木作为赏赐品及折合为官员俸禄的现象。作为赏赐品，在郑和出航以后，永乐五年（1407年）就已开始。⑦以后连年不时出现。永乐二十二年（1424年），"令在

① 冯承钧校注：《瀛涯胜览校注·苏门答剌国》，上海：商务印书馆，1935年。

② 冯承钧校注：《瀛涯胜览校注·柯枝国》，上海：商务印书馆，1935年。

③ 韩振华：《论郑和下西洋的性质》，《厦门大学学报》1958年第1期。

④ 《明史》卷304《郑和传》，北京：中华书局，1974年。

⑤ （明）申时行等修：《明会典》，北京：中华书局，1989年。

⑥ （明）严从简：《殊域周咨录》卷9《佛郎机》，余思黎点校，北京：中华书局，1993年。

⑦ （明）申时行等修：《明会典》卷26《度支科·经费》《度支科·赏赐》，北京：中华书局，1989年。

京文武官折俸钞俱给胡椒、苏木。胡椒每斤准钞一十六贯，苏木每斤八贯"①。当时官俸折钞每石是 25 贯，按此计算，胡椒每斤不及 1 石米贵，而百斤胡椒到这时仅值银 5 两了。用这种办法，明廷将大量剩余积压的香料配给各级官吏，一来可使明初宝钞日贱的情况得到缓解。丘濬曾一语道破："今朝廷每岁恒以蕃夷所贡椒木折支京官常俸，夫然，不扰中国之民，而得外邦之助，是亦足国用之一端也。其视前代算间架经总制钱之类滥取于民者，岂不犹贤乎哉？"②二来可使朝廷获得高额利润。虽然此时胡椒价格已降至每百斤值银 5 两了，但按原产地的收购价格每斤值银 1 厘到 1 分来说，利润仍很丰厚。这种官俸折给胡椒、苏木的情况，到后来明英宗时更扩大到北直隶各卫所官军，其俸饷每年半支钞，半支胡椒、苏木③。从明初一直延续到明中叶成化七年（1471 年）库藏告竭才基本停止④。

由于各级官员每每得到成百上千斤胡椒、苏木，所以市场上的胡椒、苏木价格一落再落也就在所难免。郑和下西洋推行扩大朝贡贸易的结果，促成了胡椒由统治阶级贵族的"奢侈品"向寻常百姓家日常生活用品的转化。这正是海外商品冲击中国市场的必然结果。

郑和出航，促使海外贸易极度兴盛，带来的后果并不是国库空虚，而是"百姓充实，府藏衍溢"⑤，这说明远航不仅具有"费钱粮数十万"⑥的一面。英宗天顺二年（1458 年）太监上奏言："永乐、宣德间屡下西洋，收买黄金、珍珠、宝石诸物，今停止三十余年，府藏虚竭。"⑦这一记载也说明了这一点。

那么究竟为什么下西洋的壮举在七次之后便戛然而止了呢？这应该从经济影响来看。

首先，在海外商品大量输入，由"奢侈品"向日用品的转化过程加速进行中，输入品的价格在降低，明朝统治者得到的丰厚利润也在逐渐下降。官方垄断海外贸易，不能适应国内商品经济发展的要求，不受市场调节、违背经济规

① （明）申时行等修：《明会典》卷 29《廪禄》二，《俸给》一，北京：中华书局，1989 年。

② 《大学衍义补》卷 25《市籴之令》，万历刊本。

③ 《明英宗实录》卷 19，"正统元年闰六月戊寅"条。

④ 《明宪宗实录》卷 97，"成化七年冬十月丁丑"条。

⑤ 《明史》卷 77《食货志》，北京：中华书局，1974 年。

⑥ （明）严从简：《殊域周咨录》卷 8《琐里·古里》，余思黎点校，北京：中华书局，1993 年。

⑦ 《明英宗实录》卷 287，"天顺二年二月戊申"条。

律，造成存货山积，然后为了维护朝廷的利润，统治者硬行配给各级官吏，这在市场价格不断下跌的情况下，只能使下层官吏叫苦不迭。"折俸之薄"，竟使"卑官日用不赡矣"。①于是众多官员对于朝廷这种维持高额利润的转嫁行为十分不满，而由此对郑和远航产生敌视心理是毫不奇怪的。因此，明英宗欲遣指挥马云等出使西洋，为臣下张昭所阻②；明宪宗成化七年（1471年）府藏告尽，成化九年（1473年）有意遣人重下西洋时，又遭到刘大夏等的坚决反对。刘大夏言："三保下西洋，费钱粮数十万，军民死且万计。纵得奇宝而回，于国家何益？"甚至把出使水程都隐藏起来了。③于是，下西洋的帷幕从此落了下来。以胡椒、苏木为例，朝贡贸易给明朝带来的丰厚利润不可能维持过久，硬性配给臣下必然招致不满，继续垄断价格是困难的，扩大的海外贸易使明朝朝贡贸易制度的弊端完全暴露了出来，那么下西洋就真的只剩下耗费巨万的一面了。

其次，海外贸易与商品货币经济关系密切。随着海外贸易的扩大，商品货币关系得到发展，必将破坏封建国家对于海外贸易及社会经济的控制和垄断。明初海外贸易的发展，使商品货币经济得到发展的最好证明，就是在郑和下西洋结束后，出现了白银作为货币的主要形式这一中国货币史上的划时代大事。从英宗时起"弛用银之禁，朝野率皆用银"④。在宋元的基础上，贵金属银正式成为普遍流通的货币。同时，黄金也逐渐被当作货币使用。郑和下西洋时，有海外以淡金换易中国物品的明确记载⑤，在海外的贡品中，也有金银类。可以说，这是促使中国由明初的禁用金、银到"朝野率皆用银"的重要因素之一。

随着海外物产的大量输入，由"奢侈品"到日用品的转化过程加速，海外物品与广大人民日常生活日益产生了关联，这无疑更刺激了民间对海外贸易的需求，由此必然引发明代民间私人海外贸易的勃兴。实际上自宣德以后，福建沿海各地的海商就逐渐兴盛起来。⑥这反映出商品经济发展，要求进一步扩大

① 《明史》卷82《食货志》六，北京：中华书局，1974年。

② 《明史》卷164《张昭传》，北京：中华书局，1974年。

③ （明）严从简：《殊域周咨录》卷8《琐里·古里》，余思黎点校，北京：中华书局，1993年。

④ 《明史》卷81《食货志》五，北京：中华书局，1974年。

⑤ 冯承钧校注：《瀛涯胜览校注·占城国》，上海：商务印书馆，1935年。

⑥ （清）孙尔准修，陈寿祺、高澍然纂：《重纂福建通志》卷270《洋市》，清同治刻本。

海外贸易是一种必然趋势。而这种民间的呼声是统治者不愿听到和看到的，它冲击了朝贡贸易的基础——官方对海外贸易的垄断。

郑和下西洋扩大了朝贡贸易，给中国的手工业产品打开了海外市场，客观上促进了当时手工业，尤其是与大宗出口产品丝绸、瓷器等相关的民间丝织业、制瓷业的发展，同时进一步冲击了官营手工业，促使匠籍制度加快瓦解。宣德时，在京工作匠人多有逃者。①于是郑和下西洋的主要物质基础也随之动摇了。

根据学者的研究探讨，郑和下西洋的终止原因有明朝国力衰减、开支浩大、人员损失惨重、官营手工业危机、倭寇骚扰、重本抑末传统政策影响等，但究其根本原因，在于海外贸易的扩大使商品经济给中国传统社会经济带来了强烈冲击，它触及了朝贡贸易的基础——官方对海外贸易的全面垄断和控制。具体说来，正是扩大的海外贸易促使海外珍品向寻常物转化的必然趋向造成商品经济发展变化，动摇了明初官方垄断海外贸易的根基。作为朝贡贸易发展到顶峰标志的郑和下西洋，恰恰促成了破坏朝贡贸易根基的后果，不言而喻，远航只能落得悲剧式的终场了。这是商品货币关系发展的必然结果。远航结束后，明初朝贡贸易形式下的海外贸易日趋衰落，民间私人海外贸易日益兴盛起来，封建国家对海外贸易的垄断无法维持长久，最终不得不放弃对海外贸易全面官营化的努力。

在明初社会经济处于正在变而尚未发生剧变的时候，郑和下西洋所带来的经济影响是极其深远的。

---

① 《明宣宗实录》卷63，"宣德五年二月癸巳"条。

郑和下西洋与明中叶社会变迁[*]

对于郑和下西洋这一世界瞩目的历史事件，自20世纪初开始的国内外大量学术研究和探讨，硕果累累。在前人研究的基础上，撰写本文是出于以下三点考虑。

一是从郑和研究的整体性来说，以往侧重事件本身的原因、目的、性质、意义等方面，而在盛赞这一航海壮举对世界航海事业作出卓越贡献的同时，对其在中国社会发展过程中的历史地位和作用，即社会效应的专题研究，却极为寥落。事实上，远航并非仅是中国封建社会晚期一阕威武雄壮的绝唱，在中国封建社会内部处于渐变而尚未发生剧变的时候，其社会作用和意义极为深远，甚至在某种意义上，可以说是它拉开了中国封建社会向近代化转型的序幕。

二是远航结束后，历史进入了明中叶。由于明代社会在中叶以后的嘉靖、隆庆、万历三朝变化巨大，史料丰富，因此在以往的明史研究中，存在马鞍形偏向，即重明初和明后期，而包括正统到正德朝80多年的明中叶，却一直是研究的薄弱环节。然而，历史是动态的发展过程，明末社会的嬗变并非一蹴而就，明中叶处于西方历史性冲击到来前夜，中国社会内部自身已经滋生了变化的潜流，因此，从郑和下西洋的两极效应——衰落与兴起入手，考察明中叶社会变迁的历史轨迹，是有意义的。需要说明的是，本文重点论述下西洋的社会效应，但无意将其作为促成明中叶社会变迁的唯一动因，因为历史事件的脉络千头万绪，任何社会变化都不可能是孤立的活动所促成的，而必然是多种因素相互作用的产物。

---

* 原载中国明史学会主办：《明史研究》第 4 辑，合肥：黄山书社，1994 年。收入本书，有订正。

　　三是现实历史过程往往向我们昭示一种二律背反：历史是人的自觉活动的产物，然而活动的结果却常常与主体意志相悖。政策的制定，牵涉社会的方方面面，作为明初海外政策的成功标志，郑和下西洋也同其他事物一样，其功能不是单一的，效应也不只在某一方面。我们今天来评价它，应当摒弃非此即彼的定性判断，更不应重蹈封建传统观念的覆辙。因为这一重大历史事件产生的社会效应，既有当时统治者所期望的正面效应，也有其不愿见到的负面效应；既有易于发现的明显效应，还有当时难以察觉的潜在效应。其对中国社会的作用和影响如仅停留在"费钱粮数十万，军民死且万计。纵得奇宝而回，于国家何益"①的消极评价上，是不公允的。诚然，由于受限于封建官方垄断海外贸易的背景和形式，下西洋完全不具备后来地理大发现时期西方航海活动的种种特征，自然也就不可能产生同样的后果。尽管如此，规模巨大、历时长久的航海壮举，在迎来了 15 世纪这一海洋世纪的同时，在中国社会也形成了片片涟漪，既深且远，绝不是昙花一现。我们应当对其加以全面考察，才有助于得出较为公允的评价。

　　一言以蔽之，郑和下西洋对中国社会产生了两极效应：衰落与兴起。兹举重要方面试以说明。

一、朝贡贸易的衰落与民间私人海外贸易的兴起

　　"朝贡"一词，在中国历史上涵盖外交和贸易双重含义。郑和下西洋远航带有明确的扩大官方朝贡贸易的使命。明初经过短暂的允许中外民间海外贸易阶段以后，伴随作为明代海外政策两大支柱的朝贡贸易和海禁政策形成，明朝就将海外贸易完全垄断在官方手中，"是有贡舶，即有互市，非入贡，即不许其互市"的海外贸易的全面官营化，在统治者看来，是有百利而无一弊的。明人王圻曾论曰："通华夷之情，迁有无之货，收征税之利，减戍守之费，又以禁海贾，抑奸商，使利权在上。"②此段评估确有一语破的之妙。细细分析，第一，明朝可以与海外各国保持传统友好关系，树立中国天子"抚驭万国"的对

---

① （明）严从简：《殊域周咨录》卷 8《琐里·古里》，余思黎点校，北京：中华书局，1993 年。
② （明）王圻撰：《续文献通考》卷 31《市籴考·市舶互市》，北京：现代出版社，1991 年。

外形象；第二，明朝可建立与海外各国的经济联系，互通有无，得到海外物品以满足欲望；第三，明朝通过商贸往来，能够达到成功的外交，维系安定的国际环境，减少国防压力，节省军费开支；第四，使国家垄断海外贸易，从而抑制民间海商发展，封建统治者可尽收海外贸易的"权"与"利"。唯其如此，明代统治者才会制定朝贡贸易与海禁相结合的海外政策，不遗余力地推进海外贸易全面官营化的进程。

然而，作为明初朝贡贸易发展到顶峰的标志，下西洋却又恰恰促成了朝贡贸易的衰落和民间私人海外贸易的兴起。

郑和庞大使团漂洋过海，满载深受海外各国人民喜爱和欢迎的绫绢、纱罗、彩帛、锦绮，以及瓷器、药材、铁器等物品，直接去海外进行大规模远距离贸易活动，并带来了海外各国"执圭捧帛而来朝，梯山航海而进贡"的朝贡贸易极盛景象。尽管明王朝实行"厚往薄来"的原则，但全面官营化的海外贸易仍可使明王朝获得高额利润，并非得不偿失。为了便于分析，现以当时输入中国的最大宗海外货物胡椒为例，将胡椒在海外原产地价格，明前期胡椒与钞、银比价，以及明廷以输入胡椒、苏木折赏、折俸列表于下（表1、表2、表3）。

表 1　胡椒在海外原产地价格表

时间	原产地	胡椒/斤	银/两	资料来源
郑和下西洋时期	苏门答剌	1	0.01	《瀛涯胜览·苏门答剌国》
郑和下西洋时期	柯枝	1	0.0125	《西洋番国志·柯枝国》

表 2　明前期胡椒与钞、银比价表

时间	钞（贯）与银（两）比价	胡椒（斤）、钞（贯）、银（两）比价	资料来源
洪武八年（1375 年）	1：1	—	《正德大明会典》卷34《钞法》[1]
洪武间	15：1	1：3：0.2[2]	《正德大明会典》卷102《番货价值》
永乐五年（1407 年）	80：1	1：8：0.1[3]	《正德大明会典》卷34《钞法》；卷136《计赃时估》
永乐二十二年（1424 年）	—	1：16：0.2[4]	《正德大明会典》卷29《俸给》一
宣德七年（1432 年）	100：1	—	《明宣宗实录》卷88
宣德九年（1434 年）	—	1：100：1[5]	《正德大明会典》卷29《俸给》一
正统元年（1436 年）	1000⁺：1[6]	—	《明英宗实录》卷15

注：[1]《正德大明会典》，东京：汲古书院，1989 年；[2] 进口货物给价；[3] 时价，《正德大明会典》卷136《计赃时估》未注年代，依钞银比价，时估应为永乐市价，而非洪武市价；[4] 折俸；[5] 折俸；[6] "+"代表余额

表 3　明廷以输入胡椒、苏木折赏、折俸表

时间	输入物品	折赏与赏赐对象	折俸钞范围	资料来源
永乐五年（1407 年）	苏木	北平各卫军士		《正德大明会典》卷 26《赏赐》
永乐十三年（1415 年）	胡椒、苏木	营建北京督工群臣及兵民夫匠		郑晓《今言》卷 1
永乐十八年（1420 年）	胡椒、苏木	在京各卫军士		《正德大明会典》卷 26《赏赐》
永乐十九年（1421 年）	苏木	在京各卫军士		《正德大明会典》卷 26《赏赐》
永乐二十二年（1424 年）	胡椒、苏木	两京各卫军士	在京文武官员各衙门吏	《正德大明会典》卷 26《赏赐》；卷 29《俸给》一；卷 30《俸给》二
永乐二十二年（1424 年）八月仁宗即位	胡椒、苏木	扈从北征总兵官等，汉王、赵王		《明仁宗实录》卷 1 下
永乐二十二年（1424 年）九月	胡椒、苏木	军校、监生、吏员、城厢百姓、僧、道、匠人、皂隶等		《明仁宗实录》卷 2 中
宣德九年（1434 年）	胡椒、苏木		两京文武官员	《正德大明会典》卷 29《俸给》一
正统元年（1436 年）	胡椒、苏木		两京文武官员（半支），万全都司、大宁都司、北直隶卫所官军	《续文献通考》卷 103《职官考·禄秩》下；《明英宗实录》卷 19
正统五年（1440 年）	胡椒、苏木	各衙门知印、教坊司俳长		《明英宗实录》卷 67

　　由表 1、表 2 可知，洪武年间，明廷对海外各国朝贡附进货物胡椒一项的给价，是原产地的 20 倍，可见当时视为珍奇之物。永乐五年（1407 年）郑和第一次下西洋后，每斤胡椒在中国的时价是原产地的 10 倍。永乐二十二年（1424 年）郑和第六次下西洋结束后，在府库充溢、市价定然趋于下降的局势下，明廷将大量胡椒和苏木作为钱钞替代物，用来赏赐和折合官员人等的俸钞，硬要将胡椒的利润保持在原产地的 20 倍上。更有甚者，宣德九年（1434 年）郑和第七次下西洋后，在明代宝钞一跌再跌时，明廷竟然以每斤胡椒 100 贯的折合比价大量折俸，这样每斤胡椒达到值银 1 两的地步，朝廷获得了令人咋舌的百倍高额利润。持续到正统元年（1436 年），宝钞与银的比价跌落到千

余贯钞折合银1两，而明廷仍在以大量的胡椒和苏木作为货币代用品，企图消除国家钞法失败带来的危机。

表3说明，自永乐初年郑和下西洋后，海外贸易输入物品胡椒、苏木被大量充当赏赐物及官员人等的俸钞替代物，给赐两京文武官吏、军士，甚至平民百姓。不仅胡椒、苏木数量巨大，而且得到的人数众多，且持续30多年之久，由此可见明初海外贸易的规模和获利之巨。

由此，我们可以得到以下几点认识。

其一，郑和下西洋并非只有耗费巨大的一面，它本身及其扩大的朝贡贸易曾给明廷带来巨大的利益。虽然因缺乏具体资料，对所获巨额利润做总的估计尚不可能，但仅从表3中胡椒一项的大量输入，即可窥见丰厚利润之一斑，也使我们确信王世贞所言的"所奉献及互市采取未名之宝以巨万计"①，以及尹守衡所说的"所至国王纳款朝贡，采取未名之宝以巨万计"②，当非妄语。

其二，郑和下西洋的后果并没有使国库空虚，造成财政危机，相反却为统治者充实了库藏，使"百姓充实，府藏衍溢"。严从简曰："自永乐改元，遣使四出，招谕海番，贡献毕至。奇货重宝，前代所希，充溢库市。贫民承令博买，或多致富，而国用亦羡裕矣。"③英宗天顺二年（1458年）太监上奏所言的"永乐、宣德间屡下西洋，收买黄金、珍珠、宝石诸物，今停止三十余年，府藏虚竭"④，即证明了这一点。宣德时工部尚书黄福曾说的"永乐间，虽营建北京，南讨交阯，北征沙漠，资用未尝乏。比国无大费，而岁用仅给"⑤，也说明永乐时尽管有诸多兴作和巨额军费开支，但没有造成巨大的财政困难。所以，言下西洋停止是因其耗费巨大造成明朝财政困难的结论恐不能成立。应该说永乐年间耗费巨大，但户部尚书夏原吉仍能够应付自如，不致捉襟见肘，除当时社会经济恢复发展外，也有郑和下西洋的一份功绩。

---

① （明）王世贞撰：《弇山堂别集》卷1《皇明盛事述》一，魏连科点校，北京：中华书局，1985年。

② （明）尹守衡撰：《明史窃》卷25《郑和传》，四库禁毁书丛刊本。

③ （明）严从简：《殊域周咨录》卷9《佛郎机》，余思黎点校，北京：中华书局，1993年。

④ 《明英宗实录》卷287，"天顺二年二月戊申"条，台北：台湾"中央研究院"历史语言研究所校印本，1962年（以下实录类均采用此版本，不再一一标注）。关于胡椒折俸，据笔者研究，直至成化十七年（1481年）才因库藏不足而停止，长达70年之久，见万明：《中国融入世界的步履：明与清前期海外政策比较研究》，北京：故宫出版社，2014年。

⑤ 《明史》卷154《黄福传》，北京：中华书局，1974年。

其三，郑和下西洋非但没有造成明朝的财政危机，反而还起了缓解国家钞法危机的作用。明初发行宝钞，禁用金银。因宝钞发行量过大，且无储备金，洪武末年已出现成倍贬值现象，无法保持信用。明朝政府想以行政命令手段维护宝钞通行，无奈不起作用，宝钞处于阻滞状态。郑和下西洋开始后，大量胡椒、苏木的输入及"充溢库市"，使统治者找到了货币代用品以消除钞法败坏的危机。丘濬所言的"今朝廷每岁恒以蕃夷所贡椒木折支京官常俸，夫然，不扰中国之民，而得外邦之助，是亦足国用之一端也。其视前代算间架经总制钱之类滥取于民者，岂不犹贤乎哉？"①即是对此而发。可以说宣德时之所以有第七次下西洋，实出此考虑。当时应对大明宝钞贬值的对策有二：一是增加市肆门摊课钞的征收；二是再一次遣郑和下西洋。②

其四，郑和远航使海外物品大量输入，这些物品由奢侈品向日用品的转化过程加速，输入品的价格理所当然是在下降中，这意味着明朝统治者所得到的丰厚利润也要逐渐下降。明初朝贡贸易是一种官方垄断的海外贸易，具有不受市场调节、违背经济规律的特点，自然不能适应商品经济发展的要求，于是造成大宗海外物品胡椒、苏木存货山积，统治者采用硬性配给各级官吏及军士的办法以维护高额利润和补救财政。于是大量海外物品倾销到中国市场，市场价格不可能不一跌再跌。晚近2个世纪，17世纪初英国东印度公司也把来自海外的大量胡椒配给股东，带来市场价格的低落。而英国皇家也曾因积存胡椒太多而感到棘手。③这说明，无论是中国还是欧洲，都受到了海外贸易带来的冲击。折俸之法使明朝统治者利益受到保护，但却使得到大量折俸胡椒、苏木的各级官吏和军士叫苦不迭，"折俸之薄"使"卑官日用不赡矣"。④于是众多官员对朝廷这种转嫁表示不满，以致对下西洋抱有敌视心理。英宗时张昭、宪宗时刘大夏之竭力阻止下西洋动议⑤，应该说是毫不奇怪的。从胡椒、苏木的作用而言，朝贡贸易给明朝带来的丰厚利润不可能维持过久，硬性配给官吏人等必然招致不满，市场价格一再跌落，继续垄断价格是困难的。扩大的朝贡

---

① 《大学衍义补》卷25《市籴之令》，万历刊本。

② 《明宣宗实录》卷50。

③ Forster W. *England's Quest of Eastern Trade*. London: A. and C. Black, 1933: 106-116.

④ 《明史》卷82《食货志》六，北京：中华书局，1974年。

⑤ 事见《明史》卷164《张昭传》，北京：中华书局，1974年；（明）严从简：《殊域周咨录》卷8《琐里·古里》，余思黎点校，北京：中华书局，1993年。

贸易使其自身弊端暴露无遗。在保守的统治者及其臣下看来，朝贡贸易实有收缩的必要，以免徒致靡费。于是乎，明中叶的海外政策对外呈现明显的收缩趋势，下西洋的帷幕从此落下，随后到来的是朝贡贸易衰落期的开始。在弘治元年至六年（1488—1493 年），到广东入贡的海外朝贡国已减少到无以为继的地步，仅占城和暹罗各一次。①

其五，明初郑和下西洋几近 30 年的远航，一方面不仅将中国商品运销海外，开拓了海外市场，也扩大了海外商品在中国的销售市场，刺激了国内外市场的需求。在海外各国"必资华物"而"慕贡犹农望岁"②，中国则"夷中百货，皆中国不可缺者，夷必欲售，中国必欲得之"③的情况下，来自海外贸易的商品与广大人民日常生活日益发生关联，作为当时海外贸易唯一通道的朝贡贸易已远远不能满足国内外市场日益增长的需求，因此必然会激发民间私人海外贸易的勃兴，明朝统治者朝贡贸易与海禁相结合的海外政策也必然会面临民间私人海外贸易的严重挑战。另一方面，下西洋扩大朝贡贸易带来的海外贸易的繁盛，刺激了国内外市场需求和商品经济的发展，要求打破官方垄断，进一步发展海外贸易的民间呼声日益高涨和民间私人海外贸易的兴起，强烈冲击并动摇了明朝官方垄断和控制海外贸易的朝贡贸易制度的根基。远航引发的这一致命后果比朝贡贸易耗费巨大、劳民伤财等弊病都远为重要和严重得多，这无疑构成了朝贡贸易衰落的根本原因。远航结束后，朝贡贸易日趋衰落，民间私人海外贸易日益兴盛起来，封建国家对海外贸易的垄断无法长久维持，最终调整政策，不得不放弃全面官营化是大势所趋。

在下西洋的影响下，民间私人海外贸易迅速崛起。根据记载，宣德以后东南沿海地区的私人海外贸易便兴盛起来。远航船队刚刚返回，明宣宗即迫不及待地颁发禁海令，颇能说明问题："近岁官员军民不知遵守，往往私造海舟，假朝廷干办为名，擅自下番，扰害外夷或诱引为寇。"④与此同时，福建沿海海商也开始发展起来⑤，漳、泉二州违禁下海者使明廷不得不"复敕漳州卫同知

---

① 《明孝宗实录》卷 73。
② （明）郑舜功：《日本一鉴·穷河话海》卷 7《贡期》，民国二十八年影印本。
③ （明）严从简：《殊域周咨录》卷 8《暹罗》，余思黎点校，北京：中华书局，1993 年。
④ 《明宣宗实录》卷 63、卷 103。
⑤ （清）孙尔准修，陈寿祺、高澍然纂：《重纂福建通志》卷 270《洋市》，清同治刻本。

石宣等严通番之禁"就是证明。到成化、弘治年间,东南沿海地区民间私人海外贸易已经冲破朝贡贸易与海禁的樊篱,极其迅速地发展起来。"成、弘之际,豪门巨室间有乘巨舰贸易海外者。"①广东市舶太监韦眷"纵党通番",番禺知县高瑶"发其赃银巨万"。②当时广东"有力则私通番船"③已成为相当普遍的现象。福建漳州"饶心计与健有力者,往往就海波为阡陌,倚帆樯为耒耜。凡捕鱼纬箫之徒,咸奔走焉。盖富家以赀,贫人以佣,输中华之产,骋彼远国,易其方物以归,博利可十倍,故民乐之"④。随着民间私人海外贸易发展,荒野海滨兴起的漳州月港,在成弘之际已享有"小苏杭"的盛誉。从弘治时福建人口统计中,我们也可看到这一情况,详见表4。

表 4　弘治时福建人口统计

地区	元朝		明朝	
	户数/户	口数/口	户数/户	口数/口
福州府	199 694	—	94 514	285 265
建宁府	127 254	506 926	122 142	393 468
泉州府	89 060	455 545	41 824	180 813
漳州府	21 695	101 306	49 254	317 650
汀州府	41 423	238 127	43 307	252 871
延平府	89 825	435 869	63 584	236 325
邵武府	64 127	248 761	39 644	132 282
兴化府	67 739	352 534	31 687	180 006
福宁州	—	—	6 200	18 335

资料来源:弘治《八闽通志》卷20《食货·户口》

　　表 4 中漳州府户口在弘治时较其余地区有了明显增长,这与民间私人海外贸易的活跃及新的贸易港口城镇的兴起有着密切关系,是不言而喻的。

---

① (明)张燮:《东西洋考》卷 7《饷税考》,谢方点校,北京:中华书局,1981 年,第 131 页。
② 《国朝献征录》卷 99《广东布政司左布政使赠光禄卿谥恭愍陈公选传》。
③ (明)桂尊:《广东图序》,《明经世文编》卷 182《桂文襄公奏议》四。
④ 崇祯《海澄县志》卷 11《风土志》。

二、官营手工业的衰落与民营手工业的兴起

社会生产力的发展，是促进商品经济发展的前提。郑和下西洋是在明初社会经济发展的基础上出现的，这一规模巨大的官方海外贸易活动，推动了明代社会日益发展的商品经济更为迅速地发展。

下西洋为国内手工业产品进一步打开了海外销售市场，并将海外商品信息反馈到国内，从而对国内手工业生产和商品经济发展产生了有力的刺激和促进。由其引发而兴起的民间私人海外贸易，主要是"贩国货"，即把国内手工业产品贩运到海外，如丝绸、棉织品、瓷器、铁器等，都是东南亚乃至非洲、阿拉伯地区人民普遍喜爱的物品，拥有广阔的海外市场。大量中国手工业产品运销海外，对中国社会特别是东南沿海地区商品经济发展的促进作用，是不可低估的。

远航结束后，朝贡贸易衰落、民间私人海外贸易兴起，与之同时发生的是官营手工业的衰落与民营手工业的兴起，这从另一侧面反映了中国社会商品经济的发展。

明初实行匠籍制度，把有技艺的工匠编为匠户。这虽然是继承元代的工匠制，但实际上废除了元代工匠长年服役的办法，把工匠分为轮班匠和住坐匠两种，封建人身依附关系有所松弛。明廷规定，工匠在休工期间可以自由地经营生产，服役期间家中可免其他徭役。这种工匠制度是明初官营手工业的基础，该制度改善了手工业劳动者的社会地位，提高了手工业劳动者的生产积极性，促进了手工业生产发展。由上可见，明初官营手工业的发展为郑和下西洋提供了雄厚的物质基础，但官营手工业产品不投放市场，不属于商品经济。

永乐以后明朝除了屡次派遣下西洋船队扬帆海外，又北征沙漠、南攻交趾、迁都北京、大起宫室，兴工繁多，匠作无已，于是手工业者往往不再能按原规定时间应役，而是全部时间为官府所吞没，进行强制性劳役。轮班匠需自己出资赴京服役，负担更重。工匠不堪负荷，生产积极性大大减退，"在京工作匠人多有逃者"[①]的情况，在宣德年间最后一次遣郑和远航时已经发生。一

① 《明宣宗实录》卷63。

方面，工匠大量逃亡，使工匠制度趋于瓦解，而工匠通过逃亡，获得更多的工作自由，有利于民营手工业的发展。另一方面，由于官营手工业出现的问题，郑和下西洋后期物资筹备中，采自民间的比例不得不逐渐增加，这在仁宗、宣宗诏书中均有所反映。例如，仁宗即位诏书曰："但是买办下番一应物件，并铸造铜钱，买办麝香、生铜、荒丝等物，除见买在官者，于所在官库交收，其未买者，悉皆停止。"①宣德五年（1430 年）皇帝敕书："今命太监郑和等往西洋忽鲁谟斯等国公干，大小舡六十一只。该关领原交南京入库各衙门一应正钱粮，并赏赐番王、头目人等彩币等物，及原阿丹等六国进贡方物给赐价钞买到纻丝等件，并原下西洋官军买到磁器、铁锅、人情物件及随舡合用军火器、纸札、油烛、柴炭并内官内使年例酒、油烛等物，敕至，尔等即照数放支。"②下西洋船队携往海外数量惊人的物品中采自民间的比例的增加，对民营手工业的兴起有着重要作用。而大量国内手工业产品销往海外，又不可能不刺激国内商品经济的发展及市场的繁荣。因此可以认为，郑和下西洋对手工业的促进作用有二：一是扩大的朝贡贸易冲击了官营手工业，促使匠籍制度迅速瓦解，官营手工业也随之衰落；二是促进了商品经济的发展，助长了民营手工业的兴起。

成化二十一年（1485 年），明朝开始采用班匠以银代役之法，规定南匠出银九钱，北匠出银六钱，可免赴京服役。弘治十八年（1505 年）又规定"南北二京班匠……每班征银一两八钱，遇闰征银二两四钱"③。虽然纳银数目仍较高，但却是向明后期嘉靖年间班匠普遍折银迈出的第一步，标志着明代手工业者封建人身依附关系的进一步松弛，对于推动民营手工业发展和商品经济繁荣具有重要意义。官营手工业的衰落过程与民营手工业兴起的历程同步发生，官营手工业中与海外贸易关系密切的织造和冶铁衰落最为明显，而民营手工业在这两方面的兴起也最快。

明代广东著名的冶铁中心佛山，其发展历程很能说明问题。明初那里只是"孤村铸炼"，永乐以后得到了长足的发展。"番舶始集，诸货宝南北巨输，以

---

① 《明仁宗实录》卷 1 上。

② （明）巩珍：《西洋番国志·敕书》，向达校注，北京：中华书局，1961 年。

③ （明）申时行等修：《明会典》卷 189《工匠》二，北京：中华书局，1989 年。

佛山为枢纽，商务益盛。"①这说明佛山的兴起与海外贸易关系极大。根据有关家谱的记载，宣德四年（1429 年）炉户已"多建铸造炉房"，"火光冲天"。②其时业已产生"佛山商务以锅业为最"③的说法。发展到正统末年，佛山已颇具规模："民庐栉比，屋瓦鳞次，几万余家……工擅炉冶之巧，四远商贩，恒辐辏焉。"④海外各国使臣得到特许，可在广东购买铁钉、铁锅、瓷器之类的物品⑤，这使佛山的手工业产品远销海外。明中叶以后佛山手工业产品之所以颇负盛名，是因为永乐以后至正德年间海外市场的开拓。佛山手工业的显著特点是其民营的性质，其发展历程反映出郑和下西洋发展海外贸易对民营手工业的促进作用。

其他民营手工业行业，如陶瓷业、制糖业、榨油业等在明中叶都有很大发展。正统元年（1436 年）浮梁县陆子顺向朝廷一次进贡瓷器 5 万余件⑥，由此可见当时景德镇民营手工业已有一定规模。明中叶民营手工业的发展还突出地表现在纺织业。与国内外市场扩大相联系，东南沿海地区的民营纺织业有了新的发展。弘治年间，福州府开始织造"绢绫缎纱罗"，改写了过去"俱于苏杭售以充贡"的历史。⑦福州兴化妇女多善织布，"下里人家妇女，治此甚勤。每四五日织成一布，丈夫持至仙游，易谷一石"，莆田黄石出现织丝与绫的机户⑧，建安"克丝凡数种"⑨。更为重要的是，福建缎机于弘治年间经林洪改进，变五层为四层，"故名改机"⑩。嘉靖朝广东南海人霍韬记其先祖发家于景泰年间，"昼则鬻布于市，暇则作扇，市取值以起家"⑪。郑晓所言广东"人逐

---

① 民国《佛山忠义乡志》卷 14。
② 梁礼昭：《梁氏家谱·诸祖传录·梅庄公传》，转引自明清广东省社会经济研究会编：《明清广东社会经济研究》，广州：广东人民出版社，1987 年，第 30 页。
③ 冼宝干：《鹤园冼氏家谱》卷六之二《六世月松公传》，转引自明清广东省社会经济研究会编：《明清广东社会经济研究》，广州：广东人民出版社，1987 年，第 30 页。
④ 明景泰二年陈赟《祖庙灵应祠碑记》，见道光《佛山忠义乡志》卷 12《金石志》上。
⑤ 《明英宗实录》卷 216。
⑥ 《明英宗实录》卷 22。
⑦ 弘治《八闽通志》卷 25《食货·土产》。
⑧ 弘治《兴化府志》卷 12《货殖》。
⑨ 弘治《八闽通志》卷 25《食货·土产》。
⑩ 万历《福州府志》卷 37《食货志·物产》。
⑪ 《石头霍氏族谱·霍韬乂序》，转引自明清广东省社会经济研究会编：《明清广东社会经济形态研究》，广州：广东人民出版社，1987 年，第 147 页。

山海矿冶番舶之利，不务农田"①的状况，大致于明中叶已经发生。海外市场的开拓有力地推动了江南手工业生产的发展。苏州吴江在洪熙、宣德年间开始出现从事"绫绸之业"的热潮。②浙江仁和人张瀚记其先祖于成化末年"购机一张，织诸色纻币，备极精工。每一下机，人争鬻之，计获利当五之一。积两旬，复增一机，后增至二十余。商贾所货者，常满户外，尚不能应。自是家业大饶"③。民营手工业的迅速扩大和发展，促进了商业贸易的繁荣和专业市镇的兴起。明代以丝织业著称的专业市镇，如苏州的震泽、黎里，嘉兴的濮院，湖州的双林、菱湖，都是从明中叶开始繁华起来的。震泽"元时村市萧条，居民数十家。明成化中至三四百家"，成弘以后，"竞逐绫绸之利"。④黎里"明成、弘间为邑重镇，居民千百家。百货并集，无异城市"⑤。濮院在弘治、正德时"机杼之利，日生万金。四方巨商，负赍争委"⑥。双林于洪武年间尚人户寥寥，永乐时人口渐多，成化时"倍于前"，且"四方之商贾咸集以贸易"。⑦菱湖在成、弘年间人烟繁盛，新丝上市，"列肆喧阗，街路拥塞"⑧。

手工业生产的发展，促使专业市镇兴起，专业市镇成为城市与乡村间商品流通的重要枢纽。明中叶江淮闽粤商旅畅通无阻，商品交换日趋频繁，地方市场发展速度很快。弘治时王济到广西横州上任，时"适成市，荷担贸易，百货塞途"。他记有"横州虽止十五里，有村八百余，虚百余。一虚每贸易钱货不下数十万"。⑨在海外贸易的影响下，漳州月港于成弘年间"宝货塞途，家家歌舞赛神，钟鼓管弦连飚响答。十方巨贾，竞鹜争驰，真是繁华地界"⑩。商品市场的繁荣、商品经济的发展，使东南沿海地区农业商品性生产程度提高，农村家庭手工业投入市场增多，人口大量流入城镇加入手工业者行列，社会分工日益扩大。这些都是对自给自足封建自然经济的冲击，使农业经济结构发生变

---

① （明）张萱撰：《西园闻见录》卷62《兵部·广东》。
② 乾隆《吴江县志》卷25《生业》。
③ （明）张瀚撰：《松窗梦语》卷6《异闻纪》，盛冬铃点校，北京：中华书局，1985年。
④ 乾隆《震泽县志》卷4《镇市村》。
⑤ 嘉庆《黎里志》卷4《风俗》引旧县志。
⑥ 濮道水：《濮川志略》卷1《开镇说》。
⑦ （清）蔡蓉升原纂，蔡蒙续纂：《双林镇志》卷18，民国六年铅印本。
⑧ （清）孙志熊纂：《菱湖镇志》卷1，光绪十九年临安孙氏刻本。
⑨ （明）王济：《君子堂日询手镜》上。
⑩ 崇祯《海澄县志》卷11《风土志》。

化，也推动了民营手工业的进一步发展，为明后期东南沿海地区成为海内外商品生产基地及资本主义萌芽的出现准备了条件。

三、大明宝钞的衰落与 "朝野率皆用银" 的出现

海外贸易与商品货币经济关系密切，随着海外贸易的扩大，商品货币势必得到迅速发展。明初海外贸易的发展使商品货币经济得到迅速发展的最好证明，是郑和下西洋结束后，出现了白银成为货币的主要形式这一中国货币史上的大事。

明初发行大明宝钞，与银钱通行使用，为了保证这种纸币的流通，禁止民间用金银交易。但如前述，由于发行量过大，又无储备金，因此很快就出现了贬值现象，民间以银为支付手段悄然兴起。明廷派遣郑和船队远航，直接到海外进行大规模海外贸易活动，扩大朝贡贸易，起到了增加财富以缓解国家钞法危机的作用，前文已经提及，不再赘述。然而，值得注意的是，郑和船队带回大量财富，尤其是贵金属黄金、白银，更使大量白银通过入贡流入中国①，这无疑加速了白银成为货币主要形式的历史进程。

以银作为流通货币的条件有三：一是国库储备充足；二是民间具有流通的基础；三是商品货币经济的发展。下西洋进行近 30 年，海外贸易扩大发展，是促使中国由明初的禁用金银，向英宗正统年间 "弛用银之禁，朝野率皆用银"②方向发展的重要因素之一。这一作用实际上恰恰造成对大明宝钞的致命性冲击，促使其更加迅速地衰落。

在海外贸易的促进下，商品货币经济的发展不仅表现在班匠银的出现上，还表现在赋役折银上。具有田赋货币化性质的折银也发生于正统年间。正统元年（1436 年），明廷采纳副都御史周铨等的建议，将田赋准折白银，"米麦一石，折银二钱五分……谓之金花银"③。金花银的折征是中国古代田赋史上继两税法以钱定税之后的又一重大变化。顾炎武认为，正统 "乃仓粮折输变卖，

---

① 〔日〕市古尚三：《明代货币史考》，东京：凤书房，1977 年。
② 《明史》卷 81《食货志》五，北京：中华书局，1974 年。
③ 《明史》卷 81《食货志》五，北京：中华书局，1974 年。

无不以银,后遂以为常货,盖市舶之来多矣"①,这直接道出了赋役折银与海外贸易的重要联系。

具体以广东为例。当时朝廷规定,除漕粮以外,解京米一律折银两。广东没有漕粮,因此解京税粮一律折银。起初存留部分仍征本色,到弘治、正德时,连存留部分也兼收银两了。②广东均徭征派中的货币化在宣德年间也已露出端倪。弘治、正德年间,均徭分为两类:"用力者谓之力差,纳银者谓之银差。"③实际上,弘治时向各县派征的物料及杂派夫役多已折为价银,可输银为代。由此可见,明中叶广东的赋役折银已经实行得相当普遍。赋役货币化的出现与商品经济发展到相当水平和规模有关,而其在东南沿海地区推行得较顺利和迅速,则是与"用银始于闽粤,以其地坑冶多而海舶利也"④有着直接的关系。广东"宣成弘德以来,民物殷实,储蓄充盈,雄视他省。鹾鹺贩舶,篙工健卒,络绎无昼夜"⑤,是商品货币经济繁荣与海外贸易发展互动作用的结果。

四、社会整合程度的下降与移民海外热潮的兴起

明初封建统治者为了有效地控制整个社会,进行了户籍登记和人口统计,推行了户帖制度,即"籍上户部,帖给之民"⑥。在此基础上,确立了里甲制度,编订了黄册和鱼鳞图册,这使政府能够掌握四民动态。

中国沿海居民移民海外,在明代以前已有,但较多的迁徙移居现象却是始于明代。郑和下西洋促使东南沿海私人海外贸易兴盛,东南沿海地区居民移居海外现象增多,可以说形成了明代向海外移民的热潮。

这种促进作用,主要体现在以下两个方面:

第一,下西洋船队拥有庞大的规模,不仅宝船巨大,而且人员众多。"官校旗军数万人,乘巨舶百余艘。"以最后一次下西洋为例,使团包括"官校、

① 《日知录》卷11。
② 康熙《雷州府志》卷4。
③ 嘉靖《广东通志初稿》卷25《差役》。
④ 《广东新语》卷15《货语·银》。
⑤ (明)何维柏撰:《天山草堂存稿》卷4《赠采山方公晋太仆卿序》。
⑥ 《明史》卷77《食货志》一,北京:中华书局,1974年。

旗军、火长、舵工、班碇手、通事、办事、书算手、医士、铁锚、木舱、搭材等匠，水手、民稍人等，共二万七千五百五十员名"①。毫无疑义，其中大量使团成员是有着丰富海洋经验的沿海居民。根据记载，下西洋前，朝廷"始则预行福建、广、浙，选取驾船民稍中有经惯下海者称为火长，用作船师，乃以针经图式付与领执，专一料理"②。使团官军人数居多，"江南属卫，便于舟楫"，许多选自江南地区各卫所。③《星槎胜览》的作者费信及《西洋番国志》的作者巩珍都是以江南军卒身份随往西洋的。④除江南地区各卫所外，还有不少来自其他沿海地区。据《闽书》记载，当时随郑和出航而隶籍于福州中卫的就有沈斗保、董智、屠俊、庄辉、翟斌、姚政、张剪住、罗福生、孙瑛、谢栓住、严观、王通保、赵智、胡贵、陈连生等15人。下西洋后，他们全部得到升擢。⑤弘治《兴化府志》也记录有以下5人：柳荣，永乐三年（1405年）以卫所舵工随郑和前往西洋，"有杀贼功，累升卫中所百户"；王钰，以小旗随去西洋，升百户；张宽，以卫所镇抚入选随往西洋，病卒；许辟，以百户往西洋古里、小葛兰等国，以"功升副千户"；刘杰，以小旗下西洋，升总旗。⑥东南沿海地区素有航海经验的人员构成郑和船队主要力量，保证了远航的成功。同时，使团人员在一次次出使中对海洋更加熟识，增进了对海外各国风土人情的了解和认识，必然将海外信息带回国内，使故乡沿海地区人民获得深刻印象。《四夷广记》中就记有永乐、宣德中，随往西洋的周老所言海外各国物产情况⑦，虽不免有夸张之嫌，但却是亲历之人所述，必会产生影响。

　　郑和船队返航时人员大减，除伤亡外，沿海居民随之出洋，留居海外也不失为一个因素。据《厦门志》载，万历时，文莱岛有不少华人居住，许多是随郑和下西洋而留居下来的。《明史·婆罗传》也记有"万历时，为王者闽人也。或言郑和使婆罗，有闽人从之，因留居其地，其后人竟据其国而王之"。

① （明）祝允明：《前闻记·下西洋》，见（明）邓士龙辑：《国朝典故》（中），许大龄、王天有主点校，北京：北京大学出版社，1993年。

② （明）巩珍：《西洋番国志·自序》，向达校注，北京：中华书局，1961年。

③ 《明宣宗实录》卷10。

④ （明）费信著，冯承钧校注：《星槎胜览校注·自序》，北京：中华书局，1954年；（明）巩珍：《西洋番国志·序》，向达校注，北京：中华书局，1961年。

⑤ （明）何乔远编撰：《闽书》卷68《武军志》，福州：福建人民出版社，1994年。

⑥ 弘治《兴化府志》卷49《兵纪·百户事考》。

⑦ （明）慎懋赏：《四夷广记·海国广记·西南夷》，玄览堂丛书本。

当时远航路途遥远，海上风大浪险，航海中遭遇风暴漂泊，或遇寇或伤病不能
继续航行，留居海外是完全有可能的。英宗时府军卫卒赵旺等 3 人，便是当年
下西洋漂泊在海外 18 年后才回国的。①何况据《瀛涯胜览》等书记载，下西洋
使团在海外见到不少原出洋留居之人，"其间多有中国广东及漳、泉人"，这
使使团人员的留居更具备了可能性。郑和船队七下西洋，每次随行有大约 2.7
万人，将每次减员、增员因素考虑在内，估算下西洋人员总数也在 10 万人以
上。如此众多亲历海外的人，对明中叶沿海私人海外贸易和出洋留居谋生，
必然产生重要影响。

　　第二，下西洋使团本身负有招抚和威慑海外中国逃民的使命。明成祖即位
之初，积极推行朝贡贸易与海禁相结合的海外政策，遣使往谕海外："凡番国
之人，即各还本土，欲来朝者，当加赐赉遣还。中国之人，逃匿在彼者，咸赦
前过，俾复本业，永为良民。若仍恃险远，执迷不悛，则命将发兵，悉行剿
戮，悔将无及。"②于是下西洋有陈祖义之被俘与施进卿及其子受封。然而，令
统治者意想不到的是，郑和远航在某种程度上恰恰提高了海外居留者在当地的
社会地位，使中国人有了了解和熟识海外世界的机会，事实上，它向更多的沿
海人民指示了向海外发展的道路。因此，应该说下西洋对私人海外贸易由威慑
到引发的作用极为明显。

　　明中叶，当北方流民如潮水般涌入荆襄山区开发的时候，冲破海禁出洋进
行海外贸易，便成为东南沿海地区人民的一条极好出路。在官员"民往往嗜利
忘禁"③的惊呼声中，冒死蹈海者日益增多。他们把国内市场与海外市场联系
起来，同时也带动了移民热潮的兴起。

　　明中叶留居海外的沿海居民日益增多，其中又以福建沿海人居多。正统三
年（1438 年）入明朝贡的爪哇使者亚烈马用良、通事良殿、南文业 3 人均是福
建龙溪人。马用良仕为亚烈，是"秩四品"的爪哇官员。④漳州人张姓者在浡
泥出任那督，也是其国尊官。⑤汀州人谢文彬于成化十三年（1477 年）以暹罗

---

①　《明英宗实录》卷 169。
②　《明太宗实录》卷 12 上。
③　《明英宗实录》卷 179。
④　《明史》卷 324《爪哇传》，北京：中华书局，1974 年。
⑤　《明史》卷 325《浡泥传》，北京：中华书局，1974 年。

使臣身份来明朝贡，言"因贩盐下海，飘到暹罗，遂仕其国，官至岳坤，犹华言学士之类"①。在沿海地区的家谱中，迁徙的记载所在多有，如福建同安县汀溪黄氏家族，成化时有人出洋到海外居留，繁衍甚众。泉州安海《颜氏族谱》载，族人颜嗣祥、颜嗣良、颜森器、颜森礼及颜侃等5人都是在成化、正德、嘉靖年间经商暹罗，侨寓其地并死于其处的。②移居海外的中国沿海人民为南洋社会经济的开发和发展，做出了重要贡献。

五、政治的趋于腐败与奢侈之风的兴起

如前所述，郑和下西洋为明王朝带来了巨大财富。大量财富的流入，造成一系列后果。

首先，统治层日趋腐化，政治的腐败和经济的攫取相伴而生。

急剧增多的财富，促使皇室的奢侈靡费日益增加，数量浩大。《明史·食货志》载"大约靡于英宗，继以宪、武"③。正统时增加皇室厨役1884名，每年用猪羊鸡鹅10万只，后又添加腌腊鸡鹅猪27 000只，子鹅2000只。宫中点灯所用黄蜡也成倍增长。明初年用3万斤，景泰、天顺年间增到85 000斤，成化以后更是猛增至30万斤。④因此，弘治时马文升言："近来内府各衙门坐派诸色物料，供应牲口等项，较之永乐、宣德、正统年间，十增其三四。"⑤

宣德年间号称治世，然史载宣宗颇事宴乐玩好，以致京师效尤，"臣僚宴乐，以奢相尚，歌妓满前，纪纲为之不振"⑥。随骄奢淫逸生活而来的是无止境的贪欲和政治的腐败。实际上"贪风永乐之末已作"，宣德时已"贪浊之风满朝"，"请讬贿赂，公行无忌"。具有讽刺意味的是，贪官"最甚者"竟然是"警肃百僚"的风宪之长都御史刘观。⑦正统时形成宦官专权，王振大权在握，

---

① （明）慎懋赏：《四夷广记·海国广记·暹罗国》，玄览堂丛书本。
② 转引自张海鹏、张海瀛主编：《中国十大商帮》，合肥：黄山书社，1993年。
③ 《明史》卷82《食货志》六，北京：中华书局，1974年。
④ 康熙《全椒县志》卷13《艺文》。
⑤ 《明臣奏议》卷7《恤民弭灾再奏疏》，清光绪十七年刻本。
⑥ 《明宣宗实录》卷66。
⑦ （明）杨士奇撰：《三朝圣谕录》下。

贿赂公行，吏治败坏。"在外方面，俱攫金进见，每当朝觐日，进见者以百金为恒，千金者始得醉饱出。"①英宗蒙尘于土木堡，籍没王振时，"器服绮丽，上方不逮。玉盘一十面，珊瑚树高六七尺，金银以库计者亦十有余"②。成化中，广东市舶太监韦眷"私与海外诸番相贸易，金缯、宝玉、犀象、珍玩之积，郿坞不如也"③。当时万妃宠冠后宫，酷爱宝石，"京师富家多进宝石得宠幸，赏赐累巨万，内帑几为之空"④。至此明初积累的大量财富"十窑俱磬悬"，被挥霍殆尽了。⑤孝宗弘治有"中兴之主"美名，但晚年也日趋腐朽，不上朝理政，致使"百司庶府之事，文书壅滞不得施行，一事之决，动逾旬月，一令之出，随辄废弛"⑥。内阁大学士刘健等曾言："近年以来，用度太侈，光禄寺支费增数十倍，各处织造降出新样，动千百匹。显灵、朝天等宫，泰山、武当等处修斋设醮，费用累千万两。太仓官银存积无几，不够给边，而取入内库至四五十万。宗藩贵戚求讨田土，占夺盐利，动亦数十万计。他如土木工作，物料科派，传奉官俸钱，皂隶投充，匠役月粮布花，岁增月益，无有穷期。财用之匮，率由于此。"⑦商品货币经济的发展刺激了统治层的贪欲，欲望是填不满的沟壑，挥霍无度不仅与政治腐败相辅相成，也与对更多财富的攫取，即经济掠夺相伴而行。明中叶上至皇室，下至缙绅，掀起土地兼并的狂潮，就是典型事例。土地的集中及赋役的加重，造成一系列严重社会后果，增加了社会动荡系数和无组织社会变量，可以说土地占有关系的变化，为社会变迁准备了条件。

其次，海外贸易带来的大量财富对社会风气的嬗变起了推波助澜的作用。

明初朱元璋意欲通过一系列恢复生产、安定社会秩序的政策和措施，使传统小农理想社会得以复苏。其中重要的是推行教化。当时社会风尚淳朴守分，敦厚有礼。广东潮州"士笃于文行，人始知书，士联名桂籍，海边邹鲁"⑧。

---

① 《明史纪事本末》卷 29《王振用事》。
② 《国朝献征录》卷 117《王振本末》。
③ （明）黄瑜撰：《双槐岁钞》卷 9《奖贤文》。
④ （明）韩邦奇撰：《苑洛集》卷 19《见闻考随录》。
⑤ （明）王鏊撰：《震泽纪闻》卷下。
⑥ 《明孝宗实录》卷 190。
⑦ 《明孝宗实录》卷 177。
⑧ （明）李贤等撰：《大明一统志》卷 79《潮州府·风俗》，西安：三秦出版社，1990 年。

江苏江阴"国初时民居尚俭朴,三间五架,制甚狭小。服布素,老者穿紫花布衣衫,戴平头巾。少者出游于市,见一华人怪而哗之。燕会八簋,四人合坐为一席,折简不盈幅"①。福建汀州"民安稼穑勤劳,少营商贾。岁时燕享不废,亦鲜竞于泰奢,少长服饰尚新,未尝流于侈僭。富家专守禾税,贫夫力治山畬,廛无行货之妇,衢无伏地之丐"②。

　　至明中叶,京师风气异于明初,正统十三年(1448 年)有人指出:"今风俗浇浮,京师为甚。寇攘窃发,畿甸为多。"并以为"推其故有五:其一军民之家享佛过盛,供养布施,倾赀不吝;其二营办丧事,率至破家,唯夸睹视之美,实非送死之益;其三服食丽靡,侈用伤财;其四倡优为蠹,淫材无极;其五赌博破产,十凡八九"。③到成化时世风奢侈日盛。周玺言:"中外臣僚士庶之家,靡丽侈华,彼此相尚,而借贷费用,习以为常。居室则一概雕画,首饰则滥用金宝。倡优下贱以绫缎为裤,市井光棍以绣缘袜。工匠厮役之人,任意制造,殊不畏惮。虽朝廷禁止诏屡下,而奢靡僭用之习自如。"④明初礼制约束了风尚,明中叶风尚的变迁、传统价值观念的动摇与礼制盛衰休戚相关。正统至正德各朝实录中朝臣频请禁奢的建言和朝廷屡屡颁发的禁奢令,正说明统治者对社会风气嬗变的无可奈何。根据林丽月的统计,明朝禁奢令以正统至正德年间颁布最多,合计 60 条,其中又以成化、弘治两朝为多,成化时 12 条,弘治时 27 条。⑤这反映出明中叶社会风气的嬗变已经发生,嘉靖以后不过是继续累积加剧而已。

六、正统理学的开始没落与新思想的悄然诞生

　　郑和下西洋结束以后,其社会效应迭相出现。明中叶社会变迁,反映出中国社会内部自身孕育的变化潜流,必然会伴随有思想意识形态的变化和反应。择其代表人物,主要有丘濬与陈献章,而二人皆来自海外贸易与商品经济均较

---

①　嘉靖《江阴县志》卷 4《风俗记》。

②　崇祯《汀州府志》卷 4《乡土志》引旧志。

③　《明英宗实录》卷 169。

④　《垂光集·论治化疏》。

⑤　林丽月:《明代禁奢令新探》,见张中政主编:《明史论文集》,合肥:黄山书社,1993 年。

为发达的广东，当非偶然。

　　丘濬（1421—1495 年），字仲深，号琼台，广东琼山市（今海南海口琼山区）人，于景泰五年（1454 年）中进士，入京为官，后官至文渊阁大学士。他十分关心现实政治和经济问题，因"采集子史经传有益治国平天下者，附以己见，为百六十卷"①，名《大学衍义补》。该书虽名为南宋真德秀《大学衍义》的补编，实际"前书主于理，而此则主乎事"②，不像《大学衍义》专门宣扬理学，而是一部专论经世致用之学的书籍，从中我们可以看到丘濬熠熠闪光的经济思想。

　　其一，面对当时工商业的繁荣、私人海外贸易的兴起等社会现实，丘濬一反传统重本抑末思想，提出农商同等重要。他指出："所谓财者，谷与货而已，谷所以资民食，货所以资民用。有食有用，则民有以为生养之具；而聚居托处以相安矣。"③"食货者，生民之本也。"④并且认为"财者，人心所同欲也"，论证了民间从事商业活动的必然性，提出允许私人求利和从事商业活动对整个社会有利，"而天下平矣"。⑤

　　其二，丘濬公开提出反对国家抑商和对商业活动干预过多，要求政府鼓励民间从事商业活动，给商人以经营自由。他尖锐地抨击了历史上的国家官营专卖，如桑弘羊的平准法和王安石的市易法，提出"天生众民，有贫有富。为天下王者，惟省力役，薄赋敛，平物价，使富者安其富，贫者不至于贫，各安其分，止其所，得矣"；主张"民自为市"，认为国家控制、干涉私人商业活动，"以人君而争商贾之利，可丑之甚也"⑥；还进一步认为社会财富"非专用之以奉一人"，百姓财物"非君所得而私有也"。⑦这种思想已具有限制君权的启蒙意义。

　　其三，丘濬非常重视海外贸易，这是他经济思想突出的一点。他提出应当积极开展海外贸易，认为"利之所在，民不畏死"，因而私人海外贸易"断不能

① （明）何乔远撰：《名山藏·臣林记》，《弘治臣》一，扬州：江苏广陵古籍刻印社，1993 年。
② 《大学衍义补·序》，万历刊本。
③ 《大学衍义补》卷 20《总论理财之道》上，万历刊本。
④ 《大学衍义补》卷 25《市籴之令》，万历刊本。
⑤ 《大学衍义补》卷 20《总论理财之道》上，万历刊本。
⑥ 《大学衍义补》卷 25《市籴之令》，万历刊本。
⑦ 《大学衍义补》卷 21《总论理财之道》下，万历刊本。

绝"。①要求开放海禁，允许民间私人海外贸易。他指出，国家征收贸易税是增
加财政收入的有效途径，比历代统治者实行的苛捐杂税要好得多，可"不扰中
国之民，而得外邦之助"②。他还批驳了海外贸易招致边患的错误观点，并对
海外贸易的开展提出了具体建议。他的思想反映了民间私人海外贸易的呼声。

如果说明中叶实学思想家丘濬一扫明初空泛学风，以其经世致用思想反映
了社会变迁的现实，那么陈献章与之迥然不同的思想却也铭刻有时代的特征。

陈献章（1428—1500 年），字公甫，号石斋，广东新会（今广东江门市新
会区）人，居白沙里，世称白沙先生，著有《白沙子全集》。

明初统治者为了重建封建纲常秩序以巩固新王朝统治，大力提倡程朱理
学，当时的思想家如薛瑄、吴与弼、胡居仁等大多蹈袭旧说，无新见解，思想
界沉闷而无生气。

陈献章早年习举业，两赴礼闱落第后，27 岁到江西师从吴与弼学习理学。
他曾云："其于古圣贤垂训之书，盖无所不讲，然未知入处。"③因此半年后回
到故乡，他绝意科举，先闭门读书，不久认为尽读书未有所得，于是转向静
坐，求之本心，提出了独特的"心学法门"。

陈献章的哲学思想最突出的是强调自我认识和价值。他认为"人与天地同
体"，可以得道，我即道体，强调个人精神，通过对道的认识，人可以与道合
一。他说："至大者，道而已，而君子得之……君子之所得者如此，则天地之
始，吾之始也，而吾之道无所增；天地之终，吾终也，而吾之道无所损。"又
言："此理干涉至大，无内外，无终始，无一处不到，无一息不运。会此，则
天地我立，万化我出，而宇宙在我矣。"④这样的思想与程朱理学"性即理也"
大相径庭。陈献章不接受正统程朱理学把伦理认同于天理的道德二元论，也不
同意把人的欲望当作邪恶。⑤在他的思想中，人从封建伦理之网中突出出来，
有了某种独立的意义，含有要求自我解放的因素。他主张"静坐中养出端
倪"，强调一种自得的悟，曾曰"夫学贵乎自得也"；提倡独立思考，不死守章

---

① 《大学衍义补》卷 25《市籴之令》，万历刊本。
② 《大学衍义补》卷 25《市籴之令》，万历刊本。
③ 《明儒学案》卷 5《白沙学案》上。
④ 《白沙子全集》卷 2《论前辈言铢视轩冕尘视金玉》上篇；《白沙子全集》卷 4《与林郡博》其六。
⑤ Jen Y W. Ch'en Hsien-Chang's Philosophy of the Natural. *In* de Bary W T ed. *Self and Society in Ming Thought.*
New York: Columbia University Press, 1970: 84.

句，也是对明初保守思想的一种否定。①

陈献章一生没有入仕，一直过着乡居讲学生活。广东是明代海外贸易的重要地区，在海外贸易的影响下，永乐至正德年间是广州商业最兴旺繁荣的时期。他所居住的白沙村距江门墟不远，江门在成化年间已发展为"十步一茅椽，非村非市廛，行人思店饭，过鸟避墟烟"②的热闹墟镇。因此，他的思想是感受到时代气息而产生的。其门人为之撰写的《行状》中说："浮屠羽士，商农仆贱来谒者，先生悉倾意接之。有叩无不告，故天下被其化者甚众。"甚至"往来东西两藩部使以及藩王岛夷宣慰，无不致礼于先生之庐"。③可见当时其声名远达海外。弘治时罗侨言："数十年来岭南士风一变者，先生启之也。"④陈献章的心学虽有很大的局限性，但他思想中反映时代特征的新因素萌芽，突破了明初思想界的沉寂，为后来王守仁开创姚江之学、明代心学的广泛传播，以及明后期个性解放思潮开了先河。

社会发展寓于变迁之中，社会变迁的总趋势是社会发展，郑和下西洋在中国传统社会晚期所产生的社会效应既重要又意义深远，不应被忽视。

---

① （明）张诩：《白沙先生行状》。
② 《白沙子全集》卷7《江门墟》。
③ （明）张诩：《白沙先生行状》。
④ 《白沙子全集·书白沙先生全集后序》。

从明中叶华南地区看郑和下西洋的社会效果[*]

关于郑和下西洋，学界自 20 世纪初已开始大量的研究和探讨，成果丰硕，但对其社会效果问题进行专题性探讨的，尚属少见。华南地区是明代中国通往海外世界最重要的地区，下西洋的社会效果尤为显著。因此，结合华南地区的具体史实，考察明代中国社会处于正在变而尚未发生剧变的时期，下西洋会产生一系列社会效果，是很有必要的。本文拟作初步探索，以就教于学界。

一

郑和下西洋是中国封建社会后期发生的，旨在扩大朝贡贸易的规模巨大的航海活动。对此，需要说明的是，"朝贡"一词，在中国历史上有外交和贸易两种含义。因此，下西洋既有政治目的又有经济目的（或称性质）是毋庸置疑的。但因受限于封建官方朝贡贸易的背景与形式，它完全不具备后来地理大发现时期西方航海活动的种种特征，自然也不可能产生同样的后果。规模巨大的航海壮举绝不仅仅是耗费巨万的昙花一现，它还对明代社会产生极为深远的影响。论其社会效果，最为重要的是它刺激了国内外市场的需求，引发了私人海外贸易的勃兴。

明初，统治者制定了以朝贡贸易和海禁作为两大支柱的海外政策。经过短暂的允许国内外私人海外贸易的阶段以后，明朝就将海外贸易完全垄断在官方

---

* 原载中国中外关系史学会编：《中外关系史论丛》第 5 辑，北京：书目文献出版社，1995 年。收入本书，有订正。

手中，形成了"是有贡舶，即有互市，非入贡，即不许其互市"的全面官营化的特色。郑和率领船队七下西洋，带有明确的扩大朝贡贸易的使命。庞大的中国船队满载深受海外各国人民喜爱和欢迎的绫绢、纱罗、彩帛、锦绮，以及瓷器、铁器、药材等物品，航行于南海和印度洋的波涛万顷之中，不仅将明代中国与东南亚以及印度洋沿岸各国的友好贸易关系发展到了一个新的阶段，而且还刺激了国内外市场的需求。船队所至，大都是海外各国的沿海贸易港口。每到一地，首先"开读赏赐"，向当地国王或酋长宣读明朝皇帝的诏谕，赍赐锦绮、金币等，并接受当地贡品。随后，以宝船所载各种货物进行互市贸易。关于这些贸易活动，在《瀛涯胜览》《西洋番国志》《星槎胜览》等书中有不少记载，在埃及马穆鲁克王朝史料中也有记载。①

远航出使产生了巨大影响：海外各国到明朝朝贡，扩大和发展了明代中国与海外各国间友好通商关系。船队七下西洋，遍访当时亚非三四十个国家和地区，所到国家和地区几乎都有使节入华朝贡，"自是蛮邦绝域，前代所不宾者，亦皆奉表献琛，接踵中国"②。永乐二十一年（1423 年），竟出现了 16 个国家的 1200 名使节入华朝贡的盛况。按照明朝的规定，海外各国除国王进献之物入贡，可以得到丰厚的赏赐以外，使节还可附载货物来中国贸易。因此，海外各国以朝贡为名，行通商之实，限定在朝贡贸易形式下的海外贸易得到了极大的发展，而郑和下西洋正是朝贡贸易发展到鼎盛阶段的标志。

扩大发展的朝贡贸易促成了海上丝绸之路的兴盛和印度洋贸易的繁荣，显示了明代中国在亚太贸易网络中举足轻重的地位和作用。而华南地区的地理位置恰恰是在海上丝绸之路的主要通道之上，有着临海的地理便利条件，是中国与海外各国进行贸易活动的重要地区。明初所设掌管朝贡贸易之事的专门机构市舶司有三，华南地区居其二："宁波通日本，泉州通琉球，广州通占城、暹罗、西洋诸国。"③承平繁盛之时，常至广州的海外国家达 15 国之多。④福建市舶司专掌琉球进贡事宜，"凡贡皆取其国中所有者以献进"⑤，其国俗"市易不

---

① 见万明：《郑和下西洋与明初海上丝绸之路——兼论郑和远航目的及终止原因》，《海交史研究》1991年第 2 期。

② （清）佚名：《明史稿·郑和传》，南京图书馆藏。

③ 《明史》卷 81《食货志》五，北京：中华书局，1974 年。

④ （清）仇巨川：《羊城古钞》卷 8。

⑤ （明）高岐：《福建市舶提举司志·贡物》。

贵纨绮，但贵磁器、铁釜等物"①。由于广州市舶司职掌西洋诸国朝贡之事，自然格外繁盛。大量海外物品经由广州进口。根据成化《广州志》记载，海外各国土产贡物计有以下十类②：

第一，宝类：象牙、犀角、鹤□、水母、石榴子（有五色）、珍珠、珊瑚、琥珀、金珀、蜡珀、碧钿子、龟筒、玑瑁、朝霞大火珠、菩萨石、五色压鹘石。

第二，布类：兜罗锦、胡锦、白花布、高你布、朝霞布、朝云布、西洋布、吉贝布、竹布、草布、花蕊布、□□、白氎布、剪绒布、□□、花丝手巾、花布手巾、□□。

第三，香类：龙脑香、笃耨香、□□□、婆律香、熏陆香、□□□、速香、黄熟香、□□□、暗八香、鸡舌香、木口香、笺香、粗熟香、乌香、降香、檀香、戎香、蔷薇水、乳香、金颜香。

第四，药类：脑子、阿魏、没药、胡椒、丁香、肉豆蔻、白豆蔻、豆蔻花、乌爹泥、茴香、硫黄、血竭、木香、荜拨、胡黄连、破故纸、梧桐泪、曾青、乌药、木兰皮、□□、雄黄、雌黄、□□、千年枣、荜澄茄、□□□、大风子、风油子、□□、巴榄、猪腰、□□、硇砂、槟榔、□□、天竺黄。

第五，木类：麝香木、乌櫯、苏木、红柴、毗野树、巴尾树、婆旦罗树、歌毕陀树、贝多叶、加蒙树（二树心可为酒）、大茄（树高一丈，子大如瓜，以梯摘之）。

第六，兽类：麒麟、狮子、水犀、符拔、桃拔、象、山马、红猴。

第七，禽类：凤凰、鹓、鸾、白鸠、大鹏、鹦鹉（存五色者，白者）、翠鸟、孔雀、驼鸡。

第八，皮货蹄角类：波鱼皮、皮席、□□、麒麟皮、白牛蹄、□□、沙鱼皮。

第九，杂类：黄蜡、磨末、□□、花白纸、藤席、□□、海肌、孔雀毛、翠□、大青、巴淡子、白藤、鹦鹉螺壳、倒挂、红花。

第十，果类：巴豆杏（有似枣而佛者）、楄桃、蕉子、御子、甘蔗。

---

① 《明太祖实录》卷105，台北：台湾"中央研究院"历史语言研究所校印本，1962年（以下实录类均采用此版本，不再一一标注）。

② 成化《广州志》卷32《诸番类番物附》，明刻本，原文字不清处以□表示。

伴随这种官方海外贸易的扩大发展，"奇货重宝，前代所希，充溢库市。贫民承令博买，或多致富，而国用亦羡裕矣"①。由此可见，郑和下西洋为民间海外贸易的大规模兴起提供了广阔的前景。

通过七下西洋，明代中国与海外各国的经济联系进一步得到加强。七下西洋不仅将大量中国商品销往海外，还把海外商品信息反馈到国内，从而起到了刺激国内外市场需求和繁荣国内外市场的作用。海外各国因"必资华物"而"慕贡犹农望岁"②；中国方面则是"夷中百货皆中国不可缺者，夷必欲售，中国必欲得之"③。有了这种供求关系，在海内外贸易需求日益加大，尤其是海外物品与广大人民日常生活日益产生关联的情况下，官方垄断海外贸易，已不能适应商品经济发展，更不能满足社会的需求，自然无法维持长久，由此引发民间私人海外贸易的活跃，也就成为必然的趋势。试看下西洋戛然中止，民间海外贸易迅速崛起的历史事实，笔者认为这正是下西洋的作用使然。

根据记载，宣德以后，华南地区私人海外贸易逐渐兴盛起来。下西洋船队最后一次返回时，宣宗立即颁发禁海令，明确指出："近岁官员军民不知遵守，往往私造海舟，假朝廷干办为名，擅自下番，扰害外夷或诱引为寇。"④如果说这主要是针对广东沿海重申的禁令，那么福建沿海私人贩海贸易也于此时开始发展起来⑤，对于漳、泉二州违禁下海者，明廷不得不"复敕漳州卫同知石宣等严通番之禁"就是证明。从这时起，华南地区沿海"通番者"越来越多。当时私人海外贸易的形式主要有以下五种。

一是私造船只出海，前往海外国家进行贸易。如正统九年（1444 年）广东潮州沿海人民"造船下海通爪哇国"⑥。又如成化七年（1471 年）福建龙溪人丘弘敏驾船出洋，到满剌加等国贸易，在暹罗诈称朝廷使臣，谒见暹罗国王，并接受珍宝等物。⑦

二是招引海外国家的商船到中国进行贸易。如天顺二年（1458 年）严启威

---

① （明）严从简：《殊域周咨录》卷 9《佛郎机》，余思黎点校，北京：中华书局，1993 年。
② （明）郑舜功：《日本一鉴·穷河话海》卷 7，民国二十八年影印本。
③ （明）严从简：《殊域周咨录》卷 8、卷 9，余思黎点校，北京：中华书局，1993 年。
④ 《明宣宗实录》卷 63、卷 103。
⑤ （清）孙尔准修，陈寿祺、高澍然纂：《重纂福建通志》卷 270《洋市》，清同治刻本。
⑥ 《明英宗实录》卷 74、卷 113、216、卷 231。
⑦ 《明宪宗实录》卷 96。

"招引番船"到香山、东莞活动。①

三是利用所督海船进行贸易或通过出使夹带私货。如正统五年（1440 年）福建永宁卫指挥佥事高玮利用所督海船出海贸易。②又如景泰四年（1453 年）给事中潘本愚出使占城，船中带回走私货物乌木、锡、蜡等达 1933 斤，朝廷竟命广东三司还之。③

四是租用私造船只出洋进行贸易。如成化十四年（1478 年）江西饶州浮梁县方敏、方祥、方洪凑银 600 两，买下青白花碗碟等瓷器 2800 个，用船装至广城河下。这时广东揭阳县陈祐、陈荣，海阳县吴孟义也带青白苎麻等布在那里贩卖。他们打听到南海外有私番舶一只，便用东莞县梁大英自造违式双桅漕船装载瓷器、布匹远出外洋，换得胡椒 212 包，黄蜡 1 包，乌木 6 条，沉香 1 扁箱，锡 20 块。④

五是与外国使臣交结进行非法贸易。如成化十三年（1477 年）暹罗国使臣群谢提素英必、美亚二人来贡方物。美亚本是福建汀州人，原名谢文彬。"至南京，其从子瓒相遇识之，为织殊色花样段匹贸易蕃货。"⑤

到成化、弘治年间，华南地区私人海外贸易已经冲破朝贡贸易与海禁的樊篱，极其迅速地发展起来。据载成化年间"湖海大姓私造舰，岁出诸番市易"⑥。"成、弘之际，豪门巨室间有乘巨舰贸易海外者。"⑦成化时广东市舶太监韦眷"纵党通番"，番禺知县高瑶"发其赃银巨万"。⑧当时广东"有力者则私通番船"⑨已成为相当普遍的现象。成化年间香山县民何万振"经商海外"，得以发家。⑩福建漳州"饶心计与健有力者，往往就海波为阡陌，倚帆樯为耒耜。凡捕鱼纬萧之徒，咸奔走焉。盖富家以赀，贫人以佣，输中华之产，骋彼

---

① 《天下郡国利病书》卷 108《广东》八。
② 《明英宗实录》卷 74、卷 116、卷 216、卷 231。
③ 《明英宗实录》卷 74、卷 113、卷 216、卷 231。
④ 《皇明条法事类纂》卷 20《接买番货》。
⑤ （明）慎懋赏：《四夷广记·海国广记·暹罗国》，玄览堂丛书本。
⑥ （明）何乔远编撰：《闽书·文莅志》《闽书·武军志》，福州：福建人民出版社，1994 年。
⑦ （明）张燮：《东西洋考》卷 7《饷税考》，谢方点校，北京：中华书局，1981 年，第 131 页。
⑧ 《国朝献征录》卷 99《广东布政司左布政使赠光禄卿谥恭愍陈公选传》。
⑨ （明）桂萼：《广东图序》，《明经世文编》卷 182《桂文襄公奏议》四。
⑩ 《何氏族谱》卷 1，转引自张海鹏、张海瀛主编：《中国十大商帮》，合肥：黄山书社，1993 年，第 216 页。

远国，易其方物以归，博利可十倍，故民乐之”。漳州月港因私人海外贸易而兴起，在成弘之际已享有“小苏杭”的美誉。[①]私人海外贸易在当时虽然是以走私形式存在，但发展迅速，规模越来越大，成为海外贸易的生力军。

二

郑和下西洋是在明初社会经济发展的基础上出现的，这一规模巨大的官方朝贡贸易活动，使得明代社会商品经济有了更为迅速的发展。

下西洋为国内手工业产品进一步打开了海外销售市场，并将国外商品信息反馈到国内，对国内手工业生产和商品经济的发展起到了极有力的刺激和促进作用。在其激发下兴起的私人海外贸易，主要是“贩国货”，即把国内手工业产品贩运到海外，如丝绸、棉织品、瓷器、铁锅等，这些都是东南亚乃至非洲、阿拉伯地区人民普遍喜爱的物品，拥有广阔的海外市场。大量中国手工业产品运销海外，对中国社会商品经济的发展和促进作用，是不可低估的。

一般认为，在明代华南地区的社会经济发展水平跨入了全国先进行列。这发生在明代，而不是在宋代和元代，说明社会经济发展是一个长期的、动态的演进过程，由此可知，明中叶以后嘉万时期社会经济的发展和繁荣、资本主义生产关系萌芽的出现，也并非一蹴而就。从永乐初年到正德年间，即 15 世纪初至 16 世纪初的 100 多年，是明代广州商业最兴旺繁荣的时期。这与国内社会经济的发展有关，毋庸置疑也与海外贸易的发展繁荣有关。广东“宣成弘德以来，民物殷实，储蓄充盈，雄视他省。艖艚贩舶，篙工健卒，络绎无昼夜”[②]，说明广东商品经济的发展和繁荣，与海舶有着密切的关系。海外贸易的发展，刺激和吸引了全国更多的商人趋向广东，云集广州，从而使永乐至正德的 100 多年成为广州商品经济最为繁盛的时期。这发生于明后期隆庆准贩东西二洋之前，应足以引起我们的注意。

在这里需要说明的是过去往往认为，郑和下西洋依靠官营手工业提供产品，因此只对官营手工业发展产生影响，对民营手工业的发展促进作用不大。

① 崇祯《海澄县志》卷 11《风土志》。

② （明）何维柏撰：《天山草堂存稿》卷 4《赠采山方公晋太仆卿序》。

但值得注意的是：第一，明初下西洋所需物品虽大多为官营手工业制造生产，但也有部分是采办而来。采办的对象是民间。明初洪武年间"上司收买一应物料，仰本府州县照依按月时估，两平收买，随即给价"①。这是一种官府与民间的直接交易。因此无论是郑和下西洋本身所需物品，还是携带出洋的输出货物，都有直接来自民间的部分。观明仁宗即位诏书中下令停止下西洋时，提到"但是买办下番一应对象，并铸造铜钱，买办麝香、生铜、荒丝等物，除见买在官者，于所在官库交收，其未买者，悉皆停止"。又曰："各处买办诸色纻丝、纱罗、段匹、宝石等项，及一应物料、颜料等，并苏杭等处续造段匹，各处抄造纸札、瓷器，采办黎木板，造诸品海味果子等项，悉皆停罢。其差去官员人等，即起程回京，不许指此为由，科敛害民。"②再看宣德五年（1430年）皇帝敕书："今命太监郑和等往西洋忽鲁谟斯等国公干，大小舡六十一只。该关领原交南京入库各衙门一应正钱粮，并赏赐番王、头目人等彩币等物，及原阿丹等六国进贡方物给赐价钞买到纻丝等件，并原下西洋官员买到磁器、铁锅、人情物件及随舡合用军火器、纸札、油烛。"③以上均可说明郑和船队携往海外数量巨大的货物中的一部分正是来自民间，与民营手工业有着重要的联系。而大量手工业产品销往海外，更不可能不刺激商品经济的发展。第二，郑和下西洋对手工业的促进作用还表现在明廷扩大官方朝贡贸易后，促使匠籍制度更迅速地瓦解，从而冲击了官营手工业，并更助长了民营手工业的兴起。明初实行匠籍制度，把有技艺的工匠编为匠户。这虽是继承元代的工匠制，但实际上废除了元代匠户长年服役的办法，把工匠分为轮班匠和住室匠两种，封建人身依附关系有所松弛。明廷规定，工匠在休工期间可以自由地经营生产，服役期间家中可免其他徭役。这种工匠制度是明初官营手工业的基础。永乐以后兴作繁多，官营手工业开始出现危机，由于匠作无已时，手工业者往往不再按规定时间应役，而是全部时间被官府吞没，进行强制性劳役，工匠的生产积极性大大减退。轮班匠还要自己出资入京进行无偿劳动，不堪负荷，破产逃亡者累累。宣德年间最后一次下西洋时，"在京工作匠人多有逃者"④的情况已经

① （明）申时行等修：《明会典》卷37《时估》，北京：中华书局，1989年。
② 《明仁宗实录》卷1上。
③ （明）巩珍：《西洋番国志·敕书》，向达校注，北京：中华书局，1961年。
④ 《明宣宗实录》卷63。

发生。因此，郑和下西洋后期采自民间的部分必然有所增加，这在宣德年间的诏书中已有反映。更为重要的是，大量有技艺的工匠通过逃亡获得了更多的工作自由，这对民营手工业的发展是有利的。到正统初年，统治者甚至不得不捕捉工匠"桎梏赴工"①。可见作为官营手工业基础的匠籍制度已经瓦解，官营手工业的衰落势所难免。成化二十一年（1485 年），明朝改行允许班匠以银代役之法，规定南匠出银九钱，北匠出银六钱，即可免赴京服役，虽然纳银数目较高，但却是向明后期嘉靖年间班匠普遍折银迈出的第一步，标志着明代手工业者封建人身依附关系的进一步松弛，对于推动民营手工业的发展和商品经济的繁荣有着重要意义。官营手工业的衰落过程与民营手工业发展的历程是同步的，官营手工业中与海外贸易关系密切的织造和冶铁衰落最为明显，而民营手工业在这两方面的兴起也最快，由此也可窥见下西洋的作用。

明代广东著名的冶铁中心佛山，其发展历程很能说明问题。明初那里只是"孤村铸炼"，永乐以后得到了长足的发展。"番舶始集，诸货宝南北巨输，以佛山为枢纽，商务益盛"②，说明佛山的兴起也与海外贸易关系密切。根据有关家谱记载，宣德四年（1429 年）炉户已"多建铸造炉房"，"火光冲天"。③其时业已产生"佛山商务以锅业为最"④的说法。发展到正统末年，佛山铸冶业已颇具规模："民庐栉比，屋瓦鳞次，几万余家……工擅炉冶之巧，四远商贩，恒辐辏焉。"⑤并形成了二十四铸铺的铺区制度，成为繁华的城镇。当时外国使臣得到特许，可在广东购买铁钉、铁锅、瓷器之类的物品⑥，明中叶以后，佛山冶铁业、陶瓷业、金属制造业和手工艺品都颇具盛名，产品远销海外。其发展的基础，正是永乐至正德年间海外市场的开拓。其起家自冶铁，即造船所需铁钉与海外人民所喜爱和需要的铁锅的生产，与出口需求有关，因此，海外市场的开拓，必然是促其发展繁荣的重要因素之一。耐人寻味的是，

① （清）陈鹤撰：《明纪》卷 13《英宗纪》。
② 民国《佛山忠义乡志》卷 14。
③ 梁礼昭：《梁氏家谱·诸祖传录·梅庄公传》，转引自明清广东省社会经济研究会编：《明清广东社会经济研究》，广州：广东人民出版社，1987 年，第 30 页。
④ 冼宝干：《鹤园冼氏家谱》卷六之二《六世月松公传》，转引自明清广东省社会经济研究会编：《明清广东社会经济研究》，广州：广东人民出版社，1987 年，第 30 页。
⑤ 明景泰二年陈赟《祖庙灵应祠碑记》，见乾隆《佛山忠义乡志》卷 10《艺文》。
⑥ 《明英宗实录》卷 216。

佛山手工业的显著特点就是其民营的性质。

伴随私人海外贸易的兴起，新的港口城市以极快的速度发展起来。福建月港在明初原为天荒地瘠的小洲，在成弘之际已俨然成为通商贸易的"繁华地界"。当时因海外贸易的缘故而得到发展的还有福建梅岭、安平、同安、惠安、闽县、福清，以及福州琅琦等地。①

海外贸易能够促进商品经济和手工业发展与港口城市及其附近地区繁荣的作用由此可见。

三

郑和下西洋所带来的连锁反应不仅推动了国内商品经济的发展，而且对以农业为基础的社会经济也造成了一定冲击，使农村经济结构发生变化。

（一）商品性农业生产日益发展

广州、佛山等地工商业能够迅速发展，与珠江三角洲商品性农业生产得到发展是分不开的。从以粮食生产为主的农业经济，逐步向多种作物经营过渡，是明中叶这一地区经济发展的特征。明初大力推广植桑种棉，发展经济作物。伴随商业经济的发展和海外贸易的刺激，从明中叶开始，珠江三角洲进入迅速开发期。明初南海九江、顺德龙江等地区出现把田地改为基塘，塘中养鱼，基面种植果木的经营方式。这种经营方式后来更发展为桑基鱼塘，经营商业性经济作物的农家也日益增多。经济作物的生产为手工业提供了原料。明中叶私人海外贸易兴起后，出口商品中生丝、绢制品、棉制品及糖等为大宗，这无疑更加刺激了商品性农业生产的日益发展，使农业经济与手工业和海外贸易更加紧密结合。因为种植经济作物，进行商品性农业生产比种植粮食所获要大，于是势必逐渐排斥粮食种植。福建的地理条件本是多山少田，随着甘蔗、蓝靛、橘柑、荔枝、龙眼等专业区域的出现，也就发生了缺粮的状况。成化二十三年（1487 年）福建兴化"春旱亡麦，秋大旱亡禾。是冬潮人载谷鬻贩于莆，舳舻

---

① 　详见傅衣凌：《明清时代商人及商业资本》，北京：人民出版社，1956 年，第 109—113 页。

相踵，至于明年夏不绝。谷价因而平之，民赖以济"①。农产品的日益商品化，使更多的农民日益卷入商品交换的经济领域。

（二）农村家庭手工业对市场投入的增多

明代农业是在家庭制经营之下的。家庭手工业往往作为家庭副业存在，为了维持家庭的生存和延续，大多是为了获取使用价值，而不是取得交换价值的自然经济的生产。明中叶随着社会生产力的提高、商品经济的发展，在国内外市场需求的刺激下，华南农村家庭手工业有部分开始逐渐脱离家庭副业的形式，从而使以交换为目的的商品生产得到增长。

苎布、棉布、丝绢作为对外贸易的大宗物品，主要是家庭手工业产品，福建的纺织业在明中叶也有了长足的进步。福建兴化妇女多善织布，"下里人家妇女，治此甚勤。每四五日织成一布，丈夫持至仙游，易谷一石"②。以纺织品换取粮食的交换过程促进了家庭手工业的发展，也使农村自然经济趋向逐渐瓦解。弘治《八闽通志》载，由于有了新的需求，带来了新的发展，福州府"绢绫缎纱罗，往年俱于苏杭售以充贡，近方有织者"③。莆田县黄石在弘治年间已有织丝绫的机户："《宋志》云，细织苎麻杂丝织以为布。今黄石机户能用丝为之……匀净疏朗，他方人乍见而爱之"，"其或以丝为经，以绵纱为纬而织者，名曰兼丝，与宋制异。""黄石机户今织绫，有串四串五不同，串四稀而薄，串五厚而密，用丝有多寡也。"④与此同时建宁府建安"克丝凡数种"⑤。更为重要的是，福建缎机"故用五层，弘治年间有林洪者，工杼轴，谓吴中多重锦，闽织不逮，遂改缎机为四层，故名改机"⑥。这一改进是纺织业的进步，改机绢从此成为名贵织品，畅销海内外。当时从事丝织的，在福清有人"逐机丝为利，稍饶。已乃大饶，有数千金矣"⑦。可见产品已大量投入市场，进入商品流通的领域。机户的出现，说明有的农民已向小商品生产者过渡。于

---

① 弘治《八闽通志》卷 81《兴化府·灾异》。

② 弘治《兴化府志》卷 12《货殖》。

③ 弘治《八闽通志》卷 25《食货·土产》。

④ 弘治《兴化府志》卷 12《货殖》。

⑤ 弘治《八闽通志》卷 25《食货·土产》。

⑥ 万历《福州府志》卷 37《食货志·物产》。

⑦ （明）叶向高撰：《苍霞草》卷 15《家谱列传》。

是，社会分工的发展和从事工商业人口的不断增多，冲击了原有农村自给自足的自然经济结构，也促使手工业、商业更加繁荣。根据家谱记载，正统初年广东南海县已有靠纺织业为生的人家"流贾于厓门水滨"，"以纺织为业，勤俭成家"。①南海人霍韬在嘉靖朝记其先祖发家于景泰年间，"昼则鬻布于市，暇则作扇，市取值以起家"②。郑晓说广东"人逐山海矿冶番舶之利，不务农田"③的状况，大致于明中叶已开始发生。

商品性农业的发展和农村家庭手工业对市场投入的增多，是多种因素驱动的结果。海外贸易促进了手工业、商业的发展，对华南地区农村经济结构所带来的冲击也是毋庸忽视的重要因素之一。农村经济结构的变化为明后期华南地区成为海内外商品生产基地及资本主义萌芽的出现准备了条件。落后的华南地区在明代能够一跃而进入全国经济先进行列，除了自然资源和地理位置因素以外，更是商品经济和海外贸易发展互动作用的结果。

四

海外贸易与商品货币经济关系密切。随着海外贸易的扩大，商品货币关系势必得到迅速发展。

明初海外贸易的发展使商品货币经济得到迅速发展的最好证明，是郑和下西洋结束以后，出现了白银成为货币的主要形式这一中国货币史上的大事。英宗正统年间"弛用银之禁，朝野率皆用银"④。在宋、元的基础上，贵金属的银正式成为普遍流通的货币。以银作为流通货币的条件有三：一是国库储备充足；二是民间具有流通的基础；三是商品货币经济的发展。下西洋过程历经近30年，当时有海外国家以淡金换易中国物品的明确记载，而在扩大的朝贡贸易中，海外国家入贡明朝的贡品里，也有金银类。因此，明初海外贸易的扩大发

---

① 南海《聂氏家谱》，转引自明清广东省社会经济研究会编：《明清广东社会经济形态研究》，广州：广东人民出版社，1987年，第223页。

② 《石头霍氏族谱·霍韬又序》，转引自明清广东省社会经济研究会编：《明清广东社会经济形态研究》，广州：广东人民出版社，1987年，第147页。

③ （明）张萱撰：《西园闻见录》卷62《兵部·广东》。

④ 《明史》卷81《食货志》五，北京：中华书局，1974年。

展，无疑是促使中国由明初的禁用金银向"朝野率皆用银"方向发展的一个重
要因素。对此，日本学者市古尚三也认为郑和远航的结果是大量白银通过入
贡流入中国。①

在海外贸易的促进下，商品货币经济发展不仅表现在班匠银的出现上，还
表现在赋役折银上。具有田赋货币化性质的折银也发生在正统年间。正统元年
（1436 年），明廷采纳副都御史周铨等的建议，将田赋准折白银，"米麦一石，
折银二钱五分……谓之金花银"②。金花银的折征是中国田赋史上继两税法以
钱定税之后的又一重大变化。顾炎武认为，正统"乃仓粮折输变卖，无不以
银，后遂以为常货，盖市舶之来多矣"③，这直接道出了赋役折银与海外贸易
的重要联系。

具体以广东为例。当时朝廷规定，除漕粮以外，解京米一律折收银两。广
东没有漕粮，因此解京的税粮一律折银。起初存留部分仍征本色，到弘治、正
德时，连留存部分也兼收银两了。④广东均徭征派中的货币化在宣德年间已露
出端倪。弘治、正德年间，均徭分为两类："用力者谓之力差，纳银者谓之银
差。"⑤实际上，弘治时向各县派征的物料及杂派夫役多已折为价银，可输银为
代。由此可见，明中叶广东的赋役折银已经实行得相当普遍。赋役货币化的出
现与商品经济发展到相当水平和规模有关，而其在华南地区推行较快，则是与
"用银始于闽粤，以其地坑冶多而海舶利也"⑥有着直接的关系。

五

中国沿海居民移居海外在宋元时已经出现，但较多的经常性的迁徙移居则
开始于明代。郑和下西洋促进华南地区沿海居民移居海外的现象增多，可以说
形成了明代向海外移民的一个热潮。

---

① 〔日〕市古尚三：《明代货币史考》，东京：凤书房，1977 年，第 251 页。
② 《明史》卷 81《食货志》五，北京：中华书局，1974 年。
③ 《日知录》卷 11。
④ 康熙《雷州府志》卷 4。
⑤ 嘉靖《广东通志初稿》卷 25《差役》。
⑥ 《广东新语》卷 15《货语·银》。

郑和下西洋的庞大船队包括"官校旗军数万人，乘巨舶百余艘"，屡次自福建长乐太平港伺风开洋。因此长乐成为下西洋船队的一个重要活动基地。郑和使团人员众多，通常有 27 000 多人，祝允明记载最后一次下西洋人数，有"官校、旗军、火长、舵工、班碇手、通事、办事、书算手、医士、铁锚、木舱、搭材等匠，水手、民稍人等，共二万七千五百五十员名"①。毫无疑义其中大量使团成员是有着丰富海洋经验的沿海居民。下西洋之前，朝廷"始则预行福建、广、浙，选取驾船民梢中有经惯下海者称为火长，用作船师，乃以针经图式付与领执，专一料理"②。因此在庞大的使团中，华南地区沿海素习水性，有丰富航海经验的人所占比例不小。根据《闽书》记载，当时随郑和出航而隶籍于福州中卫的就有沈斗保、董智、屠俊、庄辉、翟斌、姚政、张剪住、罗福生、孙瑛、谢栓住、严观、王通保、赵智、胡贵、陈连生等 15 人。下西洋后，他们均得到擢升。③

郑和船队在返回时人员大减，除伤亡之外，沿海居民随之出洋，留居海外也不失为一个因素。据《厦门志》载，万历时文莱岛已有不少华人居住，许多是跟随郑和下西洋而留居下来的。《明史·婆罗传》也载："万历时，为王者闽人也。或言郑和使婆罗，有闽人从之，因留居其地，其后人竟据其国而王之。"当时远航路途遥远，海上风大浪险，航海中遭遇风暴漂泊，或遇寇或伤病而不能继续远航，留居于海外是完全有可能的。耐人寻味的是，下西洋使团出洋远航本负有招抚和威慑海外中国逃民的使命。明成祖即位后积极推行朝贡贸易与海禁相结合的海外政策，特遣人赍敕往谕海外："凡番国之人，即各还本土，欲来朝者，当加赐赉遣还。中国之人，逃匿在彼者，咸赦前过，俾复本业，永为良民。若仍恃险远，执迷不悛，则命将发兵，悉行剿戮，悔将无及。"④于是下西洋有陈祖义之被俘和施进卿及其子受封。然而，令统治者意想不到的是，郑和远航在使王朝朝贡贸易与海禁政策达到预期效果的同时，在某种程度上恰使中国人有了了解和熟识海外世界的机会，事实上，它向更多的沿

---

① （明）祝允明：《前闻记·下西洋》，见（明）邓士龙辑：《国朝典故》（中），许大龄、王天有主点校，北京：北京大学出版社，1993 年。

② （明）巩珍：《西洋番国志·自序》，向达校注，北京：中华书局，1961 年。

③ （明）何乔远编撰：《闽书·文莅志》《闽书·武军志》，福州：福建人民出版社，1994 年。

④ 《明太宗实录》卷 12 上。

海人民指示了向海外发展的道路。

明初统治者着眼于社会的一体化整合，实行朝贡贸易与海禁为两大支柱的海外政策，给沿海地区社会带来了安定，也使社会经济得到了恢复和发展。但随着社会经济的发展、人口的增长，华南地区福建"山多地少"、广东"田少人稠"的矛盾日益加剧。加之土地兼并，流民问题已成为正统以后严重的社会问题。当北方流民进入荆襄山区开发的时候，华南沿海地区由于有出洋的便利地理条件，又在郑和下西洋庞大船队远航海外近 30 年扩大朝贡贸易的刺激和影响下，冲破海禁出洋进行海外贸易便成为一条极好的出路。由此华南沿海居民不惜以身试法，冒死蹈海者在明中叶日益增加，他们把国内市场与海外市场结合起来，同时也带动了移民热潮的兴起。

郑和下西洋停止以后，随着民间私人海外贸易的蓬勃兴起，留居海外的华南地区沿海居民日益增多。正统三年（1438 年）入明朝贡的爪哇使者亚烈马用良、通事良殿、南文业 3 人，均为福建龙溪人。亚烈为爪哇官名，"秩四品"①。漳州人张姓者在浡泥出任那督，也是其国尊官。②汀州人谢文彬于成化十三年（1477 年）以暹罗使臣身份来朝贡，言"因贩盐下海，飘至暹罗，遂仕其国，官至岳坤，犹华言学士之类"③。在华南沿海地区的家谱中，迁徙的记载所在多有，如福建同安县汀溪的黄氏家族，成化时有人出洋到海外居留，繁衍甚众。泉州安海《颜氏族谱》载，族人颜嗣祥、颜嗣良、颜森器、颜森礼及颜侃等 5 人都是在成化、正德、嘉靖年间经商暹罗，侨寓其地并死于其处的。④由于郑和下西洋使海道畅通，海上丝绸之路兴盛起来，闽粤移居海外者越来越多，他们为南洋社会经济的发展做出了重要贡献。迄今东南亚一带仍有许多以郑和命名的地名，如泰国三宝港、三宝公庙；马来西亚三宝山、三保井；菲律宾三宝颜；印度尼西亚三宝洞、三宝宫、三宝墩、三宝垄；等等。海外的三宝公庙香火鼎盛，华侨和华裔至今奉若神明。

---

①　《明史》卷 324《爪哇传》，北京：中华书局，1974 年。

②　《明史》卷 325《浡泥传》，北京：中华书局，1974 年。

③　（明）慎懋赏：《四夷广记·海国广记·暹罗国》，玄览堂丛书本。

④　转引自张海鹏、张海瀛主编：《中国十大商帮》，合肥：黄山书社，1993 年。

郑和下西洋与亚洲国际贸易网的建构[*]

古代东西方海上交往史上，规模最大、影响最大，也最为引人注目的事件，莫过于郑和下西洋。自永乐三年（1405 年）至宣德八年（1433 年），郑和率领庞大船队七下西洋，历时 28 年之久，"涉沧溟十余万里"，遍及亚非三四十个国家和地区，在世界航海史以及中国对外关系史上写下了光辉一页。这一古代航海史上空前绝后的壮举，以威武雄壮的海上音符，迎来了 15 世纪这一海洋世纪的到来，以积极进取的开拓精神，使中国登上了人类历史上航海事业的巅峰。同时，作为国家行为，郑和远航以强盛国力为后盾完成了中国对外交往从陆路向海路的重大转折，形成了史无前例的中国人从海上走出国门的态势，促成了亚洲国际贸易网的建构，并对其后海外华商在海外的创业发展产生了深远影响。

一、明初朝贡体系与对外贸易类型

明朝初年，统治者锐意复古，恢复和振兴儒家传统文化成为新王朝的重要特征。朝贡体系——王朝对外正统性及其象征的确立，包括遣使、册封、封山、赏赐等一系列活动，其中，以郑和下西洋的作用最为显著。重要的是，从此海道大开，商路畅达，建构起了繁盛的亚洲国际贸易网络；下西洋后，民间私人海上贸易蓬勃兴起，官方贸易转移到民间贸易，活跃的商人群体在海道和

---

    * 原载《吉林大学社会科学学报》2004 年第 6 期。收入本书，有订正。

商路大开的背景下，继承和发展了这一东西方贸易网络。直至西方人东来，葡萄牙人和西班牙人也加入了这一网络，进行了繁忙的中转贸易活动。日本学者滨下武志突出亚洲自主性，曾明确指出朝贡贸易圈与近代亚洲经济圈的关系。①

自古以来，"朝贡"一词包含外交和贸易两种含义，在中国与外国交往中，既是政治外交活动，又是经济贸易交流。进一步而论，实际上朝贡不仅是中国对外交往的惯例，也是古代亚洲国际关系形成的惯例。明初将海外贸易限定于朝贡形式下，由官方垄断，于是，朝贡本身遂带有了相对历朝更为浓重的贸易性质。对于明朝统治者而言，朝贡贸易是得到外来之"宝"的必要途径；而对于海外诸国来说，"虽云修贡，实则慕利"②。总而言之，物质需求构成中外交往的本质特征。关于明王朝将海外贸易严格限定在朝贡范围之内，明人王圻曾如此评论："贡舶者，王法之所许，市舶之所司，乃贸易之公也；海商者，王法之所不许，市舶之所不经，乃贸易之私也。"③

明朝把朝贡和贸易，或者说外交和通商完全合二为一，形成了海外贸易的鲜明特征。根据记载，洪武时海外各国与中国往来的"凡三十国"。到永乐时，派遣规模空前的郑和使团七下西洋，"通西南海道朝贡"，使朝贡贸易达于极盛。翻开《明实录》，15 世纪初明永乐、宣德朝是朝贡贸易发展到新阶段的历史时期，而新阶段的出现，主要是郑和下西洋的功绩。

日本学者田中健夫将朝贡贸易和海禁政策称为"明朝对外政策的两大支柱"④，是恰如其分的。然而，有些学者将海禁绝对化，把明朝说成只有海禁200 年，无视朝贡贸易的空前扩大发展、规模巨大的官方海外贸易存在并达到鼎盛的历史事实，忽略了郑和远航标志着史无前例的大批中国人走出国门、走向海洋和外部世界的意义，未免有失公允。

我们知道，在明朝以前，中外来往贸易的主要是商贾，以外国商人来华为主。到明朝初年，在和平外交的基调上，以强盛国力为后盾，作为国家行为扩大的朝贡贸易，推动中国与亚非国家间关系进入了全面发展和交往空前的新阶

① 〔日〕滨下武志：《近代中国的国际契机：朝贡贸易体系与近代亚洲经济圈》，朱荫贵、欧阳菲译，北京：中国社会科学出版社，1999 年。
② 〔明〕严从简：《殊域周咨录》卷 8《爪哇》，余思黎点校，北京：中华书局，1993 年。
③ 〔明〕王圻撰：《续文献通考》卷 31《市籴考·市舶互市》，北京：现代出版社，1991 年。
④ 〔日〕田中健夫：《东亚国际交往关系格局的形成和发展》，见中外关系史学会编：《中外关系史译丛》第 2 辑，上海：上海译文出版社，1985 年。

段，各国间贸易达到了前所未有的程度。具体说来，当时的朝贡贸易有互惠交换和市场交易两部分，大致可以分为四种类型：一是朝贡贸易中的朝贡给赐贸易；二是朝贡贸易中的官方附带商品交易；三是遣使出洋直接进行贸易；四是私人贸易。朝贡物品与给赐物品的交换是一种政治意义大于经济意义的贸易交换形式，因此它被充分赋予了"厚往薄来"的原则精神。然而，值得注意的是，海外各国前来朝贡，除了朝贡物品，所谓"正贡"以外，还有各国国王或使臣的附进物品，以及附搭来华的商贸交易物资。这部分物品，明廷称为"附至番货"或"附搭货物"，是海外国家带到中国来进行贸易的，占有相当大的比例，分别于京师会同馆和市舶司所在地进行贸易。大致来说，明朝对此采取的是"关给钞锭，酬其价值"①的办法。以往学者一般认为，第四种类型在朝贡贸易中不存在，事实上这是一种误解。朝贡贸易中也包含一定的民间私人贸易。明人王圻曾明言："凡外夷贡者，我朝皆设市舶司以领之……其来也，许带方物，官设牙行与民贸易，谓之互市。是有贡舶，即有互市，非入贡，即不许其互市。"②"许带方物，官设牙行与民贸易"，就是说朝贡贸易本身带有互通有无的互市贸易过程。私人贸易不仅在会同馆中是存在的，而且在官方远航的海外贸易中也是存在的。

根据《明会典》所载朝贡事例，可以说明各国始贡时间在洪武年间所占比例很大，永乐年间不仅继续下去，而且进一步扩大发展，贸易的规模巨大，贡品众多，包括金银器皿、犀角、象牙、各色香料、药材、布匹、宝石、珍禽等几百种之多。③其中，贡品最多的是暹罗，达56种之多，最少的是哑鲁，只有2种。《明会典》仅记载始贡时间，未载贡品种类的国家有须文达那、拂箖、览邦、柯枝、左里班卒、吕宋、合猫里、碟里、打回、日罗夏治、忽鲁母恩、甘把里、麻林、古麻剌、忽鲁谟斯、诏纳朴儿、加异勒、祖法儿、溜山、阿哇、白葛达、天方、默德那等23国。另外，载有永乐时朝贡的南巫里、急兰丹、奇剌尼、夏剌比、窟察尼、乌涉剌踢、阿丹、鲁密、彭加邦、舍剌齐、八可意、坎巴夷替、左法儿、墨葛达、八答黑商、日落国等，共16个国名。其中

---

① 《明会典》卷100《礼部》五九《给赐》一，东京：汲古书院影印正德六年司立监刻本，1989年。

② （明）王圻撰：《续文献通考》卷31《市籴考·市舶互市》，北京：现代出版社，1991年。

③ 《明会典》卷97《礼部》五六《朝贡》二，卷98《礼部》五七《朝贡》三，东京：汲古书院影印正德六年司立监刻本，1989年。

大多数是东南亚地区国家。这里说明的正是朝贡这种古代国际互通有无的交换关系。

二、郑和下西洋与亚洲国际贸易网络的整合

根据上述朝贡贸易的类型划分，遣使出洋直接进行贸易属于第三种类型，这也是最能够体现朝贡贸易特征的类型。突出的实例即郑和下西洋。郑和使团不是单纯的外交使团，而是前所未有的大规模贸易使团。

郑和七次率领庞大的远洋船队，以明朝强盛国力为后盾，满载着深受海外各国喜爱与欢迎的绫绢、纱罗、彩帛、锦绮、瓷器、药材、铁器、铜钱等物品，航行于万顷波涛之中，这一蔚为可观的海上活动，将明代中国与海外各国的友好关系发展到一个历史的高度，极大地推进了朝贡贸易的空前发展。永乐二十一年（1423 年），出现了西洋古里、忽鲁谟斯、锡兰山、阿丹、祖法儿、剌撒、不剌哇、木骨都剌、柯枝、加异勒、溜山、南渤利、苏门答剌、哑鲁、满剌加等国派遣使节 1200 人到明朝朝贡的盛况。[①]这些无疑表明了郑和下西洋对于亚洲贸易网络的建立，具有极为重要的意义。

值得注意的是，历史发展到明初，随着科学技术的发达，海上运输日益显示出比陆上运输更大的优越性，海上国际贸易的需求也逐渐增大，海上丝绸之路的恢复和兴盛成为各国的共同愿望所在。以郑和下西洋为标志，明初发生了中国对外交往通道从陆路向海路的重大转折。更重要的是，郑和远航廓清了东西方海上交通道路，沟通了东西方经济贸易和文化交流，起了整合并建构亚洲贸易网的作用。由此，史无前例的众多中国人走出国门，走向海洋，开阔了眼界，极大地扩展了对外部世界的认识，开展了前所未有规模的海外贸易。

郑和船队所至，都是当时亚非各国沿海贸易港口城市。值得注意的是，到那些地方重要的是贸易的意义，而几乎没有政治的意义，比如古里，就是如此，那里仅是国际贸易中心，而不是政治中心。每到一地，郑和首先向当地国王或酋长宣读明朝皇帝的诏谕，赏赐给他们锦绮、纱罗及金币等物品，并接受

---

① 《明太宗实录》卷 263，"永乐二十一年九月戊戌"条，台北：台湾"中央研究院"历史语言研究所校印本，1962 年（以下实录类均采用此版本，不再一一标注）。

当地贡品，然后用宝船所载各种货物在当地进行互市交易。这种通过赏赐及互市方式进行的贸易是建立在双方互惠互利原则基础上的。关于郑和一行所进行的大量海外贸易活动，在《瀛涯胜览》《西洋番国志》《星槎胜览》等书中有着不少记载，如在占城、暹罗、满剌加、苏门答剌、那孤儿、爪哇、锡兰、柯枝、古里、溜山、祖法儿、阿丹、天方等地都有具体记录。①

　　明初，亦即 15 世纪初年，伴随朝贡体系的建立，朝贡贸易空前发展。通过郑和下西洋，亚洲贸易网络形成，在这一网络基础之上，亚洲区域贸易的整合得以实现，东西方的连接也由此完成。国家权力通过朝贡体系的建立，介入区域合作的整个历史进程，为各国间官方贸易奠定了有力的基础，这一亚洲历史上区域贸易合作的开端，深刻地影响了后世。下西洋结束以后，在海道大开的背景下，民间私人海上贸易蓬勃兴起，东西方贸易进入了一个崭新发展阶段。

　　以往为史学界所忽略的是，在西方人东来之前，亚洲国际贸易网已经形成，而且极为繁盛，这正是郑和下西洋的直接后果。以满剌加为例，下西洋前，那里是一个渔村，而在下西洋后，成为一座自由贸易的港口城市。英国东南亚史学家霍尔指出："人们曾经描述马六甲说，它不是普通意义上的商业城市，而是在贸易季节中国和远东的产品与西亚和欧洲的产品进行交换的一个大集市。"②葡萄牙人托梅·皮雷斯（Tomé Pires）描述了在 16 世纪初所见满剌加繁盛的商业贸易景象，并认为由于马六甲的广大及其所获利润之多，人们根本无法估计它的价值。他记述说："马六甲有 4 个沙班达尔③，他们是市政官员。由他们负责接待船长们，每条船舶都在他们的权限之下听从安排……其中最主要的一个沙班达尔负责从古吉拉特来的船舶。另一个负责管理从科罗曼德尔海岸、孟加拉、勃固和帕塞来的商人。第三个负责管理从爪哇、马鲁古群岛、班达群岛、巨港和吕宋等地来的商人。第四个负责管理从中国、占城等地来的商人。每个商人带着货物或者商品信息来到马六甲，需要向沙班达尔申请

---

① 冯承钧校注：《瀛涯胜览校注》，上海：商务印书馆，1935 年；（明）巩珍：《西洋番国志》，向达校注，北京：中华书局，1961 年。

② 〔英〕D. G. E.霍尔：《东南亚史》上册，中山大学东南亚历史研究所译，北京：商务印书馆，1982 年，第 267 页。

③ 即海关。

进入他的国家。"①这一重要的东西方贸易中心在当时连接了亚洲、非洲和欧洲。通过贸易活动，不同文明间的对话和交流同时进行着。皮雷斯说，当时在满剌加的街道上行走，可以听到至少 84 种不同的语言。②他的话虽有夸大之嫌，却也说明了满剌加作为国际大都会的繁华，而满剌加的繁华正是亚洲贸易网络繁盛的象征。

三、郑和下西洋与民间海外贸易以及移民海外热潮兴起的关系

明初郑和下西洋几近 30 年的远航，一方面不仅将中国商品运销海外，开拓了海外市场，也扩大了海外商品在中国的销售市场，刺激了国内外市场的需求。来自海外贸易的商品与广大人民日常生活日益发生关联，作为当时海外贸易唯一通道的朝贡贸易，已远远不能满足国内外贸易市场日益增长的需求，因此必然会激发民间海外贸易的勃兴。另一方面，下西洋扩大朝贡贸易带来的海外贸易的繁盛，刺激了国内外市场需求和商品经济的发展，要求打破官方垄断，进一步发展海外贸易的民间呼声日益高涨。

在下西洋的作用下，民间私人海外贸易迅速崛起。根据记载，宣德以后东南沿海地区的私人海外贸易便兴盛起来。远航船队刚刚返回，明宣宗即迫不及待地颁布禁海令，颇能说明问题。到成化、弘治年间，东南沿海地区民间私人海外贸易已经冲破朝贡贸易与海禁的樊篱，极其迅速地发展起来。"成、弘之际，豪门巨室间有乘巨舰贸易海外者。"③当时广东"有力者则私通番船"④已成为相当普遍的现象。随着民间私人海外贸易发展，荒野海滨兴起的漳州月港，在成弘之际已享有"小苏杭"的盛誉。漳州府户口在弘治时较其余地区有了明显增长，这与民间私人海外贸易的活跃及新的贸易港口城镇的兴起有着密切关系。

社会生产力的发展是促进商品经济发展的前提。郑和下西洋是在明初社会

① Cortesao A. *The Suma Oriental of Tomé Pires*. London: Hakluyt Society, 1944: 265.
② Cortesao A. *The Suma Oriental of Tomé Pires*. London: Hakluyt Society, 1944: 269.
③（明）张燮：《东西洋考》卷 7《饷税考》，谢方点校，北京：中华书局，1981 年，第 131 页。
④（明）桂尊：《广东图序》，《明经世文编》卷 182《桂文襄公奏议》四。

经济发展的基础上出现的，这一规模巨大的官方海外贸易活动，推动了明代社会日益发展的商品经济更为迅速地发展。下西洋以后，官营手工业的衰落与民营手工业的兴起是一个历史趋势，这从另一侧面反映了中国社会商品经济的发展势头。

郑和海上壮举闻名遐迩，明朝在世界的领先地位由此奠定，并建立了当时世界上贸易最为活跃的贸易圈之一——亚洲贸易圈。下西洋为国内手工业产品进一步打开了海外销售市场，并将海外商品信息反馈到国内，从而对国内手工业生产和商品经济发展产生了有力的刺激和促进作用。由其引发而兴起的民间私人海外贸易，商人主要是"贩国货"，即把国内手工业产品贩运到海外，如丝绸、瓷器、铁器等，都是亚非人民普遍喜爱的物品，拥有广阔的海外市场。大量中国手工业产品远销海外，是国际贸易发展的结果，这促进了各国社会经济的发展和人们生活水平的提高。

郑和下西洋后期物资筹备中，采自民间的比例逐渐增加，这在仁宗、宣宗诏书中均有所反映。[①]下西洋船队携往海外数量惊人的物品中采自民间的比例的增加，对民营手工业的兴起有着重要作用。而大量的国内手工业产品销往海外，又不可能不刺激国内商品经济的发展及市场的繁荣。因此可以认为，郑和下西洋对手工业的促进作用有二：一是扩大的朝贡贸易冲击了官营手工业，促使匠籍制度迅速瓦解，官营手工业也随之衰落；二是促进了商品经济的发展，助长了民营手工业的兴起。

广东著名的冶铁中心佛山是明代兴起的四大镇之一，其发展历程很能说明问题。明初那里只是"孤村铸炼"，永乐以后得到了长足的发展。"番舶始集，诸货宝南北巨输，以佛山为枢纽，商务益盛"[②]说明佛山镇的兴起，与海外贸易关系极大。海外各国使臣得到特许，可在广东购买铁钉、铁锅、瓷器之类的物品，这使佛山的手工业产品远销海外。明中叶以后佛山手工业产品之所以颇负盛名，是因为永乐以后至正德年间海外市场的开拓。佛山手工业的显著特点是其民营的性质，其发展历程反映出郑和下西洋发展海外贸易对民营手工业的促进作用。

---

① 《明仁宗实录》卷1上，"永乐二十二年八月丁巳"条；（明）巩珍：《西洋番国志·敕书》，向达校注，北京：中华书局，1961年。

② 民国《佛山忠义乡志》卷14。

伴随国内外市场扩大发展的是沿海地区移民海外热潮的兴起。

中国沿海居民移民海外，在明代以前已有，但较多的迁徙移居现象，却是始于明代。郑和下西洋促使东南沿海私人海外贸易兴盛，沿海地区居民移居海外现象增多，可以说就此形成了向海外经商移民的一个热潮。这种促进作用，主要体现在以下三个方面。

第一，郑和船队规模巨大史无前例，参加人员众多也史无前例。那是一个史无前例的中国人走出国门的时代，"官校旗军数万人，乘巨舶百余艘"，从史料记载来看，一般说来每次达到 27 000 人左右。使团成员大多一是来自有着丰富海洋经验的沿海居民，下西洋前朝廷"始则预行福建、广、浙，选取驾船民梢中有经惯下海者称为火长，用作船师，乃以针经图式付与领执，专一料理"①；二是来自官军，不少是选自江南地区各卫所。《星槎胜览》的作者费信、《西洋番国志》的作者巩珍，都是以江南军卒身份随往西洋的。此外，据《闽书》等文献记载，还有不少来自其他沿海地区。东南沿海地区素有经验的人员构成郑和船队的主要力量，保证了远航的成功。同时，使团人员在一次次出使中对海洋更加熟识，增进了对海外各国风土人情的了解和认识，必然将海外信息带回国内，使故乡沿海地区人民获得深刻印象，产生不小的影响。

第二，郑和船队返航时人员大减，除伤亡外，沿海居民随之出洋，居留海外也不失为一个因素。据《厦门志》载，万历时文莱岛有不少华人居住，许多是随郑和下西洋而留居下来的。《明史·婆罗传》也记有"万历时，为王者闽人也。或言郑和使婆罗，有闽人从之，因留居其地，其后人竟据其国而王之"。当时远航路途遥远，海上风大浪险，航海中遭遇风暴漂泊，或遇寇或伤病不能继续航行，留居海外是完全有可能的。英宗时府军卫卒赵旺等 3 人便是当年下西洋漂泊海外 18 年后才归国的。何况据《瀛涯胜览》等书记载，下西洋使团在海外见到不少原出洋留居之人，"其间多有中国广东及漳、泉人"，这使使团人员的留居更具备了可能性。船队七下西洋，每次随行有大约 27 000 人，将每次减员、增员因素考虑在内，估算下西洋人员总数也在 10 万人以上。如此众多亲历海外的人，对明中叶沿海私人海外贸易和出洋留居谋生，必然产生重要影响。

---

① （明）巩珍：《西洋番国志·自序》，向达校注，北京：中华书局，1961 年。

第三，下西洋使团本身负有招抚和威慑海外中国逃民的使命。然而，为统治者始料所不及，远航扩大了明王朝的声威，在某种程度上恰恰提高了海外居留者在当地的社会地位，使中国人有了了解和熟识海外世界的机会，事实上，它向更多的沿海人民指出了向海外发展的道路。更重要的是，郑和下西洋是中国历史上一次前所未有的规模空前的国人走出国门的机遇，在了解海外商机以后，刺激更多沿海人民走向海洋，走向海外创业，也是顺理成章的。

明朝成化、弘治年间，当北方流民如潮水般涌向荆襄山区开发的时候，冲破海禁出洋进行海外贸易，便成为东南沿海地区人民一条极好的出路。在官员"民往往嗜利忘禁"的惊呼声中，冒死蹈海者日益增多。他们把国内市场与海外市场联系起来，同时也带动了移民热潮的兴起。

留居海外的沿海居民日益增多，其中以福建沿海人居多。正统三年（1438年）入明朝贡的爪哇使者亚烈马用良、通事良殿、南文业 3 人均是福建龙溪人。马用良仕为亚烈，是"秩四品"的爪哇官员。① 漳州人张姓者在浡泥出任那督，也是其国尊官。② 在沿海地区的家谱中，迁徙的记载所在多有，如福建同安县汀溪黄氏家族，成化时有人出洋到海外居留，繁衍甚众。泉州安海《颜氏族谱》载，族人颜嗣祥、颜嗣良、颜森器、颜森礼及颜侃等 5 人都是在成化、正德、嘉靖年间经商暹罗，侨寓其地并死于其处的。③ 移居海外的中国沿海人民为南洋社会经济的开发和发展，做出了重要贡献。

郑和下西洋后，其社会效应迭相出现。明中叶社会变迁，反映出海外贸易扩大发展刺激下中国社会内部自身已孕育变化的潜流。总的来说，产生了两极效应：一是朝贡贸易的衰落与民间私人海外贸易的兴起；二是官营手工业的衰落与民营手工业的兴起；三是大明宝钞的衰落与"朝野率皆用银"的趋向；四是社会整合程度的下降与移民海外热潮的兴起；五是政治的趋于腐败与奢侈之风的兴起；六是重本抑末思想开始没落与新思想的悄然诞生。最后一点以丘濬和陈献章为例，两人都是广东人。④

---

① 《明史》卷 324《爪哇传》，北京：中华书局，1974 年。
② 《明史》卷 325《浡泥传》，北京：中华书局，1974 年。
③ 转引自张海鹏、张海瀛主编：《中国十大商帮》，合肥：黄山书社，1993 年。
④ 万明：《郑和下西洋与明中叶社会变迁》，见中国明史学会主办：《明史研究》第 4 辑，合肥：黄山书社，1994 年。

　　明孝宗甫即位，掌国子监事礼部右侍郎丘濬奏上《大学衍义补》。这代表民间要求开放海禁、发展海外贸易的呼声已经直达帝廷。重要的是，他的主张显然得到了明孝宗的赞许，虽然建议在孝宗朝未能得到全部实施，但事实上孝宗朝明显收缩了官方朝贡贸易，规定开始实行抽分之法。这种收缩政策，以往学界一般认为是保守倾向，实际上却不失为一种改革，由此，王朝以政治为重心向以经济为重心的贸易政策转变有迹可循，而收缩官方海外贸易，则为民间海外贸易留出了空间，这是一个此消彼长的过程。

四、结　语

　　亚洲国际贸易网络的形成，建立在和平的经济秩序整合的基础上，无论对于中国还是亚洲各国，都体现了经济利益。①翻开人类文明史的画卷，有一点是清楚的，即人类文明交往的根本愿望是物质需求。这种观点用于古代，不是什么后见之明。古代东方向西方的寻求，西方向东方的探索，都有着物质需求的因素，可以认为文明之间的对话，首先是物质需求形成的对话。可是，当我们放眼人类文明发展的历史长河，却发现存在两种不同的对外交往模式，也就是外交模式，体现在海路交往上，具有两种不同的航海模式：中国的和平发展方式和西方的暴力掠夺方式。通过郑和七下西洋，中国建立了与亚非各国间的友好联系，确保了区域商贸渠道的畅通无阻，使"海道由是而清宁，番人赖之以安业"，维护了区域安定的国际环境，建立了和谐、稳定的国际秩序，为区域合作奠定了良好的基础，也促使国际贸易盛况空前，各国间贸易互通有无；在地缘政治经济的作用下，多国国王亲自前来中国，外交使团来往络绎不绝，无疑为各国间贸易的发展开辟了更广阔的空间，促使15世纪初亚洲海上贸易达到了历史的顶峰，形成了一个繁盛的区域贸易网络。不仅如此，亚洲建立的繁盛的国际贸易网络，是以中国传统儒家文化为深厚底蕴的国际贸易模式，对区域权力均衡和国际贸易平稳发展起了规范性作用，"和番"与"取宝"结

---

① 一般认为郑和下西洋耗费巨大，但是它还有另一面，即扩大的海外贸易带来的巨额利润，曾补充财政和挽救货币危机，正如丘濬所言："不扰中国之民，而得外邦之助。"参见万明：《中国融入世界的步履——明与清前期海外政策比较研究》，北京：社会科学文献出版社，2000年，第150—155页。

合在一起①，和平交往，互通有无，构成对外交往基本理念。这一不同于西方的特点，在下西洋后由民间私人海上贸易，也就是海商所继承和发扬光大。在移民热潮中，中国海商发扬大无畏的航海精神，积极参与了亚洲国际贸易网的进一步建构，在南洋获得了极大成功，为开发南洋做出了重要贡献。尤其值得注意的是，由此亚洲建立的区域和平与繁荣持续了一个世纪，直至西方殖民势力东来才被打破。

2005 年是郑和远航开始 600 周年，我们纪念郑和，对于当前创建中国-东盟自由贸易区以及中国的和平崛起，具有重要现实意义。郑和是世界的郑和，中国曾有过海上的辉煌，却从未有过武力的称霸。15 世纪形成的亚洲国际贸易网，可以说是当时世界上最稳定也最为繁盛的区域贸易网之一。这是中国的航海模式，也是中国的对外交往模式的成功体现。

---

① （明）赵琦美辑：《脉望馆钞校本古今杂剧》，《古本戏曲丛刊四集》，北京：商务印书馆，1958 年。

郑和下西洋终止相关史实考辨*

由于福建长乐《天妃灵应之记碑》和江苏太仓《通番事迹碑》两碑的发现，郑和下西洋终止于第七次下西洋，遂成为学界的共识。然而，问题并没有到此结束，长期以来，人们广泛地把目光聚焦在郑和下西洋终止及其原因问题上。郑和研究所包含的问题意识，始终隐藏在研究的背后，这就是中国从先进到落后的问题。一般认为，郑和时代中国是先进的，航海技术走在世界前列。七下西洋以后，明朝有海禁，不再有远航，而西方凭借先进的航海技术来到东方，从此中国落后了。因此，郑和下西洋终止及其原因问题，是我们研究中国古代史的一个关节点。以往大多以明朝海禁、耗费巨大、物力不支、难以为继，直至引申出闭关锁国这一思维模式来看待和评价这一问题，而这是否符合历史的真实呢？事实上，上述假设未必成立，或有解释不尽合理。迄今为止，若干相关史实仍处于若明若暗之中。本文试图重新审视并就终止相关史实加以考辨，以期消除某些误解，使我们的认识接近历史的真实。

一、终止于海禁说不能成立

长期以来，无论是学术界，还是社会上都存在一种认为郑和下西洋终止是由于明朝实行海禁，更引申出海禁就是闭关锁国的看法。这种看法已相当普遍，实有辨析的必要。

---

* 原载《暨南学报（哲学社会科学版）》2005 年第 6 期。收入本书，有订正。

（一）探求下西洋终止与海禁相联系的史源

郑和第七次下西洋结束于宣德八年（1433年）。此次下西洋船队回国，据祝允明《前闻记》记载，是在六月二十一日入太仓，七月七日到京。①在《明宣宗实录》中，我们检得明廷"严私通番国之禁"的上谕，它正是在下西洋船队回归的次日，即七月初八颁下。那么二者之间是否有关联呢？为便于分析，特录全文如下：

> 命行在都察院严私通番国之禁。上谕右都御史顾佐等曰：私通外夷已有禁例，近岁官员、军民不知遵守，往往私造海舟，假朝廷干办为名，擅自下番，扰害外夷或诱引为寇。彼者已有擒获，各实重罪。尔宜申明前禁，榜谕缘海军民，有犯者许诸人首告，得实者给犯人家赀之半。知而不告及军卫有司纵之弗禁者，一体治罪。②

从以上上谕，不难看出以下几点：

第一，禁令是以往明朝禁令的延续。前言"私通外夷已有禁例"，后言"尔宜申明前禁"，均说明此令不属于新颁，而是重申性质。

第二，禁令内容明确所禁的是"严私通番国之禁"。唯"私通"才在禁止之列。

第三，禁令针对的是"近岁官员、军民不知遵守，往往私造海舟，假朝廷干办为名，擅自下番"的现象。

第四，禁令的目的是防止"擅自下番，扰害外夷或诱引为寇"。

由此可知，虽然下西洋终止与此海禁令二者在时间上密切接近，但是下西洋是官方派遣的出洋，显然不在禁令之中，因此下西洋终止与海禁令没有直接关联。翻检史籍，下西洋与海禁是两回事，海禁不因下西洋而产生。下西洋前有海禁，下西洋中有海禁，下西洋后也有海禁。海禁所禁的不是郑和式的远航。实际上，明朝颁下"严私通番国之禁"的同时，没有废除或关闭管理海外

---

① （明）祝允明：《前闻记·下西洋》，见（明）邓士龙辑：《国朝典故》（中），许大龄、王天有主点校，北京：北京大学出版社，1993年。

② 《明宣宗实录》卷103，"宣德八年六月己未"条，台北：台湾"中央研究院"历史语言研究所校印本，1962年（以下实录类均采用此版本，不再一一标注）。

贸易的专门机构市舶司之令，在郑和下西洋终止后，各市舶司继续运行，朝贡贸易，也就是官方管理控制的海外贸易并没有停止。

（二）不应混淆明朝朝贡贸易与海禁两种不同政策内涵的概念和范畴

明朝初年，朝贡贸易与海禁是明朝对外政策的两个方面，二者并行不悖，共同构成明朝对外政策的一个整体。虽然共生共存，但是各自具有不同的内涵，在概念上有不同的界定。在这里，首先需要界定明朝"朝贡贸易"与"海禁"（或禁海）两词的含义。"朝贡贸易"在广义上是指明朝对外采取与各国友好交往和通商贸易往来的政策，具体指限定在朝贡形式下的明朝官方管理控制的对外贸易，涵盖的主要是政策对外的一面；"海禁"指明朝政府禁止中外私人海上交往贸易，主要是禁走私贸易，侧重的是政策对国内民间的一面。二者相联系的是政策内外有别的两个方面。我们不仅要从二者之间的相互作用去把握明朝海外政策的总体，也应对二者具有明显不同的侧重内涵有所认识。

1. 朝贡贸易

在古代，朝贡可称之为一种国际关系模式，它不仅是中国对外交往形成的惯例，也是古代亚洲乃至欧洲国际关系形成的惯例，因此，我们不可将其视为中国所独有。值得注意的是，自古以来，"朝贡"一词就包含外交和贸易双重含义，在中国与外国的交往中，朝贡和给赐占有重要地位，既是政治外交活动，又是经济贸易交流。自唐中叶以来，市舶司一直是管理官方海外贸易的专门机构。明朝建立以后，沿袭历朝中外交通的朝贡模式，谋求建立朝贡体系，制定了朝贡贸易政策，设立了市舶司掌管对外贸易。进一步而论，因为明初将海外贸易限定于朝贡形式下，相对历朝更加强化了官方管理和控制。但是，不能因此就否定朝贡贸易具有的官方海外贸易性质。对于明朝统治者而言，朝贡贸易是得到外来之"宝"的必要途径；而对于海外诸国来说，"虽云修贡，实则慕利"[①]。总而言之，物质需求构成中外交往的本质特征。

明王朝将海外贸易严格限定在朝贡范围之内，明人王圻曾如此评论："贡舶者，王法之所许，市舶之所司，乃贸易之公也；海商者，王法之不许，市舶之所不经，乃贸易之私也。"[②]

---

① （明）严从简：《殊域周咨录》卷 8《爪哇》，余思黎点校，北京：中华书局，1993 年。
② （明）王圻撰：《续文献通考》卷 31，北京：现代出版社，1991 年。

这里的界定很明确：凡通过官方设立的市舶司的海外贸易，都是王朝法令所许可的；反之，不经过市舶司的，都是"贸易之私"，即走私贸易，不为王朝法令所容。

2. 海禁

史载明朝禁海始自洪武四年（1371 年）。这年十二月，明太祖"诏吴王左相靖海侯吴桢，籍方国珍所部温、台、庆元三府军士，及兰秀山无粮之民尝充船户者，凡十一万一千七百三十人，隶各卫为军。仍禁濒海民不得私出海"①。

这是今天所见开国以后明太祖明文颁布海禁的最早记录。至于他从何时起禁止沿海居民出海，已不得而知。这条史料配以郑晓所言的"初，方国珍据温、台、处，张士诚据宁、绍、杭、嘉、苏、松、通、泰，诸军皆在海上。方、张既降灭，诸贼、豪强者悉航海，纤岛倭入寇"②使我们了解到当时禁海是在特定条件下采取的一种临时性措施，对海上安全的关注，构成明朝禁海令下颁的重要因素之一。另一个重要因素出现在载入《明太祖实录》同年同月的一条史料中，由于福建兴化卫指挥李兴、李春私自派人出海经商，明太祖大为震怒，他谕大都督府臣："朕以海道可通外邦，故尝禁其往来……苟不禁戒，则人皆惑利而陷于刑宪矣。"③这里所申明的禁海因由，正是禁止臣民私自出海与海外国家交通贸易。

洪武十四年（1381 年）十月，明太祖再度重申"禁濒海民私通海外诸国"④。这一重申，同样不仅是对日外交失败的结果，也与明太祖在国内采取一系列强化中央集权君主专制措施密切相关。明太祖确立了朝贡贸易在对外贸易中的主导地位。这就是"是有贡舶，即有互市，非入贡，即不许其互市明矣"⑤。

进入永乐朝，在极大扩展官方朝贡贸易的背景中，我们同样可以窥见禁海令的延续。皇帝即位诏书中已明确宣布："缘海军民人等，近年以来往往私自下番，交通外国，今后不许。所司一遵洪武事例禁治。"⑥永乐二年（1404

① 《明太祖实录》卷 70，"洪武四年十二月丙戌"条。
② （明）郑晓：《吾学编·四夷考》上卷《日本》，《北京图书馆古籍珍本丛刊》，北京：书目文献出版社，1990 年。
③ 《明太祖实录》卷 70，"洪武四年十二月丙戌"条。
④ 《明太祖实录》卷 139。
⑤ （明）王圻撰：《续文献通考》卷 31《市籴考·市舶互市》，北京：现代出版社，1991 年。
⑥ 《明太祖实录》卷 10。

年）正月，又进一步"下令禁民间海船，原有海船者悉改为平头船。所在有司防其出入"①。这是以釜底抽薪之法，断绝国内军民私自与海外各国的联系。但是，也正是在此后不久，明成祖派遣规模空前的郑和使团七下西洋，"通西南海道朝贡"，"自是蛮邦绝域，前代所不宾者，亦皆奉表献琛，接踵中国"②，使朝贡贸易达于极盛。翻开《明实录》，15 世纪初明永乐、宣德朝是朝贡贸易发展到鼎盛的历史时期。这说明官方管理控制的海外贸易发展与禁止走私贸易是明朝海外政策相辅相成的两个方面。

3. 朝贡贸易与海禁

对于明朝将海外贸易控制在朝贡模式之中，王圻曾有评论，认为其可"通华夷之情，迁有无之货，收征税之利，减戍守之费，又以禁海贾，抑奸商，使利权在上"③。此段评论确有一语破的之妙。细加分析，第一，明朝可续修与海外各国传统友好关系，树立中国天子与海外"共享太平之福"的对外形象；第二，可建立与海外各国的经济联系，互通有无，得到海外物品以满足欲望；第三，通过商贸往来，可实现外交上的成功，进而获得安定的国际环境，减少国际压力，节省军费开支；第四，实行朝贡贸易，可使国家垄断海外贸易，从而抑制民间海商发展，使统治者尽收海外贸易的"权"与"利"。由此看来，对明朝统治者来说，似乎是有百利而无一弊。唯其如此，朝贡贸易与禁海相结合的海外政策才成为明朝的既定国策。

历史文献昭示我们，朝贡贸易与海禁是明朝海外政策相互依存的两个环节，不应孤立看待。从历史延续性来看，明朝以前历朝都存在朝贡贸易，而历朝管理控制对外贸易条文中也都有禁止走私贸易的内容。禁海令并非始自明初，元朝已出现禁海，包括"禁商下海"和取消市舶机构的事件。自元世祖末年起到元英宗，共有四次海禁，元朝还实行"官本船"制，明显反映出王朝加强官方控制海外贸易的倾向。再扩大而言，任何国家的海禁都不包括国家行为的海外贸易，也就是国家控制的海外贸易。在明朝，朝贡贸易包括四种类型，不只有贡赐一种，也包括官方管理控制下的私人贸易。④在海禁的同时，以官

① 《明太祖实录》卷 27。
② （清）佚名：《明史稿·郑和传》，南京图书馆藏。
③ （明）王圻撰：《续文献通考》卷 31《市籴考·市舶互市》，北京：现代出版社，1991 年。
④ 万明：《郑和下西洋与亚洲国际贸易网的建构》，《吉林大学社会科学学报》2004 年第 6 期。

方下西洋方式，成功地建立起了亚非海上国际贸易网络。如果只看到禁海令，就得出明朝海禁 200 年，甚至闭关锁国的结论，这是将明朝海禁的认识绝对化了，远离了历史真实。进一步说，从明初出现禁海，就一以概之为闭关政策，结果是无视郑和下西洋重建和极力扩大朝贡贸易，规模巨大的官方海外贸易一直存在，并且达到了鼎盛的历史事实，也忽略了郑和远航使史无前例的大批中国人走出国门交往贸易的意义。①

二、终止于耗费巨大乃至物力不支说，未免以偏概全

以往学者大多采用明朝人对郑和下西洋的指责，主要是耗费巨大以致国库空虚、物力不支，因此下西洋不能继续下去这一观点，引用的典型资料是万历间严从简《殊域周咨录》所载，成化间兵部车驾郎中刘大夏所言："三保下西洋，费钱粮数十万，军民死且万计。纵得奇宝而回，于国家何益？此特一敝政，大臣所当切谏者也。"②这种说法很有代表性。的确，不可否认郑和下西洋有着耗费巨大的一面。然而，如果我们全面地看问题，在永乐朝进行的几大工程事件中，如疏浚运河、营建北京、亲征漠北、出兵安南、经营东北、贵州建省、编纂《永乐大典》等，郑和下西洋却可以说是唯一一件使朝廷有进项的工程事件。

这里首先应该说明，明朝初年，王朝中央财政主要建立在实物力役征派制上，大量物资从各地征派而来，而明朝建立的货币体系是宝钞货币体系，禁用金银，永乐年间是明朝宝钞最稳定的时期，到宣德时朝廷仍力图稳定钞币。宣德帝敕书中，曾提到"仍于天财库，支钞十万贯，与尔作为下番之费"③。由于这种情况，我们根本无法计算出郑和下西洋的全部费用。如果勉强加以推算，特别是依据明后朝货币白银化后的银两估计，则不可能估出下西洋的实际费用，也就无法得出历史的真实数字。为了对此略作说明，试举一例。

永乐朝重臣黄淮《介庵集》中，有一篇为福建左参政杨南所撰墓志铭：

---

① 万明：《从"西域"到"西洋"——郑和远航与人类文明史的重大转折》，《河北学刊》2005 年第 1 期。

② （明）严从简：《殊域周咨录》卷 8《琐里·古里》，余思黎点校，北京：中华书局，1993 年。

③ （清）孙可庵：《清真教考》，清刻本。

伏遇文皇帝入正大统，仁恩覆冒，万国归心，梯航贡献，岁无虚日。朝廷遣中贵偕公卿大臣率海艘赍敕往劳，供输之费动以亿万计。公从容赞画，适中肯綮（綮），事集而民不废业。营建北京，国之大事，命下江右采木，体福建协相其役。监临者独驱闽之邵武等府下民赴役，疲而颠仆，狼藉于道。公闻之若疾疢在，躬合僚寀筹议而亲董其事，核丁产、均道里，更迭接运，不日告完而还乡不予，欢声洋溢乎四境。①

这里涉及的正是福建地方在郑和下西洋及营建北京期间的征派供给情况。"供输之费动以亿万计"，由此可以得出耗费巨大的认识，而从中也了解到计算下西洋费用真实数字的难度。

尽管我们不能对下西洋的总费用作出估计，但对史实的进一步考察是有意义的。

为了便于分析，现以当时输入中国的最大宗海外货物胡椒为例，将胡椒在海外原产地价格，明前期胡椒与钞、银的比价，以及明廷以输入胡椒、苏木折赏、折俸列表于下（表1、表2、表3）。②

表1　胡椒在海外原产地价格表

时间	原产地	胡椒/斤	银/两	资料来源
郑和下西洋时期	苏门答剌	1	0.01	《瀛涯胜览·苏门答剌国》
郑和下西洋时期	柯枝	1	0.0125	《西洋番国志·柯枝国》

表2　明前期胡椒与钞、银比价表

时间	钞（贯）与银（两）比价	胡椒（斤）、钞（贯）、银（两）比价	资料来源
洪武八年（1375年）	1:1	—	《正德大明会典》卷34《钞法》
洪武间	15:1	1:3:0.2[1]	《正德大明会典》卷102《番货价值》
永乐五年（1407年）	80:1	1:8:0.1[2]	《正德大明会典》卷34《钞法》；卷136《计赃时估》
宣德七年（1432年）	100:1	—	《明宣宗实录》卷88
宣德九年（1434年）	—	1:100:1[3]	《正德大明会典》卷29《俸给》一

---

① （明）黄淮：《介庵集》卷九《参政致仕杨公墓志铭》，四库全书存目丛书本。

② 以下列表，基本上以1994年万明《郑和下西洋与明中叶社会变迁》中列表略加补充而成。

续表

时间	钞（贯）与 银（两）比价	胡椒（斤）、 钞（贯）、银（两）比价	资料来源
正统元年 （1436 年）	1000⁺∶1[4]	—	《明英宗实录》卷 15

注：[1] 进口货物给价；[2] 时价，《正德大明会典》卷 136《计赃时估》未注年代，依钞银比价，时估应为永乐市价，而非洪武市价（东京：汲古书院影印正德六年司立监刻本，1989 年）；[3] 折俸；[4]"+"代表余额

表 3　明廷以输入胡椒、苏木折赏、折俸表

时间	输入物品	折赏与赏赐对象	折俸钞范围	资料来源
永乐五年 （1407 年）	苏木	北平各卫军士		《正德大明会典》卷 26 《赏赐》
永乐十三年 （1415 年）	胡椒、苏木	营建北京督工群臣 及兵民夫匠		郑晓《今言》卷 1
永乐十八年 （1420 年）	胡椒、苏木	在京各卫军士		《正德大明会典》卷 26 《赏赐》
永乐十九年 （1421 年）	苏木	在京各卫军士		《正德大明会典》卷 26 《赏赐》
永乐二十二年 （1424 年）	胡椒、苏木	两京各卫军士	在京文武官员 各衙门吏	《正德大明会典》卷 26《赏赐》；卷 29《俸给》一；卷 30《俸给》二
永乐二十二年 （1424 年）八月仁宗 即位	胡椒、苏木	扈从北征总兵官 等，汉王、赵王		《明仁宗实录》卷 1 下
宣德九年 （1434 年）	胡椒、苏木		两京文武官员	《正德大明会典》卷 29 《俸给》一
正统元年 （1436 年）	胡椒、苏木		两京文武官员（半支），万全都司、大宁都司、北直隶卫所官军	《续文献通考》卷 103《职官考·禄秩》下；《明英宗实录》卷 19
正统五年 （1440 年）	胡椒、苏木	各衙门知印、教坊司俳长		《明英宗实录》卷 67
成化七年 （1471 年）	胡椒、苏木		两京文武官员（半支）终止	《明宪宗实录》卷 97

1. 耗费巨大与"充溢库市"

如果全面地看问题，一方面，郑和下西洋有着耗费巨大的一面；另一方面，还应该看到它本身及其扩大的朝贡贸易，又有着"充溢库市"的一面。

郑和下西洋采办贸易的物品众多，马欢《瀛涯胜览》述之甚详，在此不

赘。随着一次次下西洋，海外贸易扩大发展，海外物品源源不断地输入中国。大量胡椒、苏木是其中占有重要比例的物品。

　　由表 1、表 2、表 3 可知，洪武年间，明廷对海外各国朝贡附进货物胡椒一项的给价是原产地的 20 倍，可见当时视为珍奇之物。永乐五年（1407 年）郑和第一次下西洋后，每斤胡椒在中国的时价是原产地的 10 倍，出洋直接进行的官方海外贸易，几乎立即显示出效果。也是在永乐五年（1407 年）第一次郑和下西洋归来，明朝已将来自贸易的外来品苏木以折赏方式发给北京各卫军士，人数达 20 万之多①，开了此后屡次大规模赏赐的先河。永乐二十二年（1424 年）郑和第六次下西洋结束后，在府库充溢、市价必然趋于下降的局势下，明廷将大量胡椒和苏木作为钱钞替代物，用来赏赐和折合官员人等的俸钞，硬将胡椒的利润保持在原产地的 20 倍上。更有甚者，宣德九年（1434年）郑和第七次下西洋后，在明代宝钞一跌再跌之时，明廷竟然以每斤胡椒100 贯的折合比价大量折俸，这样每斤胡椒达到了值银 1 两的地步，朝廷获得了令人咋舌的百倍高额利润。持续到正统元年（1436 年），宝钞与银的比价跌落到千余贯钞折合银 1 两，而明廷仍在以大量的胡椒和苏木作为货币代用品，力图消除国家钞法失败带来的危机。这种做法直至成化初年才结束。

　　由此，我们可以得到这样的认识：郑和下西洋并非只有耗费巨大的一面，它本身及其扩大的朝贡贸易，曾给明廷带来巨大的经济利益。虽然因缺乏具体资料，对当时所获巨额利润做总的估计尚不可能，但仅从表 3 中胡椒的大量输入，即可窥见丰厚利润之一斑，也使我们确信王世贞所言的"所奉献及互市采取未名之宝以巨万计"②，尹守衡所说的"所至国王纳款朝贡，采取未名之宝以巨万计"③，以及严从简所说的"自永乐改元，遣使四出，招谕海番，贡献毕至。奇货重宝，前代所希，充溢库市。贫民承令博买，或多致富，而国用亦羡裕矣"④，当非虚语。英宗天顺二年（1458 年），有太监上奏言："永乐、宣德间屡下西洋，收买黄金、珍珠、宝石诸物，今停止三十余年，府藏虚竭。"⑤这

---

① 《明史·兵志》卷 9，北京：中华书局，1974 年。

② （明）王世贞撰：《弇山堂别集》卷 1《皇明盛事述》一，魏连科点校，北京：中华书局，1985 年。

③ （明）尹守衡撰：《明史窃》卷 25《郑和传》，四库禁毁书丛刊本。

④ （明）严从简：《殊域周咨录》卷 9《佛郎机》，余思黎点校，北京：中华书局，1993 年。

⑤ 《明英宗实录》卷 287，"天顺二年二月戊申"条。

说明了下西洋后形成了"充溢库市"的局面，而终止以后才出现了"府藏虚竭"。

2. 物力不支与"得外邦之助"

郑和下西洋的直接后果是舶来品"充溢库市"，并没有使国库空虚，所以下西洋与物力不支之间显然缺乏逻辑联系。那么，进一步考察"充溢库市"的结果，可以发现下西洋非但没有造成明朝的财政危机，还曾起到缓解钞法危机的作用。

田汝康先生最早提出胡椒缓解了明朝财政危机。[①]实际上更准确地说，是消除了明朝的货币危机，也即钞法危机。派遣郑和下西洋扩大官方海外贸易开始后，大量胡椒、苏木的输入及"充溢库市"，使统治者找到了货币代用品以消除钞法败坏的危机和货币政策的失败。

自洪武八年（1375 年）起，明朝发行"大明通行宝钞"作为法定货币，并由此开始了明朝的纸币时期，建立起明朝货币体系。从历史实际来看，宝钞在流通不久就产生了问题。明朝从洪武至永乐、宣德，发行了大量宝钞，虽然我们无法知道发行量有多少，但是发行量的无限制，使宝钞发行量过大，且无储备金，这是造成宝钞贬值的最重要原因之一。时人已经认识到这一点，尽管明朝实施了种种回笼货币的措施，但都无济于事，仍不能使宝钞不贬值。更重要的是，明初民间存在一股强烈的趋势，即白银货币化的趋势。[②]

表 3 表明，自永乐初年郑和下西洋后，海外贸易输入的大量胡椒、苏木，被充当赏赐物，给赐两京文武官吏、军士，甚至平民百姓。不仅胡椒、苏木数量巨大，而且得到的人员众多，由此可知明初海外贸易的规模和获利之巨。永乐二十二年（1424 年）第六次下西洋归来以后，更以折俸方式，作为俸禄发给文武官员、军士人等。这种折赏折俸的做法，一直到成化七年（1471 年）存放胡椒、苏木的库藏枯竭才结束，持续长达半个多世纪之久。由此而言，郑和下西洋不仅没有因其耗费巨大导致明朝物力不支，反而使宝钞面临阻滞的状态在下西洋后得到了缓解。舶来品作为货币代用品，确实起了消除钞法败坏危机和货币政策失败的作用。著名经济思想家丘濬在其代表作《大学衍义补》中所言

---

① 参见田汝康《郑和海外航行与胡椒运销》，原文发表于《大不列颠和爱尔兰皇家亚洲学会会刊》1981年第 2 卷，转载于《上海大学学报（社会科学版）》1985 年第 2 期，其中详细论述了胡椒、苏木的折偿与垄断利润及缓解财政危机的关系。

② 万明：《明代白银货币化的初步考察》，《中国经济史研究》2003 年第 2 期。

的"今朝廷每岁恒以蕃夷所贡椒木折支京官常俸，夫然，不扰中国之民，而得外邦之助，是亦足国用之一端也。其视前代算间架经总制钱之类滥取于民者，岂不犹贤乎哉？"①即是对此而发。他指出的"不扰中国之民，而得外邦之助，是亦足国用之一端也"，揭示了郑和下西洋又一层面的作用。

三、难以为继说应重新审视

从爱国主义出发，国人大多为郑和下西洋终止或难以为继而感到惋惜，以为中国从此丧失了一次难得的发展机遇，甚至认为由此中国从先进走向了落后。果真是这样吗？除了传统的看法，即终止与迁都北京、朝臣与宦官之间矛盾等有所关联外，历史的复杂性提示我们，应该从多元视角考察郑和下西洋的终止，以发展的眼光，沿着历史演进的真实脉络，也就是依据当时政治、经济、文化、社会的现实背景来分析，重新审视下西洋何以难以为继。

1. 难以为继的偶然因素

首先应该说明的是，由于郑和去世，由他亲自率领的下西洋显然不可能继续了。所谓下西洋终止，不是明朝使团的出使完全没有了，而是说像郑和下西洋那样的规模和频率出使印度洋的情况几乎没有了，或者说没有了远航而只航行到东南亚，也就是南洋了。

现在摆在我们面前的问题是：七下西洋以后，是否明朝就没有能力再下西洋了？答案应该是否定的。从以上并非只是耗费巨大，还有"充溢库市"，"不扰中国之民，而得外邦之助，是亦足国用之一端也"的分析来看，下西洋造成国力不支难以为继显然不是全部事实。就现有资料来看，至少在"土木之变"发生前，明朝应该是有能力再下西洋的。

接下来的问题是：为什么有能力却不再下西洋了呢？历史是偶然和必然结合的产物，这里不能不说有着偶然的因素。这里先引述一段鲜见提及的重要资料，旨在说明不能忽略帝王意志的作用。永乐年间六次下西洋，仁宗即位后下令停罢。宣宗即位后，翰林院编修周叙为杨士奇出策，让他乘交趾退兵之时，

---

① 《大学衍义补》卷25《市籴之令》，万历刊本。

联络朝中重臣杨荣、夏原吉、蹇义和英国公张辅等，"协心一词，从容恳款达于圣上：凡中官之在天下者，惟边防、镇守存之，余一切买办磁器、颜料、纸札、迤西、西洋等事者，悉皆停罢取归。一遵洪武故事，永不差遣"①。他的建议中包括下西洋。虽然当时是否按照他的建议实行了，我们不得而知，但所知的是这些高层官员不满中官所为，是很有可能"协心一词"劝说宣宗停罢下西洋的。然而，此后的事实是，宣德五年（1430 年）重新启动了第七次下西洋。可见当时尽管有大臣反对，也无济于事，不能完全左右皇帝的意志。当然，从经济角度看，宣德初年钞法阻滞严重，消除钞法危机成为宣德朝的核心问题。宣德帝进行第七次下西洋，应该说有这方面的考虑。当时应对宝钞阻滞的对策有二：一是对内设立钞关，增加市肆门摊课钞的征收②；二是对外再一次派遣郑和下西洋。

第七次下西洋归来是在宣德八年（1433 年），不幸宣宗于十年（1435 年）去世，年 38 岁。下西洋就此终止了。以上说明皇帝的决策是最重要的。那么我们可以推测，假如宣宗不是英年早逝，能够再长寿 20 年，也可能还会出现下西洋；进一步说，假如他的继承人英宗不是年仅 9 岁即位，可以亲掌朝廷大政，不必依赖老臣掌政，也很可能再有下西洋。但是历史不能假设，这些都构成了下西洋难以为继的偶然因素。当然，偶然中也有必然，就制度而言，皇帝意志至关重要，是专制制度本身的制约性因素。

2. 难以为继的必然因素

历史是诸多偶然因素和必然因素结合而产生的。谈到难以为继的必然因素，可以从国内和国际两方面来看。

从国内来看，郑和远下西洋使大量外来物品如胡椒、苏木的输入，达到了"充溢库市"的地步，说明货物达到了饱和状态。一方面，大量海外物品销往中国市场，这些物品由"奢侈品"向日用品的转化过程在加速进行，市场价格不可能不一再下跌，朝廷无法阻止这些外来物品价值在市场上的跌落。另一方面，如表 3 所示，自永乐二十二年（1424 年）起，宝钞开始折俸，到了正统元年（1436 年）明朝规定两京文武官员半支胡椒、苏木，此后长期作为官俸军饷的支付手段。成化七年（1471 年），当"胡椒、苏木不敷，议将甲字库绵布折

---

① （明）周叙：《石溪集》卷 1，《北京图书馆古籍珍本丛刊》，北京：书目文献出版社，1990 年。

② 《明宣宗实录》卷 5。

支"时，"充溢库市"的情况终于结束了，而此时明代官员的实际俸禄低至了历史的顶点，《明实录》载："自古百官俸禄未有如此者。"①由此可见采用折俸之法使明朝利益受到了保护，而这种贬值宝钞的硬性配给，必然招致不满。更重要的是，经过折换后各级官吏和军士得到的俸禄，在市场价格一再下跌后实际上已所剩无几，高官利益蒙受损失，"折俸之薄"更使"卑官日用不赡矣"。②于是众多官员对朝廷这种转嫁不满，以致对下西洋持有敌视心理，应该说是毫不奇怪的。英宗时张昭、宪宗时刘大夏之竭力阻止下西洋的再现③，就是典型事例。在朝中官员眼里，下西洋不能继续下去，因为下西洋引进舶来品越多，也就越多地成为他们的俸禄进入他们的生活，直接影响到他们的生活状况，危及他们的个人利益。于是大臣的态度一致，反对的理由充分：耗费巨大，人员伤亡，得奇宝于国家无益，等等。值得提及的是，明后期严从简记载："仁宗即位，从前户部尚书夏原吉之请，诏停止西洋取宝船，不复下番。宣德中复开，至正统初复禁。成化间，有中贵迎合上意者，举永乐故事以告，诏索郑和出使水程。兵部尚书项忠命吏入库检旧案不得，盖先为车驾郎中刘大夏所匿。"④于是有刘大夏反对下西洋，烧毁水程记录之说。笔者认为下西洋档案应存放在内府，而刘大夏不可能毁掉内府的档案，下西洋档案在今天没有保存下来，应该说是距离时间久远，自然消失的可能性大。我们注意到上述记载说明：正统初年皇帝幼小，三杨执政，大臣意见遂占上风。而此时胡椒、苏木尚积存库市，明朝处理办法是继续折作俸饷发放。发展到成化初年舶来品用尽之时，官员对郑和下西洋的反感强烈。刘大夏所说"费钱粮数十万，军民死且万计。纵得奇宝而回，于国家何益"就是证明。上文已经论证了他所说并非全部是实情，但在这里我们不可简单视之为保守。透过激烈言辞的表层，我们不应忽视其后掩蔽的深层原因。宣宗去世以后，朝中大臣的意见举足轻重，朝廷有无能力下西洋已是次要，不去考虑才是主要的，为什么不考虑了？从歌功颂德到激烈反对，大臣态度的转变有一个隐藏在背后的社会经济变数。事实上，基于深层原因的官员一致反对，构成了下西洋难以为继的必然因素。

---

① 《明宪宗实录》卷 97。

② 《明史·兵志》卷 82，北京：中华书局，1974 年。

③ 《明史·兵志》卷 164，北京：中华书局，1974 年。

④ （明）严从简：《殊域周咨录》，余思黎点校，北京：中华书局，1993 年。

　　还应提到的是，明孝宗甫即位，掌国子监事礼部右侍郎丘濬奏上《大学衍义补》。①这代表民间要求开放海禁，发展民间私人海外贸易的呼声已经直达帝廷。在同书中，丘濬提出"以银为上币"，其思想折射出的是民间白银货币化趋势和现实，以及明朝统治层对重新建立货币流通体系的设想。②在这里，透露出的社会变化、制度改革的先声，民间私人力量已经兴起，明朝官方垄断海外贸易政策转换在即，同样是构成下西洋难以为继的必然因素。

　　从国际来看，近30年的下西洋，推动地缘政治经济格局发生重大改变。由此东西方贸易中心集散地从亚欧大陆转移至海上，极大地拉近了与中国的距离，这实际上形成了下西洋难以为继的又一重要的必然因素。

　　这里需要从满剌加的兴起谈起。下西洋与满剌加有着特殊关系，从"旧不称国""人多以渔为业"的渔村，发展到"诸番之会"，满剌加王国的兴起，与郑和下西洋密不可分。在航线上，作为一个史无前例、规模巨大的外交贸易使团，郑和下西洋每次必经满剌加；在时间上，满剌加兴起时间段与下西洋推动国际贸易高潮迭起的时间表是重叠在一起的。由此兴起的满剌加，繁荣地存在了一个世纪，直到西方航海东来，才结束了黄金时代。

　　具体来说，航行于从中国到印度古里的海上商路，郑和每次必经满剌加。因为远离中国，海上的中国船队需要一个前往印度洋的中间站，而这个中间站就选在了满剌加。《瀛涯胜览》记载："凡中国宝船到彼，则立排栅，如城垣，设四门更鼓楼，夜则提铃巡警。内又立重栅，如小城，盖造库藏仓廒，一应钱粮顿在其内。去各国船只回到此处取齐，打整番货，装载船内，等候南风正顺，于五月中旬开洋回还。"③这里清楚地表明，郑和船队的船只分头出发到各国进行贸易，最后都要汇合在满剌加，等待季风到来一起回国。在郑和船队近30年往返过程中，建立了一个繁盛的亚洲国际贸易网络，国际贸易促使满剌加迅速兴起，在中国和印度、西亚乃至非洲和欧洲之间，形成一个最为重要的贸易中转地或称集散地。

　　英国东南亚史学家霍尔指出："人们曾经描述马六甲说，它不是普通意义上的商业城市，而是在贸易季节中国和远东的产品与西亚和欧洲的产品进行

---

①　《明孝宗实录》卷7，"成化二十三年十一月"条。

②　万明：《明代白银货币化与明朝兴衰》，《明史研究论丛》第6辑，合肥：黄山书社，2004年。

③　冯承钧校注：《瀛涯胜览校注》，上海：商务印书馆，1935年，第25页。

交换的一个大集市。"①葡萄牙人皮雷斯描述了在 16 世纪初所见满剌加繁盛的商业贸易景象，并认为由于马六甲的广大及其所获利润之多，人们根本无法估计它的价值。他记述说："马六甲有 4 个沙班达尔，他们是市政官员。由他们负责接待船长们，每条船舶都在他们的权限之下听从安排……其中最主要的一个沙班达尔负责从古吉拉特来的船舶。另一个负责管理从科罗曼德尔海岸、孟加拉、勃固和帕塞来的商人。第三个负责管理从爪哇、马鲁古群岛和班达群岛、巨港和吕宋等地来的商人。第四个负责管理从中国、占城等地来的商人。每个商人带着货物或者商品信息来到马六甲，需要向沙班达尔申请进入他的国家。"②

《马来纪年》记载了满剌加通商的情景："不论上风和下风的行商，也常到满剌加，当时非常热闹。阿拉伯人称这地方叫做马六甲（Malakat），意思是集合各商贾的市场，因为各种族各样的商贾，都常到这里，而当地大人物们的行动也极为公正。"③更能说明问题的是，1511 年占据满剌加的葡萄牙果阿总督阿尔布克尔克说："我确实相信，如果还有另一个世界，或者在我们所知道的以外还有另一条航线的话，那么他们必然将寻找到马六甲来，因为在这里，他们可以找到凡是世界所能说得出的任何一种药材和香料。"④在这里，他道出了满剌加作为东西方国际贸易中心的地位。这一重要的东西方贸易中心连接了亚洲、非洲和欧洲。

明朝文献中也清楚地记载着，郑和下西洋以后，满剌加已成为国际商业贸易中心集散地。按照明朝的规定，满剌加朝贡使团，贡道在广东。成化《广州志》记载，海外各国土产贡物计有 10 类，经过与其他如《明会典》《西洋朝贡典录》《殊域周咨录》等史籍中满剌加国贡品的对照，发现宝类中的象牙、犀角、鹤顶、珊瑚；布类中的西洋布；香类中的速香、黄熟香、檀香、乳香、蔷薇水；药类中的阿魏、没药、胡椒、丁香、乌爹泥、大风子；木类中的乌木、

① 〔英〕D. G. E.霍尔：《东南亚史》上册，中山大学东南亚历史研究所译，北京：商务印书馆，1982 年，第 267 页。
② Cortesao A. *The Suma Oriental of Tomé Pires.* London: Hakluyt Society, 1944: 265.
③ 许云樵译注：《马来纪年》，新加坡：新加坡青年书局，1966 年，第 130 页。
④ De Albuquerque A. *The Commentaries of the Great Afonso Dalboquerque.* De Gray Birch W trans. New York: B. Franklin, 1970: 118.

苏木；兽类中的狮子；禽类中的鹦鹉……都是来自满剌加国的进贡物品。①其中大多明显不是满剌加国土产。以西洋布为例。当时一方面大批产自印度的布匹运到满剌加，另一方面与此相应，我们发现在郑和下西洋以后，上述多部明代史籍中，原产印度的西洋布已成为满剌加对明朝的朝贡物品。黄衷《海语》提到："民多饶裕，南和达一家，胡椒有至数千斛，象牙、犀角、西洋布、珠贝、香品若他所蓄无算。"②值得注意的是，早于以上时间，于明朝天顺五年（1461 年）成书的《大明一统志》，记有满剌加国的"土产"，赫然有"布"已列其中。③此时距离郑和第七次下西洋时间不太远，我们知道，满剌加本地不产布，这里所见的"布"应该来自印度。

明朝文献中，还有更多的例证。位于亚欧大陆上的撒马尔罕使臣在成化末年来贡，归国时欲从海道回还，声称将往满剌加国"求买狮子"贡献。④如果说这次前往满剌加的行为被广东官员阻止了，那么在弘治二年（1489 年），《明实录》中则明确记载了撒马尔罕从满剌加国取路进狮子、鹦鹉等物至广州。⑤同样在《明实录》中，我们还看到位于东洋的琉球国，在弘治十八年（1505年）往满剌加"收买贡物"的记录。⑥这些都是满剌加已经成为新的东西方国际贸易集散地，在那里可以得到亚洲、非洲、欧洲任何地方物品的证明。为此，何乔远《名山藏》中记载满剌加时，用了"诸番之会"来形容⑦，应该说是恰如其分的。

以上不厌其详地罗列了许多中外文献，旨在说明下西洋与满剌加兴起成为国际贸易中心集散地的关系，揭示下西洋不仅积极推动建立了一个繁盛的亚非海上国际贸易网络，而且促使地缘政治经济格局发生重大改变。从此东西方国际贸易中心集散地由亚欧大陆转移至海上，这样一来，就将中心集散地与中国的距离极大地拉近了。换言之，是将海外市场拉近了中国。

---

①　成化《广州志》卷 32《诸番类番物附》，明刻本；（明）申时行等修：《明会典》卷 106《朝贡二·满剌加国·贡物》，北京：中华书局，1989 年；（明）黄省曾：《西洋朝贡典录》卷上，谢方校注，北京：中华书局，1982 年；（明）严从简：《殊域周咨录》卷 8，余思黎点校，北京：中华书局，1993 年。

②　（明）黄衷：《海语》，岭南丛书本。

③　（明）李贤等撰：《大明一统志》，西安：三秦出版社，1990 年。

④　《明宪宗实录》卷 266。

⑤　《明孝宗实录》卷 32。

⑥　《明宪宗实录》卷 266。

⑦　（明）何乔远撰：《名山藏》，扬州：江苏广陵古籍刻印社，1993 年。

接下来的问题很关键：既然如此，从此以后中国人还有必要舍近求远去印度洋吗？

满剌加的兴起，正是东南亚的凸显，具有重要意义。与之相对应的是，郑和下西洋后，留居海外的中国沿海居民日益增多，主要是到东南亚（也称南洋）一带，其中以福建沿海人居多。正统三年（1438 年）入明朝贡的爪哇使者亚烈马用良、通事良殿、南文业 3 人均是福建龙溪人。马用良仕为亚烈，是"秩四品"的爪哇官员。①漳州人张姓者在浡泥出任那督，也是其国尊官。②在沿海地区的家谱中，迁徙的记载所在多有，如福建同安县汀溪黄氏家族，成化时有人出洋到海外居留，繁衍甚众。泉州安海《颜氏族谱》载，族人颜嗣祥、颜嗣良、颜森器、颜森礼及颜侃等 5 人都是在成化、正德、嘉靖年间经商暹罗，侨寓其地并死于其处的。③移居海外的中国沿海人民为东南亚社会经济的开发和发展，曾做出了重要贡献。从某种意义上说，沿着下西洋疏通的航路，私人海上贸易接续了郑和的海上事业。

按照流行的说法，大多学者将下西洋终止归因于明朝海禁，认为海禁致使下西洋终止，其后中国海船绝迹于印度洋，从此中国由海上退出，将印度洋拱手让给了西方，并从而得出由此中国从先进到落后的结论。然而，以上大量中外历史文献所揭示的历史事实并非如此，当时地缘政治经济格局发生重大改变，下西洋的终止（指向印度洋的远航）可以说是有其必然性。下西洋促成满剌加兴起，将东西方国际贸易中心集散地由亚欧大陆转移至海上，极大地拉近了与中国的距离。此后中国海船从事海外贸易不必再远航到印度洋，即可得到所有海外物品。答案就是如此简单，不必再舍近求远。这构成了下西洋难以为继的重要因素之一。

以此也可解释民间私人海外贸易绝迹印度洋的问题。由于海禁，民间不能造大船航行印度洋的说法，缺乏说服力。郑和下西洋以后，海道大开，成化、弘治年间私人海外贸易已经突破了海禁的樊篱，极大地发展起来。实际上不去印度洋的根本原因不在海禁，而是郑和时代已经拉近了海外市场与中国的距离，虽然民间可以造大海船航行到印度洋，却没有必要舍近求远。这与中国落

---

① 《明史》卷 324《爪哇传》，北京：中华书局，1974 年。

② 《明史》卷 325《浡泥传》，北京：中华书局，1974 年。

③ 转引自张海鹏、张海瀛主编：《中国十大商帮》，合肥：黄山书社，1993 年。

后于西方无关。限于篇幅，这里就不展开论述了。

四、结　语

郑和下西洋终止是在历史偶然与必然的交叉点上出现的历史事实。海禁—闭关锁国说已经成为一种思维模式，但是，历史不是以现代思维简单地套上就可以的。实事求是地历史地看问题，下西洋是由内外诸因素综合而成；实事求是地发展地看问题，历史是在不断变化中发展的过程，探求历史的真实，一旦内外诸因素发生了变化，下西洋则不可能长久持续。从内部说，一旦需求达到一定饱和，远航将难以为继；从外部言，一旦地缘政治经济格局发生改变，远航也就难以为继了。换言之，耗费巨大只是一面之词，真正的原因潜藏在社会经济发展之中，同时国内外环境条件的变化，说明了下西洋不再出现的合理性。需要说明的是，终止既不能说明中国将印度洋拱手让给西方，也与中国从先进到落后没有逻辑的联系。

明代内官第一署变动考

——以郑和下西洋为视角*

　　明代宦官二十四衙门，在明初逐步形成。起初，内官监曾为内官第一署，其地位后为司礼监所替代。对此史无明载，时至晚明，熟于时事和朝章典故的沈德符已不清楚，仅云"司礼今为十二监中第一署"；而明末宦官刘若愚专记宫廷之事的《酌中志》中，列司礼监为十二监之首，也未加说明；内官监曾为内官第一署乃至郑和为内官监太监的史实长期模糊不彰。[①]后世学者关注司礼监的颇多，主要聚焦于司礼监地位的提升及其与内阁的关系。[②]迄今学界缺乏对内官监的专门研究，未见对于内官监沉降与司礼监上升互动关系的探讨。黄彰健先生利用《祖训录》，对明初宦官制度做了细致的研究，虽涉及内官监的变化，但主要考察了司礼监的演变。[③]近年有学者探讨明初宦官制度的变化，

---

* 原载《北京联合大学学报（人文社会科学版）》2010年第8卷第4期。收入本书，有订正。

① （明）沈德符：《万历野获编·补遗》卷1《内官定制》，《明代笔记小说大观》3，上海：上海古籍出版社，2005年；（明）刘若愚：《酌中志》卷16《内府衙门职掌》，北京：北京古籍出版社，1994年，第93页。（明）罗懋登的《三宝太监西洋记通俗演义》（上册）直云郑和为"司礼监掌印的太监"（陆树仑、竺少华校点，上海：上海古籍出版社，1985年，第193页）；（清）傅维鳞的《明书》也记载郑和"太宗即位，为司礼太监"（卷158《宦官传》一，上海：商务印书馆，1937年）。

② 一般说来，凡论及明代政治史，都涉及司礼监的研究，关注较多的是司礼监与内阁的关系。专门论述司礼监的论文主要有欧阳琛：《明代的司礼监》，《江西师院学报（哲学社会科学版）》1983年第4期；赵映林：《"无宰相之名，有宰相之实"的明代司礼监》，《文史杂志》1986年第3期；欧阳琛：《明内府内书堂考略——兼论明司礼监和内阁共理朝政》，《江西师范大学学报（哲学社会科学版）》1990年第2期；等等。

③ 黄彰健：《论〈祖训录〉所记明初宦官制度》，《明清史研究丛稿》卷1，台北：台湾商务印书馆，1977年。

提出是司礼监扩张权力的结果。①在这里，笔者以郑和下西洋作为一个新的视角来考察。下西洋无疑是中国古代乃至世界史上最引人注目的航海活动之一，在历史上留下了多元的深远影响，100多年来的持续探讨，已产生了丰硕的研究成果，涉及方方面面；然而，迄今未见论及这一重大外交活动与内官第一署变动的关系，故本文就此略加钩稽。

一、明初内官第一署：内官监

内官监的前身，是内使监。从名称即可看出，内使监是为内廷侍奉而设，它草创于明朝建立之前。吴元年（1367年）九月设立内使监，其首为监令，下设监丞、奉御、内使、典簿等。②

黄彰健先生曾云："欲论有明一代宦官制度，事固不易，而论明初之制，则以文献不足，其事犹难。明内府十二监，以司礼监职司最要，其建置沿革及职权之演变，最模糊不明者，亦以得见国立北平图书馆藏明钞本《祖训录》微卷，始有一较清晰之了解。"③查《祖训录》，记录当时内府十监是天地坛祠祭署、神坛署、皇陵署、神宫内使监、尚宝监、内使监、尚冠监、尚衣监、尚佩监、尚履监。其中内使监名列第六，但其职掌却与众不同："监令掌应办内府一应事务"④，较其他各监职能专一而言，内使监则显然有总揽的特点。

洪武二年（1369年），"乃定置内使监奉御六十人，尚宝一人，尚冠七人，尚衣十人，尚佩九人，尚药七人，纪事二人，执膳四人，司脯二人，司香四人，太庙司香四人，涓洁二人"⑤。这里的内使监，仍是侍奉皇帝的具有庞杂职能的近侍内官。

《明内廷规制考》载："洪武三年命工部造红牌，镌戒谕后妃之词悬之宫

---

① 胡丹：《洪武朝内府官制之变与明初的宦权》，《史学月刊》2008年第5期。
② 《明太祖实录》卷25，"吴元年九月丁亥"条，台北：台湾"中央研究院"历史语言研究所校印本，1962年（以下实录类均采用此版本，不再一一标注）。
③ 黄彰健：《论〈祖训录〉所记明初宦官制度》，《明清史研究丛稿》卷1，台北：台湾商务印书馆，1977年。
④ （明）朱元璋撰述：《祖训录·内官》，《明朝开国文献》3，台北：台湾学生书局，1966年。
⑤ 《明太祖实录》卷44，"洪武二年八月己巳"条。

中，申严宫闱之禁。曰：皇后之尊只得治宫中之事，宫门外事毫不得预，后妃嫔嫱宫中诸费皆尚宫奏之，发内官监覆奏，方得赴部关领。若尚宫不奏而辄发内官监，内官监不奏而辄赴部擅领者，皆论死。"①

内官监，于洪武十七年（1384年）四月替代内使监而设立，其职掌为"通掌内史名籍，总督各职，凡差遣及缺员，具名奏请……所掌文籍，以通书算小内使为之"②。值得注意的是"通掌""总督"二词，分别是指职掌内官内使全部名册和主管内官人事差派调动之事，内官监无疑是掌管内官人事大权的衙门。其时，内官监位列第一，神宫监、尚宝监等各监均已位列于内官监之后，司礼监则位列第六。不仅如此，以内官监为首监，还表现在内官监的监令品秩高于其他各监，为正六品，而其他各监监令则是正七品。这无疑凸显了内官监作为内官第一署的地位。

内官监设立之初，总掌内外文移。这一职掌也继承于内使监，见于洪武五年（1372年）六月规定："如六局征取于在外诸司，尚宫领旨，署牒用印，付内史监。内史监受牒，行移在外诸司。"③至洪武十七年（1384年）七月，明太祖"敕内官毋预外事，凡诸司毋与内官监文移往来"④。这条史料说明，当时限制了内官监的权限，不许其与外廷诸司有文移往来。而在洪武二十三年（1390年），改公主府家令司为中使司以后，又有规定："与在内衙门行移，中使司呈内官监，内官监帖下中使司；其余内府各衙门行移，俱由内官监转行。"⑤由此可见，内府文移一直是由内官监在掌管。

实际上，内官监还职掌礼仪之事。洪武二十六年（1393年）所定亲王、公主婚礼以及朝贺传制诸仪，皆由内官监官与礼部仪礼司官共同"设仪物于文楼

① （明）佚名：《明内廷规制考》卷3《戒谕》，清借月山房钞本。这里的内官监应为内使监之误，《明太祖实录》卷52，"洪武三年五月乙未"条，可为例证："发内使监官覆奏，方得赴所部关领。"而内官监替代内使监以后，其职能也沿袭下来。

② 《明太祖实录》卷161，"洪武十七年夏四月癸未"条。

③ 《明太祖实录》卷74，"洪武五年六月丁丑"条。

④ 《明太祖实录》卷163，"洪武十七年秋七月戊戌"条，明太祖此举是为防范内官与外臣交通，帝当时"谓侍臣曰：为政必先谨内外之防，绝党比之私，庶得朝廷清明，纪纲振肃。前代人君不鉴于此，纵宦寺与外臣交通，觇视动静，寅缘为奸，假窃威权，以乱国家。其为害非细故也，间有奋欲去之者，势不得行，反受其祸，延及善类。汉唐之事深可叹见！夫仁者治于未乱，知者见于未形，朕为此禁，所以戒未然耳"。

⑤ 《明太祖实录》卷200，"洪武二十三年三月庚午"条。

下"，依此，参与宫廷礼仪之事也是内官监的重要职事之一。①

洪武二十八年（1395 年），明太祖又一次调整内官制度，所颁《皇明祖训·内官》中，规定内官各监均升为正四品，包括十一监："神宫监、尚宝监、孝陵神宫监、尚膳监、尚衣监、司设监、内使监、司礼监、御马监、印绶监、直殿监。"其中内官监位列第七，而位在司礼监之前。其职掌为"掌成造婚礼奁冠舄伞扇、衾褥帐幔仪仗及内官、内使贴黄诸造作，并宫内器用、首饰、食米、上库架阁文书、盐仓、冰窖"。②下面本文有必要略加分析。

第一，"掌成造婚礼奁冠舄伞扇、衾褥帐幔仪仗"，即负责造作宫廷婚礼礼仪器用。婚礼是古代五礼中的嘉礼，格外隆重。联系《皇明祖训·内令》的规定："凡自后妃以下，一应大小妇女及各位下使数人等，凡衣食、金银、钱帛并诸项物件，尚宫先行奏知，然后发遣内官监官。监官覆奏，方许赴库关支。"③可见不仅是婚礼之时，就是平时用度，内官监掌管后宫器用的职权也很明确，反映出内官监在后宫器用管理方面拥有极大的权限。

第二，掌管"内官、内使贴黄诸造作"。这里的"贴黄"，即内官履历及迁转事故记录，掌管"内官、内使贴黄诸造作"，也就是"通掌内史名籍"，这一职掌与内缺除授、奏请差遣等重要的人事调遣有着密切关系。④《明实录》记载，永乐二年（1404 年）吏部尚书蹇义等上言在京各衙门官定额外添设事，述及"内府办事监生，止是誊写奏本，查理文册，稽算数目，别无政务，比内官监奏准半岁授官"⑤。内府办事监生由内官监奏准授官，说明内官监掌控着内府升选差遣的人事权。晚明沈德符云："本朝内臣俱为吏部所领，盖用周礼冢宰统阉人之例，至永乐始归其事于内，而史讳之。"⑥即后来出现视当时的内官监为外廷吏部的看法，应不是无稽之谈。

---

① 《明太祖实录》卷 224、卷 228、卷 233。
② 《皇明祖训·内官》，见（明）张卤辑：《皇明制书》下册，日本古典研究会，1967 年。
③ 《皇明祖训·内令》，见（明）张卤辑：《皇明制书》下册，日本古典研究会，1967 年。
④ 黄彰健先生认为"此时内官监于内官内使贴黄，恐仅司与营造有关事项"，注引《明会典》卷 213 云："凡吏部贴黄，本科官一员会同稽勋司官，赴印绶监领贴。"（黄彰健：《明清史研究丛稿》，台北：台湾商务印书馆，1977 年，第 13 页）而《明会典》这里所指的是吏部贴黄，并非内官内使的贴黄，恐不同。
⑤ 《明太宗实录》卷 32，"永乐二年夏六月己丑"条。
⑥ （明）沈德符：《万历野获编·补遗》卷 1《内官定制》，《明代笔记小说大观》3，上海：上海古籍出版社，2005 年。

第三，职掌"宫内器用、首饰、食米""盐仓、冰窖"之事。不用说"宫内器用"的范围非常广泛，"首饰"当属宫廷消费的"奢侈品"，而"食米""盐仓"事虽琐细，却也是宫廷生活的必需品。

第四，掌管"上库架阁文书"一项，是主管官中档案的归库管理。这与掌管"贴黄"一样，都是宫廷中极为机要的职掌。此时，虽然内官监在品秩上已与其他诸监拉平，却仍然显示出为近侍衙门中"第一署"的特征，奠定了内官监作为内官第一署的地位。

此外，根据洪武二十六年（1393 年）编《诸司职掌》，在妃家行纳征礼、发册命使仪注、醮戒仪注的仪礼中，都有内官监的参与。①

一般认为，永乐时期大量任用宦官，是明代宦官权力提升的重要时期。永乐元年（1403 年）六月，由燕王而成为皇帝的朱棣，升旧燕府承奉司为北京内官监，秩正四品。②此时，郑和被任为内官监太监。这一内官之首的地位，使他可以朝夕接近皇帝，对时政拥有毋庸讳言的影响力。

晚明沈德符云：

> 司礼今为十二监中第一署，其长与首揆对柄机要，金书秉笔与管文书房，则职同次相。其僚佐及小内使俱以内翰自命，若外之词林，且常服亦稍异。其宦官在别署者，见之必叩头称为上司，虽童稚亦以清流自居，晏然不为礼也。内官监视吏部掌升选差遣之事，今虽称清要，而其权俱归司礼矣。③

司礼监为内官之首的情形，是在宣德以后才形成的。关于司礼监的显赫地位，明代史籍中多有记述，学界的研究也颇多，这里不再赘述。但是有一点应该指出，那就是由于明朝司礼监后来一直作为内官第一署，明初内官监曾为内官第一署的事实长期以来几乎被遮蔽了，这是应该澄清的。

---

①　《诸司职掌》，见（明）张卤辑：《皇明制书》下册，日本古典研究会，1967 年。

②　《明太宗实录》卷 21，"永乐元年六月乙亥"条。

③　（明）沈德符：《万历野获编·补遗》卷 1《内官定制》，《明代笔记小说大观》3，上海：上海古籍出版社，2005 年。

二、下西洋诏令与内官监太监郑和

郑和下西洋肇始于明朝永乐皇帝的一通诏书，这已是一个众所周知的事实，并由此诞生了当代的中国航海日。永乐三年（1405 年）六月十五日永乐皇帝颁下诏令："遣中官郑和等赍敕往谕西洋诸国。"①可以说没有诏令就没有下西洋，然而，对于诏书背后"语境"的探究，即这通诏令是如何产生的，迄今却仍是有待发覆的问题。

明初出现郑和下西洋的不同寻常之处，表现在此前中国历代都有许多出使海外的记录，但是，像郑和下西洋这样规模之大、持续时间之长、出使范围之广的航海活动，却是史无前例的。在中国古代安土重迁的农业社会中，明代产生了下西洋这样的航海盛事，颇不同凡响。综观前人的论著，在郑和下西洋研究中，长期以来已经形成了一个基本思路，就是认为郑和由于各方面具备优势条件，被选派为下西洋统帅。事实上，采取这种思路，一方面是由于资料所限；另一方面认为皇帝是最高统治者，诏令由皇帝所颁。然而，值得考虑的是，即使是皇帝直接颁布的"王言"，也不会是皇帝的突发奇想，更不可能是无源之水，而应有其特定"语境"。下西洋不是简单地出使海外，而应是一项重大决策。众多中外学者对于中国这样一个历来以农业为本的农耕大国，为什么会出现下西洋的航海盛事而大惑不解。回答这一问题，大多数学者是从中国古代航海技术发展和中国历史悠久的航海传统来说明，但这只是回答了一个方面，并没有解答出为什么这样规模的航海会发生在特定的明朝初年。换言之，这个既陈旧而又不断被加以翻新的话题，依然摆在我们面前，并要求作出进一步的解答。

航海活动，最重要的是航海人群的衍生，是航海人的传承脉络。自南宋起，蒲寿庚（1205—1290 年）提举泉州市舶司 30 年②，中国官方海外贸易，已经出现了海外民族融入的身影。中国航海人的崛起，并不自郑和下西洋始，但却是以史无前例规模的下西洋作为鲜明标志的。这里有一个细节一直没有被广

---

① 《明太宗实录》卷 43，"永乐三年六月己卯"条。
② 〔日〕桑原骘藏：《蒲寿庚考》，陈裕菁译订，北京：中华书局，1954 年，第 149 页。

泛地加以注意，那就是郑和七下西洋之前，明朝有很多出使西洋的使团；郑和
七下西洋之后，明朝也不是没有对于郑和曾经出使的国家或地区的出使，但是
前后的出使并不冠以"下西洋"的名称，一般只说具体地出使某国而已。这说
明郑和下西洋的不同凡响，在明朝已经出现，"下西洋"产生了深远影响。①于
是一个问题凸显了出来，那就是郑和其人。郑和的名字与七下西洋紧密联系在
一起，彪炳史册。让我们回到原来的问题：诏令如何形成？史无记载，迄今也
无人探讨。然而，没有朝堂之议的记载，更使我们确信下西洋是一项在内廷形
成的决策。尽管我们拿不出郑和参与决策的直接证据，但是根据目前掌握的文
献资料的整合，我们仍然可以推断郑和很可能是促成下西洋决策的人物之一。
这一推断的产生，一是注意到郑和其人是明初外来民族与异文化在中国本土融合
的一个缩影；二是因为郑和所担任的内官第一署太监在皇帝身边的显赫地位，使
之可以直接参与决策。

（一）父亲的缺席与在场

众所周知，《故马公墓志铭碑》是研究郑和家世及其本人的第一手资料，
从这篇碑文我们可以了解到多方面的信息。尽管引述这通碑文的论述很多，但
是这里仍有必要从郑和身世这一最基本的史料开始，结合其他明代史籍的记
载，重新审视郑和与下西洋缘起的相关史事。

明朝礼部尚书、大学士李至刚是在永乐三年（1405 年）五月初五撰写的这
篇碑文，时间上正是在郑和下西洋前夕，这应该不是简单的偶合。永乐九年
（1411 年）六月，郑和第二次远航归来，皇帝以"远涉艰苦，且有劳效"，曾派
遣内官赵惟善、礼部郎中李至刚宴劳于太仓。②碑阴所记的是同年十一月郑和
告假还乡扫墓之事：

> 公字哈只，姓马氏，世为云南昆阳州人。祖拜颜，妣马氏，父哈只，
> 母温氏。公生而魁岸奇伟，风裁凛凛可畏，不肯枉己附人；人有过，辄面
> 斥无隐。性尤好善，遇贫困及鳏寡无依者，恒保护赒给，未尝有倦容，以
> 故乡党靡不称公为长者。娶温氏，有妇德。子男二人，长文铭，次和，女

---

① 万明：《释"西洋"——郑和下西洋深远影响的探析》，《南洋问题研究》2004 年第 4 期。

② 《明太宗实录》卷 116，"永乐九年六月戊午"条。

四人。和自幼有材志，事今天子，赐姓郑，为内官监太监。公勤明敏，谦恭谨密，不避劳勤，缙绅咸称誉焉。呜呼！观其子而公之积累于平日，与义方之训，可见矣。公生于甲申年十二月初九日，卒于洪武壬戌七月初三日，享年三十九岁。长子文铭奉枢安厝于宝山乡和代村之原，礼也。铭曰：身处乎边陲而服礼义之习，分安乎民庶而存惠泽之施，宜其余庆深长而有子光显于当时也。

　　　　时永乐三年端阳日资善大夫礼部尚书兼左春坊大学士李至刚撰①

　　碑文说明郑和出生在云南昆阳一个穆斯林家庭，值得注意的是"世为云南昆阳州人"，也就是说他的家族已经世代定居在昆阳。郑和之父曾去过伊斯兰圣地麦加朝觐，故在家乡被尊称为"哈只"。明人史仲彬《致身录》注载："《咸阳家乘》载和为咸阳王裔，夷种也，永乐中受诏行游西洋。"②李士厚先生在 1937 年就据《郑和家谱》研究郑和家世，后又根据发现的《郑和家谱首序》《赛典赤家谱》，指出郑和是元代咸阳王赛典赤·瞻思丁的六世孙。也就是说，郑和的祖先是来自西域布哈拉的赛典赤·瞻思丁，而赛典赤·瞻思丁的世系可以上溯到伊斯兰先知穆罕默德。③邱树森先生也持有同样观点。④赛典赤·瞻思丁入华为官，被元世祖忽必烈任为云南行省平章政事，故举家定居云南。他在任期间，对治理云南做出了突出贡献。明人盛赞赛典赤，叶向高《苍霞草》有《咸阳家乘叙》云：

　　　　当元之初兴，咸阳王以佐命功守滇，始教滇人以诗书礼义，与婚姻配偶养生送死之节。创立孔子庙，购经史，置学田，教授其生徒。于是滇人始知有纲常伦理，中国之典章，骎骎能读书为文辞。至国朝科举之制初行，滇士已有颖出者，则咸阳之遗教也。⑤

---

① 袁树五：《昆阳马哈只碑跋》，见纪念伟大航海家郑和下西洋 580 周年筹备委员会、中国航海史研究会：《郑和研究资料选编》，北京：人民交通出版社，1985 年，第 30 页。
② （明）史仲彬：《致身录》注，康熙八年刻本。
③ 李士厚：《郑和家谱考释》，昆明：云南正中书局，1937 年；李士厚：《郑氏家谱首序及赛典赤家谱新证》，《中南民族学院学报》1985 年第 3 期。
④ 邱树森：《郑和先世与郑和》，《南京大学学报（哲学社会科学版）》1984 年第 4 期。
⑤ （明）叶向高：《苍霞草》卷 8《咸阳家乘叙》，万历刻本。

赛典赤·瞻思丁在云南建立孔庙的举措，说明来自波斯的移民已经接受了中国文化，产生了文化认同，而国家认同与文化认同是同步的，就这样，外来移民在云南开始了中国本土化的过程。

虽然有学者对赛典赤·瞻思丁是郑和先祖提出了质疑①，但是有一点值得注意，那就是云南的穆斯林大多是在蒙古西征时由中亚迁徙而来，是没有问题的。根据学者的研究，元朝是波斯及波斯化的中亚穆斯林移居中国最盛的时期。蒙古帝国西征以后，数以百万计的穆斯林迁徙到中国定居，13世纪时东迁的西域回族人（绝大多数为信仰伊斯兰教的中亚各族人以及波斯人、阿拉伯人）是云南回族的主要来源。②因此，郑和家族也应该是其中之一，这是毋庸置疑的。

赛典赤家族是最显赫的回族家族之一，影响颇巨。有学者指出："赛典赤和其儿子们在发展云南并将云南与中原融合一起中发挥了如此显赫的作用，以至于中亚和波斯定居者的后代子孙们都愿意将自己的祖先要么追溯到赛典赤，或者追溯到赛典赤的部属和家族成员。"③郑和是否是赛典赤后代的问题，是学界有争议的问题，郑和家族与赛典赤的关系可能有上述因素存在。但是郑和出身穆斯林家庭不是谜，更重要的是，从碑文"身处乎边陲而服礼义之习"，我们已知这一外来家族在保存了外来民族的鲜明特征——穆斯林信仰的同时，在明初业已完成了文化认同，也即中国本土化的过程。

（二）郑和的才志与地位

碑文涉及郑和的部分是："和自幼有材志，事今天子，赐姓郑，为内官监太监。公勤明敏，谦恭谨密，不避劳勚，缙绅咸称誉焉。""自幼有材志"，"材"是天赋才能，"志"则是志向与抱负。自幼生长在穆斯林家庭的郑和，在少年时离开家乡，他对于家乡和亲人留有深刻的记忆。"事今天子，赐姓郑"，所指即在"靖难之役"郑村坝之战中立有战功后赐姓"郑"，可见在靖难之役以后，郑和已经深得朱棣信任，而在朱棣成为皇帝以后，作为亲信之人，他有

---

① 周绍泉：《郑和与赛典赤·瞻思丁关系献疑》，见南京郑和研究会编：《郑和研究论文集》第1辑，大连：大连海运学院出版社，1993年。

② 杨兆钧主编：《云南回族史》，昆明：云南民族出版社，1989年，第2页。

③ 王建平：《露露集：略谈伊斯兰教与中国的关系》，银川：宁夏人民出版社，2007年，第31页。

了得以施展才能和抱负的有利条件。再看赋性，"公勤明敏，谦恭谨密，不避劳勚，缙绅咸称誉焉"，说明了郑和的才能与为人，在当时得到缙绅"称誉"。《明史·李至刚传》载，李至刚，松江华亭人，时任礼部尚书，在当时拥有"朝夕在上左右"的地位。①郑和与之有同僚之谊，都是在皇帝左右的亲信之人，而郑和由于是内廷之人，亲密程度自然又非外臣可比。

相士袁忠彻《古今识鉴》中的记述，适可作为郑和相貌才智的补充说明，特录于下：

> 内侍郑和，即三保也，云南人，身长九尺，腰大十围，四岳峻而鼻小，法反此者极贵。眉目分明，耳白过面，齿如编贝，行如虎步，声音洪亮……永乐初欲通东南夷，上问："以三保领兵如何？"忠彻对曰："三保姿貌材智，内侍中无与比者，臣察其气色，诚可任使。"遂令统督以往，所至畏服焉。②

这是论证选派郑和下西洋的一段重要史料，为众多学者所引用。值得注意的是，其中论及"三保姿貌材智，内侍中无与比者"。当时永乐皇帝颇信相士，而相士点明了郑和在内官中的超凡之处。

值得关注的是，上述碑文给我们的重要信息是当时郑和"为内官监太监"。袁忠彻记"后以靖难功授内官太监"③，指出了郑和任此官职与靖难之功的直接关联。而内官监在当时是内官衙门之首监，内官监太监，即内官监的长官，这意味着郑和是内廷宦官之首的显赫地位。

因此，关于郑和有可能是对下西洋决策施加重要影响的人物之一，可以说来自两方面：第一，郑和生于穆斯林家庭，自小耳濡目染穆斯林朝圣事迹和传说，对海外有所了解，在永乐皇帝的亲随大臣中间，这方面的识见在他人之上。第二，更重要的是，燕王登基为帝后，"改旧承奉司为北京内官监，秩正四品"④，郑和被任命为内官监太监。作为亲信的内官第一署的首领，他朝夕侍奉在皇帝左右，因此，其在下西洋决策中的作用，我们应该重新审视，可能

---

① 《明史》，北京：中华书局，1974年，第4182页。
② （明）袁忠彻：《古今识鉴》卷8《国朝》，嘉靖刻本。
③ （明）袁忠彻：《古今识鉴》卷8《国朝》，嘉靖刻本。
④ 《明太宗实录》卷21，"永乐元年六月乙亥"条。

不仅是被选派那样简单。一般说来，皇帝诏令，特别是关于重大政务的诏敕的产生，具有三种形式：一是皇帝按照自己的意志直接命令"著于令"的；二是臣僚上奏，皇帝认可，往往以"从之"来表述，或有臣僚直接言请"著为令"的；三是皇帝令臣僚草拟制度，臣僚集议定议后上奏，由皇帝批准发布的。①自从封藩以后就来到中国北部的燕王，长期生活在北方，成为永乐皇帝以后，为什么会对海外情有独钟，颁旨下西洋？下西洋诏令不是无源之水，向深发掘各种决策参与者的作用，通过正式渠道和非正式的渠道建言，都是可能的。郑和身为宫中内官第一署的太监，他的建言没有在官方文献中披露是完全可能的。虽然没有直接文献记载留存下来，但是我们仍然可以在现存史料的基础上，将郑和富有跨文化的知识背景与其认知和才智以及担任内官第一署太监的显赫地位联系起来，推测当时永乐皇帝身边可能建言下西洋的人物之一是郑和。而为什么是他而不是他人，是基于他的职任所在。

三、下西洋与内官监采办职能的凸显

揭示内官监的职能，有助于我们了解下西洋的真实目的。由于郑和的家世、才能，而更重要的是他的职任所在，下西洋的统帅似乎是非郑和莫属，由此生成了中国历史上史无前例的大规模航海活动。民族的迁徙与异文化的融合，体现在郑和的身上，内官第一监长官的地位，为郑和提供了参与下西洋决策与亲身实践下西洋的可能性。而郑和代表中国明朝下西洋，他的出使是隆重而不同凡响的，他所率领的下西洋船队规模庞大，每次人员达 2 万多，船只最多时达 200 多艘，被称为"下西洋诸番国宝船"②，宝船正如其名，乃取宝之船，宝船所到之处均为各国港口贸易集散地，印证了内官监太监下西洋与皇家经济利益紧密相连，下西洋以为宫廷取宝为直接目的。

行文至此，涉及下西洋的一个重要问题，即大多数中外学者都将永乐迁都视为明朝内向的标志，认为迁都是停止下西洋的重要因素。但是，从内官监的

---

① 参见万明：《明代诏令文书研究——以洪武朝为中心的初步考察》，《明史研究论丛》第 8 辑，北京：紫禁城出版社，2010 年。

② 《明仁宗实录》卷 1，"永乐二十二年八月丁巳"条。

职掌来看，永乐迁都在当时不仅没有成为阻碍下西洋的因素，反而成为促生下西洋的因素，即迁都与下西洋有直接的关联。这就要从内官监的职掌谈起。根据上文，内官监的职掌主要是在三个方面：一是宫廷礼仪之事，这与下西洋对外交往有直接对应关系；二是内府升选差遣之事，这与决策和选派下西洋人员直接相关；三是也即最为重要的是职掌宫廷成造与器用诸事，这更加将下西洋与迁都的宫廷巨大需求直接联系了起来。可以这样认为：采办是内官监的重要职掌之一，更在下西洋以后成为内官监占据首位的职掌。下西洋与迁都的关系紧密相连，特别是联系为郑和之父撰写碑文的礼部尚书李至刚，恰恰就是迁都北京的首议之人，当时他与郑和都是永乐皇帝的亲信，一议迁都，一为迁都下西洋采办，这应该不仅是一种巧合，而且是合乎逻辑的内外亲信之臣的密切配合。

《郑和行香碑》，又称《泉州灵山回教先贤墓行香碑》，是在泉州伊斯兰教圣墓留有的郑和行香石刻一块，上刻碑文是："钦差总兵太监郑和前往西洋忽鲁谟斯等国公干。永乐十五年五月十六日于此行香，望灵圣庇佑。镇抚蒲和日记立。"其中"前往西洋忽鲁谟斯等国公干"，从福建长乐《天妃灵应之记碑》，我们知道忽鲁谟斯是郑和后四次下西洋的主要目的地。宣德五年（1430年）五月初四，宣宗发下敕书："今命太监郑和等往西洋忽鲁谟斯等国公干。"①由此郑和第七次下西洋。忽鲁谟斯扼波斯湾出口处，是13世纪下半叶兴起的波斯湾头最重要的贸易港口，也是东西方交通的要冲。郑和船队频繁去那里"公干"，目的只可能是采办。

客观地说，明朝初年郑和七下西洋，规模庞大的船队航行至亚非30多个国家和地区，持续达28年之久，将中国的航海活动推向了历史巅峰的同时，大规模的采办活动，将中外物产交流也推向了一个历史高峰。

在跟随郑和下西洋的通事马欢的记述中，反映出对所到海外国家的政治、社会、制度、宗教、建筑、衣饰、艺术、礼仪、习俗等所有事务均表现出浓厚兴趣，而对与人们日常生活息息相关的物产尤为关心，这与下西洋的采办目的也是有联系的。可以说凡下西洋时所见海外各国物产，《瀛涯胜览》均有详细记述。这些物产大致可以分为七大类：①宝物类，如珍珠、宝石、金子等；②香

---

① （明）巩珍：《西洋番国志》卷首《敕书》，向达校注，北京：中华书局，1961年。

药类，如乳香、胡椒、苏木等；③果品类，如石榴、葡萄、波罗蜜等；④粮食类，如米、麦等；⑤蔬菜类，如黄瓜、葱、蒜等；⑥动物类，如狮子、麒麟等；⑦织品类，如西洋布、丝嵌手巾等。①郑和下西洋主要是为明朝统治者满足对"奢侈品"的需要而进行的航海活动，虽然这些海外物产不可能都与郑和使团发生直接关系，但是这些海外各国物产的重要信息，对于日后民间海外贸易的开拓发展是极为重要的信息资源，却也是毋庸置疑的。根据马欢《瀛涯胜览》，纵观下西洋海外交易实例，海外物产进入采办的主要有犀角、象牙、伽蓝香、金子、宝石、红马厮肯的石、苏木、降真香、绵布、乳酪、胡椒、野犀牛、珊瑚、锡、珍珠、香货、西洋布、花巾、海鱼、宝石与珍珠厢宝带、丝嵌手巾、织金方帕、龙涎香、椰子、乳香、血竭、芦荟、没药、安息香、苏合油、木鳖子、骆驼、猫睛石、各色雅姑、金珀、蔷薇露、狮子、麒麟、花福鹿、金钱豹、驼鸡、白鸠、金银生活、熟食、彩帛、书籍、金厢宝带、蛇角、荜布、姜黄布、布罗、布纱、沙塌儿、兜罗锦、绢、剌石、祖把碧、祖母喇、金刚钻、金珀珠、神珀、蜡珀、黑珀（番名撒白值）、美玉器皿、水晶器皿、十样锦剪绒花毯、各色绫幅、撒哈剌、璎罗、璎纱。

以上总共是 70 种，构成了当时海上贸易的主要内容，也就是郑和采办的主体。

2001 年湖北钟祥梁庄王墓出土的金锭，长 13 厘米、宽 9.8 厘米、厚 1 厘米，重 1937 克，正面铸有铭文。铭文为："永乐十七年四月□日西洋等处买到八成色金壹锭伍拾两重。"②这是目前考古发现有铭文记载的直接与郑和下西洋采办有关的文物。永乐十七年（1419 年）是郑和第五次下西洋之时。由于内官监的职掌中，重要的两项是"掌成造婚礼衮冠舄伞扇、衾褥帐幔仪仗"和宫廷器用、首饰，因此这件由下西洋直接从海外买到的金锭，就赐给了梁庄王。梁庄王名朱瞻垍，明仁宗第九子，宣宗胞弟，于永乐二十二年（1424 年）封梁王，宣德四年（1429 年）就藩，宣德八年（1433 年）与妃魏氏成婚，卒于正统六年（1441 年）。值得注意的是，铭文中的"买到"二字，是下西洋在海外

①　各国物产均见于（明）马欢：《瀛涯胜览》"各国"条，参见（明）马欢原著，万明校注：《明钞本〈瀛涯胜览〉校注》，北京：海洋出版社，2005 年。

②　白芳：《郑和时代的瑰宝　明梁庄王墓文物展》，《收藏家》2005 年第 10 期。

公平交易的历史见证。①梁庄王墓出土器物种类繁多，共计 5100 余件，其中金、银、玉器有 1400 余件，珠饰宝石则多达 3400 余件。由上我们可以推知，此墓出土的金玉珠宝也有来自西洋的。一墓随葬如此大量的金银珠宝，为下西洋的目的是去采办取宝做了一个最好的注脚。

这里还有一个来自阿拉伯的关于郑和分遣船队到亚丁采办的例证。伊本·泰格齐·拜尔迪《埃及和开罗国王中的耀眼星辰》中有一条重要史料，可与郑和第七次下西洋的分遣船队活动相对应：（伊历）835 年 "这一年 10 月 22 日，从光荣的麦加传来消息说：有几艘从中国前往印度海岸的祖努克（Zunūk），其中两艘在亚丁靠岸，由于也门社会状况混乱，未来得及将船上瓷器、丝绸和麝香等货物全部售出。统管这两艘赞基耶尼（al-Zankiyayini）船的总船长遂分别致函麦加艾米尔、谢利夫——拜莱卡特·本·哈桑·本·阿吉兰和吉达市长萨德丁·伊布拉欣·本·麦莱，请求允许他们前往吉达。于是两人写信向素丹禀报，并以此事可大获其利说服打动他。素丹复信允许他们前来吉达，并指示要好好款待他们"。据披露史料的盖双先生考，（伊历）835 年 10 月 22 日已进入 1432 年。②这条史料直接谈到了瓷器、丝绸和麝香这些中国在吉达进行贸易的货物名称，并谈到前往亚丁的两艘船是中国前往印度海岸的几艘船中的一部分。由此可知，郑和船队的贸易船只在到达印度洋后分头进行贸易活动的情形，这也就是进行采办的过程。

总之，下西洋采办获得的大量财富，进入了迁都北京以后的明朝宫廷。七下西洋，内官监的采办职能凸显，"奇货重宝，前代所希，充溢库市"③。北京宫中广智殿后的飞虹桥以白石制造，"凿狮、龙、鱼、虾、海兽，水波汹涌，活跃如生，云是三宝太监郑和自西域得之"④。而作为内官第一署太监的郑和，却由此疏远了皇帝所在的北京宫廷，内官监地位也由此沉降。

---

① 郑和船队曾经到达东非海岸。根据杨人楩先生的研究，7 世纪时，阿拉伯人就来到非洲东海岸开港。"各商业城市的统治长官均由阿拉伯人或波斯人担任"，"东非诸港，交易活跃，吞吐可观"。杨人楩：《非洲通史简编——从远古至一九一八年》，北京：人民出版社，1984 年，第 108 页。值得注意的是，在东非各城邦出口项目中，象牙和黄金占有重要地位。联系梁庄王墓金锭是下西洋 "买到" 的，或许是来自东非，也未可知。
② 盖双：《关于郑和船队的一段重要史料——披览阿拉伯古籍札记之二》，《回族研究》2007 年第 2 期。
③ （明）严从简：《殊域周咨录》卷 9《佛郎机》，余思黎点校，北京：中华书局，1993 年。
④ （明）刘若愚：《酌中志》卷 17《大内规制纪略》，北京：北京古籍出版社，1994 年。

四、下西洋与内官监营建功能的凸显

第六次下西洋以后，永乐皇帝去世，明仁宗即位。他下诏"一下西洋诸番国宝船悉皆停止"①。洪熙元年（1425年），帝命内官监太监郑和领下番官军守备南京。内事与王景弘、朱卜花、唐观保商议实行，外事与南京守备襄城伯李隆商议实行。②当时仁宗有意将国都南迁③，曾下圣旨修理南京宫殿，以备他来年开春回南京居住④。从此，就是在不下西洋的日子里，郑和也被安排在南京守备的位置上，再也不能回到北京宫廷皇帝的身边，而且负责营建事务成为守备南京的主要职掌之一。

《酌中志》云：

> 司礼监外差，南京正副守备太监二员，关防一颗，其文曰"南京守备太监关防"，护卫留都，为三千里外亲臣。辖南京内府二十四衙门，孝陵神宫监等官。奏进神帛、鲥鱼、苗姜等鲜。各衙门印文，比北京多"南京"二字。⑤

值得注意的是，郑和并非司礼监太监，最初由内官监太监郑和开始担任的南京守备太监，后来成为"司礼监外差"。如果说郑和是以内官监太监而担任南京守备，那么最初的南京守备也可说是内官监的外差。后来内官监丧失了内官第一署的地位，为司礼监所替代，由此也表现了出来。

明朝从永乐十年（1412年）到宣德三年（1428年）的16年间，重建成"壮丽甲天下"的南京大报恩寺。明人王士性《广志绎》卷2云："先是，三宝太监郑和西洋回，剩金钱百余万，乃敕侍郎黄立恭建之。"⑥晚明人述及的明初事迹往往并不准确，如下西洋"剩金钱百余万"，仅为虚数而已。然而，他道

---

① 《皇明诏令》卷7《仁宗昭皇帝》，明刻本。
② （明）王世贞撰：《弇山堂别集》卷90《中官考》一，明刻本。
③ 万明：《明代两京制度的形成及其确立》，《中国史研究》1993年第1期。
④ 《明仁宗实录》卷13，"洪熙元年四月庚子"条。
⑤ （明）刘若愚：《酌中志》卷16《内府衙门职掌》，北京：北京古籍出版社，1994年，第99页。
⑥ （明）王士性：《广志绎》卷2《两都》，北京：中华书局，1981年，第23页。

出了郑和下西洋与重建大报恩寺有联系的事实，而郑和与大报恩寺兴建工程确有直接关系。

根据宣德三年（1428年）三月十一日的敕书，南京守备太监有提督重建大报恩寺的职掌。敕书曰：

> 敕太监郑和等：南京大报恩寺自永乐十年十月十三日兴工，至今十六年之上，尚未完备，盖是那监工内外官员人等，将军夫人匠役使占用，虚费粮赏，以致迁延年久。今特敕尔等即将未完处用心提督，俱限今年八月以里，都要完成，迟误了时，那监工的都不饶。寺完之日，监工内官内使，止留李僧崇得在寺专管，然点长明塔灯，其余都拘入内府该衙门办事。故敕。钦此。①

这是皇帝限定大报恩寺工程完工。同日有敕给"太监尚义、郑和、王景弘、唐观、罗智等"，这里说明郑和为南京守备太监，但是在他的地位之上，还有尚义。敕书下文见尚义时为御用监太监，由此可知，南京守备太监位于御用监太监之下。原因很简单，御用监是侍奉皇帝御用的内官衙门，而南京守备已是外差。

据刘若愚《酌中志》记载：

> 按内府十二监：曰司礼，曰御用，曰内官，曰御马，曰司设，曰尚宝，曰神宫，曰尚膳，曰尚衣，曰印绶，曰直殿，曰都知。②

可见后来司礼监和御用监的地位均在内官监以上。而司礼监为十二监之首，也就是内官第一署的地位，在郑和下西洋期间已经奠定。

早在宣德元年（1426年），明宣宗曾"命司礼监移文谕太监郑和，毋妄请赏赐。先是遣工部郎中冯春往南京修理宫殿，工匠各给赏赐。至是春还奏南京国师等所造寺宇工匠亦宜加赏。上谕司礼监官曰：佛寺僧所自造，何预朝廷事？春之奏必和等所使，春不足责，其遣人谕和谨守礼法，毋窥伺朝廷，一切

---

① （明）葛寅亮：《金陵梵刹志》卷2，四库全书存目丛书本。
② （明）刘若愚：《酌中志》卷16《内府衙门职掌》，北京：北京古籍出版社，1994年，第93页。

非理之事不可妄有陈请"①。郑和在宠信他的永乐皇帝去世以后，受到了"窥伺朝廷"的指责，这是他长期疏离皇帝所在中枢的悲剧性结果。

就在这一年，《明实录》记载："行在工部奏内官监造诸王府婚礼仪仗等物，材料缺者，请于有司收买。上曰：民力正艰，见有者支用，无者暂停。"其后，又见载："上谓行在工部尚书吴中曰：前日卿奏内官监欲取民间幼丁学匠艺，行移应天府选取五千人，彼幼未谙事，令习技艺不能，则必加督责。其父母之心如何？且人家谁无幼子，尔其体此心，速止之。"②从上面两段文字可以看出，内官监的营建活动由工部上奏皇帝，说明内官监与外廷工部相对应的营建职能已经凸显。

明末《酌中志》记载内官监职掌：

> 内官监　掌印太监一员。其所属有总理、管理、佥书、典簿、掌司、人数、写字、监工。自典簿以下，分三班，宫中过夜。每班掌司第一人曰掌案。所管十作，曰木作、石作、瓦作、搭材作、土作、东作、西作、油漆作、婚礼作、火药作，并米盐库、营造库、皇坛库、里冰窖、金海等处。凡国家营建之事，董其役。御前所用铜、锡、木、铁之器，日取给焉。外厂甚多，各有提督、掌厂等官。真定府设有抽印木植管理太监一员，则内官监之外差也。③

以之与明初内官监职掌相比较，清楚的是，已经发生了不小的变化。变化后的内官监职掌，凸显的是"凡国家营建之事，董其役"，也就是与工部对应的部分；即使供应御前所用的器物，也已经改变了性质。沈德符所云"内官监视吏部掌升选差遣之事，今虽称清要，而其权俱归司礼矣"④，当非虚语。

---

① 《明宣宗实录》卷16，"宣德元年夏四月壬申"条。
② 《明宣宗实录》卷19，"宣德元年秋七月戊戌"条。
③ （明）刘若愚：《酌中志》卷16《内府衙门职掌》，北京：北京古籍出版社，1994年，第102页。
④ （明）沈德符：《万历野获编·补遗》卷1《内官定制》，《明代笔记小说大观》3，上海：上海古籍出版社，2005年。

五、结　语

内政与外交彼此关联，内官第一署的变动，是外交影响内政的典型一例。内官监由内官第一署演变为掌管宫廷营造等事务的内官衙门，而司礼监取而代之首领内府，郑和下西洋是一个关键的转折点。

一般而言，外交是内政的外延，内官第一署在郑和担任掌印太监期间，极大地扩张了权力，郑和成为钦差总兵太监出使西洋诸国，为宫廷谋取了外交和经济上的巨大利益，然而，却没有使内宫监地位得以上升，相反丧失了内官第一署的地位。内官监和司礼监角色转换与地位转变的轨迹相当清晰：一向外，主内外采办和工程营建；一主内，向职掌诏令批红发展，关节点即在郑和下西洋。

郑和在第七次下西洋时故于印度古里，而内官监的内官第一署地位的丧失，可以说是从郑和第一次下西洋时就已经开始了。为什么如此说呢？内官监之所以为内官第一署，居于总管、统领其他宦官机构的地位，主要是由于在皇帝身边的亲信地位。下西洋持续近30年，内官监从局部疏离到全面转变的标志是命郑和守备南京，在永乐迁都北京以后，南京虽然重要，但也只是陪都；同样，守备南京虽然重要，但也只是外差，远离了天子所在中心，这是内官监地位沉降的根本原因。司礼监取代内官监为内官第一署，除了司礼监原本具有职掌礼仪、文书等因素以外，这一变动过程与内官监太监郑和的经历有着密切关系，郑和的仕途经历为日后内官监的走向做了基础铺垫。通过下西洋，内官监采办和营建的职能凸显，形成了后来内府工部的定位，而司礼监和御用监分解了其在宫廷中的重要职能。至宣宗时，以郑和为代表的内官监已较长时间远离了皇帝所在的北京中枢之地，失去了近侍衙门的根本之地，不再在中枢起关键作用，就此而言，其内官第一署的地位被取代是必然的，并非司礼监单方面扩张权力的结果。

关注基本的历史事实，郑和下西洋对于内官第一署变动具有影响，是变动生成的重要历史渊源。因此，当我们研究内官制度时，要深入了解制度的变化，不能单是考察制度，还有必要把当时发生的重大外交事件影响下的变迁全过程纳入学术视野。

中国与非洲海上丝绸之路的故事

——伊本·白图泰与郑和的航海记忆*

一、在全球史视野下聚焦印度洋

中国与非洲各自的地理位置远隔千山万水,其间主要有海洋的间隔。非洲地处东半球西南部,北边是地中海南岸,西边是大西洋,东濒印度洋和红海。印度洋自古以来就是东西方文明交汇之地,在历史上曾将东西方文明中心连接起来,世界三大宗教在这里汇聚并相互激荡,印度洋成为世界多样性文化的交融之地。通过印度洋,中国与非洲发生了源远流长的海上联系。14世纪初,摩洛哥出了一位著名的旅行家——伊本·白图泰(Ibn Battūtah,1304—1377年)。聚焦于印度洋,将14世纪初摩洛哥旅行家伊本·白图泰与15世纪初中国航海家郑和在印度洋的航海记忆连缀起来比对,伊本·白图泰的旅行是个人的旅行,全部旅行包括3次,经历28年,是海陆兼程,并不都发生在海上;郑和率领庞大船队的使团,全部旅行包括7次,经历28年,从南海到印度洋,全

* 本文2018年11月提交由国际儒学联合会、摩洛哥大学、北京外国语大学比较文明与人文交流高等研究院联合主办的国际儒学论坛。论坛主体为"摩洛哥国际学术研讨会——'一带一路'建设与构建人类命运共同体",本文作为会议发言稿,现经修改补充而成,特此说明。中国学者对于伊本·白图泰的研究,主要集中在他到中国的旅行,主要有《伊本·白图泰游记(中国部分)》,马金鹏译,《阿拉伯世界》1981年第3期;楚汉:《伊本·白图泰的中国之行》,《文史杂志》1996年第3期;邱树森:《摩洛哥旅行家伊本·白图泰的中国之行》,《历史教学》2001年第5期;许永璋:《伊本·白图泰与泉州》,《阿拉伯世界》2002年第1期;许永璋:《伊本·白图泰访华若干问题探讨》,《黄河科技大学学报》2003年第2期;李光斌:《伊本·白图泰中国纪行考》,北京:海洋出版社,2009年;李晴:《伊本·白图泰远航中国考》,《海交史研究》2018年第1期。

部发生在海上。伊本·白图泰从印度洋西部到东部的海上经历，与郑和从印度洋东部到西部的海上经历前后接踵，交相辉映，二者均对古代丝绸之路亚、非、欧不同文明的交流与发展做出了突出贡献，是印度洋东西方交往与融合的历史见证。

1325 年，伊本·白图泰从北非出发，《伊本·白图泰游记》记述了从印度洋到南海，到达中国的航线上丰富的所见所闻，拓展了海上丝绸之路东西方文明的交往与知识的演进；1405 年，郑和率领使团从中国出发，自南海到印度洋，跟随他的亲历者马欢撰《瀛涯胜览》、费信撰《星槎胜览》、巩珍撰《西洋番国志》，记述了他们亲眼所见的从印度洋沿岸直至东非的各国实际情景，接续推动了海上丝绸之路上东西方文明的交往与知识的演进。如果说，伊本·白图泰的游记是一本关于 14 世纪上半叶印度洋连接亚、非、欧三大洲历史的百科全书，那么跟随郑和下西洋的亲历者马欢、费信、巩珍的记载，也可算是 15 世纪初印度洋连接亚、非、欧三大洲历史的百科全书。伊本·白图泰与郑和二者航行的性质不同，一是民间的旅行，一是官方航海外交。伊本·白图泰的游历（1325—1354 年）与郑和七下西洋（1405—1433 年）在时间上并无交集，但在空间上，印度洋却将他们联系在了一起。他们先后来到了印度洋，其在印度洋的所见所闻，成为海上丝绸之路上的历史印记。虽然前后相距近一个世纪，但他们留下的游记内容都十分丰富，涉及地理、历史、政治、经济、外交、文化、贸易、文学、艺术、宗教、人文、科技、交通等方方面面诸多领域，都推进了中国与非洲之间的友好交往关系，共同印证了世界文明的多样性与不同文明的交流互鉴。他们的记述前后呼应，留下 14 世纪前半叶与 15 世纪前半叶海上丝绸之路上生动的历史记忆，是对古代海上丝绸之路沟通印度洋周边各国与各族人民友好交往的真实呈现。他们讲述的海上丝绸之路的故事，为促进东西方文化交流，为人类文明史知识体系的建构连缀起了不可磨灭的记忆；为探索海洋、连接世界，都做出了重要贡献。

二、伊本·白图泰的旅程与记述

伊本·白图泰是摩洛哥人，是中世纪阿拉伯世界最负盛名的旅行家。他出生于摩洛哥古城丹吉尔，该城在公元前 6 世纪为腓尼基人始建，位于摩洛哥北端从大西洋进入地中海的入口处，扼地中海—大西洋国际航线的要冲。伊本·白图泰于 1325—1354 年三次出游，足迹几乎遍及整个世界。

《伊本·白图泰游记》又名《异境奇观：伊本·白图泰游记》①，是伊本·白图泰将近 30 年旅行的见闻记述。1325 年，21 岁的伊本·白图泰开始出游，按照时间顺序主要有三个旅程：第一个旅程是从北非到东方之行。这是他的旅程中历时最久、路线最长、海陆并举的旅程，跨越印度洋的航海旅行就包括在第一个旅程之中。第二个旅程是西班牙安达卢西亚之行。第三个旅程是西非之行。第二个、第三个旅程都比较短暂，因此最重要的是第一个旅程。

伊本·白图泰第一个旅程时间是在 1325—1349 年，他沿着地中海南岸前往埃及，目的是去麦加朝觐。在将近 24 年的第一个旅程中，曾 4 次前往麦加。他首先到达了麦地那瞻仰圣寺与圣陵，也就是穆罕默德建造的清真寺和他的陵墓，然后赴麦加朝觐，对麦加的克尔白、黑石、渗渗泉等伊斯兰教圣迹，做了细致的记述，是极富价值的历史文化资料。在完成朝觐后，他前往伊拉克、波斯，游历了巴士拉、设拉子、巴格达等历史名城，再次朝觐麦加后西行。当时伊本·白图泰从阿拉伯半岛的萨那到亚丁，从亚丁到泽拉，沿东非海岸到摩加迪沙、蒙巴萨、基尔瓦，然后返回阿拉伯半岛，到达佐法尔、霍尔木兹（Hormuz）。他记载，"亚丁是也门漫长海岸线上的一大港口，群山环抱，只有一面有路可入。亚丁也是一个大城市"，特别提到常有大船从科泽科德（古称卡利卡特）等地开来。②他到达东非海岸的摩加迪沙，记述"摩加迪沙城十分壮观，大极了。居民善养骆驼，喜欢吃驼肉，每日宰杀二百头。他们养的绵

① 此游记由伊本·白图泰口述，伊本·朱甾笔录。中译本主要有：（1）〔摩洛哥〕伊本·白图泰：《伊本·白图泰游记》，马金鹏译，银川：宁夏人民出版社，1985 年。据杨怀中、马博忠、杨进的《古老而又年轻的中阿友谊之树长青——记〈伊本·白图泰游记〉中文译本在宁夏编辑出版的经过》（《回族研究》2015 年第 4 期）介绍，此书已全部或部分地被译为 15 种文字。马金鹏先生将埃及出版的阿拉伯文译为中文，宁夏人民出版社先后两次印制出版，北京华文出版社第三次印制出版。（2）〔摩洛哥〕白图泰口述，〔摩洛哥〕朱甾笔录：《异境奇观：伊本·白图泰游记》（全译本），李光斌译，北京：海洋出版社，2008 年，此本由摩洛哥著名的阿卜杜勒·哈迪·塔奇博士校订。与之相关的图书还有〔法〕G. 费琅辑注：《阿拉伯波斯突厥人东方文献辑注》，耿昇、穆根来译，北京：中华书局，1989 年。关于伊本·白图泰的事迹，本文主要参考文献是以上中译本。关于游记版本，主要参考了朱凡：《〈伊本·白图泰游记〉版本介绍》，《西亚非洲》1988 年第 4 期。

② 〔摩洛哥〕白图泰口述，〔摩洛哥〕朱甾笔录：《异境奇观：伊本·白图泰游记》（全译本），李光斌译，北京：海洋出版社，2008 年，第 241—243 页。

羊也相当多。摩加迪沙人都是精明强干的商人"①。对于佐法尔，他记录："佐
法尔是也门国在印度洋沿岸最后一个城市。阿拉伯良种马就是从这里运往印度
的……我曾从印度的卡利卡特乘船，顺风驶向佐法尔。我们不分昼夜地航行，
才用了二十八天的时间。"那里"使用的货币是用铜锡合铸的硬币，只在当地
流通使用，别的地方不能使用。他们靠经商为生，没有别的营生"。②关于霍尔
木兹，伊本·白图泰描述其"是一座海滨城市，又名穆厄伊斯坦，隔海与新霍
尔木兹相望。两城相距三法尔萨赫。我们到了新霍尔木兹，那是一座海岛，首
府是格伦城，颇具规模，而且很美，市场也很繁荣。它是印度和信德商品的集
散港，印度商品经这里运往伊拉克、波斯和呼罗珊"③。其后他又返回麦加第
三次朝觐，再由麦加到吉达港，北上埃及，沿地中海北上，到达叙利亚、土耳
其，经历君士坦丁堡、花剌子模、布哈拉、撒马尔罕，越过阿姆河到达阿富汗
喀布尔。1333年，伊本·白图泰从中亚陆路到达印度德里苏丹国，苏丹任命他
为大法官，后派遣他随元朝使团回访中国。④他到古里搭乘中国船驶往中国。
他记述："我们来到了科泽科德城，这是穆赖巴尔国中最大的商埠之一。中
国、阇婆、锡兰、马赫勒、也门、波斯商贾都到科泽科德来，世界各地的商人
也都云集于此。科泽科德码头是世界上最大的码头之一。"⑤他的航程辗转于锡
兰岛、马尔代夫群岛、爪哇岛、苏门答腊岛、孟加拉等地后，抵达中国海港刺
桐，即今天的泉州，后来游历了广州、杭州、元朝大都北京⑥。离开中国时，
他又回到印度南部，到达科泽科德、佐法尔。回到开罗后又第四次到麦加朝
觐。1349年，伊本·白图泰结束第一个漫长旅程，踏上故土。他的第二个旅程
到达西班牙的安达卢西亚，第三个旅程是在西非洲大陆。相比之下，其一生的

---

① 〔摩洛哥〕白图泰口述，〔摩洛哥〕朱甾笔录：《异境奇观：伊本·白图泰游记》（全译本），李光斌
　译，北京：海洋出版社，2008年，第245页。
② 〔摩洛哥〕白图泰口述，〔摩洛哥〕朱甾笔录：《异境奇观：伊本·白图泰游记》（全译本），李光斌
　译，北京：海洋出版社，2008年，第249页。
③ 〔摩洛哥〕白图泰口述，〔摩洛哥〕朱甾笔录：《异境奇观：伊本·白图泰游记》（全译本），李光斌
　译，北京：海洋出版社，2008年，第260页。
④ 〔摩洛哥〕白图泰口述，〔摩洛哥〕朱甾笔录：《异境奇观：伊本·白图泰游记》（全译本），李光斌
　译，北京：海洋出版社，2008年，第444页。
⑤ 〔摩洛哥〕白图泰口述，〔摩洛哥〕朱甾笔录：《异境奇观：伊本·白图泰游记》（全译本），李光斌
　译，北京：海洋出版社，2008年，第486页。
⑥ 对于伊本·白图泰是否到过元大都，一直有学者质疑。

游历以第一个旅程为主，历时近 24 年，海陆兼程，其中海上旅行主要是在印度洋航行。他从大西洋、地中海到印度洋，远至东方中国的旅行，沟通了非洲与阿拉伯半岛、波斯湾、西亚、中亚、南亚、东南亚、东亚各国与各地区间的友好往来，也促进了非洲、欧洲、亚洲三大洲的文化交流与互鉴。

三、郑和七下印度洋的航海记述

郑和七下西洋——印度洋，与伊本·白图泰在整个印度洋的旅程多有重合。二者都完成了环印度洋区域航海世界的旅行。伊本·白图泰是从西方出发一直向东，从西印度洋到东印度洋，再到南海达中国；而郑和下西洋的旅程方向正好相反，从东方出发一直向西，从南海到西洋——印度洋，再到环印度洋区域的海上世界，直至东非，即西印度洋的尽头。

明初永乐、宣德年间郑和下西洋，马欢《瀛涯胜览》、费信《星槎胜览》和巩珍《西洋番国志》[①]是记载下西洋的三部最重要的史籍。其中，记述翔实、史料价值最高的是马欢的《瀛涯胜览》。因为马欢是通事，懂得"阿拉毕语"，所至 20 国出自亲历，记述详细。巩珍的《西洋番国志》中关于各国的记载，也是 20 国，主要内容与《瀛涯胜览》相同，可以视为马欢《瀛涯胜览》别本，其书主要价值是书前三通"敕书"和《自序》。费信的《星槎胜览》记载的国家比《瀛涯胜览》和《西洋番国志》都要多，共 45 处，其中前集 22 处，后集 23 处，前集称国者 14 处，后集称国者 16 处，共 30 国，内容扩展到了非洲。但书中有不少并非出自亲历，一般认为费信亲历的是前集 22 处，其他则是出自传闻和抄自元代汪大渊《岛夷志略》[②]等文献记载。

聚焦在印度洋上，郑和的海上航行与伊本·白图泰所至有很多重合之处，这些重合之处，无一不是古代海上丝绸之路的重要节点。郑和从南海到印度洋，第一次航海的目的地是印度西南海岸的"古里国"，那里就是此前伊

---

① （明）马欢著，万明校注：《明本〈瀛涯胜览〉校注》，广州：广东人民出版社，2018 年；（明）费信著，冯承钧校注：《星槎胜览校注》，北京：华文出版社，2019 年；（明）巩珍：《西洋番国志》，向达校注，北京：中华书局，1961 年。

② （元）汪大渊原著，苏继庼校释：《岛夷志略校释》，北京：中华书局，1981 年。

本·白图泰乘坐中国船只前往中国，从中国返回印度时所到之地，也是此后葡萄牙人达·伽马（Vasco da Gama，约1469—1524年）首次来到东方的登陆之地。历史上的古里是印度洋上一个极为重要的节点，由此可以得到充分证明。值得注意的是，郑和使团的航海活动只是在印度洋沿岸与各国交往，并没有深入内地与印度德里苏丹的第三个王朝图格鲁克王朝（1320—1413年）发生联系。这一点也可以作为郑和航海外交并不是谋取政治权力，仅仅是"宣扬国威"的一个证明。

古里是一个西洋大国。郑和下西洋，古里是第一个目的地，也是后来每次必到之地。郑和下西洋时期，古里是在扎莫林王国统治之下。郑和在古里，有册封，有立碑，均见之于马欢记载："古里国乃西洋大国也。从柯枝国港口开船，往西北行三日可到。其国边海，出远东有五七百里，远通坎巴夷国。西临大海，南连柯枝国界，北边相接狠奴儿国地面，西洋大国正此地也。永乐五年，朝廷命正使太监郑和等，赍诏敕赐其国王诰命银印，及给赐升赏各头目品级冠带。统领大琮宝船到彼，起建碑亭，立石云：'去中国十万余里，民物咸若，熙皞同风，刻石于兹，永示万世。'"①伊本·白图泰记载世界各地的商人都云集在那里，认为科泽科德码头是世界上最大的码头之一。费信《星槎胜览》记载那里"亦西洋诸番之马头也"②，正是此意。《瀛涯胜览》有郑和使团在古里市场上公平交易的活灵活现的描述："其二大头目受中国朝廷升赏，若宝船到彼，全凭二人为主买卖。王差头目并哲地、米纳几即书算手、官牙人等，会领琮大人议，择某日打价。至日，先将带去锦绮等货，逐一议价已定，随写合同价数各收。其头目、哲地即与内官大人众手相掌，其牙人则言某年某月某吉日交易，于众中手拍一掌已定，或贵或贱，再不悔改。后哲地富户才将宝石、宝珠、珊瑚等货来看议价，非一日能定，快则一月，缓则二三月。若价钱较议已定，如买一主珍珠等物，该价若干，是原经手头目、米纳几计算该还纻丝等物若干，照原打手之货交还，毫厘无改。"③郑和使团兼有政治外交与经济贸易使命，在海外进行公平贸易活动，由此可以得知。

古里在印度洋具有特定位置与意义，明朝人对此有确切了解，这不仅从郑

---

①　（明）马欢著，万明校注：《明本〈瀛涯胜览〉校注》，广州：广东人民出版社，2018年，第57—58页。

②　（明）费信著，冯承钧校注：《星槎胜览校注》，北京：华文出版社，2019年，第53页。

③　（明）马欢著，万明校注：《明本〈瀛涯胜览〉校注》，广州：广东人民出版社，2018年，第61页。

和第一次下西洋目的地的选择可以了解到，而且还表现在"郑和通番自古里始"，即郑和囊括了整个印度洋的航海规划，也大多是从古里出发的。作为印度洋的交通枢纽，根据《瀛涯胜览》《星槎胜览》的记载，郑和下西洋以古里为中心，有如下 5 条航线。

1. 古里至忽鲁谟斯国①

忽鲁谟斯（Hormuz），古国名，在今伊朗霍尔木兹海峡，扼波斯湾出口处。伊本·白图泰记载有新旧两处，他到了新霍尔木兹，那是一座海岛。郑和时代的记载可以与伊本·白图泰的记载相对照，了解新旧忽鲁谟斯的确切位置。忽鲁谟斯即波斯语 Hurmoz 的对音，今属伊朗，位于阿曼湾与波斯湾之间霍尔木兹海峡中格什姆（Qishm）岛东部的霍尔木兹岛。原旧港为《大唐西域记》中的鹤秣城，边海一城，是中古时期波斯湾头一个重要海港。13 世纪城为外族所毁，故迁至附近的哲朗（Djeraun）岛，是为新港，仍名忽鲁谟斯。《大德南海志》称阔里抹思，《元史》云忽里模子，《异域志》记为虎六母思。《自宝船厂开船从龙江关出水直抵外国诸番图》（简称《郑和航海图》）作忽鲁谟斯岛，在图中绘为一岛。②马欢记载了使团到达那里的所见所闻："自古里国开船投西北，好风行二十五日可到。其国边海倚山，各处番船并旱番客商都到此处赶集买卖，所以国人殷富。"③此处"边海倚山"，系指旧港而言，处于亚欧海上重要孔道，也是海上与陆上的国际贸易交汇之地。伊本·白图泰提及那里是一个商品集散港，印度商品从海上运往陆上腹地伊拉克、波斯和呼罗珊。马欢进一步记述那里海港的繁华景象："国王以银铸钱，名曰底那儿，径官寸六分，面底有文，重官秤四分，通行使用。书记皆是回回字。其市肆诸般铺店，百物皆有，止无酒馆。""此处各番珍宝货物皆有，如红雅姑、青、黄雅姑，刺石，祖把碧，祖母喇，猫睛，金刚钻。大颗珍珠若龙眼，重一钱二三分者。珊瑚树珠并枝梗，大块金珀珠、神珀、蜡珀、黑珀，番名撒白值。各色美玉器皿、水晶器皿。十样锦剪绒花毯，其绒起二三分，长二丈，阔一丈。各色梭幅、撒哈剌、氆罗、氆纱、各番青红丝嵌手巾之类，皆有卖者。"④

①　（明）马欢著，万明校注：《明本〈瀛涯胜览〉校注》，广州：广东人民出版社，2018 年，第 86 页。
②　向达整理：《郑和航海图》，北京：中华书局，1961 年，第 62 页。
③　（明）马欢著，万明校注：《明本〈瀛涯胜览〉校注》，广州：广东人民出版社，2018 年，第 86 页。
④　（明）马欢著，万明校注：《明本〈瀛涯胜览〉校注》，广州：广东人民出版社，2018 年，第 88、91 页。

2. 古里至祖法儿国①

祖法儿（Zufar），古国名，在今阿拉伯半岛东南岸阿曼的佐法尔一带。马欢记载："自古里国开船，好风投西北，行十昼夜可到。其国边海倚山，无城郭。东南大海，西北重山。国王、国人皆奉回回教门，人物长大，体貌丰伟，语言朴实。"在伊本·白图泰时代，从科泽科德不分昼夜地航行，到佐法尔需要28天时间，而郑和船队却只需要10个昼夜即可到达，反映了中国船队航海技术的发展。伊本·白图泰记载那里靠经商为生，没有别的营生，后来的中国使团则在那里进行了大量交易活动："中国宝船到彼开读赏赐毕，王差头目遍谕国人，皆将其乳香、血竭、芦荟、没药、安息香、苏合油、木鳖子之类来换易纻丝、磁器等物。"伊本·白图泰记录那里使用的货币是用铜锡合铸的硬币，而且只在当地流通使用，别的地方不能使用。对于那里的货币，马欢记载尤为详细："国王以金铸钱，名倘伽。每个重官秤二钱，径一寸五分。一面有文，一面人形之纹。以红铜铸为小钱，约重三厘，径四分，零用。"可见此时祖法儿国货币，早已不是伊本记述的仅在本地流通的钱币，而是国王所铸金钱倘伽和铜钱。倘伽，在《岛夷志略》"朋加刺"条作唐加。倘伽、唐加皆阿拉伯语、波斯语 Tanka 的对音，又称 Tanga，译为天罡。本为波斯货币名，指金银小钱币，也即伊斯兰地区金币或银币名。在波斯和讲土耳其语的地方传统发音是 Tanga 或 Tange，印度次大陆用 Tanka，又译坦卡。从货币通行的记述，我们可以清楚地了解到祖法儿商贸市场的发展在郑和到达时已是今非昔比了，成为印度洋上繁盛的国际贸易中心地之一。

3. 古里至阿丹国②

阿丹（Aden），古国名，今译作亚丁，故地在今亚丁湾西北岸一带，扼红海和印度洋出入口。伊本·白图泰称亚丁是也门漫长海岸线上的一大港口，是一座大城市。马欢记载："自古里国开船，投正西兑位，好风行一月可到。其国边海山远，国民富饶。国王、国人皆奉回回教门，说阿剌壁言语。"在那座大港口城市，郑和使团也进行了大量商贸活动："开读毕，王即谕其国人，但有珍宝许令卖易。其时在彼买到重二钱许大块猫睛石，各色雅姑等异宝，大颗珍珠。珊瑚树高二尺者数株，又买得珊瑚枝珠五柜，金珀、蔷薇露、狮子、麒

---

① （明）马欢著，万明校注：《明本〈瀛涯胜览〉校注》，广州：广东人民出版社，2018年，第70—72页。

② （明）马欢著，万明校注：《明本〈瀛涯胜览〉校注》，广州：广东人民出版社，2018年，第74—77页。

麟、花福鹿、金钱豹、驼鸡、白鸠之类。"特别值得注意的是："王用赤金铸钱行使，名哺噜嚓，每个重官秤一钱，底面有文。又用红铜铸钱，名曰哺噜斯，零用此钱。"哺噜嚓，是波斯语 Fuluri、阿拉伯语 Fulurin 的对音，意思是金币，是金钱 Aureus 的对称。这种金币本不是阿拉伯、波斯的传统货币，是发行于中世纪意大利佛罗伦萨的 Florin。1252 年佛罗伦萨铸造了一种佛罗林金币，重 3.5 克，成色为纯金。这在当时是精确保持重量的金币，因而很快就在地中海贸易中广泛使用，在西欧、北欧广泛流通，成为中世纪时期的全欧金币，是欧洲最重要的通货之一。阿拉伯人、波斯人也称之为菲卢林（Filurin）。哺噜斯即弗鲁斯 Fulūs，是阿拉伯语、波斯语 Fulus 的对音，意思是铜钱，Fals 的多数，是中亚广泛使用的铜币，又译为辅鲁，不被当作复数。①对使用货币的分析，使得我们对位于红海入口处海港亚丁连接欧洲与亚洲的重要地位有了清晰的认知。

4. 古里至刺撒国②

刺撒（Lasa），古国名，故地旧说在今索马里西北部的泽拉（Zeila）一带，那里是伊本·白图泰到达过的地方。后认为在阿拉伯半岛南岸③，或以为可能是阿拉伯文 Ra's 的对音，义为岬，即也门沙尔韦恩角④。总之，刺撒地位重要，位于红海与东非交界之处。费信《星槎胜览》将它列于前集，记载："自古里国顺风二十昼夜可至，其国傍海而居，垒石为城，连山旷地，草木不生。"又记那里"地产龙涎香、乳香、千里骆驼"，与之交易，则货用金银、段绢、瓷器、米谷、胡椒等。⑤

5. 古里至天方国⑥

天方（Mecca），古国名，今沙特阿拉伯的麦加，麦加因伊斯兰教创始人穆罕默德诞生地而著名。我们知道，在伊本·白图泰的海上旅行中，麦加对他具有特殊意义，在第一次旅行期间他共有 4 次到麦加朝觐。麦加，今沙特阿拉伯城市，是伊斯兰教的圣地。马欢《瀛涯胜览》记述了明宣德五年（1430 年）郑

① （明）马欢著，万明校注：《明本〈瀛涯胜览〉校注》，广州：广东人民出版社，2018 年，第 77 页。
② （明）费信著，冯承钧校注：《星槎胜览校注》，北京：华文出版社，2019 年，第 77 页。
③ 参见陈佳荣、谢方、陆峻岭编：《古代南海地名汇释》，北京：中华书局，1986 年，第 980 页。
④ 许永璋：《刺撒国考略》，《西亚非洲（双月刊）》1989 年第 5 期。
⑤ （明）费信著，冯承钧校注：《星槎胜览校注》，北京：华文出版社，2019 年，第 60 页。
⑥ （明）马欢著，万明校注：《明本〈瀛涯胜览〉校注》，广州：广东人民出版社，2018 年，第 93 页。

和第七次下西洋，马欢等 7 人从古里出发到"天方国"，也就是麦加，"即默伽国也。自古里国开船，投西南申位，船行三个月到本国马头，番名秩达，有大头目主守。自秩达往西行一月，可到王居之城，名默加国。其回回祖师始于此国阐扬教法，至今国人悉遵教规行事，不敢有违"①。他对于克尔白圣堂、圣陵等都有比较详细的记录，还记载了明朝人在那里的贸易活动："赍带麝香、磁器等物，附本国船只到彼。往回一年，买到各色奇货异宝、麒麟、狮子、驼鸡等物，并画天堂图真本回京。"②

还需要提到的是，古里的地理位置，是郑和最终选择其作为第一个目的地的重要条件。费信诗云"古里通西域，山青景色奇"③，明朝人对于从西洋通西域的认识非常明确，是从海上通西域。郑和下西洋全面贯通陆海丝绸之路的作用，也由此凸显出来。

郑和亲立的福建长乐《天妃灵应之记碑》中表述：下西洋"抵于西域忽鲁谟斯国、阿丹国、木骨都束国"④。明宣德六年（1431 年），正使太监郑和、王景弘和副使太监李兴、朱良等在第七次出使西洋前夕，在福建长乐等候季风开洋，在重修长乐南山的天妃行宫、三峰塔寺并新建三清宝殿之后，镌嵌《天妃灵应之记碑》于南山殿中。该碑记述下西洋航线从印度古里延伸到波斯湾的忽鲁谟斯国、红海的阿丹国，还有非洲东岸的木骨都束（Magadoxo，今索马里摩加迪沙）等国，都称之为西域。

下西洋从东印度洋到西印度洋的重要延伸，是从第四次航行开始的。东非的航线，是郑和印度洋海上航线的新发展。东非海岸地区，是指自今索马里首都摩加迪沙至莫桑比克索法拉的沿印度洋的海岸地带。著名的印度洋季风，每年 6—10 月盛行西南风，11 月至第二年 4 月盛行东北风，东非海岸成为西亚、北非和东亚间海上交通的重要通道。《天妃灵应之记碑》中提及的所至东非国家名称有木骨都束国、卜剌哇国（Brawa）。根据费信《星槎胜览》的记载：木

---

① （明）马欢著，万明校注：《明本〈瀛涯胜览〉校注》，广州：广东人民出版社，2018 年，第 93 页。
② （明）马欢著，万明校注：《明本〈瀛涯胜览〉校注》，广州：广东人民出版社，2018 年，第 97 页。
③ （明）费信著，冯承钧校注：《星槎胜览校注》，北京：华文出版社，2019 年，第 56 页。
④ 郑和等《天妃灵应之记碑》，碑文见萨士武：《考证郑和下西洋年岁之又一史料——长乐〈天妃灵应碑〉拓片》，见纪念伟大航海家郑和下西洋 580 周年筹备委员会、中国航海史研究会：《郑和研究资料选编》，北京：人民交通出版社，1985 年，第 104 页。

骨都束"自小葛兰顺风二十昼夜可至，其国濒海，堆石为城，垒石为屋"①。卜剌哇与木骨都束相连接："自锡兰山别罗（里）南去二十一昼夜可至。"②卜剌哇国即今非洲东岸索马里之布腊瓦（Brawa）。费信还记载了与木骨都束山地连接的竹步国（Jubo），竹步国即今天非洲东岸索马里之朱巴。③

　　明人茅元仪《武备志》卷240《航海》中收录的《郑和航海图》，是对于郑和下西洋航路的全面记录，以龙江关为起点，自长江至海，从南海到印度洋沿岸、阿拉伯半岛、非洲东岸的广大海域，以40幅地图描绘出来。根据向达（1900—1966年）先生的研究，《郑和航海图》所收地名达500多个，其中外国地名约300个，认为"十五世纪以前，我们记载亚、非两洲的地理图籍，要以这部航海图的内容为最丰富了"④。《郑和航海图》标明了许多非洲地名，东非海岸从"葛儿得风"（今瓜达富伊角）、"哈甫泥"（今哈丰角）开始，向南延伸到"麻林地"，一共有15个地名，实际位置都在印度洋沿岸。《郑和航海图》是15世纪西方航海东来以前的中国与印度洋最为丰富的历史图籍，根据《郑和航海图》，郑和船队沿非洲东岸南行，航线延伸到今索马里的摩加迪沙、肯尼亚的蒙巴萨、坦桑尼亚的基尔瓦、马达加斯加岛、莫桑比克的莫桑比克港和索法拉。⑤

　　以上可以说明郑和七下西洋，是全覆盖的印度洋航海活动，马欢《瀛涯胜览》将全部所到之处，哪怕小至山村，都无例外地称之为"国"，彰显了郑和七下印度洋的国家航海外交理念与实践。这是与伊本·白图泰航海旅行迥然不同之处。

　　今天我们知道，印度洋是世界第三大洋，沿岸有30多个国家，面积7000多万平方千米，约占世界海洋总面积的1/5，拥有红海、阿拉伯海、亚丁湾、波斯湾、阿曼湾、孟加拉湾、安达曼海等重要边缘海域和海湾。在古代，印度

①　（明）费信著，冯承钧校注：《星槎胜览校注》，北京：华文出版社，2019年，第106页。
②　（明）费信著，冯承钧校注：《星槎胜览校注》，北京：华文出版社，2019年，第110页。
③　（明）费信著，冯承钧校注：《星槎胜览校注》，北京：华文出版社，2019年，第104页。
④　向达整理：《郑和航海图》，北京：中华书局，1961年，第5页。
⑤　参见沈福伟：《郑和宝船队的东非航程》，见纪念伟大航海家郑和下西洋580周年筹备委员会、中国航海史研究会：《郑和下西洋论文集》第一集，北京：人民交通出版社，1985年，第166—183页；沈福伟：《十四至十五世纪中国帆船的非洲航程》，《历史研究》2005年第6期；海军海洋测绘研究所、大连海运学院航海史研究室编制：《新编郑和航海图集》，北京：人民交通出版社，1988年，第74页。

洋贸易紧紧地将亚洲、非洲、欧洲连接在一起。郑和七下印度洋，从东到西的印度洋航行线路，与伊本·白图泰从西到东的印度洋旅行线路相互重叠，包括印度洋上丝绸之路的许多重要节点，是古代海上丝绸之路兴盛的历史见证。

四、结　语

摩洛哥的伊本·白图泰在 28 年中的三次陆海旅行，旅程将近 12 万千米，足迹遍及 30 多个国家和地区（今天的 44 个国家）；中国的郑和在 28 年中七下西洋，从南海航行到印度洋，足迹遍及三四十个国家和地区。二者重合的部分就是覆盖印度洋的海上旅程，成为古代海上丝绸之路上的重要记忆。古代历史上中非的航海活动，推动了东西方相互认知达到历史的新境界，拓宽了文明对话发展的新视野。今天，我们重温伊本·白图泰和郑和在印度洋上的历史记忆，对于助推 21 世纪海上丝绸之路建设和构建中非命运共同体具有重要意义。

马六甲海峡崛起的历史逻辑

——郑和七下西洋七至满剌加考实*

马六甲海峡,又译麻六甲海峡(英语:Strait of Malacca;马来语:Selat Melaka),是世界上最为著名的海峡之一,位于马来半岛与印度尼西亚苏门答腊岛之间,西通安达曼海,东连南海,形成太平洋、印度洋与亚、澳、欧、非四洲的咽喉之地,为沟通太平洋与印度洋的要道。马六甲海峡有着悠久的历史,从南海到印度洋,一直是古代中国和印度之间的海上通道:阿拉伯商人从印度洋起航,通过马六甲海峡到南海直至中国的航线也早已开辟。今天随着中美关系和中国周边地缘态势的深刻变化,中国需要逐渐降低对传统的马六甲海峡通道的依赖,建设新的印度洋通道。因此,回顾马六甲海峡的历史,不仅有学术价值,而且具有现实启示。

15世纪初郑和七下西洋,中国人大规模地走向海洋,从海上贯通了陆海丝绸之路,联通的汇合点即在印度洋。进一步而言,古代丝绸之路从陆向海不可逆转的重大转折也于此时发生,这一重大转折,正是以马六甲海峡的兴起为标志。

本文梳理历史上马六甲海峡在15世纪以前的历史状况,15世纪初马六甲海峡崛起与满剌加王国的兴起的紧密联系,结合明代郑和下西洋对满剌加王国兴起的影响,探讨马六甲海峡作为海上国际贸易重心的演化逻辑与形成机理,剖析新兴的满剌加海上王国发展过程展现的特征,以期揭示郑和下西洋时代海上丝绸之路的迅猛发展态势,分析15世纪初中国航海外交的深远影响。郑和

---

* 原载《太平洋学报》2020年第28卷第3期。收入本书,有订正。

下西洋如何为建立现代意义的"一带一路"国家倡议提供了历史资源，从新的视角观察，追溯和阐释海峡崛起的历史，有助于对海上丝绸之路鼎盛时代的理解和认识。

一、满剌加王国兴起与郑和下西洋

从全球史的视野来看，历史上东西方交往重心曾经发生过从陆到海的重大转折，转折点就在马六甲海峡崛起之时，满剌加王国成为转折的标志。马六甲海峡在 15 世纪以前无名，追寻海峡得名的历史渊源，其得名于古代名城马六甲，即今天马来西亚马六甲州首府马六甲市，那里是中国明朝称为"满剌加国"的所在地。15 世纪初满剌加王国兴起，海峡由此以满剌加之名而彰显，故满剌加王国的兴起对于海峡的崛起极为关键。

（一）满剌加王国的兴起

"马六甲"，是"满剌加"一词的音译。在中国明朝，亲历下西洋的马欢《瀛涯胜览》、费信《星槎胜览》、巩珍《西洋番国记》和《郑和航海图》皆称"满剌加"，《东西洋考》称"麻六甲"。满剌加的含义，有两种解释。据《马来纪年》记载，罗阇斯干陀沙（拜里迷苏剌）在一棵浓荫广被的大树下休息，发现他的猎狗追赶鼠鹿时，猎狗反而被打跌到水里，他不禁大悦道："这是一块好地方，就是鼠鹿也极为勇敢，我们就在这里造一座城吧。"他便问那株大树的名称叫什么，据说是满剌加树（Malaca），于是就把这城叫作满剌加。①另一说法，认为马六甲即"集合"之意，因阿拉伯人称集市或商业中心地为Molakot。②今天的马六甲海峡，名称来自 15 世纪初满剌加王国，是以满剌加王国所在城市而得名的海峡。因此，王国的兴起与海峡的崛起密不可分。

洪武年间，明朝对外交往的 30 个国家中并没有满剌加国。在中国史籍记载中，满剌加首见于永乐元年（1403 年）十月，当时永乐帝派遣内官尹庆"赍诏往谕满剌加、柯枝诸国，赐其国王罗销金帐幔及伞，并金织文绮、彩绢有

---

① 许云樵译注：《马来纪年》，新加坡：新加坡青年书局，1966 年，第 118—119 页。
② 许云樵译注：《马来纪年》，新加坡：新加坡青年书局，1966 年，第 130 页。

差"①。永乐三年（1405 年）九月，满剌加酋长拜里迷苏剌（Parameswara）派遣使臣随尹庆来明朝朝贡。跟随郑和下西洋的通事马欢《瀛涯胜览》记载，满剌加"此处旧不称国……国无王，止有头目掌管诸事。此也（地）属暹罗所辖，岁输金四十两，否则差人征伐"②。由此可见，此前满剌加是附属于暹罗国的，拜里迷苏剌当时的身份是酋长，而明朝在他遣使来华后，就"封为国王，给以印绶"，还以其使臣之请，赐满剌加国"镇国山碑铭"，永乐帝为之亲制碑文。③王赓武先生认为："马六甲是接受永乐皇帝碑铭的第一个海外国家，这一事实是突出的。"④这种迹象表明，永乐皇帝很可能已经认识到满剌加地理位置的重要性，是直接通往西洋的要冲之地，所以明朝很快就封王建碑，使酋长拜里迷苏剌的权威身份合法化，建立了友好关系。

历史上汉代以后中国人与阿拉伯人通过海峡交往的历史持续不断，但是马六甲海峡一直没有确切的名称，原因就在于海峡一直不存在可与印度洋其他港口相媲美的国际商业贸易中心。15 世纪初，当时的满剌加王国处于暹罗王国（今泰国）的控制之下，每年给暹罗贡金 40 两。马欢随郑和第三次下西洋（1409 年）到达满剌加后，对于满剌加地理生态环境和人民生存状态记述如下："其国东南是大海，西北是老岸连山，皆沙卤之地。气候朝热暮寒，田瘦谷薄，人少耕种……人多以渔为业，用独木刳舟泛海取鱼。"⑤正是在明朝与满剌加建立关系之后，这种情况发生了改变，明朝使得满剌加摆脱了暹罗的控制，而郑和远航则与满剌加建立了特殊的合作关系。

史载，永乐五年（1407 年）十月，苏门答剌、满剌加国王并遣使者来华，"诉暹罗强暴，发兵夺其所受朝廷印诰，国人惊骇，不能安生"。为了维护和平，不辜负满剌加对中国的信赖，明朝一方面诏令暹罗归还满剌加所受印诰，让其"自今安分守礼，睦邻保境，庶几永享太平"⑥，此后暹罗遣使向明朝

① 《明太宗实录》卷 24，"永乐元年冬十月丁巳"条，台北：台湾"中央研究院"历史语言研究所校印本，1962 年（以下实录类均采用此版本，不再一一标注），第 440 页。
② （明）马欢著，万明校注：《明本〈瀛涯胜览〉校注》，广州：广东人民出版社，2018 年，第 37 页。
③ 《明太宗实录》卷 46，"永乐三年九月癸卯"条，第 712 页；《明太宗实录》卷 47，"永乐三年冬十月壬午"条，第 723 页。
④ 〔澳〕王赓武：《东南亚与华人——王赓武教授论文集》，姚楠编译，北京：中国友谊出版公司，1987 年，第 88 页。
⑤ 冯承钧校注：《瀛涯胜览校注》，上海：商务印书馆，1935 年，第 22—23 页。
⑥ 《明太宗实录》卷 72，"永乐五年冬十月辛丑"条，第 1009 页。

"谢罪"，明朝平息了满剌加与暹罗的这次争端。另一方面，在永乐七年（1409年）九月，派遣郑和再次出使满剌加，郑和正是在永乐七年（1409年）第三次下西洋期间，受命"赍诏敕赐头目双台银印，冠带袍服"，这就是曾跟随郑和下西洋的马欢、费信记载的为满剌加王拜里迷苏剌的册封，"遂名满剌加国。是后暹罗国莫敢侵扰"的由来。①中国明朝与满剌加王国建立了稳定的外交关系。需要特别注意的是，永乐七年（1409年）是明朝对于满剌加国王的再次册封，下面还将展开具体分析。

（二）郑和下西洋与满剌加王国兴起

郑和下西洋与满剌加王国兴起有着紧密关联。郑和下西洋究竟几次到达满剌加？这是郑和与满剌加王国关系的关键问题，却迄今没有得到全面的论证。历史研究的终极目标是追求真实，书写历史，也即要对过去进行全面梳理和界定，收集诸多材料，从而建立起一种对历史的理性认识。长期以来，郑和下西洋五次到达满剌加，似乎已成"定论"；在马来西亚国家博物馆外墙壁画上绘有海船，其幡上写有"郑"字，并标明"1409"，这明显是指郑和第三次下西洋于1409年到达满剌加。对此2004年笔者曾质疑，后也有学者论证，但迄今仍嫌不足。②表面上看，建构五次说的史料依据有三种：一是亲历者的记述，跟随郑和亲历下西洋的马欢《瀛涯胜览》、费信《星槎胜览》都是自第三次下西洋论述满剌加的；二是明代官方文献的记述，在《明实录》中没有郑和第一

---

① （明）马欢著，万明校注：《明本〈瀛涯胜览〉校注》，广州：广东人民出版社，2018年，第34页。

② 郑鹤声、郑一钧父子早前认为郑和下西洋七次到满剌加，但未有专题论文，也未具体考证过郑和第一次下西洋到达满剌加的问题。郑一钧在《论郑和下西洋》的"第一次出使经过"论述中，没有提到满剌加，其中根据《郑和航海图》和《西洋朝贡典录》所述的航海线路，非下西洋当时的第一手资料，参见郑一钧：《论郑和下西洋》，北京：海洋出版社，1985年，第168—205、255—266页。郑一钧在《郑和全传》中提出"郑和第一、第二次数访满剌加"，第二次下西洋"为满剌加酋长拜里迷苏剌正式举行封王仪式"之说，亦没有资料注释，参见郑一钧：《郑和全传》，北京：中国青年出版社，2005年，第191页。鉴于迄今中马外交中一直以五次到达为固定说法，因此笔者认为这一问题还没有解决，是中马关系需要澄清的重要问题，对此提出异议。笔者曾于2004年在马来西亚吉隆坡国际会议上发文，首次对于郑和下西洋五次到达满剌加提出疑问，指出郑和下西洋每次必经满剌加，并探讨郑和有可能在第一次下西洋即到达了满剌加，参见万明：《郑和与满剌加——一个世界文明互动中心的和平崛起》，《中国文化研究》2005年第1期。时平也认为郑和七次下西洋都曾在必经之地满剌加停泊，并提出郑和本人亲自访问该地近15次的观点，参见时平：《郑和访问满剌加次数考证及评价——历史与环境分析的个案》，《太平洋学报》2016年第6期。

次、第二次下西洋到达满剌加的明确记载；三是石刻碑铭，郑和等亲立《天妃灵应之记碑》铭文在第一次、第二次下西洋也没有提及满剌加的名字。然而深入探究史实，疑点重重。特别是由于持第三次下西洋到达满剌加说的马欢等，是以亲历下西洋者而为一般学界所知，因此这里首先要做的工作是厘清历史事实，并具体考察造成五次说的复杂原因，进行全面分析和解读。

以往造成认识差异的根本原因，是第一次封王建碑之人的记载阙如，那么何人为第一次赍诏往封满剌加国王之人成为问题的关键。以往一般认为，中国与满剌加关系的建立，是由尹庆完成的，郑和第一次下西洋与满剌加没有发生直接关系。但是值得注意的是，尹庆并不是前往满剌加赍诏封王之人。尹庆是于永乐元年（1403年）十月出使满剌加，永乐三年（1405年）九月返回明朝，满剌加使臣随他一起来华朝贡，明朝随后即"封为国王，给以印绶"，还以其国使臣之请，赐满剌加国"镇国山碑铭"，永乐帝为之亲制碑文。①这一事件除了《明实录》以外，还有《明会典》卷98的记载可以佐证："永乐三年，遣使奉金叶表来朝贡，诏封为国王，给印及诰……御制碑文赐之。"②

上述记载中最大的疑点是《明实录》没有满剌加首次来华使臣回国的记录，以致派遣何人前往满剌加封王建碑成为一个谜。迄今一般认为郑和下西洋五次到达满剌加，也就是从第三次下西洋算起，这一问题因《明实录》失载郑和第一次下西洋的出发时间，同时失载首次前往满剌加赍诏封王的使臣之名，形成了悬案而一直没有解决。问题是郑和第一次下西洋，是否有可能作为正使到满剌加赍诏赐印，封王建碑呢？兹就此再做全面稽考。

（1）可能性。从时间上分析，存在郑和第一次下西洋前往满剌加赍诏封王的可能性。我们先分析官方文献记载的问题。《明太宗实录》记载永乐三年（1405年）皇帝下诏派遣郑和第一次下西洋，发生在这一年六月。③因此表面上看下西洋似乎与九月以后封王之事缺乏联系，由此得出结论是郑和第一次下西洋没有到满剌加，也不足为奇。但郑和第一次下西洋的出发时间史载阙如，考虑到下诏之日与出发之时是有一段时间距离的，因此郑和第一次下西洋可能

---

① 《明太宗实录》卷46，"永乐三年九月癸卯"条，第712页；《明太宗实录》卷47，"永乐三年冬十月壬午"条，第723页。
② 《明会典》卷98《礼部》五七《朝贡》三，东京：汲古书院影印正德六年司立监刻本，1989年，第366页。
③ 《明太宗实录》卷43，"永乐三年六月己卯"条，第685页。

有机会与满剌加使臣交集。根据《明宣宗实录》，宣德五年（1430年）六月"遣太监郑和等赍诏往谕诸番国"，第七次下西洋的颁诏之日也在六月①，与第一次下西洋颁诏时间月份相同，但郑和出发时间，却已是"宣德五年闰十二月六日"②，已是次年年初。以此推断，下诏在前一年六月的郑和第一次下西洋，因为季风关系，很可能出发也晚至次年年初，所以存在他与满剌加国使臣交集的机会。既然明代史籍中没有满剌加首次来华使臣回国的记录，派遣何人送之归国也不得而知，而郑和第一次下西洋出发时间又失载，那么可以推测满剌加使臣可能是由郑和第一次下西洋船队带回国的，也就存在由郑和作为正使，在第一次下西洋时赍诏赐印，"建碑封城"于满剌加的可能性。

（2）必然性。按照古代季风洋流的航海规律，下西洋到达满剌加存在一种必然性。郑和下西洋航线的走向无疑受到季风洋流的影响。据马欢记载，郑和下西洋的航线，第一站在占城，第二站在爪哇，然后转向满剌加，其中《满剌加国》，开篇就是"自占城向正南，好风船行八日到龙牙门，入门往西南行二日可到。此处旧不称国，因海有五屿之名"，遂名曰五屿。可见先到龙牙门再到五屿，则到了满剌加。龙牙门即今新加坡南岸偏西海峡的石呖门（Selat Panikam），今名克佩尔港（Keppel Harbour），因其西口两岸有山挺立如龙牙，故有此称。③这条航线的次序还有《瀛涯胜览纪行诗》为证："阇婆又往西洋去，三佛齐过临五屿。"④当时依古名三佛齐存在的是旧港国，即今印度尼西亚苏门答腊岛巴邻旁。满剌加海峡扼东西交通要道，是印度洋和南海与爪哇海的季候风交叉点，在帆船时代，季风洋流起着不可估量的动力作用。在印度洋上，冬季有来自大陆的东北季风，夏季有从印度洋吹向大陆的西南季风，即冬季风送海水西流，夏季风送海水东流，形成了特有的"季风环流"。15世纪初叶，明代郑和七次下西洋，往返横越北印度洋，每次都在冬季出发，并选在夏季返航，正是巧妙地利用了季风洋流的规律。郑和下西洋出发在冬季东北风的吹拂下，一路上"风帆高涨，昼夜星驰"，船队在冬季顺风顺水西去，而返程

---

① 《明宣宗实录》卷67，"宣德五年六月戊寅"条，第1576页。

② （明）祝允明：《前闻记·下西洋·里程》，见（明）邓士龙辑：《国朝典故》（中），许大龄、王天有主点校，北京：北京大学出版社，1993年，第1415页。

③ （明）马欢著，万明校注：《明本〈瀛涯胜览〉校注》，广州：广东人民出版社，2018年，第34页。

④ （明）马欢著，万明校注：《明本〈瀛涯胜览〉校注》，广州：广东人民出版社，2018年，第2页。

在夏季西南风的吹送下，顺风顺水回到本土。满剌加是船队候风起航回返中国的地点，因此后来繁盛一方的奥秘也即在此。为了全面了解郑和下西洋的航线，下面列出明人祝允明《前闻记》记载的郑和第七次下西洋的全部航程，以便分析：

> 宣德六年二月二十六日到福建闽江口长乐港，因为季风不适合出发，直到这年冬季才在东北风的吹拂下出发远航。十二月九日出五虎门，二十四日到达占城。根据季风洋流走向，宣德七年正月十一日开舡，向巽它群岛航行，于二月六日到爪哇、斯鲁马益，此时的季风洋流已不适合向西航行，因此等待夏季赤道以南吹来的东南信风来临，再向西北方航行。六月十六日船队出发，行十一日，二十七日到旧港，七月一日开船，行七日，八日到满剌加，在那里停留一个月，八月八日开船，行十日，十八日到苏门答腊。此时北印度洋的顺时针季风环流不适合船队向西北方行驶，因此郑和船队在苏门答腊一直停留到十月，在冬季风强大起来，北印度洋洋流呈逆时针运动之时，于十月十日开船，行三十六日，十一月六日到锡兰山别罗里，十日开舡，行九日，十八日到古里国，二十二日开船，十二月二十六日至忽鲁谟斯。宣德八年二月十八日开船回洋，三月十一日回到古里，当时正值印度洋上冬季季风环流最强的时候，二十日大䑸船回洋，四月六日到苏门答剌，十二日开船，二十日到满剌加，等待季风正顺，五月十日回到昆仑洋。二十三日到赤坎。二十六日到占城。六月一日开船，二十一日进太仓。①

以上是对整个下西洋航程进行清晰的概括，按照季风洋流的规律，下西洋往返都必经满剌加，并在满剌加有停留时间。因此，以往认为郑和下西洋五次到达满剌加的传统成说，是没有说服力的，郑和七下西洋七次到达满剌加具有必然性。如果计算每次下西洋等于两次到达满剌加，那么七次下西洋到达满剌加更可达 14 次之多。

（3）确定性。依据郑和航行的历史事实，第一次下西洋经过旧港确定到达

---

① （明）祝允明：《前闻记·下西洋·里程》，见（明）邓士龙辑：《国朝典故》（中），许大龄、王天有主点校，北京：北京大学出版社，1993 年，第 1415—1416 页。

了满剌加。中国从南海到印度洋，必经海峡地区，在郑和等亲立的碑文中，明确第一次下西洋目的地是古里，第一次下西洋的重要内容之一是在旧港生擒陈祖义，而在郑和航行路线上，是先到旧港，接着就到满剌加。费信《星槎胜览·满剌加国》记载："其处旧不称国，自旧港起程，顺风八昼夜至此。"①马欢《旧港国》载："旧港国，即古名三佛齐国是也。番名浡淋邦，属爪哇国所辖。东接爪哇界，西抵满剌加国界。"②旧港在今印度尼西亚苏门答腊岛东南部，即今之巨港（Palembang）。按照地理位置，第一次下西洋在旧港生擒海寇陈祖义之后，经旧港到满剌加是顺理成章的，经行旧港到满剌加，转至苏门答剌，最后抵达古里。更重要的是，在宣德五年（1430年）九月第一次下西洋归国时，《明太宗实录》有"时太监郑和使古里、满剌加诸番国还"的记录，这是郑和第一次下西洋到达满剌加的确切记录。③

满剌加所在海峡地区的海盗问题由来已久。15世纪以前的海峡，不仅名不见经传，而且是一个海上的危险地带。元朝汪大渊《岛夷志略》记载15世纪以前的海峡状况，突出在《龙牙门》的记载之中："舶往西洋，本番置之不问。回船之际，至吉利门，舶人须驾箭棚，张布幕，利器械，以防之。贼舟二三百只必然来，迎敌数日。若侥幸顺风，或不遇之。否则人为所戮，货为所有，则人死系于顷刻之间也。"④龙牙门，即今新加坡海峡口，是进入满剌加海峡的通道。由此可见，当时的海峡是海盗出没之地，是一个名副其实的海上危险地带。海盗活动是影响航运安全的一大因素。元末海峡地区海盗活动频繁增加，郑和第一次下西洋经过海峡地区，就开始了整治海盗的活动，为海峡的海道清宁，生擒了海盗陈祖义，从此对海峡地区的海盗活动开始建立起应对机制，有利于海峡地区的海道畅通，也有利于满剌加王国发展环境的形成。

（4）史料辨正。以上从可能性、必然性和确定性进行了分析，最后让我们探讨为什么会有五次之误的问题，即马欢、费信等著述中记载年代之误的问题。的确，曾经跟随下西洋的马欢、费信的著述中，都明确记载了郑和在第三次下西洋到达满剌加之事。马欢《瀛涯胜览·满剌加国》载："永乐七年己

①　（明）费信著，冯承钧校注：《星槎胜览校注·前集·满剌加国》，北京：中华书局，1954年，第19页。
②　（明）马欢著，万明校注：《明本〈瀛涯胜览〉校注》，广州：广东人民出版社，2018年，第25页。
③　《明太宗实录》卷71，"永乐五年九月戊午"条，第994页。
④　（元）汪大渊原著，苏继庼校释：《岛夷志略校释·龙牙门》，北京：中华书局，1981年，第214页。

丑，上命正使太监郑和等赍诏敕赐头目双台银印、冠带袍服，建碑封城，遂名满剌加国。"①费信《星槎胜览·满剌加国》载："永乐七年，皇上命正使太监郑和等赍捧诏敕，赐以双台银印，冠带袍服，建碑封城，为满剌加国。"②所云时间均为永乐七年（1409年），即值郑和第三次下西洋之时。这正是形成郑和五次到达满剌加之误的来源。剖析存在的疑点是：在马欢的记载中，拜里迷苏剌在永乐七年（1409年）仍称"头目"，与此前于永乐三年（1405年）已"封为国王，给以印绶"的记载显然不合，而三年十月永乐帝亲赐满剌加国"镇国山碑铭"，似乎也不可能在四年后的永乐七年（1409年）才由郑和带至满剌加。因此，这里我们应该特别关注以往被忽略的明朝两次赐印封王的现象，合理的解释是永乐三年（1405年）郑和第一次下西洋已封王建碑，查阅《明实录》，其中永乐五年（1407年）明确记载了满剌加印诰被暹罗所夺上告到明朝，故又有永乐七年（1409年）第三次下西洋之再封。③《明太宗实录》《明会典》均为官方记述，《明太宗实录》成书于宣德五年（1430年）④，第七次下西洋前已成书，记载在时间上应无误，更何况还有《明会典》的佐证。那么，问题应出在马欢、费信等的著述。对于马欢、费信等的记述，作为下西洋亲历者，在地点上可以笃信无误，但是在时间上有可能出现问题。我们知道马欢是从第四次下西洋才跟随郑和出航，费信是从第三次下西洋才跟随郑和出航，他们的著述是私人撰写，对于此前发生的事件即明朝于永乐三年（1405年）第一次封满剌加国王印诰在永乐五年（1407年）被暹罗国夺去，以致郑和第三次下西洋（永乐七年，1409年）再次前往满剌加封王的档案资料，不可能确切了解。而由于他们的亲历者身份，所以我们往往忽视了他们并非第一、第二次下西洋的亲历者，因此依据他们的记载形成了郑和第三次下西洋才前往满剌加封王的误解，也就是郑和下西洋五次驻节满剌加，长期以来没有得到澄清。

通过以上的梳理与辨析，中国船队前往西洋古里，必经满剌加海峡，所以

---

① （明）马欢著，万明校注：《明本〈瀛涯胜览〉校注》，广州：广东人民出版社，2018年，第34页。

② （明）费信著，冯承钧校注：《星槎胜览校注·前集·满剌加国》，北京：中华书局，1954年，第20页。

③ 《明太宗实录》卷72，"永乐五年冬十月辛丑"条（第1008—1009页）记载，苏门答剌与满剌加国王并遣人诉暹罗发兵夺印诰事。

④ 《明太宗实录·进实录表》。

从第一次下西洋开始，郑和就与满剌加国结下了缘分。创立于 15 世纪初的满剌加王国，建国者是拜里迷苏剌，郑和第一次下西洋之时，也就是明朝对满剌加国王拜里迷苏剌身份地位进行确认的时候。

此后，郑和七下西洋七至满剌加，由于重要的地理位置，满剌加对于郑和七下西洋具有不可替代的价值。从此两国友好关系建立起来。据中国史籍记载，在永乐九年（1411 年）至宣德八年（1433 年），满剌加王国的使臣来华访问达 15 次之多，加上国王 5 次亲自前来中国，规模最大的一次是在永乐九年（1411 年），满剌加国王拜里迷苏剌为了表示对中国的友好，亲自率领其妻子和陪臣组成一个 540 多人的使团出访明朝，念其跋涉海道而来，永乐皇帝"御奉天门宴劳之"①。巩珍《西洋番国志》中还明确记载："又赐造完大舡，令其乘驾归国守土。"②永乐时，在礼部额设通事 60 名，其中有满剌加通事一员。③这也充分说明当时中国这个大国和一个新兴小国的关系是一种合作共赢的新型国际关系，与此前元朝攻打爪哇设立衙门和后来葡萄牙人建立殖民地，具有迥然不同的性质。

郑和第七次下西洋结束后，宣德八年（1433 年），满剌加国王西哩麻哈剌者访问中国，受到盛情接待，他在中国逗留时间长达一年半之久。适逢明宣宗逝世，明英宗即位，下西洋刚刚结束，从明朝皇帝敕谕中我们得到的信息是满剌加国地位的特殊。当时明朝大八橹船主要是送满剌加国王还国，古里国等十一国使臣是"附载同回"，充分表现出明朝与满剌加两国关系密切。

从地缘政治经济学的视角看，明满之间关系发展迅速，主要是双方都明了国家的共同利益所在，能够互相信任，最终达到了合作双赢的结果。明朝扶持满剌加建国，除了颁诏封王礼仪层面之外，还派遣郑和下西洋消除海盗干扰，使海路畅达，加速了满剌加王国的兴起；而季风因素使得满剌加成为航线上的重要节点。郑和船队远航到西洋古里需要一个中间站，满剌加之地具有季风的优越条件，使其成为优良的中间站选择之地。在满剌加，郑和设立官厂，《瀛涯胜览》记载："中国宝船到彼，则立排栅，城垣设四门更鼓楼，夜则提铃巡警。内又立重栅小城，盖造库藏仓廒，一应钱粮顿放在内。"事实上，船队分

---

①　《明太宗实录》卷 117，"永乐九年七月甲申"条，第 1449 页。

②　（明）巩珍：《西洋番国志》，向达校注，北京：中华书局，1961 年，第 17 页。

③　（明）申时行等修：《明会典》卷 109《礼部》六七，北京：中华书局，1989 年，第 588 页。

头出发到印度洋沿岸各国进行航海外交与贸易，最后汇合在满剌加，"打整番货，装载停当，等候南风正顺于五月中旬开洋回还"。①满剌加国王拜里迷苏剌为中国船队提供了一个安全的顿放货物场地，方便郑和船队的印度洋航行，满剌加王国对于郑和下西洋航海外交成功有着重要的合作价值。同时，这也是满剌加兴起的机遇，满剌加扼中国南海到印度洋的海上航道之要冲，满剌加王国依靠国际船只集合和货物集散地的地位迅速兴起。王国的兴起，也就是海峡崛起的契机。

郑和七下西洋七至满剌加，海道清宁，商路大开，推动了海上丝绸之路发展到鼎盛的同时，也促成了马六甲的贸易像磁铁般吸引来了远近各地的商人，对于马六甲国际市场形成起了很大促进作用。②明朝与满剌加形成一种相辅相成的合作关系，其结果不仅出现了一个新的国际贸易港口城市，而且在印度洋与太平洋连接点上崛起了一个以兴盛的满剌加王国而著名的海峡。

美国学者泰勒曾指出："作为一种集体记忆的马来历史可以说是从马六甲才开始的。"③不仅是马来历史，海峡的历史记忆也由此开端。

二、满剌加繁盛国际贸易中心的形成与海峡的凸显

明满和平友好关系的建立，成为丝绸之路国家合作共赢的典型范例，从而奠定了马六甲海峡在丝绸之路上的重要地位。郑和下西洋近30年往返印度洋，大量商品经过满剌加，据《郑和航海图》，郑和在满剌加专门建立了"官厂"④，聚集各路货物，满剌加形成一个物资中转站。伴随商贸活动展开，各国商人辐辏而至，满剌加很快成为一个新的繁盛国际贸易中心，这在海峡历史上还是第一次，使得海峡站在了国际贸易港口的制高点上，成为沟通印度洋和太平洋的海上咽喉之地的国际贸易中心，成为海上丝绸之路的重要节点。这一重要的东西方贸易中心不仅从海上连接起了亚洲、非洲和欧洲，而且也成为连

---

①　（明）马欢著，万明校注：《明本〈瀛涯胜览〉校注》，广州：广东人民出版社，2018 年，第 38 页。

②　Kennedy J. *A History of Malaya*. 2nd ed. New York: St. Martin's Press, 1970: 3.

③　转引自〔新西兰〕尼古拉斯·塔林主编：《剑桥东南亚史》第 1 卷，贺圣达等译，昆明：云南人民出版社，2003 年，第 144 页。

④　向达整理：《郑和航海图》，北京：中华书局，1961 年，第 50 页。

接印度洋贸易与太平洋贸易兴盛的新起点。"经过它的运输线路，是连接北印度洋资源富集地与东亚市场之间的最短海路。东西方国家可以通过它，用较低的成本寻求沿线资源和市场。"①

近一个世纪以后，葡萄牙人东来，探险家达·伽马越过好望角后，首先到达的正是郑和七下西洋每次必到的印度古里，接着沿着郑和的航路，于1511年来到了郑和七下西洋每次必到的满剌加，攻下了满剌加王国。葡萄牙人托梅·皮雷斯在1512年撰写的《东方记》（The Suma Oriental of Tomé Pires）一书，是西方对于满剌加的最早记述之一，非常重要。皮雷斯记述了满剌加王国创建者拜里迷苏剌来到满剌加以后，人们才开始汇集，三年后，居民达到2000人，在拜里迷苏剌逝世后，满剌加人口增加到了6000人。②

16世纪初，皮雷斯到达满剌加以后，他亲眼看到了满剌加繁盛的贸易景象。他记述那里有4个沙班达尔，分别管理从古吉拉特来的船舶，从科罗曼德尔海岸、孟加拉、勃固和帕塞来的商人，从爪哇、马鲁古群岛和班达群岛、巨港和吕宋等地来的商贾，以及从中国、占城等地来的商人，他认为管理"极为公正"③。葡萄牙果阿总督阿尔布克尔克曾经如此评价说："我确实相信，如果还有另一个世界，或者在我们所知道的以外还有另一条航线的话，那么他们必然将寻找到马六甲来，因为在这里，他们可以找到凡是世界所能说得出的任何一种药材和香料。"④他的话无疑揭示了作为国际贸易荟萃中心地的满剌加的吸引力。皮雷斯说，当时在满剌加的街道上行走，可以听到至少84种不同的语言。⑤他的话不乏夸大之嫌，却也在某种程度上证明了满剌加作为国际大都会的繁华。

总之，从葡萄牙人皮雷斯的记述，我们可以得知在郑和七下西洋七至满剌加以后，发展到15世纪末，海峡地区强盛的满剌加王国控制着世界贸易航路的重要咽喉部分。英国东南亚史学家霍尔认为，这是使满剌加在15世纪末以

---

① 张治国：《海上咽喉管控模式变迁——以马六甲海峡为例》，《太平洋学报》2018年第10期。
② Cortesao A. *The Suma Oriental of Tomé Pires*. London: Hakluyt Society, 1944: 238.
③ Cortesao A. *The Suma Oriental of Tomé Pires*. London: Hakluyt Society, 1944: 265.
④ De Albuquerque A. *The Commentaries of the Great Afonso Dalboquerque*. De Gray Birch W trans. New York: B. Franklin, 1970: 118.
⑤ Cortesao A. *The Suma Oriental of Tomé Pires*. London: Hakluyt Society, 1944: 269.

罕见的速度获得世界重要地位的秘密。[①]而对于马六甲海峡极为重要的海上地位,皮雷斯讲述得更为形象:无论谁是满剌加的主人,其首先便扼住了威尼斯的咽喉。[②]

从人类文明发展史来看,自古以来东西方交往的重心是在亚欧大陆上,15世纪初年以后,郑和七下印度洋,海上丝绸之路发展到鼎盛阶段,满剌加王国兴起,马六甲海峡之名彰显。重要的是,马六甲海峡不仅是印度洋的东大门,更是贯通印度洋和太平洋的连接点。由此可以引申的是,明代中国不仅通过郑和下西洋连接起了印度洋海域周边各国,建构起了一个新的国际体系,而且促发了马六甲海峡的崛起,引领了从印度洋向太平洋的嵌入。这为后来西方从海上东来,东西方交往重心全面转移到太平洋,迈出了重要一步,引领了人类前行的脚步。

三、结　语

从全球史的视野出发,郑和下西洋以其当时走在世界前列的航海技术、庞大的规模和近30年的时间,开创了一个史无前例的大航海时代。对郑和下西洋的研究,不仅是追踪明代中国大航海的轨迹,还涉及如何看待和理解全球史的重大问题。郑和下西洋如何改变了世界? 对此可以从满剌加海峡的崛起来理解。纵观海峡变迁历程,满剌加是郑和七下西洋七次必经之地,从中国亲历者第一手资料的记述,到葡萄牙亲历者的第一手资料的记述,比较郑和下西洋前的海峡、郑和下西洋时的海峡和郑和下西洋后的海峡,考察满剌加海峡崛起的根源及其基本特征,是从海上劫掠的危险地带到国际贸易秩序井然的繁盛国际贸易中心的发展历程。满剌加王国兴起与海峡崛起密不可分,海峡崛起与郑和七下西洋有着紧密联系,重要的是,郑和第一次下西洋就消除了海峡的海盗问题,为海峡安全建立了保障,对于海峡崛起发挥了至关重要的作用,从此海峡以满剌加王国之名凸显在世界地标之上。

---

① 〔英〕D. G. E. 霍尔:《东南亚史》(上册),中山大学东南亚历史研究所译,北京:商务印书馆,1982年,第268页。

② Cortesao A. *The Suma Oriental of Tomé Pires*. London: Hakluyt Society, 1944: 287.

　　和平与发展是时代永恒的主题，15 世纪郑和七下西洋，七至满剌加，即七次到达满剌加（如以往返计则更多），海峡的崛起是历史上国际关系合作共赢的成功范例。进一步分析，海峡崛起成为海上丝绸之路鼎盛的标志，也标志着东西方交往重心从亚欧大陆转移到海上，标志着人类命运共同体不可逆转的海洋走向，从而改变了世界格局，预示了太平洋将是全球化的诞生之地。这也说明了从印度洋时代向太平洋时代的转型，奠基于海峡的崛起，并不依赖于近一个世纪以后西方的航海东来。对海峡崛起与不同发展阶段特征进行归纳，揭示其崛起的历史逻辑，可以为今天"一带一路"国家倡议和构建人类命运共同体，提供历史的借鉴与启示。

回眸思考

关于郑和研究的再思考[*]

在古代中国乃至世界史上，郑和下西洋是最令人瞩目的事件之一。明朝永乐三年（1405 年）至宣德八年（1433 年），郑和以明王朝强盛的综合国力为后盾，率领船队七下西洋，规模庞大，历时 28 年之久，"涉沧溟十余万里"，遍及亚非三四十个国家和地区。这一极为壮观的远航，充分证明了中国是当时世界上最强大的海上力量，中国的造船技术和航海能力是世界上其他任何国家都无法企及的，达到了古代航海史上的巅峰。

英国业余历史学者加文·孟席斯（Gavin Menzies）于 2002 年 3 月 15 日在英国皇家地理学会发表了他的新观点："郑和首次环球航行发现了世界。" 10 月，他来到中国，不仅带来了他的新著《1421：中国发现世界》，而且他还在南京、云南和北京等地做了讲演。虽然加文·孟席斯关于郑和船队的新说还有待于进一步证实，他的论点和论据也有不少值得商榷及需要认真研究之处，但是，关于郑和研究，应该承认，他的新说是对欧洲中心论（或称西方中心论）的挑战，给了我们启示，更重要的是，促使我们对以往的郑和研究进行反思。

一、郑和研究的简略回顾

郑和研究是 20 世纪史学领域新兴的一个重要课题，至今已有百年。中西比

---

* 原载《中国史研究动态》2003 年第 7 期。收入本书，有订正。

较研究始于梁启超。1905 年，梁启超发表了《祖国大航海家郑和传》一文[1]，弘扬了中华民族的航海精神，同时，也奠定了与西方比较的分析框架。此后，文献资料的发现和文物资料的发掘相结合，不断掀起研究的热潮。学者做了大量的探索和考证，可谓上下求索，积累了大批研究资料，出版了大量有质量的论著。郑鹤声、郑一钧编的《郑和下西洋资料汇编》对相关史料网罗备至，在坚实的史料基础上，研究已取得了丰硕成果。例如，关于下西洋的次数，已确定为七次；关于宝船的尺度，大多数学者认为史书记载还是可信的，文献资料不可任意否定，少数学者则持疑；对出航地点最远到达东非，基本上取得了共识；至于下西洋的目的、性质，在认识上则一直存在分歧，明清时已有"追踪建文""耀兵异域"等说法，有关讨论最早出现在 20 世纪 30 年代。随着研究的深入，学者大多从政治、经济的角度去探求，主要有四种看法：第一种是政治说，以许道龄、李晋华为代表；第二种是经济说，以吴晗为代表[2]；第三种是政治经济并重说，以童书业、韩振华为代表[3]；第四种是前后分期说，认为前三次是政治需要，后四次是发展经济交流，以郑鹤声、郑一钧为代表[4]。可以说，大多数学者都是从政治角度去评价郑和的，因此，对郑和出航的经济影响阐述不多，且总的评价不高，一般认为下西洋主要是为统治者寻求"奢侈品"，在此基础上，下西洋"软弱的动因"已形成了成说。在赞扬下西洋远航的同时，大量论文将郑和与哥伦布进行了比较。不少文章探讨了下西洋为什么没有促使中国人完成"地理大发现"的问题。迄 20 世纪末，由于缺乏新材料，关于郑和的研究已经基本形成了定局。如上所述，对于有的问题虽有争议，但也因缺乏史料而实际陷于停滞。许多论文转向对郑和下西洋意义的阐释，立论往往不是建立在史料收集和整理的基础上，而是建立在现代意义的推论上，存在越来越脱离学术研究的倾向。无论在史料还是在理论、观念和方法上，郑和研究都有待于新的突破。

① 梁启超：《祖国大航海家郑和传》，《新民丛报》1905 年第 21 号。
② 吴晗：《十六世纪前之中国与南洋——南洋之开拓》，《清华学报》1936 年第 1 期。
③ 童书业：《重论"郑和下西洋"事件之贸易性质：代吴春晗先生答许道龄李晋华二先生》，《禹贡》1937 年第 1—3 期合刊，许道龄、李晋华的观点见此文作者识；韩振华：《论郑和下西洋的性质》，《厦门大学学报》1958 年第 1 期。
④ 郑鹤声、郑一钧：《郑和下西洋简论》，《吉林大学社会科学学报》1983 年第 1 期。

二、破除欧洲中心论的框架

21世纪，郑和研究有了新的进展，加文·孟席斯提出了新说。虽然我们没有他周航世界寻求郑和船队遗迹的条件，但是我们不乏探索精神。西方学者对中国历史的了解，毕竟在程度上不能与中国学者相比，因此，纪念郑和，将郑和研究进一步推向深入，这是时代赋予我们的新使命。郑和研究从本质上讲是史学研究的一个重大课题，需要建立在坚实的史料基础上，如果对历史本身没有接近客观真实的考察，那么，对历史事件的内涵将无法给予合理的阐释。然而至今，存在于我们潜意识中的欧洲中心论的思维方式，明显影响了我们对郑和航海伟大意义的全面认识。因此，对带有欧洲中心论内涵的研究框架进行反思，是颇有必要的。

在20世纪对郑和的研究中，自一开始，梁启超就将郑和与哥伦布等的航海进行了比较，后来的大量论著，即使没有显露比较字样，但实际上大都也是在比较框架中为郑和下西洋定位的。在与西方的航海进行比较后，得出的是"软弱的动因"和"不同的结果"的结论。东西方航海结果不同本不足为奇，历史不会走入同一条河流，时代背景不同，产生的结果就不会相同，但问题在于我们所用的比较框架，是18世纪中叶以后才逐渐形成的以欧洲的经验为基础的理论框架。众所周知，在整个人类社会发展过程中，欧洲本来并不先进，欧洲的凸显应该说是在18世纪中叶以后，也就是在英国工业革命后，资本主义取得了成功，自此占据了传播和话语的优势，世界随之向欧洲倾斜。于是，欧洲经验的有效性成为我们评价的标准，欧洲中心论成为世界上的霸权话语，产生了以欧洲经验对照世界上其他地区历史的比较框架，从而也出现了另一种图景，即以西方为中心的史观夸大了西方的作用，特别是历史作用，处处以西方为标尺，形成了对其他地区历史的贬低和文化的曲解，也使我们不能公正、客观地理解和解释中国历史发展的过程。由此，产生了葡萄牙人和西班牙人航海扩张——东来，就是先进的代表，中国从此就落后了的观念；产生了明清停滞论，即16世纪以后中国落后于西方的假说。这种极力夸大西方航海作用、将西方凌驾于东方之上的比较框架，影响了客观评价郑和航海的作用。在郑和与哥伦布等的航海比较中，显示出来的正是这种欧洲经验的有效性。

突破欧洲中心论的框架，给郑和航海伟大事件以合理阐释，需要从中国本体的角度出发，将东西方航海置于平等的地位进行比较和评价。下面是几点思考。

第一，从动因来看。一般认为郑和下西洋具有"软弱的动因"，与封建帝王的政治野心和寻求"奢侈品"相联系。与此相关，是将哥伦布等的航海视为资本主义的代表，将追求黄金与资本主义发展要求相联系。事实上，15世纪东西方也可以说都是在追求物质的欲望下走向海洋的探索的。郑和航海是中国帝王组织的航海活动，葡萄牙和西班牙的航海活动同样是在封建国王的主持下完成的。说前者追求"奢侈品"，没有经济动力，后者追求黄金就是经济动力，而黄金难道不是"奢侈品"？古代东西方贸易属于远距离贸易，这种贸易从本身意义上说，就是贩运"奢侈品"的贸易，当国际贸易交往增多以后，"奢侈品"向人们日常生活用品的转变就会发生，这是已为东西方历史所证明了的过程。①葡萄牙和西班牙在航海后建立的仍旧是封建帝国，掠夺的"奢侈品"大多供给皇室消费，并没有发展出资本主义。反观郑和，下西洋不是"软弱的动因"所促成具有中国社会经济发展向海外开拓的动力基础，没有经济实力，根本不可能经营大规模的航海活动。汉唐对外开拓性交往都是在王朝兴盛时期开展的，明朝也不例外，下西洋是以强盛的综合国力为后盾的伟大航海活动。在古代，贸易是中国与东亚乃至亚非持续不断交往的主题，政治和经济的历史不能截然分开，朝贡本身就包含政治和经济双重含义，而我们的一些学者却坚持要将二者分开，这是不符合历史实际的，也是不合理的。比如郑和七次航行都到达古里，正因为那里是繁盛的东西方贸易港口，如果没有贸易目的，而仅从政治意义来看，是很难说明的；又如明朝对于满刺加、苏门答剌的大力扶植，也都与东亚乃至亚非贸易网络的建立密切相关，下西洋中两国都在贸易网络中起了重要作用，如果抽取了贸易关系而谈论国际关系，显然是很片面的。

西方将航海活动称为探险，而中国传统则一直将航海与朝贡联系在一起，这是中西历史发展的不同道路使然。但是，就此而断言中国人的航海没有探险

---

① 西方航海后存在这一过程，郑和航海贸易同样具有这一过程，参见《海外政策的反馈——郑和下西洋的两极效应》，见万明：《中国融入世界的步履——明与清前期海外政策比较研究》，北京：社会科学文献出版社，2000年。

意识，则是不全面的。以往将哥伦布等的航行定位于世界探险活动，引申出郑和航海由于目的局限，故不可能航行到更远世界的看法。实际上，葡萄牙和西班牙王室组织和支持航海，就当时来看，目的是扩大封建统治的范围，而不是发展资本主义。考诸史实，郑和时代中国人的思想观念是完全有可能进行比我们以往所认为的东非更远的航行的。从明太祖到明成祖，再到明宣宗，一脉相承的是大一统的世界观，至今留存的明朝初年的地图《大明混一图》《混一疆理历代国都之图》[①]的命名就说明了明朝帝王的天下观具有宏大的包容性，"混一"所代表的正是大一统的理念。明朝初年的中国，处于政治、经济和军事的黄金时期，统治者锐意复古，下西洋是明朝"复汉家威严"的重要内容之一。明宣宗《遣使谕西洋古里苏门答剌诸国》一诗就是最好的证明。诗曰："似闻溟海息鲸波，近岁诸番入觐多。杂还象胥呈土贡，微茫岛屿类星罗。朝廷怀远须均及，使者敷恩合褊过。莫惮驱驰向辽远，张骞犹说到天河。"[②]以诗证史，我们可以了解到明朝皇帝将郑和远航与张骞凿通西域是相提并论的，以这样一种"怀远须均及""敷恩合褊过"的观念，郑和船队不仅有可能将已知范围的海外各国都跑遍，而且有可能忠实地航向大洋尽头，直到"天河"。张骞"凿空"，意义就在"开外国道"，郑和下西洋具有与之相同的意义和作用，在当时打开了中国通往世界的通道。有的学者认为当时中国没有地圆说，所以郑和不可能向西航行到美洲。正如古代没有任何的科学认识理论，却完全可能创造认识的奇迹一样，这实际上并不能构成阻止郑和航行"向辽远"世界的根据。

　　第二，就后果而言。一般认为，哥伦布航行以后美洲得到了开发，地理大发现成为西方资本主义发展的重要历史阶段。但是，众所周知，地理大发现以后，葡萄牙和西班牙都没有就此走向资本主义，葡萄牙和西班牙都没有发生向近代的转变，这是历史的事实。因此，把它们列入资本主义的范畴，作为近代的代表，特别是作为先进的代表，与历史事实不符。欧洲资本主义并不是从地理大发现攫取海外资源中产生的，资本主义的诞生是在几百年以后，在与15—

---

① 《大明混一图》，彩绘绢本世界地图，洪武二十二年（1389 年）绘制，现藏中国第一历史档案馆。《混一疆理历代国都之图》，是朝鲜学者根据元代世界地图改绘的，永乐元年（1403 年）献给明朝，现有复印件藏日本京都天理大学图书馆。2002 年范春歌自南非带回一复印件，承郑明将军提供，特在此表示感谢。

② （明）朱瞻基：《大明宣宗皇帝御制集》卷二十二《遣使谕西洋古里苏门答剌诸国》，明内府钞本。

16 世纪航海没有直接关联的英国。

核对中西历史记载，不难发现，撇开西方先进的光环，东西方的航海同样是国家行为，从统治者对世界的好奇心和对异域物品的寻求来看，航行也并无本质区别，区别就在于有无海外领土的占有欲，并将这种占有欲与后来发生的资本主义联系起来。事实上，欧洲中心论的比较框架束缚了我们的研究，影响了我们对郑和航行的整体评价：不仅使郑和航海的历史意义没有得到合理的阐释，而且还使我们忽略了郑和下西洋航海活动对于内外的重要作用。更有甚者将郑和航海与中国的落后和西方先进联系起来，这是与历史事实不符的。事实上，郑和下西洋为中国社会内部发生重大变迁准备了条件，具有不可忽视的历史作用。①下西洋以后大批中国移民走向南洋，对南洋地区的开发起了重要作用。

15 世纪东西方向海洋的探索，都与移民开发相联系，不过方式大不相同，一种是和平的，另一种是暴力的。难道只有征服领土、占领殖民地才是伟大的航海？15 世纪初的郑和下西洋，是实现区域和平秩序的典型范例。如果说西方航海有经济动力，那么扩张领土则说明了其有明显的政治意图；如果说朝贡体系是有政治目的，则中国却恰恰没有领土的扩张要求，而是建立起了东亚乃至亚非繁盛的经济贸易网络。从西方来说，近年西方学者的研究表明，哥伦布等的航海活动与英国实现资本主义没有直接的关联；就中国而言，郑和航海的重大影响体现在官方海上贸易转移到民间，创造性不是表现在领土的占领和资源的暴力掠夺，而是表现在大量移民参与了南洋开发。通过郑和下西洋，中国在东亚乃至亚非建立的贸易网络，带来的是区域国家权力的整体上扬和区域经济的开发与发展。

郑和下西洋以后，明王朝官方朝贡贸易衰落，在中国社会内部产生了一系列与社会变迁相关的值得注意的社会现象。民间私人海上贸易兴起并不等于中国海上力量就落后于西方了。发展到明末，郑氏海商集团独霸远东海上，郑芝龙、郑成功父子的海上活动足以为中国海上力量不弱于西方的证明，充分说明了明代中国始终是世界上最强大的航海国家，直至明末，西方也不能与之抗衡。葡萄牙和西班牙不能，稍后的荷兰也同样不能。明朝郑和与郑成功充分说

① 参见万明：《郑和下西洋与明中叶社会变迁》，见中国明史学会主办：《明史研究》第 4 辑，合肥：黄山书社，1994 年。

明了明代中国海上力量的强盛，绝非西方航海家一来到东方中国就落后了。中国海上力量的落后发生在以后的年代里，不应时间错位地置于明朝。西方发现新大陆和来到东方，中国就此落后了的观点，显然是在西方优势建立后，西方话语拥有了优势以后才出现的。

自 20 世纪 80 年代，西方学者纷纷对西方中心论提出了质疑，不少学者指出 18 世纪英国发生工业革命和资本主义的成功是历史的偶然，具有特殊性。[①]将航海与资本主义生产方式联系起来，看作有必然因果关系，没有得到历史事实证明。葡萄牙和西班牙的航海活动与英国产生资本主义本身并不具有直接的必然联系。作为当时航海的先锋，葡萄牙和西班牙并未产生资本主义的直接后果，而是建立了封建帝国，将航海得来的财富挥霍殆尽。那么，我们仍然确认葡萄牙和西班牙是资本主义的代表，根据又何在呢？哥伦布等的航海自有其伟大的意义，是西方持续几个世纪向东方寻求的产物，而郑和航海则是中国从东方不断向西方、向海洋寻求的产物。给西方航海带上先进的光环，这与潜意识中的西方中心论不能说没有关系。实际上，西方航海与资本主义有实际关联也好，无实际关联也罢，都是欧洲的经验和模式，我们自身有着历史发展的独特道路和模式，从历史真实出发，研究和探讨这种自身的经验，给予理论的阐释，更有意义。

问题在于，两种航海模式的存在是一个历史的事实。很显然，以欧洲的经验来论成败，不能给予郑和航海以公正合理的阐释和评价。郑和时代不存在现代意义的资本主义及其世界体系，又何谈西方后来形成的观念中那样的后果呢？从历史事实出发进行研究是史学的根本要求，史学以历史事实为依据，既无事实依据，又于史实无补的推论是无意义的。如果我们客观地评价，历史上不只有欧洲的经验，我们也有着自身的历史经验，哥伦布等的经验到 18 世纪晚期被确认为欧洲的经验，历史被打上了欧洲强力的印记，我们受到了欧洲经验的巨大影响，从而使我们的研究框架带上了欧洲中心论的明显印记，我们的历史被融入欧洲话语之中，受到了以欧洲经验为标准的评判，这形成了以往在评价郑和航海时的思想和理论的根源。

实际上，在以往的研究框架中，我们是在中国也必然发展到资本主义的前提下开展郑和研究的，这充分表明以欧洲经验为基础的历史发展模式对我们的

---

① Wrigley E A. *Continuity, Chance and Change: The Character of the Industrial Revolution in England.* Cambridge: Cambridge University Press, 1990: 115.

研究有着重要影响。将欧洲的经验作为普遍模式，以此为出发点评价中国历史发展过程，这使我们的理论阐释出现了偏差。中西历史发展模式本不相同，世界历史发展道路存在多样性，而不只是单元的和直线的，这已为史学研究所证明。如果我们尊重历史客观事实，就要破除西方中心论的影响，从历史事实出发，不做任何假设，客观研究和评价历史上发生的事件，而不是从欧洲经验出发来重构中国历史。如果我们跳出以往的思维模式，突破以往的研究框架，回到郑和生活的历史真实场景中，那么我们就会认识到 15 世纪的大航海活动对于人类社会历史发展具有的伟大意义和重大影响，在西方存在，在东方也存在，东西方对海洋的探索，同样是人类发展史上的壮举。

三、东西方航海的两种模式及其意义

东西方的航海是在完全不同的历史背景和地理条件下进行的各具特色的航海活动，但同样是人类走向海洋的大无畏探索和开拓行为。美国学者王国斌提出，中西比较应有双向的评价标准。[①]这意味着平等的比较和客观的评价。吴承明先生认为这也许是唯一可行的，至少是公平的比较史学研究方法。东西方自古所走的是不同的发展道路，这一历史事实在 15 世纪通过航海而凸显了出来，即存在两种航海模式。从双方的角度来考虑和比较，以双向的标准来评价，才能避免失之偏颇。[②]

东西方航海遥相呼应，都是人类历史发展不断扩大交往过程中的重大事件，对于促进东西方汇合发挥了积极的历史作用。虽然双方背景不同、条件不同，但是人类为了认识外界而走向海洋的愿望是相同的，这是人类进步的必由之路。东西方航海模式存在共性：同是人类通过海洋认识外界、走向世界的过程。郑和时代的中国是世界上最先进的国家之一，客观评价郑和航海的历史意义，不以 19 世纪以后形成的西方观念框架去评价，就会认识到在西方的航海之外，存在另一种模式的航海，另一种古代国际关系的模式。换言之，15 世纪

① 参见〔美〕王国斌：《转变的中国——历史变迁与欧洲经验的局限·序》，李伯重、连玲玲译，南京：江苏人民出版社，1998 年，第 3 页。
② 应该说明，本文主旨是谈郑和研究，限于篇幅，因此对西方航海模式及其意义没有展开比较和论述。

存在两种海洋开拓模式及与之相联系的人类交往模式。中国航海的和平稳定发展模式，与西方的暴力掠夺发展模式形成了鲜明的对比，是我们从东西方航海比较中得出的合乎逻辑的结论。

两种海洋开拓模式及与之相联系的人类交往模式的存在，反映了人类历史发展具有多元性，不是单元的和直线的。就某种意义上说，中西两种航海模式代表的是两种历史发展模式。世界历史是丰富多彩的，历史经验是多元的，我们应该探索中国历史本身的发展规律和特点。

郑和下西洋将中国于15世纪初在区域乃至世界的重要作用凸显了出来。中国有着自身独特的发展道路，曾深刻地影响着亚洲历史。从中国历史发展的特征来理解中国历史，理解郑和，意味着客观地理解明朝时期中国与东亚乃至亚洲的国际政治经济关系。从当时人的观念来看，是将下西洋与张骞通西域相提并论的，这显然是一种对外的开拓精神。郑和航海与西方的扩张同样具有向海洋开拓发展的含义，开启了15世纪人类向海洋寻求扩大交往的崭新阶段，是人类通过海洋走向世界的重要一步。就当时发生于东亚乃至亚洲的历史来看，伴随郑和的一次次出航，一个东方的朝贡体系逐渐建立起来，国家权力在区域整体上扬，由此，一个以官方贸易为主体的区域贸易网络形成了。值得注意的是，这种关系建立在中华传统文化深厚的积淀层上，下西洋船队将中华文化远播到海外，在东亚乃至亚非建立起具有中华民族传统文化深厚底蕴的国际交往准则。凭借这些准则，在区域内建立起和平秩序，成为区域合作的基础。这是对中国汉唐王朝"德被四海"的发扬光大，与暴力掠夺的强权政治有着根本不同。这一意义至今没有得到全面阐释。[①]

历史向我们表明，明朝朝贡体系不仅只有加强君主专制中央集权，满足统治者"万方来朝"虚荣心理的一面，还具有以强盛综合国力为后盾积极开拓发展的一面。汉唐的盛世也正是在强盛国力之上造就的。过去我们强调明朝君主专制中央集权消极的一面比较多，对明初大一统盛世对区域和平秩序及国际贸易网络作用的积极意义有所忽略。郑和是明朝官方的代表，对外是中国的代表，出航体现的是中国文化价值的世界意义。就这一意义而言，明朝的创新久

---

① 笔者在2002年10月香港大学亚洲研究中心主办的"第五届中国与东盟研究学术论坛"上提交论文，试图对此进行全面阐释，得到与会国内外学者的关注。需要说明的是，文中所用"东亚"一词是广义的，包括今东盟十国加上中国、日本、朝鲜和韩国。

被忽略，而专注于海禁，甚至认为郑和下西洋即间接实行海禁的也大有人在。我们的研究怎么了？我们应该以"了解之同情"的态度，撇开带欧洲中心论印记的旧框架，在对历史资料进行重新搜集和整理的基础上，重新阐释这段历史及其意义。如果说15世纪是一个海洋的世纪，那是由郑和航海发其端的，在时间上具有世界意义。在空间上，中国在亚洲的空间位置凸显，明朝"协和万邦"的朝贡体系的建立，起了整合区域政治经济秩序的作用，在各国间建立了合法性的制约关系，形成了具有特定区域空间特征的国际关系和贸易网络，在区域突出的是和平秩序与发展的主题。明代中国是当时东亚最大的经济体，下西洋建立的东亚与南亚、西亚乃至非洲等地的贸易网络，整合形成了当时世界三大贸易区之一，显示出了东方文明的整体存在，使区域贸易发展呈现出整体性和互补性的特征，可以说是东亚乃至亚洲区域合作最早的开端。这一意义深远的整合形成，一直持续到欧洲人东来以后。这是西方航海所完全不具备的作用。近百年后，西方人来到了东方，以一个不合法的角色加入了东亚贸易圈，不过西方不是一到东方就控制了整个东方的。按照日本学者滨下武志提出的观点，欧洲人东来不过是加入了亚洲以中国为中心的朝贡贸易圈的活动，他认为"以朝贡贸易关系为基础的亚洲区域贸易圈，即使到了近代，也规定着西方'进入'和'冲击'的内容"[1]。

郑和所代表的具有自身鲜明特色的东方航海活动是一种开拓精神的产物，无论从目的、性质来看，还是从后果来看，都是毫不逊色于西方的。客观地比较，而不是时间错位地将18世纪中叶以后的欧洲经验和观念置于15—16世纪东方历史场景中，15世纪这一海洋的世纪，包含东西方向海洋的开拓历程，出现了两种航海模式，都为人类发展史做出了重要贡献。正是东西方向海洋的不断探索，最终使人类汇合在一个整体世界之中。

四、结束语：走向世界的郑和研究

明代中国在世界的形象是由郑和下西洋建立起来的，且得到了国际公认。

---

[1] 〔日〕滨下武志：《近代中国的国际契机：朝贡贸易体系与近代亚洲经济圈》，朱荫贵、欧阳菲译，北京：中国社会科学出版社，1999年，第31—32页。

走向世界在今天的中国已经成为现实，中国人如何认识外界、走向世界历史过程的探讨，对今天具有现实意义。加文·孟席斯先生的新说对欧洲中心论提出了挑战，虽然他的观点需要进一步证实，但是他所提出的问题显然是重大的，启发我们对以往的研究进行深层次的思考。

首先，在理论上突破欧洲中心论的框架，解放思想，实事求是地研究，重新认识和客观评价郑和航海及其意义。认真研究出现的新材料和新证据，搞清楚郑和航海全过程的历史事实。同时，加强对郑和航海影响及作用的研究，不是以欧洲经验和发展模式为标准来质疑中国航海为什么没有发生类似西方的现象，并根据欧洲经验和发展模式做出推导，而是从中国历史事实出发进行具体研究，总结中国历史发展的规律和特点。

其次，在观念和方法上突破以往的既定框架。今天的研究已表明，郑和研究出现了一个多学科结合的综合研究发展趋向，这对我们的研究提出了更高的要求：我们不仅要大力搜集，而且要扩大史料搜集的视野，向新的、更广阔的领域寻找包括文本和非文本形式的史料，全面整理国内外有关史料，在重新考订、综合整理史料的坚实基础上，重构历史的真实；我们要从过去有限的知识传统中走出来，郑和研究已经明显超出了传统学科的单一性，形成了历史学、海洋学、天文学、地理学、地图学、考古学、人类学、航海史、造船史等多学科方法的综合研究，要进行深入的实证研究，就需要进行多学科综合性的论证，因此各方面专家学者的合作研究是很重要的。过去我们在史料的挖掘上，存在认识上的局限，视野不开阔，影响了研究的开拓深入，比如早已有学者根据欧洲威尼斯的制图学家弗拉·毛罗（Fra Mauro）1459 年所给世界地图上的注文，指出中国帆船可能航行过好望角和南非海域。[①]但是我们的学者几乎没有人注意到这个重要的线索。又如福建长乐显应宫的巡海大臣塑像群，于 20 世纪 90 年代初发现，1994 年发表了发掘报告[②]，但由于一直没有确定身份，

---

① Needham J. *Science and Civilazation in China, Vol.4, Part 3.* Cambridge: Cambridge University Press, 1971: 572.

② 福建省博物馆考古部、福州市文物考古工作队：《长乐漳港大王宫遗址清理简报》，《福建文博》1994 年第 2 期。在此对郑和将军提供此材料和被称为巡海大臣的一组塑像照片表示感谢。简报中仅将出土泥塑编号分别说明，并未确认是何人。从主塑像形象来看，头戴明代太监官帽——三山帽，身穿蟒龙袍，脚蹬粉底皂靴，与明罗懋登《三宝太监西洋记通俗演义》第四十六回对郑和穿着的记述"头上戴一顶嵌金三山帽，身上穿一领簇锦蟒龙袍"是吻合的，更与同书第二十一回《软水洋换将硬水》的插图所绘完全相同，因此，可以确定是郑和的塑像，特此说明。

也没有引起史学界的关注。塑像群的发现表明，在明后期的民间社会中，郑和已经上升到与天妃平起平坐的民间保护神地位，郑和形象的重塑是历史经过民间社会诠释展现出的意义，将航海开拓与和平发展紧密联系在一起。再如当时除了郑和以外，还有一批航海家，过去仅注意了郑和及侯显等个别人，而对杨庆、洪保等则没有给予关注和研究；此外，根据石刻确定郑和是七下西洋，但是七下西洋以外的航海活动并不在内，而且郑和以外的一些出使也不在内，都是需要我们进一步研究的。

最后，郑和研究已经突破了国界，走向了世界，不仅是中国史上的重大课题，也是世界史乃至人类发展史上的重大课题。郑和研究是中外关系史研究的重要组成部分，中外关系史的特征就在于一半是中国史，一半是世界史，我们的研究要走向世界，是很正常的，因此，这一研究不仅需要国内史学界的合作，而且日益显示出国际合作研究的必要性。明代中国的世界形象，是在下西洋范例中对照出来的，并得到了世界公认。郑和航海所体现的和平秩序与合作发展的主题，不正是我们今天国际社会所需要的吗？就此意义上说，我们对郑和的纪念，具有寻求世界和平与发展的重要现实意义。

历史之弦也可以这样拨响[*]

1997 年我到美国访问时，见到了摆在书店琳琅满目货架上的这本书，它有一个醒目的书名：*When China Ruled the Seas: The Treasure Fleet of the Dragon Throne 1405-1433*，也许是出自一种职业上的偏好吧，当时我就把它买了下来。然而，此后却应了那种自己的书可随时阅读的心理，几年来并没有认真地读它。现在，承广西师范大学出版社美意，出版台湾徐泓教授审订、邱仲麟先生翻译的中译本，书名直译为《当中国称霸海上》，这样可以使更多的中国读者读到此书，是一件好事。由此，也促使我好好地把它阅读一遍，在此谨将个人读后感想略述一二。

1988 年秋天，美国女作家李露晔（Louise Levathes）到英国剑桥大学访问了著名科学史专家李约瑟（Joseph Needham）。从那时起，她就开始潜心收集资料和研究郑和与他的船队。经过 6 年的辛勤播种和耕耘，1994 年她的书出版了，这就是《当中国称霸海上》一书的来历。美国明尼苏达大学教授、美国明史学会第一任会长范德（Edward L. Farmer）在 20 世纪末介绍美国明史研究新趋向时说，以世界史的眼光来研究是英语世界明史研究的趋向，而关于郑和，应该由专业研究者做的工作，由一位作家完成了，她获得了很大的成功。

使郑和下西洋的伟大业绩能够在世界上更大的范围传播，让郑和成为一个世界热门话题，我们应该感谢李露晔女士的加盟。这位曾为《美国国家地理杂志》撰稿长达 10 年，并且还为美国《时代》周刊、《华盛顿邮报》等著名报刊撰文的作家，以她的生花妙笔，向世界广大读者展现了郑和的事迹及其时代。

---

* 原载〔美〕李露晔：《当中国称霸海上》，邱仲麟译，徐泓审订，桂林：广西师范大学出版社，2004年。收入本书，有订正。

翻开这本书，首先映入眼帘的是"楔子"那诱人的题目："穿着丝绸的魅影。"作者的叙述开始于东非麻林地的小镇上，把我们带入海上郑和船队帆樯如云、遮天蔽日的场景之中，展现了郑和船队的庞大规模和雄壮风姿，衬托出其惊天动地、不同凡响之处。她的极富视觉性的描述，再加上一幅别具一格的中西船型比较图，形象地表现出了当时中国在海上的优势，给人们一种极为深刻的印象。

全书分为 11 章，通过表面看似散乱的迷人标题，作者引导读者实际上按照时间的序列前行。第一章"夷人们"，作者从早期人类生存地理环境和移民谈起，追溯了远古的航海传统；第二章"儒者与好奇心"，叙述了儒家的影响，特别是抑制商业和对外人的疑虑在明朝以前的影响；第三章"俘虏与王子"，讲述了郑和的身世；第四章"宝船"，专门论述了明朝造船和郑和船队的组成；第五章"目的地：古里"，主要叙述了郑和的第一、第二次远航；第六章"奇异的国度：满剌加和锡兰"，描述了郑和第三次航海及其后发生的事情；第七章"天朝的使臣"，铺叙了明朝在陆上与中亚等地的关系；第八章"神兽的瑞现"，述及第四至六次远航；第九章"紫禁城大火"，说的是紫禁城火灾和明成祖北征；第十章"最后的航行"，文如其题，叙述了郑和的第七次远航；第十一章"苏丹的新娘"，从满剌加王国动人的传说故事开始，讲述了郑和在海外的影响。最后，还有结语"一支被唤作白吉尼的民族"，作者在这里描绘了澳大利亚"白吉尼人"和肯尼亚"瓦尚嘎人"，他们与中国人雾里看花似的联系，构成了种种悬念，使人掩卷仍回味无穷。

郑和是世界的郑和。这本书再次提示我们。

美国迈阿密大学爱德华·德雷尔（Edward L. Dreyer）教授在此书出版后不久，就在《亚洲研究杂志》（Feb 1995, Vol.54, Iss.1: 198）上发表了有关此书的简介和评论。作为多年从事明史研究的历史学教授，他指出，以明代航海作为广泛探讨中国海军和中国对外关系的中心，李露晔女士的关注点是海军史，并倾注了极大的热情。他说关于郑和航行资料方面，作者用的主要是二手的，广泛地援引了米尔斯（J. V. G. Mills）权威性的《瀛涯胜览译注》，而中文资料方面则绝大部分依靠翻译者。他说对于郑和这个迷人的主题，作者写了一部有益的导言，他希望对中国史好奇的读者广泛阅读。他的愿望实现了，这部书出版以后在西方世界（北美和西欧）引起了相当的关注，使更多的人知道和了解了郑和。

　　我们知道此书不是一位专业历史研究者所撰写的，她引用的历史资料也大都是二手的。但是，作者采用了西方史学一向重视的实地调查方法，视角新颖，文笔流畅，形成了特色，很有可读性。同时，也给了我们许多启示，值得我们进一步思考和探索过去忽视的方面。

　　在此，我们还应该感谢审订者和译者。此书中译本的审订者徐泓教授是著名明史专家，译者邱仲麟先生是他的高足，历史学博士。中译本忠实原作，译者以行云流水似的文笔，尽量使我们如读原作，付出了辛勤的劳动；不仅如此，更重要的是，他们通过译注尽量弥补了因原作者为非专业人士所出现的不少对于史实引证的失误。有赖于此，读者才可以读到现在这本既有文采又展现了郑和伟大业绩的著作。

　　现在我们来谈谈这本书的主旨。此书的核心，也就是书名所示的"当中国称霸海上"。这个题目相当吸引人，按照今天的话说，足以吸引全世界人们的眼球，无疑这是此书获得成功的因素之一。我想说的是，它清楚地说明了作者是从典型的西方观点来看郑和的。作者在"楔子"中明确说明："本书将探讨中国如何成为海上的强权，又为什么在宝船范围广阔的远征之后，有系统地自我摧毁本身强大的海军，而失去了原来超越欧洲的科技优势。整个问题的核心在于：中国如何看待自己以及自己在世界当中的地位——这个问题至今并没有太大的改变。"我们不能不说，这里很容易误导人们以现代西方概念来看待那段历史，这是应该加以说明的。首先，明朝中国人在海上曾经辉煌，处于世界的前列，这是一个历史事实，但是中国没有成为"海上的强权"，郑和船队起着维护"海道清宁"的作用；其次，称霸是典型的西方话语，明朝人观念中不存在今天西方所说的"称霸"，虽然因海上经历带有冒险性质致使郑和船队以军士为主，然而远航不是一种军事称霸性质的行为；最后，远航以后，明朝官方朝贡贸易衰落，私人海上贸易兴起，移民南洋形成热潮，中外贸易网络建构起来，直至西方东来，中国海上力量也并没有就此落后于西方，时至明清之际的郑成功，仍是一个绝好的例证。

　　对于郑和航海，几百年来，中外议论纷纷，看法见仁见智，莫衷一是。古往今来，中外盛赞下西洋远航，却又几乎都为它的戛然停止而惊奇、而扼腕，进而对远航停止原因进行了种种探索。作者在书中又一次提出了这个既旧又新的问题：中国人为什么在航海发展到顶峰时不再前行，而是退后了？对此，作者在书中总结了如下几点：宦官与朝臣之间的政治纷争；一连串经济因素，造成困难；英宗被俘后，蒙古威胁造成的北边防守问题；思想从冒险思维方式的撤退。这些解答说明了部分事实。然而历史的发展是复杂的，这些还不足以回答。之前笔者已将郑和研究与社会史研究相结合，试图从郑和远航与明中叶社会变迁的关系来全面考察郑和远航的历史作用。认为一言以蔽之，郑和下西洋对中国社会产生了两极效应，并尝试从 6 个方面展开论证：朝贡贸易的衰落与民间私人海外贸易的兴起，官营手工业的衰落与民营手工业的兴起，大明宝钞的衰落与"朝野率皆用银"的出现，社会整合程度的下降与移民海外热潮的兴起，政治的趋于腐败与奢侈之风的兴起，正统理学（重本抑末思想）的开始没落和新思想（发展民间海外贸易思想）的诞生（举出丘濬和陈献章为例）。最近几年来我们进行的白银货币研究进一步表明，明代中国社会发生变迁，白银货币化的进程加速进行，自下而上到自上而下发展的转折点发生在成弘年间，而成弘年间也正是私人海外贸易兴盛的时期。郑和下西洋开始后，输入的大量胡椒、苏木"充溢库市"，明朝以此折赏和折俸，特别是折成文武官员、军士人等的俸禄，一直到成化十七年（1481 年）才用完，持续半个世纪之久。朝廷将大量的胡椒、苏木作为货币代用品以消除钞法败坏的危机和货币政策的失败，时人评价是"不扰中国之民，而得外邦之助"。而当时反对朝廷抑商和开海禁的建议也已直达宫廷。伴随白银货币化，市场扩大发展，中国海外贸易从向西转而向东，刺激了日本和美洲银矿的大开发，由于国内不断增加的白银巨大需求，拉动了外银的大量流入，最终把中国与世界连接了起来，中国为一个整体世界的形成做出了重要贡献。

翻开人类文明史的画卷，有一点是清楚的，即人类文明交往的根本愿望是物质需求。这种观点用于古代，不是什么后见之明。古代东方向西方的寻求，西方向东方的探索，都有着物质需求的因素，可以认为文明之间的对话，首先是物质需求形成的对话。可是，当我们放眼人类文明发展的历史长河，却发现存在着两种不同的对外交往模式，也就是外交模式，体现在海路交往上，即具有两种不同的航海模式：中国的和平发展方式和西方的暴力掠夺方式。明朝初年统治者致力于传统文化的全面复兴，他们的思想和行为可以更多地从传统文化的角度去探求和诠释。

一般来说，对于明朝的看法，评价一直是不高的。影响评价的一个重要因素是明初大力发展农业和实行海禁政策，还有专制皇权的强化。于是大多数人把明朝与保守联系起来。的确，上述都是事实。然而，人们却往往遗漏了一个极为重要的方面，即明朝初年陆上和海上那些以前所未有的规模和次数出现的外交使团。郑和七下西洋正是其中的一个缩影。那是一个史无前例的中国人走出国门的时代，当然是与中国强盛的国力和极其辉煌地走在世界前列的科技水平相联系的。我一直不能忘记陈高华先生告诉我的一件事，一次，他在国际会议上遇到一位外国学者，当谈起丝绸之路时，那位外国学者说丝绸之路主要是外国人来中国之路，而没有多少中国人从这条路到外国去。想一想，他说得有道理，事实确乎如此。但是我们可以说，到了明朝初年，这种说法不能成立了，例证就是郑和。

我们不能忘记，一个整体的世界是从海上形成的。由中国郑和开始的海洋世纪，包含东西方向海洋的开拓历程，正是这种东西方向海洋的不断探索，最终使人类汇合在一个整体世界之中。15 世纪初，郑和下西洋，陆上丝绸之路向海上丝绸之路的重大转折由此发生，沿着郑和开通的海道，从此大批中国人走出了国门；无独有偶，15 世纪末，西方葡萄牙人达·伽马航海东来，他的登陆地正是郑和七下西洋每次必到的印度科泽科德，东西方在这里汇合，一个人类新纪元由此开端。就此意义而言，郑和远航是古代传统的一次历史性总结，同时，也是一个新时代的开始，无论对中国，还是对世界，都是一个里程碑。但是，中国在明代那个极其辉煌的海上时代，没有称霸；在今天也将和平崛起，仍然不会称霸。

郑和下西洋研究百年回眸[*]

    21 世纪是人类社会全球化的时代。回顾历史，全球化自海洋始，人类社会发展的历史就是人类从各自相对闭塞的陆地走向海洋，最终走向了整体世界的历史。人类大规模地走向海洋始于 15 世纪这一海洋世纪，由郑和下西洋开其端。15 世纪末，西方航海东来，东西方向海洋的探索，极大地扩展了人类生存和交往的空间及内涵，使人类历史发生了重大变革，进入了一个发展的新里程。

    郑和下西洋研究是 20 世纪兴起的中国新史学的一个重要分支，是中外关系史的一个重要组成部分。今天，当我们缅怀 20 世纪对中外关系史作出杰出贡献的前辈学人时，可以发现作为中国中外关系史研究奠基人的向达、冯承钧、郑鹤声、张星烺、章巽、韩振华等先生，他们的奠基作用在郑和下西洋研究方面都有着突出的体现。虽然严格地说，下西洋研究并不仅仅始于 20 世纪，但是，以近代思维来审视郑和与中西关系，却是从 20 世纪初才开始的。郑和下西洋研究的百年历程，是中国中外关系史乃至中国史学百年发展历程的一个缩影，因此我们的回顾也不应是平面地叙述，而应当立体地审视和总结。为了纪念中国中外关系史学会的诸位前辈，本文将从三个时期对百年来郑和下西洋研究（以中国为主）的主要学术发展脉络作一简要的梳理，并谈及个人的几点思考，尚祈教正。

---

[*] 原为 2004 年 11 月"中外关系史百年学术回顾与展望国际学术研讨会"上的发言修改稿，后载《中国史研究动态》2005 年第 8 期。收入本书，有订正。

一、20世纪初至20世纪40年代，研究奠基时期

20世纪前半叶是郑和下西洋研究的奠基时期，该时期可从不同寻常的起步、20世纪30年代前后第一次研究高潮和余绪三部分进行讨论。

（一）不同寻常的起步

20世纪初，郑和下西洋研究的起步与新史学的诞生同步，这正是研究开始的不同凡响之处。

1905年梁启超在《新民丛报》上以笔名"中国之新民"发表《祖国大航海家郑和传》一文①，这篇文章对于传统史学具有突破性的意义。这位中国现代史学之父，一方面有慨于中国被西方列强侵略和瓜分的现实；另一方面有感于传统旧史学的弊端，针对当时国民只知"家"，不知"国"，更不了解"国"以外还有一个世界，他于1902年在《新民丛报》发表《新史学》一文，独树一帜倡导新史学。梁启超将普通国民身份意识的启蒙作为史学的功用，指出：史学是"国民之明镜""爱国心之源泉"，新史学的意义就在于启蒙"国民意识"，因此，探讨中华民族在世界历史中的地位这一重大命题，也就理所当然地成为新史学的题中之义。《祖国大航海家郑和传》这篇文章，在《新史学》之后发表，是梁启超史学革命思想理念的一个合理延伸。梁启超充分肯定了郑和是祖国伟大的航海家，对郑和投以关注绝非偶然，这不仅是因为他关注航海，而且也是他对中国在世界所处空间位置的定位思考。由此看来，我们也可以说郑和下西洋研究自一开始就与中国命运紧密联系在一起。《祖国大航海家郑和传》是从传统史学向现代史学转换的一个典范。

（二）20世纪30年代前后第一次研究高潮

1. 重要资料的发现和整理

20世纪30年代，研究高潮迭起的一个重要表现是下西洋重要文物资料的发现、披露及相关整理和考证，这对深入研究起了重要的奠基作用。

---

① 梁启超：《祖国大航海家郑和传》，《新民丛报》1905年第21号。

如果说梁启超20世纪初的论文在理论上和方法上具有开拓意义，自此为郑和下西洋研究奠定了中西比较的框架的话，那么向达（觉明）1929年的《关于三宝太监下西洋的几种资料》一文①，则不仅率先将相关重要资料一一罗列出来，而且通过对史料的细致考证，为下西洋研究打下了文献资料的坚实基础。这一时期重要文物资料的发现，推动了研究发展。重要的有张星烺的《泉州访古记》、郑和遗的《娄东刘家港天妃宫石刻通番事迹记》、夏光南的《郑和太公墓志铭跋》、萨士武的《考证郑和下西洋年岁之又一史料——长乐"天妃灵应碑"拓片》等文的发表，以及李士厚修订再版的《郑和家谱考释》。②

2. 翻译和吸收外国学者研究的成果

在发现和整理有关郑和重要史料的同时，中国学者翻译和吸收了西方学者的相关研究成果，并且在综合中外学者研究的基础上取得了重要成果，主要有冯承钧的《瀛涯胜览校注》和冯承钧翻译法国著名学者伯希和（Paul Pelliot）1933年所著的《郑和下西洋考》③。《郑和下西洋考》是自19世纪末开始西方学者对于郑和研究的集大成著作。冯承钧的《瀛涯胜览校注》参考了西方学者伯希和等的考证，以明清刻本为主，以明钞本和其他文献史料为辅，对马欢《瀛涯胜览》进行了校勘和注释，勾勒出了郑和七次下西洋的全貌。王古鲁译日本学者山本达郎《郑和西征考》一文④，其中对《郑和锡兰布施碑》汉文碑文作了细致研究。

3. 出现了专门讨论

1936—1937年，《禹贡》杂志对郑和下西洋的目的、性质进行了一次持续一年多的学术讨论。

1936年初，吴晗发表《十六世纪前之中国与南洋——南洋之开拓》一文⑤，此后《禹贡》刊登了许道龄（《禹贡》第5卷第1期，第6卷第6期）的不同

① 觉明：《关于三宝太监下西洋的几种资料》，《小说月报》1929年第1期。
② 张星烺：《泉州访古记》，《史学与地学》1928年第4期；郑和遗：《娄东刘家港天妃宫石刻通番事迹记》，《国风》1935年第4期；夏光南：《郑和太公墓志铭跋》，《元代云南史地丛考》，北京：中华书局，1935年；萨士武：《考证郑和下西洋年岁之又一史料——长乐"天妃灵应碑"拓片》，《大公报·史地周刊》（天津）1936年第80期；李士厚：《郑和家谱考释》，昆明：云南正中书局，1937年。
③ 冯承钧校注：《瀛涯胜览校注》，上海：商务印书馆，1935年；〔法〕伯希和：《郑和下西洋考》，冯承钧译，上海：商务印书馆，1935年。
④ 〔日〕山本达郎：《郑和西征考》，王古鲁译，《国立武汉大学文哲季刊》1935年第2期。
⑤ 吴晗：《十六世纪前之中国与南洋——南洋之开拓》，《清华学报》1936年第1期。

看法。同时，吴晗（《禹贡》第 5 卷第 7 期）、李晋华（《禹贡》第 6 卷第 1 期，第 6 卷第 10 期）、童书业（《禹贡》第 6 卷第 2 期）等展开热烈讨论。吴晗全面论述了中国与南洋的关系（重点在下西洋与南洋的贸易联系），提出了下西洋目的以经济为主的观点，而许道龄、李晋华等学者则不以为然，他们认为下西洋是以宣扬国威、追踪建文等政治目的为主。持不同观点的双方各自发表论文讨论了一年多，最终以童书业《重论"郑和下西洋"事件之贸易性质：代吴春晗先生答许道龄李晋华二先生》一文[①]结束。

（三）余绪

20 世纪 40 年代，随着研究的深入，出现了对郑和宝船尺度的质疑。管劲丞《郑和下西洋的船》一文[②]，首次对《明史》记载中"修四十四丈，广十八丈"提出了疑问，他认为尺度太大，不可思议，并根据郑鹤声发现的南京"静海寺残碑"，提出了宝船为二千料海船的观点。

总括这一时期郑和下西洋研究的特征：资料发现和整理，结合翻译和吸收外国学者相关研究成果，为以后郑和研究奠定了坚实的基础，而郑和研究的热点在这一时期也显露出了端倪。大多数研究者如向达、冯承钧等都是学贯中西的大家，一方面继承和发扬中国史学的优良传统，另一方面接受和吸收西方实证史学，体现了传统史学与西方史学方法的结合。

二、20 世纪 50 年代至 20 世纪末，研究发展时期

20 世纪进入后半叶，是郑和下西洋研究的发展时期，该时期可分为新起点、20 世纪 80—90 年代第二次研究高潮和余绪三部分进行讨论。

（一）新起点

1949 年以后，20 世纪 50 年代持续不断的考古新发现推动了研究向前发

---

① 童书业：《重论"郑和下西洋"事件之贸易性质：代吴春晗先生答许道龄李晋华二先生》，《禹贡》1937 年第 1—3 期合刊。

② 管劲丞：《郑和下西洋的船》，《东方杂志》1947 年第 1 期。

展。周世德《从宝船厂舵杆的鉴定推论郑和宝船》一文①，根据 1957 年南京文物事业管理委员会在明代宝船厂遗址发现的一个巨型舵杆，推定其用于郑和宝船，从而论证了文献记载中宝船尺度的真实性。朱偰著《郑和》一书②，广泛收集实物资料、原始资料和其他资料，考证出郑和航海地名 56 处，是反映研究进展的代表作。

20 世纪 60 年代初，向达参考了近百年间我国学者梁启超、冯承钧、范文涛、张礼千，外国学者梅辉立（W. F. Mayers）、菲力普斯（G. Phillips）、戴闻达（J. J. L. Duyvendak）、伯希和、山本达郎等对明朝茅元仪编《武备志》中所收《郑和航海图》的研究成果，进一步整理考订并出版了一部重要的航海图③，考证出航海图上 500 个地名中的 350 个。侯仁之《所谓"新航路的发现"的真相》一文④虽短，但却表达了对西方"新航路发现"之说的不同声音。他指出，所谓到东方来的新航路的"发现"，早已为亚非航海家所航行过，并明确载入了史册。王赓武在全面研究明初中国与东南亚关系基础上，指出永乐年间郑和下西洋具有极其重要的意义，并提出某种程度上因为郑和的远航，海上世界让位于陆上世界，明帝国没有其他的选择余地。⑤

1969 年，关于郑和下西洋的重要原始资料——马欢《瀛涯胜览》，由小川博翻译的日译本《瀛涯胜览译注》在日本出版。1970 年，马欢《瀛涯胜览》的英译本，即英国学者米尔斯的《瀛涯胜览译注》出版，这是作者在冯承钧《瀛涯胜览校注》基础上，全面吸收中西学者研究成果，进一步加以研究的重要成果。随后李约瑟（Joseph Needham）的《中国科学技术史》第一、第三、第四卷中译本出版⑥，其中有与郑和下西洋相关的重要研究。徐玉虎《明郑和航海图

①　周世德：《从宝船厂舵杆的鉴定推论郑和宝船》，《文物》1962 年第 3 期。
②　朱偰：《郑和》，北京：生活·读书·新知三联书店，1956 年。
③　向达整理：《郑和航海图》，北京：中华书局，1961 年。
④　侯仁之：《所谓"新航路的发现"的真相》，《人民日报》1965 年 3 月 12 日。
⑤　王赓武此篇英文发表于 Fairbank J K. ed. *The Chinese World Order*. Cambridge: Harvard University Press, 1968. 中译本为《永乐年间（一四〇二—一四二四）中国的海上世界》，见王赓武：《王赓武自选集》，上海：上海教育出版社，2002 年。
⑥　〔英〕李约瑟：《中国科学技术史》第一卷《总论》，《中国科学技术史》翻译小组译，北京：科学出版社，1975 年；《中国科学技术史》第三卷《数学》，《中国科学技术史》翻译小组译，北京：科学出版社，1978 年；《中国科学技术史》第四卷《天学》，《中国科学技术史》翻译小组译，北京：科学出版社，1975 年。

中针路之考释》一文①，以及他接着出版的专著《明代郑和航海图之研究》②，是继向达之后关于郑和下西洋航行路线和航海图研究的长篇力作。

（二）20 世纪 80—90 年代第二次研究高潮

1985 年，时值纪念郑和下西洋 580 周年，在此前后对郑和下西洋的探讨，无论在数量、深度还是广度上，都大大超过了 20 世纪前 80 年的研究成果，使研究达到了第二次高潮。这与中国史学向全面繁荣发展的趋势是完全相一致的。

1. 资料汇编和论文集等出版物

资料汇编方面主要有郑鹤声、郑一钧编的《郑和下西洋资料汇编》③。该书是迄今收集最为广泛也最全面系统的大型资料汇编集，上册是关于郑和家世、生平，以及下西洋使团人力、物力、航海技术准备等历史背景资料；中册是有关亚非各国情况、郑和出使经过、与亚非各国建立友好关系的资料；下册收集了海内外与郑和有关的遗迹和文献，后世评价下西洋影响作用的资料。这一资料汇编集的出版，为推动郑和研究进一步发展作出了重要贡献。

论文集的编辑出版方面也有不少成果，为了配合纪念郑和下西洋 580 周年，纪念伟大航海家郑和下西洋 580 周年筹备委员会、中国航海史研究会组织编辑出版了一系列研究资料和研究成果，如《郑和研究资料选编》《郑和家世资料》《郑和下西洋论文集》《郑和下西洋》《郑和史迹文物选》等④，这些论文集反映了郑和研究的全面发展。

---

① 徐玉虎：《明郑和航海图中针路之考释（上）》，辅仁大学《人文学报》1973 年第 3 期；《明郑和航海图中针路之考释（下）》，辅仁大学《人文学报》1975 年第 4 期。

② 徐玉虎：《明代郑和航海图之研究》，台北：台湾学生书局，1976 年。

③ 郑鹤声、郑一钧编：《郑和下西洋资料汇编》（上册），济南：齐鲁书社，1980 年；《郑和下西洋资料汇编》（中册），济南：齐鲁书社，1983 年；《郑和下西洋资料汇编》（下册），济南：齐鲁书社，1989 年。

④ 纪念伟大航海家郑和下西洋 580 周年筹备委员会、中国航海史研究会：《郑和研究资料选编》，北京：人民交通出版社，1985 年；纪念伟大航海家郑和下西洋 580 周年筹备委员会、中国航海史研究会：《郑和家世资料》，北京：人民交通出版社，1985 年；纪念伟大航海家郑和下西洋 580 周年筹备委员会、中国航海史研究会：《郑和下西洋论文集》第一集，北京：人民交通出版社，1985 年；纪念伟大航海家郑和下西洋 580 周年筹备委员会：《郑和下西洋论文集》第二集，南京：南京大学出版社，1985 年；纪念伟大航海家郑和下西洋 580 周年筹备委员会、中国航海史研究会：《郑和下西洋》，北京：人民交通出版社，1985 年；纪念伟大航海家郑和下西洋 580 周年筹备委员会、中国航海史研究会：《郑和史迹文物选》，北京：人民交通出版社，1985 年。

在翻译和吸收外国学者研究成果方面，主要有李锡经、高喜美译日本学者三上次男著《陶瓷之路》、庄景辉译日本学者寺田隆信著《郑和——联结中国与伊斯兰世界的航海家》。①

2. 研究全方位展开

研究的迅速发展，突出表现在深度和广度上。例如，在郑和下西洋航程方面，沈福伟的《郑和宝船队的东非航程》②，对郑和船队在东非的航程进行了深入的探讨；在对外关系方面，洪焕椿的《明初对外友好关系与郑和下西洋》③全面论述了明初睦邻友好的外交政策，下西洋发展与亚非国家的友谊和经济联系，以及所取得的巨大成就。关于郑和的身世，李士厚的《〈郑氏家谱首序〉及〈赛典赤家谱〉新证》一文④是作者自 20 世纪 30 年代出版《郑和家谱考释》后，将新发现的《郑和家谱首序》与《赛典赤家谱》对照研究的结果。关于郑和史事及其逝世，郑鹤声、郑一钧父子的《郑和下西洋史事新证》⑤首先考证了郑和使团副使太监李兴和李恺为同一人，其次对苏门答剌战役史实进行了辨析，最后以新发现的资料《非幻庵香火圣像记》论证了郑和 1433 年死于古里，进一步推动了研究向纵深发展。有关郑和的宗教信仰，林松的《剖析航海家郑和的伊斯兰教信仰——兼评郑氏"奉佛"、"崇道"说》一文⑥，对众说纷纭的郑和宗教信仰加以探讨，认为郑和根本的宗教信仰是伊斯兰教，而出现宗教信仰的复杂现象有着多方面原因。有关郑和的生卒年，谢方的《郑和生卒年及赐姓小考》提出郑和生卒年是洪武八年（1375 年）至宣德八年（1433年），享年 58 岁，并对郑和的赐姓渊源进行了考证。⑦由于论文数量大，涉及

① 〔日〕三上次男：《陶瓷之路》，李锡经、高喜美译，北京：文物出版社，1984 年；〔日〕寺田隆信：《郑和——联结中国与伊斯兰世界的航海家》，庄景辉译，北京：海洋出版社，1988 年。

② 沈福伟：《郑和宝船队的东非航程》，见纪念伟大航海家郑和下西洋 580 周年筹备委员会、中国航海史研究会：《郑和下西洋论文集》第一集，北京：人民交通出版社，1985 年，第 166—183 页。

③ 洪焕椿：《明初对外友好关系与郑和下西洋》，见纪念伟大航海家郑和下西洋 580 周年筹备委员会：《郑和下西洋论文集》第二集，南京：南京大学出版社，1985 年，第 148—173 页。

④ 李士厚：《〈郑氏家谱首序〉及〈赛典赤家谱〉新证》，见纪念伟大航海家郑和下西洋 580 周年筹备委员会：《郑和下西洋论文集》第二集，南京：南京大学出版社，1985 年，第 88—96 页。

⑤ 郑鹤声、郑一钧：《郑和下西洋史事新证》，《中华文史论丛》1985 年第 3 辑。

⑥ 林松：《剖析航海家郑和的伊斯兰教信仰——兼评郑氏"奉佛"、"崇道"说》，见《中国伊斯兰教研究文集》编写组：《中国伊斯兰教研究文集》，银川：宁夏人民出版社，1988 年。

⑦ 谢方：《郑和生卒年及赐姓小考》，《海交史研究》1994 年第 1 期。

范围广，在此恕不一一列举。

3. 研究热点持续讨论

以中西比较方法展开郑和研究，仍是这一时期学者探讨的热点。20 世纪 80 年代主要有何芳川的《十五世纪中西三大航海活动比较初探》①，该文标志着中国改革开放以后新一轮中西比较研究的良好开端。进入 20 世纪 90 年代，罗荣渠的《15 世纪中西航海发展取向的对比与思索》一文②，对中西航海进行了全面系统的比较，并对中西发展不同结果进行了深层次的思考，表明中西航海比较研究向纵深推进。

关于郑和宝船的尺度，也出现新一轮的争论。杨槱等的《略论郑和下西洋的宝船尺度》从造船角度再度提出宝船尺度不符合实际，并估算宝船长 18 丈，宽 3.5 丈。③席龙飞、何国卫的《试论郑和宝船》一文④，以泉州、宁波出土古船证明文献记载符合实际，不同意前此学者认为郑和宝船是沙船的看法，提出宝船是福船船型。韩振华的《论郑和下西洋船的尺度》一文⑤，根据大量史料说明四十四丈四尺的长度，是长阔相乘所得积数，试图对郑和船只尺度给予一个全新的解释，这是老一辈史学家在科学技术史领域的大胆探索。

相对而言，该时期西方对下西洋事迹的专门探讨要少得多，德国学者罗德里希·普塔克（Roderich Ptak）以德文撰文研究《三宝太监西洋记通俗演义》（1985 年），对下西洋史事详加探讨，是这一时期西方学者研究郑和下西洋的代表作。

（三）余绪

将郑和研究置于中国社会发展变化的大背景下，与社会史研究相结合。万明《郑和下西洋与明中叶社会变迁》《从明中叶华南地区看郑和下西洋的社会

---

① 何芳川：《十五世纪中西三大航海活动比较初探》，《北京大学学报（哲学社会科学版）》1983 年第 6 期。

② 罗荣渠：《15 世纪中西航海发展取向的对比与思索》，《历史研究》1992 年第 1 期。

③ 杨槱、杨宗英、黄根余：《略论郑和下西洋的宝船尺度》，《海交史研究》1981 年。

④ 席龙飞、何国卫：《试论郑和宝船》，见纪念伟大航海家郑和下西洋 580 周年筹备委员会、中国航海史研究会：《郑和下西洋论文集》第一集，北京：人民交通出版社，1985 年，第 93—107 页。

⑤ 韩振华：《论郑和下西洋船的尺度》，《中国水运史研究》1988 年第 2 期、1989 年第 1 期。

效果》①，比较全面地探讨了郑和下西洋的正负两极效应及其影响，是研究从政治史向社会史更大空间转变的新取向。

该时期西方学者的相对沉寂，为美国专栏作家李露晔《当中国称霸海上》②一书所打破，她以西方观点对郑和下西洋进行了诠释，取得了较大的社会效果，使西方人认识郑和，并引发了此后人们对海外郑和船队人员后裔的追寻。

总括该时期郑和下西洋研究的特征：郑和下西洋研究全面综合发展的时期，表现在研究者不再只有中国史和地方文献学研究学者，而且有多学科研究者的参加。世界史研究学者，如罗荣渠；造船史研究学者，如席龙飞；海图研究学者，如朱鉴秋；科技史研究学者，如周世德；伊斯兰教史研究学者，如林松；航海史研究学者，如孙光圻……形成了一支多学科学者组成的庞大研究队伍，推动了研究全方位迅速发展，并且反映出郑和研究已经成为社会科学与自然科学研究汇聚的平台。但是在研究达到高潮以后，迄20世纪末，郑和下西洋研究领域扩展迅速，新资料发掘不足，出现了以现代意义推论来代替研究，脱离学术研究的倾向。

三、21世纪开端，进入研究发展新时期

时间进入了21世纪，郑和下西洋研究迎来了一个新的起点，一个研究发展的新时期，该时期可分为新起点举例和新高潮的展望两部分进行讨论。

（一）新起点举例

1. 图像资料的关注

21世纪开端，金秋鹏发表《迄今发现最早的郑和下西洋船队图像资料——〈天妃经〉卷首插图》一文③，他根据新发现的《天妃经》卷首图像资料，再次

---

① 万明：《郑和下西洋与明中叶社会变迁》，见中国明史学会主办：《明史研究》第4辑，合肥：黄山书社，1994年；《从明中叶华南地区看郑和下西洋的社会效果》，见中国中外关系史学会编：《中外关系史论丛》第5辑，北京：书目文献出版社，1995年。
② 〔美〕李露晔：《当中国称霸海上》，邱仲麟译，徐泓审订，桂林：广西师范大学出版社，2004年。
③ 金秋鹏：《迄今发现最早的郑和下西洋船队图像资料——〈天妃经〉卷首插图》，《中国科技史料》2000年第1期。

提出了郑和船队以二千料海船为主的观点。对于图像资料的关注，标志着史料发掘和整理进入了一个新阶段。

2. 海外资料的发掘

金国平、吴志良的《郑和航海的终极点——比剌及孙剌考》①从阿拉伯和葡萄牙史料出发，对郑和下西洋所到比剌和孙剌地点做了进一步探讨，确认下西洋终点是在莫桑比克和索法拉。这一研究对英国学者加文·孟席斯提出的1421年中国人发现世界的猜测，做出了有力的回应。

（二）新高潮的展望

2005年纪念伟大航海家郑和下西洋600周年的序幕已经拉开。中央郑和下西洋600周年纪念活动筹备领导小组办公室已于2003年在上海、2004年在福建举办两次学术研讨会。在此期间，各地也开展了许多学术和纪念活动，如2004年7月由北京市社会科学界联合会、北京市历史学会、北京大学亚太研究院主办的"世界文明与郑和远航国际学术研讨会"等。中央郑和下西洋600周年纪念活动筹备领导小组办公室于2005年7月在江苏南京举办国际学术研讨会，并出版成套丛书，把下西洋研究推向了新高潮。

百年来，中国经历了巨大的变化与发展，郑和下西洋研究负载的一直是中国在世界中的定位问题，与中国命运紧密相连。唯其如此，郑和下西洋研究才与高扬爱国主义精神和传统民族精神紧密联系在一起，吸引了众多学者的关注，而且也将引起更多具有爱国热忱和社会责任感的学人投入。另外，与中国史学发展同步，史学高度综合与高度分化相结合的趋势，在郑和研究上凸显，特别是成为社会科学与自然科学知识共享相互结合的平台，对郑和研究提出了新的要求。新世纪在理论、方法和史料上都将是一个突破发展的新时期。在认真回顾学术史的基础上，我们将继承和发扬老一辈学人的优秀史学传统，迎接郑和研究新高潮的到来。

---

① 金国平、吴志良：《郑和航海的终极点——比剌及孙剌考》，《郑和研究》2004年第1期。

郑和下西洋：历史价值与现实启示[*]

今天，丝绸之路早已超出了字面含义，成为后世对中国与西方所有往来通道的统称：不仅是一两条交通道路，而且是四通八达、辐射广远的中国与世界各国之间的交通网络；不仅是丝绸西传、西物东来的通道，而且是沉淀了东西方文明相互交往几千年的轨迹；不仅是一个地理概念，而且已扩展为一种历史文化的象征符号，构建的是一个多元共生互动的中外文明开放系统，凸显了古代诸文明之交流对人类的巨大贡献。明代郑和七下印度洋，贯通了古代西域与海上丝绸之路，就是其中一个典型范例。

一、海洋世纪自郑和下西洋始

600 多年前，明朝永乐三年（1405 年），皇帝以强盛的综合国力为后盾，作出了派遣郑和下西洋的决策。郑和统率当时世界上最强大的海上力量七下西洋——印度洋，持续 28 年之久。"云帆高张，昼夜星驰"，航海遍及东南亚一带至印度洋周边三四十个国家和地区，标志着中国古代海上丝绸之路空前发展、明代中国发展至中国古代航海外交的巅峰，在中国古代中外关系史乃至全球文明史上写下了光辉的一页。

海洋是人类文明的摇篮，中国这个著名的文明古国，是最早养蚕织丝的国家，拥有漫长的海岸线和广袤的海洋国土，既是东亚的大陆国家，又是太

---

* 原载《参考消息》2017 年 4 月 27 日。收入本书，有订正。

平洋西岸的海洋国家；是一个海洋大国，也曾经是一个海洋强国。中华文明是大陆和海洋共同孕育出的世界最古老的伟大文明之一，中华民族以勤劳勇敢和开拓进取的精神，铸就了古代中国处于世界前列的辉煌航海业绩和航海外交成就。

近一二十年，全球史学术思潮席卷全球，但是在起源于西方的全球史研究中，难免存在着强调西方中心的论调。21世纪是一个全球化的世纪，是一个海洋的世纪。一部人类发展史，是人类从各自相对隔绝、相对闭塞的陆地走向海洋，最终融为一个整体世界的全球史。追本溯源，15—16世纪，海洋成为时代的主题，海上活动成为最令人瞩目的国际现象。全球化自海洋始，海洋世纪自郑和下西洋始。中国学者应该发出声音，宣示15世纪的海洋世纪是由中国郑和下西洋开端的，这有利于增强我们的文化自信和文化自觉。

中国古代向西方的寻求可谓源远流长。亚欧大陆的大河和平原孕育了伟大的文明，而在诸文明如中华文明、印度文明、西亚文明和欧洲文明之间，自古就具有一种互动关系，只不过互动的中心一直在亚欧大陆上，而且主要有赖于亚欧大陆上自古形成的陆上通道。汉代张骞通西域，其重大意义就在于为陆路交通开辟了新时代。在人类文明史上为海路交通开辟了新时代的，正是郑和下西洋。

追溯丝绸之路的源起，我们注意到这一由民间对外交往活动形成的线路，正式成名则来自国家层面的推动。2100多年前，张骞的赫赫声名与陆上丝绸之路的开创联系在一起，正是因为张骞出使西域，他是汉代中国的国家代表。610多年前，郑和航海的辉煌业绩与海上丝绸之路的鼎盛联系在一起，正是因为郑和下西洋，他是明代中国国家航海外交的代表。中国不仅是一个海洋大国，而且是一个海洋强国的地位，由此凸显出来。

正如张骞的名字永远与西域联系在一起一样，郑和的名字也永远与西洋联系在一起。郑和下西洋后，"西洋"作为新名词出现，该词不仅广泛流行于社会，而且有了狭义和广义的区别。狭义的"西洋"，包括郑和下西洋所到的今天印度洋周边至波斯湾、红海和东非一带；广义的"西洋"，是一个具有象征整合意义的西洋，引申出海外诸国、外国之义。时代赋予了"西洋"一词新义，即使在后来西方人东来后也不过是引申义更扩大了范围而已，经历了几百年，至今仍然存活在我们生活的现代社会。"我们的语言就是我们的历史"，下西洋的深刻影响力由此可见一斑。

二、从海上为古丝路画一个圆

下西洋，"西洋"究竟指哪里？这是理解郑和下西洋的基本问题。以往我们谈及郑和下西洋，强调的是中国与东南亚关系、中国与南亚关系、中国与西亚关系、中国与东非关系等。

根据近年的实证研究，明朝人理念中的"西洋"即印度洋。"西洋"一开始是有特指的，在跟随郑和亲历下西洋的通事马欢笔下，当时明朝人所认识的"西洋"，具体所指为"那没黎洋"，也即今天被称为印度洋的海域。因此，作为郑和大航海时代一个整体的印度洋久已被极大地忽视了。鉴于迄今大多学者仍以文莱划分东西洋界线，对郑和所下"西洋"的认识模糊不清，澄清下西洋即下印度洋，调整观念，这对于下西洋目的的认识和史实的探讨至关重要，同时也说明我们对于明代中国的外交理念与实践应该有一个全面的重新认识。

明代郑和七下西洋，中国人以史无前例的规模走向了海洋。郑和第一次下西洋的最终目的地是西洋的古里，也就是位于印度洋中部的印度古里，即今印度南部西海岸喀拉拉邦的科泽科德。此后六次下西洋，古里都是每次必到之地，并在第四次以后由古里延伸到波斯湾、阿拉伯半岛，乃至东非。这些地区与海域都在印度洋的范围之内。更重要的是"古里通西域，山青景色奇"，费信的诗句打开了我们的眼界，在当时明朝人看来，西洋的尽头就是西域，明朝人对于西洋与西域的连接是再清楚不过了。

郑和下西洋——国家航海外交行为全面联通了陆上丝绸之路与海上丝绸之路，从海上给古代丝绸之路画了一个圆。陆海丝绸之路，至此从海上全面贯通，交会之地就在印度洋。此后，明朝人甚至将亚欧大陆上的撒马尔罕等地称作"旱西洋"，由此海上丝绸之路的航海外交达于空前鼎盛时期，明朝人对于海外世界的互联互通理念在此凸显出来。

今天我们知道，印度洋是世界第三大洋，约占世界海洋总面积的1/5，拥有红海、阿拉伯海、亚丁湾、波斯湾、阿曼湾、孟加拉湾、安达曼海等重要边缘海和海湾。在古代，印度洋贸易紧紧地将亚洲、非洲、欧洲连接在一起。郑和七下印度洋，联通了亚洲、非洲、欧洲，中国航海外交参与了一个"全球"贸易雏形的构建，为一个整体的世界形成于海上做出了重要铺垫，也可以说拉开了全球史的序幕。

三、航海外交催生国际新秩序

元朝崩溃后，地缘国际关系格局出现重大变化。明代中国是东亚大国，明初从农耕大国向海洋大国的走势和郑和七下印度洋形成的新的国际秩序，理应引起我们高度的关注。明代中国作为崛起的海洋大国，如何应对元朝崩溃后快速变化的印度洋世界？如何理解明代中国航海外交建立的新国际秩序的影响？通过考察 14 世纪下半叶到 15 世纪初中国外交观念的演变，可以为明代中国对外关系建立一个宏观的分析框架。

明初开始谋求在东亚建立一种完全不同于元朝的新的国际秩序，郑和七下印度洋，是明帝从建国之初就萌生的新的国际秩序理念的延续。明初国际秩序的建立，具有与此前元朝、此后西方进行海外扩张的殖民国家迥然不同的特征，不应简单地以传统朝贡制度或体系笼统地归纳和理解。可以说，15 世纪初印度洋国际关系的演变过程，是明代中国不断推行和实施其国际秩序理念的过程。

郑和远航印度洋，宣告彻底改变了元朝对外交往的暴力征服模式，代之以和平外交模式，使得明朝中国对外交往盛况空前。在跟随郑和下西洋的马欢笔下，所有使团到达之处，无论大小，皆称之为"国"，这无疑是明代中国的国家航海外交行为带来区域国家前所未有的彰显。马欢《瀛涯胜览》记述，每到一国，郑和使团首先是开读诏书，在与各国政治上邦交关系确定后，随之而来的是一种正常的区域合作机制的建立和国际贸易网络的形成，对印度洋区域的发展具有重要意义。

元朝在政治上结束了，然而在贸易上的影响留了下来。明初一反元朝四处征伐的做法，郑和外交使团是中国派往印度洋的庞大贸易使团，满载中国丝绸、瓷器、铁器、麝香及其他诸多特产。郑和七次远航至印度洋，改变了阿拉伯人掌控印度洋海上贸易的状况，促使古代丝绸之路商贸往来达至鼎盛。

郑和七下印度洋，将今天的东北亚、东南亚、南亚、中亚、西亚乃至东非、欧洲等广袤的区域，连成了一个文明互动的共同体：政治上国家权力整体上扬，经济上贸易资源互通有无，文化上多元文化认同交融。

现存斯里兰卡的《郑和碑》（即《郑和布施锡兰山佛寺碑》），以中文、泰米尔文、波斯文三种文字记载着郑和向佛祖释迦牟尼、婆罗门教保护神毗湿奴和伊斯兰教真主贡献布施的史实，这是明朝人对于多元文化兼收并蓄的最好例证。永乐二十一年（1423年），出现了西洋古里、柯枝、加异勒、溜山、南浡里、苏门答剌、哑鲁、满剌加等国派遣使节1200人到北京的所谓"万国来朝"的盛况，这是下西洋将中华秩序理念付诸实践，在没有对任何国家产生威胁的基础上，建立起一种"循礼安分，毋得违越，不可欺寡，不可凌弱，庶几共享太平之福"的国际新秩序的标志。

四、"协和万邦"模式与西方不同

从漫长的人类文明发展史来看，郑和下西洋具有丰厚的历史价值和现实意义。

人类历史发展到15世纪初，随着科技的发达，海上运输日益显示出比陆上运输更大的优越性，商业贸易的需求使海上丝绸之路成为各国的共同愿望所在。郑和七下印度洋，在与各国"共享太平之福"理念指导下，明代中国以负责任的海洋大国形象出现，在促使印度洋地区国家权力整体上扬的同时，维护了海道清宁、人民安业，与各国公平交易、互利互惠，促成了一种资源共享合作机制，推动了区域国际贸易网络的活跃发展，开创了印度洋区域各国跨文明和平对话与合作发展的新局面和国际新秩序，也使明代中国海洋大国乃至海洋强国形象在印度洋上留下了深刻印记。

进一步说，下西洋成功地全面贯通了古代陆海丝绸之路，为中西方文明交往的重心从亚欧大陆转移至海上、为海洋文明的全球崛起做出了重要铺垫；繁盛了一个世纪的世界上最稳定也最繁荣的贸易网络之一——印度洋国际贸易网络，为一个整体世界在海上形成奠定了坚实的基础，由此拉开了全球化的序幕。如果把这个功劳仅仅记在了欧洲人的账上，是令人遗憾的。

郑和下西洋具有全球意义，还体现在人类文明史上曾经存在不同的航海模式，有着不同的实现机制，也有着不同的结果。尽管有着时代局限性，但郑和下西洋所代表的和平交往航海模式与西方的暴力掠夺航海模式，形成了鲜明的对照。历史可以作证，郑和高扬中华民族"协和万邦"的人文精神，在长达 28 年的航海活动中，维持了海道清宁、人民安业，仅有三次战事发生，没有占据海外国家一寸土地。明代中国的世界形象，在七下西洋中树立起来，得到了世界公认。如今，郑和已经成为一个象征符号，它所体现的中国和平交往和丝绸之路上各国互通共赢的理念与实践，为人类文明和谐共处提供了宝贵的历史经验，昭示了不同文明之间和平交流的历史轨迹和历史规律，正是今天全球化国际社会所需要的。雄强一时的西方航海模式造就了大批殖民地，已成昨日黄花，殖民主义在全球范围内遭到彻底失败，已经退出了历史舞台。

今天，中国构建"一带一路"新模式，建设 21 世纪海上丝绸之路，中国走向海外世界，具有丰厚的历史积淀性和延续性。汲取历史的经验与教训，继承和发扬古代航海外交的互联互通和合作共赢的基本价值理念，以和平合作、开放包容、互学互鉴、互利共赢的丝绸之路精神，打造与海上丝绸之路相关各国互利共赢的"利益共同体"和共同发展繁荣的"命运共同体"，这无疑是对古代丝绸之路的超越，是对于全球化的创新性发展，也是中国对全球人类文明发展做出的新贡献。

史料开掘

明钞本《瀛涯胜览》与郑和宝船尺度[*]

众所周知，郑和下西洋档案没有完整地保留下来，郑和本身又没有著述，今人所见下西洋原始资料中最重要的一部，即马欢的《瀛涯胜览》。

郑和下西洋现存三部基本文献，包括马欢的《瀛涯胜览》、费信的《星槎胜览》、巩珍的《西洋番国志》，都是当时跟随下西洋的人所著。其中，马欢的《瀛涯胜览》一书，出自亲历下西洋的通事之手，更具原始资料性质，弥足珍贵，在三部书中史料价值最高，是研究郑和下西洋不可或缺的参考文献。

《瀛涯胜览》久已蜚声中外，不仅是明代一系列有关中外关系的记载，且为清修《明史·外国传》的史料渊薮，也是古代中外交往史上影响最大的史籍之一，在国内外产生了很大影响，英文和日文都有译本。1978 年，印度著名历史学家阿里（Ali）教授曾在给季羡林先生的信中说："如果没有法显、玄奘和马欢的著作，重建印度史是完全不可能的。"[①]由此可见该书学术价值之一斑。

一、明钞本《瀛涯胜览》校勘与版本源流梳理

早在 19 世纪末，英国学者菲力普斯（G. Phillips）就对《瀛涯胜览》作了章节译注[②]，推介该书到西方世界。1929 年向达（觉明）《关于三宝太监下西

---

[*] 原载《中国社会科学院院报》2005 年 7 月 7 日，第 3 版。收入本书，有订正。

① 《玄奘与〈大唐西域记〉——校注〈大唐西域记〉前言》，见（唐）玄奘、辩机原著，季羡林等校注：《大唐西域记校注》，北京：中华书局，1985 年，第 137 页。

② Phillips G. Mahuan's account of the Kingdom of Bengala. *Journal of the Royal Asiatic Society*, 1970, 27(3): 523-535.

洋的几种资料》一文①，对《瀛涯胜览》作了版本考证和详细介绍。1933 年荷兰学者戴闻达（J. J. L. Duyvendak）发表了《马欢再考》②，其后不久，法国学者伯希和（P. Pelliot）将一篇洋洋大观的书评刊于同年的《通报》上③，这就是 1935 年冯承钧翻译出版的《郑和下西洋考》一书④。《序》中指出外国学者"寻究史源勘对版本的，只有伯希和一人"。此后不久，冯承钧主要依据伯希和所见明刻《纪录汇编》本与清刻《胜朝遗事》本，参考向达提示的明钞《国朝典故》本若干异文，出版了《瀛涯胜览校注》，这是对下西洋研究的一个重要贡献。这一校注本成为通行本，迄今已有 80 多年。20 世纪 70 年代左右有了日文、英文译本，研究上虽有所推进，但在版本上没有发展。

关于《瀛涯胜览》的版本，自伯希和划分为两大系统：一是马欢原本系统，二是张昇改编本系统。马欢原本系统似乎只有一个源流。这样一来，钞本成为研究的空白。迄今留存于世的《瀛涯胜览》版本有近二十种，有钞本和刻本两个系统，刻本大多是张昇改编本。明钞本多种的陆续发现，为薪火相传，在前人研究基础上重新整理和研究提供了可能。笔者收集到现存四种明钞本《瀛涯胜览》，即朱当㴐编《国朝典故》本、佚名辑《说集》本、祁承㸁淡生堂钞本、天一阁《三宝征夷集》本。笔者先以《国朝典故》本，后以《三宝征夷集》本为底本进行了两次校勘（以明钞本互校并参校明刻本和其他明代史籍），梳理了马欢《瀛涯胜览》的版本源流。校勘工作接近尾声时，笔者意外地发现了第五种明钞本，即梅纯辑《艺海汇函》本（现藏南京图书馆），这是百年来研究者从未发现和提及的，是郭崇礼改编的一个两卷本，它的发现解决了近百年对于《瀛涯胜览》作者和初刻本及其时间等问题的学术积案。

经校勘梳理源流，《瀛涯胜览》一书在马欢第一次跟随郑和下西洋，即永乐十一年（1413 年）时就开始动意写作，并广集材料；于永乐十四年（1416 年）初稿初成，有马欢《自序》为证；以后初稿一直在续修之中，于正统九年（1444 年）以前初稿本完成，有马敬《序》为证；此后，马欢手订修改本于景泰二年（1451 年）完成，是为定稿本，有马欢题识为证。至此，《瀛涯胜览》

---

① 觉明：《关于三宝太监下西洋的几种资料》，《小说月报》1929 年第 1 期。
② Duyvendak J J L. *Ma Huan Re-examined*. Amsterdam: Noord-Hollandsche Uitgevers-maatschappij, 1933.
③ Pelliot P. Les grands voyages maritimes chinois au début du XVe siècle. *Toung Pao*, 1933, (30): 237-452.
④ 〔法〕伯希和：《郑和下西洋考》，冯承钧译，上海：商务印书馆，1935 年。

的撰写与修订长达近 40 年之久，其间以钞本形式传抄于世，传本不一。

经考察研究，今所见四种钞本是三个源流，《国朝典故》本是马欢初稿本钞本，《说集》本、淡生堂本是马欢定稿本钞本，而最终确定为底本的《三宝征夷集》本，原藏天一阁，是中外老一辈学者多年前未能亲见却已给予厚望的一个钞本，虽然书名有变化，但经过校勘，可以说它是在初稿本和定稿本基础上集大成的一个钞本。

二、明钞本《瀛涯胜览》与郑和宝船尺度

郑和宝船尺度，被称为"郑和宝船之谜"。它在下西洋研究中成为令人瞩目的热点问题，始自 1947 年管劲丞对《明史》记载的宝船"长四十四丈四尺，宽一十八丈"提出的质疑。①由此引发的宝船尺度之争，逐渐形成了郑和下西洋研究的一个热门专题，不仅争议纷纭，讨论激烈，而且旷日持久，迄今已达半个世纪以上。问题的焦点就在于郑和下西洋"长四十四丈四尺，宽一十八丈"的大型宝船是否存在，延伸到明代有没有能力造那样大的木船，以及那样大的木船能否航行于海上，等等。一方必信其有，另一方怀疑其无，相持不下。实际上，在史源问题尚未搞清楚的情况下，任何争议一方都缺乏说服力。因此，近年的争议转移到了文献的可靠性上，这无疑是一种理性的取向。

20 世纪 80 年代初，邱克在北京图书馆（今国家图书馆）发现了《三宝征夷集》本，特撰文说明宝船尺寸的可靠性。②史界迄今认定最早记载上述宝船尺度的是马欢的《瀛涯胜览》。具体而言，就是明钞《说集》本、淡生堂本和《三宝征夷集》本。三个本子卷前均有宝船与人员一段文字，有"宝船六十三只：大者四十四丈四尺，阔一十八丈。中者长三十七丈，阔一十五丈"；三本均没有抄写年代，但据版本考察，都是明后期的钞本。

史学家重真实。应该指出，明钞本在传抄过程中，存在后人补入内容的问题。通过此次明钞本的校勘，笔者认为，第一，在马欢初稿本中没有关于下西洋宝船和人员，也即包括宝船尺度的一段文字。这首先可由初稿本的明钞《国

①　管劲丞：《郑和下西洋的船》，《东方杂志》1947 年第 1 期。

②　邱克：《谈〈明史〉所载郑和宝船尺寸的可靠性》，《文史哲》1984 年第 3 期。

朝典故》本（朱当㴐编，嘉靖二十一年，即 1542 年钞本）、明刻《国朝典故》本（邓士龙辑本，万历年间刻本）来说明；其次，也可由初稿本派生出来的明钞《艺海汇函》本（梅纯辑本，正德二年，即 1507 年钞本）、张昇本（最早为嘉靖元年即 1522 年刻本），以及参考过马欢初稿本的费信《星槎胜览》、巩珍《西洋番国志》都没有出现这些文字来证明。因此，可以说在《说集》本、淡生堂本和《三宝征夷集》本这些明后期出现的定稿本的钞本中，才出现了宝船和人员的这段文字。第二，不能确定马欢的定稿本已有这段文字，因为根据定稿本刊刻的《纪录汇编》本（沈节甫辑，万历四十五年，即 1617 年刻本），也没有这些文字。为什么要删去这段文字？可以推测，这段文字在初稿本系统传本中未见，在定稿本中也没有，只是在定稿本的传钞本中才出现了，刊刻者完全有可能认为这段文字出自说部不可信而不取。因此，这里存在后来补入的可能。

从内证的角度来看，马欢定稿本成于景泰二年（1451 年），而在《说集》本、淡生堂本的部分国名后却见到天顺五年（1461 年）成书的《大明一统志》注文，是钞本内容有后来补入的明证。还有一个重要例证：在宝船与人员文字中，各本均见"监丞"置于"少监"之前，然而史载明朝宦官十二监，每监各设太监一员，正四品，左右少监各一员，从四品，左右监丞各一员，正五品。"监丞"是次于"少监"的正五品官，反倒列于从四品"少监"之前，作为通事的马欢熟悉官场，必不至错误至此。合理的解释是传钞本之误。此外，还有两个重要的外证：一是成书于正德十五年（1520 年）的《西洋朝贡典录》未见收录。作者黄省曾当时参考了《瀛涯胜览》《星槎胜览》《针位编》等多种明代文献成书，如原书有此段文字，必为之所收入。二是祝允明《前闻记》也未收录。祝氏生于明天顺五年（1461 年），卒于嘉靖六年（1527 年），《前闻记》专记异闻异事，有专条谈及下西洋船只人员，仅见船名"大八撸、二八撸"之类，无宝船规模尺度之记。由此可见当时并无此传闻，否则祝氏不可能不记。以上二书均可为宝船尺度在明后期嘉靖以前是没有的，是后来才出现的证明。

有学者认为这段文字来自罗懋登小说《三宝太监西洋记通俗演义》，论点建立在万历末年以前的各种钞本、刻本都已散佚[①]，这一论点可以证明不能成立。但有另一种可能，即小说来自钞本，是否如此，还有待进一步发掘史料和研究。至此，明钞本的整理研究给我们提出了新的课题。

---

① 唐志拔：《关于郑和宝船尺度出自〈瀛涯胜览〉的论点质疑》，《船史研究》1997 年第 11—12 期。

郑和下西洋研究又有重大发现

——马欢《瀛涯胜览》两卷本*

　　2005 年是郑和下西洋 600 周年。欲知郑和下西洋史事，首先应该阅读马欢的《瀛涯胜览》一书。该书是一部中外交往史的名著。由于郑和下西洋档案没有完整地保留下来，该书出自亲历的通事之手，具有原始资料性质，又是下西洋三部基本史料（包括马欢的《瀛涯胜览》、费信的《星槎胜览》、巩珍的《西洋番国记》）中具有首要地位的一部。马欢，回族，字宗道，自号会稽山樵，浙江会稽（今绍兴）人，通晓阿拉伯语，于永乐十一年（1413 年）、永乐十九年（1421 年）、宣德六年（1431 年），以通事身份三次（第四次、第六次、第七次）跟随郑和下西洋，访问过亚非 20 多个国家和地区，回国后整理撰写了《瀛涯胜览》一书。该书久已蜚声中外，不仅有明代一系列中外关系的记载，且为清修《明史·外国传》的史料渊薮。该书作为古代中外交往史上影响最大的史籍之一，在国内外产生了很大影响，英文和日文都有译本。1978 年，印度著名历史学家阿里（Ali）教授在给季羡林先生的信中说："如果没有法显、玄奘和马欢的著作，重建印度史是完全不可能的。"①由此可见该书学术价值评价之一斑。

---

　　*　原载《中国社会科学院院报》2005 年 4 月 7 日，第 3 版。收入本书，有订正。

① 《玄奘与〈大唐西域记〉——校注〈大唐西域记〉前言》，见（唐）玄奘、辩机原著，季羡林等校注：《大唐西域记校注》，北京：中华书局，1985 年，第 137 页。

一、发现和介绍

笔者一直在以现存四种明钞本作《瀛涯胜览》校注工作，接近尾声时，意外发现了第五种明钞本，即明梅纯辑《艺海汇函》本。不同于其他本子，这是一个两卷本，系海内外孤本。此本见于明代著名藏书家徐𤊹《红雨楼题跋》著录，百年以来从未有研究者发现。

徐𤊹于万历三十四年（1606年）在南京旧书肆购得此书，写下题跋："分上、下二卷，乃会稽马欢永乐间从太监郑和下西洋历诸番所记天时、气候、地理、人物也。"他认为比较《星槎胜览》，这部《瀛涯胜览》"尤为详备"。以他的博览群书，断言"斯本向未有传，余考焦太史《经籍志》亦未有载"，并且"抄写精工，二百余年物也"。从那时起至今已400多年，不意此本抄入明代丛书《艺海汇函》中，又在南京出现，令人欣喜。

《艺海汇函》是一套丛书，共有92种，161卷，明梅纯辑。梅纯是明太祖宁国公主驸马梅殷玄孙，世袭武阶，为中都留守司副留守，撰有《损斋备忘录》二卷。从序文可知，他早就有意于艺文诸志，自登仕途就开始了抄录，经过30余年"日藏月增，积逾百卷"，于正德二年（1507年）定为十集，名曰《艺海汇函》。两卷本《瀛涯胜览》收在卷四《格物类》中。

不似《三宝征夷集》本，笔者对该本早闻其名，未见其本，至20世纪80年代才为学者所发现。该本长期以来默默无闻，而它的特别之处，就在于它是一个两卷本。我们知道《瀛涯胜览》现存10多个本子（大多是张昇删改本），而这是唯一一个两卷本。该本蓝格白口，四周双边，半页十行，每行二十字，《中国古籍善本书目》著录为明钞本。首页下方有印两枚："吴尚璁书画印"、"曾在李鹿山处"。吴尚璁，字瑀卿，号珏如，广东南海人。李鹿山即清代著名藏书家李馥（1662—1745年），鹿山是其号，福建福清人。为官抚浙时，收藏书籍极富。

二、学术价值浅析

追寻两卷本的来源，还要从《瀛涯胜览后序》谈起。

　　两卷本虽然长期默默无闻，但是它的《后序》却曾经随着明钞本《三宝征夷集》（此本发现虽晚，但前后序文为清沈德寿《抱经楼藏书志》卷十九收录）和阴刻本《纪录汇编》本（这套丛书刻于万历四十五年，《后序》未署年代及作者名）广为流传。在传抄（刻）过程中，《后序》因错讹和被窜改，已经面目全非，从20世纪30年代起给中外学术界造成了极大的误解，成为半个多世纪以来的一大疑案。归纳起来主要有三个疑点：一是涉及《瀛涯胜览》作者问题。根据《后序》，除了马欢是作者，似乎还有一个作者郭崇礼，他与马欢"皆西域天方教"，二人又同以善"番语"跟随郑和三下西洋，记录了亲历各国的见闻。二人回乡后常把撰写的见闻给人们看，目的是使人人都了解异域。而郭氏考虑到应该付梓刊刻，使更多的人见到此见闻，所以托友人征序，准备刊刻此书。由此看来，郭氏似乎是与马欢共同撰写此书的又一作者。二是根据《后序》落款的"是岁"，一般认为在景泰二年（1451年）《瀛涯胜览》有了初刻本，只是这部初刻本世人久已不复见了。三是在《三宝征夷集》本及《抱经楼藏书志》中，《后序》作者署名"监察御史古朴剧弘"，无论如何查找，此人在史籍中却遍寻不见。而在《纪录汇编》本中，由于抹去了作者姓名，一切更无从查起。

　　此次两卷本发现，特别是发现了《后序》的原文，才使上述疑案得到解决。一是作者。序文清楚地表明了这篇《后序》是专为此本写的。其中虽然提到马欢，但是将郭氏置于马欢之前，称"崇礼善通译番言，遂获随往"；没有提到郭氏有三次下西洋的经历，却记载郭崇礼对各国事物"皆备录之"后，说明郭氏"分为两卷，其用心亦多矣"，确认了两卷本是郭崇礼所为，是郭氏改编的一个本子。二是在时间上，《后序》落款注明"正统己巳"，也就是明英宗正统十四年（1449年），这使以往对"是岁"即景泰二年（1451年）的推断不攻自破。序中称郭崇礼准备刊刻此书以广流传，托人将书稿带到京师请人作序。但是我们知道此本至今未见刻本，鲜见流传，很可能没有刻本。原因可能就在生不逢时。从时间上看，正月郭氏托人写序欲刊刻，七月京师发生了震惊朝野的"土木之变"，明英宗在土木堡被俘，因此刊刻不果。三是《后序》的作者，署名是"古汴刘弘"。古汴，也即汴梁，今开封，古称汴京，元改汴梁，明复开封府。刘弘其人，查《明英宗实录》"正统八年（1443年）十二月癸未"条，记载"擢学正刘泓……为监察御史"，此刘泓，很可能即《后序》

的作者，姑存待考。

两卷本《瀛涯胜览》的发现，使中外学术界近百年的误读得以真相大白，解决了中外学术界对《瀛涯胜览》又一作者是郭崇礼的疑案，打开了《后序》作者是"古朴剧弘"的谜团，也澄清了版本年代上近百年来的误解。此本虽润改之处甚多，内容却仍是马欢的《瀛涯胜览》，并非重新创作，故未改名。此本的特点如下：一是整体结构由郭氏重新编排，分为上下两卷；二是只记十八国，比马欢原本缺少二国，而实际上目录虽然删去了两小国那孤儿和黎代，但关于二国的文字仍然保留在正文里；三是增加的多为文字上的修饰与改动。因此，此本也可以说是马欢《瀛涯胜览》的改编本。它的底本产生于明正统十四年（1449 年），钞本抄于明正德二年（1507 年），它是笔者目前所见《瀛涯胜览》明钞本中能够确定年代的最早的本子，具有重要的学术价值。此本的发现，必将引起国际学术界关注，并将下西洋研究推向深入。

马欢《瀛涯胜览》源流考

——四种明钞本《瀛涯胜览》校勘记*

一、引言：意义与问题所在

  郑和下西洋，是明朝初年一大盛事，也是中国乃至世界航海史上规模最大、持续时间最长、影响最深远的航海活动。"其人物之丰伟，舟楫之雄壮，才艺之巧妙，盖古所未有然也。"①然而，下西洋档案没有完整保留下来，郑和本人又没有著述，今人所见下西洋原始资料中最重要的一部，即马欢《瀛涯胜览》。

  马欢，字宗道，自号会稽山樵，浙江会稽（今绍兴）人，通晓阿拉伯语，于永乐十一年（1413 年）、永乐十九年（1421 年）、宣德六年（1431 年），以通事身份三次（第四次、第六次、第七次）跟随郑和下西洋，访问过亚非 20 多个国家和地区，回国后整理撰写了《瀛涯胜览》。他于永乐十四年（1416 年）第一次随郑和下西洋回国即草成初稿，最后在景泰二年（1451 年）形成定稿。《瀛涯胜览》，"瀛"，是大海之义；"涯"，有水边之义，指天涯海角；"胜"是风景胜地；"览"是游览。顾名思义，该书就是海外游记。古人认识世界是以赤县神州为九州，其外有"大瀛海"②，马欢以此题名，意在让更多世人了解下西洋的盛事，描述世人鲜知的海外世界。该书具有丰富的内涵。在他以前，

---

  * 原载《多元视野的中外关系史研究——中国中外关系史学会第六届会员代表大会论文》，延边，2005年 8 月。收入本书，有订正。

  ① （明）朱当㴐编：《国朝典故·瀛涯胜览·马敬序》，国家图书馆藏明钞本。

  ② 《史记》卷七四《孟子荀卿列传》，北京：中华书局，1959 年。

从宋代以来,对海外的记录多为传闻,即使是元代《岛夷志略》的作者汪大渊,他所记有听之传闻的成分,也不可能在两次出洋就跑了那么多地方。马欢《瀛涯胜览》的珍贵之处,就在于它是他切实踏勘的结果,是亲历者的海外实录。这就使"异闻"脱去了虚幻,使海外成为一种现实。

现存郑和下西洋三部基本文献,包括马欢的《瀛涯胜览》、费信的《星槎胜览》、巩珍的《西洋番国记》,都是由当时跟随下西洋的人所著。其中,马欢的《瀛涯胜览》一书,出自亲历下西洋的通事之手,更具原始资料性质,弥足珍贵。费信书所记诸国,凡并见于马欢书者,其明确及其重要性皆不及《瀛涯胜览》;不见于马欢书之处,大多脱胎于汪大渊的《岛夷志略》。巩珍书与马欢书的内容几乎完全相同,书前自序直言转述通事之言,实际上有价值的只是书序与敕书三通。因此,马欢《瀛涯胜览》是三部基本文献中史料价值最高的一部,是研究郑和下西洋不可或缺的参考文献。

该书久已蜚声中外,不仅是明代一系列有关中外关系的记载,且为清修《明史·外国传》的史料渊薮,也是古代中外交往史上影响最大的史籍之一,在国内外产生了很大影响,英文和日文都有译本。1978 年,印度著名历史学家阿里教授在给季羡林先生的信中说:"如果没有法显、玄奘和马欢的著作,重建印度史是完全不可能的。"[1]由此可见该书学术价值之一斑。

从原始资料出发,才能对历史作出有说服力的解释。作为原始资料,郑和下西洋研究的深入,离不开对于《瀛涯胜览》的利用与研究,因此,对《瀛涯胜览》成书及其版本的整理和探讨,是研究郑和下西洋的重要基础工作;其中对各种版本流变的了解,可以有助于我们正确认识下西洋的原貌。近年郑和下西洋研究在国际上趋热,然而,大部分人的研究满足于成形的资料汇编,少有研究者对于基本文献加以整理、考证和研究,以致社会上仍很不了解郑和下西洋的三部基本文献。作为基本文献却受到冷落,这是不正常的。忽视了基本文献的整理和研究,将影响学术研究的水准和公正评价。

早在 19 世纪末,英国学者菲力普斯对《瀛涯胜览》就作了章节译注[2],推

---

[1] 《玄奘与〈大唐西域记〉——校注〈大唐西域记〉前言》,见(唐)玄奘、辩机原著,季羡林等校注:《大唐西域记校注》,北京:中华书局,1985 年,第 137 页。

[2] Phillips G. Mahuan's account of the Kingdom of Bengala. *Journal of the Royal Asiatic Society*, 1970, 27(3): 523-535.

介该书到西方世界。1929年向达（觉明）《关于三宝太监下西洋的几种资料》一文①，对《瀛涯胜览》作了版本考证和详细介绍。1933年荷兰学者戴闻达发表了《马欢再考》②，其后不久，法国学者伯希和将一篇洋洋大观的书评刊于同年的《通报》上③，这就是1935年冯承钧翻译出版的《郑和下西洋考》一书④。此书有专节论述《瀛涯胜览》，与上述向达的文章一样，是对《瀛涯胜览》研究奠定基础的力作。冯承钧在《序》中评价外国学者的研究，指出"但是寻究史源勘对版本的，只有伯希和一人"⑤。伯希和研究了当时他所见《瀛涯胜览》的各种版本，并且分析说明了各本之间的关系，使人们对《瀛涯胜览》版本的复杂情况有了一定认识。他未见《纪录汇编》本外的另一写本，将《瀛涯胜览》版本区分为两大系统，一是马欢原本，一是张昇改订本。此后，这种分类一直为中外学术界所认同，并沿用至今。冯承钧在译出《郑和下西洋考》后不久，就主要依据伯希和所见明刻《纪录汇编》本与清刻《胜朝遗事》本，参考向达提示的明钞《国朝典故》本若干异文，为《瀛涯胜览》作了校注，出版了《瀛涯胜览校注》一书（以下简称《校注》）⑥，这是对下西洋研究的一个重要贡献。《校注》成为《瀛涯胜览》通行本，迄今已经超过80年了。

　　值得提到的是，冯先生在《校注》之后，又有《校明钞本〈瀛涯胜览〉》。⑦其《序》中言：

　　　　二十三年夏译《郑和下西洋考》毕，想乘伯希和教授热锅里再烙一张饼，所以接着辑了一本《瀛涯胜览校注》。当时搜辑之本很多，可惜《国朝典故》本得之较晚，仅摘录其异文若干条，《校注》本付梓后，获见明钞《说集》本，比较《国朝典故》本更为详晰，诸番国名后录有下西洋的宝船人数，为他本所无。于是又在二十五年冬至二十六年春间，取《说集》本同《国朝典故》本对校。我的目的同张昇等不同，他们尚雅洁，所

---

①　觉明：《关于三宝太监下西洋的几种资料》，《小说月报》1929年第1期。

②　Duyvendak J J L. *Ma Huan Re-examined*. Amsterdam: Noord-Hollandsche Uitgevers-maatschappij, 1933.

③　Pelliot P. Les grands voyages maritimes chinois au début du XVe siècle. *Toung Pao*, 1933, (30): 237-452.

④　〔法〕伯希和：《郑和下西洋考》，冯承钧译，上海：商务印书馆，1935年。

⑤　〔法〕伯希和：《郑和下西洋考·序》，冯承钧译，上海：商务印书馆，1935年，第5页。

⑥　冯承钧校注：《瀛涯胜览校注》，上海：商务印书馆，1935年。

⑦　冯承钧：《校明钞本〈瀛涯胜览〉·序》，国家图书馆藏朱丝栏钞本。

以将原本删润；我则取其芜俚，归震川《星槎胜览》云"当时所记虽不
文，亦不失真"，盖本斯意。现以《说集》本为底本，用《国朝典故》本
对校。所谓朱本，即指《国朝典故》本，因为从前见过《四库总目提
要》，有一条说《明朝典故》是宗室某所辑，惟《明史》九七《艺文志》
有邓士龙《国朝典故》一百卷，是否同书，尚待考证云。①

《序》文所署日期是"民国二十九年十二月八日"，即 1941 年 1 月 5 日。

以明钞《说集》本作为底本，用明钞《国朝典故》本对校，冯承钧开了明
钞本校勘的先河。但可惜他以"取其芜俚"为指导思想，以文字多、晚于
《国朝典故》本的《说集》本为底本，这样的校法无法清楚地查考出源流，结
果也恰是如此。

此后，日本学者小川博、英国学者米尔斯的译本为研究做出了贡献，1969
年《瀛涯胜览》有了日文译本②，1970 年有了英文译本③，这两个译本都是
《校注》的译本，沿着原有的思路，在版本源流的研究方面基本上没有推进，
即没有更多的版本开掘。

追溯学术史，马欢《瀛涯胜览》的整理与考订主要有两次：一次是 20 世
纪 30 年代冯承钧集中西学者研究成果出版的《校注》；一次是 20 世纪 70 年代
左右日本学者和西方学者对《校注》的译注，其中最重要的是英国学者米尔斯
的译本，集中体现了西方与中国学者的研究成果。

正如伯希和依据马欢《序》所断言，1416 年马欢在他第一次随郑和下西洋
（即郑和第四次下西洋）归后，撰成此书，其后续有所增。而他所断言"此书
的源流本来已经错杂不明"，实为确论。④经过后人的误会，就更加错综复杂
了。一般说来，人们所熟知的《纪录汇编》刻本，是沈节甫、陈于廷于万历四
十五年（1617 年）编辑付梓的一个丛书本（同一丛书，也收有署名张昇的《瀛
涯胜览集》）。冯承钧《校注》所根据的底本就是这个明刻《纪录汇编》本，他
参考和汇集了中外学者如向达、伯希和等的研究成果，主要以《胜朝遗事》本

---

①　冯承钧：《校明钞本〈瀛涯胜览〉•序》，国家图书馆藏朱丝栏钞本。

②　〔日〕小川博译注：《瀛涯胜览》，东京：吉川弘文馆，1969 年。

③　Ma H. *Ying-yai Sheng-lan: The Overall Survey of the Ocean's Shores(1433)*. Mills J V G trans. Cambridge: Cambridge University Press, 1970.

④　〔法〕伯希和：《郑和下西洋考》，冯承钧译，上海：商务印书馆，1935 年，第 15、23—24 页。

对《纪录汇编》本进行了校勘。《胜朝遗事》是清道光二十二年（1842年）吴弥光辑刻的一部丛书，因此可以说《校注》主要是以晚清刻本与明万历刻本加以对校的。正如《校明钞本〈瀛涯胜览〉·序》所言，当时明钞《国朝典故》本"得之较晚"，所以仅摘录其异文若干条而成。这种主要以晚清刻本来校明本的方法，是在当时所见版本受到局限的情况下不得已的做法。伯希和早已指出，《胜朝遗事》本虽不本于《纪录汇编》本，存在不少好的异文，"但经文人改窜之处，更较《纪录汇编》本为甚"①。这次校勘，笔者更深地体会到了这一点。试举柯枝国一例说明：钞本见"国人有五等……五等人名木瓜，木瓜者，至低贱之人也……其木瓜之业，专以渔樵、抬负重物为生，官不容他穿长衣经商买卖，如中国佣人一般"；《纪录汇编》本文字不清，《校注》依据清刻《胜朝遗事》本，改为"官不容穿长衣，其经商买卖与中国汉人一般"。这样一来，意思不仅有异，而且完全错了。原因很简单，晚清刻本距原本年代已有400多年，时间越久，辗转越多，错讹也越多，因此，在掌握更多明代版本的情况下，实有必要排除清刻本，重新校勘。换言之，对明钞本《瀛涯胜览》进行比较全面系统的整理研究，仍然摆在我们面前。

　　20世纪80年代初，邱克在北京图书馆发现了《三宝征夷集》本，著文说明宝船尺寸的可靠性②，该文沿着伯希和的思路，将《瀛涯胜览》大致分为删节本和足本两个版本系统，没有区别钞本和刻本，也没有注意梳理源流的问题。80年代末宋立民《〈瀛涯胜览〉版本考》一文，所见版本仍没有区别钞本、刻本，仅从单个版本角度谈及价值，不论时间先后顺序进行介绍，对版本的源流没有足够的了解。③90年代初邱炫煜《郑和下西洋〈三书〉考释》对三部基本文献进行了综合考证研究，依据《国朝典故》本马敬《序》，对正统九年（1444年）是否已有抄本传世提出疑问，但对马欢原书系统地考察，却仍仅谈及了明钞《国朝典故》本、明刻《纪录汇编》本、清刻《胜朝遗事》本。④

　　如上所述，关于《瀛涯胜览》的版本，以往划分为两大系统：一是马欢原

① 〔法〕伯希和：《郑和下西洋考》，冯承钧译，上海：商务印书馆，1935年，第17页。
② 邱克：《谈〈明史〉所载郑和宝船尺寸的可靠性》，《文史哲》1984年第3期。
③ 宋立民：《〈瀛涯胜览〉版本考》，《古籍整理研究学刊》1988年第2期。
④ 邱炫煜：《郑和下西洋〈三书〉考释》，《"国立"编译馆馆刊》1991年第20卷第2期。此文承台北成功大学郑永常教授快寄赠予，在此谨致谢忱。

本系统,二是张昇改编本系统。由于条件所限,马欢原本系统似乎只有一个源流,钞本几乎成为研究的空白。实际上,马欢原本系统还可以划分为原本和改编本两个子系统,其下还有分支,各自又分为钞本和刻本两部分,推而衍之,还可依年代和版本分为明钞和清钞、明刻和清刻。在传播过程中,《瀛涯胜览》一书在明前期主要依靠钞本流传,钞本有可能比刻本更接近原本;发展到明后期,虽然印刷业有了长足的进步,但是,钞本仍然作为书籍流传的一个重要途径,明人还是颇重手本的,故珍本有不少是钞本。以往主要是所见局限,所以学界一般认为马欢书只有一个源流,缺乏关于钞本系统和钞本与刻本的谱系关系,以及钞本流传轨迹的研究,这说明对马欢《瀛涯胜览》钞本的整理和流传的研究尚待进一步展开。

对马欢《瀛涯胜览》版本的了解,尤其是下西洋研究不可缺少的重要部分,其文本增补部分对于研究将产生重要的不可替代的作用。这就要求对版本做全面、系统的研究,也就必须从校勘重新开始。目前,我们已经有条件见到四种明钞本《瀛涯胜览》,以此进行校勘工作,探讨《瀛涯胜览》的版本流变也就具备了前提条件。各本互有短长,可以起到互补作用。现在应该脱离以往校勘的思路,以四种明钞本为主互校,参校明刻本和其他明代史籍,不用清刻本,以期考察源流,恢复接近原本的本来面貌,得到新的认识,推进研究。此外,此书是研究郑和下西洋不可或缺、经常被引用的资料,但事实是以往的校注本已是很多年前的,我们今天应该在前人所取得的成绩上继续努力,出一本新校勘本,以便利现代读者,使更多读者读到这一宝贵的历史记录。

出于上述考虑,笔者搜集到现存四种明钞本《瀛涯胜览》,即朱当㴘编《国朝典故》本(以下简称“国本”)①、佚名辑《说集》本(以下简称“说本”)②、祁承㸁淡生堂钞本(以下简称“淡本”)③、天一阁《三宝征夷集》本(以下简称“三宝本”)④,先以国本,后以三宝本加以校勘,试图以此方式梳理马欢《瀛涯胜览》的版本源流。在校勘工作接近尾声时,笔者意外地发现了

---

① 今藏国家图书馆,向达首先发现和介绍。

② 今藏中国科学院图书馆,冯承钧首先发现并用于校勘。

③ 清修《四库全书》时,所见马欢《瀛涯胜览》为张昇改编本,《瀛涯胜览》仅收入了存目,且误作者为马观。近人编辑《四库全书存目丛书》,史部卷255收入福建图书馆藏明祁氏淡生堂钞本《瀛涯胜览》。

④ 今藏国家图书馆,邱克首先发现。详见下文。

第五种明钞本，即梅纯辑《艺海汇函》本（以下简称"艺本"），这是百年来研究者从未发现和提及的一个钞本，为马欢《瀛涯胜览》的源流又增加了一条极为重要的线索，并且解决了近百年对于《瀛涯胜览》作者和初刻本及其时间等问题的学术积案。

下面的探讨，着意于原本系统源流的梳理，兼及改编本；而在原本系统中，又以明钞本的探讨为主，兼及明刻本，旨在探讨《瀛涯胜览》一书的源流及其流传轨迹。

二、国本——马欢初稿本

校勘第一阶段，笔者选择的底本是国本。

校勘之初，为了探讨马欢《瀛涯胜览》的原貌，主要是在现存明钞本中寻找最接近马欢原本的本子，以开展四种明钞本的对勘工作。

《国朝典故》共一百一十卷，是明宗室朱当㴲所编辑的一部丛书，这套丛书收有明初至嘉靖年间史籍六十三种，为明钞本，现存国家图书馆。需要说明的是，今国家图书馆藏有两种朱当㴲编《国朝典故》明钞本，一种佚名编《国朝典故》明钞本，均存有《瀛涯胜览》。

两种朱当㴲编《国朝典故》：一为三十册，半页九行，行十八或二十余字，蓝格白口，四周双边，存六十一种，一百零三卷。此本存留最多，但无序言。另一为二十四册，半页十行，行二十字，蓝格白口，四周双边，存四十一种，八十四卷。此本有朱氏序言，但存留不及上本多，且乱简多，目录与篇中卷数不同，次第凌乱。

佚名编《国朝典故》，十册，半页九行，行二十二字，蓝格白口，四周双边，存二十二种，四十二卷。此本阙失太多，虽保留有《瀛涯胜览》，但初校以后，没有什么有意义的异文。

故三种本子中，笔者选择以一百零三卷本为主，并参校了其他两本。

朱当㴲，号望洋子，是鲁宗室巨野王朱泰𡎽之孙，明封将军。乾隆《曹州府志》云："巨野诸宗，多尚文雅，最著者曰将军当（㴲），博览群集，蓄书甚富。购得异本，手自抄录不下万卷。尤攻墨妙，发为诗文，甚驯雅。"①

从《国朝典故》丛书前之朱氏《序》，我们可以洞察朱当㴐抄录和编辑这套丛书的动机：

> 予俾栖宗藩，雅耽竹素，远探羲轩辟天之治，近稽皇祖开国之迹，叨沐遗谟，激衷兴思而感仰殊深。然左史记言，右史记行，其秘诸史馆藏之奎幽者，固不可得而易见。然遗笈散帙，纪载多门，漫无统纪，罔便阅历。予乃搜猎曲存，较雠鱼亥，第其伦次，萃其涣以会其统，遂因各家之成书，类而聚之，其重者不删，各存其说。上自祖宗创守之艰难，中及臣工私录之闻见，下迨僭窃夷狄之叛服，靡不毕具，使开卷便瞩，用资博识之士。②

此《序》作于嘉靖二十一年（1542年），由此可以断定丛书成于该年，而钞本的时间断限必是抄于此前。在时间上，此本相对他本占了先。

第一阶段选取的底本是国本。那么为什么选中它呢？伯希和曾以"番名""尸头蛮"之例，判断国本是马欢原本钞本，或者是更接近原本的钞本。③通过初校，完全可以认定伯氏所见是正确的。朱氏编辑大套丛书的宗旨，是再现大明功业的原貌。因此，他需要保存文献原貌，这一点也恰与校勘要寻找最接近原本的版本的目的相合。从伯氏当年未见的朱氏国本《序》中，我们确知它的抄录时间是在嘉靖二十一年（1542年）之前，这一时间是四种钞本中年代最早的。而且根据内容文字分析，可以确知它依据的底本是马欢初稿本，是最接近原本的本子。其理由如下：

第一，伯希和曾指出，张昇删改本所本的原本，其中没有天方国，说明张氏所见本作于第七次下西洋之前，是一个初稿本。张本无目录，国本与张本在国名排序上完全相同，正文排列二本也完全相同。

第二，最重要的是，从文字来看，国本在各本中是最接近原本的。经比对其他钞本，国本的文字说明马欢《自序》中所言"直书"，不是虚言，在内容

----

① 乾隆《曹州府志》卷四，清乾隆二十一年刻本。
② （明）朱当㴐编：《国朝典故·序》，此据八十四卷本，一百零三卷本无序文。
③ 《郑和下西洋考拾遗》，见〔法〕伯希和：《郑和下西洋考》，冯承钧译，上海：商务印书馆，1935年，第165—166页。

中完全体现了出来。国本文字质朴，可以举出的例子很多，典型的如在《自序》中，国本作"采摭各国人物之丑美"，而说本、淡本、三宝本均作"采摭诸国人物之妍媸"，以"丑美"对"妍媸"，润改痕迹十分明显。

第三，国本前有正统九年（1444 年）马敬《序》，这一《序》为其他各本所无，说明此本所抄底本必是在此时间之前完成的初稿本之一。

第四，国本正文中明显保存有初稿本的特征，如"钞"是明初官方法定和流通的货币名称，永乐朝是宝钞最稳定的时期，宝钞用途广泛，用钞反映了时代特征。例如，"爪哇国"条"赠以钞帛等物"，他本皆改为"赠以铜钱等物"；又如"旧港国"条"赌钞物"，是忠实原本或者说接近原本的又一例证。还有，明显保存有初稿本的特征也表现在前后文用字不同，苏门答剌首见"苏门塔剌"，"南浡里国"条改"答剌"；《纪行诗》中"忽鲁谟斯"，诸国名作"忽尔没斯"；满剌加在诸国名中作"满喇加"，正文中又作"满剌加"；此外，排列次序凌乱之处多，在此恕不一一列举。凡此种种，均说明此本整理归纳不足。还有就是此本字数在四个本子中也是最少的。

根据以上分析，可以认为国本的底本形成早，在现存各本中可以确定为最早的本子。故此次校勘工作以此为底本开始。校勘进行中，由于国本不同于他本的文字甚多，因此校勘记的工作量相当大，笔者切实感到冯先生"《国朝典故》本《瀛涯胜览》得之较晚，惜脱误甚多，故仅摘录其异文之重要者"①的个中甘苦，了解到他当初没有用它进行全部对勘的缘故。

然而，随着校勘的深入进行，出现了新问题，使笔者日益产生了疑问，即这一本子与他本对校时发现它出现的脱漏较多，对于脱文部分如何解释？实际上可以有两种解释：一是国本不是足本；二是所谓脱文部分是他本后来补入的。这里存在两种可能：或者此钞本是永乐十四年（1416 年）以后的某个时间里的初稿本传抄出来的，原底本不全；或者是抄者脱漏和删改。这里需要说明的是，朱氏没有必要删改，不保留原貌与他编辑整个丛书的宗旨有悖，且如上所述，此本的原始状态是很明显的，没有文字加工的痕迹。经与现存国家图书馆藏另一种著录为佚名辑《国朝典故》明钞本的对勘，发现脱文之处是相同

---

① 冯承钧校注：《瀛涯胜览校注·序》，上海：商务印书馆，1935 年。

的；而这一初稿本的钞本，后来在万历年间有邓士龙刻本①，经对校，脱文基本上也是同样的，所以结论只能是钞本的原本即如此，也就基本排除了抄者脱漏或删除的可能。

带着疑问，笔者遍寻补入部分的史源。结果是踏破铁鞋无觅处，最终发现：一是国本所脱内容，在张昇本中业已出现。张昇改编本中没有天方国，如上所述，伯希和曾据此推断，因第七次下西洋时马欢才去了天方国，所以张昇所见之本子必是产生于第七次下西洋之前的。在国本中，也没有天方国，而目录有鞑靼国，正文中又作鞑靼朝，这说明此本的确是较早的本子，却与张氏所见本不同，这里合乎情理的结论是，马欢初稿本流传不止一种，国本只是初稿本之一，是一个不完全的稿本，即非足本。二是还有一个旁证，即宣德九年（1434 年）成书的《西洋番国志》。作者巩珍在《序言》中直言"悉凭通事转译而得，记录无遗"，学界一般也认为其书完全来自马欢，甚至更有学者直接认为巩珍是抄袭马欢的。②我们注意到，在其书"爪哇国"条中已出现了国本脱漏的"衡法"和"量法"一段文字。以上两个例子都可说明脱文部分应是马欢原本中的部分，国本所抄的是一个早期的初稿本，文中脱文的补入或者说撰写人应就是马欢本人，并非其他人。

确认了所谓的脱漏部分在马欢原本已存在，又判断具有马欢景泰二年（1451 年）题识的本子为马欢定稿本，笔者认为恢复一个不完全的初稿本意义不太大，虽然当时以此为底本，已完成了大量通校工作，写了大量校勘记，但笔者还是决定重新选择底本进行校勘。于是第一阶段的校勘工作结束了。重要的是，初校完成，经历了疑—不太疑—大疑—悟的过程，得到了以下初步结论。

（1）此钞本虽然不是足本，但是它的重要性在于，底本是马欢的初稿本之一，也是迄今为止我们所见现存钞本中最接近原本的本子。

（2）仔细核对几个钞本的序文、题跋，唯有此本有正统九年（1444 年）马敬所书《序》。因此，可以断定此本完成于永乐十四年（1416 年）至正统九年

① 明邓士龙辑《国朝典故》——〇卷，收有明初至隆庆朝史籍六十四种，基本上与朱氏《国朝典故》相同，万历间刻本。流传不广，现藏于北京大学图书馆一部孤本，笔者在北京大学读研究生时曾参加点校，此书于 1993 年由北京大学出版社出版。

② 许云樵认为"而是巩珍所剽窃"。见许云樵译注：《马来纪年》附录，新加坡：新加坡青年书局，1966 年，第 356 页。邱克认为："而巩珍在宣德九年完成《西洋番国志》之前看到并抄袭了马欢的全稿。"见邱克：《谈〈明史〉所载郑和宝船尺寸的可靠性》，《文史哲》1984 年第 3 期。

（1444 年）。在这一时间段里，马欢的初稿本可能已经不止一种在流传，例子就是张昇所见本没有天方国，而此本又有多处脱文。

（3）从现存版本分析，马欢《瀛涯胜览》并非像以往认识得那么简单只有一个源流，而是四种钞本有三个源流。宋立民认为国本是一个删改本，似乎是不妥的。理由如下：一是通过比较他本可知，这个本子的文字是最为直白的，也就最符合马欢《自序》中"弟愧愚昧，一介微泯，叨陪使节，与斯胜览，诚千载之奇遇也。是帙也，措意遣词不能文饰，但直书其事而已，览者毋以肤浅诮焉"[①]的表述。删改本一般都包括润色文字，不太可能将文字改得更直白的。由"丑美"改成了"妍媸"，显然经过润饰，更加书面化了。二是国本文字表述不仅直白，而且明显不够精练，在内容排序上也有不合理，或者说紊乱的地方，这些都是初稿本的特征。

需要说明的是，国本最为接近原本，在这里有两重意思：一是马欢原本的初稿本的钞本，二是钞本对原本没有进行大的改动，更接近原貌，或者说保留了更多的原始面貌。因此，在各钞本中，国本具有非常重要的地位，在研究马欢《瀛涯胜览》版本流变过程中具有重要价值。用它与其他本对校，可以考察初稿本与定稿本之间的差异，也可了解马欢原书的文字处理成型过程。

三、说本与淡本——马欢定稿本

从初校可以得知，说本与淡本并非出自国本，而是另有源流。二本最重要的相同之处，就是文末均见有"景泰辛未中秋望日会稽山樵马欢述"的题识，这说明二本都是马欢于景泰二年（1451 年）的定稿本的钞本。

《说集》是一套丛书，无编辑人名传世。明钞本，四函，二十册，以"日月光天上，山河壮地居，太德无以报，愿口万年书"二十字排序，收有自古代至明朝史籍六十种，此本每半页十一行，每行二十四字，蓝格白口，四周双边，丛书末题有"夷白齐旧本重雕"。现存中国科学院图书馆，是孤本，第一册有"景德龛生"印、"诸城王维朴齐民珍藏"印、"接翰墨缘"印。[②]《瀛涯

---

①　（明）马欢：《瀛涯胜览序》，《三宝征夷集》本。

②　收藏者应是山东诸城人，其他不详。

胜览》被收入第二函山部，文末有"景泰辛未中秋望日会稽山樵马欢述"，故知所钞的底本是景泰二年（1451年）马欢手订的定稿本。至于传抄时间不详，可能是在明后期。

淡本《瀛涯胜览》①，文末有"景泰辛未中秋望日会稽山樵马欢述"。经过校勘，可以确知此本与说本属于同一源流，即所钞的底本是景泰二年（1451年）马欢手订的定稿本。祁承爜所撰《澹生堂藏书目》卷三记："《瀛涯胜览》一卷，马汝钦，附瀛涯记行诗。《说钞》本、《征信丛录》本、《纪录汇编》本、《百名家书》本、《古今说海》本。"②虽然"澹"与"淡"是通假字，然而，今天我们见到的淡本，却与祁氏所云本颇有出入，具体说来，此淡本之疑有二：一是祁氏著录作者为马汝钦，而淡本没有马汝钦的名字；二是祁氏著录附有"瀛涯记行诗"，而淡本也并不见附诗。当然，伯希和曾指出，祁氏所列版本有误，其中，除《纪录汇编》本外，他所著录的《说钞》《百名家书》《古今说海》本都出现了错误③，而祁氏所辑《国朝征信丛录》中收入的《瀛涯胜览》原本，是否即是此本，有待证实。我们知道明代藏书家往往也是抄书家，或请人抄写，备有专用抄书纸，抄书格纸板心刻有藏书楼字样，今天所见淡本即是如此。但因为错讹脱漏较多，淡本应不可能是祁承爜亲抄，而是他人抄写，抑或是后人以淡生堂空白抄书纸抄写的本子也未可知。

说本与淡本出自同一底本，即马欢的定稿本，因此，二本具有同源的关系。二本相校，排除抄误、脱漏外，出入甚少，文字上的共同性多于歧义，说明二者是一个源流。如二本目录均脱"满剌加国"，而正文又都有此国，就是典型的例子。而且与他本相校，二本明显错误的地方相同的很多，如"爪哇"均作"爪蛙"，又如阿丹国脱失的段落相同，等等。总的说来，虽有各自之误，但是总的来说一致之误更多；只是淡本的错简多于说本，如柯枝国前后颠倒，还有大段脱文等；说本脱文少，特点是俗字多，如"吃""万""礼"等。

相对国本，二本是经过了更多改动的本子。通过仔细比对，应该说主要的增补是由马欢本人完成的，这两个钞本的底本是经马欢修改后的定稿本，完成于景泰二年（1451年）。但却也留有明显的后来人补入的痕迹，具有新的特征，

---

① 此本《瀛涯胜览》首页有"大通楼藏书印"。
② （明）祁承爜撰：《澹生堂藏书目》卷三，丛书集成续编本。
③ 〔法〕伯希和：《郑和下西洋考》，冯承钧译，上海：商务印书馆，1935年，第16页。

如文下注《一统志》和宝船、人员的部分是典型例证。对此下面还将述及。

　　明后期有更多文人对《瀛涯胜览》给予关注，参与传抄和付梓。马欢定稿本于万历年间有了刻本，后被收入沈节甫辑、陈于廷刻的《纪录汇编》丛书，成为流传最广的本子。然而同时并行的还有钞本系统。虽然从源流上说，说本与淡本这两个钞本与《纪录汇编》刊刻本同出于马欢景泰年间的定稿本，但重要的是，该二本却不是从刊刻本抄出来的，文字有不同之处。例如，《纪录汇编》本"占城国"条"或有触其头者，如中国杀人之恨"，说本、淡本作"或有触其头者，即有阴杀之恨"；另外，说本、淡本"爪哇国"条"自二村投南"之后，有"船行半日许，则到苏鲁马益港口。其港内流出淡水，此处沙浅，大船难进，止用小船"三十二字，为《纪录汇编》本所缺。这一点肯定以后，就可认定钞本另具自身的价值。同时，也提示我们即使是马欢的定稿本，也不只有一个传本。

　　值得注意的是，说本之中，有明显的后人倒补的内容。最典型的例子，就是不少国名之下，附有小字"一统志有"，或者还有的加注了《一统志》中的文字，如在"天方国"条下注出："《一统志》有，但有默伽国曰默德那国，与此不同。后云：本国差人往天方国，信是两国而天方为远矣，此与志不同。"这里的"一统志"，应是指《大明一统志》，此书是在天顺五年（1461年），也就是马欢题识定稿本之后十年成书，因此，景泰二年（1451年）定稿时的马欢是见不到的。这说明钞本是处于一个不断改动变化的过程之中，与刻本不同，刻本一旦刊刻就成为固定的书籍，而钞本则具有不稳定和流动的特性。

四、三宝本——马欢原本的集成本

　　校勘第二阶段，笔者选择了《三宝征夷集》作为底本。

　　《三宝征夷集》是一个明钞本，从书名的"夷"字已可说明。清代以后忌讳"夷"字，故清嘉庆十三年（1808年）范邦甸撰《天一阁书目》（以下简称《书目》）中改"夷"为"彝"①，后沈德寿《抱经楼藏书志》注录为《三宝征

---

① （明）范钦藏，（清）范邦甸撰：《天一阁书目》卷二之一《三宝征彝集》，续修四库全书本。

彝集》，当也是此故①。实际上，今天我们所见传世的书名是《三宝征夷集》。此本至今未见刻本传世，流传不广，为海内外孤本，与此名称或许不无关系。书名虽改，但此书即马欢《瀛涯胜览》。范氏《书目》在注录"《三宝征彝集》一册，钞本"之下，直接抄录了马欢的《自序》，并一直引至"编次成帙，名曰《瀛涯胜览》"为止，说明《书目》编者对此书即马欢《瀛涯胜览》是确信无疑的。此本蓝格，每半页十行，每行字数不等。原藏于天一阁，现藏国家图书馆。②

无论向达、冯承钧，还是伯希和，都未见过此本。20 世纪 30 年代，伯希和首先提到此本著录于"1810 年范氏《天一阁书目》"，指出"好像是原本《瀛涯胜览》的一种写本（内容或许不同），同《纪录汇编》的刻本没有关系"。③其后，冯承钧先生认为"然未敢确定是《瀛涯胜览》的别本。今检《抱经楼藏书志》卷十九，著录有明钞本《三宝征彝集》一卷，《瀛涯胜览》的前后序文并存，且足补《纪录汇编》本脱漏之文……这部孤本《三宝征彝集》现在或尚存在，若能取以校勘《纪录汇编》本，必更有所发明"④。其后，伯希和在《郑和下西洋考拾遗》一文中云："我曾提及的《三宝征彝集》（1933 年《通报》257 页）尚未发现……若将此本觅得，必定有裨于《瀛涯胜览》之校勘。"⑤然而，此本虽早著其名，却迟迟没有被发现。直至 20 世纪 80 年代，邱克才在当时的北京图书馆发现。此次经过第一阶段的校勘，可以确知虽然此本名称有所改变，内容却是依据马欢的初稿本和定稿本综合而成的一个《瀛涯胜览》本子，也就是说它是概括了国本和说本、淡本两个源流而后形成的一个本子，成为马欢原本系统的一个集大成本，在字数上也是各本中最多的。就此意义上说，它是一个汇集马欢原本的"足本"，由此可见马欢原本系统流

① （清）沈德寿撰：《抱经楼藏书志》卷十九《杂史类》，北京：中华书局，1990 年。
② 清沈德寿《抱经楼藏书志》卷十九《杂史类》（北京：中华书局，1990 年）注明，沈氏所见《三宝征彝集》卷首有"四明陈氏文则楼珍藏书画"印、"朱文长"印、"陈氏家藏白文方"印、"文则楼藏朱文方"印。今所见国家图书馆藏本上印章有所不同，书首页除了"北京图书馆藏"印外，见有"抱经楼藏书"印、"亚东沈氏抱经楼鉴赏图书"印，后有"五万卷藏书楼"印等。姑留待考。
③ 〔法〕伯希和：《郑和下西洋考》，冯承钧译，上海：商务印书馆，1935 年，第 22 页，此处伯氏关于《天一阁书目》的年代有误，应为 1808 年，《书目》前有嘉庆十三年阮元序可为证。
④ 〔法〕伯希和：《郑和下西洋考·序》，冯承钧译，上海：商务印书馆，1935 年，第 6 页。
⑤ 《郑和下西洋考拾遗》，见〔法〕伯希和：《郑和下西洋考》，冯承钧译，上海：商务印书馆，1935 年，第 162 页。

传的轨迹。正是由于它具有这样的特色，所以校勘工作最终选取了此本为底本进行。

此本抄写错讹很多，且错误常出乎常理，可见抄写人文化水平不高，只管抄写，不顾文义，同音异字之误尤其多。但是它的特点也是极为明显的：行文可见综合，即将初稿本和定稿本二者糅合而成，因此，才判断此本是在马欢初稿本和定稿本的基础上，综合集大成的一个写本。在校勘中，发现此本主要采取了以下方式糅合了初稿本和定稿本。

（1）以定稿本为主，参考初稿本的文字，使文义完整。如"阿丹国"条，说本、淡本皆云："王用赤金铸钱行使，名曰哺厮零用。"三宝本补入了国本文字，云："王用赤金铸钱行使，名曰哺噜嚓，每个重官秤一钱，底面有文。又用红铜铸钱，名曰哺斯，零用此钱。"

（2）将定稿本和初稿本二者综合。最为突出的例子见于"忽鲁谟斯国"条。国本云："一应面食皆有卖者，二三口之家口多不举火。"说本、淡本云："一应面食皆有卖者，三四口之家不多举火做饭。"三宝本综合为："一应面食皆有卖者，二三四口之家皆不举火做饭。"

（3）将初稿本和定稿本文字打乱，兼二者之长而理顺文义，进行重新编排。如"爪哇国"条丧葬之礼部分，将"随心所欲而嘱之，死后即依遗言而送之"置前，是与国本、说本、淡本文字均不同的重新组合，使文义顺畅清楚。

（4）综合两本的文字时，依据比较客观的取舍。涉及数字上最为明显，如"满剌加国"条，国本云："此地属暹罗所辖，岁输金四十两。"说本、淡本作"岁输金五千两"，三宝本取"岁输金四十两"。类似的例子很多，三宝本往往与国本同，一般是选低不选高。此外在行文中，如"阿丹国"条说本、淡本作"永乐九年"，显然错了；三宝本同国本，作"永乐十九年"。

此本没有马欢自述和题识证明，推测马欢在景泰年间定稿时应年事已高，所以这一集成本不能确定是马欢自己完成的，经过校勘分析，可以得出结论：此本的底本无疑是一个在马欢初稿本和定稿本基础上产生的本子，是一个集成本，也就是一个马欢原本名副其实的足本，有别于改编本。从它是一个全面吸收了马欢原本，包括初稿本和定稿本的本子，呈现出不同二本的特点来看，它应产生于景泰定稿本以后。

更易后的书名提示我们它反映了明后期人对郑和下西洋的理解，与明后期海上环境发生重大变化有着密切关系，此时人们对下西洋的关注，已经不仅是出于对异闻的好奇，而且具有一种对海上的忧患意识。此本名称的改变，从符合时人思想观念的角度来看，它应是一个明后期的传本。

五、张昇本和艺本的发现——马欢原书改编本

以往学界所了解的马欢《瀛涯胜览》改编本，就是张昇本，又名《瀛涯胜览集》，它的特点是删改本，而它具有的价值就是一个马欢原本的改编本（以下简称"张本"）。张昇，字启昭，南城（今江西南城）人。成化五年（1469年）进士第一，官至礼部尚书。他在改编本开篇便将他的改编思路和盘托出："永乐中，有人随从太监郑和出使西洋，遍历诸国，随所至，辄记其乡土、风俗、冠服、物产，日久成卷，题曰《瀛涯胜览》。余得之，翻阅数过，喜其详赡，足以广异闻。第其词鄙朴不文，亦牵强难辨，读之数页，觉厌而思睡。暇日乃为易之，词亦肤浅，贵易晓也。"①嘉靖元年（1522年），其子张元锡为之刊刻《张文僖公文集》，其末附《瀛涯胜览集》。这虽然是删改本的刊刻，却是《瀛涯胜览》一书的首次付梓。从此，这一改编本流传颇广，除了文集本，现存世的版本有《纪录汇编》本、《宝颜堂秘笈》本、《亦政堂》本、《续说郛》本、《广百川学海》本、《天下名山胜概记》本，张本还被收入了《古今图书集成·边裔典》。

在四种明钞本《瀛涯胜览》校注工作接近尾声时，笔者意外地发现了第五种明钞本，即明梅纯辑艺本。《艺海汇函》是一套丛书，共有 92 种，161 卷。此书为蓝格白口，四周双边，半页十行，每行二十字，三十册。《中国古籍善本书目》著录为明钞本。②

梅纯，夏邑（今河南开封）人，世居南京，为明太祖宁国公主驸马梅殷玄

---

① （明）张昇撰：《瀛涯胜览集》，《纪录汇编》本。

② 此本现藏南京图书馆。首册有"南海吴氏心香书屋所藏书画"印，最后第三十册有"曾在吴珏如处"印、"心香书屋"印，并有"董浦杭大宗校于道古堂"字样。大宗即清著名学者杭世骏，董浦是其号，杭世骏是仁和（今浙江杭州）人，乾隆初召试鸿博，授翰林院编修。道古堂是杭氏的堂号，位于杭州大方伯里。此本《瀛涯胜览》首页下方有印两枚："吴尚璁书画印""曾在李鹿山处"。李鹿山即清代著名藏书家李馥（1662—1745 年），鹿山是其字，福建泉州人。为官抚浙时，收藏书籍极富。

孙，成化十七年（1481 年）第三甲进士。任定远县知县，忤上官，弃官归里。袭武阶，为中都留守司副留守，撰有《损斋备忘录》二卷。①从梅纯所撰丛书《序》里，可以看出他的编辑思想、过程和编排体例，为了便于分析，特将全文录于下：

> 天地之间纲常大法，虽万古莫能或易，然气机迭旋，物理随变，方日新而无穷，是故六经之后纪事纂言代有作者，非欲多前人之功，要后世之誉也，盖事有当载，理有当明，自不容不见之于言耳。予尝考艺文诸志，见汉唐以来儒先之所著述不啻数千百家，每以不得尽阅为恨。后观宋左氏所集《百川学海》，始得见什一于千百。其间虽醇疵不齐，大要皆足以广见闻而申劝戒，其于世教亦不为无补也。窃念所集之外放逸固多，而继作者亦不加少，及今而不为重收，则孤前功而弃后进，殆犹有不可胜恨者。故以区区不肖，自登仕途，南北往返三十余年，凡有所见辄手录之，日藏月增，积逾百卷，尚虑所守未广，弗敢裁成。今年过半百，自分衰钝，于笔札不可复勤，乃发旧藏，删其重复，第其篇章，而定为十集。首之以纪事，继之以纂言；又以事之所寓者人物也，而人有贤愚，物有变合，不可概谓之纪，故以知人、格物次之；言之成章者诗文也，而诗有邪正，文有工拙，不可概谓之纂，故以说诗、论文次之；凡是数者，稽之于古，不能无阙遗，故又次之以补阙以拾遗；质之于今，不能无疑误，故以辨疑刊误终焉。此外，更有俱收并论不可专称，及托物比义不可正名者，即以附于其末。集成，名之曰《艺海汇函》，亦以备一家之书，资后人之观览焉。嗟夫，积寡为多，虽于纲常大法不能小有裨益，然而求远自近，使善读者泛应之间事事曲当，则本体得以渐纯，博文可以约礼，其视词章末务、铅椠徒劳，不差有一得之长也哉。

正德二年岁次丁卯春二月朔旦

赐同进士出身、中都留守司署副留守夏邑梅纯序②

---

① 梅纯事迹见《明史》卷 121《宁国公主传》附，北京：中华书局，1974 年；《明史》卷 97《艺文志》二，北京：中华书局，1974 年；朱保炯、谢沛霖：《明清进士题名碑录索引》第 3 册，上海：上海古籍出版社，1980 年，第 2475 页。

② 《艺海汇函·梅纯序》，现藏南京图书馆。

从上文可知，梅纯编辑此丛书的时间，是在他代理明朝中都（今安徽凤阳）留守司副留守任上，他早就有意于艺文诸志，自登仕途就开始了抄录，经过30余年"日藏月增，积逾百卷"，年过50岁以后，"乃发旧藏，删其重复，第其篇章"，于正德二年（1507年）定为十集。也即十卷：卷一纪事类，卷二纂言类，卷三知人类，卷四格物类，卷五说诗类，卷六论文类，卷七补阙类，卷八拾遗类，卷九辨疑类，卷十刊误类，名曰《艺海汇函》。《瀛涯胜览》收在卷四《格物类》中。

梅纯所辑入的《瀛涯胜览》，不同于其他本子，是一个两卷本。艺本曾有明代著名藏书家徐𤊻《红雨楼题跋》著录。徐氏于万历三十四年（1606年）在南京旧书肆购得此书，写有题跋：

> 此曰《瀛涯胜览》，分上下二卷，乃会稽马欢永乐间从太监郑和下西洋历诸番所记天时、气候、地理、人物也。校之《星槎》，尤为详备。盖《星槎》纪四十国，此惟十八国，盖马氏经历仅此耳。斯本向未有传，余考焦太史《经籍志》亦未有载，偶于秣陵旧肆购之，抄写精工，二百余年物也，藏之以俟博雅君子备汇书之一种耳。①

他认为比较《星槎胜览》，这部《瀛涯胜览》"尤为详备"；以他的博览群书，断言"斯本向未有传，余考焦太史《经籍志》亦未有载"②；并且认定"抄写精工，二百余年物也"。从那时起至今已有近400年，不意此本抄入《艺海汇函》中，又在南京出现，令人欣喜。不似三宝本，早闻其名，未见其本，至20世纪80年代才为学者所发现。艺本百年以来从未有研究者发现，长期以来默默无闻。而它的特别之处，就在于它是一个两卷本。我们知道《瀛涯胜览》现存10多个本子（大多是张昇删改本，见上文），而这是唯一一个两卷本。追寻它的来源，还要从《瀛涯胜览后序》谈起。

艺本虽然长期默默无闻，但是它的《后序》却曾经随着明钞三宝本③和明刻《纪录汇编》本④，特别是后者广为流传。在传抄（刻）过程中，《后序》因

---

① （明）徐𤊻撰：《红雨楼题跋》卷二《史部·外夷》，续修四库全书本。
② （明）焦竑：《国史经籍志》。
③ 此本发现虽晚，但前后序文为清沈德寿《抱经楼藏书志》卷十九收录。
④ 这套丛书刻于万历四十五年（1617年），后序未署年代及作者名。

错讹和被窜改，已经面目全非，从 20 世纪 30 年代起给中外学术界造成了极大的误解，成为半个多世纪以来的一大疑案。归纳起来主要有三个疑点：

一是涉及《瀛涯胜览》作者问题。根据《后序》，除了马欢是作者，似乎还有一个作者郭崇礼，他与马欢"皆西域天方教"，二人又同以善"番语"跟随郑和三下西洋，记录了亲历各国的见闻。二人回乡后常把撰写的见闻给人们看，目的是使人人都了解异域。而郭氏考虑到应该付梓刊刻，使更多的人见到此见闻，所以托友人征序，准备刊刻此书。由此看来，郭氏似乎是与马欢共同撰写此书的又一作者；多年来学界也确实为此所迷惑，不仅在 20 世纪 30 年代如此，而且 80 年代的著作仍以二人并列①，以至延及近日的介绍之中②，可见误解一直在继续。

二是年代问题。根据《后序》落款的"是岁"，自 20 世纪 30 年代起伯希和就认为在景泰二年（1451 年）《瀛涯胜览》已有了初刻本，只是这部初刻本世人久已不复见了，这一观点为学术界所接受。

三是《后序》作者问题。在三宝本及《抱经楼藏书志》中，《后序》作者署名"监察御史古朴劘弘"，无论如何查找，此人在史籍中却遍寻不见。而在通行的《纪录汇编》刻本中，由于抹去了作者姓名，一切更是无从查起。表面上看，流传最广的《纪录汇编》本在刊刻时不加细查，其《后序》的刊出，致使几百年来掩蔽了真相，其实，明后期人就已不明真相了。

艺本的发现，特别是发现了《后序》原文，才使上述疑案得到了解决。下面将此《后序》全文录于下，以便分析：

余自少时观《异域志》而知天下舆图之广，风俗之殊，人物之妍媸，物类之出产，可惊、可喜、可怪、可愕，尚疑出于好事者为之，而窃恐无此理也。今观郭君崇礼、马君宗道所记经历诸番之事实，始信《异域志》所载诚不妄矣。崇礼，仁和人；宗道，会稽人，皆通西域天方之教。

昔永乐初，太宗皇帝敕命太监郑和奉诏领宝船，往西洋诸番开读赏

---

① 郑一钧：《论郑和下西洋》中辅佐人员部分并列"马欢、郭崇礼"，并云："据此序，《瀛涯胜览》一书出于马、郭两氏的合作。"（北京：海洋出版社，1985 年，第 73 页）

② 张箭《记载郑和下西洋的"三书一图"——〈瀛涯胜览〉〈星槎胜览〉〈西洋番国志〉〈郑和航海图〉》云："《瀛涯胜览》由马欢著，郭崇礼协助编撰。"（《历史教学》2005 年第 2 期）

劳，崇礼善通译番言，遂获随往。自闽之五虎发迹，入占城、爪哇、暹罗，继而次之至哑鲁、苏门答剌、锡兰、柯枝，极而造夫阿丹、天方等国，名曰《瀛涯胜览》。其间凡舆图之广者，记之以别远近；凡风俗之殊者，记之以别得失；与夫人物之妍媸，则记之以别美恶；物类之出产，则记之以别重轻，皆备录之，分为二卷，其用心亦多矣。

崇礼既归，恒出以示人，则异域之事皆一览而可见。崇礼不能尽及人人，尚欲镂梓广传，以扩充人之闻见，遂托其友陆君廷用以所录之稿至京师，请予为序，予得备阅之。喜其有资于世，遂为著其意于后云。

正统己巳正月既望监察御史古汴刘弘序①

我们首先看作者。序文清楚地表明了这篇《后序》是专为此本所写，其中虽然提到马欢，但是将郭氏置于马欢之前，称"崇礼善通译番言，遂获随往"；其中没有提到郭氏有三次下西洋的经历，却记载其将所至各国事物"皆备录之，分为二卷，其用心亦多矣"。虽然艺本前面仍有马欢自序，但从这里可以确认的事实是两卷本是郭崇礼所为，是郭氏改编的一个本子。

其次，序文的时间。《后序》落款注明"正统己巳"，也就是明英宗正统十四年（1449年），这使以往学界对"是岁"即马欢景泰二年（1451年）题识之年，产生了马欢书的初刻本的推断不攻自破。《后序》中称郭崇礼准备刊刻此书以广流传，托人将书稿带到京师，请人作序。但是我们知道此本至今未见刻本，鲜见流传，很可能没有刻本。原因可能就出在生不逢时。从时间上看，正月郭氏托人写序欲刊刻，七月京师发生了震惊朝野的"土木之变"，明英宗在土木堡被俘，因此刊刻不果，是有很大可能的。

最后，《后序》的作者。署名是"古汴刘弘"。古汴，也即汴梁，今开封，古称汴京，元改汴梁，明复开封府。刘弘其人，查《明英宗实录》"正统八年（1443年）十二月癸未"条，记载"擢学正刘泓……为监察御史"，此刘泓，从任官时间上看，很可能即《后序》作者，但名字用字不同，又未见其他史料记载，故只能姑存待考。

艺本的发现，使中外学术界近百年的误读得以真相大白，解决了《瀛涯胜览》又一作者是郭崇礼的疑案，打开了《后序》作者是"古朴剧弘"的谜团，

---

① 《艺海汇函·瀛涯胜览》，现藏南京图书馆。

也澄清了版本年代上近百年来的误解。郭氏并不是《瀛涯胜览》的第二位作者，只是改编者，两卷本才是郭氏参与改编的本子。此本虽润改之处甚多，内容却仍是马欢的《瀛涯胜览》，并非重新创作，故未改名。艺本的特点如下：一是整体结构由郭氏重新编排，分为上下两卷；二是只记十八国，比马欢原本缺少二国，而实际上目录虽然删去了那孤儿和黎代两小国，但关于二国的文字仍然保留在正文里；三是增加的多为文字上的修饰与改动。因此，艺本也可以说是马欢《瀛涯胜览》的改编本。它的底本产生于明正统十四年（1449 年），钞本抄于明正德二年（1507 年），或者说是在此前，在时间上更早于国本，它是笔者目前所见《瀛涯胜览》明钞本中能够确定年代的最早的本子，具有重要的学术价值。

艺本的发现，推翻了以往景泰初年形成了马欢、郭崇礼合作初刻本的看法。由此，《瀛涯胜览》改编本系统又出现了新的成员。而它所依据的本子，应该是马欢的初稿本，艺本中可见国本所脱文字均已存在，说明马欢《瀛涯胜览》在正统时必已有全本，所以郭氏润色改编准备出版。这又一次证明了马欢原本并非只有一个源流传本的事实。

从改编本的角度看，明前期改本有艺本，后期改本有张本。在改编本中，艺本产生早，然而流传不广，以致最近才被发现。艺本经清著名藏书家李馥、杭世骏之手，得以保存至今，弥足珍贵。它的性质与张本相同，都是出自文人之手、对马欢原本作了文字上改订的本子。张本的特征是删削得面目全非，艺本则润改整洁。对照书前马欢《序》，艺本与国本相近，与其他稿本则多有不同。由此可证国本、艺本均抄自马欢初稿本，但所抄底本也并非同一。从说本、淡本均不载刘弘《后序》，也可以知道马欢定稿本与此本无关，说本、淡本应是没有参考过此本的钞本。三宝本是延续初稿本和定稿本，也即马欢原本的一个本子，问题是其中与《纪录汇编》本同样出现的是一个改动的《后序》，改动者是何人已不得而知。

伯希和曾假定郭崇礼也是阉人①，他的推测是错误的。艺本的完整《后序》写得很清楚，郭崇礼归里后动意刊刻《瀛涯胜览》，太监应是不会归里的。查成化《杭州府志》，见有郭崇礼之名列于永乐十四年（1416 年）岁贡

① 〔法〕伯希和：《郑和下西洋考》，冯承钧译，上海：商务印书馆，1935 年，第 32 页注。

生，记为新城（今浙江富阳）人。①康熙《新城县志》见载为岁贡生，"（永乐）十四年仕南宁府照磨"②。而查《南宁府志》已无记载可寻。值得注意的是，那一年已是马欢第一次跟随郑和下西洋回来以后，《瀛涯胜览》初稿已就的时候。因此如果郭崇礼就是改编《瀛涯胜览》之人，他没有跟随郑和三次下西洋是可以肯定的。作为岁贡生，他的文字修养可能高于马欢。郭姓是回族大姓，作为信奉伊斯兰教人士，他很可能懂阿拉伯语，也有可能曾随同下西洋。但是，马欢是《瀛涯胜览》的作者，他是承认的，这一点是可以确定的。

应该说明的是，两种改编本之间没有关联。艺本虽在张本前改订，但是艺本的底本是马欢完整的初稿本，而张昇见到的初稿本并非足本，所以张本虽然改订较晚，底本却是马欢初稿本中更早的一个。艺本的底本是马欢初稿本的足本，对版本流变研究很有参考价值。而艺本和张本二本均为文人加工较多的本子，这一点是二本共同的特性，即在内容上显示出更多的文人化倾向。

六、结　论

对马欢《瀛涯胜览》四个明钞本的校勘，实际上分为两个阶段，第一阶段以《国朝典故》为底本（即以初稿本为底本）校过一遍，第二阶段以《三宝征夷集》为底本（即集成本为底本）又校一遍，写出校勘记，加以简单注释，并将所见初稿本、定稿本作为附录，以便读者阅读研究。

两次校勘，主要参校了存世的另外两个明朱当㴐编《国朝典故》钞本（一为朱当㴐本，另一为佚名本）、明邓士龙辑《国朝典故》刻本、明张昇《张文僖公文集》（改编本）刻本及《纪录汇编》等其他明刻本，并参考了《星槎胜览》《西洋番国志》《西洋朝贡典录》等明代史籍，最后又加上新发现的明钞《艺海汇函》两卷本（即郭崇礼改编本）。通过校勘，突破了以往的认识，使我们大致了解了马欢《瀛涯胜览》形成和版本流变的轨迹：其一，《瀛涯胜览》一书是马欢在第一次跟随郑和下西洋，即永乐十一年（1413 年）时就开始动意写作，并广集材料；于永乐十四年（1416 年）初稿初成，有马欢《自序》为

---

① 成化《杭州府志》卷四〇《科举》二《岁贡》，四库全书存目丛书本。

② 康熙《新城县志》卷五《官师·岁贡》，康熙三十二年刻本。

证。其二，初稿本一直在续修之中，于正统九年（1444年）以前初稿本完成，有马敬《序》为证。其三，马欢手订修改本于景泰二年（1451年）完成，是为定稿本，有马欢的题识为证。至此，《瀛涯胜览》的撰写与修订长达近40年之久，其间以钞本形式传抄于世，传本不一。今天我们所见四种钞本是三个源流，反映出初稿本—定稿本—集大成本的马欢原本系统的大致源流。具体来说，钞本为我们保留了马欢手订的初稿本和定稿本两种本子，以及在此基础上出现的一个集成本，即三宝本。它虽然不是经马欢亲手所订，也不知经历何人之手成书，但是它的底本是马欢的两种稿本，却没有疑问，因此它是产生于马欢原本系统的一个本子。此外，这次校勘在张昇改编本之外，还发现了艺本，也即郭崇礼改编本，而它的《后序》，为三宝本和《纪录汇编》本，以及《抱经楼藏书志》所收，在流传过程中已经被改动得面目全非，以致形成了百年以上的误读。郭崇礼为作者及初刻本之说，至此都可以澄清了。

通过对明钞本的对比分析，我们今天得以了解马欢的初稿本和定稿本，以及由他的原本衍生出来的各种版本与现存各本之间的关系，这些版本总体构成了一个《瀛涯胜览》的文本传统，体现了下西洋文本流传的历程。在此勾勒出的这一线索，是文本传统生成、发展和演化的历史过程，在很大程度上，它也是郑和下西洋实现其意义与价值的过程。而郑和下西洋事迹正是这样在明代流传了下来，对郑和下西洋的接受和理解，在钞本和刻本的传抄和阅读中得到了实现。换言之，下西洋的影响和意义通过《瀛涯胜览》的传播表达了出来。

围绕钞本，实际上可以提出两方面的问题：一是钞本所抄底本的年代问题；二是钞本本身的年代问题。这是两个不同的问题，却又相互有着关联。四种明钞本，提供给我们马欢原书形成和传播的一个比较完整的过程，说明了早期、中期、晚期三种源流的传本情况。据此，马欢原本系统的形成，可大致划分阶段如下（表1）。

表1　马欢原本系统形成阶段

阶段	时间
第一阶段：初稿本形成阶段	永乐十四年（1416年）至正统九年（1444年）
第二阶段：定稿本形成阶段	正统九年（1444年）至景泰二年（1451年）
第三阶段：集成本形成阶段	景泰二年（1451年）至明后期

通过四种明钞本的校勘，以及新发现的艺本，笔者对《瀛涯胜览》版本源流进行了较为全面的梳理，现按照版本演进的次序，加以分类如下（表2）。

表2 《瀛涯胜览》版本演进

名称	演进
马欢原本系统	（1）初稿本（国本）
	（2）定稿本（说本、淡本）
	（3）集大成本（三宝本）
马欢原本改编系统	（1）艺本（郭崇礼改编两卷本）
	（2）张本（张昇改编本）

注：马欢原本系统中钞本和刻本的谱系关系如下：

（1）马欢初稿本（国本）和邓士龙《国朝典故》刻本，刊刻于明万历年间。

（2）马欢定稿本（说本、淡本），与之属于同一源流的是明亦政堂刻本，即《纪录汇编》本，该本刊刻于万历四十五年（1617年），后成为通行本。

（3）马欢稿本的集大成本（三宝本）是唯一迄今没有见到刻本的足本，而且是海内孤本，弥足珍贵。

马欢原本改编系统中钞本和刻本的谱系关系如下：

（1）艺本，即郭崇礼改编两卷本，目前仅见钞本，未见刻本。

（2）张本，所用底本是马欢的初稿本之一，经张氏删改后，成为改编本，于1522年刊刻，是《瀛涯胜览》最早的刻本，而且流传也最广。清修《古今图书集成·边裔典》，收录的就是张昇本内容。

需要进一步说明的是，虽然所见五种钞本的年代均是属于明后期的，但是，所用的底本是马欢原本的初稿本、定稿本和二者的集合本。今天我们得见的四种钞本来自三个源流，也就是说我们得见的是马欢书的三个传本，后来又加上一个艺本，是马欢原本派生出的一个别本。由此可见，马欢《瀛涯胜览》在有明一代有源流不一的多个传本，这说明此书的流传还是比较广的，现存几个钞本可见流传地域包括南京、北京、山东、江西、浙江等地。在有了刻本以后，该书的流传就更广了。

通过校勘分析，我们可以为各本建立起谱系关系，从而勾勒出《瀛涯胜览》在有明一代的演变和流传过程，并进一步探讨版本流变与明朝社会历史之间的联系，准确把握明朝人思想意识的变迁。在明初，上层统治者存在一种求异之风，永乐时最盛，孕育了郑和下西洋，也孕育出马欢与他的《瀛涯胜览》，表现出对海洋与海外的关注。但是官僚层的反应是冷漠的，《瀛涯胜览》在当时并没有得到官员阶层的重视。查现存明初官员的文集，鲜见谈及郑和下西洋，或者可以说除了朝贡国进贡异兽时歌颂升平的官样诗文外，几乎见不到涉及郑和下西洋的内容，可见少有人真正关注海外。《瀛涯胜览》成书后也是在民间传播。它真正得到文人士大夫的关注，是在明后期。上层求异之风，到明后期得到了民间社会广泛求异思潮的响应。《瀛涯胜览》一书钞本、刻本的流传，与晚明社会风气相关联，同时也是这一风气的产物，更是被当时复杂的海上环境唤起的忧患意识所促发。明初郑和下西洋事迹是随着此书流传而传播在社会上的，而明后期忧患意识在普通文人和士大夫之间弥漫着，促使更多的人关注郑和，重提郑和，对此上层和下层相一致，郑和事迹的传播有了社会土壤，即社会心理需求。士人对之产生了浓厚兴趣，学术、社会地位不高的马欢的书得到了曾任礼部尚书张昇的关注，并亲自修改过；明后期张昇改编本出现后，《瀛涯胜览》的钞本和刻本更多地出现了，而当时流传于世的各种钞本，进入了天一阁、淡生堂等著名藏书楼，并被刊刻出版传播。这说明此书在明后期得到了较广的流传，表明人们对此书的关注程度增加，接受面也有所扩大，从一个侧面真实地反映了明朝文人士大夫对海外的关注度在明后期明显提升。

以往我们知道《瀛涯胜览》曾被张昇改编过，不知道还曾被郭崇礼改编过。这些改编本仍以马欢撰的面貌出现，但与马欢原本距离较远，是他人进行了重新加工的。钞本的特性就是不稳定和流动性。即使是标明马欢撰的钞本，也是经过抄写人改动的，在抄写过程中有着不慎形成的异文，也有有意的改动。

史学家重真实，三宝本可称《瀛涯胜览》的足本。但应该提到的是，钞本在传抄过程中，存在后人补入内容的问题。今见三宝本有宝船与人员一段文字：

> 宝船六十三只：大者四十四丈四尺，阔一十八丈。中者长三十七丈，阔一十五丈。计下西洋官校、旗军、勇士、力士、通士、民稍、买办、书手，通共计二万七千六百七十员名：官八百六十八员、军二万六千八百二名。正使太监七员、监丞五员、少监十员。内官内使五十三员、户部郎中一员、都指挥二员、指挥九十三员、千户一百四十员、百户四百三员。教谕一员、阴阳官一员、舍人二名、余丁一名。医官、医士一百八十名。

关于下西洋宝船的尺度"大者长四十四丈四尺，宽一十八丈"之说，早在

20世纪40年代已经有学者提出了质疑①，由此引发的争议旷日持久，至今聚讼难解。实际上在史源问题不搞清楚的情况下，任何争议一方都缺乏说服力。通过校勘，笔者发现在马欢初稿本中没有关于下西洋宝船和人员，也即包括上述尺度的一段文字。这首先可由初稿本的抄本国本、刻本邓本来说明；其次，也可由初稿本派生出来的艺本、张本，以及参考过马欢初稿本的费信的《星槎胜览》、巩珍的《西洋番国志》，都没有出现这些文字来证明。因此，可以说在说本、淡本和三宝本这些明后期出现的定稿本的钞本中，才出现了宝船和人员的这段文字。那么，是否马欢的定稿本中已有了这段文字呢？应该说不能确定。值得注意的是，即使是根据定稿本刊刻的《纪录汇编》本，也没有这段文字。可以推测，这段文字在初稿本系统传本中未见，在定稿本中也没有，只是在定稿本的传钞本中才出现，《纪录汇编》刊刻者完全有可能认为这段文字出自说本不可信而不取。因此，这里存在后来补入的可能。从内证的角度来看，马欢定稿本成于景泰二年（1451年），而在说本、淡本的部分国名后却见到天顺五年（1461年）成书的《大明一统志》注文，这是钞本内容有后来补入的明证。还有一个重要例证：出现这段文字的各本均见"监丞"置于"少监"之前，然而史载明朝宦官十二监，每监各设太监一员，正四品，左右少监各一员，从四品，左右监丞各一员，正五品。②"监丞"是次于"少监"的正五品官，反倒列于从四品"少监"之前，作为通事的马欢熟悉官场，必不至错误至此。合理的解释是这里是传钞本之误。此外，还有两个重要的外证：一是成书于正德十五年（1520年）的《西洋朝贡典录》未见收录。作者黄省曾当时参考了《瀛涯胜览》《星槎胜览》《针位编》等多种明代文献成书③，如原书有此段文字，必为之所收入。二是祝允明《前闻记》也未收录。祝氏生于明天顺五年（1461年），卒于嘉靖六年（1527年），《前闻记》专记异闻异事，书中有专条谈及下西洋船只和人员，但仅见船名"大八橹、二八橹"之类，全无宝船的规模尺寸之记。④由此可见当时并无此传闻，否则祝氏不可能不记。以上二书均可为宝

---

① 管劲丞：《郑和下西洋的船》，《东方杂志》1947年第1期。
② 《明史》卷74《职官志》三，北京：中华书局，1974年。
③ （明）黄省曾：《西洋朝贡典录·自序》，谢方校注，北京：中华书局，1982年，第8页。
④ （明）祝允明：《前闻记》，见（明）邓士龙辑：《国朝典故》（中），许大龄、王天有主点校，北京：北京大学出版社，1993年。

船尺度在明后期嘉靖以前是没有的，是后来才出现的证明。有学者认为这段文字来自罗懋登的小说《三宝太监西洋记通俗演义》，论点建立在万历末年以前的各种钞本、刻本都已散佚①，这一论点已被证明不能成立。但有另一种可能，即小说来自钞本，是否如此，还有待进一步发掘史料和研究。

　　此次校勘目的主要是校出一个较好的本子，加以简单注释，也给我们提出了新的问题，特别是海外存世的版本还有待整理，今后将继续研究。

---

① 唐志拔：《关于郑和宝船尺度出自〈瀛涯胜览〉的论点质疑》，《船史研究》1997 年第 11—12 期。

新发现《郑和写经》初考*

　　郑和是中国乃至世界海洋史上令人瞩目的人物,15 世纪初,他曾以明朝内官监太监身份统领庞大船队七下印度洋。2015 年适逢郑和下西洋 610 周年,3 月 19 日纽约苏富比拍卖行拍卖了一件明代写经,标记为"佚名明朝《楷书佛经》,金粉瓷青雅色书皮三十九开册",为上海收藏家刘益谦购回并收藏于龙美术馆,为郑和与佛教关系又提供了一件重要的实物证据。①写经与刻经是佛教史上一种虔诚礼佛的方式,也是古代佛教传播的主要类型,具有很高的研究价值。本文从这部写经中的郑和发愿文谈起,结合其他相关传世文献资料,提出一些粗浅看法,或可为郑和研究增添一点新的内容。不妥之处,尚祈方家教正。

一、《郑和写经》的首次发现

　　这部写经,一册,为经折装,三十九开,以金泥楷体写于瓷青纸上②,半叶五行,行十六字。保存完整,金字色泽光亮。书写工整,字迹秀美。每卷尺寸为 33 厘米×24 厘米。写经最后云莲纹牌上之楷书云:

---

　　*　原载《安徽史学》2017 年第 1 期。收入本书,有订正。

　　①　感谢龙美术馆寄送照片,使笔者可以对新发现的写经进行初步研究。本文初稿曾于 2015 年 7 月 11 日上海龙美术馆召开的"郑和的归来"学术研讨会上交流。

　　②　一般写经是以金泥书于瓷青纸上。笔者所见山东省青岛市即墨区博物馆藏北宋瓷青纸金银书《妙法莲华经》七卷,6 万多字,经名以及"菩萨""佛""世尊""如来"等诸神名均以金泥书写,其他用银泥书写。经卷采用的是宋代精制的瓷青纸,具有防虫、防腐和不褪色之特点。

　　大明国太监郑和，法名福吉祥，发心书写《金刚经》《观音经》《弥陀经》《摩利支天经》《天妃灵验经》《心经》《楞严经》《大悲咒》《尊胜咒》《百字神咒》，永远看诵供养。皇图永固，佛日增辉。凡奉命于四方，常叨恩于三宝，自他俱利，恩有均沾，吉祥如意者。永乐十二年三月吉日谨题。

　　云莲纹牌上即为郑和发愿文。根据此发愿文，可知此经由郑和发心书写，因此可将其定名为《郑和写经》。最值得注意的，是写经中的前后两牌，前者云龙纹牌上楷书："皇图永固，帝道遐昌，佛日增辉，法轮常转。"该发愿文透露出了许多富有价值的信息，又如"大明国太监郑和，法名福吉祥，发心书写"，可以证明此写经为郑和发愿所写，并非如有学者所云为御制，加上与平湖博物馆藏所谓《郑和写经》的资料加以对照分析，可以明确这是《郑和写经》的首次发现。

　　学术界一般认为，浙江平湖博物馆所藏《妙法莲华经》是发现的第一部《郑和写经》。2002 年，浙江平湖对当地报本塔进行维修，在塔心木边发现一个黄花梨木的圆罐，罐内有一卷明代经卷。经卷为磁青纸质，7 万余字，内容依次是舍利塔放光现瑞图、云龙莲花纹牌记、灵山法会图、妙法莲华弘传序、妙法莲华经全文、书写者跋文、莲花纹牌记、护法神图像。其中云龙莲花纹牌记上有"真身舍利无量宝塔"字样。程杰认为"这是迄今发现的写有郑和姓名的唯一一部手写佛经"①。这部《妙法莲华经》，被认定为《郑和写经》，列为国家一级文物。但是通过仔细考察，可以明确平湖写经并非一部《郑和写经》，证据有三：

　　其一，平湖写经并非郑和本人发愿所写。平湖《妙法莲华经》经卷后云莲纹牌上的楷书发愿文云：

　　　大明国奉佛信官郑和，法名福吉祥。发心铸造镀金舍利宝塔一座，永远长生供养。所冀见生之内，五福咸臻，他报之中，庄严福寿。宣德七年九月初三日意。②

---

① 程杰：《浙江平湖发现署名郑和的〈妙法莲华经〉长卷》，《文物》2005 年第 6 期。
② 程杰：《浙江平湖发现署名郑和的〈妙法莲华经〉长卷》，《文物》2005 年第 6 期。

这无疑是郑和研究的又一重要发现，但其文仅见郑和"发心铸造镀金舍利宝塔一座"，并没有提及发心写经之事，故不能表明这部《妙法莲华经》与郑和之间的关系。

其二，平湖写经也并非郑和本人意愿所写经。平湖《妙法莲华经》经卷有书写者跋文，现录部分于下：

> 三宝弟子等莫不宿植深厚，笃信佛乘，而于此经殊深好乐。于是首捐己帑，及募众缘，鸠工镂梓，以传永久。上祝皇图巩固，圣寿天齐，佛日增辉，法轮常转。仍备楮墨，印造一藏，共五千四十八部，散施十方四部之众。若受、若持，若读、若诵，随喜见闻，尽得法华三昧，咸入佛之知见。经中云，今法王大宝，自然而至，何其幸欤。然而檀度与诸信施，若非宿昔曾于灵山会上，同授如来付嘱授记，曷能如是笃信好乐，而流通也哉。比丘圆瀞嘉其为法之心，能为希有之事，遂乃焚香濡翰，序于经后，共垂悠久云。[①]

根据跋文，可以明确郑和"首捐己帑，及募众缘"，是募捐刊印了《妙法莲华经》"五千四十八部，散施十方"。而圆瀞是"嘉其为法之心，能为希有之事"，因此"焚香濡翰"，抄写了这部经卷。这里表明，郑和募捐是刊印《妙法莲华经》5048部，圆瀞则为了赞许郑和的"为法之心"而抄写了此经，并非郑和本人意愿的抄写经文。

其三，新发现《郑和写经》的发愿文中，有郑和发心书写的写经目录，包括七部经书和三部神咒：《金刚经》《观音经》《弥陀经》《摩利支天经》《天妃灵验经》《心经》《楞严经》《大悲咒》《尊胜咒》《百字神咒》，并不包括平湖发现的《妙法莲华经》。

综上所述，平湖仅见郑和"发心铸造镀金舍利宝塔一座"，并没有郑和发心写经之事，而平湖《妙法莲华经》也不是根据郑和本人意愿所写的，也就不适合称为《郑和写经》。因此新发现的这部写经，是迄今发现的第一部郑和发愿书写的写经，也即《郑和写经》的首次发现。

---

① 杨根文：《浙江平湖报本塔及天宫出土文物》，《东方博物》2005 年第 4 期。

二、郑和与佛教关系之证

（一）郑和有刻经，也有写经

郑和曾经多次刊印佛经，大多为发心印造。《郑和写经》发愿文的发现，可以证明郑和下西洋期间，不仅刊刻了大量佛经，在诵习、印造、散施外，还发愿书写了经文和咒文，即有写经。郑和发心印造佛经，有以下证据：

一是姚广孝（法名道衍）于永乐元年（1403 年）为刻本《佛说摩利支天经》作跋："今菩萨戒弟子郑和，法名福善，施财命工，刊印流通，其所得胜报，非言可尽矣。"这里明确说明了郑和是受过菩萨戒的弟子，曾施财刊印了《佛说摩利支天经》流通。

二是云南省图书馆藏《沙弥尼离戒文》，卷末附郑和发愿文：

> 大明国奉佛信官太监郑和，法名福吉祥，谨发诚心施财命功，印造《大藏尊经》一藏，计六百三十五函，喜舍于云南五华寺，永远长生供养……永乐十八年岁次庚子五月吉日福吉祥谨题。

三是《优婆塞戒经》卷七后郑和的《题记》记载：

> 大明国奉佛信官内官太监郑和，法名速南吒释，即福吉祥。切念生逢盛世，幸遇明时，谢天地覆载，日月照临，感皇上厚德，父母生成。累蒙圣恩，前往西洋等处公干，率领官军宝船，经由海洋，托赖佛天护持，往回有庆，经置无虞。常怀报答之心，于是施财，陆续印造《大藏尊经》，舍入名山，流通诵读……今开陆续成造《大藏尊经》，计一十藏。
>
> 大明宣德四年（1429 年），岁次己酉，三月十一日，发心印造《大藏尊经》一藏，奉施喜舍牛首山佛窟禅寺流通供养。
>
> 大明宣德五年（1430 年），岁次庚戌，三月十一日，发心印造《大藏尊经》一藏，奉施喜舍鸡鸣禅寺流通供养。
>
> 大明宣德五年（1430 年），岁次庚戌，三月十一日，发心印造《大藏

尊经》一藏，奉施喜舍北京皇后寺流通供养。

大明永乐二十二年（1424 年），岁次甲辰，十月十一日，发心印造《大藏尊经》一藏，奉施喜舍静海禅寺流通供养。

大明永乐十八年（1420 年），岁次庚子，五月吉日，发心印造《大藏尊经》一藏，奉施喜舍镇江金山禅寺流通供养。

大明永乐十三年（1415 年），岁次乙未，三月十一日，发心印造《大藏尊经》一藏，奉施喜舍福建南山三峰塔寺流通供养。

大明永乐九年（1411 年），岁次辛卯，仲冬吉日，发心印造《大藏尊经》一藏，奉施喜舍天界禅寺毗卢宝阁流通供养。

大明永乐八年（1410 年），岁次庚寅，三月十一日，发心印造《大藏尊经》一藏，奉施喜舍云南五华寺流通供养。

大明永乐五年（1407 年），岁次丁亥，三月十一日，发心印造《大藏尊经》一藏，奉施喜舍灵谷禅寺流通供养。

据以上邓之诚所见《优婆塞戒经》卷七后郑和《题记》，郑和从明永乐五年（1407 年）至宣德五年（1430 年）的 23 年里，先后发心印造《大藏尊经》共十藏，平均每两年一藏，舍入国内各大禅寺，如江苏的灵谷禅寺、天界禅寺、金山禅寺、静海禅寺、鸡鸣禅寺、牛首山佛窟禅寺，云南的五华寺，福建的三峰塔寺，北京的皇后寺等处流通供奉。值得注意的是，这里虽云"一十藏"，其实罗列出来却只有九藏；且其中大部分，即六藏，是在三月十一日发心印造的。

除了现藏国家图书馆的永乐初郑和刊刻、有姚广孝题记的《佛说摩利支天菩萨经》，是本单经外，根据平湖《妙法莲华经》跋文，郑和还曾募捐，刊印了《妙法莲华经》"五千四十八部，散施十方"，这是郑和印造《大藏尊经》之外的又一次单部经书的大规模刊刻。

刊刻佛经之外，从新发现《郑和写经》的发愿文，可知郑和发心写经共七部经书和三部神咒。但对比所见《郑和写经》，内容并不一致。新发现的这部写经内容只有《心经》《摩利支天经》两部经书和《大悲咒》《尊胜咒》《百字神咒》三部咒语。至此我们了解到，此《郑和写经》只是郑和发愿写经的一部分，下面将专门论及。

（二）郑和法名福吉祥又证

《郑和写经》发愿文题名"大明国太监郑和，法名福吉祥"，是郑和信佛实物证据的又一次发现，是第 4 次文献印证。我们知道，前此已有 3 次郑和法名福吉祥的文献记载：

第一次，1947 年，邓之诚发现明初刻本《优婆塞戒经》，卷七末郑和题记："大明国奉佛信官内官太监郑和，法名速南吒释，即福吉祥。"①这里涉及的郑和法名"速南吒释"，即为藏文 bsod-nams-bkra-shis 之译音，对应汉语直译为"长寿吉祥"。②永乐元年（1403 年）郑和刻本《佛说摩利支天经》姚广孝跋中，称郑和为"福善"。可见"福善"和"福吉祥"都是郑和法名的意译。

第二次，1951 年，云南省图书馆发现，郑和施舍云南昆明五华寺的一部大藏经（南藏本）叔字三号《沙弥尼离戒文》，卷末附郑和题记发愿文："大明国奉佛信官太监郑和，法名福吉祥。"③

第三次，2002 年，平湖报本塔发现《妙法莲华经》经卷后云莲纹牌楷书发愿文："大明国奉佛信官郑和，法名福吉祥，发心铸造镀金舍利宝塔一座。"④

郑和与佛教关系，还应提到《郑和写经》产生的大氛围。在永乐朝，明太宗以僧侣姚广孝为国师，佛教的繁盛可知。姚广孝 14 岁出家为僧，法名道衍。他在燕王起兵靖难、夺取帝位时不仅献计，而且参与决策，深得朱棣宠信。郑和当时为燕王近侍，受菩萨戒，即大乘菩萨所受持之戒律，成为一名奉佛者，一定与道衍的影响不无关系。而郑和的藏式法名，则显示其佛教信仰有明显的藏传佛教因素。史载，永乐年间大封藏传佛教上层僧人，礼遇隆厚，反映了明太宗对藏传佛教的浓厚兴趣，也说明藏传佛教在当时的盛行，如大宝法王哈立麻，永乐四年（1406 年）至京，五年（1407 年）封；大乘法王昆泽思巴，永乐十一年（1413 年）封，二月至京；大慈法王释迦也失，永乐十二年（1414 年）入朝，十三年（1415 年）封西天佛子大国师，后于宣德九年（1434年）封大慈法王。还有《洪武南藏》、《永乐南藏》、《永乐北藏》、永乐版《大藏经·甘珠尔》，都是《郑和写经》产生的国内背景。郑和下西洋，马欢《瀛

①　邓之诚：《骨董琐记全编·骨董三记》卷 6《郑和印造大藏经》，北京：中华书局，2008 年，第 597 页。

②　陈楠：《三宝太监郑和奉佛事迹考》，《传统文化与现代化》1997 年第 6 期。

③　郑鹤声、郑一钧编：《郑和下西洋资料汇编》（上册），济南：齐鲁书社，1980 年，第 36 页。

④　程杰：《浙江平湖发现署名郑和的〈妙法莲华经〉长卷》，《文物》2005 年第 6 期。

涯胜览》记亲历二十国，有四国是信奉佛教的国家，包括占城、暹罗、锡兰山、小葛兰。这是《郑和写经》产生的海外背景。郑和第三次下西洋在锡兰山有布施佛寺之事，《布施锡兰山佛寺碑》至今保存在斯里兰卡科伦坡国立博物馆，是郑和与佛教关系的重要物证。

值得注意的是，郑和发心书写的还有《天妃灵验经》，而此经并非佛经，而是道教经书。郑和下西洋与天妃关系密切，他曾多次在海上和到天妃宫向天妃祈福，立有碑刻，至今尚存。福建长乐《天妃灵应之记碑》（亦称《天妃之神灵应妃碑》）碑文着重渲染了天妃的"灵应"：

> 观夫海洋，洪涛接天，巨浪如山；视诸夷域，迥隔于烟霞缥缈之间；而我之云帆高张，昼夜星驰，涉彼狂澜，若履通衢者，诚荷朝廷威福之致，尤赖天妃之神护佑之德也。神之灵固尝著于昔时，而盛显于当代；溟渤之间，或遇风涛，即有神灯烛于帆樯，灵光一临，则变险为夷，虽在颠连，亦保无虞。①

由发愿文落款永乐十二年（1414 年）三月可知，应在郑和第四次下西洋之时，发愿写《天妃灵验经》，也是不奇怪的。此外，明朝时期，三教合一凸显，由此也可见一斑。

三、《郑和写经》的时间及其目的

《郑和写经》发愿文所署时间"永乐十二年三月吉日"，应该是在郑和第四次下西洋期间。宣德六年（1431 年）郑和在第七次下西洋前夕，亲自在长乐南山天妃宫立下《天妃之神灵应记碑》，总结了历次下西洋事迹，其中云："自永乐三年，奉使西洋，迨今七次。所历番国，由占城国、爪哇国、三佛齐国、暹罗国，直逾南天竺、锡兰山国、古里国、柯枝国，抵于西域忽鲁谟斯国、阿丹

---

① 萨士武：《考证郑和下西洋年岁之又一史料——长乐"天妃灵应碑"拓片》，见纪念伟大航海家郑和下西洋 580 周年筹备委员会、中国航海史研究会：《郑和研究资料选编》，北京：人民交通出版社，1985 年，第 103 页。

国、木骨都束国，大小凡三十余国，涉沧溟十万余里。"①

　　"抵于西域忽鲁谟斯国、阿丹国、木骨都束国"，即远航印度洋周边的波斯湾、阿拉伯半岛和非洲，均在第四次下西洋才得以实现。因此第四次下西洋，在下西洋历史上具有新的意涵，也可以说第四次下西洋发生了重大转折，郑和船队从印度古里又转向了一个位于波斯湾的"各处番船并早番客商都到此处赶集买卖"的西洋诸国之码头——忽鲁谟斯，而且还从那里派遣分船队远赴红海和东非。②那里除了是东西方贸易的集散地以外，还是中国与西方之间的交往通路——所谓丝绸之路的陆路和海路的交会之地，这次下西洋更意味着陆海丝绸之路的全面贯通，意义尤其重大。③

　　然而长期以来，郑和第四次下西洋的史料在时间上多有歧义，为确定《郑和写经》之时郑和身在何处的问题，有必要对其重新进行梳理。据郑和等亲立的福建长乐《天妃灵应之记碑》记载：

　　　　永乐十一年，统领舟师，往忽鲁谟斯等国。其苏门答剌国有伪王苏幹剌，寇侵本国，其王宰奴里阿比丁，遣使赴阙陈诉，就率官兵剿捕，赖神默助，生擒伪王。至十三年归献。④

又据郑和等亲立的娄东刘家港天妃宫石刻《通番事迹记碑》记述：

　　　　永乐十二年，统领舟师，往忽噜（鲁）谟斯等国。其苏门答剌国伪王苏幹剌，寇侵本国。其王遣使赴阙，陈诉请救，就率官兵剿捕，神功默助，遂生擒伪王，至十三年归献。⑤

马欢是跟随郑和第四次下西洋的通事，其《瀛涯胜览·序》曰：

---

① 《天妃之神灵应记碑》，现藏福建省福州市长乐区郑和史迹陈列馆内。
② 关于忽鲁谟斯，可参考西方学者的研究：〔德〕廉亚明、葡萄鬼：《元明文献中的忽鲁谟斯》，姚继德译，银川：宁夏人民出版社，2007年。
③ 参见万明：《郑和七下印度洋——马欢笔下的"那没黎洋"》，《南洋问题研究》2015年第1期。
④ 萨士武：《考证郑和下西洋年岁之又一史料——长乐"天妃灵应碑"拓片》，见纪念伟大航海家郑和下西洋580周年筹备委员会、中国航海史研究会：《郑和研究资料选编》，北京：人民交通出版社，1985年，第104页。
⑤ （明）钱谷辑：《吴都文粹续集》卷28《道观》，《景印文渊阁四库全书》集部，第1385册，台北：台湾商务印书馆，1986年，第723页。按，"永乐十二年"，应为"永乐十一年"。

永乐十一年癸巳，太宗文皇帝敕命正使太监郑和等统领宝船，往西洋诸番开读赏赐，余以通译番书，悉备使末。①

曾经跟随郑和下西洋的周闻，有《墓志》存世，记云：

永乐己丑，命内臣下西洋忽鲁谟斯等国，选侯偕行……癸巳再往，越明年而还。②

《明太宗文皇帝实录》记载：

（永乐十年十一月）丙申，遣太监郑和等赍敕往赐满刺加、爪哇、占城、苏门答刺、阿鲁、柯枝、古里、喃渤利、彭亨、急兰丹、加异勒、忽鲁谟斯、比刺、溜山、孙刺诸国王，锦绮、纱罗、彩绢等物有差。③

综合资料，郑和第四次下西洋在"永乐十三年七月"回还，在时间上并无异议，而时间的歧出集中在开始时间上，归纳可有永乐十年、永乐十一年、永乐十二年三种说法。分析上述五种基本史料，有三种是永乐十一年，即癸巳年之说，而《天妃灵应之记碑》是郑和等亲立，时间上晚一年。可以这样解释：在永乐十一年十一月派遣，十二年自福建长乐出发，这样四种第一手资料的时间并不矛盾；唯有《明实录》，很可能有"一"字之脱漏。

郑和下西洋，凭借季风航行。一般冬季风出现在 11 月到第二年 3 月，以 12—1 月最盛；夏季风出现在 6—10 月，以 7—8 月最盛。季风盛时就是郑和下西洋出发和回国的时间段。因此，郑和发心写经之时其本人所处位置，有两种可能性：一种可能是身在福建长乐，出发在即；另一种可能是他已身在海外。

透过发愿文，在郑和敬佛和表达其虔诚信仰之中，我们会发现其中的重要用意和思想所在。发愿文在罗列书时写七种经书，"永远看诵供养"之后云："皇图永固，佛日增辉。凡奉命于四方，常叨恩于三宝，自他俱利，恩有均

---

① （明）马欢原著，万明校注：《明钞本〈瀛涯胜览〉校注》，北京：海洋出版社，2005 年，第 1 页。
② 吴聿明：《周闻夫妇墓志铭考证与研究》，见纪念伟大航海家郑和下西洋 580 周年筹备委员会：《郑和下西洋论文集》第二集，南京：南京大学出版社，1985 年，第 75—76 页。
③ 《明太宗文皇帝实录》卷 134，"永乐十年十一月丙申"条，台北："中央研究院"历史语言研究所校印本，1962 年（以下实录类均采用此版本，不再一一标注）。

沾，吉祥如意者。"由此可以看出郑和之所以写经，是出于忠君爱国。平湖发现的有两牌，前绘有佛塔一座，云龙莲纹牌上写有"真身舍利无量宝塔"，后牌郑和发愿文即叙述发愿铸造佛塔，前后是对应关系。由此来看，此次发愿写经，用意昭然，可以联系上述写经前云龙纹牌上楷书"皇图永固，帝道遐昌，佛日增辉，法轮常转"，很显然，"皇图"指王朝版图，即王朝之意；"帝道"也指代"帝位"，这里明确"皇图""帝道"与佛同辉，书写佛经为"皇图""帝道"寻求庇护，祈求的内容是为国家求福，为帝业求平安。而"奉命于四方"，当然就包括下西洋在内。

　　查考"永乐十二年三月吉日"，明朝不仅在海上有郑和下西洋，在陆上还发生了永乐皇帝第二次北征的重大事件。根据《明太宗实录》记载：

　　（永乐十二年三月）丙戌，命皇太子以出师告天地、宗庙、社稷，命皇太子监国，留守事宜一循永乐八年之制……戊子，赐从征将士钞。上谕之曰："今四方无虞，独残虏为患，而瓦赖（剌）尤甚。驱之然后中国安，其一乃心力效谋奋勇，凡有功者，高爵厚赏，朕不吝也。"庚寅，□于承天门遣官祭太岁旗纛及所经山川之神，车驾发北京，皇太孙从行。①

　　由此可知，郑和发心写经，不仅是为了保佑下西洋，还可能有出于保佑永乐皇帝北征的目的。即使郑和当时已经出发下西洋，身在海外，而以他的身份和地位，预知永乐皇帝第二次北征之事，将发愿文日期预写为十二年三月，也是可能的。

四、《郑和写经》内容浅探

　　现所见《郑和写经》并没有包括发愿文所述的全部写经，主要内容有 10 种：《佛说般若波罗蜜多心经》、《佛说摩利支天本愿经》、《尊胜陀罗尼神

---

　　① 《明太宗文皇帝实录》卷 149，"永乐十二年三月丙戌""永乐十二年三月戊子""永乐十二年三月庚寅"条。

咒》①、《圣观自在大悲心神咒》、《金刚萨埵百字咒》、《嘛哈葛剌真言》、《求修山跋树叶母真言》、《佛说消灾吉祥神咒》、《无量寿佛说往生净土咒》和《佛母准提神咒》。从内容看，这部写经主要包括两部经书，以及八种真言、神咒。其中还配有摩利支天菩萨像、韦驮神像等多幅神像。收藏印是一个应当考虑的因素，两枚印章字迹虽漫漶难识，但已为南京博物院的邵磊在会上提交论文中初步解决②，这里不再赘述。

　　这部《郑和写经》，包括佛教经书两部，下面分别简述。其一，《佛说般若波罗蜜多心经》，半叶五行，行十六字，共十七行，末行四字，共 260 字。字迹为金字楷书，字品甚佳。《般若波罗蜜多心经》（以下简称《心经》），是佛教大乘经典中最短的一部经典。"般若"是梵语音译，智慧之意。"般若波罗蜜多"合起来就是"智慧到彼岸"。据不完全统计，《心经》先后共有 20 多个译本。其中，既有汉文的意译本，又有汉文的音译本；既有由梵文译成藏文，再由藏文译成汉文的译本；也有由梵文译成藏文，再由藏文译成日文，最后由日文译成汉文的译本。在诸多的译本当中，玄奘法师的译本最为简明扼要。因其简明扼要，所以易于持诵。而因为易于持诵，所以也流传最广。③

　　此部写经中的《心经》，注明是《佛说般若波罗蜜多心经》。查此名称，应为唐义净译本。经对照，义净译本在咒语后有如下一段话："诵此经破十恶五逆九十五种邪道。若欲供养十方诸佛，报十方诸佛恩，当诵观世音般若百遍千遍，无间昼夜。长诵此经，无愿不果。"这段话描述了读经的功效，而在《郑和写经》中却没有。因此，我们可以认为写经用的还是玄奘译本。比对玄奘译本《心经》全文，更肯定了这一判断。这部写经与之仅有 5 处不同，且此 5 处也只是写经的笔误。明朝初年，崇佛特甚，开国君主出自禅门，明太祖有《御制心经序》，其中有云：

　　　　俄西域生佛，号曰释迦，其为佛也，行深愿重，始终不二。于是出世间，脱苦趣。其为教也，仁慈忍辱，务明心以立命，执此道而为之，意在

----

① 龙美术馆所寄写经照片，有明显错简，如《尊胜陀罗尼神咒》部分插在《佛说摩利支天本愿经》中，又有部分在《圣观自在大悲心神咒》后，由于是梵语，需要进一步细致比对整理。

② 邵磊：《郑和发愿施造的刻经与写经》，《"郑和的归来"学术研讨会论文》，上海，2015 年 7 月。

③ 宏度：《〈心经〉大义辑要》，《法音》2008 年第 5 期。

人皆若此利济群生。今时之人，罔知佛之所以，每云法空虚而不实，何以导君子，训小人。以朕言之则不然，佛之教实而不虚，正欲去愚迷之虚，立本性之实。特挺身苦行，外其教而异其名，脱苦有情。①

明太祖对于佛教的功用，有深刻见解。他所言的"佛之教实而不虚"，实际上是认为佛教的功用可以"化凶顽为善，默佑世邦"②。洪武十年（1377年），他曾"诏天下沙门讲《心经》《金刚》《楞伽》三经，命宗泐、如玘等注释颁行"③。今存世有《般若波罗蜜多心经注解》一卷，著录为明天界善世禅寺住持宗泐、演福讲寺住持僧如玘奉诏同注。④

其二，《佛说摩利支天本愿经》，半叶五行，行十六字。由于此经文的照片发现错简，故未能统计字数。据查，未见《佛说摩利支天本愿经》这一名称的译本。已知的最早译本由无名氏译于梁代（约6世纪上半叶），最晚的译本译于北宋初期。陈玉女曾制一表，详考藏经所藏自梁代至宋代的《摩利支天经》之译本24种⑤，并无一名《佛说摩利支天本愿经》者。根据国家图书馆藏《佛说摩利支天经》姚广孝跋，郑和所刻《佛说摩利支天经》，即广为流通的唐不空译本，其跋云：

《佛说摩利支天经》藏内凡三译。惟宋朝天息灾所译者七卷，其中咒法仪轨甚多，仁宗亲制《圣教序》以冠其首，然而流通不广。以广流通者惟此本，乃唐不空所译。其言简而验，亦多应菩萨之愿力，岂可得而思议耶。於戏！李珏问神人，称名而免难；隆佑奉圣像，致礼而获福。况能依佛所说，诵此经者哉！今菩萨戒弟子郑和，法名福善，施财命工，刊印流通，其所得胜报，非言可能尽矣。福善一日怀香过余请题，故告以此。永乐元年，岁在癸未，秋八月二十又三日，僧录司左善世沙门道衍。

此部写经《佛说摩利支天本愿经》前，有《高宗御赞》，并在此经名下注

① （明）朱元璋撰：《明太祖集·心经序》，胡士尊点校，合肥：黄山书社，1991年，第307页。
② （明）朱元璋撰：《明太祖集·拔儒僧文》，胡士尊点校，合肥：黄山书社，1991年，第265页。
③ （明）葛寅亮撰：《金陵梵刹志》（上），何孝荣点校，天津：天津人民出版社，2007年，第50页。
④ （明）释智旭：《阅藏知津》卷36《大乘论藏释经论》，清康熙四十八年朱岸登补修康熙三年夏之鼎刻本。
⑤ 陈玉女：《郑和施印佛经与兴建佛寺的意义》，见陈信雄、陈玉女主编：《郑和下西洋国际学术研讨会论文集》，台北：稻乡出版社，2003年。

明："大唐三藏沙门不空奉诏译，大元三藏沙门法天奉诏译。"经查，不空（705—774 年），据《大唐故大德赠司空大辨正广智不空三藏行状》、《贞元新定释教目录》卷 15、《宋高僧传》卷 1 载，原籍北天竺，一说狮子国（今斯里兰卡），唐代僧人，密宗祖师之一。他与善无畏、金刚智并称"开元三大士"。后周游印度，于唐天宝五载（746 年）返长安，携回梵本经 100 部，计 1200 卷，以及狮子国王尸罗迷伽的国书、大般若经夹和方物。乾元元年（758 年）肃宗敕命将长安、洛阳诸寺及各县寺舍、村坊凡旧日玄奘、义净、菩提流支、善无畏、宝胜等携来的梵夹，全部集中于大兴善寺，交给不空翻译，译有《金刚顶一切如来真实摄大乘现证大教王经》（通称《金刚顶经》）、《金刚顶瑜伽中发阿耨多罗三藐三菩提心论》等大乘及密教经典共 77 部、120 余卷。①

法天（不详—1001 年），据《宋高僧传》卷 3、《佛祖统纪》卷 33 等载，为中印度人。原为摩揭陀国那烂陀寺僧。宋太祖开宝六年（973 年）带着多部佛经（梵夹装）来中土，与河中府梵学沙门法进等一起翻译佛经，赐号"传教大师"，赐谥"玄觉大师"。②其为宋代时人，不知为何冠以"大元"，令人疑惑。国家图书馆藏《佛说摩利支天菩萨经》一卷，《北京图书馆古籍善本书目子部》（第 1594 页）著录为唐释不空、元释法天译，明永乐元年郑和刻本，一册，四行十三字。译者是不空、法天并列，法天也被冠以"元释"。

经比对，此写经《佛说摩利支天本愿经》与不空译本《佛说摩利支天经》最大的区别在"陀罗尼曰"的部分，译音完全不同，有可能为法天所改。白化文和李际宁认为法天可能是顺应了语音的发展，特别是受到了元代藏传佛教经卷中咒语读音输入中原的影响，因而其咒语读写均与前人不同；进而提出：这一经卷与以往的各个《摩利支天经》均有差异，特别是在咒语方面。它与众不同，极为独特。③因此，无论是国家图书馆藏《佛说摩利支天菩萨经》，还是这部《郑和写经》的《佛说摩利支天本愿经》，都很值得进一步深入研究。

这里还应该提到写经中的摩利支天菩萨像。摩利支原本是一个古老的印度婆罗门教神明。在佛教中，摩利支天大约在南北朝时期入传中土，汉译《佛名经》作摩梨支，其后隋于阇那崛多《佛本行集经》译为摩利支天，释之为阳

---

① 任继愈主编：《佛教大辞典》，南京：江苏古籍出版社，2002 年，第 264 页。
② 任继愈主编：《佛教大辞典》，南京：江苏古籍出版社，2002 年，第 827 页。
③ 白化文、李际宁：《摩利支与摩利支天经典》，《文献》2014 年第 1 期。

炎。摩利支天具有大神通自在力，擅于隐身，能为人消除障难、增进利益、护国护民、救兵戈及得财、诤论胜利等功德。①此部写经中云及摩利支菩萨的大神通："尔时世尊告诸苾刍有天女名摩利支。有大神通自在之力，常行日月天前，日天月天不能见彼。彼能见日。无人能见，无人能知。无人能捉，无人能缚，无人能害，无人能欺诳。无人能债其财物，无人能责罚，不为冤家，能得其便。"唐不空译《佛说摩利支天经》道及摩利支菩萨的形象："若欲供养摩利支菩萨者，应用金或银或赤铜，或白檀香木或紫檀木等，刻作摩利支菩萨像，如天女形，可长半寸，或一寸二寸已下，于莲花上或立或坐，头冠璎珞种种庄严极令端正。"②在佛教密宗中，摩利支天常常被称为菩萨。摩利支天菩萨，常见的法相有三面六臂、三面八臂等。这部写经中的摩利支天是以多面广臂的女菩萨形象出现的，其中一像最为典型：具有三面，面相各异，其中一面是猪面。

郑和自永乐元年（1403 年）开始，印造《佛说摩利支天经》，在七次下西洋期间，大量印造和书写佛经。陈玉女认为，明代以前中国崇奉摩利支天菩萨信仰的，多为官宦贵人，尤其是皇室，这与其极具护国护王之政治色彩有关。从奉持摩利支天法可免一切灾难的历史经验来看，想必成祖或郑和都渴望借助此法，祈求顺利完成航海的任务。③上述研究已经说明，《心经》是般若经典，摩利支天菩萨是以护法神的面貌出现。值得注意的是，根据学者研究，摩利支天随佛教来到中国，受到佛教徒的崇拜，还被道教吸收，演变为道教神明斗姆。④

五、写经人的探寻

《郑和写经》为明代写经提供了新资料，但这部写经没有署名，如果说是郑和真迹，则缺乏证据。浙江平湖报本塔的《妙法莲华经》不是《郑和写经》，亦尚未有与郑和相关的书法见世。

---

① 李翎：《佛教与图像论稿续编·摩利支天信仰与图像》，北京：文物出版社，2013 年，第 34 页。
② 《大正藏》第 21 册，台北：新文丰出版公司，1983 年，第 260 页。
③ 陈玉女：《明代的佛教与社会》，北京：北京大学出版社，2011 年，第 43 页。
④ 薛克翘：《摩利支天——从印度神到中国神》，《东方论坛》2013 年第 5 期。

从汉魏开始，佛教逐渐传入中国，抄写佛经是传播佛法最好的途径，佛经的翻译与抄写成为很重要的事情，乃至一种职业行为。自北魏开始，写经体开始渐渐成为一种独特的佛教文化。要让学习佛法的人阅读，就需要通篇字体均匀，要求书法工整。以泥银书写经书，最迟唐五代时期已有。

写经人可能是佛教信徒，因为佛教徒修行的方式之一，是靠抄写佛经来加深对佛法的理解，在佛经中多有关于抄写佛经功德的描述，佛教信徒多怀着深厚的信仰情感抄写佛经并加以传播。写经者大部分是无名人士，即使在浩如烟海的敦煌传世作品中也极少见落款，大凡著名人士都有署名，如平湖发现的写经有写经人圆瀞落款。永乐年间刻印《大藏经》，著名的写经板之人有沈度。①沈度（1357—1434 年），字民则，号自乐，华亭（今属上海松江）人，善写各体，其书婉丽飘逸，雍容矩度。《皇明世说新语》记载："太宗徵善书者试而官之，最喜云间二沈学士，尤重度书，每称曰：我朝王羲之。"②沈度官至侍读学士。经对比，沈度书法与此部写经书法很有不同之处；况且如果是沈度所写，因是侍读学士，应该会有署名，因此并非沈度所写。

写经人可能是佛教徒，也可能只是书法好的人。隋唐时期朝廷设有写经所，奉敕命而写经。至元代，仍设有写经所。明朝继承传统，永乐年间朝廷也有写经之事。正德《江宁县志》卷八记载一人参与写经，值得关注："朱铨，字士选，松江人。洪武中，占籍江宁。族兄孔易以楷书鸣当世，铨从之游，得锺王笔法。少长为郡庠弟子员。太宗文皇帝选写金经，事毕入翰林间书。宣德改元，预修两朝实录，授翰林侍书，改刑部检校，历升本部郎中。"朱铨当时在南京，因书得锺王笔法，永乐皇帝"选写金经"。因此他有可能作为《郑和写经》之人，特别是他不会在写经上署名。另有万历《应天府志》卷 32 记载一人："姜浚，字子澄，江宁人。善书，工小楷。仁庙在潜邸，召写泥金经，喜之。洪熙元年，授中书舍人，擢吏部主事，知云南府，进按察副使。"姜浚也是当时在南京的善书之人，工小楷。明仁宗为太子时，曾经"召写泥金经"，仁宗即位"授中书舍人"。他也有可能成为《郑和写经》之人。以上仅为

① （明）葛寅亮撰《金陵梵刹志》（上）卷 2（何孝荣点校，天津：天津人民出版社，2007 年，第 73 页）记载："永乐十七年三月初七日，传旨要写经样看，当将侍读学士沈度写五行十七字呈看。初九日，道成等八人将写的五行十七字、六行十七字经板于西华门进呈。奉圣旨：用五行十七字的。钦此。"
② （明）李绍文：《皇明世说新语》卷 6《巧艺》，明万历刻本。"二沈"即沈度与其弟沈粲，并以书法知名。

所见一二，当时此类中书舍人善书者，参与宫廷写、刻经书的不少，均值得留意，需进一步深入研究。

总之，永乐十二年（1414 年）泥金书写《郑和写经》，虽然有阙失和错简，但是为《郑和写经》的首次发现，为郑和研究提供了重要的第一手实物资料，也为郑和的佛教信仰又增添了一件重要佐证。以上笔者对于这部写经作了粗浅的探讨，尚有不少疑团，有待今后进一步研究。

明代马欢《瀛涯胜览》版本考[*]

一、引　言

郑和下西洋，是明朝初年一大盛事，也是古代中国乃至世界航海史上规模最大、持续时间最长、影响最深远的航海活动。"其人物之丰伟，舟楫之雄壮，才艺之巧妙，盖古所未有然也。"①然而，下西洋档案没有完整保留下来，郑和本身又没有著述，今人所见下西洋原始文献中最为重要的一部，即马欢的《瀛涯胜览》。

现存郑和下西洋三部基本文献，均为亲身跟随下西洋的当事人所著，包括马欢的《瀛涯胜览》、费信的《星槎胜览》、巩珍的《西洋番国志》。其中，马欢的《瀛涯胜览》一书，出自亲历下西洋的通事之手，其初稿本于永乐十四年（1416年）马欢第一次跟随郑和第四次下西洋回国后问世。其后随着下西洋的进行，此稿本一直在续撰之中。

根据巩珍自序，其《西洋番国志》一书成于宣德九年（1434年）二月。依祝允明《前闻记》，第七次下西洋船队于宣德八年（1433年）七月七日回京，由此可知在郑和第七次下西洋回京后，巩珍即成此书。值得注意的是，书前自序直言悉出通事记录，云：

> 凡所纪各国之事迹，或目及耳闻，或在处询访，汉言番语，悉凭通事

---

* 原载《文史》2018年第2期。收入本书，有订正。

① （明）朱当㴐编：《国朝典故·瀛涯胜览·马敬序》，国家图书馆藏明钞本。

转译而得，记录无遗。中有往古流俗，希诡变态，诡怪异端而可疑，或传译舛讹而未的者，莫能详究。其注意措辞，直俗之语，不别更饰，惟依原记录者序集成编，存传于后。[1]

此可证其书所记，完全依据通事马欢转译之内容。经过比对，其书内容与马欢《瀛涯胜览》记载几乎完全相同，仅文字简洁，书前三通敕书别具价值。笔者认为此书可视为马欢书之别本，衬显《瀛涯胜览》一书具有原始资料性质，弥足珍贵。

费信《星槎胜览》所记诸国，凡并见于马欢书者，均叙述简略，重要性不及《瀛涯胜览》；不见于马欢书之处，大多脱胎于元代汪大渊的《岛夷志略》，唯是叙述非洲之行，为马欢书所无，颇具价值。

马欢《瀛涯胜览》以通事考察，记载细密详赡，是三部郑和下西洋基本文献中史料价值最高的一部，也即研究郑和下西洋不可替代的第一手资料。

《瀛涯胜览》的作者马欢，字宗道，自号会稽山樵，浙江会稽（今绍兴）人。他通晓阿拉伯语，以通事身份于永乐十一年（1413 年）、永乐十九年（1421 年）、宣德六年（1431 年）三次（属于郑和下西洋第四次、第六次、第七次）跟随郑和下西洋，访问过南海至印度洋周边 20 多个国家和地区。从他参与下西洋一开始就着手记载，直到七下西洋结束，撰写了《瀛涯胜览》。根据《自序》，他于永乐十四年（1416 年）第一次随郑和下西洋回国，即草成初稿，后续有增修，于景泰二年（1451 年）形成定稿，有作者述为证，成书时间长达 30 余年。

《瀛涯胜览》解题："瀛"是大海之义；"涯"有水边之义，指天涯海角；"胜"是风景胜地；"览"是游览。顾名思义，该书是海外游记。古人认识世界是以赤县神州为九州，其外有"大瀛海"[2]，马欢以此题名，意在让更多世人了解下西洋的盛事，描述世人鲜知的海外世界。该书具有丰富的内涵。在他以前，自宋代以来，对海外的记录以传闻为多，即使是元代《岛夷志略》的作者汪大渊，所记也有听之传闻的成分，不可能在两次出洋就去了那么多地方。马欢《瀛涯胜览》的珍贵之处，就在于它是他切实踏勘的结果，是亲历者的海外实录。这就使"异闻"脱去了虚幻，使海外成为一种现实。

---

① （明）巩珍：《西洋番国志》，向达校注，北京：中华书局，1961 年，第 7 页。
② 《史记》卷七四《孟子荀卿列传》，北京：中华书局，1959 年，第 2344 页。

　　《瀛涯胜览》的问世，在中国古代中外关系史上具有特殊重要的意义。它的出现，有明朝大规模国家航海行为郑和七下西洋——印度洋的历史大背景。从某种意义上说，郑和下西洋是中国古代向海外求索的一次历史性总结。如果没有郑和下西洋，就不会产生这部亲历海外的游记。进一步说，如果不是亲历下西洋的海外游记，这部书只会是中国古代关于海外游记中的一种，不会太引人注目；正是因为马欢亲身跟随郑和远航，这部书才成为一部囊括南海乃至印度洋范围的重要历史文献，史料价值极高。更重要的是，由此可以引导我们对于明朝人的海外观加以重新认识：马欢笔下的"那没黎洋"——印度洋之整体发现①；还有陆海丝绸之路的融通、互动与共生，都是史无前例的②。

　　此书久已蜚声中外，不仅是明代一系列有关中外关系的记载，且为清修《明史·外国传》的史料渊薮，也是古代中外交往史上影响最大的史籍之一，在国内外产生了很大影响，英文和日文都有译本。1978年，印度著名历史学家阿里（Ali）教授在给季羡林先生的信中说："如果没有法显、玄奘和马欢的著作，重建印度史是完全不可能的。"③

　　从原始资料出发，才能对历史作出有说服力的解释。郑和下西洋研究的深入，离不开对于《瀛涯胜览》的利用与研究，因此，对《瀛涯胜览》成书及其版本的探讨，是郑和下西洋研究重要的基础工作；对各种版本流变的了解，有助于我们正确认识下西洋的原貌。进入21世纪，郑和下西洋研究在国际上趋热，然而，大部分研究者满足于成形的资料汇编，鲜见对于基础文献加以整理、考证和研究，以致社会上对郑和下西洋的基本史实仍不够了解，影响了对于郑和下西洋的认识。

二、研究史的简略回顾

　　对于《瀛涯胜览》的研究，开始于国内外学者对于版本的介绍与整理。

① 参见万明：《郑和七下印度洋——马欢笔下的"那没黎洋"》，《南洋问题研究》2015年第1期。
② 参见万明：《整体丝绸之路视野下的郑和下西洋》，见故宫博物院编：《永宣时代及其影响：两岸故宫第二届学术研讨会论文集》（下），北京：故宫出版社，2012年。
③ 《玄奘与〈大唐西域记〉——校注〈大唐西域记〉前言》，见（唐）玄奘、辩机原著，季羡林等校注：《大唐西域记校注》，北京：中华书局，1985年，第137页。

　　早在 19 世纪，英国外交官梅辉立（W. F. Mayers）于 1874—1875 年，在
《中国评论》（*China Review*）第 3、4 卷上发表了《十五世纪中国人在印度洋的
探险》，摘译了明代黄省曾《西洋朝贡典录》中关于郑和下西洋的数据，这些
数据大多是《瀛涯胜览》中的。①接着在 1876 年，荷兰学者葛路耐（W. P.
Groeneveldt）收集了中国各种有关南洋的文献，译成英文，出版《南洋群岛文
献录》，首次在巴达维亚（Batavia，今印度尼西亚雅加达）发行，其中摘译了
《瀛涯胜览》部分章节的史料。②1895 年，英国学者菲力普斯（G. Phillips）对
《瀛涯胜览》作了章节译注③，推介该书到西方世界。1929 年向达（觉明）《关于
三宝太监下西洋的几种资料》一文④，对《瀛涯胜览》作了版本考证和详细介
绍，是《瀛涯胜览》版本研究的奠基之作。1933 年荷兰学者戴闻达（J. J. L.
Duyvendak）发表了《马欢再考》⑤，法国学者伯希和（P. Pelliot）将对其书的长
篇书评刊于同年《通报》上⑥，即 1935 年冯承钧翻译出版的《郑和下西洋考》
一书⑦。伯氏此书有专节论述《瀛涯胜览》，与上述向达的文章一样，是对《瀛
涯胜览》版本研究的奠基力作。冯承钧在《郑和下西洋考·序》中，全面评价
了外国学者的介绍与研究，特别指出："这些人的研究，在地理名物方面，固
然有不少发明，但是寻究史源勘对版本的，只有伯希和一人。"⑧伯希和收集和
研究了当时他所见的《瀛涯胜览》各种版本，并且分析说明了各本之间的关
系，初步揭示了《瀛涯胜览》版本的复杂情况，使学界对于《瀛涯胜览》一书
有了一定认识。他没有见到《纪录汇编》本外的别的明本，将《瀛涯胜览》版
本区分为两大系统，一是马欢原本，一是张昇改订本。此后，这种分类一直为
中外学术界所认同，并沿用至今。冯承钧在译出《郑和下西洋考》后不久，主

---

①　Mayers W F. Chinese exploration of the Indian Ocean during the fifteenth century. *China Review*, 1874-1875,
3/4.

②　Groeneveldt W P. *Notes on the Malay Archipelago and Malacca: Compiled from Chinese Sources*. Batavia: W.
Bruining, 1876.

③　Phillips G. Mahuan's account of the Kingdom of Bengala. *Journal of the Royal Asiatic Society*, 1970, 27(3):
523-535.

④　觉明：《关于三宝太监下西洋的几种资料》，《小说月报》1929 年第 1 期。

⑤　Duyvendak J J L. *Ma Huan Re-examined*. Amsterdam: Noord-Hollandsche Uitgevers-maatschappij, 1933.

⑥　Pelliot P. Les grands voyages maritimes chinois au début du XVe siècle. *Toung Pao*, 1933, (30): 237-452.

⑦　〔法〕伯希和：《郑和下西洋考》，冯承钧译，上海：商务印书馆，1935 年。

⑧　〔法〕伯希和：《郑和下西洋考·序》，冯承钧译，上海：商务印书馆，1935 年。

要依据伯希和所见明刻《纪录汇编》本与清刻《胜朝遗事》本，摘录向达提示的明钞《国朝典故》本若干异文，为《瀛涯胜览》作了校注，1935 年出版了《瀛涯胜览校注》一书（以下简称《校注》）①，这是对下西洋研究的一个重要贡献，这一校注本的工作具有开创性的积极意义，但迫于当时掌握版本不足，版本校勘比对基本只局限于刻本，而未能顾及钞本。《校注》长期以来成为马欢《瀛涯胜览》通行本，至今已经超过 80 年了。

需要提到的是，冯氏在《校注》之后，又有《校明钞本〈瀛涯胜览〉》。②其《序》中清楚地说明此校本的原委：

> 二十三年夏译《郑和下西洋考》毕，想乘伯希和教授热锅里再烙一张饼，所以接着辑了一本《瀛涯胜览校注》。当时搜辑之本很多，可惜《国朝典故》本得之较晚，仅摘录其异文若干条，《校注》本付梓后，获见明钞《说集》本，比较《国朝典故》本更为详晰，诸番国名后录有下西洋的宝船人数，为他本所无。于是又在二十五年冬至二十六年春间，取《说集》本同《国朝典故》本对校。我的目的同张昇等不同，他们尚雅洁，所以将原本删润；我则取其芜俚，归震川《星槎胜览》云"当时所记虽不文，亦不失真"，盖本斯意。现以《说集》本为底本，用《国朝典故》本对校。所谓朱本，即指《国朝典故》本，因为从前见过《四库总目提要》，有一条说《明朝典故》是宗室某所辑，惟《明史》九七《艺文志》有邓士龙《国朝典故》一百卷，是否同书，尚待考证云。③

《序》文所署日期是"民国二十九年十二月八日"，即 1941 年 1 月 5 日。

以明钞《说集》本作为底本，用明钞《国朝典故》本对校，冯先生开了明钞本校勘的先河。但可惜他以"取其芜俚"为指导思想，以文字多、晚于《国朝典故》本的《说集》本为底本，这样的校法无法清楚地查考版本源流。更可惜的是，《校明钞本〈瀛涯胜览〉》至今只以钞本行世，一直没有汇入冯氏《校注》之中，迄今学界知者鲜少。

---

① 冯承钧校注：《瀛涯胜览校注》，上海：商务印书馆，1935 年。
② 冯承钧：《校明钞本〈瀛涯胜览〉·序》，国家图书馆藏朱丝栏钞本。
③ 冯承钧：《校明钞本〈瀛涯胜览〉·序》，国家图书馆藏朱丝栏钞本。

　　此后，1969 年《瀛涯胜览》在日本出版了小川博的日文译本①，1970 年在英国出版了米尔斯的英文译本②，二者都是冯承钧《校注》的译本，沿着原有的思路进行译注，在版本源流的研究方面基本没有推进，即没有更多的版本开掘。

　　综上所述，追溯国内外研究史，马欢《瀛涯胜览》的整理与考订主要有两次：一次是 20 世纪 30 年代冯承钧集中西学者研究成果出版的《校注》；一次是 20 世纪 70 年代左右日本学者和西方学者对《校注》的译注，其中最重要的是英国学者米尔斯的译本，集中体现了西方与中国学者的研究成果。

　　伯希和依据马欢于永乐十四年（1416 年）所作《序》断言，1416 年马欢在第一次随郑和下西洋（即郑和第四次下西洋）归国后，撰成此书，其后续有所增。而他所言"此书的源流本来已经错杂不明"，也实为确论。③一般说来，为人们所熟知的《纪录汇编》刻本，是沈节甫、陈于廷于万历四十五年（1617 年）编辑付梓的一个丛书本（同一丛书，也收有署名张昇的《瀛涯胜览集》，即张昇改编本）。从时间上看，这一刻本已是在马欢初稿本 201 年以后才出现。马欢《瀛涯胜览》在有刻本以前，长期以来是以钞本形式流传于世的，经过后人的传抄误会，版本情况错综复杂。因此，版本考首先就要从钞本的考察起始。

　　冯承钧《校注》主要以刻本为底本和主要对校本，他参考和汇集了中外学者如向达、伯希和、戴闻达等的研究成果，当时所根据的底本，是明刻《纪录汇编》本，以清《胜朝遗事》本对《纪录汇编》本进行了校勘。《胜朝遗事》是清道光二十二年（1842 年）吴弥光辑刻的一部丛书，因此可以说《校注》主要是以晚清刻本与明万历刻本加以对校的。正如冯氏《校明钞本〈瀛涯胜览〉·序》所言，当时明钞《国朝典故》本"得之较晚"，所以仅摘录其异文若干条而成。这种主要以晚清刻本来校明刻本的方法，是在当时版本所见受到局限的情况下不得已的做法。伯希和早已指出《胜朝遗事》的问题所在，直接说明《胜朝遗事》本虽不本于《纪录汇编》本，存在不少好的异文，"但经文人

①　〔日〕小川博译注：《瀛涯胜览》，东京：吉川弘文馆，1969 年。
②　Ma Huan: *Ying-yai Sheng-lan: The Overall Survey of the Ocean's Shores(1433)*. Mills J V G trans. Cambridge: Cambridge University Press, 1970.
③　〔法〕伯希和：《郑和下西洋考》，冯承钧译，上海：商务印书馆，1935 年，第 15、23—24 页。

改窜之处，更较《纪录汇编》本为甚"①。此次以明钞本校勘，笔者更深切地认识到这一点。试举柯枝国一例说明：钞本见"国人有五等……五等人名木瓜，木瓜者，至低贱之人也……其木瓜之业，专以渔樵、抬负重物为生，官不容他穿长衣经商买卖，如中国傺人一般"；《纪录汇编》本略同，《校注》依据清刻《胜朝遗事》本，改为"官不容穿长衣，其经商买卖与中国汉人一般"。这样一来，意思不仅有异，而且完全错了。原因很简单，晚清刻本距原本年代已有400多年，时间越久，辗转越多，错讹也越多，因此，在掌握更多明代版本的情况下，实有必要排除清刻本，重新校勘。换言之，对明钞本《瀛涯胜览》进行比较全面系统的整理研究，必须首先收集和整理明钞本，而这是直至2005年前贤所没有做过的工作。

对于版本的研究，重要的首先是版本的校勘整理，其次是版本的专门研究论著。

20世纪80年代初，邱克在北京图书馆发现了《三宝征夷集》本，著文说明宝船尺寸的可靠性②，该文沿着伯希和的思路，将《瀛涯胜览》大致分为删节和足本两个版本系统，没有区别钞本和刻本，也没有注意梳理源流的问题。80年代末宋立民《〈瀛涯胜览〉版本考》一文，所见版本仍没有区别钞本、刻本，仅从单个版本角度谈及价值，不论时间先后顺序进行介绍，对版本的源流没有足够的了解。③90年代初邱炫煜《郑和下西洋〈三书〉考释》对三部基本文献进行了综合考证研究，依据《国朝典故》本马敬《序》，疑正统九年（1444）已有钞本传世，但对马欢原书系统地考察，却仍仅谈及了明钞《国朝典故》本、明刻《纪录汇编》本、清刻《胜朝遗事》本。④此后利用《瀛涯胜览》进行下西洋的研究成果很多，但是对于版本的研究，却没有大的进展。2004年笔者发现南京图书馆藏《艺海汇函》二卷钞本后，提出这一新发现的明钞本是郭崇礼改编本。在2005年笔者出版《明钞本〈瀛涯胜览〉校注》（以下简称《明钞本校注》）一书⑤，发表《马欢〈瀛涯胜览〉源流考》（"代前言"），

①　〔法〕伯希和：《郑和下西洋考》，冯承钧译，上海：商务印书馆，1935年，第17页。

②　邱克：《谈〈明史〉所载郑和宝船尺寸的可靠性》，《文史哲》1984年第3期。

③　宋立民：《〈瀛涯胜览〉版本考》，《古籍整理研究学刊》1988年第2期。

④　邱炫煜：《郑和下西洋〈三书〉考释》，"国立"编译馆刊》1991年第20卷第2期。此文承台北成功大学郑永常教授赠予，在此谨致谢忱。

⑤　（明）马欢原著，万明校注：《明钞本〈瀛涯胜览〉校注》，北京：海洋出版社，2005年。

认为此本的发现，使中外近百年学术界的误读得以真相大白，解决了《瀛涯胜览》又一作者是郭崇礼的疑案，打开了《后序》作者是"古朴剧弘"的谜团，也澄清了版本年代上近百年来的误解，书中附录了梅纯《艺海汇函序》、马欢《瀛涯胜览序》《刘弘后序》（正统十四年，1449年）。2007年苏月秋发表《试论续四库全书本〈瀛涯胜览〉的版本和价值》一文，称《续修四库全书》收入的"明宝颜堂秘笈本"中的张昇《瀛涯胜览》本为"又发现"，认为以往这个本子没有得到重视。[1]其实，作者不了解版本源流的关系，《续修四库全书》收入的，是张昇对于马欢原本的删改本。笔者早在2005年《明钞本校注》的"代前言"中，已明确说明这个本子是张昇改编本的一个刻本，故以为没有必要重视这样一个既不属于马欢原本系统更非钞本的张昇删述本的刻本。论文作者没有搞清楚《瀛涯胜览》署名马欢本与署名张昇本的区别，不了解张昇本源自马欢原本，经过删改形成，把张昇本视为原撰人马欢的原本，以致把马欢本和张昇删改本放在一起去校勘，自然校出了相当多的不同之处。

在长期的传播过程中，《瀛涯胜览》一书在明前期主要依靠钞本流传，钞本可能比刻本更接近原本；发展到明后期，虽然印刷业有了长足的进步，但是钞本仍然作为当时书籍流传的一个重要途径，明人颇重手本，故有不少珍本仍是钞本。关于《瀛涯胜览》的版本，以往划分为两大系统：一是马欢原本系统，二是张昇改编本系统。由于条件所限，马欢原本系统似乎只有一个源头，钞本几乎成为研究的空白。实际上，马欢原本系统还可划分为原本和改编本两个子系统，其下还有分支，各自又分为钞本与刻本两部分，推而衍之，还可依年代和版本分为明钞和清钞、明刻和清刻。以往学界主要为所见局限，一般认为马欢书只有一个源流，缺乏对钞本系统和钞本与刻本的谱系关系，以及钞本与刻本流传轨迹的综合研究，这说明对马欢《瀛涯胜览》钞本与刻本的整理和流传的研究尚待进一步展开。

上述研究史的回顾，说明《瀛涯胜览》版本研究已经取得了很多成就，但是迄今缺乏全面系统的版本考察，包括钞本和刻本、马欢亲撰和他人改编本源流的全面系统梳理，而就版本研究的学术价值而言，《瀛涯胜览》在下西洋研究中的重要地位，关系到对下西洋整体文本原貌的把握问题。研究难度不在于

---

[1]　苏月秋：《试论续四库全书本〈瀛涯胜览〉的版本和价值》，见林超民主编：《西南古籍研究 2006年》，昆明：云南大学出版社，2007年。

阐述其书的主题与贡献,而在于不仅要考察原稿本"原貌",而且要厘清各种版本之间的来龙去脉,考察各本的源流及其关系。下面试在笔者广泛收集版本,选择明钞本作为底本和主要参校本校注的基础上,对《瀛涯胜览》版本的情况作一梳理与概述。

三、版本与源流

在长期流传过程中,马欢《瀛涯胜览》这部书在初稿问世之后,原作者又续有修改增补,并且出现原作者与其他作者合作的改编本,以及他人的改编本。经过增删改易,导致出现多种不同版本,各本正文内容歧异、文字多寡不同。从写作过程来看,根据马欢本人记述,从永乐十四年(1416 年)序文,至景泰二年(1451 年)述文,说明初稿本问世以后,在长达 35 年的时间里,原作者一直在修改其作,最后才出现定本。从对现存版本的梳理来看,原作初稿本一经问世后,就已开始出现一书多个文本(钞本)的现象。也就是说,在作者定本之前,已有初稿本的传钞本以及他人删改本的出现,说明版本已经出现了两大系统——原本与改编本,而且无论是原本还是改编本,后来都有刻本行世。至景泰二年(1451 年)作者改定之后,形成了定稿本,至万历年间才有了刊刻本。值得注意的是,在长期流传过程中,钞本对原作品加以增改,在传抄过程中加入了后世的文字,也影响了定本的文本面貌。

迄至 2005 年,通行的冯氏《校注》本已是 70 年前的,由于时代变迁,注释也不可避免地暴露出其局限性。笔者深切地感到应该在前人所取得的成绩上继续努力,作出一个新校勘本,以便利现代读者,使更多读者读到这一宝贵的历史记录。这就要求对版本做全面、系统的研究,也就必须以校勘为起点重新出发。笔者当时以长期以来搜集到的四种存世明钞本《瀛涯胜览》,即朱当㴐编《国朝典故》本、佚名辑《说集》本、祁承爜淡生堂钞本、天一阁《三宝征夷集》本为参考,进行了校勘注释工作,探讨《瀛涯胜览》的版本流变,2005 年出版了《明钞本校注》一书。

《明钞本校注》对以往被大大忽略的钞本进行了首次系统的整理与研究,推进了《瀛涯胜览》版本的研究。校勘之初,为探讨马欢《瀛涯胜览》的原貌，主要是在现存明钞本中寻找最接近马欢原本的本子，以开展明钞本的对勘工作。因此，笔者先以《国朝典故》本，后以《三宝征夷集》本为底本加以校勘，试图以此方式梳理马欢《瀛涯胜览》的版本源流。在校勘工作接近尾声时，笔者意外地发现了第五种明钞本，即梅纯辑《艺海汇函》本，也即郭崇礼改编本，这是百年来研究者从未发现和提及的一个钞本，为马欢《瀛涯胜览》源流又增加了一条极为重要的线索。可惜当时不能得到第五种明钞本全文，只是抄录了后记，因此不得不在明钞本整理与研究上留下遗憾。[①]现在已有条件得到了全书，新版本的发现和利用，是推进研究的前提，为《瀛涯胜览》校勘增订工作奠定了坚实的基础。现将五种明钞本一起纳入校勘，以五种明钞本为主互校，参校明刻本和其他明代史籍，不采用清刻本，以期考察版本源流，尽量恢复原书的本来面貌，并得到一些新的认识，进一步推进整理与研究。

版本的考察，首先要从钞本开始。自20世纪30年代以来，学界通行的版本是冯承钧的《校注》，该本以《纪录汇编》刻本为底本，主要以清末《胜朝遗事》刻本相校。此本虽然自出版以来即成为学界普遍认同的权威版本，但因为出版较早，版本收集不足，存在明显的缺陷。[②]此次在《明钞本校注》的基础上，新校注本的学术价值在于不仅采用冯氏《校注》本未能加以利用的五种明钞本，而且广为搜寻现存世的明清版本，梳理《瀛涯胜览》存世的明清十七种版本，把钞本与刻本集中在一起分析探讨，整理《瀛涯胜览》各本的篇目，考察《瀛涯胜览》成书及其影响，全面探求悬而未决的原稿文本原貌，以及版本演变过程的复杂情况，兼及存在的一些问题，以期对于《瀛涯胜览》的研究有所推进。

马欢《瀛涯胜览》一卷，有钞本和刻本行世，迄至清末，共十七种（包括两种改编本——张昇《瀛涯胜览集》删改本和署名马欢、郭崇礼的两卷改编本），罗列于下：

（1）明朱当㴐编《国朝典故》钞本（以下简称"国本"）。

---

① 参见（明）马欢原著，万明校注：《明钞本〈瀛涯胜览〉校注·后记》，北京：海洋出版社，2005年，第267页。

② 当时他曾在校注序中言："马欢原书现存者有四本：一为《纪录汇编》本，一为《国朝典故》本，一为《胜朝遗事》本，一为《三宝征彝集》。"实际上他未见三宝本，国本得之也晚，所以主要是以明《纪录汇编》与清《胜朝遗事》两种刻本加以校注的。

（2）明佚名编《国朝典故》钞本。

（3）明佚名辑《说集》钞本（以下简称"说本"）。

（4）明祁承爜淡生堂钞本（以下简称"淡本"）。

（5）明《三宝征夷集》钞本（以下简称"三宝本"）。

（6）明梅纯辑《艺海汇函》钞本（以下简称"艺本"）。

（7）明张昇删述《瀛涯胜览集》刻本（以下简称"张本"）。

（8）明邓士龙编《国朝典故》刻本。

（9）明《宝颜堂订正瀛涯胜览》《宝颜堂秘笈》刻本。

（10）明《亦政堂订正瀛涯胜览》《宝颜堂秘笈》刻本。

（11）明亦政堂刻本。

（12）明沈节甫辑《纪录汇编》陈于廷刻本。

（13）明冯可宾编《广百川学海》刻本。

（14）明《续说郛》刻本。

（15）明何镗纂，佚名增补《名山胜概记》刻本。

（16）清明珠家藏清钞本，清翁方纲校并跋，叶启勋跋。

（17）清吴弥光辑《胜朝遗事》刻本。

综上所列，明清共有十七种版本。其中钞本七种，包括六种明钞本，一种清钞本。著录为明朱当㴋编与明佚名编《国朝典故》，基本上可以认定为一种版本，故明钞本实为五种。刻本十种，包括九种明刻本，一种清刻本，其中张昇改编本达六种之多。

民国迄当代，国内外主要有十二个版本，顺序如下：

（1）《丛书集成初编》本，影印明《纪录汇编》本。

（2）《景印元明善本丛书》本，影印明《纪录汇编》本。

（3）《续修四库全书》本，影印明《宝颜堂秘笈》本。

（4）《四库全书存目丛书》本，影印明祁承爜淡生堂钞本。

（5）冯承钧校注《瀛涯胜览校注》（上海：商务印书馆，1935 年）。

（6）冯承钧《校明钞本〈瀛涯胜览〉》本，国家图书馆藏朱丝栏钞本。

（7）小川博译注《瀛涯胜览》（东京：吉川弘文馆，1969 年）。

（8）Ma Huan: *Ying-yai Sheng-lan: The Overall Survey of the Ocean's Shores(1433)* (Mills J V G trans. Cambridge: Cambridge University Press, 1970)。

（9）小川博编《中国人的南方见闻录——瀛涯胜览》（东京：吉川弘文馆，1998 年）。

（10）明马欢原著，万明校注《明钞本〈瀛涯胜览〉校注》（北京：海洋出版社，2005 年）。

（11）明马欢著《瀛涯胜览》（万明校注，北京：商务印书馆、中国旅游出版社，2016 年）。

（12）《淡生堂钞本瀛涯胜览》（海峡出版发行集团、福建人民出版社影印出版，2016 年）。

综上所述，民国以后，国内外有十二个版本，主要是翻刻本、影印本和校注本，除笔者《明钞本校注》外，以《纪录汇编》刻本占绝大多数。

根据对迄今二十九个版本的初步考察，印证了对于版本的梳理需要主要集中在明代版本上，着意于马欢原本系统源流的梳理，兼及改编本。改编本的刻本早于原本的刻本出现，最早出现在嘉靖年间，而原本系统中，已知刻本迟至万历年间才出现。下面不再按照以上排列顺序，而以明钞本演变过程为主线，结合归纳明刻本，兼及清代版本，分叙如下，旨在探讨《瀛涯胜览》一书的源流及其流传轨迹。

四、版 本 分 叙

（一）国本：现存三种明钞本，一种明刻本

1. 三种明钞本

《国朝典故》共一百一十卷，是明宗室朱当㴐所编辑的一部丛书，这套丛书收有明初至嘉靖年间史籍六十三种，为明钞本，现存国家图书馆。需要说明的是，今国家图书馆藏有两种朱当㴐编《国朝典故》明钞本，一种佚名编《国朝典故》明钞本，均存有《瀛涯胜览》。

两种朱当㴐编《国朝典故》：一为三十册，半叶九行，行十八或二十余字，蓝格白口，四周双边，存六十一种，一百零三卷，此本存留最多，但无序言。另一为二十四册，半叶十行，行二十字，蓝格白口，四周双边，存四十一

种，八十四卷。此本有朱氏序言，但存留不及上本多，且乱简多，目录与篇中卷数不同，次第凌乱。

佚名编《国朝典故》，十册，半叶九行，行二十二字，蓝格白口，四周双边，存二十二种，四十二卷。此本阙失太多，虽保留有《瀛涯胜览》，但初校以后，没有什么有价值的异文。

故三种本子中，笔者选择以一百零三卷本为主，并参校了其他两本。

朱当㴴，号望洋子，是鲁宗室巨野王朱泰㙉之孙，明封将军。巨野王一宗，在明代封将军者110人，中尉229人，其中朱当㴴最负盛名。乾隆《曹州府志》云：

> 巨野诸宗，多尚文雅，最著者曰将军当㴴，博览群集，蓄书甚富。购得异本，手自抄录不下万卷。尤攻墨妙，发为诗文，甚驯雅。①

从《国朝典故》丛书前之朱氏《序》，我们可以洞察朱当㴴抄录和编辑这套丛书的动机：

> 予俾栖宗藩，雅耽竹素，远探羲轩辟天之治，近稽皇祖开国之迹，叨沐遗谟，激衷兴思而感仰殊深。然左史记言，右史记行，其秘诸史馆，藏之奎幽者，固不可得而易见。然遗笺散帙，纪载多门，漫无统纪，罔便阅历。予乃搜猎曲存，较雠鱼亥，第其伦次，萃其涣以会其统，遂因各家之成书，类而聚之，其重者不删，各存其说。上自祖宗创守之艰难，中及臣工私录之闻见，下迨僭窃夷狄之叛服，靡不毕具，使开卷便瞩，用资博识之士。②

此《序》作于嘉靖二十一年（1542年），由此可以断定丛书即成于该年，而钞本的时间断限必是抄于此前。此本《瀛涯胜览》前有永乐十四年（1416年）马欢《序》，并具有他本所没有的正统九年（1444年）马敬《序》，书后没有"景泰辛未秋月望日会稽山樵马欢述"题识。特录书前马敬《序》全文如下：

---

① 乾隆《曹州府志》卷四，清乾隆二十一年刻本。
② （明）朱当㴴编：《国朝典故·序》，此据八十四卷本，一百零三卷本无序文。

　　昔（肖）〔萧〕何入关，惟取图籍；玄龄克城，独采人物。史氏笔之，良有以也。洪惟我朝太宗文皇帝、宣宗章皇帝，咸命太监郑和率领豪俊，跨越海外，与诸番货易。其人物之丰伟，舟楫之雄壮，才艺之巧妙，盖古所未有然也。二帝之心岂直欲夸多，辟靡于远方哉？盖声名施及蛮貊，使普天之下含灵蠢动悉沾德化，莫不知有其君而尊亲焉。然奉命而往者，吾不知几千万人，而尽厥事称厥旨者，舍吾山阴宗道马公其谁乎？公以才干优裕，首膺斯选，三入海洋，遍历番国，金帛宝货略不私己，而独编次《瀛涯胜览》一帙以归。其载岛夷地之远近，国之沿革，疆界之所接，城郭之所置，与夫衣服之异，食用之殊，刑禁制度，风俗出产，莫不悉备。公之用心，盖欲使后之人于千载之下，知我国家道同天地，化及蛮夷有若是之盛也。他日史氏大书表公之心，将与萧、房同垂名于不朽，讵不伟欤？

正统甲子菊月前一日钱唐马敬书①

　　学界一般以马欢景泰题识为据，判断马欢稿本最终形成时间。此本前有永乐十四年（1416年）马欢《瀛涯胜览序》，从他本所无的马敬序的落款可知，序文作于明英宗正统九年（1444年）八月最后一天，而并无马欢之景泰题识，由此可以确定此钞本的原本写作时间在永乐十四年（1416年）至正统九年（1444年），早于马欢景泰年间定稿的时间，无疑是初稿本之一。因此可以断定：第一，在写作时间上，此本的原本是早于景泰定稿本的初稿本之一。第二，在抄写时间上，此本是至今所见问世最早的、最接近马欢原稿本的钞本，可以定为目前存留于世的最早的马欢《瀛涯胜览》初稿本钞本。

　　笔者在校勘第一阶段选取国本为底本。当时为什么选中它呢？伯希和曾以"番名""尸头蛮"之例，判断国本是马欢原本钞本，或者是更接近原本的钞本。②通过初校，完全可以认定伯氏所见是正确的。朱氏编辑大套丛书的宗旨是再现大明功业的原貌，因此，他要保存文献原貌，这一点也恰与校勘要寻找

---

①　关于马敬，杭州人，时为南直隶凤阳府天长县教谕。查嘉靖《天长县志》卷五（嘉靖刻本），见有正统初太常少卿郑雍言《重修庙学记》，提及重修庙学动工于"正统六年夏"，次年秋落成，请其撰记。记中载当时县官员有"教谕钱塘马敬"。郑雍言为浙江四明人，他所云马敬为钱塘人当无误。

②　《郑和下西洋考拾遗》，见〔法〕伯希和：《郑和下西洋考》，冯承钧译，上海：商务印书馆，1935年，第165—166页。

最接近原本的版本的目的相合。从伯氏当年未见的朱氏国本《序》中，我们确知它的抄录时间是在嘉靖二十一年（1542年）之前，这一时间是除去郭崇礼改编本之外的钞本中年代最早的。而且根据内容文字分析，可以确知它依据的底本是马欢初稿本，是最接近原本的本子。下面具体来看，归纳证据如下：

第一，伯希和曾指出，张昇删改本所本的原本，其中没有天方国，说明张氏所见本作于第七次下西洋之前，是1431—1434年之前的写本。[1]也就是说，是一个不完整的初稿本。张本无目录，国本与张本在国名排序上完全相同，说明也是一个初稿本。

第二，最重要的是，从文字来看，国本在各本中是最接近原本的。经比对其他钞本，国本的文字说明马欢《自序》中所言"直书"，不是虚言，在内容中完全体现了出来。国本文字质朴，可以举出的例子很多，典型的如在《自序》中，国本作"采摭各国人物之丑美"，而说本、淡本、三宝本均作"采摭诸国人物之妍媸"，以"丑美"对"妍媸"，润改痕迹十分明显。

第三，国本前有正统九年（1444年）马敬《序》，这一《序》为其他各本所无，序言在时间上也早于有正统十四年（1449年）刘弘后序的艺本（即郭崇礼改编本），说明此本所抄底本必是在正统九年（1444年）之前完成的初稿本之一。

第四，国本正文中明显保存有初稿本的特征，如"钞"是明初官方法定和流通的货币名称，永乐朝是宝钞最稳定的时期，宝钞用途广泛，用钞反映了时代特征。例如，"爪哇国"条记"赠以钞帛等物"，他本则皆改为"赠以铜钱等物"；又如"旧港国"条"赌钞物"，是忠实原本或者说接近初稿本的又一例证。还有，明显保存有初稿本的特征也表现在前后文用字不同，苏门答剌首见"苏门塔剌"，"南浡里国"条改"答剌"；《纪行诗》中"忽鲁谟斯"，诸国名作"忽尔没斯"；满剌加诸国名中作"满喇加"，正文中又作"满剌加"；此外，多有排列次序凌乱之处。凡此种种，均说明此本整理不足。还有就是此本字数在五个钞本中也是最少的，总计只有15 906字。

根据以上分析，可以认为国本的底本形成早，在现存各本中可以确定为最早的本子。故起初校勘工作以此为底本开始。校勘进行中，由于国本不同于他

---

① 〔法〕伯希和：《郑和下西洋考》，冯承钧译，上海：商务印书馆，1935年，第20页。

本的文字甚多，因此校勘记工作量相当大，笔者切实感到冯先生"《国朝典故》本《瀛涯胜览》得之较晚，惜脱误甚多，故仅摘录其异文之重要者"①的个中甘苦，了解到他当初没有用它进行全部对勘的缘故。

　　然而随着校勘的深入进行，出现了新问题，使笔者日益产生了疑问，即这一本子与他本对校时发现它出现的脱漏过多，对于脱文部分如何解释？实际上可以有两种解释：一是国本不是足本；二是所谓脱文部分是他本后来补入的。这里存在两种可能：或者此钞本是永乐十四年（1416年）以后的某个时间里的初稿本传抄出来的，原底本不全；或者是被抄者脱漏和删改。这里需要说明的是，朱氏没有必要删改，何况不保留原貌与他编辑整个丛书的宗旨有悖，所以我们可以排除第二种可能。如上所述，此本呈现的原始状态是很明显的，没有文字加工的痕迹。经与现存国家图书馆另一种著录为佚名辑《国朝典故》明钞本对勘，发现脱文之处是相同的；而这一初稿本的钞本，后来在万历年间有邓士龙刻本，经对校，脱文基本上也是同样的，所以结论只能是钞本的原本即如此，也就基本排除了抄者脱漏或删除的可能。从时间来看，这说明此本是马欢定稿本之前形成的初稿本之一。

　　以上是从内证的角度看，而从外证来看，将国本与张昇《瀛涯胜览集》删改本对勘，国本所脱内容，在张昇本中业已出现。张昇删改本中没有天方国，如上所述，伯希和曾据此推断，是因第七次下西洋时马欢才去了天方国，所以张昇所见之本必是产生于第七次下西洋之前的。在国本中，也没有天方国，而目录有鞑靼国，正文中又作鞑鞠朝，这说明此本的确是较早的本子，却与张昇所见本不同，这里合乎情理的结论是，马欢初稿本流传不止一种，国本只是初稿本之一。此本与他本对照的所谓脱漏，应该是后来补入的。

　　这里还有一个旁证，即宣德九年（1434年）成书的《西洋番国志》。作者巩珍在《序言》中直言"悉凭通事转译而得，记录无遗"，学界一般也认为其书完全来自马欢，甚至更有学者直接认为巩珍是抄袭马欢的。②根据《西洋番国志》这一特点，笔者认为其可视为马欢《瀛涯胜览》的一个别本，并特别注意到，其中"爪哇国"条已出现了国本脱漏的"衡法"和"量法"一段文字。

　①　冯承钧校注：《瀛涯胜览校注·序》，上海：商务印书馆，1935年。
　②　邱克认为："而巩珍在宣德九年完成《西洋番国志》之前看到并抄袭了马欢的全稿。"见邱克：《谈〈明史〉所载郑和宝船尺寸的可靠性》，《文史哲》1984年第3期。

以上两个例子都可说明国本所抄的是一个早期的初稿本，此后复有增补，而增补文字当出自马欢本人之手。

这样我们就回到了一个基本问题上，马欢初稿本形成于何时？如果以永乐十四年（1416 年）马欢《序》为据，最早初稿本形成于 1416 年，即马欢第一次跟随郑和下西洋归国时，但是我们至今未见 1416 年初稿本，甚至早有学者认为 1416 年马欢"序是伪文"①。其实原因很简单，就是初稿本早已为后来的续作所遮盖，经过校勘，国本的文字古朴，相对他本不是足本，这说明它是迄今我们见到的最接近马欢初稿本的一个本子。

确认了所谓的脱漏部分在马欢原本已存在，又判断具有马欢景泰二年（1451 年）题识的本子为马欢定稿本，笔者认为恢复一个不完全的初稿本的意义不太大，虽然当时以此为底本，已完成了大量通校工作，写了大量校勘记，但笔者还是决定重新选择底本进行校勘。于是第一阶段的校勘工作结束了。重要的是，得到了以下初步结论。

第一，此钞本虽然不是足本，但是它的重要性在于底本是马欢的初稿本之一，也是迄今为止我们所见现存钞本中最接近马欢原本的本子。

第二，仔细核对几个钞本的序文、题跋，唯有此本有正统九年（1444 年）马敬所书《序》。因此，可以断定此本完成于永乐十四年（1416 年）至正统九年（1444 年）间。在这一时间段里，马欢的初稿本可能已经不止一种在流传。

第三，从现存版本分析，马欢《瀛涯胜览》并非像以往认识的那么简单只有一个源流，而是五种钞本有四个源流。宋立民认为国本是一个删改本，似乎是不妥的。理由如下：一是通过比较他本可知，这个本子的文字是最为直白的，也就最符合马欢《自序》中"是帙也，措意遣词不能文饰，但直书其事而已，览者毋以肤浅诮焉"②的表述。删改本一般都包括润色文字，不太可能将文字改得更直白的。"丑美"改成了"妍媸"，显然是经过润饰，更加书面化了。二是国本文字表述不仅直白，而且还明显不够精练，在内容排序上也有不合理，或者说紊乱的地方，这些都是初稿本的特征。

---

① 戴闻达认为 1416 年序是张昇伪撰，根据是序中出现了太宗庙号，而 1416 年太宗还没有庙号。伯希和已对此做出修正，认为是马欢自己在后来的写作中增补的，见〔法〕伯希和：《郑和下西洋考》，冯承钧译，上海：商务印书馆，1935 年，第 18—19 页。

② （明）马欢：《瀛涯胜览序》，《三宝征夷集》本。

需要说明的是，国本最为接近原本，在这里有两重意思：一是马欢原本的初稿本的钞本，二是钞本对原本没有进行大的改动，更接近原貌。因此，在各钞本中，国本具有非常重要的地位，在研究马欢《瀛涯胜览》版本流变过程中具有重要价值。用它与其他本对校，可以考察初稿本与定稿本之间的差异，也可了解马欢原书的文字处理成型过程。

2. 一种明刻本

国本不仅有钞本，而且在万历年间出现了刻本，书题"国子监祭酒邓士龙编辑"。其中收入的《瀛涯胜览》，未著撰者名。

此书前有国子监生熊曰翀序，序后目录，仅题书名，未题著者。熊序云：

> 古今典制未有备于昭代者也。当开基之始，力扫荒霾，二界鸿蒙，允称再辟。自后圣烈神谟，递加斟酌，深仁瀜泽，沧浃肌肤，密纬纤纶，纲维群象，虽周、孔复生，不能轻议损益也。盖典也者，重也，大也。重不可迁，大不可衰。故名之以法，犹有出有入，胪之以史，犹有公有私，惟一书之以典，而山岳定，日月悬矣。典何所昉，曰昉于《易》；典何所据，曰据于《书》。六爻陈而成撰，此天地之典也。九畴列而成务，此帝王之典也。莨稗错杂，万宝告成于谷；垣野参差，五星垂象为经。晰是义者，可以读济寰翁之《典故》矣。
>
> 翁先世家计颇优，尊人命之筹钱谷，漠漠不入，持筹不谙数，尊人穷数，则茫然也。握锁钥则不知处所，其心勤篇章不习会计类如斯。思为诸生时，偕先大人同三五友肄业灵虚观。每读倦后，他友有酗歌者，有谑笑者，惟翁与先大人对立论谭，非文章道德不出诸口，其好学又如斯。先大人甚奇之。不数载，遂领壬午乡荐，虽发后，犹勤苦不辍。至甲午上公车，偕兰嵎朱翁同泊舟上河。每夜半，口不绝吟，朱翁心钦其励精，命价访之，即往结为契友。来春，兰翁廷试一人，翁亦登甲，授翰林庶起士，累升国子监祭酒。盖其学博，其识深，其力宏，故兼朝野之记载，合巨细之篇释，莫不经其搜罗，集而成《典故》，使后之考古者一展卷而明君良臣、名将循吏、方物土俗，灿若珠联，森如烛照。其有功于昭代也，不蒌重哉！
>
> 予幸叨济翁孙胥，躬承提命，无敢忘也。迨其没也，其孙德卿者，即

予之内弟也，尝谋之予曰："奈先人清宦，家计萧条。有欲鬻先司成书版者，售之于市，恐贾人易其序目，则先人之苦志不存。有欲投之赘库，而赘库不受焉。予见诸甥皆能继箕裘，姊丈雅好古博，毋宁代为收之，得存先人于不朽。"予因得藏其帙而卒业焉。故复题其额，以广其传云。

国子监生熊曰翀凤翔父题

从上序可知，万历二十二年（1594 年）邓士龙进京赶考，结识了兰嵎朱翁。查兰嵎，为朱之蕃之号。朱之蕃（1558—1624 年），字元介，山东茌平人，万历二十三年（1595 年）状元及第，邓士龙与其为同科进士。黄虞稷《千顷堂书目》记《国朝典故》为邓士龙所辑，记载与熊序相对应：

> 邓士龙，江西南昌人，万历乙未（一五九五年）科进士（二甲第四十九名），由翰林庶起士授编修，累官至国子监祭酒。[①]

邓士龙辑《国朝典故》共一百一十卷，收明初至隆庆朝史籍六十四种。邓氏刊本与朱氏钞本相较，除少数篇目外，与朱氏《国朝典故》大体相同，不仅绝大多数篇目相同，甚至连书名、卷数也未作变更。刊本在选本上稍有差异，减少了钞本的一些错误，在时间上收录史籍至隆庆，相比钞本至嘉靖为晚。经比对，可知此刻本中《瀛涯胜览》所据的底本，就是国本钞本。

朱氏钞本成书在前（序作于嘉靖二十一年，即 1542 年），邓氏刊本在万历以后。近人李文田在朱氏钞本上题有："其文往往不同，知此本之钞，盖在刊本之前矣。校刊本为佳。"经对校，虽然刊本较佳，但是经邓氏重新编辑后，开篇即是各国目录，以下则分别展开叙述，并没有钞本所有的马欢序、马敬序与《纪行诗》。与钞本相同的是，也没有宝船与人员的一段文字。

邓氏刊本为万历年间刻本，流传极少。《四库全书总目》《中国丛书综录》均未著录。《明史·艺文志》记"邓士龙《国朝典故》"，误作"一百卷"[②]，出处即黄虞稷《千顷堂书目》。

关于此书的收藏传承情况，书前钤有"皖南张师亮筱渔氏校书于笃素堂"

---

① （明）黄虞稷撰：《千顷堂书目》卷五《别集类》，瞿凤起、潘景郑整理，上海：上海古籍出版社，2001 年，第 138 页。

② 《明史》卷 97《艺文志》二，北京：中华书局，1974 年，第 2391 页。

"笃素堂张筱渔校藏图籍之章""桐山张氏藏书"三枚印章。按：张师亮，字筱渔，清安徽桐山人，室名"笃素堂"。①

此书现藏北京大学图书馆，为海内孤本。此前曾为李盛铎藏书。1993 年北京大学出版社出版许大龄、王天有点校本。

（二）张本

《瀛涯胜览集》，署名张昇。张昇，字启昭，号柏崖，南城（今江西南城）人，《明史》卷一八四有传。他生于永乐二十年（1422 年），卒于正德十二年（1517 年）。成化五年（1469 年）己丑科状元，授翰林院修撰，官至礼部尚书，正德初忤刘瑾归。②卒谥文僖。传世著作有《张文僖公文集》十四卷、《诗集》二十二卷。

张昇在朝为礼部尚书，曾注意到马欢之书，并进行了改编。他在《瀛涯胜览集》开篇，曾谈及改编初衷：

> 永乐中，有人随从太监郑和出使西洋，遍历诸国，随所至，辄记其乡土、风俗、冠服、物产，日久成卷，题曰《瀛涯胜览》。余得之，翻阅数过，喜其详赡，足以广异闻。第其词鄙朴不文，亦牵强难辨，读之数页，觉厌而思睡。暇日乃为易之，词亦肤浅，贵易晓也。③

张氏改编的目的明确："喜其详赡，足以广异闻。"说明这位明朝士大夫对于了解海外异国情调怀有很大的兴趣。

嘉靖元年（1522 年），其子张元锡为之刊刻《张文僖公文集》，其末附《瀛涯胜览集》。这虽然是删改本的刊刻，却是《瀛涯胜览》一书的首次付梓。一般学界所了解的马欢《瀛涯胜览》改编本，就是这个张昇本，又名《瀛涯胜览集》。冯承钧评价："惟张昇本删削太甚，原文所存无几，不足观也。"④而它具有的价值，就在于是一个马欢原稿本的改编本。这一马欢初稿本的删述改编本，特点有四：一是无马欢序。二是无《纪行诗》。三是仅至忽鲁谟斯国结

① 梁战、郭群一编著：《历代藏书家辞典》，西安：陕西人民出版社，1991 年，第 195—196 页。

② 《明史》卷 184《张昇传》，北京：中华书局，1974 年，第 4882—4883 页。

③ （明）张昇撰：《瀛涯胜览集》，《纪录汇编》本。

④ 冯承钧校注：《瀛涯胜览校注·序》，上海：商务印书馆，1935 年。

束，无天方国，由此可知，这一改编本依据的是在第六次下西洋之后、第七次下西洋之前的马欢初稿本。四是删节甚多，仅有 8035 字，相对字数最少的《国朝典故》明钞本 15 906 字，也几乎减少了 1/2。

由于张昇曾经身为礼部尚书，改编本形成后自成系统。此改编本是最早的刻本，所以流传颇广，除被收入张昇文集外，还被收入了多部丛书，现存世的明代版本有六种，即《纪录汇编》本、《宝颜堂秘笈》本、《亦政堂》本、《续说郛》本、《广百川学海》本、《天下名山胜概记》本。

显然，张本是流传较广的一种《瀛涯胜览》改编本。其传本具体情况详见下文。值得注意的是，多部丛书收入此本时将作者录为马欢，或马观，如不细查，则极易与马欢原本混淆，或致误以为马欢本。

清修《四库全书总目》时，纂修人仅见张本，未见马欢本，因此著录的是张本《瀛涯胜览》，这直接影响了《古今图书集成》的纂修，《古今图书集成·边裔典》中收入的内容大部分也是来自张本。现被收入《续修四库全书》。

（三）艺本

2004 年，在四种明钞本《瀛涯胜览》校注工作接近尾声时，笔者意外地发现了第五种明钞本，即梅纯辑《艺海汇函》本。《艺海汇函》是一套丛书，共有九十二种，一百六十一卷。此书为蓝格白口，四周双边，半叶十行，行二十字，三十册。《中国古籍善本书目》著录为明钞本。

梅纯，夏邑（今河南开封）人，世居南京，为明太祖宁国公主驸马梅殷玄孙，成化十七年（1481 年）第三甲进士。任定远县知县，忤上官，弃官归里。袭武阶，为中都留守司副留守，撰有《损斋备忘录》二卷。从梅纯所撰丛书《序》里，可以看出他的编辑思想、过程和编排体例，为了便于分析，特将全文录于下：

> 天地之间纲常大法，虽万古莫能或易，然气机迭旋，物理随变，方日新而无穷，是故六经之后纪事纂言代有作者，非欲多前人之功，要后世之誉也。盖事有当载，理有当明，自不容不见之于言耳。予尝考艺文诸志，见汉唐以来儒先之所著述不啻数千百家，每以不得尽阅为恨。后观宋左氏所集《百川学海》，始得见什一于千百。其间虽醇疵不齐，大要皆足以广

见闻而申劝戒，其于世教亦不为无补也。窃念所集之外放逸固多，而继作者亦不加少，及今而不为重收，则孤前功而弃后进，殆犹有不可胜恨者。故以区区不肖，自登仕途，南北往返三十余年，凡有所见辄手录之，日藏月增，积逾百卷，尚虑所守未广，弗敢裁成。今年过半百，自分衰钝，于笔札不可复勤，乃发旧藏，删其重复，第其篇章，而定为十集。首之以纪事，继之以纂言；又以事之所寓者人物也，而人有贤愚，物有变合，不可概谓之纪，故以知人、格物次之；言之成章者诗文也，而诗有邪正，文有工拙，不可概谓之纂，故以说诗、论文次之；凡是数者，稽之于古，不能无阙遗，故又次之以补阙以拾遗；质之于今，不能无疑误，故以辨疑刊误终焉。此外，更有俱收并论不可专称，及托物比义不可正名者，即以附于其末。集成，名之曰《艺海汇函》，亦以备一家之书，资后人之观览焉。嗟夫，积寡为多，虽于纲常大法不能小有裨益，然而求远自近，使善读者泛应之间事事曲当，则本体得以渐纯，博文可以约礼，其视词章末务、铅椠徒劳，不差有一得之长也哉。

正德二年岁次丁卯春二月朔旦

赐同进士出身、中都留守司署副留守夏邑梅纯序[①]

从上文可知，梅纯编辑此丛书的时间，是在他代理明朝中都（今安徽凤阳）留守司副留守任上，他早就有意于艺文诸志，自登仕途就开始了抄录，经过30余年"日藏月增，积逾百卷"，年过50岁以后，"乃发旧藏，删其重复，第其篇章"，于正德二年（1507年）定为十集。也即十卷：卷一纪事类，卷二纂言类，卷三知人类，卷四格物类，卷五说诗类，卷六论文类，卷七补阙类，卷八拾遗类，卷九辨疑类，卷十刊误类，名曰《艺海汇函》。《瀛涯胜览》收在卷四格物类。

　　梅纯所辑入的《瀛涯胜览》，不同于其他本子，是一个两卷本，艺本曾有明代著名藏书家徐𤊺《红雨楼题跋》著录。徐氏于万历三十四年（1606年）在南京旧书肆购得此书，写有题跋：

　　　　此曰《瀛涯胜览》，分上下二卷，乃会稽马欢永乐间从太监郑和下西

---

① 《艺海汇函·梅纯序》，现藏南京图书馆。

洋历诸番所记天时、气候、地理、人物者也。校之《星槎》，尤为详备。盖《星槎》纪四十国，此惟十八国，盖马氏经历仅此耳。斯本向未有传，余考焦太史《经籍志》亦未有载，偶于秣陵旧肆购之，抄写精工，二百余年物也，藏之以俟博雅君子备汇书之一种耳。①

艺本不似三宝本，早闻其名，未见其本，至 20 世纪 80 年代才为学者所发现；艺本百年以来从未有研究者发现。《瀛涯胜览》现存 10 多个本子，大半是张昇改编本，而这是唯一一个两卷本，作者署名是马欢与郭崇礼两人。追寻它的来源，还要从《瀛涯胜览后序》谈起。

艺本虽然长期不为人知，但是它的《后序》却曾经随着明钞三宝本和明刻《纪录汇编》本，特别是后者广为流传。在传抄（刻）过程中，《后序》因错讹和被窜改，已经面目全非，从 20 世纪 30 年代起给中外学术界造成了极大的误解，成为半个多世纪以来的一大疑案。归纳起来，主要有三个疑点：

一是涉及《瀛涯胜览》作者问题。根据《后序》，除了马欢是作者，似乎还有一个作者郭崇礼，他与马欢"皆通西域天方教"，二人又同以善"番语"跟随郑和三下西洋，记录了亲历各国的见闻。二人回乡后常把撰写的见闻给人们看，目的是使人人都了解异域。而郭氏考虑到应该付梓，使更多的人见到，所以托友人征序，准备刊刻此书。由此看来，郭氏似乎是与马欢共同撰写此书的又一作者；多年来学界也确实为此所迷惑，不仅在 20 世纪 30 年代如此，而且 80 年代的著述中仍见以二人并列②，以至延及近年的介绍之中③，可见误解一直在继续。

二是年代问题。根据《后序》落款的"是岁"，伯希和误认为在景泰二年（1451 年）《瀛涯胜览》已有了初刻本，只是这部初刻本世人久已不复见了，这一观点为学术界所接受。

三是《后序》作者问题。在三宝本及《抱经楼藏书志》中，《后序》作者署名"监察御史古朴剧弘"，无论如何查找，此人在史籍中却遍寻不见。而在

① （明）徐𤊹等撰：《新辑红雨楼题记》，马泰来整理，上海：上海古籍出版社，2014 年，第 90 页。
② 郑一钧《论郑和下西洋》中辅佐人员部分并列"马欢、郭崇礼"，并云："据此序，《瀛涯胜览》一书出于马、郭两氏的合作。"（北京：海洋出版社，1985 年，第 73 页）
③ 张箭《记载郑和下西洋的"三书一图"——〈瀛涯胜览〉〈星槎胜览〉〈西洋番国志〉〈郑和航海图〉》云："《瀛涯胜览》由马欢著，郭崇礼协助编撰。"（《历史教学》2005 年第 2 期）

通行的《纪录汇编》刻本中，由于抹去了作者姓名，一切更是无从查起。表面上看，流传最广的《纪录汇编》本在刊刻时不加细查，其《后序》的刊出，致使明后期人们就已不明真相了。

艺本的发现，特别是发现了《后序》原文，才使上述疑案得到了解决。为了便于分析，将此《后序》全文录于下：

> 余自少时观《异域志》而知天下舆图之广，风俗之殊，人物之妍媸，物类之出产，可惊、可喜、可怪、可愕，尚疑出于好事者为之，而窃恐无此理也。今观郭君崇礼、马君宗道所记经历诸番之事实，始信《异域志》所载诚不妄矣。崇礼，仁和人；宗道，会稽人，皆通西域天方之教。
>
> 昔永乐初，太宗皇帝敕命太监郑和奉诏领宝船，往西洋诸番开读赏劳，崇礼善通译番言，遂获随往。自闽之五虎发迹，入占城、爪哇、暹罗，继而次之至哑鲁、苏门答剌、锡兰、柯枝，极而造夫阿丹、天方等国，名曰《瀛涯胜览》。其间凡舆图之广者，记之以别远近；凡风俗之殊者，记之以别得失；与夫人物之妍媸，则记之以别美恶；物类之出产，则记之以别重轻，皆备录之，分为二卷，其用心亦多矣。
>
> 崇礼既归，恒出以示人，则异域之事皆一览而可见。崇礼不能尽及人人，尚欲镂梓广传，以扩充人之闻见，遂托其友陆君廷用以所录之稿至京师，请予为序，予得备阅之。喜其有资于世，遂为著其意于后云。
>
> 正统己巳正月既望监察御史古汴刘弘序①

我们首先看书的作者。序文清楚地表明了这篇《后序》是专为此本所写，其中虽然提到马欢，但是将郭氏置于马欢之前，称"崇礼善通译番言，遂获随往"；其中没有提到郭氏有三次下西洋的经历，却记载其将所至各国事物"皆备录之，分为二卷，其用心亦多矣"。虽然此本前面仍有马欢自序，但从这里可以确认的是两卷本是郭崇礼所为，是郭氏改编的一个本子。

其次，序文的时间。《后序》落款注明"正统己巳"，也就是明英宗正统十四年（1449年），这使以往学界对"是岁"即马欢景泰二年（1451）题识之年，产生了马欢书的初刻本的推断不攻自破。

① 《艺海汇函·瀛涯胜览》，现藏南京图书馆。

再次，《后序》的作者。署名为"古汴刘弘"。古汴，也即汴梁，今开封。刘弘其人，查《明英宗实录》"正统八年（1443 年）十二月癸未"条，记载"擢学正刘泓……为监察御史"，此刘泓，从任官时间上看，很可能即《后序》作者，但名字用字不同，又未见其他史料记载，故只能姑存待考。

最后，此本仅见藏南京图书馆，是为钞本，未见刊本。考其未能刊刻的原因，应与时局有关。《后序》中称正统十四年（1449 年）正月郭崇礼准备刊刻此书以广流传，托人将书稿带到京师，请人作序。但当年七月发生了震惊朝野的"土木之变"，明英宗在土木堡被俘，京师大乱，因此刊刻不果，也是意料中事。

此本特点：一是整体结构由郭氏重新编排，分为上下两卷；二是目录上只记十八国，比马欢原本缺少二国，实际上目录虽然删去了那孤儿和黎代两小国，但关于二国的文字却仍然保留在正文里；三是增加的多为文字上的修饰与改动。

重要的是，我们利用此本的新资料，可以解决若干重要的学术问题。以前因为缺乏资料，所以无法确定其后序原貌究竟如何，艺本的发现，在很大程度上破解了《瀛涯胜览》版本问题中的一些重要悬案——推翻了以往景泰初年形成了马欢、郭崇礼合作初刻本的看法，使中外学术界近百年的误读得以真相大白；解决了《瀛涯胜览》又一作者是郭崇礼的疑案，解开了《后序》作者"古朴剧弘"的谜团，澄清了版本年代上近百年来的误解，为我们寻觅文本的原貌、说明马欢《瀛涯胜览》的来龙去脉提供了颇有价值的根据。郭氏不是《瀛涯胜览》的第二位作者，确切地说应是改编者，两卷本是郭氏参与改编的本子。此本虽经润改之处甚多，但署名有马欢，内容上仍主要是马欢的《瀛涯胜览》，并非重新创作，故未改书名，可称改编本。

因此，此本可以说是马欢《瀛涯胜览》的又一个改编本，它所依据的本子应该是马欢的初稿本，底本为马欢产生于明正统十四年（1449 年）的初稿本，钞本系抄于明正德二年（1507 年），或者说在此前。虽然所抄底本是晚于国本的正统十四年（1449 年）初稿本，但在抄写时间上更早于国本，它是笔者目前所见《瀛涯胜览》五种明钞本中，能够确定年代的最早钞本，具有重要学术价值。

此本中，国本相比他本所阙文字均已存在，说明马欢《瀛涯胜览》初稿本在正统时必已有足本，所以郭氏润色改编准备刊刻。这又一次证明了马欢原本并非只有一个源流的事实。

伯希和曾假定郭崇礼也是阉人[1]，他的推测是错误的。艺本的完整《后序》写得很清楚，郭崇礼归里后动意刊刻《瀛涯胜览》，太监应是不会归里的。查成化《杭州府志》，见有郭崇礼之名列于永乐十四年（1416年）岁贡生，记为新城（今浙江富阳）人。[2]康熙《新城县志》见载，也为岁贡生，"（永乐）十四年仕南宁府照磨"[3]。值得注意的是，那一年已是马欢第一次跟随郑和下西洋回来以后，《瀛涯胜览》初稿已就的时候。因此如果郭崇礼就是改编《瀛涯胜览》之人，他没有跟随郑和三次下西洋是可以肯定的。作为岁贡生，他的文辞修养可能高于马欢。郭姓是回族大姓，作为信奉伊斯兰教人士，他很可能懂阿拉伯语，也有可能曾随同郑和下西洋。但是，马欢是《瀛涯胜览》的作者，他是承认的，这一点是可以确定的。

从改编本传抄行世的角度来看，艺本在前（正德时），张本在后（嘉靖时），但是张本传抄的底本是马欢初稿本形成更早的一个本子。在改编本中，艺本产生早，然而流传不广。此本经清著名藏书家李馥、杭世骏之手，得以保存至今，弥足珍贵。它的性质与张本相同，都是出自文人之手、对马欢原本作了文字上的改订的本子。张本的特征是删削得面目全非，艺本则润改整洁。对照书前马欢《序》，艺本与国本相近，与其他稿本则多有不同。由此可证国本、艺本均抄自马欢初稿本，或者郭氏改编的就是正统九年本，但经过郭崇礼的改编，马欢初稿本出现了一个加以文字润饰、卷帙重编的新版本。

艺本产生早，源自马欢初稿本，然而流传不广。从说本、淡本均不载刘弘《后序》，可以知道马欢定稿本与此本无关，说本、淡本应是没有参考过此本的钞本。三宝本是延续初稿本和定稿本，也即马欢原本的一个集成本，其中与《纪录汇编》本同样出现一个经过改动而模糊的《后序》，改动者为何人已不得而知，但经比对，三宝本和《纪录汇编》本均与郭氏改编本没有传承关系。

还应该说明的是，两种改编本之间没有关联。此本的底本是马欢一个完整的初稿本，郭氏进行了改编；而张昇所见到的初稿本并非足本，所以张本虽然

① 〔法〕伯希和：《郑和下西洋考》，冯承钧译，上海：商务印书馆，1935年，第32页注。
② 成化《杭州府志》卷五八《选举》四《岁贡》，万历刻本。
③ 康熙《新城县志》卷五《官师·岁贡》，康熙三十二年刻本。

刊刻较晚，但其底本却是马欢初稿本中更早的一个，可惜删削太过。艺本的底本是马欢初稿本的足本，对版本流变研究很有参考价值。而艺本和张本均为改编的本子，这一点是二本共同的特性，即在内容上显示出更多的文人化倾向。

《艺海汇函》首册有"南海吴氏心香书屋所藏书画"印；最后第三十册有"曾在吴珏如处"印、"心香书屋"印，并有"董浦杭大宗校于道古堂"字样。

此本《瀛涯胜览》首页下方有印两枚："吴尚璁书画"印"曾在李鹿山处"印，由此可知此本的流传轨迹。

（四）说本

《说集》是一套丛书，一百一十卷，无编辑人名传世。四函，二十册，以"日月光天上，山河壮地居，太德无以报，愿□万年书"二十字排序。此本每半叶十一行，行二十四字，蓝格白口，四周双边。丛书汇辑汉唐以来至明朝名贤小说、笔记六十种。所辑诸书，大半出自《汉魏丛书》《说郛》《纪录汇编》等书，但也有一些钞本与其他丛书所收之本多有不同，可用于互校。

第二函山部收入《瀛涯胜览》。文末有"景泰辛未中秋望日会稽山樵马欢述"，故知所钞底本是景泰二年（1451 年）马欢手订的定稿本。至于传抄时间则不详，可能是在明后期。今见丛书末题有"夷白斋旧本重雕"字样。查"夷白"，明代有顾元庆，长洲（今江苏苏州）人，字大有，号大石山人，约活动于正德、嘉靖间。其家有"夷白堂"，藏书万卷，曾择其善本刊刻，自嘉靖十八年至二十年（1539—1541 年）刻有《顾氏文房丛刻》，行世者有《文房小说》四十二种，《明朝四十家小说》。所载作品，多系笔记之类。黄丕烈曾云："（顾元庆）非特善藏而又善刻，其标题'顾氏文房小说'者，皆取古书刊行，知急所先务矣。"[①]因此疑顾元庆或为此钞本丛书之编辑者，此钞本乃抄自夷白堂本，此本约抄于嘉靖年间以后。

此本现存中国科学院图书馆，是海内孤本。第一册有"景德龛生"印、"诸城王维朴齐民珍藏"印、"接翰墨缘"印。从"诸城王维朴齐民珍藏"印，知此本为民国间金石学者王维朴旧藏之物。王维朴，山东诸城人，著有《诸城王氏金石丛书》。

---

① （清）黄丕烈著，（清）潘祖荫辑：《士礼居藏书题跋记》卷四，周少川点校，北京：书目文献出版社，1989 年，第 149 页。

说本与淡本属同一源流，其特点在下面论述淡本时一并归纳。

（五）淡本

祁承煠淡生堂钞本《瀛涯胜览》，著录作者为马观，文末有"景泰辛未中秋望日会稽山樵马欢述"。经过校勘，可以确知淡本与说本属于同一系统，即所钞的底本是景泰二年（1451 年）马欢手订的定稿本，抄录时间约为晚明天启年间。此本《瀛涯胜览》现藏福建省图书馆，已影印收入《四库全书存目丛书》，首页有"大通楼藏书印"①。

祁承煠在大约 1620 年所撰《澹生堂藏书目》卷三记曰：

> 《瀛涯胜览》一卷，马汝钦，附瀛涯记行诗。《说钞》本、《征信丛录》本、《纪录汇编》本、《百名家书》本、《古今说海》本。②

虽然"澹"与"淡"通，然而，今天我们见到的这个淡本，却与祁氏藏书目所云之本颇有出入，具体说来，此淡本之疑有二：一是祁氏著录作者为马汝钦，而此本没有马汝钦的名字，著录作者为马观；二是祁氏著录附有"瀛涯记行诗"，而现存本不见附诗，是笔者所见的五种明钞本中唯一一个不见《纪行诗》的本子。

对于《澹生堂藏书目》中所记《瀛涯胜览》，向达先生最早提出："《征信丛录》是祁承煠所辑的一部丛书，所收多关明朝掌故，只有祁氏淡生堂自藏钞本，世无传本。内中的《瀛涯胜览》是否足本，无从得知。"③伯希和曾明确指出，祁氏的藏书目所列版本有误，其中，除《纪录汇编》本外，所著录的《说钞》《百名家书》《古今说海》本都出现了错误。④具体来说，《百名家书》是胡

---

① 查"大通楼"，为清福建闽县（今福建福州）龚易图藏书楼。龚易图（1835—1893 年），字蔼仁，清咸丰九年（1859 年）进士，官至湖南布政使。龚易图酷嗜藏书，先后收得海宁陈氏书 3000 余种、闽县刘矦为书数千卷、刘国柱书 2 万余卷，数十年中共庋藏 10 余万卷，在福州乌石山下辟双骖园，筑大通楼以藏之，并编有《大通楼藏书目录簿》五卷。参梁战、郭群一编著：《历代藏书家辞典》，西安：陕西人民出版社，1991 年，第 403 页。

② （明）祁承煠撰：《澹生堂藏书目》卷三，《丛书集成续编》第 3 册，台北：新文丰出版公司，1988 年，第 642 页。

③ 觉明：《关于三宝太监下西洋的几种资料》，《小说月报》1929 年第 1 期。

④ 〔法〕伯希和：《郑和下西洋考》，冯承钧译，上海：商务印书馆，1935 年，第 16 页。

文焕所辑的一部丛书，收书九十八种，但其中并无《瀛涯胜览》。《古今说海》也是一部著名的丛书，没有收入《瀛涯胜览》，只是收入了费信《星槎胜览》。祁氏所辑《国朝征信丛录》收书一百二十三种，有手抄数百卷，其中的《瀛涯胜览》原本，是否即是此本，因此书久已散佚，难以证实。至于《说钞》，也是一部丛书，伯希和认为是《古今说钞》，但至今遍查未见此书名的丛书，或即指《说集》。

明代藏书家往往也是抄书家，或雇人抄写，备有专用抄书纸，抄书格纸板心刻有藏书楼字样，今天所见淡生堂钞本《瀛涯胜览》就是如此，板心刻有"淡生堂"。但由于此本错讹脱漏较多，应不可能是祁承爜亲抄，或为雇人抄写，抑或是后人以淡生堂空白抄书纸抄写的本子。

从初校可以得知，说本与淡本并非出自国本，而是另有源流。相对国本，二本是经过了更多改动的本子。二本最重要的相同之处，就是文末均见有"景泰辛未中秋望日会稽山樵马欢述"的题识，说明都是马欢于景泰二年（1451年）的定稿本钞本。其中主要内容的增补是由马欢本人完成的。但淡本在抄写时间上更晚于说本，如果依据《序》文，说本是抄于嘉靖年间，淡本则由于是淡生堂的钞本，且祁氏1620年的藏书目记载尚与此本不合，故此本抄写时间还要晚于1620年，应是在天启年间以后。

说本与淡本出自同一祖本，即马欢的定稿本。二本相校，排除抄误、脱漏外，出入甚少，文字上的共同性多于歧义。如二本目录均脱"满剌加国"，而正文又都有此国，就是典型的例子。而且与它本相校，二本明显有很多错误相同之处，如"爪哇"均作"爪蛙"，又如阿丹国脱失的段落相同，等等。总的来说，虽有各自之误，但是一致之误更多；只是淡本的错简更多于说本，如柯枝国前后颠倒，还有大段脱文等；说本脱文少，特点是俗字多，如"吃""万""礼"等。

虽然从源流上说，说本与淡本这两个钞本与《纪录汇编》刊刻本同出于马欢景泰年间的定稿本，但重要的是，二钞本却不是从刊刻本抄出来的，文字很有不同之处。例如，《纪录汇编》本"占城国"条"或有触其头者，如中国杀人之恨"，说本、淡本作"或有触其头者，即有阴杀之恨"；另外，说本、淡本"爪哇国"条"自二村投南"之后，有"船行半日许，则到苏鲁马益港口。其港内流出淡水，此处沙浅，大船难进，止用小船"三十二字，为《纪录汇编》

本所缺，可见钞本另具自身的价值。同时，也可知即使是马欢的定稿本，也有钞本与刻本的不同源流。

值得注意的是，说本、淡本之中，留有明显的后来人增补的痕迹，具有新的特征。最典型的后人倒补内容的例子，就是在许多国名之下，附有小字"一统志有"，或者还有的加注了《一统志》中的文字，如在"天方国"条下注出："《一统志》有，但有默伽国曰默德那国，与此不同。后云：本国差人往天方国，信是两国而天方为远矣，此与志不同。"即不仅注出《一统志》，而且还有一段与《一统志》的比较文字。这里的"一统志"，经比对，是指《大明一统志》，此书是在天顺五年（1461年），也就是马欢题识定稿本之后十年成书，因此，景泰二年（1451年）定稿时的马欢是见不到的。这说明钞本的特征，即处于一个不断改动变化的过程之中，与刻本不同，刻本一旦刊刻后即成为固定的书籍，而钞本则具有不稳定和流动的特性。不仅国名下注有《一统志》，书前宝船、人员的部分，更是晚明后世增补的典型例证（对此下文还将谈到）。同时也为万历四十五年（1617年）马欢定稿本的刻本《纪录汇编》所未见。

需要说明的是，此福建省图书馆藏钞本，2016年由海峡出版发行集团、福建人民出版社影印出版，书名为《淡生堂钞本瀛涯胜览》。虽然注明福建省地方志编纂委员会、福建省图书馆整理，但是除了书前简略的"《瀛涯胜览》出版说明"之外，未见进行整理工作。

（六）《瀛涯胜览》《瀛涯胜览集》的《纪录汇编》明刻本

明后期更多文人对《瀛涯胜览》给予关注，参与传抄和付梓。最突出的例证是马欢定稿本于万历年间有了刻本，被收入《纪录汇编》丛书。《纪录汇编》丛书，收录一百二十三种，明万历间沈节甫辑。所收为明初至嘉靖年间的君臣野史杂记，包括重大战事、人物传记、地理游记、诗文评议等。万历四十五年（1617年）监察御史陈于廷刻于江西。至此，马欢《瀛涯胜览》定稿本才获刊刻，刻本成为通行本，流传最广。值得注意的是，经过对勘，此本虽据马欢定稿本刊刻，但是经过文人的润改，因此与钞本有不少异文。①此外，这一丛书的特点是同时收录了马欢《瀛涯胜览》和张本两种本子，使马欢原本系统

---

① 参见（明）马欢：《瀛涯胜览》，万明校注，北京：商务印书馆、中国旅游出版社，2016年。此为以《纪录汇编》为底本，与《明钞本〈瀛涯胜览〉校注》对校的一个版本。

与改编本系统并存。

（七）三宝本

在校勘的第二阶段，笔者选择了《三宝征夷集》作为底本。此本蓝格，半叶十行，行字数不等。原藏于天一阁，现藏国家图书馆。①

《三宝征夷集》是一个明钞本，从书名的"夷"字已可证明。清朝以后忌讳"夷"字，如遇胡、虏、夷、狄等字或易字，故清嘉庆十三年（1808年）范邦甸撰《天一阁书目》（以下简称《书目》）中改"夷"为"彝"②，后沈德寿《抱经楼藏书志》注录为《三宝征彝集》，当也是此故③。实际上，今天我们所见传世的书名是《三宝征夷集》。书名虽改，但此书即马欢《瀛涯胜览》是无误的。范氏《书目》在注录"《三宝征彝集》一册，钞本"之下，直接抄录了马欢的《自序》，并一直引至"编次成帙，名曰《瀛涯胜览》"为止，说明《书目》编者对此书即马欢《瀛涯胜览》是确信无疑的。

无论向达、冯承钧，还是伯希和，都从未见过此本。伯希和首先提到此本著录于"1810年范氏《天一阁书目》"，指出"好像是原本《瀛涯胜览》的一种写本（内容或许不同），同《纪录汇编》的刻本没有关系"。④其后，冯承钧认为"然未敢确定是《瀛涯胜览》的别本。今检《抱经楼藏书志》卷十九，著录有明钞本《三宝征彝集》一卷，《瀛涯胜览》的前后序文并存，且足补《纪录汇编》本脱漏之文……这部孤本《三宝征彝集》现在或尚存在，若能取以校勘《纪录汇编》本，必更有所发明"⑤。其后，伯希和在《郑和下西洋考拾遗》一

---

① 清沈德寿《抱经楼藏书志》卷十九《杂史类》（北京：中华书局，1990年）注明，沈氏所见《三宝征彝集》卷首有"四明陈氏文则楼珍藏书画"印、"朱文长"印、"陈氏家藏白文方"印、"文则楼藏朱文方"印。查文则楼，为浙江宁波陈仅藏书室名，陈仅，字余山，鄞县人，清嘉庆举人，累官宁陕厅同知。今所见国家图书馆藏本上印章有所不同，书首除了"北京图书馆藏"印外，见有"抱经楼藏书"印、"亚东沈氏抱经楼鉴赏图书"印、"五万卷藏书楼"印等。"五万卷藏书楼"，为龚易图之藏书楼别称。又见"朱""香句偶得"印，可见此书曾藏于朱鼎煦处，朱鼎煦，字赞卿，号香句，浙江萧山人。民国初任鄞县法院推事，后任龙山法政教员暨律师。
② （清）范邦甸等撰：《天一阁书目》卷二之一《三宝征彝集》，江曦、李婧点校，上海：上海古籍出版社，2010年，第114页。
③ （清）沈德寿撰：《抱经楼藏书志》卷十九《杂史类》，北京：中华书局，1990年，第214—215页。
④ 〔法〕伯希和：《郑和下西洋考》，冯承钧译，上海：商务印书馆，1935年，第22页，此处伯氏关于《天一阁书目》的年代有误，应为1808年，《书目》前有嘉庆十三年阮元序可为证。
⑤ 〔法〕伯希和：《郑和下西洋考·序》，冯承钧译，上海：商务印书馆，1935年，第6页。

文中云："我曾提及的《三宝征彝集》（1933 年《通报》257 页）尚未发现……若将此本觅得，必定有裨于《瀛涯胜览》之校勘。"①然而，此本虽早著其名，却迟迟没有被发现。直至 20 世纪 80 年代，邱克才在当时的北京图书馆发现。②

经校勘，可以确知虽然此本名称有所改变，内容却是依据马欢的初稿本和定稿本综合而成的一个《瀛涯胜览》本子，也就是说它是概括了国本和说本、淡本两个系统，即马欢初稿本和定稿本乃至定稿本增订而后形成的一个本子，成为马欢原本系统的一个集大成本，字数也是各本中最多的。正是由于它具有这样的特色，所以校勘工作最终选取了此本为底本。

此本抄写错讹很多，且错误常出乎常理，可见抄写人文化水平不高，只管抄写，不顾文义，同音异字之误尤其多。但是它的特点也是极为明显的：行文明显可见综合，即将初稿本和定稿本二者糅合而成。在校勘中，发现此本主要采取了以下方式糅合了初稿本和定稿本。

（1）以定稿本为主，参考初稿本的文字，使文义完整。如"阿丹国"条，说本、淡本皆云："王用赤金铸钱行使，名曰哺噜厮零用。"三宝本补入了国本文字，云："王用赤金铸钱行使，名曰哺噜嘹，每个重官秤一钱，底面有文。又用红铜铸钱，名曰哺噜斯，零用此钱。"

（2）将定稿本和初稿本二者综合。最为突出的例子见于"忽鲁谟斯国"条。国本云："一应面食皆有卖者，二三口之家口多不举火。"说本、淡本云："一应面食皆有卖者，三四口之家不多举火做饭。"三宝本综合为："一应面食皆有卖者，二三四口之家皆不举火做饭。"

（3）将初稿本和定稿本文字打乱，兼二者之长而理顺文义，进行重新编排。如"爪哇国"条丧葬之礼部分，将"随心所欲而嘱之，死后即依遗言而送之"置前，是与国本、说本、淡本文字均不同的重新组合，使文义顺畅清楚。

（4）综合两本的文字时，依据比较客观的取舍。涉及数字上最为明显，如"满剌加国"条，国本云："此地属暹罗所辖，岁输金四十两。"说本、淡本作"岁输金五千两"，三宝本取"岁输金四十两"。类似的例子很多，三宝本往往与国本同，一般是选低不选高。此外在行文中，如"阿丹国"条说本、淡本作

---

① 《郑和下西洋考拾遗》，见〔法〕伯希和：《郑和下西洋考》，冯承钧译，上海：商务印书馆，1935 年，第 162 页。

② 邱克：《谈〈明史〉所载郑和宝船尺寸的可靠性》，《文史哲》1984 年第 3 期。

"永乐九年",显然错了;三宝本同国本作"永乐十九年"。

此本没有马欢自述和题识证明,推测马欢在景泰年间定稿时应年事已高,所以这一集成本不能确定是马欢自己完成的。从它是一个全面吸收了马欢原本,包括初稿本和定稿本的本子,呈现出不同二本的特点来看,它应产生于景泰定稿本以后,有明显的增补部分,说明是在马欢定稿本以后的增补本。

更易后的书名提示我们它反映了明后期人对郑和下西洋的理解,与明后期海上环境发生重大变化有着密切关系,此时明朝人对下西洋的关注,已经不仅是出于对异闻的好奇,而且具有一种对海上的忧患意识。此本名称的改变,符合当时人思想观念,它应是一个明后期的传本。

(八)《宝颜堂订正瀛涯胜览》《亦政堂订正瀛涯胜览》的《宝颜堂秘笈》刻本

《宝颜堂秘笈》,题明陈继儒辑。收唐、宋、元、明书籍二百二十余种,分正、续、广、普、汇、秘六集,所收多掌故琐言、艺术谱录之作。书中有罕见秘笈,然多不足之本。今见有明万历秀水沈德先、沈孚先的亦政堂、尚白斋刻本。

陈继儒著述颇丰,晚明多有商贾冒名之作,《宝颜堂秘笈》也即其一。此有陈氏书信为证。陈氏《与戴悟轩》云:"但书坊所刻《秘笈》之类,皆伪以弟名冒之。"又《答费无学》云:"《秘笈》非弟书,书贾赝托以行,中无二三真者。"[1]今见书目均著录陈继儒名,这是我们应该留意加以辨识的。

所见《宝颜堂秘笈》广集题为"亦政堂镌陈眉公家藏广秘笈",时为万历四十三年(1615年),有李日华序、沈德先序。知广秘笈为沈氏兄弟所辑刊,亦政堂为沈德先室名。普集题为"亦政堂镌陈眉公普秘笈",汇集也题为"亦政堂订正汇秘笈",故知皆是沈德先所为。

沈德先,明秀水(今浙江嘉兴)人。字天生,诸生,室名亦政堂。与弟孚先等辑刊《尚白斋秘笈》《眉公秘笈》。沈孚先,字白生,万历二十六年(1598年)进士,官工部郎中,室名"尚白斋"。[2]

---

① 均见(明)陈继儒:《白石樵真稿·尺牍》卷一,四库禁毁书丛刊本,集部,第66册,第442、445页。
② 李斌《陈继儒室名考略》(《学术研究》2003年第8期)云:"'正集'全名为《尚白斋镌陈眉公订正秘笈》,'秘集'亦冠名为'尚白斋',而'广集''普集'冠名为'亦政堂'。'尚白斋''亦政堂',分别为当时书商沈孚先、沈德先之斋名,通称为'宝颜堂秘笈'是因为宝颜堂为陈继儒斋名,而继儒名在二沈之上。"

查《宝颜堂秘笈》收入《瀛涯胜览》，著录为"稽山马观撰记，盱江张昇删述"，明言为张昇删改本。经过比对，也确为张昇改编本。又见《亦政堂订正瀛涯胜览》一卷，题"稽山马观撰记、盱江张昇删述、绣水郁之骥藏校"，题为亦政堂刻陈眉公家藏汇秘笈本，中国科学院图书馆藏。此本有"订正"字样，可确知为张昇改编本。凡有"订正"二字的版本，均为张本。

（九）《瀛涯胜览》明亦政堂刻本

明亦政堂刻本《瀛涯胜览》一卷，著录为明马欢撰。上文已经说明，亦政堂是沈德先堂名，从其弟沈孚先为万历二十六年（1598 年）进士，可知沈氏兄弟约生活于万历年间，故此刻本应不会早于万历年间。查考全书，属马欢原本的定稿本系统，是与明钞本说本、淡本同一系的刻本。典型例子，是在其书国名下多见"一统志有"的增补文字。与钞本的最大不同，是此本无马欢序，无《纪行诗》，也无马欢题识，更无后序。而明钞本说本、淡本均有的宝船与人员一段文字，在此刻本也未得见。

（十）《瀛涯胜览》明《续说郛》刻本

《续说郛》，四十六卷。明末清初陶珽编辑。陶珽，姚安（今云南姚安）人，明万历三十八年（1610 年）进士。鉴于陶宗仪《说郛》辑止于元代，遂杂抄明人著作五百二十七种以续之。宋人、元人著作仍有收入。经过对照，此丛书所收为张本，其中著录作者为马观。

（十一）《瀛涯胜览》明《广百川学海》刻本

明冯可宾辑《广百川学海》丛书，仿宋咸淳中左圭辑《百川学海》体例，收书一百三十二种。冯可宾，益都（今山东青州）人，字桢卿。天启二年（1622 年）进士，官湖州司理。经过对照，此丛书所收《瀛涯胜览》起自占城，终至忽鲁谟斯，未见天方，为张本，著录作者为马观。

（十二）《瀛涯胜览》明《名山胜概记》刻本

《名山胜概记》，丛书，四十八卷，明何镗编。此书辑录历代名人雅士山川游记，以明代行政区划，分别辑录名篇，是古代游记名篇精选。何镗，字振卿，处州卫（今浙江丽水）人。嘉靖二十六年（1547 年）进士，官至江西提学佥事。

今国家图书馆藏《名山胜概记》有两种版本，一种四十八卷，卷首一卷，卷末一卷，著录明何镗编，明佚名增辑。书名页题名《天下名山胜概记》。此本有王世贞、汤显祖、王穉登三序，其中卷四三广东部分收入"马观《瀛涯胜览》"，正文题名"瀛涯胜览，稽山马观记，武林何士鏸阅"。经过比对，只至"忽鲁谟斯"，无"天方"，实为张本。此本与《纪录汇编》的张本不同之处，是各国名后均无"国"字。也许是丛书将之收入广东部分，不宜加"国"字的缘故。

需要说明的是，国家图书馆收藏的另外一种《名山胜概记》四十六卷本，著录何镗辑，慎蒙续辑，张缙彦等补辑，为清刻本。慎蒙，字子正，浙江归安人，嘉靖三十二年（1553 年）进士，官至监察御史，辑有《天下名山诸胜一览记》十六卷。张缙彦，河南新乡人，字濂源，明兵部尚书，后降清。此清刻本没有收入《瀛涯胜览》一书。

（十三）《瀛涯胜览》清《胜朝遗事》刻本

《胜朝遗事》，清吴弥光编辑。吴弥光（1789—1871 年），号朴园，南海（今广东南海）人。吴荣光之弟。该书所涉之史实起自明洪武年间，终至明崇祯时期，不录南明弘光、隆武及永历诸朝史事，对于明朝的重要史事，如靖难与梃击、红丸、移宫三大宫案以及典章制度等均有较为详细的记载。分初编和二编，初编三十二种六卷，二编十七种八卷，共计四十九种十四卷。初编因只记一时或一人之事，故按年代次序排列。二编以一书总记数朝或数十人之事，故按作者顺序排列，也有互相重复之处。此书有吴弥光于道光二十二年（1842 年）南海吴氏芬陀罗馆的刊本①，又见光绪九年（1883 年）宋泽元补刻本。此晚清刻本经文人改窜甚多，有不少不同于《纪录汇编》的异文，冯承钧即主要依据此本，与《纪录汇编》对校，出版了《校注》。

（十四）《瀛涯胜览》清钞本

此本旧藏石墨书楼，石墨书楼为清翁方纲室名。经翁方纲亲笔题写"胜

---

① 施廷镛编著：《中国丛书题识》下册，北京：北京图书馆出版社，2003 年，第 687 页。

览，永乐丙申马欢述"。并有题识"十九年岁在甲戌菊月，石墨书楼钞本共五十叶，同日手装并校"，"前有马欢自序，始永乐癸巳迄丙申，凡四载，书成汇刻，书目作郑和纂者，误也"。

此书另见有叶启勋两段题记，知此本源自明珠谦牧堂家藏本：

> 此大兴翁覃溪阁学方纲从明珠相国谦牧堂家藏本传钞，手自校藏者也。书面书衣及书中朱校，书尾朱笔题字，均阁学手迹。余得之长沙张潜园文达百熙家。
>
> 丙子春年叶启勋记
>
> 书面题字十九年上损，缺帝号，余定为嘉庆十九年，距阁学易篑前四年，时八十一岁，正重预琼林宴，赐二品卿衔时也。越日灯下再志。
>
> 定父居士

由此可以得知，此书是翁方纲从大学士明珠谦牧堂家藏本传抄而来，并亲自以朱笔题校、收藏的一个钞本。后为叶启勋所得。叶启勋（1900—1972年），字定侯，湖南长沙人，叶德辉三弟叶德炯次子。家有藏书楼名"拾经楼"，藏书达十多万卷。其藏书印有"叶氏启勋读过""拾经主人""定侯审定""定侯所藏""拾经楼"等。所藏书后归湖南图书馆收藏。此钞本上钤有叶氏印章"拾经楼"等，并由此本可知叶氏又号"定父居士"。依据该本叶氏题记，知得之于长沙张百熙家。张百熙（1847—1907年），字埜秋，湖南长沙人，清同治十三年（1874年）进士，官至内阁学士、吏部尚书、京师大学堂管学大臣等职。经过比对，此钞本前有马敬《瀛涯胜览序》，知为明《国朝典故》传钞本，即马欢初稿本的传钞本，传抄至清，历时悠久，且为大学士家藏、题识，弥足珍贵。

五、版本综述

叶德辉《书林清话》曾云"古书无刻本，故一切出于手钞，或节其要以便流观"，有"刻本书之节钞者"。[①]发展到明代，刻书业极大繁荣，丛书大批涌

---

① 叶德辉：《书林清话》卷二《书节钞本之始》，北京：中华书局，1957年，第30页。

现，仅据《中国丛书综录》的不完全统计，明人辑撰、刊刻的丛书达三百七十三种，综合性丛书一百二十五种，专门性丛书二百四十八种，其中经部丛书三十一种，史部丛书三十七种，子部丛书七十七种，集部丛书一百零三种。可见明代丛书数量多而日趋专门化。综合性丛书或汇辑丛残，或搜集奇异，前者如《广百川学海》《纪录汇编》等，后者如《古今逸史》《宝颜堂秘笈》等。笔者收集的五种明钞本，有三种是收录于丛书而保存下来的。明代焦竑《国史经籍志》没有载入《瀛涯胜览》，清代《四库全书总目》仅见张昇改编本，并置于存目。但是明代多部著名藏书目收录了马欢《瀛涯胜览》一书，如晁瑮《晁氏宝文堂书目》、朱睦㮮《万卷堂书目》、董其昌《玄赏斋书目》、徐𤊹《徐氏家藏书目》等。但是还需要说明的是，马欢《瀛涯胜览》被收入丛书的刻本，大部分是张本，此本因为得到士大夫的赏识，被附入文集，才得以广为流传，以致马欢原本反而不如张昇改编本流传更广。

对马欢《瀛涯胜览》五个明钞本（包括国本、说本、淡本、三宝本、艺本）与明刻《纪录汇编》本的校勘，实际上分为两个阶段，第一阶段以《国朝典故》为底本（即以初稿本为底本）校过一遍，第二阶段以《三宝征夷集》为底本（即集成本为底本）又校过一遍。除五个明钞本外，现增加了明刻《纪录汇编》本。

两次校勘，主要参校了存世的另外两个明钞朱当㴐编《国朝典故》本（一著录为朱当㴐本，另一著录为佚名本）、明邓士龙辑《国朝典故》刻本、明张昇《张文僖公文集》刻本，以及亦政堂等其他明刻本，并参考了《星槎胜览》《西洋番国志》《西洋朝贡典录》《殊域周咨录》等明代史籍。通过校勘分析，我们今天得以了解马欢的初稿本和定稿本，以及由他的原本衍生出来的各种版本及其各本之间的关系，从而勾勒出《瀛涯胜览》版本在有明一代演变和流传的轨迹。这些版本总体构成了一个《瀛涯胜览》的文本系统，体现了下西洋事迹流传的历程。

马欢的撰写可以分为以下三个阶段：

（1）马欢第一次跟随郑和下西洋，即永乐十一年（1413 年）时，就开始动意写作，并广集资料；永乐十四年（1416 年）初稿初成，有马欢《自序》为证。

（2）初稿本一直在续修之中，在第七次下西洋之后，初稿本完成，可以巩珍《西洋番国志》钞本为证；正统九年（1444 年）以前形成的初稿本，有马敬《序》为证。

（3）马欢手订修改本于景泰二年（1451 年）完成，是为定稿本，有马欢的题识为证。

上述三个阶段，可以称之为马欢原本系统，由此，产生了钞本、改编本、刻本三种类型的版本，下面分别加以归纳梳理。

第一，让我们看明钞本。《瀛涯胜览》的撰写与修订长达近 40 年之久，其间以钞本形式行于世，传本不一。围绕钞本，在时间上实际可以提出两方面的问题：一是钞本所抄的底本的年代问题；二是钞本本身的年代问题。这是两个不同的问题，却又相互有着关联。五种明钞本，提供给我们马欢原书形成和传播的一个比较完整的过程，即早期、中期、晚期三种系统的传本情况。据此，马欢原本系统的钞本形成，可大致划分阶段如下（表 1）。

表 1　马欢原本系统形成阶段

阶段	时间
第一阶段：初稿本形成阶段	永乐十四年（1416 年）至正统九年（1444 年）
第二阶段：定稿本形成阶段	正统九年（1444 年）至景泰二年（1451 年）
第三阶段：集成本形成阶段	景泰二年（1451 年）至明后期

今天存世明钞本五种，存在三个系统，反映出马欢原本系统的初稿本—定稿本—集成本的大致发展轨迹。概括来说，钞本为我们保留了马欢手订的初稿本和定稿本两种本子，国本是初稿本的钞本，说本、淡本是定稿本的钞本。在此基础上后世出现的一个集成本，也就是三宝本。它虽然不是经马欢亲手所订，也不知经历何人之手集成，但是经过比对，底本是来自马欢的两种稿本，因此它也是产生于马欢原本系统的一个本子。从抄写时间来看，迄今最早的钞本是艺本，产生于正德年间，这一钞本是郭崇礼改编本，底本是马欢初稿本的足本。现发现存世的钞本，最晚的是一个清钞本，这是《国朝典故》本之钞本，也即马欢初稿本的钞本。

第二，让我们来看改编本。马欢《瀛涯胜览》的改编本有二：张昇改编本、郭崇礼改编本。张昇本是一个删改本，未经马欢同意；而郭崇礼改编本的特征是一个两卷本，由马欢与他共同署名。二者虽各有特色，却均来源于马欢的初稿本。张本是在马欢跟随郑和第六次下西洋以后写就的初稿本基础上删改的，他删改的并非初稿本的足本，张本在一些丛书中仍以马欢撰的面貌出现，但与马欢原本距离较远，删削过甚。郭本则是马欢的初稿本在正统九年（1444

年）全部完成以后的改编本，是一个润色重编本。此本的《后序》，为三宝本和《纪录汇编》本，以及《抱经楼藏书志》所收，但在后来流传过程中已经被改动得面目全非，以致形成了百年以上的误读。艺本的发现，澄清了郭崇礼为作者及两卷本是初刻本之说。

　　第三，刻本的梳理。在马欢初稿本、定稿本的传抄基础上，直至明嘉靖、万历年间，才出现了刻本。今见有三种刻本。首先出现的是张昇改编本的刻本，产生于嘉靖元年（1522 年），刻于《张文僖公文集》之中，后大量见于丛书之中。其次为马欢初稿本的刻本，即《国朝典故》本，刊刻于万历以后，流传不广。最后为马欢定稿本的刻本，即《纪录汇编》本，刊刻于万历四十五年（1617 年），此时距张昇改编本刊刻的时间已有近百年，成为马欢《瀛涯胜览》一书流传最广的通行本。今见还有一个亦政堂刻本，也是马欢定稿本的刻本，与明钞本说本、淡本是一个系统，刊刻时间也应在万历年间以后，但内容相对简单，无序、无诗、无题识，也无后序。

　　通过对于五种明钞本和明刻通行本进行校勘，笔者了解了《瀛涯胜览》版本演进的次序，现分类列表如下（表 2）。

表 2　《瀛涯胜览》版本演进

马欢原本系统	（1）初稿本：《国朝典故》钞本、《国朝典故》刻本	（2）定稿本：《说集》钞本、淡生堂钞本、亦政堂刻本、《纪录汇编》刻本	（3）集成本：《三宝征夷集》钞本
马欢改编本系统	（1）张昇改编本：《张文僖公文集》刻本、《纪录汇编》刻本、《宝颜堂秘笈》刻本、《续说郛》刻本、《广百川学海》刻本、《名山胜概记》刻本	（2）郭崇礼改编，署名马欢、郭崇礼两卷本：《艺海汇函》钞本	

注：马欢原本系统中钞本和刻本的谱系关系：

（1）马欢初稿本：国本和邓士龙《国朝典故》刻本，刊刻于万历年间。

（2）马欢定稿本：说本、淡本。与之属于同一源流的是明亦政堂刻本。《纪录汇编》本刊刻于万历四十五年（1617 年），后成为通行本。经比对，马欢定稿本与《纪录汇编》本没有直接的传承关系。

（3）马欢稿本的集成本：三宝本，未见刊刻，为海内孤本，弥足珍贵。

马欢原本改编系统中钞本和刻本的谱系关系：

（1）张本，即张昇改编本，所用底本是马欢的初稿本之一，并非足本；后经张氏删改，于嘉靖元年（1522 年）刊刻，是《瀛涯胜览》最早的刻本，出现于多部丛书之中，有些以"订正瀛涯胜览"之名出现。清修《古今图书集成·边裔典》，收录的也是张本的内容。

（2）艺本，即署名马欢、郭崇礼的合撰本，是郭崇礼改编两卷本，根据《后序》，曾经准备付梓，但目前未见刻本。

　　需要进一步说明的是，五种钞本的抄写年代最早的是正德年间的，其余均属嘉靖、万历以后，它们所据底本是马欢原本的初稿本、定稿本或二者的集合本，五种钞本来自三个源流。实际上，巩珍的《西洋番国志》也是马欢原本派生出来的一个钞本别本，仅文字经过修饰。由此可见，马欢的《瀛涯胜览》在有明一代有系统不一的多个传本，流传较广，现存几个钞本流传地域包括南京、北京、山东、江西、浙江、福建等地。在有了刻本以后，该书的流传就更广了。

值得注意的是，由于马欢只是通事，名不见经传，故其书在书目著录中往往误为"马观"，《四库全书总目》即是典型一例。删改本的作者张昇，进士出身，又为明朝高官，因此经文人润色并删节的版本，被收入多部丛书，虽比马欢原本更广泛地流传于世，但非足本。

通过校勘分析，我们可以为各本建立起谱系关系，从而勾勒出《瀛涯胜览》在有明一代演变和流传的过程，并进一步探讨版本流变与明朝社会历史之间的联系，准确把握明朝人思想意识的变迁。在明初，上层统治者存在一种求异之风，渴望了解异域，表现出对海洋及海外的极大关注，此风气以永乐时最盛，孕育了郑和下西洋，也产生了马欢《瀛涯胜览》。但是官僚士大夫的反应相对比较冷漠，《瀛涯胜览》在当时并没有得到官员阶层的重视。查现存明初官员的文集，鲜见谈及郑和下西洋，或者可以说除了朝贡国进贡异兽时歌颂升平的官样诗文外，几乎见不到涉及郑和下西洋的内容，可见少有人真正关注海外。《瀛涯胜览》成书后主要是在民间传播，正统年间两卷本曾刊刻未果。直至大约百年以后，社会地位不高的马欢之书，才得到了曾任礼部尚书的张昇的注意，从"广异闻"出发，亲自删改一过。嘉靖元年（1522 年）该书才得以附于张昇文集之末首次被刊刻出版。

《瀛涯胜览》真正得到文人士大夫的关注，是在明后期。明后期民间社会兴起广泛求异的人文风潮，《瀛涯胜览》一书钞本、刻本的流传，与晚明社会风气相关联，是社会风气变迁的产物。当时海上环境复杂多变，充满挑战，引发了士大夫的忧患意识。明后期忧患意识在普通文人和士大夫之间弥漫着，促使更多的人关注郑和，重提郑和，对此上层和下层相一致，郑和事迹有了社会土壤，即社会心理需求，明初郑和下西洋事迹是随着此类海外游记的流传而在社会上传播的。张昇改编本的刻本出现后，为多部丛书所收入，马欢《瀛涯胜览》原本的钞本和刻本也更多地出现了。当时流传于世的钞本，进入了天一阁、淡生堂等著名藏书楼，并在万历年间形成刻本而广为传播，这从一个侧面真实地反映了当时文人士大夫对海外的关注度明显提升。

以上勾勒出的这一线索，是文本系统生成、发展和演化的历史过程，在很大程度上，它也是郑和下西洋实现其意义与价值的过程。人们对郑和下西洋的接受和理解，在对马欢《瀛涯胜览》钞本和刻本的传抄和阅读中得到了实现。

六、存在的问题与相关澄清

长期以来，明钞本《瀛涯胜览》的研究是缺位的，以致存在的问题有待澄清。考察钞本，首先，我们必须明确时间上的两个概念：一是钞本的写作时间；二是钞本的抄写时间。这是两个概念，不能混淆。

钞本的特性就是具有不稳定和流动性，反映在马欢《瀛涯胜览》一书钞本上很明显，即使是标明马欢撰的钞本，也多是经过抄写人改动的，在抄写过程中有不慎形成的异文，也存在有意地改动甚至添加。

史学家重真实，三宝本可称《瀛涯胜览》的足本。但应该提到的是，钞本在传抄过程中，存在后人层累补入叠加的内容。今见三宝本有宝船与人员一段文字：

> 宝船六十三只：大者四十四丈四尺，阔一十八丈。中者长三十七丈，阔一十五丈。计下西洋官校、旗军、勇士、力士、通士、民稍、买办、书手，通共计二万七千六百七十员名：官八百六十八员、军二万六千八百二名。正使太监七员、监丞五员、少监十员。内官内使五十三员、户部郎中一员、都指挥二员、指挥九十三员、千户一百四十员、百户四百三员。教谕一员、阴阳官一员、舍人二名、余丁一名。医官、医士一百八十名。

关于人员，祝允明《前闻记》记有《人数》：

> 官校、旗军、火长、舵工、班碇手、通事、办事、书算手、医士、铁锚、木艌、搭材等匠，水手、民稍人等，共二万七千五百五十员名。[①]

---

① （明）祝允明：《前闻记·下西洋》，见（明）邓士龙辑：《国朝典故》（中）卷六二，许大龄、王天有主点校，北京：北京大学出版社，1993年，第1415页。

其中只有各类人等及其总数，而且总数与明钞本《瀛涯胜览》也并不相同。

关于下西洋宝船的尺度"大者长四十四丈四尺，阔一十八丈"之说，早在20世纪40年代已有学者提出了质疑①，由此引发的争议旷日持久，至今聚讼难解。实际上在史源问题不搞清楚的情况下，任何争议一方都缺乏说服力。通过校勘，笔者发现在马欢初稿本中没有关于下西洋宝船和人员，也即没有包括上述尺度的一段文字。这首先可由初稿本的钞本国本、刻本邓本来说明；其次，也可由初稿本派生出来的改编本张本、艺本，以及参考过马欢初稿本的费信《星槎胜览》、巩珍《西洋番国志》都没有出现这些文字来证明。正因为张昇改编本中没有收录，所以初稿本最早的刻本乃至多部丛书本，均没有此段文字。即使是初稿本的清钞本，比对证明是出自国本一系，也没有这段文字之记载。

因此，可以说是在说本、淡本和三宝本这些明后期出现的定稿本钞本中，才出现了宝船和人员的这段文字。那么，马欢原本的定稿本中是否存在这段文字呢？应该说不能确定。值得注意的是，即使是根据定稿本刊刻的《纪录汇编》本，也没有这一内容的文字。亦政堂刻本属马欢原本定稿本系统，是与明钞本说本、淡本同一系统的刻本，但与钞本的最大不同，就是明钞本说本、淡本均见有宝船与人员一段文字，而刻本则没有这段文字。因此我们可以推测，这段文字在马欢初稿本系统中未见，在马欢定稿本中也没有，只是在定稿本的传钞本中才出现。明后期通行本——万历四十五年（1617年）《纪录汇编》的刊刻者或未见此段内容，或可能认为此段内容出自说部不可信而不取？无论如何，这里明显存在后来人补入叠加文字的问题。需要说明的是，迄今我们未见存在这段文字的明刻本。冯承钧《校注》本，主要依据刻本，部分参考了国本钞本，也没有这段文字。

理论上钞本时代的经典都存在不断叠加完成的情况。从内证的角度来看，马欢定稿本成于景泰二年（1451年），而在明后期出现的说本、淡本的部分国名后，却见到天顺五年（1461年）成书的《大明一统志》注文，这是钞本内容有后来补入的明证。还有一个重要例证：出现这段文字的各本均见"监丞"置于"少监"之前，然而史载明朝宦官十二监，每监各设太监一员，正四品，左

① 管劲丞：《郑和下西洋的船》，《东方杂志》1947年第1期。

右少监各一员，从四品，左右监丞各一员，正五品。① "监丞"是次于"少监"的正五品官，在钞本中反倒列于从四品"少监"之前，作为通事的马欢熟悉官场，必不至错误至此。合理的解释是这里是传钞本之误。

此外，还有若干重要的外证：一是成书于宣德九年（1434 年）的巩珍《西洋番国志》。此书堪称马欢书的别本，未见收录宝船尺度和人员的文字。二是成书于正统元年（1436 年）的费信《星槎胜览》，也未见收录。三是正德十五年（1520 年）的《西洋朝贡典录》，未见收录。作者黄省曾当时参考了《瀛涯胜览》《星槎胜览》《针位编》等多种明代文献成书②，可以推测，如原书有此段文字，必为之所收入。四是祝允明《前闻记》也未收录。祝氏生于天顺五年（1461 年），卒于嘉靖六年（1527 年），《前闻记》专记异闻异事，书中有专条谈及下西洋船只和人员，但仅见船号"如清和、惠康、长宁、安济、清远之类，又有数序一二等号"，船名"大八橹、二八橹之类"，全无宝船的规模尺寸之记。③由此可见，当时并无此传闻，否则祝氏不可能不记载。

以上四书均可为嘉靖以后才出现关于宝船尺度文字的证明。

有学者根据福建省图书馆藏的淡本有景泰年间马欢题识，认定淡本是马欢的原本。④关于钞本的考证，不仅要看作者原序与题识的时间，还要特别关注抄写时间，不能凡见书前有马欢永乐年间序，就认定全部内容都是马欢所自定的；或者见到抄有马欢的景泰题识，就认定其是景泰年间的钞本。就抄写时间来看，淡本是一个晚明天启年间钞本，虽抄自马欢定稿本，但在传抄过程中显然存在后世所添加的内容，而宝船与人员一段无疑就是后来添加的。如果仅根据有马欢景泰题识，不加细考，就以为这段文字是马欢原本的内容，显然是错误的。

顾起元《客座赘语》记载了宝船与人员一段文字：

　　通计官校、旗军、勇士、士民、买办、书手，共二万七千八百七十余员名。宝船共六十三号，大船长四十四丈四尺，阔一十八丈；中船长三十

① 《明史》卷 74《职官志》三，北京：中华书局，1974 年，第 1818 页。
② （明）黄省曾：《西洋朝贡典录·自序》，谢方校注，北京：中华书局，1982 年，第 8 页。
③ （明）祝允明：《前闻记·下西洋》，见（明）邓士龙辑：《国朝典故》（中）卷六二，许大龄、王天有主点校，北京：北京大学出版社，1993 年，第 1416 页。
④ 席龙飞、何国卫：《马欢〈瀛涯胜览〉明代淡生堂抄本寻访记》，《海交史研究》2005 年第 1 期。

七丈，阔一十五丈。①

　　顾氏此书撰于万历四十五年（1617 年），与《纪录汇编》刊刻同年。而其书最早刊刻于次年，有戴惟孝刊本。对照祝氏《前闻记》，其人员种类与数字也有出入，显然不是一个来源。其中大船尺寸则与钞本相一致。

　　有学者认为宝船与人员这段文字来自罗懋登的小说《三宝太监西洋记通俗演义》，该论点的前提是万历末年以前的各种钞本、刻本都已散佚②，其立论基础已被证明不能成立。从时间来看，说本抄写于嘉靖年间以后，时间上可能早于小说；《三宝太监西洋记通俗演义》出版在万历二十五年（1597 年），早于万历四十五年（1617 年）《纪录汇编》明刻本，而《纪录汇编》刻本却没有这段文字；同样是万历年间的亦政堂刻本，也没有这段文字，因此迄今我们未见存在这段文字的《瀛涯胜览》明刻本。

　　关于钞本与小说的关系，小说中确实记载了大号宝船的尺寸："长四十四丈四尺，阔一十八丈。"③这与钞本和《客座赘语》完全一致。但是小说中的宝船数字，则恰好与明钞本和《客座赘语》中的宝船数是倒置的：小说中是"三十六号"，钞本中是"六十三只"，《客座赘语》中是"六十三号"。其间的关系还需要进一步发掘史料加以研究。④

　　需要说明的是，出自清明珠家藏的《瀛涯胜览》清钞本，也没有这段文字。这是因为这一清钞本，出自马欢初稿本系统《国朝典故》的明钞本一系，是不会出现这段文字的。

---

① （明）顾起元撰：《客座赘语》卷一，北京：中华书局，1987 年，第 31 页。

② 唐志拔：《关于郑和宝船尺度出自〈瀛涯胜览〉的论点质疑》，《船史研究》1997 年第 11—12 期。

③ （明）罗懋登：《三宝太监西洋记通俗演义》，陆树仑、竺少华校点，上海：上海古籍出版社，1985 年，第 187 页。

④ 顾炎武《肇域志·南直隶》云："永乐三年三月，命太监郑和等行赏赐古里、满剌诸国，通计官校、旗军、勇士、士民、买办、书手共二万七千八百七十余员名。宝船共六十三号，大船长四十四丈四尺，阔一十八丈；中船长三十七丈，阔一十五丈。"《顾炎武全集》第 6 册，上海：上海古籍出版社，2011 年，第 216 页。显而易见，此段文字来源于《客座赘语》。

七、结　语

　　珍贵文献的价值，体现在它在整个学术研究链条中的关联作用。郑和下西洋原始文献马欢《瀛涯胜览》版本之繁，充分体现了其在明清时期流传的真实轨迹。本文在先前已有研究的基础上，进一步系统梳理了《瀛涯胜览》存世的明清十七种版本，以及民国迄今的十二种版本，力求对成书过程、版本源流和各版本地位做出全面的考述，在旧文本数据中发现新价值，与新发现文本相互参证，找出新的问题线索，纠正陈说，将有关学术研究推向深入。今后海外存世的版本还有待关注，笔者将继续整理与研究。

15 世纪海上丝绸之路的货币新探[*]

从一个整体观的丝绸之路大视野来看，15 世纪是一个海洋的世纪。这个海洋的世纪是由中国人开启的。世纪初郑和下西洋（1405—1433 年），是明朝初年的一大盛事，也是古代中国乃至世界航海史上规模最大、持续时间最长、影响最为深远的大航海活动。明朝永乐三年（1405 年），以强盛的综合国力为后盾，永乐皇帝派遣郑和下西洋，郑和统率一支规模庞大的船队，开始了伟大的远航。这支当时世界上最强大的国家海上力量七下印度洋[1]，"其人物之丰伟，舟楫之雄壮，才艺之巧妙，盖古所未有然也"[2]，持续达 28 年之久，"云帆高张，昼夜星驰"，海上航行经历亚非三四十个国家和地区，远达印度洋沿岸各国，当时的印度洋贸易连接了亚洲、非洲、欧洲，成为世界航海史上的壮举，推动了古代海上丝绸之路达到了鼎盛时期。所谓丝绸之路，是对中国与西方所有来往通道的统称，成为历史文化的象征符号，凸显了古代诸文明之交流对人类的巨大贡献。

撰写本文，笔者主要出于以下两点考虑：

第一，长期以来，郑和下西洋时期的中外关系，都是分别来研究的：中国与东南亚关系，中国与南亚关系，中国与西亚关系，中国与阿拉伯关系，中国与非洲关系，等等，这是一种分割的研究方法，迄今未有一个整体的中国与印

---

* 原载《外国问题研究》2018 年第 3 期。收入本书，有订正。

① 明朝当时没有印度洋的概念，印度洋之名在现代才出现。按照马欢的表述，称为"那没黎洋"的，即今天的印度洋。详见万明：《郑和七下印度洋——马欢笔下的"那没黎洋"》，《南洋问题研究》2015 年第 1 期。

② （明）朱当㴐编：《国朝典故·瀛涯胜览·马敬序》，国家图书馆藏明钞本。

度洋关系研究，但是翻开历史，明朝人的外交理念，初衷就是去印度洋。郑和七下印度洋，印度洋贸易圈包括亚洲、非洲、欧洲，一个前近代"世界经济"的雏形凸显出来。郑和在印度洋大量的贸易活动，也不仅是"宣扬国威"和"撒钱"就可以说明的，我们今天应该重新认识。

第二，一直以来，研究海上贸易都是从商品经济、贸易物品入手，鲜见从贸易货币入手，更缺乏货币经济的研究。解读 15 世纪海上丝绸之路的大发展，印度洋贸易圈货币是研究的一个薄弱环节。[①]从货币来看，15 世纪一个前近代"世界经济"的雏形已经开始显现，货币连接了印度洋、地中海、红海、波斯湾、阿拉伯海、孟加拉湾、南海，研究各种货币流通，便可知晓远洋贸易的影响力和辐射力，前近代的特征可尽显无遗。

货币是海上丝绸之路繁盛的见证，15 世纪初的印度洋创造了"世界规模"的货币流通，为我们研究整体丝绸之路提供了新的视角。

这里需要说明的是，郑和下西洋的第一手资料是随同郑和下西洋的人所撰三书：马欢《瀛涯胜览》、费信《星槎胜览》、巩珍《西洋番国志》。其中马欢是通事，所以所记皆其亲身经历，最为写实可靠；巩珍书《自序》云根据通事所记，而其书和马欢所载国与事完全相同，仅文字经过修饰，除了书前三通皇帝敕书很有价值外，可以将其视为马欢书的别本。而费信书虽然记载到达非洲，但是在货币方面的记载鲜少。因此这里主要以马欢《瀛涯胜览》为基本史料，进行讨论。

一、郑和下西洋所至印度洋及东南亚地区的人文环境

在具体分析 15 世纪初印度洋贸易的货币情况之前，让我们先对郑和下西洋所至地域的人文环境有所了解。马欢《瀛涯胜览》中记述了亲身所至的 20 个亚洲国家的政教情况，下面列表（表 1）说明，以便试析这些国家的人文环境。

---

① 即使是肯尼斯·麦克弗森著《印度洋史》（耿引曾、施诚、李隆国译，北京：商务印书馆，2015 年）也没有提及第纳尔（Dinar）等重要货币。

表 1 《瀛涯胜览》中有关郑和下西洋所至亚洲国家的政教情况

国名	信息
占城	国王崇信释教
爪哇	国有三等人。一等回回人，皆是西番各国商人流落此地；一等唐人，多有饭从回回教门；一等土人，崇信鬼教
旧港	人之衣饮、语言等与爪哇国同
暹罗	国王崇信释教
满剌加	国王、国人皆依回回教门
哑鲁	国王、国人皆是回回人
苏门答剌	风俗、言语与满剌加同
那孤儿	言语、行用与苏门答剌同
黎代	言语、行用与苏门答剌同
南浡里	皆是回回人
锡兰	国王崇信佛教
小葛兰	国王、国人崇佛信教
柯枝	国王崇奉佛教，国人一等南毗，与王同类，二等回回人
古里	国王崇信释教，大头目掌管国事，俱是回回人，国人皆奉回回教门
溜山	国王、头目、民庶皆是回回人
祖法儿	国王、国民皆回回教门人
阿丹	皆奉回回教门
榜葛剌	举国皆是回回人
忽鲁谟斯	国王、国人皆是回回教门
天方	回回祖师始于此国阐扬教法，国人悉遵教规

资料来源：（明）马欢原著，万明校注：《明钞本〈瀛涯胜览〉校注》"各国"条，北京：海洋出版社，2005 年

　　跟随郑和下西洋的马欢，在《瀛涯胜览》中记述的是他所亲自抵达的诸国宗教信仰情况，由于他身为通事，了解应该是比较全面的。值得注意的是，记述所访问的 20 个国家中，绝大部分属于伊斯兰国家，16 个国家是由穆斯林掌控，或穆斯林占有重要的地位，如即使是国王信奉佛教的古里国，其掌管国事的大头目也"俱是回回人"。只有 4 个国家——占城、暹罗、锡兰、小葛兰是信奉佛教的，印度文明影响至深，没有回回人的记载。然而我们知道，宋末元初著名海商、掌管市舶司事务的蒲寿庚的家族正是来自占城，可见阿拉伯人早已有因经商而定居那里的情况。因此，当时几乎遍布西洋的"回回现象"，是一个不容忽视的重要国际社会现象。

归纳起来，马欢所至 20 个国家中明显可见三种类型：一是举国信奉一种宗教，包括国王、国人；二是国王信奉一种宗教，国人信奉另一种宗教；三是一个国家中有多种宗教并存。如同信仰一样，印度洋贸易中的货币形态也表明了这种多元和庞杂的情况。

695 年，哈里发阿卜杜拉·麦立克进行货币改革，用阿拉伯第纳尔和迪尔汗取代了原来通用的拜占庭金币和波斯银币。随后，又规定阿拉伯语为帝国的正式语言，政府文件须用阿拉伯文书写，取代了原来在伊拉克、叙利亚和埃及通用的波斯文、希腊文等。但阿拉伯语最终成为伊拉克、叙利亚、埃及和北非的通用语言过程很漫长，直到 11 世纪初才最后完成。马欢的书印证了 15 世纪初，在印度洋是使用阿拉伯语作为通行语言，进行交往活动的。

以往笔者依据马欢《瀛涯胜览》的文字记载，把郑和下西洋所到之处的人文环境，主要分为两大类：一类是伊斯兰文明，另一类是印度文明。现在变换视角，下面将注意力转向货币，可以得出与此前不同的认识。

二、马欢《瀛涯胜览》中的印度洋货币流通状况

15 世纪初郑和七下印度洋，跟随航海的马欢记录了当时交易圈的货币使用情况，这给予我们提示：货币见证了 15 世纪初海上丝绸之路上一个繁盛的海上贸易网络的形成与运转，中国首次以国家航海行为，大规模地积极参与了印度洋的贸易，极大地弘扬了古代海上丝绸之路，连接了陆海丝绸之路，成为印度洋贸易共同体建构的重要力量。值得特别注意的是，参加郑和远航的马欢在记述中将所至之处皆冠以“国”名之，凸显了明代郑和下西洋的国家航海外交性质，但其记述中除 3 个小国外，还记录了 17 个国家的货币流通状况，并在记述外国货币以后，往往换算为中国“官秤”重量，这样就可以使我们对货币成色一目了然。下面将马欢对海上丝绸之路沿线各国的货币记述录于下，以便分析。①

---

① （明）马欢原著，万明校注：《明钞本〈瀛涯胜览〉校注》“各国”条（北京：海洋出版社，2005年），不另注。需要说明的是，关于郑和下西洋的三书中，巩珍《西洋番国志》为马欢书之别本；费信《星槎胜览》中凡贸易，均使用“货用”一词，没有区别货币与商品，个别提及货币时，采用元朝钞币单位，大致源自元朝汪大渊《岛夷志略》，故在此未采用二书记述。

占城国（在今越南中南部）

其买卖交易，使用七成淡金或银。中国青磁盘碗等器，纻丝、绫绢、烧珠等物，甚爱之，则将淡金换易。

马欢的记述表明，占城国使用金、银为货币，但是没有说明是铸币，那就很可能是称量货币。成色为七成。

爪哇国（今印度尼西亚爪哇）

买卖交易行使中国历代铜钱。……国人最喜中国青花磁器，并麝香、花绢、纻丝、烧珠之类，则用铜钱买易。

马欢的记述表明，爪哇国的交易货币是中国铜钱，不仅是中国货币，而且是中国历代铜钱货币。

旧港国（今印度尼西亚苏门答腊岛巨港）

市中交易亦使中国铜钱并布帛之类。

马欢的记述表明，旧港国使用中国铜钱交易，同时也存在以货易货。

暹罗国（今泰国）

海𧵅当钱使用，不拘金银铜钱俱使（纪本）。

马欢的记述表明，暹罗国以海𧵅为货币，是其特色，此外金、银、铜钱都有使用。

满剌加国（今马来西亚马六甲）

花锡有二处山坞锡场，王令头目主之。差人淘煎，铸成斗样小块输官，每块重官秤一斤八两（或）每一斤四两，每十块用藤缚为小把，四十块为一大把，通市交易皆以此锡行使。

马欢的记述表明，满剌加国的货币是其特产的锡斗，是称量货币。

苏门答剌国（在今印度尼西亚苏门答腊岛北部）

其国使用金钱、锡钱。其金钱番名底那儿，以七成淡金铸造，每个圆径五分，面底有文，官秤三分五厘；锡钱番名加失，凡买卖则以锡钱使用。

马欢的记述表明，苏门答剌国的货币分为金钱和锡钱，金钱名"底那儿"，锡钱名"加失"。这是在他的记述中首次出现的货币专门名称。

南淳里国（在今印度尼西亚苏门答腊岛西北部）

使用铜钱。

马欢的记述表明，南淳里国的货币是铜钱。

锡兰国（今斯里兰卡）

国王以金钱通行使用，每钱可重官秤一分六厘。甚喜中国麝香、纻丝、色绢、青磁盘碗、铜钱、樟脑，则将宝石、珍珠换易。

马欢的记述表明，锡兰国使用金钱，并以实物进行交易。

小葛兰国（今印度奎隆）

国王以金铸钱，每个官秤二分，通行使用。

马欢的记述表明，小葛兰国使用金钱，通行。

柯枝国（今印度柯钦）

每年椒熟，本处自有收椒大户收买，置食盛顿，待各处番商来买。论播荷说价，每播荷该番秤二百五十斤封剌。（每封剌）该番秤十斤，计官秤十六斤。每播荷该官秤四百斤，卖彼处金钱或一百一个，直银五两。……且如珠每颗重三分半者，卖彼处金钱一千八百一个，值银一百两。

王以九色金铸钱行使，名曰法南，重官秤一分二厘。又以银为钱，比海螺蛳屠大，每个约重官秤四厘，名曰答儿。每金钱一个换银钱十五个，街市行使零。

马欢的记述表明，柯枝国以九成金铸币，名"法南"（Fanam）；又铸银币，名"答儿"（Tar），金币与银币的兑换比率是 1 : 15。值得注意的是，马欢还记载了珍珠的金币与白银的比价：1800 个等于 100 两。

古里国（今印度科泽科德）

王以六成金铸钱行使，名曰吧南，官寸三分八厘，面底有文，重官秤一分。又以银子为钱，名答儿，每个约重三厘，零用此钱。

西洋布，本国名曰扯黎布，出于邻境坎巴夷等处。每匹阔四尺五寸，长二丈五尺，卖彼处金钱八个或十个。国人亦将蚕丝练染成各色，织间道花巾，阔四五尺，长一丈二三尺余，每条卖金钱一百个。

马欢的记述表明，古里国以六成金铸币，名"吧南"；铸造银币，名"答儿"。马欢还记录了西洋布和花巾的金币价格。

溜山国（今马尔代夫）

龙涎香，其渔者常于溜处采得。如水浸沥青之样，嗅之不香，火烧腥气。其价高贵，以银对易。海贝彼人积采如山，奄烂内肉，转卖暹罗、榜葛剌国，当钱使用。所织一等织金方帕，与男子缠头可用，其价有卖银五两之贵者。

国王以银铸钱使用。

马欢的记述表明，溜山国铸造银币作为货币，该国出产海贝，转卖到暹罗、榜葛剌国作为货币使用。马欢还记录了龙涎香价格高贵，用银交易；织金方帕的称重白银价格。

祖法儿国（今阿曼佐法尔）

中国宝船到彼开读赏赐毕，王差头目遍谕国人，皆将其乳香、血竭、芦荟、没药、安息香、苏合油、木鳖子之类来换易纻丝、磁器等物。

国王以金铸钱，名倘伽。每个重官秤二钱，径一寸五分，一面有文，一面人形之文。以红铜铸为小钱，径四分，零用。

马欢的记述表明，祖法儿国铸造金币行使，名"倘伽"，其特点是"一面有文，一面人形之文"，这显然是一种带有人物像的金币；另铸造以红铜为材质的铜币，作为零用钱。

阿丹国（今也门亚丁）

王用赤金铸钱行使，名哺噜嚓，每个重官秤一钱，底面有文。又用红铜铸钱，名曰哺噜斯，零用此钱。

马欢的记述表明，阿丹国以赤金铸造金币行使，名"哺噜嚓"，疑似意大利佛罗伦萨所铸金币"佛罗林"；另铸造以红铜为材质的铜币，名"哺噜斯"，作为零用钱。

榜葛剌国（在今孟加拉国和印度西孟加拉邦一带）

国王以银铸钱，名曰倘伽，每个重官秤三钱，径一寸二分，底面有文，一应买卖皆以此钱论价。街市零用海𧴪，番名考黎，亦论个数交易。

马欢的记述表明，榜葛剌国铸造银币，名"倘伽"，使用此币为价值尺度论价，此外颇具特色的是零用海𧴪，名"考黎"（Cury），论个数进行交易。

忽鲁谟斯国（在今伊朗霍尔木兹岛一带）

国王以银铸钱，名曰底那儿，径官寸六分，面底有文，重官秤四分，通行使用。

马欢的记述表明，忽鲁谟斯国铸造银币，名"底那儿"，作为通行货币。

天方国（今沙特阿拉伯麦加）

国王以金铸钱，名曰倘伽，街市行使。每个径七分，重官秤一钱，比中国金有十二成色。

马欢的记述表明，天方国铸造金币，名"倘伽"，相对中国的金子，是有十二分成色的赤金。

现将郑和下西洋交易圈内各国货币主要使用情况，列表（表2）于下，凡有钱币专有名称的特别注出。

表 2　郑和下西洋交易圈内各国货币主要使用情况一览表

国别	淡金或银	金币	银币	中国铜钱	锡锭、锡钱	海𧴩	布帛
占城	√						
爪哇				√			
旧港				√			√
暹罗						√	
满剌加				√			
苏门答剌		底那儿			加失		
南浡里				√			
锡兰		√					
小葛兰		√					
柯枝		法南	答儿				
古里		吧南	答儿				
溜山			√				
祖法儿		倘伽		红铜钱			
阿丹		哺噜嘜		哺噜斯			
榜葛剌			倘伽			考黎	
忽鲁谟斯			底那儿				
天方		倘伽					

资料来源：（明）马欢原著，万明校注：《明钞本〈瀛涯胜览〉校注》"各国"条，北京：海洋出版社，2005 年，不另注

马欢所至 20 国中，除了那孤儿、黎代、哑鲁 3 个小国以外，17 个国家有铸币或有货币的流通，因此印度洋货币交易应占有相当高的比例。整个交易圈中使用货币的国家，铸币的达 10 个之多，有 7 个没有铸币，使用别国货币流通。使用金币的最多，达 8 个国家；使用银币和铜钱的，各有 5 个国家。另有两国使用锡钱，两国使用海𧴩。

归纳起来，在马欢的记述中，15 世纪初流通于印度洋和东南亚地区的货币有以下种类（没有特定名称的货币除外）：

第一种金币，名称有底那儿、法南、吧南、倘伽、哺噜嘜五种。

第二种银币，名称有答儿、倘伽、底那儿三种。

第三种铜币，名称有中国铜钱和哺噜斯两种。

第四种锡币，名称有加失一种。

第五种海𧴦，名为考黎。

下面简略加以归纳说明：

（1）底那儿。是第纳尔（Dinar）的译音。马欢在苏门答剌国首次记述了底那儿，是金币，接着在忽鲁谟斯国也记述了这种货币，却是银币。第纳尔，首先是公元前 268 年罗马发行的罗马第纳尔，原文是拉丁文 Denairus 第纳流斯。银质，一面是神像，一面是"X"，即罗马数码"十"，意思是一个第纳尔值十个铜币"埃赛"。最初重约 4.5 克。在罗马共和国最后两个世纪中，第纳流斯是罗马铸币体系中最重要的钱币。[①]罗马第纳尔和拜占庭第纳尔传入阿拉伯，是一种阿拉伯金币。阿拉伯倭马亚王朝（661—750 年）是阿拉伯穆斯林建立的第一个阿拉伯伊斯兰王朝，定都大马士革，中国史称"白衣大食"。第五任哈里发阿卜杜拉·麦立克时期（686—705 年）随着大规模向外扩张、版图的扩大、商业活动的频繁，此前流通的货币及物物交换的方式，已远远满足不了阿拉伯社会发展的需要。纯粹的阿拉伯-伊斯兰货币，是阿卜杜拉·麦立克在叙利亚开始铸造的。阿卜杜拉·麦立克于 695 年实行货币改革，首次统一铸币，用阿拉伯第纳尔和迪尔汗取代了原来通用的拜占庭金币和波斯银币。阿卜杜拉·麦立克对货币进行了三次改革。早期发行的第纳尔是模仿东罗马帝国拜占庭皇帝赫拉克流斯的金币索里都斯，根据拜占庭货币的模式铸造金币，在金币上面去掉库法体阿拉伯字，铸上"真主独一"的字样，另一面保留拜占庭皇帝希拉克略和他的两个儿子康士坦丁、希勒格利俄的肖像。在第二阶段便在金币上最终消除了拜占庭的一切痕迹而用自己的肖像，在另外一面的周围边缘上铸上"伊斯兰纪元 70 年铸"字样。在金币上铸上阿卜杜拉·麦立克的肖像，曾引起穆斯林学者的反对，他们认为这是违反伊斯兰教律的。后来在大马士革铸出了第三次改革的新货币，金币的一面铸有"万物非主，安拉是唯一无偶的主"，边缘上铸有"穆罕默德是安拉派来指引正教的使者"；背面的中间铸有"安拉是独一的主，万物信赖的主，不生、也不被生"，边缘上铸有"凭安拉之名，此金币铸于伊斯兰纪元 77 年"（即 696 年），货币的伊斯兰化彻底完成。阿卜杜

① 〔英〕克里布（Joe Cribb）、库克（Barrie Cook）、卡拉戴斯（Ian Carradice）：《世界各国铸币史》，刘森译，万永彬校译，北京：中华书局，2005 年，第 119 页。

拉·麦立克的改革成为阿拉伯帝国货币发展史上的里程碑。[1]后来第纳尔严格按照伊斯兰穆斯林教规标准，只有铭文，不允许有人像或象征性图像。第纳尔是伊斯兰世界最主要的金币，被广泛模仿铸造，同时也用于银币铸造，根据马欢记载，忽鲁谟斯流通的就是银币。

（2）法南和吧南。出自印度的柯枝国和古里国，二者应是一种货币的名称。法南是在南印度广泛流通的一种小额金币单位，9 世纪首先发行于南印度的泰米尔邦。14 世纪开始在锡兰发行，有许多不同的图案。[2]马欢书的锡兰部分只提到那里行用金币，没有提及专门名称。

（3）倘伽。是波斯钱币名 Tanga 的译音，指金银小钱币。马欢记述中的倘伽，有祖法儿、天方行用的金币，也有榜葛剌行用的银币。又译为天罳。据俄国学者研究，大约 1390 年在河中和伊朗东部，帖木儿开始铸造重约 6 克的天罳和重约 1.5 克的 1/4 天罳，即迪儿罕。在他的儿子和继任者沙哈鲁（1409—1447 年）统治时期，天罳的重量降到了 4.72 克。[3]Tanga，曾是印度和其他东方国家使用的钱币，以不同金属铸成，价值也不同。又作 Tankah，译名坦卡，曾用于表示许多种钱币，13 世纪早期是最先用于德里苏丹的一种银币名，13世纪晚期是德里苏丹的一种金币。图案和重量与前者相同。从 14 世纪开始，德干的铸币中出现了上述两种铸币的仿铸币，最早的坦卡正面有苏丹骑马图，后来发行的根据伊斯兰教惯例，只在钱币两面铸有铭文。[4]值得注意的是，根据马欢记载，祖法儿国国王、国民皆是回回教门之人，使用的倘伽"一面有文，一面人形之文"，显然是一种带有人物像的金币，这与伊斯兰钱币"只有铭文，不许有人像"的规定不符。那么或是货币的记载有误，抑或是马欢亲历祖法儿时确实见到这种倘伽的流通，也未可知。

根据马欢的记载，倘伽金币在阿拉伯地区祖法儿和天方流通，而在印度地区孟加拉国，流通的则是同名的银币。这说明郑和下西洋所到之处当时阿拉伯地区和属于印度地区同时流通着重量不同、材质不一、成色也不一的倘伽。

---

① 纳忠：《阿拉伯通史》上卷，北京：商务印书馆，1997 年，第 309—358 页。

② 〔英〕琼杰：《世界铸币百科全书》，刘森译，北京：中国金融出版社，1999 年，第 139 页。

③ 〔俄〕E. A. Davidovich：《中亚的钱币和货币制度》，华涛、陆烨译，《新疆师范大学学报（哲学社会科学版）》2007 年第 2 期。

④ 〔英〕琼杰：《世界铸币百科全书》，刘森译，北京：中国金融出版社，1999 年，第 349—350 页。

（4）哺噜嚜。阿丹即阿拉伯半岛西南端的亚丁，亚丁流通的赤金金币——哺噜嚜，即佛罗林（Florin），是一种中世纪欧洲金币。1252 年佛罗伦萨铸造了一种佛罗林金币，重 3.5 克，成色为纯金。这在当时是精确保持重量的金币，因而很快就在地中海贸易中被广泛使用，在西欧、北欧广泛流通，成为中世纪时期的全欧金币，是欧洲最重要的通货之一，同时铸造的还有银币。①后来各国的仿造都降低了纯度。进入东地中海贸易圈，流通至土耳其、埃及等伊斯兰国家的同时，在阿丹也见到了这种欧洲金币，这说明佛罗林广大的流通量和影响力，印证了印度洋贸易是包括亚洲、非洲、欧洲的一个大商业贸易圈，印度洋不仅汇聚了伊斯兰文明和印度文明，也包含了欧洲文明。

（5）答儿。柯枝国和古里国的银币名答儿，是印度南部小银币名。在古里存在的时间最长。

（6）中国铜钱。根据马欢的记述，在爪哇、旧港和南淳里，均有中国铜钱的使用。特别是爪哇，是中国历代铜钱兼用。这与此前已经开始有中国的海外社群应有很大关系。②

（7）哺噜斯，阿丹国使用的这种铜币，即弗鲁斯，是中亚广泛使用的铜币，又译为辅鲁，不被当作复数，在 15 世纪它可以指任何铜币，与币值无关。③

（8）加失。是苏门答剌的锡钱名称。同样将锡钱作为货币的满剌加，却没有此名称，而是采用称量货币。

（9）海𧵅。即海贝，名考黎。出产于溜山国，在本土并不作为货币使用，而是转卖到榜葛剌国和暹罗国，作为货币使用。在中国古代云南，长期将海贝作为主币，直至明末才终止。其主要来源即溜山国。

综上所述，15 世纪印度洋贸易区域流通的货币，为当时繁盛的海上丝绸之路贸易提供了实证，这反映了货币在海上丝绸之路国际贸易中的重要作用，有助于我们对于 15 世纪极大扩展的海上丝绸之路的整体理解。具体来说，可以使我们得出以下认识：

---

① 〔英〕琼杰：《世界铸币百科全书》，刘森译，北京：中国金融出版社，1999 年，第 144 页。

② Wheatley P. *The Golden Khersonese: Studies in the Historical Geography of the Malay Peninsula before A.D. 1500*. Kuala Lumpur: University of Malaya Press, 1973: 84-85.

③ 〔俄〕E. A. Davidovich：《中亚的钱币和货币制度》，华涛、陆烨译，《新疆师范大学学报（哲学社会科学版）》2007 年第 2 期。

第一，15 世纪初，海上丝绸之路上的金钱、银钱、铜钱、锡钱、海贝，诸多货币种类多元共存。学界一般认为，世界钱币有四大体系：以古希腊-罗马为代表的欧洲钱币体系；以印度为代表的南亚次大陆钱币体系；以阿拉伯地区为代表的伊斯兰钱币体系；以中国为代表的东方钱币体系。发展到 15 世纪，钱币四大体系汇聚在印度洋上，是四大区域文明之间发生繁盛国际贸易交往的见证。从各国使用货币的情况来看，四大钱币体系在印度洋海上丝绸之路上均占有一席之地。以古希腊-罗马为代表的欧洲钱币体系、以印度为代表的南亚次大陆钱币体系和以阿拉伯地区为代表的伊斯兰钱币体系相互影响，虽然名称不一，但在样式上早已趋于统一，唯有中国铜钱仍然保持了外圆内方的独特风貌。此外，印度洋贸易还存在地方性的称量货币，如满剌加的锡块。

第二，以物易物是交换关系的初级形态，交易圈中绝大部分国家和地区货币流通的事实，说明下西洋时期印度洋交易圈的市场交换关系已经发展到了相当程度。但是也应看到，交易圈内的货币不统一，币制相当复杂，即使是同名货币，重量、成色也不尽相同，并且也还存在以物易物的交易，所以我们对印度洋交易圈的市场交换关系，也不能做过高的估计。

第三，货币的考察说明，在海上丝绸之路上，通过人群密切的商业交往与迁徙移居贸易，印度洋周边诸国存在多元文明的交汇和融合现象。以往我们认为 15 世纪初这一时期最好的历史见证是郑和在锡兰国迄今传世的汉文、波斯文和泰米尔文三种文字的碑文，对来往于印度洋上的阿拉伯、波斯、印度各民族的友好之情跃然其上。锡兰国人崇信佛教，而碑文中有一种是波斯文，其内容是对阿拉伯人与伊斯兰教的圣人的赞扬。[①]立碑时为永乐七年（1409 年），是郑和第二次下西洋期间。费信于永乐八年（1410 年）到锡兰山时见此碑，曾记曰："永乐七年，皇上命正使太监郑和等赍捧诏敕、金银供器、彩妆、织金宝幡布施于寺，及建石碑。"[②]这一碑文是多元文化会通的典型事例。

但当我们将视角转换到货币时，可以更清楚地看到丝绸之路这种多元文化会通的现象。首先，陆海丝绸之路是联通的。自 7 世纪以来，阿拉伯人一直是海上的执牛耳者，郑和下西洋时期，伊斯兰货币体系的第纳尔正在流通，第纳

[①] 〔日〕寺田隆信：《郑和——联结中国与伊斯兰世界的航海家》，庄景辉译，北京：海洋出版社，1988年，第64—65页。

[②] （明）费信著，冯承钧校注：《星槎胜览校注·前集》，北京：中华书局，1954年，第29—30页。

尔是中亚阿拉伯铸造的货币名称，是阿拉伯文化-伊斯兰文化的代表，这种货币在海上丝绸之路沿线的流通，切实地体现了陆海丝绸之路的联通，证明了丝绸之路主要是依靠商品和货币的流通与运转来实现的。其次，以往我们忽视了下西洋与欧洲的联系，在阿拉伯地区的阿丹，流通的货币是欧洲的佛罗林，这使我们对于当时的整体海上丝绸之路有了进一步的认识，印度洋贸易是连接了亚洲、非洲、欧洲的国际贸易网络，展现了 16 世纪全球化开端之前"世界经济"的雏形。

进一步考察，货币在海上丝绸之路上呈现的多元风貌，显现出印度洋沿线一种更深层的文化交融。确实，15 世纪的东方海上不是固定不变和衰落的。[①]明朝初期从外到内，又从内向外的"回回现象"，是时代的一个显见的特征。这不仅表现在明朝开国功臣中有一批回族人，如常遇春、胡大海、沐英、蓝玉等，也表现在派遣郑和下西洋，中国人以史无前例的规模走向海洋，与海外各国之间建立了友好互利的关系，"共享太平之福"，营造和谐的国际社会秩序，促使丝绸之路极大地繁盛，中外文化交流达到空前的盛况。[②]丝绸之路造就了气势恢宏的唐王朝，陆海丝绸之路的联通，也成就了超越汉唐的明王朝海上事业，将中国推向了古代世界航海史的巅峰，连接了亚洲、非洲、欧洲，也推动了丝绸之路极大的发展，中外文化的交流、融合与会通。

三、16 世纪初葡萄牙托梅·皮雷斯《东方志》中所记海上丝绸之路贸易与货币

葡萄牙人托梅·皮雷斯在 1512 年，也即葡萄牙人占据满剌加一年以后，以葡萄牙商馆秘书和会计师的身份到达那里，他撰写的《东方志》（*The Suma Oriental of Tomé Pires*）一书，是西方关于东方最早的，也是最重要的记述之一。

托梅·皮雷斯《东方志》记述了 16 世纪初葡萄牙人来到东方时的货币使用状况，乃至整个印度洋到南海的贸易情况，可以与马欢的论述相互印证：郑和是从东向西，皮雷斯是从西向东，凸显了马六甲的地位，证明了 15 世纪海

① Reid A. *Southeast Asia in the Age of Commerce 1450-1680*. New Haven: Yale University Press, 1988: xv.
② 万明：《明代中国国际秩序的演绎》，《新疆师范大学学报（哲学社会科学版）》2016 年第 5 期。

上丝绸之路货币的流通与贸易的发展状况。下面试举几个重要节点加以说明。

关于亚丁，即马欢记述中的阿丹，皮雷斯记述道：

> 这个城镇跟开罗百姓及全印度的人进行大规模的贸易。城内有许多极富有的大商人，其他国家的很多人也住在那里。此城是商人的汇集地，它是世上四大贸易城之一。它和海峡内的吉达做生意，贩卖大量香料和药材以交换上述（商品？）；它向达拉克售卖布匹并接受小珍珠做交换；它向哲拉和伯贝拉出售粗布和各种小玩意儿，交换金子、马匹、奴隶和象牙；它和索科特拉（Sokotra）做交易，交换布匹、麦加的稻草、索科持拉芦荟及龙血。它和忽鲁谟斯交易，从那里携回马匹；从开罗来的货物中它买卖金子、食物、小麦，如有的话也买卖大米、香料、小珠、康香、丝绸及别的药材；它和坎贝做贸易，将商品和鸦片运往开罗，运回大量的布匹，用以在阿拉伯和诸岛做买卖，还有种子、玻璃珠、坎贝珠、许多各色玛瑙，主要的还是马六甲的香料和药材，如丁香、肉豆蔻、豆蔻香料、檀香、荜澄茄、小珠及其他这类东西。①

虽然很可惜，我们从这些记述中没有找到货币的纪录，但是无疑已使我们了解到 16 世纪初亚丁繁盛的贸易情形，特别是提到了"它和印度的马拉巴尔（Malabar）也有贸易，其主要市场是卡利古特（Calicut）"。那里就是下西洋每次必到的古里。由此可见，葡萄牙人达·伽马绕过好望角，首先抵达的科泽科德在印度洋贸易圈中的重要地位，在下西洋近一个世纪后仍保持不变。

关于波斯湾口的古国忽鲁谟斯贸易和钱币的记述：

> 忽鲁模斯跟亚丁和坎贝、德坎（Deccan）、果阿国、纳辛加（Narsinga）国以及马拉巴尔的港口进行贸易。忽鲁模斯商人贩卖的主要货物是：阿拉伯和波斯的马匹、细珠、硝石、硫磺、丝、锌华、明矾——在我们的社会里它叫做亚历山大利纳（alexandrina）——绿矾、硫酸盐、大量的盐、白丝、许多倘加（tangas）——它大约（？）值 65 个来依的银

---

① 〔葡〕皮列士：《东方志：从红海到中国》，何高济译，南京：江苏教育出版社，2005 年，第 12 页。

按：皮列士，脚注文献遵从原书录入，本文正文按照通行葡文名译为皮雷斯。

币……有时有琥珀以及大量的干果、小麦、大麦这类食物。①

他记载忽鲁谟斯使用倘伽为货币，并记载了倘伽与欧洲货币来依（lari）的比价。②关于爪哇的钱币：

> 爪哇的钱币是中国的铜钱；1000值25卡拉因，100换3个克鲁喳杜。1000叫做1个朋（puon），每1000他们少给你30，这是该国的习惯。他们收这30作为付给当地君主的税。所有生意都用这些［钱币］。爪哇没有余银币。他们很喜欢我们的钱，特别是葡萄牙钱，他们说制造这种钱的国家必定像爪哇一样。③

关于孟加拉，马欢记述中的榜葛剌，他记述道：

> 他们使用孟加拉钱币交易。在孟加拉，金子比在马六甲贵六分之一，银子则比在马六甲便宜五分之一，有时更便宜四分之一。银币叫做倘加特（tanqut），它有半两重，近六个打兰。这种银币在马六甲值20卡拉因（calains），在孟加拉值7个卡洪（cahon）。每个卡洪值16个朋（pon），每个朋值80个玛瑙贝（buzeos）；所以1个卡洪值1280玛瑙贝，而一个倘加特值8960玛瑙贝，［按玛瑙贝的兑换率］1448个换1个卡拉因，这是他们买一只好鸡的价钱，由此你能知道你可以用它们买什么东西。在孟加拉，玛瑙贝叫做考黎（Cury）。
>
> 玛瑙贝在那里的价值及通货。玛瑙贝是奥里萨、全孟加拉国、阿拉坎及白古一个港口马培班（Mnrtaban）通行的钱币。孟加拉的玛瑙贝要大些，中间行一条黄纹，它们在孟加拉通用，人们把它们当作金币来购买大宗商货；在奥里萨亦如此。它们……在这两处很受珍视。我们在谈白古和

① 〔葡〕皮列士：《东方志：从红海到中国》，何高济译，南京：江苏教育出版社，2005年，第15页。
② 16世纪初葡萄牙人东来以后，印度洋货币呈现更为复杂的面貌。据德国廉亚明、葡萄鬼著《元明文献中的忽鲁谟斯》记载："在葡萄牙人统治时期流行下列货币：10底那儿的铜币法尔斯（fals）、拉利–坦格（Lari-Tanga）银币、萨迪（sadi）银币、价值1000底那儿的黑扎勒金币（Hazar）也叫做'半阿什拉菲'（half ashrafi）；完整的'阿什拉菲金币'在葡萄牙文中大都称之为'希拉菲姆'（xerafim）。"（姚继德译，银川：宁夏人民出版社，2007年，第74—75页）
③ 〔葡〕皮列士：《东方志：从红海到中国》，何高济译，南京：江苏教育出版社，2005年，第135页。

阿拉坎时将叙述那些地方的这些钱币。这些精选的［玛瑙贝］大量来自马尔代夫群岛。①

在这里，他再一次重申了孟加拉的货币使用情况，以及各种货币的比价。值得注意的是，在马欢记述后近一个世纪，孟加拉仍然保持以海贝作为货币，而海贝的大量来源仍然是在马尔代夫，即马欢所述的溜山国。

更典型的事例来自满剌加。满剌加，是明朝时对马六甲的称名。明朝洪武年间，在交往的海外"三十国"中，尚没有满剌加出现。英国东南亚史学家霍尔认为，关于这座城市建立的年代，存在很大的意见分歧。他指出，1292 年马可·波罗（Marco Polo）、1323 年鄂多立克（Odorico da Pordenone）、1345—1346 年伊本·白图泰及 1365 年的《爪哇史颂》都没有提到这个地方，这一事实不利于满剌加于 1400 年前业已建立的观点；并引用卢腓尔的研究，说明这座城市是由拜里迷苏剌建立的，这种观点已普遍为人们所接受。②王赓武先生指出，"在 1403 年 10 月以前，中国朝廷对马六甲是一无所知的"，他认为，"可能是来自南印度的一些穆斯林商人使明廷相信马六甲是一个很大的商业中心"。③笔者注意到，说明朝是从穆斯林商人那里得到满剌加消息的，这是准确无误的；但是，从中外历史记录我们了解到，说下西洋开始时那里已是"一个很大的商业中心"，尚不存在。④法国学者戈岱司（Coedès）根据满剌加第一位国王拜里迷苏剌在马来群岛的活动，推测他在满剌加形成聚落出现在 15 世纪头两年。⑤

据跟随郑和下西洋的马欢记载，满剌加"此处旧不称国，因海有五屿之名，遂名曰五屿。国无王，止有头目掌管诸事。此地属暹罗所辖，岁输金四十两，否则差人征伐"⑥。因此，拜里迷苏剌第一次来华时是以酋长身份，而明

① 〔葡〕皮列士：《东方志：从红海到中国》，何高济译，南京：江苏教育出版社，2005 年，第 74—75 页。

② 〔英〕D. G. E. 霍尔：《东南亚史》上册，中山大学东南亚历史研究所译，北京：商务印书馆，1982 年，第 260—261 页。

③ 〔澳〕王赓武：《东南亚与华人——王赓武教授论文集》，姚楠编译，北京：中国友谊出版公司，1987 年，第 85 页。

④ 〔英〕理查德·温斯泰德：《马来亚史》上册，姚梓良译，北京：商务印书馆，1974 年，第 79—80 页。

⑤ Coedès G. *Les États Hindouisés D'Indochine et D'Indonesie*. Paris: E. de Boccard, 1948: 409.

⑥ （明）马欢原著，万明校注：《明钞本〈瀛涯胜览〉校注》，北京：海洋出版社，2005 年，第 37 页。

朝随后将其"封为国王,给以印绶"①。明朝扶持满剌加建国,其后暹罗国不敢侵扰,除了颁诏封王礼仪层面之外,还派遣郑和下西洋,开通海道,使商路畅达,这对满剌加的兴起意义极为重大。满剌加扼中国与西方的海上航道之要冲,是中国到西洋的必经之地,郑和七下西洋,海上活动频繁地持续了近30年,这30年,也正是满剌加商业贸易繁荣、迅速崛起的时间段。郑和在满剌加设置官场存放货物,最后船队汇合在满剌加,等待季风到来一起归国。在长时段的航海活动中,发展到15世纪末,位于海峡最狭窄地带的强盛的满剌加王国控制着世界贸易航路的重要组成部分,因此,满剌加也就掌管了贯穿东西方航路生命线的钥匙,从而形成一个繁盛的国际贸易中心,上升为一个名副其实的国际贸易集散地,持续兴盛了一个世纪,直至西方葡萄牙人东来才被打断。

伴随海上丝绸之路的兴盛,满剌加迅速崛起,成为世界商人云集的城市和当时世界上各种商品的交易中心。交易由从世界各地航来的海船停靠在满剌加海港一带实现,这一海上丝绸之路上的重要节点,连接了亚洲、非洲和欧洲。葡萄牙在到达印度科泽科德以后,就沿着郑和故航路,于1511年占据了马六甲。皮雷斯说,当时在马六甲港的街道上行走,可以听到至少84种不同的语言。②他的话虽有夸大之嫌,却也说明了马六甲作为国际大都会的繁华。

重要的是,皮雷斯记录了马六甲的钱币使用情况,马六甲使用的钱币仍然主要是锡钱,但与以往已经发生了很大变化:

> 马六甲的钱币是蒂马斯的卡拉因——蒂马斯(timas)的意思是锡。小锡币作为现金(cashes)使用,100个值11个来依和4个舍提尔,按比率100锡卡拉因值3个克鲁喳杜。每100个现钱是1个卡拉因,仅重33盎司。所有商品都按卡拉因售卖,他们用锡或金支付。现金的样子像舍提尔,上刻有在位国王的名字,已故国王的钱币也通用。锡币是80(?),100卡拉因值3个克鲁喳杜。③

记述说明,半个多世纪以后,为了适应繁盛的国际贸易需求,马六甲早已

---

① 《明太宗实录》卷46,"永乐三年九月癸卯"条,台北:台湾"中央研究院"历史语言研究所校印本,1962年(以下实录类均采用此版本,不再一一标注)。

② Cortesao A. *The Suma Oriental of Tomé Pires*. London: Hakluyt Society, 1944: 269.

③ 〔葡〕皮列士:《东方志:从红海到中国》,何高济译,南京:江苏教育出版社,2005年,第213页。

放弃了称量锡块的传统货币，改用金币和锡币，同时也出现了与西方货币的兑换率。

此外，他提及马六甲有坎贝和忽鲁谟斯的泄拉芬，又名色拉芬（Xeraphim），是葡属印度殖民地的一种银币，说"它像我们的克鲁喀杜一样通行"。克鲁喀杜即葡萄牙钱币克鲁扎多（Cruzado），是一种葡萄牙金币，由阿丰索五世首先采用于 1457 年。其意义在于它是欧洲最早用非洲黄金铸造的金币。16 世纪初葡萄牙人来到东方，1511 年占据了马六甲，也给那里带来了新的货币。

关于金价：

> 在输运到马六甲的金子中，质量最差的是淳泥的，它值四个半、五个、五个半或六个马特；其次是拉夫的，七个和七个半马特；爪哇的好一些，八个和八个半马特，彭亨的也是这个价或者高些，梅南卡包的是九个马特；克林的是九点三和九个半；交趾支那的相同：这是这些地区最好的金子，它是〔宜于〕铸克鲁喀杜的金子，九个半马特或者更多。①

他还对于金子作出评价，指出马六甲的金子是作为商品而不是作为货币而存在的：

> 这个地区比印度的世界更富庶，更有价值——这里最小的商品是金子，它价值最低，在马六甲他们认为它是商品。任何主宰马六甲的人就能控制威尼斯的咽喉。②

关于银价：

> 白古的银子值 100 卡拉因的 3 两，暹罗和中国的银子从前值 40 卡拉因的两，现在值得更多些。大量银子曾运送到马六甲。③

总之，皮雷斯的东方记述，恰恰说明了葡萄牙人来到东方，加入东方原有的海上丝绸之路贸易圈，意欲打破传统，成为主宰。16 世纪初欧洲人东来，货

---

① 〔葡〕皮列士：《东方志：从红海到中国》，何高济译，南京：江苏教育出版社，2005 年，第 213 页。
② 〔葡〕皮列士：《东方志：从红海到中国》，何高济译，南京：江苏教育出版社，2005 年，第 220 页。
③ 〔葡〕皮列士：《东方志：从红海到中国》，何高济译，南京：江苏教育出版社，2005 年，第 214 页。

币的多样性更加突出，而马六甲的记录说明银价在增长，白银开始显露出来。

四、结　语

　　通过马欢和皮雷斯关于海上丝绸之路上货币的记述，我们对于15世纪郑和下西洋及其后的印度洋海上丝绸之路的繁盛发展，有了进一步的整体认识。郑和下西洋，在东西方交汇之处——印度洋的航海贸易活动，推动了海上丝绸之路的繁荣发展，多元货币汇聚在这一广袤区域，从海上连接起一个整体的丝绸之路，连接起了亚洲、非洲、欧洲，为全球化从海上开端，做出了坚实的铺垫。

　　最后，通过15世纪印度洋货币的梳理，以货币的新视角拓宽海上丝绸之路研究的维度和深度，从货币流通的历史打开洞察印度洋海上贸易的一扇门，我们可以确信，16世纪的白银时代，是以中国明朝白银货币化为开端的，中国由此参与了全球化开端的历史进程，发生了与全球的互动，推动了海上丝绸之路前所未有的扩展，中国商品远播全球，交换大量白银流入中国，中国为全球化做出了历史性贡献。此前印度洋"世界雏形"的海上贸易多元货币汇聚，一个白银世纪不曾存在，开创近500年之久的中国白银时代，始自明朝。这也是讨论此课题的重要意义所在。

意 义 阐 释

释"西洋"

——郑和下西洋深远影响的探析*

　　研究的基础，是相关概念的界定。"西洋"一词在历史上的渊源及其内涵的演变，是我们研究郑和下西洋首先应该认识和解释的问题。从某种意义上说，"西洋"一词的演变，正是中国人对外部世界认识的一个深化过程。然而迄今为止，中外史学界主要聚焦于东西洋的分界，争议纷纭，莫衷一是①，故对"西洋"仍有专门探讨和诠释的必要。在此不揣简陋，试考释如下。不当之处，尚祈方家指正。

一、"西洋"一词溯源

　　"西洋"一词，由"西"与"洋"二词叠加而成。"西"，是方位词。日落的方向，是西方。《说文解字》云："日在西方而鸟栖，故因以为东西之西。"

---

* 原载《南洋问题研究》2004 年第 4 期。收入本书，有订正。

① 主要论文有山本达郎：《东西洋とり称呼の起源に就いこ》,《东洋学报》1933 年第 1 号；宫崎市定：《南洋を东西洋に分つ根据に就いこ》,《东洋史研究》1942 年第 4 号；洪建新：《郑和航海前后东、西洋地域概念考》，见纪念伟大航海家郑和下西洋 580 周年筹备委员会、中国航海史研究会：《郑和下西洋论文集》第一集，北京：人民交通出版社，1985 年，第 207—221 页；沈福伟：《郑和时代的东西洋考》，见纪念伟大航海家郑和下西洋 580 周年筹备委员会：《郑和下西洋论文集》第二集，南京：南京大学出版社，1985 年，第 218—235 页；刘迎胜：《"东洋"与"西洋"的由来》，见南京郑和研究会编：《走向海洋的中国人》，北京：海潮出版社，1996 年，第 120—135 页；陈佳荣：《郑和航行时期的东西洋》，见南京郑和研究会编：《走向海洋的中国人》，北京：海潮出版社，1996 年，第 136—147 页；等等。虽然讨论重心是东西洋分界，但其中涉及西洋，均为本文的重要参考。

"洋"，本义是古水名，《尔雅》曰："为洋，多也。"注："洋，溢也"，是盛多、广大意，引申为海外、外国之意。

"西洋"一词在《辞源》里的解释，不能令人满意。首先言"明时爪哇以西的印度洋为西洋，并指沿海的陆地"，出典是《明史》卷三二三《婆罗传》，以文莱为界；其后虽然提到"永乐时巩珍随郑和至南海各国，归纪其事，著书名西洋番国志"，但解释纠缠在东西洋划分上，不但没有确切说明"西洋"一词的渊源和演变，而且先称爪哇以西，举例再以文莱为界，概念显然含混不清，自相矛盾。①

追根溯源，"西洋"一词何时在中国出现？值得探究。20世纪30年代，中西交通史家冯承钧和张星烺认为始见于元代汪大渊的《岛夷志略》。②40年代，刘铭恕对此提出了异议，他举出西洋名称见于元人著作，有较早于《岛夷志略》成书时代者，并进而提出了南宋说。③他在南宋末年宋人所纂评话中，发现了西洋名称用语：

> 金虏海陵王荒淫评话有云：
>
> 女待诏道：该有个得活宝的喜气。
>
> 贵哥插嘴道：除了西洋国出的走盘珠，缅甸国出的铃，只有人才是活宝。若说起人时，府中且是紧得很，夫人恰是用不着的。你说怎么活宝不活宝？

查上文引自汪乃刚辑《宋人话本八种》④，其中收有《碾玉观音》《菩萨蛮》《西山一窟鬼》《志诚张主管》《拗相公》《错斩崔宁》《冯玉梅团圆》《金虏海陵王荒淫》等8篇，有胡适《序》和句读者汪乃刚的《校读后记》。胡适《序》中以内部证据说明话本产生年代约为南宋末年，并认为未经后人篡改。

---

① 广东、广西、湖南、河南辞源修订组、商务印书馆编辑部编：《辞源》（修订本）第3册，北京：商务印书馆，1983年，第2842页。

② 冯承钧：《中国南洋交通史》，上海：商务印书馆，1937年，第91页；张星烺编注：《中西交通史料汇编》第2册，北京：中华书局，1977年，第308页。

③ 刘铭恕：《郑和航海事迹之再探》，见金陵大学中国文化研究所、齐鲁大学国学研究所、华西大学中国文化研究所编：《中国文化研究汇刊》第3卷，1943年。此文为陈高华先生提示并亲自找来给笔者，并将所藏《元大德南海志残本》借阅，谨此深表感谢。

④ 汪乃刚：《宋人话本八种》，上海：亚东图书馆，1928年。

所以刘氏据此下断语云："比之前此《岛夷志略》为滥觞说者，更可推早一二世纪乎！"而他在同时也说明这只是单文孤证，还有待探究。由于话本流传委实难以确定年代而论，所以仅凭借此证，南宋说恐难以确立。南宋说之外，或可以说还有北宋说。

18世纪发现了开封犹太教会堂中的三通汉文碑，其中，最早的一通是明弘治二年（1489年）的《重建清真寺记碑》，碑文中明确提到了"西洋布"，特录于下：

> 噫！教道相传，授受有自来矣。出自天竺，奉命而来。有李、俺、艾、高、穆、赵、金、周、张、石、黄、聂、金、张、左、白七十姓等，进贡西洋布于宋。帝曰：归我中夏，遵守祖风，留遗汴梁。

碑文中的"宋"，指的是哪个宋王朝呢？是420—479年的刘宋王朝，还是960—1279年的赵宋王朝呢？曾对碑文进行研究的西方传教士有不同看法。对此，西班牙传教士管宜穆（Jérôrme Tobar）《开封犹太人的碑文与题记》一文注中做了进一步解释：英国安立甘会四美主教（George Smith）认为很可能是419年创建的那个繁荣的中国北方小王朝。[1]格罗夫最初曾坚信他在上述碑文的这一部分发现了对其有关犹太人于公元5世纪最早定居在中国观点的确证，但他受到了拉克伯里（Terrien de Lacouperie）的批驳："这个宋朝指刘宋王朝（都建康，即今之南京）。汴梁即所谓开封，不是其统治部分，汴梁当时尚属于北魏的组成部分。它于960—1127年才为北宋的首都。毫无疑问，碑文中所参照的正是北宋王朝的皇帝。"[2]格罗夫稍后似乎改变了观点，他于1895年指出："这里是指大宋王朝。"[3]笔者认为，碑文中的宋王朝，只可能是北宋王朝，因为北宋定都于汴梁，所以才会有来自天竺的犹太人进贡西洋布于汴梁，并发生犹太人留居于那里的事情。

总之，虽然碑文中部分姓氏已经因年久而不堪卒读，由其他录文复原，但是，碑文清楚地记录了汴梁，即开封的犹太人来自天竺，也就是印度，他们在

---

① 转引自〔法〕荣振华等：《中国的犹太人》，耿昇译，郑州：大象出版社，2005年，第70、388—389页。
② 《巴比伦与东方文献》第51卷，第5册，1891年，第130、134页。
③ 《梅里登科学学会译丛》，1895年，第26页。

宋朝时为进贡西洋布来到中国，并就此留居汴梁。"西洋布"名称出现，产地在天竺即印度，是很明确的。问题在于这虽是目前所能见到的最早关于"西洋"的记载，却在年代上较晚，碑文为明弘治年间所刻，内容是一种追述的性质。因此，恐难以此为"西洋"一词于北宋出现的确据。①由此可见，元代以前的"西洋"，是一个仍然只能存疑，有待新资料出现再探讨的问题。

二、元代"西洋"确切出现与东西洋并称

让我们再回到元代。元代确实出现了"西洋"一词，不在元末，而是在元初。那么，"西洋"的内涵是什么？细读史料，分阶段来看，元代大致可划分为两个阶段，即元初和元末，其间"西洋"一词内涵并不完全相同，现将所见相关文献资料略作梳理于下。

元朝初年，"西洋"一词出现的重要文献中，首推刘敏中《中庵先生刘文简公文集》卷四《敕赐资德大夫中书右丞商议福建等处行中书省事赠荣禄大夫司空景义公布哈尔神道碑铭》，特录于下：

> 公本名萨题世，西域人。西域有城曰哈喇哈达，其先世所居也。远祖徙西洋。西洋地负海，饶货，因世为贾贩以居。父布哈尔得幸西洋主，使与诸弟齿，弟有五人，布哈尔称六弟。俄总领诸部，益贵富，侍妾至三百人，象床、黄金饰称是。布哈尔没，公克绍其业，王益宠。凡诏命惟以父名，故其名不行，而但以父名称焉。圣朝之平宋也，公闻之喜曰：中国大圣人混一区宇，天下太平矣，盍往归之？独遣使以方物入贡，极诸瑰异。

① 庄为玑：《泉州宋船为蒲家私船考》（联合国教科文组织海上丝绸之路综合考察、泉州国际学术讨论会组织委员会编：《中国与海上丝绸之路》，福州：福建人民出版社，1991年，第347页）曾引（清）蔡永蒹《西山杂志》卷1"蒲厝"条："宋绍定间（1228年）有进士蒲宗闵，司温陵道通判，后升都察院（即判院）。端平丙申中（1236年），奉使安南；嘉熙二年（1238年）奉使占城；淳祐七年（1247年）再奉使渤（浡）泥，后卒于官也。其子有三：长子应，次子甲，三子烈。蒲应入渤（浡）泥，蒲甲可占城，西洋之转运使，大食、波斯、狮子之邦，蛮人嘉谐。记曰：蒲氏盖从五代留从效使蒲华子蒲有良之占城，司西洋转运使，波斯人咸喜为号矣，故自宋元以来，泉郡之蒲氏名于天南也。"他所引用为"手抄本"，记"由林少川同学提供"。但据此清人追述，恐更难以得出自五代已出现"西洋"一词的看法。

自是终岁不绝。复通好亲王阿布、哈斯二邸,凡朝廷二邸之使涉海道恒预
为具舟筏,必济乃已。世祖熟其诚款,至元二十八年赐玺书命某部尚书阿
尔班、侍郎拜特穆尔列名往谕,且召之。公益感激乃尽捐其妻孥宗戚故
业,独以百人自随偕使入觐。既见,世祖加慰谕赐以锦衣及妻廪之公馆,
所以恩遇良渥。圣上嗣位,特授资德大夫中书右丞商议福建等处行中书省
事。累赐以巨万计,而宠数益隆矣。至是年来朝,遂以病薨,享年四十有
九……于是有葬赠谥碑之命。

大德四年二月日撰①

此碑铭撰于大德四年(1300年)。其中,值得注意的有三点:一是西洋
"地负海",一定是属于沿海地带;二是有"西洋主",即有国王或酋长,因此
有了指代国家的含义;三是元使曾至其地,即元朝与其通交,故有其国人来
华。结合这三点来看,显然这里出现的是一个有所实指的沿海国家。据陈高华
考证,碑铭中的布哈尔与《元史·马八儿等国传》中的马八儿宰相不阿里,以
及朝鲜史籍中马八儿国王子孛哈里为同一人,他的结论是:碑铭中的西洋国就
是马八儿国。或者可以说,西洋国是马八儿国的另一个称呼。②至于马八儿国
的地理位置,学者一般认为是在印度东南海岸的科罗曼德尔一带。③陈连庆认
为:"马八儿(Ma'bar)是印度大国,位于印度最南端科摩林甲以东地带。"④
以上碑铭内容,说明西洋是有实指的国名。然而年代上同为大德年间的文献又
有别说。

大德八年(1304年)陈大震等纂辑的《大德南海志》,是迄今所见记载
"西洋"最为详尽的文献,卷七《物产·诸番国》云:

---

① (元)刘敏中:《中庵先生刘文简公文集》卷四《敕赐资德大夫中书右丞商议福建等处行中书省事赠
荣禄大夫司空景义公布哈尔神道碑铭》,四库全书本。此本与清抄本有不少不同之处。

② 陈高华:《印度马八儿王子孛哈里来华新考》,《南开学报》1980年第4期。以"西洋"为实指国家,
更早的记载有元至元二十六年(1289年)徐明善撰写的《天南行记》,提到了"西洋国黄毛皮子"。

③ 〔法〕G. 费琅辑注:《阿拉伯波斯突厥人东方文献辑注》(耿昇、穆根来译,北京:中华书局,1989
年)第222页注三云:"马八儿国即科罗曼德尔(Coromandel)。阿布尔菲达(第2卷第2册第121
页)说'伊本·赛义德认为,该地位于东经142°,北纬17°25′,第三气候带,在印度的边远地区'。"

④ 陈连庆:《〈大德南海志〉所见西域南海诸国考实》,《文史》第27辑,1986年,第157—158页。而
马八儿是否可能在印度西南马拉巴尔海岸,由于音近,似乎也待考证。

　　单马令国管小西洋：日啰亭，达剌希，崧古啰，凌牙苏家，沙里，佛啰安，吉兰丹，晏头，丁伽芦，迫嘉，朋亨，口兰丹。

　　三佛齐国管小西洋：龙牙山，龙牙门，便塾，榄邦，棚加，不理东，监篦，哑鲁，亭停，不剌，无思忻，深没陀啰，南无里，不斯麻，细蓝，没里琶都，宾撮。

　　东洋佛坭国管小东洋：麻里芦，麻叶，美昆，蒲端，苏录，沙胡重，哑陈，麻拿啰奴，文杜陵。

　　单重布啰国管大东洋：论杜，三哑思，沙啰沟，塔不辛地，沙棚沟，涂离，遍奴忻，勿里心，王琶华，都芦辛，啰悼，西夷涂，质黎，故梅，讫丁银，呼芦漫头，琶设，故提，频底贤，孟嘉失，乌谭麻，苏华公，文鲁古，盟崖，盘檀。

　　阇婆国管大东洋：孙绦，陀杂，白花湾，淡墨，熙宁，啰心，重伽芦，不直干，陀达，蒲盘，布提，不者啰干，打工，琶离，故鸾，火山，地漫。

在西洋和东洋之后，录"南毗马八儿国"，下面列有：

　　细蓝，伽一，勿里法丹，差里野括，拨的侄，古打林。

另外，单列有 34 国：

　　大故蓝国，差里也国，政期离国。胡茶辣国，禧里弗丹，宾陀兰纳，迫加鲁，盟哥鲁，条姞，靶拿，阆里株思，加剌都，拨肥离，涂拂，毗沙弗丹，哑靶，鹏茄啰，记施，麻啰华，弼施啰，麻加里，白达，层拔，瞻思，弼琶啰，勿斯离，勿拔，芦眉，瓮蛮，弗蓝，黑加鲁，默茄，茶弼沙，吉慈尼。[①]

　　以上记述了两个小西洋和小东洋、大东洋，以及南毗和其他国，简言之，地域大致包括今东南亚、南亚、西亚、非洲，乃至欧洲。这里值得注意的是三

---

　　① 广州市地方志编纂委员会办公室编：《元大德南海志残本》，广州：广东人民出版社，1991 年，第 46—47 页。

点:一是东西洋并列,又分大小。二是具体说"西洋",分为"单马令国管小西洋"十三国,"三佛齐国管小西洋"十八国,从所列国家的地理位置来看,前者大致位于马来半岛及其沿岸一带,后者大致位于印度尼西亚苏门答腊岛沿岸一带,这一区域在今天马来西亚、新加坡、印度尼西亚境内,属于东南亚的范围。三是马八儿国单列出来,冠以"南毗",明确表明"西洋"并不包括印度南部的大国马八儿。

将《南海志》与上述碑文对照发现,同为大德年间的史料,陈大震《南海志》与刘敏中所撰碑文,时间上仅相距4年,语词内涵却发生了如此差异,当作何解释?似乎难以解释。或可做这样的推论:刘敏中所撰碑文是从元朝中央政权出发对交往国家的记述;陈大震则是从沿海地区出发以海域划分来认识的。二者角度不同,认识不同。而"西洋"一词的内涵有了如此差异的并存,可见在元初"西洋"一词的内涵是模糊的。

发展至元末,"西洋"一词出现了变化。元顺帝至正年间,汪大渊撰《岛夷志略》,其中涉及"东洋"3处,"西洋"凡16处。涉及的"东洋"3处,是尖山、爪哇和毗舍耶。涉及"西洋"的16处中,提到"西洋丝布"的有3处:淡邈、古里地闷、须文答剌;"西洋布"1处:无枝拔;涉及"西洋",而从行文明显可知不在"西洋"之列的,见苏禄提及的"西洋之第三港",旧港提及的"西洋人",龙牙门、北溜的"舶往西洋",昆仑的"舶泛西洋",大八丹的"国居西洋之后",万里石塘的"至西洋则百日之外……至西洋遐昆仑之地",天堂的"西洋亦有路通",马鲁涧的"西洋国悉臣属焉",甘埋里的"商贩于西洋互易"。除此以外,值得特别注意的有以下两条——古里佛云:"当巨海之要冲,去僧加剌密迩,亦西洋诸番之马头也。"大乌爹云:"界西洋之中峰……如西洋诸番国,铸为大小金钱使用,与中国铜钱异。"仔细分析,这里实际上将"西洋"已缩到了很小的范围,也很具体了。先看古里佛,西方学者柔克义(W. W. Rockhill)最先提出其是位于印度西海岸的科泽科德,苏继庼认为该观点是正确的。再说大乌爹,苏继庼认为是奥里萨,姚楠案为印度邦名,位于孟加拉湾西北岸。苏继庼在此处注释中,对"西洋"作了如下解释:"盖西洋一名,元代殆指南中国海西部榜葛剌海大食海沿岸与东非沿岸各地。"①结

---

① (元)汪大渊原著,苏继庼校释:《岛夷志略校释》,北京:中华书局,1981年,第325页。

合上述汪大渊关于西洋的全部记述内容，我们显然不能得出如此范围广阔的认识，古里佛位于印度西南海岸，大乌爹位于印度东南海岸，由此可以认为，当时人认识中的西洋所指是印度南部西南与东南沿海一带。这从北溜的"舶往西洋"，大八丹的"国居西洋之后"①，也可以得到佐证。

元末提及西洋的，还有黄溍的《松江嘉定等处海运千户杨君墓志铭》。其作于元顺帝元统年间，但记述的是大德年间事，也是一篇重要文献，仅将相关部分录于下：

> 君讳枢，字伯机……大德五年君甫十九，致用院俾以官本船浮海至西洋，遇亲王合赞所遣使邮怀等如京师，遂载之以来。邮怀等朝贡事毕，请仍以君护送西还。丞相哈喇哈斯达尔罕如其请，奏授君忠显校尉海运副千户，佩金符与俱行。以八年发京师，十一年乃至其登陆处，曰忽鲁模（谟）思。云是役也，君往来长风巨浪中，历五星霜，凡舟楫糗粮物器之须一出于君，不以烦有司，既又用私钱市其土物白马、黑犬、琥珀、蒲萄酒、番盐之属以进。②

这里所表述的是元朝初年海运副千户杨枢的事迹，至于他以官本船"浮海至西洋"，"西洋"实指一国，曾遣使到元朝朝贡。而这一国家的地理位置并不清楚，杨枢的"登陆处"在忽鲁谟思，是已到达了波斯湾，似也可理解为包括在"西洋"国中，因此地点是颇为模糊的。

涉及忽鲁谟斯，元末周致中《异域志》卷上《虎六母思》云："其国在西南海中，回纥之国，其地至热，出番布、珍宝，与西洋国颇同。"③这里明确说明虎六母思，也即忽鲁谟斯的异译，并非"西洋国"，西洋国另有所在。

同书有《西洋国》云："在西南海中，地产珊瑚、宝石等物，所织绵布绝

---

①　大八丹，位于马拉巴尔海岸，在坎纳诺尔（Cannanore）和特里切里（Tellichery）之间。见（元）汪大渊原著，苏继庼校释：《岛夷志略校释》，北京：中华书局，1981 年，第 281 页注一。

②　（元）黄溍：《文献集》卷 8 上《松江嘉定等处海运千户杨君墓志铭》，四库全书本。

③　（元）周致中：《异域志》卷上，《四库全书存目丛书》，济南：齐鲁书社，1997 年。此书原无撰者姓名，书前胡惟庸序，言吴元年时处士周致中所作，献于军门，初名《赢虫录》；开济跋云：其兄得之于太子宫中，乃国初故物，其兄重编后定名《异域志》。清人修《四库全书》时考订年代，认为是有人依托，又因行文简略，故列于存目（见《四库全书总目》）。现存目丛书本为万历夷门广牍本，已是晚明刻本，此书很可能是后来明朝人所作，而非元人所作。

细，莹洁如纸。其人髡首，以白布缠头，以金为钱交易，国人至富。"①这里虽是确定的对于西洋国的表述，可惜地理位置仅记为"在西南海中"，令人完全无法确知其国地在何处。这段史料的价值就在于，它表明元末明初"西洋国"仍是一实指的国度，以"绵布"闻名于世。

实际上在元朝，"西洋"以布而闻名中国。当时人以西洋布作为礼品相赠，已是一种风尚。赵孟𫖯《松雪斋集》卷下《与晋之》云："数日来心腹之疾大作，作恶殊甚。今亲至，得所惠书，知安善，为慰不可言。付至西洋布及报惠诸物，一一拜领，感激无喻。"②这是友人之间以西洋布馈赠的真实记录。

对此还有诗为证。谢应芳《龟巢稿》卷二《全金宪自黄州以西洋布遣骑见惠，作诗谢之》云："十月北风方怒号，故人西布似绨袍。远劳使者传书信，笑看家人落剪刀。留得海图飞凤鸟，绝胜山𧶼集鹅毛。岁寒冰雪空山里，千里相思报木桃。"③

诗人在这里将"西布"比作绨袍。绨的本义是古代一种粗厚光滑的丝织品。《说文解字》云："绨，厚缯也。"《史记·范雎蔡泽传》云："乃取其一绨袍以赐之。"由此可见西洋布是有薄有厚的，并不都只是很薄的织物，不仅有如上所述单薄如纱的丝布，而且有织得非常光滑的粗厚织物。黄州，元时为黄州路，治所在今湖北黄冈，那里并不靠近西域地区，却出现了以西洋布馈赠友人的记录，由此可知此布在当时流传较广；作为礼品馈赠，又说明了西洋布属于一种来自异域的贵重物品，在社会上也不会很普遍。

马格里布旅行家伊本·赛义德（Ibn Sa'id，1208年或1214年—1274年或1286年）曾说："马八儿因旅行者而闻名，正是通过此地，该国的平纹细布才扬名天下，尽人皆知。"④由此可知，马八儿国曾以"平纹细布"闻名于世，所谓西洋布，也与马八儿这一西洋国有关。这里也说明了"西洋布"产于印度是无疑的。

在元朝人的生活中，"西洋"代表域外情调，可见于文人诗中。张翥《蜕

---

① （元）周致中：《异域志》卷上，《四库全书存目丛书》，济南：齐鲁书社，1997年。
② （元）赵孟𫖯：《松雪斋集》卷下《与晋之》，《四库全书存目丛书》，济南：齐鲁书社，1997年。
③ （元）谢应芳：《龟巢稿》卷2，四库全书本。
④ 〔法〕G. 费琅辑注：《阿拉伯波斯突厥人东方文献辑注》，耿昇、穆根来译，北京：中华书局，1989年，第222页，注三。

庵集》卷四《初度日》云："八十一翁乌角巾，尊前才放自由身。病须善药休离手，衰借佳醪可养神。谁谓仲连为侠士，或传方朔是仙人。行当小筑西洋墅，种杏栽桃作好春。"①诗的作者曾为《岛夷志略》作序，因此，诗中提到的"小筑西洋墅"，可以想见是具有明显海外异域情调的比喻。

值得注意的是，元末还有"西洋路"用法的出现。孙存吾辑《皇元风雅后集》卷三王尚志《暹国回使歌》云："东南岛夷三百六，大者只数暹与倭。……方今圣人沾德化，继呈壤贡朝鸾和。……卉裳□□钱塘客，能以朔译通南讹。……楼船归指西洋路，向国夜夜瞻星河。"②这里出现的"西洋路"，当是指往返西洋的海上路程。

综上所述，元朝初年以迄末年的文献资料说明，"西洋"一词在元代出现并确定下来。"西洋"一词的出现，应该是与人们对海域的认识和区分相关，学者在关于东西洋分界的讨论中对此已有不少论述，在此不赘。归纳见于元代文献史料中的"西洋"，大致有"西洋""小西洋""西洋布""西洋路"等几种。概言之，元初，时人对于"西洋"有两种认识：一种认识可以说是从元朝中央政权来看，遣使西洋，与南印度马八儿国建立联系，当时的马八儿国代表西洋，是一个具体的朝贡国；与中央这种实指国度不同的是另一种认识，就是沿海地区出现的一种"小西洋"的观念，将小西洋看作一个地理区域，包括东南亚马来半岛和苏门答腊岛一带诸国，时人将小西洋区域与小东洋、大东洋并称，并且将马八儿单列为"南毗"，不在"西洋"之列。发展到元末，"西洋"一词有所变化，此时马八儿国已衰亡，在《岛夷志略》中仅见"马八儿屿"，不见马八儿国就是证明。元末的"西洋"一词透露出两层重要信息：一是"西洋国"，指代印度南部沿海国度；二是地域认识上，"小西洋"已不见载记，"西洋"的地理区域业已西移至印度南部沿海。值得注意的是，上述两重信息在方位上的指向趋同。虽然"西洋"范围已比较明确，"西洋"一词的利用率高于"东洋"，但我们还是不能忽视一点，即当时仍是以东西洋并称的。

---

① （元）张翥：《蜕庵集》卷4《初度日》，四库全书本。

② （元）孙存吾辑：《皇元风雅后集》卷3，清抄本。刘铭恕根据诗序，推测此诗作于顺帝即位初。

三、明初 "西洋" 的凸显

将 "西洋" 作为一个区域来整体看待，并将这种称谓固定下来，被人们广泛地接受、采纳和统一应用，经历了一个历史过程。简言之，"西洋" 一词的确立，经过了一个动态的过程。这一过程的开端在元代，而它的完成则在明初下西洋时代。

明初，从 "西洋" 一词的演变看，大致可划分为两个阶段：洪武年间和永乐年间。

洪武初修《元史》，遍检这部官修史书，其中未见 "西洋" 一词出现。所设《外夷传》，是全书关于海外记载最集中的部分，收入《外夷传》的有高丽、耽罗、日本、安南、缅、占城、暹、爪哇、琉球、三屿、马八儿等国。[①]

然而，《元史》中没有 "西洋" 一词出现，不等于洪武年间没有对 "西洋" 的认识。当时明太祖不但遣使四出，联络通交，而且立《皇明祖训》，将 "西洋国" 正式列入了不征之国。《皇明祖训》以方位列，"西洋国" 列于西南方向。"西南：安南国、真腊国、暹罗国、占城国、苏门答剌国、西洋国、爪哇国、溢亨国、白花国、三佛齐国、渤泥国。"[②] 由此可见，"西洋" 在明初显然是有所特指的国度。而从它的位置是摆在苏门答剌与爪哇之间来看，似乎又是元代所称小西洋的位置。

明初人继承元朝人的观念，来自元末的恐怕更为直接。翻检明人文集，发现明初人出使资料值得注意，特录于下。

龚敩《鹅湖集》卷五《赠刘叔勉奉使西洋回序》云："洪武二年春，皇帝若曰：海外之地不内附之日久矣，盖自中唐以来五六百年于兹，然亦天地之所覆载，日月之所照临，朕岂忍弃之不使沾中州文明之化哉？其令刘叔勉持节往宣朕意。承命喜跃，即日就道。海舶间关风涛万里，三年夏才至西洋。其渠帅戎落越境出迎，叔勉以皇上之意慰谕再三，莫不感泣舞蹈，遂奉表入臣。"[③]《明

---

① 《元史·外夷传》，北京：中华书局，1976年。

② 《皇明祖训·祖训条章》，皇明制书本。

③ （明）龚敩撰：《鹅湖集》卷5《赠刘叔勉奉使西洋回序》，《景印文渊阁四库全书》集部，第1233册，台北：台湾商务印书馆，1986年，第669页。

太祖实录》卷三十八载有洪武二年（1369 年）"遣使以即位诏谕日本、占城、爪哇、西洋诸国"①事。

可作为旁证的，是《明太祖实录》在洪武三年（1370 年）三月记载派遣莱州府同知赵秩诏谕日本国王良怀时，提及"比尝遣使持书飞谕四夷高丽、安南、占城、爪哇、西洋琐里"之事。②这里首次出现了西洋琐里的国名。由此得知，刘叔勉出使的西洋国，应就是西洋琐里国。有学者认为那里也许就是印度东海岸的 Cauverypatam 地区。③

《明太祖实录》卷五十六载有洪武二年（1369 年）遣使的结果："西洋国王别里提遣使臣亦迭纳瓦里沙等来朝，进金叶表文，贡黑虎一、兜罗绵被四幅、漫折的花被八幅，皮剔布四匹、槁尼布三匹、沙马达里布二匹。先是，尝遣刘叔勉等颁即位诏于西洋等国，至是遣其臣偕叔勉入贡。"④以上是刘叔勉于明初洪武二年至三年出使西洋国的事迹。由西洋国贡品来看，以绵布为主，说明西洋国以布闻名的事实，而这一明初彰显的西洋国，地理位置是在马八儿国故地。

紧随刘叔勉之后，出使西洋琐里的还有塔海帖木儿。《明太祖实录》于洪武三年（1370 年）六月记录了此事⑤，又于五年（1372 年）正月记录了与使臣同来的琐里国王使臣："奉金叶表，贡马一匹、红撒哈剌一连、红八者蓝布四匹、红番布二匹、觊木里布四匹、白芯布四匹、珠子项串一幅，并绘其土地山川以献。"当时明太祖对中书省臣提到了"西洋琐里世称远番，涉海而来"。⑥从此，西洋琐里国便以"新附远邦"而闻名于明朝。⑦

此外，明朝出使西洋国的还有周君玉。明初林弼《林登州集》卷二十三《书周君玉安患轩记后》云："钱塘周君君玉，善学笃义，时誉特推，先被命使西洋。万里涉海以投异域，人皆难之，而君不恤也。因名其寓轩曰安患而自记

---

① 《明太祖实录》卷 38，"洪武二年春正月乙卯"条，台北："中央研究院"历史语言研究所校印本，1962 年（以下实录类均采用此版本，不再一一标注）。这里需要说明的是，现在我们所见的《明太祖实录》是明永乐年间所修成，故此处"西洋诸国"不足为洪武时出现之证。

② 《明太祖实录》卷 50，"洪武三年三月"条。

③ Ma H. *Ying-yai Sheng-lan: The Overall Survey of the Ocean's Shores(1433)*. Mills J V G trans. Cambridge: Cambridge University Press, 1970: 195.

④ 《明太祖实录》卷 56，"洪武三年九月"条。

⑤ 《明太祖实录》卷 53，"洪武三年六月戊寅"条。

⑥ 《明太祖实录》卷 71，"洪武五年春正月壬子"条。

⑦ 《明太祖实录》卷 76，"洪武五年冬十月甲午"条。

之。嗟夫！世之懦夫由士溺于所安，足迹不忍离堂檐，一遇忧患，失身丧气，无复人色。然则周君之安以处患，其可谓君子也已。"①林弼是元至正八年（1348 年）进士，为漳州路知事。明初以儒士修礼乐书，授吏部主事官，后至登州知府。他曾与王廉同使安南，因却金为明太祖所器重。他所倍加称赞的周君玉，其出使西洋事迹免于湮沉，幸赖林弼此记保存。

以上资料表明西洋乃是一实指的国度。洪武初年到洪武末年，西洋仍以具体国度而出现。洪武二十七年（1394 年）明朝"更定蕃国朝贡仪"，将西洋琐里列于南方②；洪武三十年（1397 年）八月礼部上奏时，明太祖话语中将"西洋"国列于"海外诸番""三十国"以内③，均可为证明。值得注意的是，"西洋"国列入的是"海外诸番"。

到永乐年间，《明太宗实录》载，永乐元年（1403 年）十月有"西洋剌泥回回哈只马哈没奇剌泥等来朝，贡方物"④。西洋剌泥，有学者认为其位于西印度古吉拉特地区中部。⑤

"西洋"一词出现重要变化始自郑和"奉使西洋"。以下以时间为序，略作归纳。

第一，出现了西洋与古里的连用。西洋国再次落到了实处，然而却并非在以往同一地理位置上，而是从印度东海岸移到了西海岸。《明太宗实录》载，永乐三年（1405 年）九月，古里国酋长沙米地遣使来贡，遂封为国王，给以印绶。同月出现了"西洋古里"之称。⑥无独有偶，正是在这一年，郑和开始了第一次下西洋。而他七下西洋，古里国是每次必到之处。

第二，是把"西洋"与"诸番"连在了一起。马欢《序》中"往西洋诸番开读赏赐"，就是一例。然而我们发现，这里并不是首次出现这种连用。《明太宗实录》永乐五年（1407 年）九月载"太监郑和使西洋诸国还"⑦是目前所见

---

① （明）林弼撰：《林登州集》卷 23《书周君玉安患轩记后》，四库全书本。
② 《明太祖实录》卷 232，"洪武二十七年夏四月庚辰"条。
③ 《明太祖实录》卷 254，"洪武三十年八月丙午"条。
④ 《明太宗实录》卷 24，"永乐元年冬十月甲戌"条。
⑤ Ma H. *Ying-yai Sheng-lan: The Overall Survey of the Ocean's Shores(1433)*. Mills J V G trans. Cambridge: Cambridge University Press, 1970: 202.
⑥ 《明太宗实录》卷 46，"永乐三年九月癸卯"条。
⑦ 《明太宗实录》卷 71，"永乐五年九月壬子"条。

"西洋诸国"的首次连用。永乐五年（1407年）是郑和第一次下西洋回国之时，事实上立即就出现了这一把"西洋"与下西洋所至各国连接起来的语词用法。

第三，出现了"西洋"一词与动词的新搭配，即"下西洋"。这是在以往"命使西洋""奉使西洋"基础上出现的新用法。《明太宗实录》永乐九年（1411年）六月载："内官郑和等使西洋诸番国还。"①同年八月，"礼部、兵部议奏下西洋官军锡兰山战功升赏例"②。还出现了"下西洋"与"诸番"连用，表述清楚的是明仁宗的《即位诏》，此诏为杨士奇所作："以明年为洪熙元年……一下西洋诸番等国宝船悉皆停止。"③

第四，"西洋"与"西域"在范围和用法上出现了重合现象。《明太宗实录》永乐十八年（1420年）五月载："凡使西洋忽鲁谟斯等国回还旗官，二次至四次者俱升一级。"④这是"西洋"与"忽鲁谟斯"连用的实例。上文所述，西洋与古里连用，是不奇怪的，由于古里在明朝人记载中本身就属于西洋大国，而在此前的史籍中，忽鲁谟斯却一直以西域大国见称的，此时又被列入西洋诸国之列，西洋与忽鲁谟斯连用，说明将下西洋所到之国通称为西洋诸国之义已见。

第五，"西洋"一词整合为一个新词，成为代表海外世界的新名词出现。为了说明这一点，首先让我们从明朝人对"西洋"的应用入手，来看当时人如何理解"西洋"之义。马欢的《瀛涯胜览》、费信的《星槎胜览》和巩珍的《西洋番国志》是记载郑和下西洋的三部最重要的史籍，之所以重要，是因为作者都曾跟随郑和下西洋，是亲历海外者所撰写的。其中，记述翔实、史料价值最高的是马欢的《瀛涯胜览》。现以此书为例⑤，将其中涉及"西洋"处均列于下，以便分析。

《纪行诗》云："阇婆又往西洋去。"《序》（马欢作于永乐十四年，1416年）云："（永乐十一年，太宗文皇帝敕）命正使太监郑和统领宝船往西洋诸番开读赏赐。"《旧港国》云："永乐五年，朝廷差太监郑和等统领西洋大艅宝船到此处。"《苏门答剌国》云："其处乃西洋之总路。"《南浡里国》云："西北海

① 《明太宗实录》卷116，"永乐九年六月乙巳"条。
② 《明太宗实录》卷118，"永乐九年八月甲寅"条。
③ （明）杨士奇：《东里集·别集》，《景印文渊阁四库全书》，台北：台湾商务印书馆，1986年。
④ 《明太宗实录》卷225，"永乐十八年五月辛未"条。
⑤ 冯承钧校注：《瀛涯胜览校注》，上海：商务印书馆，1935年，第5、7、17、27、33、42、68页。

内有一大平顶峻山……名帽山，其山之西亦皆大海，正是西洋也，名那没嚟洋。西来过洋船只收帆，俱望此山为准。"《古里国》云："即西洋大国……西洋大国正此地也。"《忽鲁谟厮国》云："差其头目人等跟随钦差西洋回还宝船赴阙进贡。"

以上"西洋"凡八见，仅古里国一国就两见。由此可见，冯承钧指出"当时所谓之西洋，盖指印度洋也"，"以爪哇以西之海洋为西洋"①，所言大致不差。但是明朝人没有印度洋的概念，而是名为那没黎洋。按照马欢的表述，在当时人看来，苏门答腊"乃西洋之总路"；"西洋"更确切地说，是南浡里国西北海中的帽山以西的海洋。关于南浡里国，冯承钧认为即 Lambri 的对音。英国学者米尔斯的解释比较清楚，他认为 Lambri 位于苏门答腊北部海岸 Atjeh 地区；帽山，即 Kelembak Mountain，位于苏门答腊北部 Poulo Weh 岛；那没黎洋，是沿着苏门答腊北部海岸和 Poulo Weh 岛以西延伸的海域。②总之，以上反映的是明朝当时人具体理解的"西洋"之义。

其次，在具体理解上，值得引起注意的是，当时更有一个引申之义出现。向达指出："明代以交趾、柬埔寨、暹罗以西今马来半岛、苏门答腊、爪哇、小巽他群岛，以至于印度、波斯、阿拉伯为西洋。"③他所指出的正是郑和下西洋以后，"西洋"一词进一步出现的演变。

据郑和于宣德六年（1431年）在福建长乐所立《天妃之神灵应记碑》碑文，郑和"自永乐三年，奉使西洋……七次。所历番国：由占城国、爪哇国、三佛齐国、暹罗国，直逾南天竺、锡兰山国、古里国、柯枝国，抵于西域忽鲁谟斯国、阿丹国、木骨都束国，大小凡三十余国"。伴随下西洋，明朝对外交往扩大发展，西洋与诸番国联系起来。经过"西洋"与"诸番等国"反复连用的形式，出现了一个经过新的整合意义的"西洋"，一个被赋予了新词义的"西洋"。

跟随郑和下西洋，马欢述"往西洋诸番"，费信载"历览西洋诸番之国"，而巩珍所著书名《西洋番国志》。顾名思义，他们将下西洋所到国家和地区，包括占城、爪哇、旧港乃至榜葛剌国、忽鲁谟斯国、天方国，一律列入了西洋

---

① 冯承钧校注：《瀛涯胜览校注》，上海：商务印书馆，1935年。
② Ma H. *Ying-yai Sheng-lan: The Overall Survey of the Ocean's Shores(1433)*. Mills J V G trans. Cambridge: Cambridge University Press, 1970: 207-209.
③ 向达校注：《两种海道针经·序言》，北京：中华书局，1961年。

诸番国。换言之,他们把下西洋所至诸国都列入了"西洋"界限以内,无疑极大地扩展了"西洋"的范围。此后,约作于正德十五年(1520年)的黄省曾的《西洋朝贡典录》更进一步,将"朝贡之国甚著者"全都列入了"西洋"的范围,编辑的二十三国,包括广阔的区域,其中赫然列有东洋的浡泥国、苏禄国、琉球国。①于是"西洋"不仅得到了极大的彰显,而且无疑前所未有地扩大到了包括东西洋乃至海外各国之义了。

从此,"西洋"一词凸显,广泛流行于明代社会。自此以后,"西洋"有了狭义和广义的区别。狭义的"西洋",包括郑和下西洋所到的今天印度洋至波斯湾、红海和东非一带;广义的"西洋",是一个具有象征整合意义的西洋,引申出海外诸国、外国之义。时代赋予了"西洋"一词新义,从东西洋并列到西洋凸显,至囊括了东洋,进而成为海外国家的通称。语词的演变,即内涵增值过程,反映了人们观念的变化,一个新的"西洋"概念就此形成了。我们注意到在这一概念形成后,即使西方人东来,也不过是引申义更扩大了范围而已,基本义不变,经历了几百年,至今仍然存活在我们生活的现代社会。

四、结　语

"西洋"一词沿用至今,尽人皆知,然而鲜为人知的是,尽管今天的"西洋"词义与郑和时代已有很大差别,然而追根溯源,元代出现的这一词汇,它的凸显,是与明代郑和下西洋紧密联系在一起的;更重要的是,下西洋时代赋予这一词汇的新义一直存活至今。从语言学的角度追寻"西洋"一词的演变轨迹,"西洋"一词引申指代海外、外国之义流传至今,显示出郑和下西洋极为深远的影响力当非虚言。今天是从昨天走过来的,历史不能断绝,文化不可割裂,传统与现代不是截然两分的,这也由语词演变的追寻而得到了例证。

就此意义而言,明代"西洋"的凸显,就是海洋的凸显,是大陆文明到海洋文明转换的标识。因此,下西洋不仅是对传统的一次历史性总结,而且同时也标志着一个新世纪——海洋世纪的开端,在文明史上具有里程碑的重要意义。

---

① (明)黄省曾:《西洋朝贡典录》,谢方校注,北京:中华书局,1982年。

郑和下西洋：永恒的辉煌[*]

　　2005 年是郑和下西洋 600 周年。600 年前，即明朝永乐三年（1405 年），以强盛的综合国力为后盾，明永乐帝作出派遣郑和下西洋的决策，郑和统率一支规模庞大的船队开始了伟大的航海活动。这支在当时世界上最强大的海上力量七下西洋，持续 28 年之久，"云帆高张，昼夜星驰"，遍及亚非三四十个国家和地区。它标志着中国古代的海洋事业达到了鼎盛，造船技术和航海能力发展到古代社会的巅峰，在世界航海史上写下了光辉灿烂的一页。

　　600 年后，中国政府将明朝宣布下西洋的 7 月 11 日定为航海日。这一世界航海史上最令人瞩目的事件，自此在民族的记忆里成为永远的丰碑。在今天这个经济全球化的世界，在这一海洋的世纪，郑和下西洋所代表的中华古代文明的辉煌，意味着什么？众所周知，一部人类社会发展史，是人类从各自相对隔绝、相对闭塞的陆地走向海洋，最终融为一个整体世界的历史。追本溯源，经济全球化自海洋始，海洋的世纪自郑和下西洋始。它与中国强盛的国力和极其辉煌地走在世界前列的科技水平相联系，是中国人首次以史无前例的规模走出国门、走向海洋，与外部世界和平交往的壮举，是中华民族的光荣与骄傲，是我们的先民对世界文明的发展作出的巨大贡献。

一、功业与张骞相媲美

　　在人类文明史上，丝绸之路连接了东西方文明。古代文明间的交往互动，

　　* 原载《光明日报》2005 年 7 月 5 日，第 7 版。收入本书，有订正。

主要有赖于亚欧大陆上自古形成的陆上通道。汉代张骞通西域，其重大意义在于为陆路交通开辟了新时代。而在人类文明史上为海路交通开辟新时代的正是郑和下西洋。

中国古代向西方的寻求，可谓源远流长。亚欧大陆的大河与平原，孕育了伟大的文明，而诸文明如古代中国文明、古代印度文明、古代西亚文明和古代欧洲文明之间，具有一种互动的关系，只不过互动的中心一直在亚欧大陆上。自古以来，大陆为文明间的交往提供着便利，沿着陆上的道路，东西方文明如生生不息的河流，持续不断地接触、互动和融合，历时数千年之久。

"西域"一词最早出现在《史记》中。根据《史记》的记载，这一词汇的出现正是在张骞生活的时代。所谓张骞开通西域，是以国家行为使自古早已存在的中西交往道路畅达，由此西域得到了极大的彰显。此后广义的西域，所指就是亚欧大陆上几大文明的接合处，也就是东西方文明的汇合之地，当时文明互动的中心。就狭义而言，西域是一条通道、一种途径，是通往西方的必经之路。西汉张骞开通西域，东汉甘英身至波斯湾头望洋兴叹，东西方文明汇聚之地定于西域，也即亚欧大陆，历时上千年不曾发生改变。

尽管汉代已开始了向南海的探寻，但是相对陆路交往，海上交往受限于海洋屏障，自汉代开始一直是中外交往次要的途径。唐代以后，虽然海路有了很大发展，但也没有发生海路交通上升为不可逆转的东西方交往主要途径的改变。最有力的例证，来自成吉思汗以军威建立的横跨亚欧的蒙古帝国，当时海陆交通并举，尤其陆路交通达到了前所未有的畅达程度。马可·波罗自陆路来华，自海路返回。明初吸取元朝穷兵黩武的历史教训，派出大规模使团时也是海陆并举：洪武年间陆路出使有傅安等[①]，海路出使有刘时勉等[②]；永乐初年陆路出使有陈诚等[③]，海路出使有郑和等。然而相对海路而言，陆路显然逊色多

---

① 傅安，河南祥符（今河南开封）人，于明洪武朝、永乐朝六次出使西域（参见万明：《傅安西使与明初中西陆路交通的畅达》，见中国明史学会主办：《明史研究》第 2 辑，合肥：黄山书社，1992年，第 132—140 页）。

② （明）龚敩撰：《鹅湖集》，《景印文渊阁四库全书》集部，第 1233 册，台北：台湾商务印书馆，1986 年。

③ 陈诚，江西吉水人，明洪武朝、永乐朝五次出使西域，著有《西域行程记》《西域番国志》《竹山文集》。王继光《关于陈诚西使及其〈西域行程记〉、〈西域番国志〉——代〈前言〉》云："明代的中西交通，因郑和七下西洋、远航西亚东非的盛举，多少使陆路交通显得有些黯然失色。尤其近百年来，中外学者对郑和事迹的关注和研究，高潮迭起，陆路交通往往被掩盖，陆路使节和旅行家亦多受冷落。"参见（明）陈诚：《西域行程记 西域番国志》，周连宽校注，北京：中华书局，1991 年，第 1 页。

了。对于海路功绩的认识，有诗为证。明宣宗诗曰："似闻溟海息鲸波，近岁诸番入觐多。杂还象胥呈土贡，微茫岛屿类星罗。朝廷怀远须均及，使者敷恩合遍过。莫惮驱驰向辽远，张骞犹说到天河。"①以诗证史，我们可以了解到明朝皇帝将下西洋与张骞通西域作了超越的比喻。事实也确乎如此，正如通西域一样，下西洋是以国家行为使海上道路畅达，由此，"西洋"在中国社会得到了极大的彰显。

正如张骞的名字永远与西域联系在一起一样，郑和的名字也永远与西洋联系在一起。"西洋"一词，在中国史籍中最早出现在元代，以东西洋并称。明初修《元史》，没有出现此词。词汇含义的演变和凸显，是在郑和下西洋时代。其后"西洋"作为新名词出现，不仅广泛流行于社会，而且有了狭义和广义的区别。狭义的"西洋"，包括郑和下西洋所到的今天印度洋至波斯湾、红海和东非一带；广义的"西洋"，是一个具有象征整合意义的西洋，引申出海外诸国、外国之义。此后，明朝人甚至将亚欧大陆上的撒马尔罕也称作"旱西洋"。下西洋赋予的"西洋"一词的新义，即使在后来西方人东来后也不过是引申义更扩大了范围而已，经历了几百年，至今仍然流行于我们生活的现代社会。"我们的语言就是我们的历史"，下西洋的深刻影响力由此可见一斑。

经过中国有史以来最大规模，也是持续时间最长的国人走出国门、走向海洋的大航海活动，"西洋"凸显，对"西域"形成了压倒性的优势，遂使海路交通的地位不断上升，出现了前所未有的不可逆转的变化。此后，中国人走向海洋形成了强劲的态势，绝不是朝廷一纸禁海令所能阻隔的。

这里还涉及一个极为重要的事实，那就是陆上丝绸之路自汉代兴起以后，即使在它极为兴盛之时，也没有多少国人沿此路走向外部世界，丝绸之路上的中外交往，自古以来就是以外人来华为主。陆上丝路的象征符号是骆驼和胡人，这是最好的证明。②海路自汉代起就不是中外交往主要途径，情况更是如此。迄明代以前，有名有姓的出洋人屈指可数，至唐代出洋人大都是佛教人士，宋代出洋人几乎不见有名姓者流传下来，到元代出洋有名姓的人和事迹才见流传下来。明初跟随郑和三次下西洋的马欢，在他的出使记录《瀛涯胜览》中记载了沿海人民在海外生活的场景，七下西洋人数最多时达到 2.7 万人，频

---

① （明）朱瞻基：《大明宣宗皇帝御制集》卷二十二《遣使谕西洋古里苏门答剌诸国》，明内府钞本。

② 齐东方：《丝绸之路的象征符号——骆驼》，《故宫博物院院刊》2004 年第 6 期。

繁的出使无疑使更多国人了解了海外。下西洋后，"春花无数，毕竟何如秋实"，民间私人海外贸易很快兴起，沿海人民开始较大规模走向南洋，留居海外的中国沿海居民日益增多，他们参与了南洋开发，并为此作出了重要贡献。而这一切，从某种意义上说，正是史无前例的大规模海上活动——郑和下西洋肇其端的。

二、人类文明史的里程碑

人类历史发展到 15 世纪初，随着科技的发展，海上运输日益显示出比陆上运输更大的优越性，贸易的需求使海上丝绸之路成为各国的共同愿望所在。明王朝建立后，以强盛国力为后盾，郑和七下西洋，持续近 30 年的航海活动打破了人类交往相对分散和隔绝的状态，迈出了从陆上向海上转折的重要一步；作为人类交往史上从陆向海转折的标志性事件，更推动了人类文明互动中心从亚欧大陆转移到海上，由此整合形成的亚洲国际贸易网繁盛了一个世纪，为 15 世纪末东西方文明在海上汇合、一个整体的世界形成于海上奠定了基础，从而揭开了全球化的序幕。

这要从郑和船队不仅是一个庞大的外交使团，而且是一支前所未有、规模巨大的官方国际贸易商团说起。人类文明交往的根本愿望是物质需求，从远古时起，"宝"一直就是人们向往之物。郑和船队出航的大船称为宝船，顾名思义，是出洋取"宝"的。曾经在明宫上演的《奉天命三保下西洋》杂剧进一步印证了这一点，其中将出航目的简明扼要地表述为"和番"和"取宝"。①对于下西洋的目的和任务，后人虽揣测纷纭、争论不休，但明朝人是如是看的："和番"与"取宝"。如果用今天的话来说，"和番"就是和平地与海外各国交往；"取宝"则说明物质欲求构成下西洋的根本原因。这在明钞本《国朝典故·瀛涯胜览》马敬《序》中，有更明确的表达："洪惟我朝太宗文皇帝、宣宗章皇帝，咸命太监郑和率领豪俊，跨越海外，与诸番货易。其人物之丰伟，舟楫之雄壮，才艺之巧妙，盖古所未有然也。"郑和七次率领的庞大船队，是

---

① 佚名：《奉天命三保下西洋》，见（明）赵琦美辑：《脉望馆钞校本古今杂剧》，《古本戏曲丛刊四集》，北京：商务印书馆，1958 年。

和平之师、文明之旅，船上满载着深受海外各国人民喜爱与欢迎的丝绸、瓷器、药材、铁器等物品，船队所至大都是当时各国的沿海贸易港口城市。每到一地，他首先向当地国王或酋长宣读明朝皇帝的诏谕，表明中国与各国"共享太平之福"的愿望，随后当地国王或酋长遍谕国人来与中国船队贸易，郑和等即用宝船所载各种货物在当地进行互市交易。这种通过互市方式进行的贸易，是建立在双方互信互惠互利基础上的平等贸易，由此，下西洋成为永乐年间几大工程中唯一一个有进项的工程。关于郑和一行的大量海外贸易活动，《瀛涯胜览》的作者马欢亲身所到 20 个国家，除了那孤儿和黎代两个小国记"土无出产"外，其他 18 个国家都程度不同地有产品、流通货币、度量衡、市场价格以及交易情况的记述，对古里的贸易场景更是描绘得栩栩如生。同时，郑和船队的贸易活动在埃及马穆鲁克王朝史料中也有记载。①

郑和远航与满剌加有着特殊关系，自第一次下西洋开始，中国—满剌加—古里就是下西洋的主导航线。七下西洋，郑和每次必经满剌加。满剌加国王曾多次亲自前来中国，永乐九年（1411 年）的一次规模最大，由拜里迷苏剌国王亲率王妃、王子和陪臣 540 多人来访。而永乐皇帝也曾赠予国王船只"归国守土"。两国建立的政治上互信、贸易上互利的友好关系，成为历史上国际关系和平发展取得双赢的成功范例。郑和到满剌加，给满剌加带来了无限商机，满剌加国王同意郑和在其国土上建立货场，用来存放货物。郑和船队的船只分头出发到各国进行贸易，最后都汇合在满剌加，等待季风到来一起回国。满剌加从"旧不称国""人多以渔为业"的渔村迅速发展起来，形成了"中国和远东的产品与西亚和欧洲的产品进行交换的一个大集市"，这一重要的东西方贸易中心连接了亚洲、非洲和欧洲，繁荣地存在了一个世纪，直到西方航海东来，才结束了它的黄金时代。1511 年葡萄牙果阿总督阿尔布克尔克说："我确实相信，如果还有另一个世界，或者在我们所知道的以外还有另一条航线的话，那么他们必然将寻找到马六甲来，因为在这里，他们可以找到凡是世界所能说得出的任何一种药材和香料。"②通过贸易活动，不同文明间的对话和交流同时进

---

① 〔日〕家岛彦一：《郑和分艐访问也门》，见中外关系史学会编：《中外关系史译丛》第 2 辑，上海：上海译文出版社，1985 年，第 55—56 页。

② De Albuquerque A. *The Commentaries of the Great Afonso Dalboquerque*. De Gray Birch W trans. New York: B. Franklin, 1970: 118.

行着。从葡萄牙人托梅·皮雷斯《东方记》(*The Suma Oriental of Tomé Pires*)记述的长长的来自亚洲、非洲和欧洲各地的商人名单，可以知道满剌加作为东西方文明互动中心是名副其实的。

郑和七下西洋，促成了满剌加的兴起，也有力地推动了世界文明互动中心从大陆转向海上。满剌加的崛起，是东南亚的崛起，也是海洋的崛起，更重要的是，它标志着人类文明史上从陆地向海上的不可逆转的重大转折，促使自古以来位于亚欧大陆的文明互动中心迁徙到海上，完成了世界文明互动中心的空间转换。

人类历史不是开始于一个整体的世界，作为一个整体的世界，是人类文明史极大发展的结果。正是在 15 世纪出现的东西方向海洋不断探索的进程，最终使人类汇合在一个整体世界之中。在 15 世纪初，史无前例的郑和七下西洋，大批中国人走出国门，走向海洋，从"西域"到"西洋"，标志着中国对外交往发生从陆向海的重大转折，也标志着人类交往发生从陆上向海上的重大转折，促成世界文明互动中心脱离了亚欧大陆，转移到海上；一个海洋的时代宣告到来，也最终决定了世界的走向。到 15 世纪末，葡萄牙人航海东来，无独有偶，登陆地正是郑和七下西洋每次必到的印度古里。随后，葡萄牙人沿着郑和的海上航线，追寻到马六甲，东西方在海上汇合，一个整体的世界在海上形成。就此意义而言，郑和远航是古代传统的一次历史性总结，同时也是一个新时代的开始，在世界文明史上具有里程碑的意义。

三、郑和下西洋的世界意义

第一，与当时中国强盛的国力和极其辉煌地走在世界前列的航海科技水平相联系，郑和下西洋是中国人首次以史无前例的规模走出国门、走向海洋的壮举，从此，文明互动中心大转移的现象发生了，古老的文明中心转向了大陆外的新的地区，偏离了大陆上人们构筑的交通网络，也偏离了几大帝国的中心，在海上形成了一个新的文明互动中心，东南亚在海上奇迹般地凸显了作用，东西方交往进入一个崭新的发展阶段。

第二，进一步说，是人类文明史的重大转折，还宣告了人类以人力与马匹为主交往阶段的衰落和以科技为主交往新阶段的开始，从此人类交往不再只是依靠人力和马匹而是更多依靠科技，这是人类文明史上一个名副其实的进步。而奠定这一切的，正是郑和远航。就此意义而言，郑和是中国的，也是世界的。

第三，纪念郑和具有世界意义，还体现在人类文明史上存在不同的航海模式，有着不同的实现机制，也有着不同的结果。郑和下西洋所代表的和平交往航海模式与西方的暴力掠夺航海模式，形成了鲜明的对照。历史可以作证，郑和高扬中华民族"协和万邦"的人文精神，使海道清宁，人民安业，在长达28年的航海活动中仅有3次战事发生，没有占据海外国家一寸土地，明代中国的世界形象，在七下西洋中树立起来，得到了世界公认。郑和所到的东南亚一些国家至今仍纪念郑和。郑和下西洋已经成为一个象征符号，它所体现的中国睦邻友好、和平交往的理念与实践，为人类和谐相处提供了宝贵的历史经验，与当今世界和平与发展的时代主题相吻合。

总之，迄今为止人们对郑和下西洋意义的认识，由于缺乏置于人类文明史进程长时段的考察，多少远离了历史真实，将一个整体世界形成的功绩，主要记在了欧洲人的账上。这是令人遗憾的。试想如果没有中国人史无前例地大规模走向海洋开通海道和商路，没有人类交往从陆向海的重大转折，没有文明互动中心的空间转换，也没有繁盛了一个世纪的当时世界上最稳定，也是最繁荣的贸易网络之一——亚洲国际贸易网络的形成，准确地说，欧洲人的航海东来也将黯然失色。

郑和与满剌加

——一个世界文明互动中心的和平崛起*

明朝与满剌加的关系，是中国与马来西亚关系史上光辉灿烂的一页。和平发展穿越时代，历久而弥新。这一历史上中马友好关系建立并获得双赢的范例，与郑和下西洋有着密切关系。在前人研究成果的基础上，本文从地缘政治经济的角度，论述郑和下西洋与满剌加崛起的关系，追寻满剌加这一世界文明互动中心在 15 世纪迅速和平崛起的轨迹。应该说明的是，以往中外学术界对满剌加的兴起，都是以国际贸易中心或者商业贸易中转地来评价的，本文采用了世界文明互动中心的概念，是放在人类文明史发展进程中来考虑的。笔者认为，任何商品都是文明的体现，贸易物品本身具有文明的重要内涵，是文明的载体，就此意义而言，人类文明互动的重要内容是什么？就是人们物质需求下不同文明间的不断对话与交流，这种对话与交流，构成了一部世界文明发展的历史。

一、郑和第一次下西洋与明满关系的建立

满剌加，是明朝时对马六甲的译名。明朝洪武年间，在明朝交往的海外"三十国"中，尚没有满剌加出现。英国东南亚史学家霍尔认为，关于这座城

---

* 原发表于 2004 年 11 月 27—28 日马来西亚华社研究中心与中国武汉大学联办"马中关系国际研讨会"，后载《中国文化研究》2005 年第 1 期；（马来西亚）《华人研究学刊》2007 年第 8 期。收入本书，有订正。

市建立的年代，存在很大的意见分歧。他指出，1292 年马可·波罗、1323 年鄂多立克、1345—1346 年伊本·白图泰及 1365 年的《爪哇史颂》都没有提到这个地方，这一事实不利于满剌加于 1400 年前业已建立的观点；并引用卢腓尔的研究，说明这座城市是由拜里迷苏剌建立的，这种观点已普遍为人们所接受。①

满剌加首次见于中国史籍记载，是在永乐元年（1403 年）十月，当时永乐帝派遣内官尹庆"赍诏往谕满剌加、柯枝诸国，赐其国王罗销金帐幔及伞，并金织文绮、彩绢有差"②。永乐三年（1405 年）九月，"满剌加酋长拜里迷苏剌"遣使臣随尹庆来明朝朝贡。据跟随郑和下西洋的马欢记载，满剌加"旧不称国，因海有五屿之名，遂名曰五屿。无国王，止有头目掌管。此地属暹罗所辖，岁输金四十两，否则差人征伐"③。由此可见，拜里迷苏剌当时的身份是酋长，而明朝随后即"封为国王，给以印绶"④。正如王赓武先生所指出的："马六甲是接受永乐皇帝碑铭的第一个海外国家，这一事实是突出的。"⑤这种迹象表明，当时永乐皇帝可能已经认识到满剌加作为直接通往西洋要冲之地的重要性，这是明朝采取正式承认满剌加国政权，使酋长拜里迷苏剌的权威身份合法化，并将满剌加纳入明朝朝贡体系的开端。

然而，以往中外学者一般认为，郑和第一次下西洋与满剌加没有发生直接关系。中国与满剌加关系的开始建立，是由尹庆完成的。尹庆出使满剌加是在永乐元年（1403 年）十月，《明实录》记载，永乐三年（1405 年）九月，尹庆使团返回，并带有满剌加使臣第一次来华，而在此之前，这一年六月，永乐帝已下诏派遣郑和第一次下西洋⑥，因此二者之间似乎联系不上。况且曾经跟随下西洋的马欢、费信的著述中都明确记载了："永乐七年己丑，上命正使太监郑和等，赍诏敕，赐头目双台银印、冠带袍服，建碑封城，遂名满剌加国。"⑦这

① 〔英〕D. G. E. 霍尔：《东南亚史》上册，中山大学东南亚历史研究所译，北京：商务印书馆，1982年，第 260—261 页。
② 《明太宗实录》卷 24，"永乐元年冬十月丁巳"条，台北："中央研究院"历史语言研究所校印本，1962 年（以下实录类均采用此版本，不再一一标注），第 440 页。
③ 冯承钧校注：《瀛涯胜览校注》，上海：商务印书馆，1935 年，第 22 页。
④ 《明太宗实录》卷 46。
⑤ 〔澳〕王赓武：《东南亚与华人——王赓武教授论文集》，姚楠编译，北京：中国友谊出版公司，1987年，第 88 页。
⑥ 《明太宗实录》卷 43。
⑦ 冯承钧校注：《瀛涯胜览校注》，上海：商务印书馆，1935 年，第 22 页。

里所云永乐七年是 1409 年，已值郑和第三次下西洋时。值得注意的是，记载中迟至此时拜里迷苏剌仍称"头目"，与 4 年前《明实录》的记载显然不能相合，而在三年十月永乐帝亲赐满剌加国的"镇国山碑铭"，似乎也不可能在 4 年后才由郑和捧至满剌加。但是，虽然学术界早已注意到出现两次赐印册封的歧出现象，却一直没有给予合理的解释。

从史料的性质来看，《明太宗实录》是官方权威记述，于宣德元年（1426 年）敕修，宣德五年（1430 年）正月成书①，在第七次下西洋前已经成书，在时间上不应有误。对此，还有一部明朝官方重要史籍可为佐证，即《明会典》卷 98 记载："永乐三年，遣使奉金叶表来朝贡，诏封为国王，给印及诰……御制碑文赐之。九年，国王率其妻子及陪臣五百四十余人朝贡。"②那么，问题是否出在马欢等的著作呢？我们知道马欢是从第四次下西洋才跟随郑和出航的，对于此前的事件，他并不一定确切了解，因为他不是亲历者；而费信虽是在第三次也就是永乐七年（1409 年）的那次开始随同下西洋，但他不是使团高层官员，对于此前的事件也不一定了解。他们的著作由于亲历者的身份价值倍增，但在册封问题上，我们为他们的亲历者身份所迷，以致把第一次下西洋事迹也归于亲历范围了，由于此疏忽，一直把他们的记述作为第一手资料引用。而这里还有一个问题，就是相对而言，《明实录》毕竟在明前期社会上不可能见到和传播，马欢、费信的著作则在社会上流传，这极大地影响了此后有明一代关于这段历史的记述，因此后来的史籍大都采用此说是不稀奇的。笔者认为，不能据此否定《明实录》，实际上很可能是马欢等记述的时间有误。

接下来的重要问题是，马欢记录的内容，即由郑和作为正使，赍诏赐印，"建碑封城"是否有可能呢？我们知道，关于郑和第一次下西洋的出发时间史载阙如，现在唯一知道的是第七次下西洋的具体时间表。《明宣宗实录》宣德五年（1430 年）六月载："遣太监郑和等赍诏往谕诸番国。"③按照记载这次下

---

① 《明太宗实录》，台北："中央研究院"历史语言研究所校印本，1962 年。

② 《正德大明会典》卷 98《礼部》五七《朝贡》三，东京：汲古书院影印正德六年司立监刻本，1989 年。此外，明谈迁《国榷》卷一三载："永乐三年六月己卯，命太监郑和等赐劳古里、满剌加诸国。"（张宗祥校点，北京：中华书局，1958 年，第 954—955 页）查《明实录》，当时满剌加国使臣尚未来朝，何来"赐劳"？观其后文"所经国"将忽鲁谟斯、天方等一并列入，知其将第一次与第四次以后的所经国混淆，故不足为据。

③ 《明宣宗实录》卷 67。

西洋详细日期的祝允明《前闻记》所云，郑和出发的时间却是在"宣德五年闰十二月六日"①，实际已是次年年初。以此推测，同为前一年六月下诏，出发却迟至次年，郑和第一次下西洋或许也有相同的时间表，那么就不存在他与满剌加国使臣擦肩而过的问题，也就有着由郑和作为正使，赍诏赐印，"建碑封城"于满剌加的可能性。更何况中国史籍中没有满剌加首次派来的使臣回国的记录，因此，有理由认为他们可能是由郑和第一次下西洋船队带回国的。

由此，笔者认为，中国船队前往西洋，马六甲海峡是必经之地，所以，从第一次下西洋开始，郑和就与满剌加国结下了不解之缘。

总之，我们知道满剌加王国创立于 15 世纪初，满剌加建国者为拜里迷苏剌。明朝于永乐初年与满剌加国建立关系，郑和第一次下西洋之时，也就是明朝对满剌加国王拜里迷苏剌身份地位确认的开始。此后，郑和七下西洋，满剌加对于郑和远航具有不可估量的价值。从此两国友好关系建立起来。据中国史籍记载，在永乐九年（1411 年）至宣德八年（1433 年），满剌加王国的使臣来华访问达 15 次之多，加上国王 5 次亲自前来中国，规模最大的一次是在永乐九年（1411 年），拜里迷苏剌国王亲率王妃、王子和陪臣 540 多人到明朝访问。②而明朝"又赐造完大舡，令其乘驾归国守土"③。这些有关两国友好交往的佳话盛传至今。

值得注意的是，在郑和最后一次下西洋结束后的宣德八年（1433 年），满剌加国王西哩麻哈剌者访问中国，受到盛情接待，他在中国逗留时间长达一年半之久。适逢明宣宗逝世，明英宗即位，敕谕满剌加国王云："王在先朝躬来朝贡，已悉尔诚。朕嗣承大统，小大庶务悉遵祖宗成宪，今已敕广东都司、布政使司，厚具廪饩，驾大八橹船送国王还国，并遣古里、真腊等十一国使臣附载同回。王宜加意抚恤，差人分送各国，不致失所，庶副朕柔远之意。"④这段话是有深意的。我们知道，郑和下西洋每次必到古里国，那里不仅是前三次下西洋的目的地，而且最初下西洋所谓的西洋，有着具体所指，就是去印度古里一带。然而，下西洋刚刚结束，从明朝皇帝敕谕中清楚透露的信息，已是满剌

---

① （明）祝允明：《前闻记》，见（明）沈节甫纂辑：《纪录汇编》，明万历四十五年本。

② 《明太宗实录》卷 117。

③ （明）巩珍：《西洋番国志》，向达校注，北京：中华书局，1961 年，第 17 页。

④ 《明英宗实录》卷 4。

加国的凸显。大八橹船主要是送满剌加国王还国，古里国等十一国使臣是"附载同回"，这里无疑表现出明朝与满剌加国有着极为密切的关系，以及满剌加国王与众不同的身份和特殊地位。

从地缘政治经济的角度来看，明满之间由不了解到友好结盟，关系发展迅速，其中的奥秘，是双方都看清了国家的共同利益所在，因此能够互相信任，最终产生了双赢的结果。明朝扶持满剌加建国，除了颁诏封王礼仪层面之外，还派遣郑和下西洋，开通海道，使商路畅达，这对满剌加的兴起意义极为重大；满剌加扼中国与西方的海上航道之要冲，是中国到西洋的必经之地，郑和七下西洋，扩大的明朝官方朝贡贸易活动依托满剌加，频繁地进行了近30年，这30年，也正是满剌加商业贸易繁荣、迅速崛起的时间段。郑和下西洋进行中，满剌加逐渐形成一个繁盛的贸易中心，发展到下西洋以后，满剌加更上升为一个名副其实的世界文明互动中心，持续兴盛了一个世纪，直至西方葡萄牙人东来才被打断。

二、郑和七下西洋与满剌加世界文明互动中心的形成

比较郑和下西洋前后，明满友好关系建立的重要意义相当大程度体现在经贸关系上，二者是一个相辅相成或者说相互依存的关系。在郑和频繁下西洋的过程中，不仅开通了海道，使得海道清宁，也使商道大开，随之而来的是满剌加越来越繁荣的商业贸易发展，结果不仅出现了新的贸易集散地，而且在东南亚崛起了一个繁盛的世界文明互动中心。如果我们对郑和下西洋前后的史籍记载加以比较，将发现这一世界文明互动中心形成发展的轨迹。

值得注意的是，郑和远航船队实际上是一支规模巨大的官方国际贸易商队，在船队所到之地进行了频繁的贸易活动。郑和在海外的活动，交换方式有互惠和市场交换两种。在物品交换方式上具有互惠性质的朝贡贸易，使满剌加获得了大量价值丰厚的中国商品；此外市场交易性质的商业贸易活动，也给满剌加带来了无法估量的贸易机遇。因此，郑和下西洋进行的规模庞大的贸易活动，为东西方交往海路的兴盛和发展铺平了道路，也为满剌加形成繁盛的贸易中心地铺平了道路。

王赓武先生指出，"在 1403 年 10 月以前，中国朝廷对马六甲是一无所知的"，他认为，"可能是来自南印度的一些穆斯林商人使明廷相信马六甲是一个很大的商业中心"。①笔者注意到，说明朝是从穆斯林商人那里得到满刺加消息的，这是准确无误的；但是，从中外历史记录我们了解到，说下西洋开始时那里已是"一个很大的商业中心"，尚不存在。②法国学者戈岱司根据拜里迷苏刺在马来群岛的活动，推测他在满刺加形成聚落出现在 15 世纪头两年。③葡萄牙人托梅·皮雷斯在 1512 年，也即葡萄牙人占据满刺加一年以后，以葡萄牙商馆秘书和会计师身份到达那里，他撰写的《东方记》一书，是西方关于满刺加最重要的记述之一。皮雷斯说：当拜里迷苏刺来到那里后，"人们开始从阿鲁和其他地方汇集而来，在他来到满刺加三年以后，那里的居民达到 2000人……而在拜里迷苏刺逝世、其子穆罕默德·伊斯坎达尔·沙继位时，满刺加的居民增加到了 6000 人"④。

跟随郑和第四次下西洋的马欢，记述当时满刺加地理生态环境和人们生存状态是这样的："其国东南是大海，西北是老岸连山，皆沙卤之地。气候潮热暮寒，田瘦谷薄，人少耕种……人多以渔为业，用独木刳舟泛海取鱼。"⑤ "人少耕种"和"人多以渔为业"，说明那里居民靠海为生，而以渔业为主。同时，马欢还记述了那里的商贸状况："有一大溪，河水下流，从王居前过，入海，其王于溪上建立木桥，上造桥亭二十余间，诸物买卖俱在其上。"⑥美国学者保罗·惠特利（Paul Wheatley）认为，横跨在满刺加河上的桥梁，在早年时期有双重的作用：一方面联系居于河南河北的市民；另一方面构成主要的市场。此外，有一座客栈和若干受特别保护的仓库，专供外国商人使用。他认为在当地人口中，马来人一直占多数。但从极早的年代开始，外国商贾已经居住在这个市镇里了，并且认为"满刺加之成为贸易港，是靠人工建立起来，而不

① 〔澳〕王赓武：《东南亚与华人——王赓武教授论文集》，姚楠编译，北京：中国友谊出版公司，1987年，第 85 页。

② 〔英〕理查德·温斯泰德：《马来亚史》上册，姚梓良译，北京：商务印书馆，1974 年，第 79—80 页。

③ Coedès G. *Les États Hindouisés D'Indochine et D'Indonesie*. Paris: E. de Boccard, 1948: 409.

④ Cortesao A. *The Suma Oriental of Tomé Pires*. London: Hakluyt Society, 1944: 238.

⑤ 冯承钧校注：《瀛涯胜览校注》，上海：商务印书馆，1935 年，第 22—23 页。

⑥ 冯承钧校注：《瀛涯胜览校注》，上海：商务印书馆，1935 年，第 23 页。

是发展而成的"①。这一点他说得不全对，因为满剌加之成为贸易自由港，依靠的是地缘政治和经济的作用。一方面，满剌加与明朝建立了友好关系，摆脱了暹罗的控制，依靠自身发展条件，积极开拓商业贸易，逐渐发展形成了商业贸易中心；另一方面，郑和下西洋长达近30年的海上远距离贸易活动，将满剌加作为规模庞大船队的贸易货物集散地，引动区域贸易活动极大活跃。

我们知道的一个事实是，郑和船队出航的大船称为宝船，顾名思义，是出洋取"宝"的，而曾经在明朝宫中上演的《奉天命三保下西洋》杂剧内府钞本中，更是明白无误地将出航目的简明扼要地表述为"和番"和"取宝"。②郑和七次率领庞大的船队，满载着深受海外各国人民喜爱与欢迎的绫绢、纱罗、彩帛、锦绮、瓷器、药材、铁器、铜钱等物品，航行于南海和印度洋的波涛万顷之中，这一蔚为可观的海上活动，将明代中国与海外各国的友好贸易关系发展到一个新的阶段。

郑和船队所至，大都是当时各国的沿海贸易港口城市。每到一地，他首先向当地国王或酋长宣读皇帝诏谕和进行朝贡贸易，随后即用宝船所载各种货物在当地进行互市交易。这种通过贡赐及互市方式进行的贸易，是建立在双方互惠互利原则基础上的。关于郑和一行所进行的大量海外贸易活动，在《瀛涯胜览》《西洋番国志》《星槎胜览》等书中有不少记载，现择要录于下：

占城："其买卖交易，使用七成淡金或银，中国青磁盘碗等品、纻丝、绫绢、烧珠等物，甚爱之，则将淡金换易。"③

暹罗："国之西北去二百余里，有一市镇名上水，可通云南后门。此处有番人五六百家，诸色番货皆有卖者。红马厮肯的石，此处多有卖者，此石在红雅姑肩下，明净如石榴子一般。中国宝船到暹罗，亦用小船去做买卖。"④

满剌加："各舡并聚，又分艅次前后诸番买卖以后，忽鲁谟斯等各国事毕回时，其小邦去而回者，先后迟早不过五七日俱各到齐。将各国诸色钱粮通行

---

① 〔美〕保罗·惠特利：《十五世纪时的商埠满剌加》，见潘明智、张清江编译：《东南亚历史地理译丛》，新加坡：南洋学会，1989年，第73页。

② 佚名：《奉天命三保下西洋》，见（明）赵琦美辑：《脉望馆钞校本古今杂剧》，《古本戏曲丛刊四集》，北京：商务印书馆，1958年。

③ 冯承钧校注：《瀛涯胜览校注》，上海：商务印书馆，1935年，第6页。

④ 冯承钧校注：《瀛涯胜览校注》，上海：商务印书馆，1935年，第21页。

打点，装封仓储，停候五月中风信已顺，结艅回还。"①

那孤儿："一山产硫黄，我朝海船驻扎苏门答剌，差人船于其山采取硫黄。货用段帛磁器之属。"②

爪哇："国人最喜中国青花磁器，并麝香、销金纻丝、烧珠之类，则用铜钱买易。"③

锡兰："王以金为钱，通行使用，每钱一个，重官秤一分六厘。中国麝香、纻丝、色绢、青磁盘碗、铜钱、樟脑，甚喜，则将宝石珍珠换易。"④

柯枝："名称哲地者，皆是财主。专一收买下宝石、珍珠、香货之类，候中国宝（石）船或别国番船客人来买。"⑤

古里："王有大头目二人，掌管国事……其二大头目受中国朝廷升赏，若宝船到彼，全凭二人主为买卖。……至日，先将带去锦绮等物，逐一议价已定，随写合同价数，彼此收执。其头目哲地即与内官大人众手相擎，其牙人则言某月某日于众手中拍一掌已定，或贵或贱，再不悔改。然后哲地富户才将宝石、珍珠、珊瑚等物来看议价，非一日能定，快则一月，缓则二三月。若价钱较议已定，如买一主珍珠等物，该价若干，是原经手头目未纳几计算，该还纻丝等物若干，照原打手之货交还，毫厘无改。"⑥

溜山："中国宝船一二只亦到彼处，收买龙涎香、椰子等物。"⑦

祖法儿："中国宝船到彼，开读赏赐毕，其王差头目遍谕国人，皆将乳香、血竭、芦荟、没药、安息香、苏合油、木别（鳖）子之类，来换易纻丝、磁器等物。"⑧

阿丹："开读毕，国王即谕其国人，但有珍宝许令卖易。在彼买得重二钱许大块猫睛石，各色雅姑等异宝，大颗珍珠，珊瑚树高二尺者数株。又买得珊瑚枝五柜，金珀、蔷薇露、麒麟、狮子、花福鹿、金钱豹、驼鸡、白鸠之类

---

① （明）巩珍：《西洋番国志》，向达校注，北京：中华书局，1961年，第16—17页。
② （明）费信：《星槎胜览》，见（明）沈节甫纂辑：《纪录汇编》，明万历四十五年本。
③ 冯承钧校注：《瀛涯胜览校注》，上海：商务印书馆，1935年，第15页。
④ 冯承钧校注：《瀛涯胜览校注》，上海：商务印书馆，1935年，第37页。
⑤ 冯承钧校注：《瀛涯胜览校注》，上海：商务印书馆，1935年，第41页。
⑥ 冯承钧校注：《瀛涯胜览校注》，上海：商务印书馆，1935年，第44—46页。
⑦ 冯承钧校注：《瀛涯胜览校注》，上海：商务印书馆，1935年，第52页。
⑧ 冯承钧校注：《瀛涯胜览校注》，上海：商务印书馆，1935年，第53—54页。

而还。"①

天方:"宣德五年,钦蒙圣朝差正使太监内官郑和等往各番国开读赏赐。
分䑸到古里国时,内官太监洪(某)见本国差人往彼,就选差通事等七人,赍
带麝香、磁器等物,附本国船只到彼。往回一年,买到各色奇货异宝、麒麟、
狮子、驼鸡等物,并画天堂图真本回京。"②

此外,《星槎胜览·前集》对郑和船队所到的国家和地区,以"货
用……"的方式,记录了以中国丝绸、瓷器等物品在当地进行交易的情况,如
在苏门答剌、三佛齐、龙牙犀角、交栏山、小唄喃、榜葛剌、忽鲁谟斯、剌撒
等国家和地区,所至多有。

郑和远洋船队所进行的贸易活动,在埃及马穆鲁克王朝史料中也有记载。
马格里兹在他的《道程志》中记述了希吉来历835年(宣德七年,1432年),
郑和第七次远航船队的数艘船到达印度海岸,其中两艘到达阿丹港时,"由于
也门情况混乱,他们的(载来的)陶器、丝绸、麝香等商品无法进行交易。因
此,那两艘戎克的首领便向麦加的埃米尔希拉夫、伯拉克特·本·哈
桑·本·艾兰和秩达的纳兹尔、沙特丁·易卜拉欣·本·姆拉呈递了书信,要
求准许他们前往秩达。于是,伯拉克特和沙特丁二人便请求(马穆鲁克朝)苏
丹(巴鲁士贝)俯允,并说,他们('支那'船)到来时将会获得很大的利
润。因此苏丹回答说,让他们来航,并殷勤地接待他们"。以后,"数艘'支
那'戎克船载着不计其数的奢侈品到达麦加,并在麦加卖掉了那些货物"。③

郑和开始第一次下西洋以后,郑和船队是明朝官方派出的大规模国际贸易
商队,而中国—满剌加—古里,是七下西洋的主导航线。航行于从中国到印度
古里的海上商路,郑和每次必经满剌加。因为远离中国,航行在海上的中国船
队需要一个前往西洋的中间站,而这个中间站就选在了满剌加。值得注意的
是,明朝的信任同时也为郑和赢得了满剌加国王的信任,因此他同意郑和在满
剌加设立仓库。《瀛涯胜览》记载:"凡中国宝船到彼,则立排栅,如城垣,设
四门更鼓楼,夜则提铃巡警。内又立重栅,如小城,盖造库藏仓廒,一应钱粮

---

① 冯承钧校注:《瀛涯胜览校注》,上海:商务印书馆,1935年,第55—56页。
② 冯承钧校注:《瀛涯胜览校注》,上海:商务印书馆,1935年,第71—72页。
③ 转引自〔日〕家岛彦一:《郑和分䑸访问也门》,见中外关系史学会编:《中外关系史译丛》第2辑,
　　上海:上海译文出版社,1985年,第55—56页。

顿在其内。去各国船只回到此处取齐，打整番货，装载船内，等候南风正顺，于五月中旬开洋回还。"①这里清楚地表明，满剌加国王拜里迷苏剌抓住时机，与中国保持尽可能紧密的联系，这个新兴国家同意郑和在其国土上建立官场，存放货物，为郑和船队提供了一个安全的外府，使郑和船队可以安全航行到印度、西亚、东非等地。更重要的是，郑和船队的船只分头出发到各国进行贸易，最后都要汇合在满剌加，等待季风到来一起回国。在郑和船队近 30 年往返过程中，国际贸易促使满剌加迅速兴起。很快，满剌加就超过了苏门答腊等地的港口，在中国和印度、西亚之间，成为一个最为重要的贸易中转地，在郑和下西洋过程中具有不可替代的作用。

霍尔指出："人们曾经描述马六甲说，它不是普通意义上的商业城市，而是在贸易季节中中国和远东的产品与西亚和欧洲的产品进行交换的一个大集市。"②葡萄牙人皮雷斯描述了在 16 世纪初所见满剌加繁盛的商业贸易景象，并认为由于马六甲的广大及其所获利润之多，人们根本无法估计它的价值。他记述说："马六甲有 4 个沙班达尔，他们是市政官员。由他们负责接待船长们，每条船舶都在他们的权限之下听从安排……其中最主要的一个沙班达尔负责从古吉拉特来的船舶。另一个负责管理从科罗曼德尔海岸、孟加拉、勃固和帕塞来的商人。第三个负责管理从爪哇、马鲁古群岛和班达群岛、巨港和吕宋等地来的商人。第四个负责管理从中国、占城等地来的商人。每个商人带着货物或者商品信息来到马六甲，需要向沙班达尔申请进入他的国家。"③

满剌加是作为自由贸易港面貌出现的。皮雷斯告诉我们，当时到满剌加进行贸易的人们，是从极为广泛的地方汇聚来的：有来自开罗、麦加、亚丁、阿比西尼亚的伊斯兰教徒，有基卢瓦人、马林迪人、忽鲁谟斯人、帕塞人、鲁迷人、突厥人及亚美尼亚基督教徒，有古吉拉特人、果阿人、马拉巴尔人，有从乌里舍、锡兰、榜葛剌、缅甸阿拉干山、勃固来的，有暹罗人、吉打人、马来人、彭亨人、北大年人、柬埔寨人、占城人、印度支那人、中国人、文莱人、吕宋人，有来自林加群岛、马鲁古群岛、班达群岛、帝汶、马都拉、爪哇、巽

① 冯承钧校注：《瀛涯胜览校注》，上海：商务印书馆，1935 年，第 25 页。
② 〔英〕D. G. E. 霍尔：《东南亚史》上册，中山大学东南亚历史研究所译，北京：商务印书馆，1982 年，第 267 页。
③ Cortesao A. *The Suma Oriental of Tomé Pires*. London: Hakluyt Society, 1944: 265.

他群岛的，还有从巨港、占卑、因陀罗基里、哑鲁、帕塞、帕提尔、马尔代夫等地方来的。①从以上长长的一列名单，可知当时满剌加作为文明互动中心是名副其实的。

值得注意的是，皮雷斯曾说在满剌加经营贸易的那些爪哇大贵族家庭都在马六甲设有代表。关于这些豪商，皮雷斯说他们"不是在那个国家久居的爪哇人，他们是在那里定居下来的中国人、波斯人和克灵人的后裔"②。

从葡萄牙人的记述，可以了解到在郑和下西洋以后，发展到15世纪末，位于海峡最狭窄地带的强盛的满剌加王国控制着世界贸易航路的重要组成部分，因此，满剌加也就掌管了贯穿东西方航路生命线的钥匙，从而形成一个繁盛的世界文明互动中心。

满剌加成为世界商人云集的城市和当时世界上各种商品的交易中心。贸易物品本身具有文明的重要内涵，交易由从世界各地航来的海船停靠在满剌加海港一带实现，这一重要的东西方贸易中心连接了亚洲、非洲和欧洲。通过贸易活动，不同文明间的对话和交流同时进行着。皮雷斯说，当时在满剌加的街道上行走，可以听到至少84种不同的语言。③他的话虽有夸大之嫌，但却也说明了满剌加作为国际大都会的繁华。他估计在1509年时，城内的外国商贾约有4000人之众，其中1000人是从古吉拉特来的。④那就是说是从印度来的。这一点不仅在葡萄牙人的著作中有表述，而且在郑和下西洋以后的中国史籍中也有表述，如成化二十一年（1485年）有撒马尔罕往满剌加"求买狮子"、弘治十八年（1505年）有琉球国往满剌加"收买贡物"的记载⑤，何乔远《名山藏》中记载满剌加时用了"诸番之会"来形容⑥，等等，这些都可以反映出满剌加已成为一个繁盛的国际经济文化交流中心的事实。

满剌加贸易最繁忙的时候是每年的11—12月至次年的4—5月。这时，季风给满剌加带来了来自东方和西方的商船。中国船只是在每年的11—12月乘东北季风到满剌加的，从中国运去了大量的丝绸、缎匹、生丝、瓷器，还有麝

① Cortesao A. *The Suma Oriental of Tomé Pires*. London: Hakluyt Society, 1944: 268.
② Cortesao A. *The Suma Oriental of Tomé Pires*. London: Hakluyt Society, 1944: 182.
③ Cortesao A. *The Suma Oriental of Tomé Pires*. London: Hakluyt Society, 1944: 269.
④ Cortesao A. *The Suma Oriental of Tomé Pires*. London: Hakluyt Society, 1944: 254-255.
⑤ 《明宪宗实录》卷266；《明孝宗实录》卷218。
⑥ （明）何乔远撰：《名山藏》，扬州：江苏广陵古籍刻印社，1993年。

香、樟脑、硝石和铜铁器及大黄等各种药物。在满剌加换取来自西洋，也就是印度以西商人运来的珍宝、香料、象牙、玻璃器皿等货物。《马来纪年》记载了满剌加通商的情景："不论上风和下风的行商，也常到满剌加，当时非常热闹。阿拉伯人称这地方叫做马六甲（Malakat），意思是集合各商贾的市场，因为各种族各样的商贾，都常到这里，而当地大人物们的行动也极为公正。"①1511 年葡萄牙果阿总督阿尔布克尔克说："我确实相信，如果还有另一个世界，或者在我们所知道的以外还有另一条航线的话，那么他们必然将寻找到马六甲来，因为在这里，他们可以找到凡是世界所能说得出的任何一种药材和香料。"②在这里，他道出了满剌加作为香料荟萃中心的地位。看到了这一点的皮雷斯说："无论谁是满剌加的主人，其手便扼住了威尼斯的咽喉。"③

反映在中国史籍中，记载满剌加与中国的贸易物品琳琅满目。按照明朝的规定，满剌加朝贡使团，贡道在广东。成化《广州志》记载，海外各国土产贡物计有 10 类，经过与其他如《明会典》《西洋朝贡典录》《殊域周咨录》等史籍中满剌加国贡品对照，宝类中的象牙、犀角、鹤顶、珊瑚；布类中的西洋布；香类中的速香、黄熟香、檀香、乳香、蔷薇水；药类中的阿魏、没药、胡椒、丁香、乌爹泥、大风子；木类中的乌木、苏木；兽类中的狮子；禽类中的鹦鹉；等等，都是来自满剌加国的进贡物品。④其中大多明显不是满剌加国土产，这显示出明朝文献中也清楚地记载着，郑和下西洋以后，满剌加已成为国际商业贸易集散地。

具体来说，皮雷斯记录了忽鲁谟斯与亚丁等港口的贸易，指出坎贝是商人的重要集结地，从那里他们运载货物"在三月间启航直接到马六甲去"。他们带到马六甲去的货物中最大宗的是布匹，而带回的主要商品是丁香、豆蔻、肉豆蔻、檀香、小粒珍珠，以及一些瓷器和少许麝香。"他们带了大量药用沉香，最后还有一些安息香，他们满载这些香料，还有适量的其他东西。"其他货物包括金、锡，以及大量的白丝、绸缎、彩丝和珍贵的鸟类。霍尔认为这就

---

① 许云樵译注：《马来纪年》，新加坡：新加坡青年书局，1966 年，第 130 页。
② De Albuquerque A. *The Commentaries of the Great Afonso Dalboquerque*. De Gray Birch W trans. New York: B. Franklin, 1970: 118.
③ Cortesao A. *The Suma Oriental of Tomé Pires*. London: Hakluyt Society, 1944: 287.
④ 成化《广州志》，明刻本；（明）申时行等修：《明会典》，北京：中华书局，1989 年。万历十五年（1587 年）成书，申时行等纂修的《明会典》卷 106《朝贡二》，详细记载有满剌加国的贡品。

是马六甲在 15 世纪末以罕见的速度升到世界上的重要地位的秘密。①值得注意的是，一方面大批产自印度的布匹运到满剌加，另一方面与此相对应的是，我们发现在郑和下西洋以后，在多部明代史籍中，原产印度的西洋布已成为满剌加对明朝的朝贡物品。如《明会典》记满剌加国"贡物"33 种，其中有"西洋布"；黄省曾《西洋朝贡典录》记满剌加国"其贡物"32 种，也有"西洋布"②；黄衷《海语》提到："民多饶裕，南和达一家，胡椒有至数千斛，象牙、犀角、西洋布、珠贝、香品若他所蓄无算。"③严从简《殊域周咨录》根据《明会典》，载"其贡"33 种，"西洋布"也列在其中。④值得注意的是，早于以上史籍的明朝天顺五年（1461 年）成书的《大明一统志》，记有满剌加国的"土产"，赫然有"布"已列在其中。⑤此时距离郑和第七次下西洋时间不太远，我们知道，满剌加本地不产布，这里所见的"布"应该来自印度。

　　繁荣的满剌加存在了一个世纪，直到西方航海东来，才结束了黄金时代。

三、世界文明互动中心崛起的启示

　　明满友好关系的建立，保证了海峡要冲之地的安全，同时也保证了中国通往西洋的海路畅通无阻，这正是郑和下西洋重要使命之一；从而郑和下西洋的另一重要使命，也就是贸易西洋宝物的使命，才有可能完成。由此看来，满剌加对于下西洋的确是至关重要的；而下西洋对于满剌加的兴起，同样具有重大意义，交通与贸易、和平与发展紧密联系在一起，下西洋开通海路，给海峡带来了和平的生活环境和贸易的繁盛发展，推动了满剌加的迅速崛起。因此，郑和下西洋带给满剌加兴起的机遇，同时满剌加对于郑和下西洋远航的成功具有不可估量的价值。

　　满剌加国王成功地与中国在政治上结成紧密关系，从而摆脱了暹罗的控

①　〔英〕D. G. E. 霍尔：《东南亚史》上册，中山大学东南亚历史研究所译，北京：商务印书馆，1982年，第 268 页。

②　（明）黄省曾：《西洋朝贡典录》，北京：中华书局，1982 年，第 41 页。

③　（明）黄衷：《海语》，岭南丛书本。

④　（明）严从简：《殊域周咨录》，余思黎点校，北京：中华书局，1993 年，第 290 页。

⑤　（明）李贤等撰：《大明一统志》卷 90，西安：三秦出版社，1990 年。

制，迅速兴起。这个以马来人占大多数的马来王国积极参与国际贸易，逐渐发展成为以满剌加为中心的东西方商业贸易集散地，更进而形成了一个世界文明互动中心。美国学者泰勒指出："马六甲的建立和伊斯兰教的出现标志着马来历史的开端。""作为一种集体记忆的马来历史可以说是从马六甲才开始的。"①从东南亚作为一个整体的研究思路考虑，笔者认为郑和下西洋开通海路，其间满剌加如一颗新星在马来亚升起，它的兴起导致文明互动中心的迁徙。印度、西亚自古以来是世界文明互动的中心，从人类文明史来看，重要的是，此时马来语成为当时的商业用语，讲马来语的满剌加形成一个繁盛的国际商业贸易中心，完成了世界文明互动中心的空间转移，带来的是东南亚的整体凸显。满剌加的崛起，标志着马来人的崛起，也就是东南亚的崛起。其间，中国移民起了重要作用。

满剌加的和平崛起，有利区域稳定和发展，有利国际贸易网络的形成，也有利世界文明间的对话与交流。一个国家地理位置和领土特征是影响其国家政治命运和历史命运的重要因素，满剌加王国的兴起，说明了空间关系与文明中心兴衰的影响。然而，在东南亚，为什么是满剌加而不是别的国家成为世界文明互动中心呢？究其原因，地理因素只是其一，满剌加国王能够及时抓住机遇是其二，郑和开通海上通道的作用是其三，最后，明满友好关系的建立是根本保证。明朝对于满剌加没有领土要求，曾将船只赠送给满剌加国王"归国守土"，维护国家和海上安全；而满剌加国王允许中国船队在他的国土上建立官场，设立仓库，存放集结货物，使远航得以顺利进行，二者互相信任，共同创造或者说促成了一个国际商贸中心，也就是一个世界文明互动中心的兴起。两国在互惠互利原则下友好关系的建立，是一个双赢的过程。

郑和是世界的郑和。和平与发展是当今时代的主题。回顾以往，明满友好关系光辉灿烂的一页，无疑是历史上和平与发展的成功范例。

---

① 转引自〔新西兰〕尼古拉斯·塔林主编：《剑桥东南亚史》第 1 卷，贺圣达等译，昆明：云南人民出版社，2003 年，第 144 页。

从"西域"到"西洋"

——郑和远航与人类文明史的重大转折*

在人类文明史上,丝绸之路连接了东西方文明。古代文明间的交往互动,主要有赖于亚欧大陆上自古形成的陆上通道。汉代张骞通西域,其重大意义就在于为陆路交通开辟了新时代。那么,人类文明史上什么时候发生了从陆向海的重大转折呢?应该说是自 1405 年郑和远航始。换言之,为海路交通开辟了新时代的,正是明代的郑和。然而,大多数中外史学家把功绩都给予了西方航海家,郑和远航的历史意义迄今没有得到应有的阐释。所以,有必要追寻一个整体世界在海上形成是如何开始的。

人类历史发展到 15 世纪初,随着科技的发达,海上运输日益显示出比陆上运输更大的优越性,贸易的需求使得海上丝绸之路成为各国的共同愿望所在。明王朝建立后,作为东方一个强大的国家,以强盛国力为后盾,郑和七下西洋,持续近 30 年的航海活动,为人类交往打破相对分散和隔绝状态的世界,迈出了从陆上向海上转折的重要一步,推动了人类文明互动中心从亚欧大陆转移到海上,由此整合形成的亚洲国际贸易网繁盛了一个世纪,从而为 15 世纪末东西方文明在海上汇合,一个整体的世界形成于海上奠定了基础。它揭开了世界一体化的序幕。

---

* 原载《河北学刊》2005 年第 1 期。收入本书,有订正。

一、中国自古以来向西的寻求

中国古代向西方的寻求，可谓源远流长。亚欧大陆的大河和平原孕育了伟大的文明，而在诸文明如古代中国文明、古代印度文明、古代西亚文明和古代欧洲文明之间，具有一种互动关系，只不过互动的中心一直在亚欧大陆上。按照地理方位，指向中国的西方。

传世的《山海经》，一般认为作于战国至汉初。《山海经·大荒西经》曰："西海之南，流沙之滨，赤水之后，黑水之前，有大山，名曰昆仑之丘。有神，人面虎身，有文有尾，皆白，处之。其下有弱水之渊环之，其外有炎火之山，投物辄然。有人，戴胜，虎齿，有豹尾，穴处，名曰西王母。此山万物尽有。"西方存在"万物尽有"的西王母，成为古人的向往之域。

成书于战国时期，在西晋初年出土的古简书《穆天子传》记载了西周穆王西行事迹，说周穆王曾达于"西王母之邦"，拜会了西王母："乃遂西征。癸亥，至于西王母之邦。吉日甲子，天子宾于西王母，乃执白圭玄璧，以见西王母。好献锦组百纯，□组三百纯，西王母再拜受之。"①《穆天子传》将史实和神话混杂在一起，西征的周穆王是否真的与西王母见过面，这似乎并不重要，重要的是周穆王与以西王母为代表的西方之邦的交往。

值得注意的是，汉代出现了对西王母的崇拜，正如美国简·詹姆斯（Jean M. James）教授所说的："汉代艺术充满了图案，故事情节、历史事件、各种日常生活、武士以及天国人物，然而只有一位是神，这就是西王母。"②日本学者已注意到西王母与流行于西亚和地中海沿岸的地母神信仰有联系。③无论如何，西王母在汉代成为独特的西方神祇，应该说不是偶然的，与中国自古以来向西的寻求有着渊源关系，更与张骞通西域，汉代有了与西域更多的交往有直接关联。

"西域"一词最早出现在《史记》的《司马相如列传》和《大宛列传》

---

① （晋）郭璞注：《穆天子传》，上海：上海古籍出版社，1990年，第9—10页。

② James J M. An iconographical study of Xiwangmu during the Han Dynasty. *Artibus Asiae*, 1995, 55(1-2): 17-41.

③ 森雅子：《西王母の原像——中國古代神话におけ地母神の研究》，《史学》1986年第3期。

中。根据《史记》的记载，这一词汇的出现正是在张骞生活的时代。而它的彰显，也是由于张骞的功绩。此后，广义的西域，是指亚欧大陆上几大文明的接合之处，也就是东西方文明的汇合之地，当时文明互动的中心。唯其如此，才有中国人不断地向西方的寻求。就狭义而言，西域是一条通道，一种途径，是通往西方的必经之路。张骞首次出使，意图在于联络大月氏对付匈奴。其揭示的不是一个事件，而是一个过程。自古以来，大陆为文明间的交往提供了便利，沿着陆上的道路，东西方文明如生生不息的河流，持续不断地接触、互动和融合，历时几千年之久。所谓张骞开通西域，是以国家行为使自古早已存在的中西交往道路畅达，由此，西域得到了极大的彰显。尽管汉代已开始了向南海的探寻，但是相对大陆上的交往，海上交往受限于海洋屏障，海上交往成为中外交往次要的途径，也是自汉代奠定的。

中国自古以来向西方的寻求，经历了几千年不曾改变。中外交往史上以"西域"的陆路交通居主导地位，也经历了上千年不曾改变。有变，是自15世纪初郑和下西洋始。

郑和的功绩可与张骞相媲美。下西洋，是以国家行为使自古早已存在的中西交往海上道路畅达。由此，西洋得到了极大的彰显。更重要的是，从"西域"到"西洋"，标志着人类文明交往史上发生了从陆向海的重大转折。

二、"西洋"的凸显

在中国史籍中，"西洋"一词最早出现并非在明代，然而这一词汇的凸显却是在郑和下西洋时代。此前，蒙古帝国在亚欧大陆的扩张，使得大陆内部的陆路交通达到前所未有的畅达程度；元朝对外交往海陆并举，最有力的例证就是马可·波罗自陆路来华，自海路返回。到了明初，往往为史学家所忽略的是，明朝与西方的交往实际上也是海陆并举的。洪武年间，陆路出使有傅安等，海路出使有刘时勉等。即使在明永乐初年，也是陆路出使有陈诚等，海路出使有郑和等。然而，陆路显然与海路的显赫业绩无法相比，原因就在于郑和下西洋具有与张骞通西域同样的功绩。正如张骞的名字永远与西域联系在一起一样，郑和的名字也永远与西洋联系在一起。从"西洋"一词的演变来考察，我们可以探寻到"西洋"的凸显在下西洋及其后成为一个历史客观事实的清晰轨迹。[1]

追根溯源，"西洋"一词何时在中国出现？冯承钧和张星烺认为始见于元末汪大渊的《岛夷志略》。[2]细查史料，元代确实出现了"西洋"一词，但不在元末，而在元初。而且，元初和元末"西洋"一词的内涵并不完全相同。元朝初年以迄末年的文献资料说明，"西洋"一词在元代出现并于元末确定下来，一是在内涵上指代印度南部沿海的具体国度；二是在地域上位于印度南部沿海。值得注意的是，虽然范围已比较明确，"西洋"一词的利用率高于"东洋"，但我们还是不能忽视，元代是以东西洋并称的。

将"西洋"作为一个区域来整体看待，并将这种称谓固定下来，被人们广泛地接受、采纳和统一应用，经历了一个历史过程。这一过程的开端在元代，而它的完成则在明初下西洋时代。郑和下西洋如张骞通西域一样，其揭示的不是一个事件，而是一个过程。

明初，从"西洋"一词的演变看，大致可划分为两个阶段：洪武年间和永乐年间。

洪武初修《元史》，遍检这部官修史书，其中未见"西洋"一词出现。所设《外夷传》，是全书关于海外记载最集中的部分，收入《外夷传》的有高丽、耽罗、日本、安南、缅、占城、暹、爪哇、琉球、三屿、马八儿等国。[3]

然而，《元史》中没有"西洋"一词出现，不等于洪武年间没有对"西洋"的认识。当时明太祖不但遣使四出，联络通交，而且立下《皇明祖训》，将"西洋国"正式列入了不征之国。《皇明祖训》以方位列，"西洋国"列于西

---

① 以往中外史学界的关注点是在东西洋的划分上，鲜见关于西洋的专门探讨。有关东西洋的主要论文有山本达郎：《东西洋とぃり称呼の起源に就ぃこ》，《东洋学报》1933 年第 1 号；宫崎市定：《南洋を东西洋に分っ根据に就ぃこ》，《东洋史研究》1942 年第 4 号；洪建新：《郑和航海前后东、西洋地域概念考》，见纪念伟大航海家郑和下西洋 580 周年筹备委员会、中国航海史研究会：《郑和下西洋论文集》第一集，北京：人民交通出版社，1985 年，第 207—221 页；沈福伟：《郑和时代的东西洋考》，见纪念伟大航海家郑和下西洋 580 周年筹备委员会：《郑和下西洋论文集》第二集，南京：南京大学出版社，1985 年，第 218—235 页；刘迎胜：《"东洋"与"西洋"的由来》，见南京郑和研究会编：《走向海洋的中国人》，北京：海潮出版社，1996 年，第 120—135 页；陈佳荣：《郑和航行时期的东西洋》，见南京郑和研究会编：《走向海洋的中国人》，北京：海潮出版社，1996 年，第 136—147 页；等等。

② 冯承钧：《中国南洋交通史》，上海：商务印书馆，1937 年，第 91 页；张星烺编注：《中西交通史料汇编》第 2 册，北京：中华书局，1977 年，第 308 页。

③ 《元史》卷 208《外夷传》，北京：中华书局，1976 年。

南方向。"西南：安南国、真腊国、暹罗国、占城国、苏门答剌国、西洋国、爪哇国、溢亨国、白花国、三佛齐国、渤泥国。"①由此可见，"西洋"在明初显然是有所特指的国度。而从它的位置是摆在苏门答剌与爪哇之间来看，似乎又是元初所称小西洋的位置。

明初人继承元朝人的观念，来自元末的恐怕更为直接。翻检明人文集，洪武二年（1369 年）春，刘叔勉奉使西洋，"即日就道。海舶间关风涛万里，三年夏才至西洋"，"遂奉表入臣"。②《明太祖实录》卷 38 载有洪武二年（1369 年）"遣使以即位诏谕日本、占城、爪哇、西洋诸国"③事。

可作为旁证的是，《明太祖实录》在洪武三年（1370 年）三月记载派遣莱州府同知赵秩诏谕日本国王良怀时，提及"比尝遣使持书飞谕四夷高丽、安南、爪哇、西洋琐里"之事。④这里首次出现了西洋琐里的国名。由此可以得知，刘叔勉出使的西洋国，应就是西洋琐里国。有学者认为，那里也许就是印度东海岸的 Cauverypatam 地区。⑤《明太祖实录》里还记有洪武二年（1369 年）遣使的结果："西洋国王别里提遣使臣亦迭纳瓦里沙等来朝。"实际上是西洋国王"至是遣其臣偕叔勉入贡"。⑥

紧随刘叔勉之后，出使西洋琐里的还有塔海帖木儿。《明太祖实录》于洪武三年（1370 年）六月记了此事，又于洪武五年（1372 年）正月记录了与使臣同来的琐里国王使臣。当时明太祖对中书省臣提到了"西洋琐里世称远番，涉海而来"。⑦从此，西洋琐里国便以"新附远邦"而闻名于明朝。⑧此外，明初出使西洋国的还有周君玉。⑨

---

① 《皇明祖训》，见（明）张卤辑：《皇明制书》，日本古典研究会，1967 年。

② （明）龚敩撰：《鹅湖集》，《景印文渊阁四库全书》集部，第 1233 册，台北：台湾商务印书馆，1986 年。

③ 《明太祖实录》卷 38，"洪武二年春正月乙卯"条，台北："中央研究院"历史语言研究所校印本，1962 年（以下实录类均采用此版本，不再一一标注）。这里需要说明的是，现在我们所见的《明太祖实录》是明永乐年间所修成，故此处"西洋诸国"不足为洪武时出现之证。

④ 《明太祖实录》卷 50，"洪武三年三月"条。

⑤ Ma H. *Ying-yai Sheng-lan: The Overall Survey of the Ocean's Shores(1433)*. Mills J V G trans. Cambridge: Cambridge University Press, 1970:195.

⑥ 《明太祖实录》卷 56，"洪武三年九月"条。

⑦ 《明太祖实录》卷 71，"洪武五年春正月壬子"条。

⑧ 《明太祖实录》卷 76，"洪武五年冬十月甲午"条。

⑨ （明）林弼撰：《林登州集》卷 23《书周君玉安患轩记后》，四库全书本。

综合以上资料,明洪武初年到洪武末年,西洋仍以具体国度而出现。洪武二十七年(1394 年),明朝"更定蕃国朝贡仪",将西洋琐里列于南方[①];洪武三十年(1397 年)八月礼部上奏时,明太祖话语中将"西洋"国列于"海外诸番""三十国"以内[②],均可为证明。

到永乐年间,《明太宗实录》载,永乐元年(1403 年)十月有"西洋剌泥国回回哈只马哈没奇剌泥等来朝,贡方物"[③]。西洋剌泥,据西方学者研究,认为其位于西印度古吉拉特地区中部。[④]

"西洋"一词出现重要变化,始自明永乐三年(1405 年)六月,"遣中官郑和等赍敕往谕西洋诸国"[⑤];永乐五年(1407 年)九月,"太监郑和使西洋诸国还"[⑥]。永乐三年至五年,这正是郑和第一次下西洋的时间段,也是目前所见"西洋诸国"的首次连用。这说明事实上"奉使"后立即就出现了把"西洋"与下西洋所至各国连接起来的语词用法。其他的变化如下。

第一,出现了西洋与古里的连用。西洋国再次落到了实处,然而却并非在以往同一地理位置上,而是从印度东海岸移到了西海岸。《明太宗实录》载,永乐三年(1405 年)九月,古里国酋长沙米地遣使来贡,遂封为国王,给以印绶。同月,出现了"西洋古里"之称。[⑦]无独有偶,正是在这一年,郑和开始了第一次下西洋。而他七下西洋,古里国是每次必到之处。

第二,出现了"西洋"一词与动词的新搭配,即"下西洋"。这是在以往"命使西洋""奉使西洋"基础上出现的新用法。《明太宗实录》永乐九年(1411 年)六月载:"内官郑和等使西洋诸番国还。"[⑧]同年八月,"礼部、兵部议奏下西洋官军锡兰山战功升赏例"[⑨]。同时,还出现了"下西洋"与"诸番"连用,表述清楚的是明仁宗的《即位诏》,此诏为杨士奇所作:"以明年为

---

① 《明太祖实录》卷 232,"洪武二十七年夏四月庚辰"条。
② 《明太祖实录》卷 254,"洪武三十年八月丙午"条。
③ 《明太宗实录》卷 24,"永乐元年冬十月甲戌"条。
④ Ma H. *Ying-yai Sheng-lan: The Overall Survey of the Ocean's Shores(1433)*. Mills J V G trans. Cambridge: Cambridge University Press, 1970: 202.
⑤ 《明太宗实录》卷 43,"永乐三年六月己卯"条。
⑥ 《明太宗实录》卷 71,"永乐五年九月壬子"条。
⑦ 《明太宗实录》卷 46,"永乐三年九月癸卯"条。
⑧ 《明太宗实录》卷 116,"永乐九年六月乙巳"条。
⑨ 《明太宗实录》卷 118,"永乐九年八月甲寅"条。

洪熙元年……一下西洋诸番等国宝船悉皆停止。"①

　　第三,"西洋"与"西域"在范围和用法上出现了重合现象。《明太宗实录》永乐十八年(1420年)五月载:"凡使西洋忽鲁谟斯等国回还旗官,二次至四次者俱升一级。"②这是"西洋"与"忽鲁谟斯"连用的实例。上文所述,西洋与古里连用,是不奇怪的。由于古里在明朝人记载中本身就属于西洋大国,而在此前的史籍中,忽鲁谟斯却一直是以西域大国见称的,此时被列入西洋诸国之列,西洋与忽鲁谟斯连用,说明将下西洋所到之国通称为西洋诸国之义已见,而西洋对于西域的替代业已出现。

　　第四,将"西洋"一词整合为一个新词,成为代表海外世界的新名词出现。为了说明这一点,首先,让我们从明朝人对"西洋"的应用入手来看当时人如何理解"西洋"之义。马欢的《瀛涯胜览》、费信的《星槎胜览》和巩珍的《西洋番国志》是记载郑和下西洋的三部最重要的史籍。之所以重要,是因为作者都曾跟随郑和下西洋,是亲历海外者所撰写的。其中,记述翔实、史料价值最高的是马欢的《瀛涯胜览》。现以此书为例,"西洋"凡八见,仅古里国一国就两见。由此可见,冯承钧指出"当时所谓之西洋,盖指印度洋也","以爪哇以西之海洋为西洋"③,所言大致不差。但是明朝人没有印度洋的概念,而是名为那没黎洋。按照马欢的表述,在当时人看来,苏门答腊"乃西洋之总路";"西洋"更确切地说,是南浡里国西北海中的帽山以西的海洋。关于南浡里国,冯承钧认为即 Lambri 的对音。英国学者米尔斯的解释比较清楚,他认为 Lambri 位于苏门答腊北部海岸 Atjeh 地区;帽山,即 Kelembak Mountain,位于苏门答腊北部 Poulo Weh 岛;那没黎洋,是沿着苏门答腊北部海岸和 Poulo Weh 岛以西延伸的海域。④以上反映的是明朝当时人具体理解的"西洋"之义。

　　其次,在具体理解上,值得注意的是,当时更有一个引申之义的出现。向达指出:"明代以交趾、柬埔寨、暹罗以西今马来半岛、苏门答腊、爪哇、小巽他群岛,以至于印度、波斯、阿拉伯为西洋。"⑤他所指出的正是郑和下西洋

---

① (明)杨士奇:《东里集·别集》,《景印文渊阁四库全书》,台北:台湾商务印书馆,1986年。

② 《明太宗实录》卷225,"永乐十八年五月辛未"条。

③ 冯承钧校注:《瀛涯胜览校注·序》,上海:商务印书馆,1935年。

④ Ma H. *Ying-yai Sheng-lan: The Overall Survey of the Ocean's Shores(1433)*. Mills J V G trans. Cambridge: Cambridge University Press, 1970: 207-209.

⑤ 向达校注:《两种海道针经·序言》,北京:中华书局,1961年。

以后，"西洋"一词进一步出现的演变。

伴随下西洋，明朝对外交往扩大发展，西洋与诸番国联系起来。经过"西洋"与"诸番等国"反复连用的形式，出现了一个经过新的整合意义的"西洋"，一个被赋予了新的词义的"西洋"。

跟随郑和下西洋，马欢述"往西洋诸番"，费信载"历览西洋诸番之国"，而巩珍所著书名《西洋番国志》。顾名思义，他们是将下西洋所到国家和地区，包括占城、爪哇、旧港乃至榜葛剌国、忽鲁谟斯国、天方国，一律列入了西洋诸番国。换言之，他们把下西洋所至诸国都列入了"西洋"界限以内，无疑极大地扩展了"西洋"的范围。

不仅如此，下西洋前后，"西洋"的定义也发生了巨大变化。"西洋"一词在郑和下西洋后甚至达到了囊括西域的程度。下面的史料就是最好的说明。生于明英宗正统元年（1436 年），卒于明孝宗弘治十年（1497 年）的陆容，在他专门记载朝野掌故的笔记中载有："天顺七年二月十二日，兵部奉特旨，遣使臣下旱西洋，曰哈列地面，曰撒马儿罕地面，曰哈失哈儿地面，曰阿速地面，曰土鲁番地面，曰哈密地面，曰乩加思兰处。"①这里，他将当年陈诚出使并列入《西域行程志》，将《西域番国志》中的西域诸国皆纳入了"旱西洋"的范围。西洋的凸显也由此可见一斑。此后，约作于正德十五年（1520 年）的《西洋朝贡典录》更进一步，将"朝贡之国甚著者"全都列入了"西洋"的范围，所编辑的二十三国，包括广阔的区域，其中赫然列有东洋的浡泥国、苏禄国、琉球国等。至此，"西洋"不仅得到了极大的彰显，而且无疑前所未有地扩大到了包括东西洋乃至海外各国之义了。

从此，"西洋"一词广泛流行于明代社会。此后，"西洋"又有了狭义和广义的区别。狭义的"西洋"，包括郑和下西洋所到的今天东南亚、印度洋至波斯湾、红海和东非一带；广义的"西洋"，是一个具有象征整合意义的西洋，引申出海外诸国、外国之义。德国著名语言学家雅各布·格林（Jacob Grimm）说："我们的语言也就是我们的历史。"②郑和时代赋予了"西洋"一词新义，从东西洋并列到西洋凸显，至囊括东洋，进而成为海外国家的通称。语词的演

---

① （明）陆容撰：《菽园杂记》卷五，北京：中华书局，1985 年，第 56 页。

② 转引自〔苏联〕兹维金采夫：《普通语言学纲要》，伍铁平、马福聚、汤庭国，等译，北京：商务印书馆，1981 年。

变，即内涵增值过程，反映了人们观念的变化，一个新的"西洋"概念就此形成了。我们注意到这一概念形成后，即使西方航海东来，也不过是引申义更扩大了范围而已，基本义不变，经历了几百年，至今仍然存活在我们生活的现代社会。

"西洋"的凸显，无疑是中外交往中前所未有的海路的凸显。与"西洋"的凸显相对的，是"西域"的模糊和隐退。此时的西洋对西域形成了压倒性优势。从"西域"到"西洋"，准确地说，在郑和时代，中外交往主要途径从陆向海的重大转折发生了。

如果说到此为止笔者说明的主要是人们观念上的改变，反映出中外交往从陆向海重大转折的发生，那么通过郑和下西洋，满剌加兴起，则是一个现实的人类文明史从大陆向海洋格局转变的实例。

三、满剌加（马六甲）的兴起

满剌加兴起于15世纪初郑和下西洋时代。满剌加的兴起与郑和下西洋密不可分。[①]

从远古时起，"宝"一直就是人们向往之物。郑和船队出航的大船称为宝船，顾名思义，是出洋取"宝"的。曾经在明朝宫中上演的《奉天命三保下西洋》杂剧内府钞本中，明白无误地将出航目的简明扼要地表述为"和番"和"取宝"。这就是说，在明朝人眼里，郑和下西洋的初始目的和任务就是"和番"与"取宝"。如果用今天的话来说，"和番"就是和平地与海外各国交往；"取宝"则说明物质欲求构成下西洋的根本原因。翻开人类文明史的画卷，人类文明交往的根本愿望是物质需求。古代东方向西方的寻求，西方向东方的探索，都有着物质需求的因素。可以认为，文明之间的对话，首先是物质需求形成的对话。郑和远航船队实际上是一支规模巨大的官方国际贸易商队，在船队

---

① 郑和第一次下西洋是否到达满剌加，这是学术界一直没有解决的问题。2004年11月，笔者在马来西亚马中建交30周年纪念国际学术研讨会"马中关系：新世界秩序中的定位"上，提交并宣读了论文《郑和与满剌加》，提出并论证了郑和第一次下西洋就到达满剌加"建碑封城"的可能性，认为明满关系是历史上国际关系和平发展获得双赢的成功范例。

所到之地进行了频繁的贸易活动。郑和频繁地下西洋，开通了海道，使得海道清宁、商道大开，不仅为东西方交往海路的兴盛和发展铺平了道路，而且为一个繁荣的亚洲国际贸易网络的建立和国际贸易高潮的到来铺平了道路。随之而来的是满剌加越来越繁荣的商业贸易的发展，结果不仅出现了新的贸易集散地，而且在东南亚崛起了一个繁盛的世界文明互动中心。

如果我们对郑和下西洋前后的中外史籍记载加以比较，就会发现一个新的世界文明互动中心形成发展的清晰轨迹。

满剌加，是明朝时对马六甲的译名。明朝洪武年间，在明朝交往的海外"三十国"中，尚没有满剌加出现。英国东南亚史学家霍尔认为，关于这座城市建立的年代，存在很大的意见分歧。他指出，1292年马可·波罗、1323年鄂多立克、1345—1346年伊本·白图泰及1365年的《爪哇史颂》都没有提到这个地方，这一事实不利于满剌加于1400年前业已建立的观点；并引用卢腓尔的研究，说明这座城市是由拜里迷苏剌建立的。这种观点已普遍为人们所接受。①

满剌加首次见于中国史籍记载，是在永乐元年（1403年）十月，当时永乐帝派遣内官尹庆"往谕满剌加、柯枝诸国"②。永乐三年（1405年）九月，"满剌加酋长拜里迷苏剌"遣使臣随尹庆来朝贡。王赓武指出，"在1403年10月以前，中国朝廷对马六甲是一无所知的"。他认为，"可能是来自南印度的一些穆斯林商人使明廷相信马六甲是一个很大的商业中心"。③笔者注意到，说明朝是从穆斯林商人那里得到满剌加消息的，这是准确无误的；但是，从中外历史记录了解到，说下西洋开始时那里已是"一个很大的商业中心"，尚不存在。④法国学者戈岱司根据拜里迷苏剌在马来群岛的活动，推测他在满剌加形成聚落出现在15世纪头两年。⑤葡萄牙人托梅·皮雷斯在1512年，也即葡萄牙人占据满剌加一年以后，以葡萄牙商馆秘书和会计师身份到达那里，他撰写的《东方记》（*The Suma Oriental of Tomé Pires*）一书，是西方关于满剌加最重要的记

---

① 〔英〕D. G. E. 霍尔：《东南亚史》上册，中山大学东南亚历史研究所译，北京：商务印书馆，1982年，第260—261页。

② 《明太宗实录》卷24，"永乐元年冬十月丁巳"条。

③ 〔澳〕王赓武：《东南亚与华人——王赓武教授论文集》，姚楠编译，北京：中国友谊出版公司，1987年，第85页。

④ 〔英〕理查德·温斯泰德：《马来亚史》上册，姚梓良译，北京：商务印书馆，1974年，第79—80页。

⑤ Coedès G. *Les États Hindouisés D'Indochine et D'Indonesie*. Paris: E. de Boccard, 1948: 409.

述之一。皮雷斯说：当拜里迷苏剌来到那里后，"人们开始从阿鲁和其他地方汇集而来，在他来到满剌加三年以后，那里的居民达到 2000 人……而在拜里迷苏剌逝世、其子穆罕默德·伊斯坎达尔·沙继位时，满剌加的居民增加到了 6000 人"①。

据跟随郑和下西洋的马欢记载，满剌加"旧不称国，因海有五屿之名，遂名曰五屿。无国王，止有头目掌管。此地属暹罗所辖，岁输金四十两，否则差人征伐"②。他记述满剌加地理生态环境和人们生存状态是这样的："其国东南是大海，西北是老岸连山，皆沙卤之地。气候朝热暮寒，田瘦谷薄，人少耕种……人多以渔为业，用独木刳舟泛海取鱼。"③"人少耕种"和"人多以渔为业"，说明那里的居民靠海为生，以渔业为主。同时，马欢还记述了那里当时的商贸状况："有一大溪，河水下流，从王居前过，入海，其王于溪上建立木桥，上造桥亭二十余间，诸物买卖俱在其上。"④美国学者保罗·惠特利认为，横跨在满剌加河上的桥梁，在早年时期有双重的作用：一方面联系居于河南河北的市民；另一方面构成主要的市场。此外，有一座客栈和若干受特别保护的仓库，专供外国商人使用。他认为在当地人口中，马来人一直占多数。但从极早的年代开始，外国商贾已经居住在这个市镇里了，并且认为"满剌加之成为贸易港，是靠人工建立起来，而不是发展而成的"⑤。这一点他说得不全对，因为满剌加成为贸易自由港，依靠的是其地缘政治经济的作用。一方面，满剌加与明朝建立了友好关系，摆脱了暹罗的控制，依靠自身发展条件，积极开拓商业贸易，逐渐发展形成了商业贸易中心；另一方面，郑和下西洋长达近 30 年的海上远距离贸易活动，将满剌加作为规模庞大船队的贸易货物集散地，引动区域贸易活动极大活跃。

郑和七次率领庞大的船队，满载着深受海外各国人民喜爱与欢迎的绫绢、纱罗、彩帛、锦绮、瓷器、药材、铁器、铜钱等物品，船队所至，大都是当时各国的沿海贸易港口城市。每到一地，他首先向当地国王或酋长宣读明朝皇帝

①　Cortesao A. *The Suma Oriental of Tomé Pires*. London: Hakluyt Society, 1944: 238.
②　冯承钧校注：《瀛涯胜览校注》，上海：商务印书馆，1935 年，第 22 页。
③　冯承钧校注：《瀛涯胜览校注》，上海：商务印书馆，1935 年，第 22—23 页。
④　冯承钧校注：《瀛涯胜览校注》，上海：商务印书馆，1935 年，第 23 页。
⑤　〔美〕保罗·惠特利：《十五世纪时的商埠满剌加》，见潘明智、张清江编译：《东南亚历史地理译丛》，新加坡：南洋学会，1989 年，第 73 页。

的诏谕和进行朝贡贸易，随后即用宝船所载各种货物在当地进行互市交易。这种通过贡赐及互市方式进行的贸易，是建立在双方互惠互利原则基础上的。关于郑和一行所进行的大量海外贸易活动，《瀛涯胜览》《西洋番国志》《星槎胜览》等书中有不少记载，如在占城、暹罗、满剌加、苏门答剌、那孤儿、爪哇、锡兰、柯枝、古里、溜山、祖法儿、阿丹、天方等地，都有具体记录；埃及马穆鲁克王朝史料中也有记载①。

郑和远航与满剌加有着特殊关系。自第一次下西洋开始，中国—满剌加—古里就是下西洋的主导航线。航行于从中国到印度古里的海上商路，郑和每次必经满剌加。因为远离中国，航行在海上的中国船队需要一个前往西洋的中间站，而这个中间站就选在了满剌加。因此，下西洋带给满剌加兴起的机遇。同时，满剌加对于郑和下西洋远航的成功，具有不可估量的价值。《瀛涯胜览》记载："凡中国宝船到彼，则立排栅，如城垣，设四门更鼓楼，夜则提铃巡警。内又立重栅，如小城，盖造库藏仓厫，一应钱粮顿在其内。去各国船只回到此处取齐，打整番货，装载船内，等候南风正顺，于五月中旬开洋回还。"②这里清楚地表明，满剌加国王拜里迷苏剌抓住时机，与中国保持尽可能紧密的联系，这个新兴国家同意郑和在其国土上建立官场，存放货物，为郑和船队提供了一个安全的外府，使郑和船队可以安全航行到印度、西亚、东非等地。更重要的是，郑和船队的船只分头出发到各国进行贸易，最后都要汇合在满剌加，等待季风到来一起回国。在郑和船队近30年的往返过程中，国际贸易促使满剌加速兴起。很快，满剌加就超过了苏门答腊等地的港口，在中国和印度、西亚之间，成为一个最为重要的贸易中转地，在郑和下西洋过程中起了不可替代的作用。更重要的是，在下西洋后，满剌加已经成为一个颇具国际特色的强盛王国。

对于满剌加的繁荣和强盛，中外文献中均有记录。霍尔指出："人们曾经描述马六甲说，它不是普通意义上的商业城市，而是在贸易季节中中国和远东的产品与西亚和欧洲的产品进行交换的一个大集市。"③作为东南亚史研究专

---

① 〔日〕家岛彦一：《郑和分艐访问也门》，见中外关系史学会编：《中外关系史译丛》第2辑，上海：上海译文出版社，1985年，第55—56页。

② 冯承钧校注：《瀛涯胜览校注》，上海：商务印书馆，1935年，第25页。

③ 〔英〕D. G. E. 霍尔：《东南亚史》上册，中山大学东南亚历史研究所译，北京：商务印书馆，1982年，第267页。

家，他的评价是以大量中外文献记载为根据提出的。葡萄牙人皮雷斯描述了在16世纪初所见满剌加繁盛的商业贸易景象，并认为由于马六甲的广大及其所获利润之多，人们根本无法估计它的价值。他记述说："马六甲有4个沙班达尔，他们是市政官员。由他们负责接待船长们，每条船舶都在他们的权限之下听从安排……其中最主要的一个沙班达尔负责从古吉拉特来的船舶。另一个负责管理从科罗曼德尔海岸、孟加拉、勃固和帕塞来的商人。第三个负责管理从爪哇、马鲁古群岛和班达群岛、巨港和吕宋等地来的商人。第四个负责管理从中国、占城等地来的商人。每个商人带着货物或者商品信息来到马六甲，需要向沙班达尔申请进入他的国家。"①具体来说，皮雷斯记录了忽鲁谟斯与亚丁等港口的贸易，指出坎贝是商人的重要集结地，从那里他们运载货物"在三月间启航直接到马六甲去"。他们带到马六甲去的货物中最大宗的是布匹，而带回的主要商品是丁香、豆蔻、肉豆蔻、檀香、小粒珍珠，以及一些瓷器和少许麝香。"他们带了大量药用沉香，最后还有一些安息香，他们满载这些香料，还有适量的其他东西。"其他货物包括金、锡，以及大量的白丝、绸缎、彩丝和珍贵的鸟类。霍尔认为这就是马六甲在15世纪末以罕见的速度升到世界上的重要地位的秘密。②

满剌加贸易最繁忙的时候是每年的11—12月至次年的4—5月。这时，季风给满剌加带来了来自东方和西方的商船。中国船只是在每年的11—12月乘东北季风到满剌加的，从中国运去了大量的丝绸、缎匹、生丝、瓷器，还有麝香、樟脑、硝石和铜铁器及大黄等各种药物；在满剌加换取来自西洋，也就是印度以西商人运来的珍宝、香料、象牙、玻璃器皿等货物。《马来纪年》记载了满剌加通商的情景："不论上风和下风的行商，也常到满剌加，当时非常热闹。阿拉伯人称这地方叫做马六甲（Malakat），意思是集合各商贾的市场，因为各种族各样的商贾，都常到这里，而当地大人物们的行动也极为公正。"③1511年，葡萄牙果阿总督阿尔布克尔克说："我确实相信，如果还有另一个世界，或者在我们所知道的以外还有另一条航线的话，那么他们必然将寻找到马

---

① Cortesao A. *The Suma Oriental of Tomé Pires*. London: Hakluyt Society, 1944: 265.
② 〔英〕D. G. E. 霍尔：《东南亚史》上册，中山大学东南亚历史研究所译，北京：商务印书馆，1982年，第268页。
③ 许云樵译注：《马来纪年》，新加坡：新加坡青年书局，1966年，第130页。

六甲来，因为在这里，他们可以找到凡是世界所能说得出的任何一种药材和香料。"①在这里，他道出了满剌加作为香料荟萃中心的地位，认识到满剌加在东西方贸易中的地位举足轻重。看到了这一点的皮雷斯说："无论谁是满剌加的主人，其手便扼住了威尼斯的咽喉。"②

以往中外学者对满剌加兴起的研究，主要集中在"事件"的研究，谈政治关系的多，论季风贸易的也不少，但大都是以贸易中心或者商业贸易中转地来评价，较少关注长期后果。从文明史的视角，长时段动态地来看，才可能发现满剌加兴起的意义绝不仅此而已。任何商品都是文明的体现，贸易物品本身具有文明的重要内涵，是文明的载体，就此意义而言，人类文明互动的重要内容就是人们物质需求下不同文明间的不断对话与交流，这种对话与交流构成了一部世界文明发展的历史。

从葡萄牙人的记述可以了解到，在郑和下西洋以后，发展到 15 世纪末，位于海峡最狭窄地带的强盛的满剌加王国控制着世界贸易航路的重要组成部分，因此，满剌加也就掌管了贯穿东西方文明交往生命线的钥匙，从而形成了一个繁盛的世界文明互动中心。

满剌加是作为自由贸易港面貌出现的。皮雷斯告诉我们，当时到满剌加进行贸易的人们，是从极为广泛的地方汇聚来的：有来自开罗、麦加、亚丁、阿比西尼亚的伊斯兰教徒，有基卢瓦人、马林迪人、忽鲁谟斯人、帕塞人、鲁迷人、突厥人及亚美尼亚基督教徒，有古吉拉特人、果阿人、马拉巴尔人，有从乌里舍、锡兰、榜葛剌、缅甸阿拉干山、勃固来的，有暹罗人、吉打人、马来人、彭亨人、北大年人、柬埔寨人、占城人、印度支那人、中国人、文莱人、吕宋人，有来自林加群岛、马鲁古群岛、班达群岛、帝汶、马都拉、爪哇、巽他群岛的，还有从巨港、占卑、因陀罗基里、哑鲁、帕塞、帕提尔、马尔代夫等地方来的。③从以上长长的一列名单中，可知当时的满剌加作为东西方文明互动中心是名副其实的。

值得注意的是，皮雷斯曾说在满剌加经营贸易的那些爪哇大贵族家庭都在

---

①　De Albuquerque A. *The Commentaries of the Great Afonso Dalboquerque*. De Gray Birch W trans. New York: B. Franklin, 1970: 118.

②　Cortesao A. *The Suma Oriental of Tomé Pires*. London: Hakluyt Society, 1944: 287.

③　Cortesao A. *The Suma Oriental of Tomé Pires*. London: Hakluyt Society, 1944: 268.

马六甲设有代表。关于这些豪商，皮雷斯说他们"不是在那个国家久居的爪哇人，他们是在那里定居下来的中国人、波斯人和克灵人的后裔"①。

可以与之相对应的是，郑和下西洋后，留居海外的中国沿海居民日益增多，其中以福建沿海人居多。明正统三年（1438年）入明朝贡的爪哇使者亚烈马用良、通事良殿、南文业3人均是福建龙溪人。马用良仕为亚烈，是"秩四品"的爪哇官员。②漳州人张姓者在浡泥出任那督，也是其国尊官。③在沿海地区的家谱中，迁徙的记载所在多有，如福建同安县汀溪黄氏家族，成化时有人出洋到海外居留，繁衍甚众。泉州安海《颜氏族谱》载，族人颜嗣祥、颜嗣良、颜森器、颜森礼及颜侃等5人都是在成化、正德、嘉靖年间经商暹罗，侨寓其地并死于其处的。④移居海外的中国沿海人民为南洋社会经济的开发和发展，做出了重要贡献。

满剌加成为世界商人云集的城市后，也就成了当时世界上各种商品的交易中心。贸易物品本身具有文明的重要内涵，交易由从世界各地航来的海船停靠在满剌加海港一带实现，这一重要的东西方贸易中心连接了亚洲、非洲和欧洲。通过贸易活动，不同文明间的对话和交流同时进行着。皮雷斯说，当时在满剌加的街道上行走，可以听到至少84种不同的语言。⑤他的话虽有夸大之嫌，却也说明了满剌加作为国际大都会的繁华。他估计，在1509年时，城内的外国商贾约有4000人之众，其中1000人是从古吉拉特即印度来的。⑥

反映在中国史籍中，记载满剌加与中国的贸易物品琳琅满目。按照明朝的规定，满剌加朝贡使团，贡道在广东。根据成化《广州志》记载，海外各国土产贡物计有10类，经过与其他史籍中满剌加国贡品的对照，宝类中的象牙、犀角、鹤顶、珊瑚；布类中的西洋布；香类中的速香、黄熟香、檀香、乳香、蔷薇水；药类中的阿魏、没药、胡椒、丁香、乌爹泥、大风子；木类中的乌

① Cortesao A. *The Suma Oriental of Tomé Pires.* London: Hakluyt Society, 1944: 182.

② 《明史·爪哇传》，北京：中华书局，1974年。

③ 《明史·浡泥传》，北京：中华书局，1974年。

④ 转引自张海鹏、张海瀛主编：《中国十大商帮》，合肥：黄山书社，1993年，第313页。

⑤ Cortesao A. *The Suma Oriental of Tomé Pires.* London: Hakluyt Society, 1944: 269.

⑥ Cortesao A. *The Suma Oriental of Tomé Pires.* London: Hakluyt Society, 1944: 254-255.

木、苏木；兽类中的狮子；禽类中的鹦鹉等，都是来自满剌加国的进贡物品。[①]其中大多明显不是满剌加国土产，这显示出郑和下西洋以后，满剌加已成为国际商业贸易集散地。

以西洋布为例。一方面，当时大批产自印度的布匹运到满剌加；另一方面，与此相对应，在郑和下西洋以后，多部明代史籍中，原产印度的西洋布已成为满剌加对明朝的朝贡物品。如《明会典》记满剌加国"贡物"33 种，其中有"西洋布"；黄省曾《西洋朝贡典录》记满剌加国"其贡物"32 种，也有"西洋布"[②]；黄衷《海语》提到："民多饶裕，南和达一家，胡椒有至数千斛，象牙、犀角、西洋布、珠贝、香品若他所蓄无算。"[③]严从简《殊域周咨录》根据《明会典》，载"其贡"33 种，"西洋布"也列在其中。[④]值得注意的是，早于以上史籍的明朝天顺五年（1461 年）成书的《大明一统志》，记有满剌加国的"土产"，赫然有"布"列在其中。[⑤]此时距离郑和第七次下西洋时间不太远，我们知道，满剌加本地不产布，这里所见的"布"应该来自印度。

明朝文献中，还有更多的例证。位于亚欧大陆上的撒马尔罕使臣在成化末年来贡，归国时欲从海道回还，声称将往满剌加国"求买狮子"贡献。[⑥]如果说这次前往满剌加的行为被广东官员阻止了，那么在弘治二年（1489 年），《明孝宗实录》中则明确记载了撒马尔罕从满剌加国取路进狮子、鹦鹉等物至广州。同样在《明孝宗实录》中，我们还看到位于东洋的琉球国，在弘治十八年（1505 年）往满剌加"收买贡物"的记录。这些都是满剌加已经成为新的东西方文明互动中心，在那里可以得到亚洲、非洲、欧洲任何地方物品的证明，反映出满剌加已成为一个繁盛的国际经济文化交流中心的事实。因此，何乔远《名山藏》中记载满剌加时用了"诸番之会"来形容，应该说是恰如其分的。

从"旧不称国""人多以渔为业"的渔村，发展到"诸番之会"的世界文

---

① 成化《广州志》卷 32《诸番类番物附》，明刻本；（明）申时行等修：《明会典》卷 106《朝贡二·满剌加国·贡物》，北京：中华书局，1989 年；（明）黄省曾：《西洋朝贡典录》卷上，谢方校注，北京：中华书局，1982 年；（明）严从简：《殊域周咨录》卷 8，余思黎点校，北京：中华书局，1993 年。
② （明）黄省曾：《西洋朝贡典录》，北京：中华书局，1982 年，第 41 页。
③ （明）黄衷：《海语》，岭南丛书本。
④ （明）严从简：《殊域周咨录》，余思黎点校，北京：中华书局，1993 年，第 290 页。
⑤ （明）李贤等撰：《大明一统志》卷 90，西安：三秦出版社，1990 年。
⑥ 《明宪宗实录》卷 266，"成化二十一年五月癸亥"条。

明互动中心，满剌加兴起的时间段与下西洋推动国际贸易高潮迭起的时间表是重叠在一起的，而由此兴起的满剌加繁荣存在了一个世纪，直到西方航海东来才结束了黄金时代。

美国学者泰勒指出："马六甲的建立和伊斯兰教的出现标志着马来历史的开端。""作为一种集体记忆的马来历史可以说是从马六甲才开始的。"[①]满剌加国王改宗伊斯兰教，是满剌加王国兴起中的一件大事。通过当时国际贸易繁盛的事实，笔者也有理由认为，郑和庞大的贸易使团推动海上贸易高潮出现的同时，也推动了来自亚欧大陆的伊斯兰教在以满剌加为中心的海上区域的广泛传播。这可以解释为什么伊斯兰教早在 7 世纪兴起以后就开始传播，但直至 15世纪以后才突然大规模地在东南亚广泛传播开来。

从人类文明史的整体思路考虑，从"西域"到"西洋"，伴随下西洋海路大开，亚洲国际贸易网络形成，其间满剌加如一颗新星在马来亚升起。印度、西亚自古以来就是世界文明互动的中心，满剌加的兴起连接了亚洲、非洲和欧洲文明世界，促使自古以来位于亚欧大陆的文明互动中心迁徙到海上，完成了世界文明互动中心的空间转换。满剌加的崛起，是东南亚的崛起，也是海洋的崛起，更重要的是，它标志着人类文明史上从陆地向海上的重大转折。

四、结　语

人类历史不是开始于一个整体的世界，作为一个整体的世界，是人类文明史极大发展的结果。15 世纪以前，世界处于一种各大洲、各地区、各民族相对分散、相对封闭、相对隔绝的状态，对海外未知地域的探索有待进行，还没有揭开世界一体化的序幕。15 世纪这一海洋世纪的到来，改变了这一切，它包含东西方向海洋的开拓历程。正是这种东西方向海洋的不断探索活动，最终使人类汇合在一个整体世界之中。15 世纪初，郑和七下西洋，史无前例的大批中国人走出国门，走向海洋。从"西域"到"西洋"，标志着中国对外交往发生从陆向海的重大转折，也标志着人类交往发生从陆上向海上的重大转折，促成世

---

① 转引自〔新西兰〕尼古拉斯·塔林主编：《剑桥东南亚史》第 1 卷，贺圣达等译，昆明：云南人民出版社，2003 年，第 144 页。

界文明互动中心脱离了亚欧大陆，转移到海上；一个海洋的时代宣告到来，最终决定了世界的走向。

15世纪末，葡萄牙人航海东来，无独有偶，登陆地正是郑和七下西洋每次必到的印度古里。随后，葡萄牙人沿着郑和的海上航线，追寻到马六甲，东西方在海上汇合，一个整体的世界从海上形成。就此意义而言，郑和远航是古代传统的一次历史性总结，同时也是一个新时代的开始，在世界文明史上具有里程碑的意义，是改变人类历史的航行。

事实上，迄今为止，人们对郑和下西洋的意义，由于缺乏置于人类文明史进程长时段的考察，多少远离了历史真实。试想，如果没有郑和开通海道和商路，没有人类交往从陆向海的重大转折，没有文明互动中心的空间转换，也没有繁盛了一个世纪的当时世界上最稳定也是最繁荣的贸易网络之一——亚洲国际贸易网络的形成，欧洲人的航海东来也将黯然失色。在人类文明史的这段重要历程中，通过郑和下西洋，从"西域"到"西洋"，凸显了海上交往的意义，标志着人类文明史上一个新时代的开始。这主要表现在两个方面：

第一，文明互动中心大转移的现象从此发生了。古老的文明中心转向了大陆外的新的地区，偏离了大陆上人们构筑的交通网络，也偏离了几大帝国的中心，在海上形成了一个新的文明互动中心，东南亚在海上奇迹般地凸显了作用。

第二，宣告了人类以人力与马匹为主的交往阶段的衰落和以科技为主的交往新阶段的开始。从"西域"转向"西洋"后，人类交往不再只是依靠人力和马匹，而是更多依靠科技，这是人类文明史上一个名副其实的进步。而奠定这一切的，正是郑和的远航。就此意义而言，郑和是中国的，也是世界的。

明代北京的盛会："万国来朝"*

明代中国和平的中华秩序理念得到了东亚以及印度洋沿岸各国的赞同和响应，各国的利益融合在一起，共同发展与繁荣。所以才在 600 多年前明朝迁都北京大典时，出现了"万国来朝"的古代外交史上的盛况。

2016 年是郑和（图 1）下西洋 611 周年。611 年前，明朝永乐三年（1405年），以强盛的综合国力为后盾，明朝永乐皇帝作出了派遣郑和下西洋的决策，郑和统率一支规模庞大的船队开始了伟大的航海活动。这支当时世界上最强大的海上力量七下西洋，持续 28 年之久，"云帆高张，昼夜星驰"，航海遍及亚非三四十个国家和地区，标志着明代中国外交达到了鼎盛，发展至中国古代航海外交的巅峰，在中国古代中外关系史乃至世界文明史上写下了光辉的一页。

元朝灭亡后，国际关系格局出现新变化。明代中国是东亚大国，明初从农耕大国向海洋大国转变的明显走势与郑和七下印度洋形成的国际新秩序以及"万国来朝"盛况，理应成为我们高度关注的问题。

"一带一路"倡议的提出与实施，从历史纵深中走来，开拓未来。"通古今之变"，

图 1　郑和雕像（笔者提供）

*　原载《北京观察》2016 年第 8 期。收入本书，有订正。

历史仍给我们以重要而有意义的启示。

一

"万国来朝"一语，"万"是一个概数，形容很多国家前来朝拜之意。其由来，最早见于南朝梁王筠《上太极殿千夫表》："四海为家，义存威重，万国来朝，事惟壮观。"唐杜佑《通典》卷一四六《乐》六载："散乐，隋以前谓之百戏。"其下记隋朝"每岁正月，万国来朝，留至十五日，于端门外，建国门内，绵亘八里，列为戏场"。古代"万国来朝"，"万国"并不是实数，但由此我们了解到自隋代在王朝大庆典之时"万国来朝"表演乐舞已形成了制度。明朝初年，皇帝遣使四出外交，极大地扩展了对外友好关系，继承并进一步完善了这一制度。《明会典》中有着明确记载，自洪武年间开始，明朝凡大宴乐，都要演奏乐章《太清歌》：

> 万国来朝进贡，仰贺圣明主，一统华夷，普天下八方四海，南北东西，托圣德，胜尧王，保护家国，太平天下都归一，将兵器销为农器。旌旗不动酒旗招，仰荷天地。

自洪武年间开始，在大祀庆成大宴上，都要表演《万国来朝队舞》《缨鞭得胜队舞》。明朝永乐时期，经过明初几十年的休养生息，王朝日益强盛。永乐帝积极推行了一种"锐意通四夷"的海外政策，宣称"今四海一家，正当广示无外，诸国有输诚来贡者听"。《明太宗实录》载："永乐三年（1405 年）六月己卯（十五日），遣中官郑和等赍敕往谕西洋诸国，并赐诸国王金织文绮、彩绢各有差"，拉开了郑和七下西洋的序幕。下西洋规模之大、人数之多、时间之长、航程之远，均是当时世界上绝无仅有。下西洋全面贯通了古代陆海丝绸之路，建立了新的国际秩序，包括今天的东北亚、东南亚、中亚、西亚、南亚乃至东非、欧洲等广袤的区域，连成了一个太平共享的利益与责任共同体。当时海外各国来中国的使节和商队络绎不绝。史载，永乐迁都北京后，二十一年（1423 年）有西洋古里（今印度科泽科德）、忽鲁谟斯（今伊朗霍尔木兹岛一带)、锡兰山（今斯里兰卡）、阿丹（今也门亚丁）、祖法儿（今阿曼佐法尔）、刺撒（一说在索马里泽拉，一说在今也门亚丁附近）、不剌哇（今索马里布拉瓦）、木骨都束（今索马里摩加迪沙一带）、柯枝（今印度柯钦）、加异勒（今印度半岛南端东岸）、甘巴里（今印度南部科因巴托尔）、溜山（今马尔代夫）、南浡里（今印度尼西亚苏门答腊岛西北部）、苏门答剌（今印度尼西亚苏门答腊岛北部）、哑鲁（今印度尼西亚苏门答腊岛东岸巴鲁蒙河口）、满剌加（今马来西亚马六甲）等 16 国使臣 1200 人来华聚集北京的一大盛会（图 2）。

图 2　南京阅江楼中的郑和下西洋万邦来朝图（笔者提供）

　　值得注意的是，永乐二十一年（1423 年）参加北京盛会的国家以西洋古里为首，细查各国都是郑和下西洋交往招徕的海外国家，因此这一盛会无疑与郑和下西洋紧密相连。具体来说，这是郑和第五次下西洋归国后，明朝在刚刚迁都的新都北京举行的一大盛会。永乐十八年（1420 年）十一月，永乐皇帝颁诏天下"选永乐十九年正月朔旦御奉天殿朝百官"，而在十九年（1421 年）正月已见忽鲁谟斯等 16 国使臣来华的记载，在永乐迁都北京后的第一次盛大宴会上，可知有海外 16 国的使臣 1200 人参加。在大祀庆成大宴上，大型乐舞表演《万国来朝队舞》，真实地再现了郑和下西洋航海外交的功绩，标志着中国古代外交史发展到了一个鼎盛时期。

二

　　西洋究竟指哪里？这是郑和下西洋研究的基本问题。一般谈及郑和下西洋，强调的是中国与东南亚关系、中国与南亚关系、中国与西亚关系、中国与东非关系等。笔者考证，郑和下西洋的"西洋"，一开始是有特指的，即印度洋。在跟随郑和亲历下西洋的通事马欢笔下，当时明朝人所认识的西洋，具体所指为那没黎洋，也即今天被称为印度洋的海域。那么作为郑和大航海时代一个整体的印度洋久已被极大地忽视了。鉴于迄今大多学者仍以文莱划分东西洋界线，对郑和所下"西洋"的认识模糊不清，澄清下西洋即下印度洋，调整观念，这对于下西洋目的的认识和史实的探讨至关重要，同时也说明我们对于明代中国的外交理念与实践应该有一个全面的重新认识。

　　明代郑和七下西洋（图3、图4），中国人以史无前例的规模走向了海洋。郑和第一次下西洋的终极目的地是西洋的古里，也就是位于印度洋中部的印度古里，即今印度南部西海岸喀拉拉邦的科泽科德。此后六次下西洋，古里都是每次必到之地，并在第四次以后由古里延伸到波斯湾、阿拉伯半岛，乃至东非。这些地区与海域都在印度洋的范围以内。更重要的是"古里通西域，山青景色奇"，明代国家航海外交行为全面打通了陆上丝绸之路与海上丝绸之路，从海上给古代丝绸之路画了一个圆。陆海丝绸之路，至此从海上全面贯通，交汇之地就在印度洋。这正是明朝人的航海外交达于鼎盛时期的作用。

图 3　郑和下西洋乘坐的宝船模型（笔者提供）

图 4　郑和下西洋模拟图（笔者提供）

今天我们知道，印度洋是世界第三大洋，面积 7000 多万平方千米，约占世界海洋总面积的 1/5，拥有红海、阿拉伯海、亚丁湾、波斯湾、阿曼湾、孟加拉湾、安达曼海等重要边缘海和海湾。在古代，印度洋贸易紧紧地将亚洲、非洲、欧洲连接在一起。郑和七下印度洋，联通了亚洲、非洲、欧洲，中国航海外交参与了一个"全球"贸易雏形的构建，为一个整体的世界形成于海上做出了重要铺垫，也可以说拉开了全球史的序幕。

三

元朝灭亡后，国际关系格局出现新变化，明代中国作为崛起的海洋大国，如何应对元朝灭亡后快速变化的印度洋世界？如何理解明代中国航海外交建立的国际秩序的影响？通过考察，我们可以为明代中国对外关系建立一个宏观的分析框架。中国从明初就开始谋求在东亚建立一种不同于元朝的新的国际秩序，郑和七下印度洋，是明朝从建国之初就萌生的新的国际秩序理念的延续。明初建立的国际秩序，具有与前此元朝、后此西方海外扩张殖民帝国迥然不同的特征，不应简单地以传统朝贡制度或体系笼统地归纳和理解。

从区域政治秩序来看，明初建立的国际秩序带来的是国家权力的整体上扬。永乐皇帝派遣郑和六下西洋，并筹划派遣大量使团出使海外，开辟海道，招徕海外各国来华交往，在诏书中明确表述了"共享太平之福"的理念：

> 朕奉天命，君主天下，一体上帝之心，施恩布德。凡覆载之内，日月所照、霜露所濡之处，其人民老少，皆欲使之遂其生业，不至失所。今特遣郑和赍敕，普谕朕意：尔等祗顺天道，恪遵朕言，循礼安分，毋得违越，不可欺寡，不可凌弱，庶几共享太平之福。若有竭诚来朝，咸锡皆赏。故此敕谕，悉使闻知。[①]

郑和远航印度洋使中外关系得到了极大的扩展，也使对外交往盛况空前。我们注意到，在跟随郑和下西洋的马欢笔下，所有使团到达之处，无论大小，皆称之为"国"，这无疑是明代中国的国家航海外交行为带来区域国家前所未有的彰显。马欢《瀛涯胜览序》云："敕命正使太监郑和等统领宝船，往西洋诸番开读赏赐。"[②]每到一国，郑和使团首先是开读诏书，在与各国政治上邦交关系确定之后，随之而来的是一种正常的政治新秩序的建立和贸易网络的形成，这对这个区域的发展具有重要意义，为区域合作奠定了良好的基础。

郑和远航印度洋，起了沟通域外所至之国的重要政治作用，包括今天的东北亚、东南亚、中亚、西亚、南亚，乃至东非、欧洲等广袤的区域，连成了一个利益与责任的共同体。在和平外交理念的基础上，明初将中华秩序的理想付诸实践，建立起了一种国际新秩序："循礼安分，毋得违越，不可欺寡，不可凌弱，庶几共享太平之福。"

从政治上来说，在当时东亚国际地缘政治平台上，这是一个国家权力整体

---

① 永乐七年三月敕谕"四方海外诸番王及头目人等"，见纪念伟大航海家郑和下西洋 580 周年筹备委员会、中国航海史研究会：《郑和家世资料》，北京：人民交通出版社，1985 年，第 2 页。

② （明）马欢原著，万明校注：《明钞本〈瀛涯胜览〉校注》，北京：海洋出版社，2005 年，第 1 页。

上扬的过程，获得大国的力量、国际的支持，是东亚一些国家兴起的主要因素。由此可以看到，在国际交往中，明朝是具有很大的国际影响力的。以满剌加为例，其在 15 世纪初的建立和发展，得到了明王朝的大力支持。满剌加扼守马六甲海峡，位于东西方海上贸易重要的交通路口。明朝不仅使之摆脱了暹罗控制，不再给暹罗输贡，成为新兴国家，而且在建立以后的半个世纪里，这个国家成为整个东南亚最好的港口和最大的商业中心。

从中国古代外交的全过程出发考察，15 世纪初，从时间上看，东亚形成了统一政权国家兴起和发展的趋势；从空间来看，东亚乃至印度洋开始融为一个整体的历史过程。此前，唐代的对外交往虽然广阔，但是当时有大食存在，所以没有在东亚形成体系化的条件；宋代民间交往虽兴盛，但不可能形成一种区域整合，乃至形成新的国际秩序；而元代，以武威著称，曾造成海外外交惨败的结果。至明代初年，在"不征"的和平外交模式确定之下，与各国建立的朝贡关系体现了明朝与各国之间是一种形式上或者称作名义上的从属关系，各国依旧保留自己完整的国家机构，在内政上也一般不会受到干预。明初的"不征"，凸显了外交的作用和意义，与中外密切的交往关系相联系的，是出现了东亚区域合作新秩序。整合后的东亚乃至印度洋国际结构，是以国家间官方建立的和平外交模式为主，可视为东亚与印度洋区域合作的良好开端。

从区域贸易秩序来看，明初建立的国际秩序促进了资源合作机制的形成。随着东亚地缘政治重新改组，明朝建立的邦交关系是和通商紧密相连的，由此形成了一个区域国际贸易的网络规模，印度洋新的贸易秩序也由此生成。政治势力崛起，表现在经济方面，这一时期国际贸易的主体是各国政府，贸易特征是以官方贸易为主导、由各国上层垄断对外贸易主要商品。国际关系的这种结构对区域贸易交往关系的拓展也有作用。当时世界上大致可划分为三个大的贸易区域：欧洲贸易区、阿拉伯-印度贸易区、东亚贸易区。在东亚贸易区，国际交往圈的空间拓展产生了繁盛的贸易网络。自古以来，"朝贡"一词就包含外交和贸易双重含义，明初适应宋元以来国家管理外贸制度日益强化的趋势，把对外贸易基本上限定在官方形式之下，明朝人王圻曾经有过这样的评论："贡舶者，王法之所许，市舶之所司，乃贸易之公也；海商者，王法之所不许，市舶之所不经，乃贸易之私也。"[1]这使明初朝贡本身相对于历朝来说带

---

① （明）王圻撰：《续文献通考》卷 31《市籴考·市舶互市》，北京：现代出版社，1991 年。

有更为浓厚的贸易性质。

从地域来看，郑和七下印度洋，每次必到的是印度古里，将东亚贸易区拓展到了阿拉伯-印度贸易区。从第四次下西洋起直至第七次，远航船队都到达了波斯湾的忽鲁谟斯，那里正是与欧洲贸易的交接之处，而且还到达了印度洋沿边的非洲东岸。今天我们知道，印度洋是世界第三大洋，面积7000多万平方千米，约占世界海洋总面积的1/5。它位于亚洲、非洲、大洋洲三洲接合部，与大西洋、太平洋的水域连成一片。印度洋拥有红海、波斯湾、阿拉伯海、亚丁湾、波斯湾、阿曼湾、孟加拉湾、安达曼海等重要边缘海和海湾，紧紧地把南亚次大陆、非洲东部、非洲南部，以及大洋洲、东南亚、中东、南极洲的一部分连接在了一起。阿拉伯海和孟加拉湾是亚洲的重要海湾，红海和波斯湾直接联系了北非、中东乃至欧洲，阿曼湾锁住了阿拉伯海和波斯湾，亚丁湾是红海的咽喉。印度洋是贯通亚洲、非洲、大洋洲的交通要道。15世纪初，虽然大洋洲还没有彰显，好望角航线和苏伊士运河也都还没有出现，但是明朝扶植满剌加王国，开通了马六甲海峡航线，与红海、波斯湾、阿拉伯海、亚丁湾、孟加拉湾沿岸及非洲东部的国家和地区进行频繁交往，从这些历史事实来看，每一次郑和使团都是以国家的名义出现在国际贸易中心，在这种国际交往频繁、空间拓展的背景下，将印度洋沿岸国与国官方之间的国际贸易发展推向了极盛。

具体说来，明初的朝贡贸易有互惠交换和市场交易两部分，大致可分为四种类型：一是朝贡给赐贸易，相当于中外礼品交换的性质；二是由各国国王或使团附带而来的商品的贸易；三是遣使出洋直接进行的国际贸易，这以郑和下西洋为典型事例；四是民间的私人贸易，这是在以往研究中常被忽略的官方管理下的民间对外贸易部分。

总之，第三种类型将朝贡贸易推向了极盛。郑和下西洋走出国门直接交往，遍及亚非三四十个国家和地区，在这一次次的往来之中，实际在印度洋上形成了一种国际合作的贸易网络。

从整体丝绸之路的视角出发，我们会发现这一历史时期中外交往极为繁盛，朝贡贸易本身带有互通有无的互市贸易过程，为中外物质文化交流创造了良好的条件。最重要的是，以举国之人力、物力、财力，在区域整合为一种政治合作机制的同时，也形成了区域资源整合的局面。通过国际交流这个平台，国家权力介入区域合作的历史进程，为各国间官方贸易奠定了有力的基础，同时，中外物质文明的交融也达到了一个历史的新高度。

元朝虽然在政治上结束了，但其在贸易上的影响留了下来。明初一反元朝四出征伐，而是遣使四出交往，遂使国际交往在印度洋区域繁盛地开展起来。虽然印度洋区域各国间的经济贸易联系自古以来就存在，但是此时再也不是阿拉伯商人执牛耳了，中国人大规模地下西洋与各国直接交往贸易，改变了阿拉伯人掌控印度洋海上贸易的状况。明代中国以负责任的海洋大国形象促使印度洋地区国家权力整体上扬的同时，在与各国"共享太平之福"理念的指导下，维护了海道清宁、人民安业，与各国公平交易、互惠互利，推动了区域国际贸易活跃发展，促成了一个资源共享合作机制的形成，这是印度洋国际新秩序的重要内容之一。

在区域文化秩序方面，明初建立的国际秩序促进了多元文化的交融。明代初年建立的广泛国际交往，是以外交文书为媒介的。当时中国进行国际交往的语言是中文和阿拉伯文（马欢所说的"阿拉毕文"），通过大量外交文书传播了中华秩序的理念，这种传统文化道德秩序准则在区域权力的均衡中起了规范作用。同时，明代是一个复兴传统文化的朝代，所传承的传统文化不是只有儒家文化所谓的"礼治"，而是在文化政策上采取包容多元文化的态度——兼收并蓄。这在郑和下西洋遗存的文物与文献中充分地表现了出来。一般而言，人类文明的发展，可以分为物质文明与精神文明两个层面，从马欢《瀛涯胜览》的记载来看，物质文明层面，海外各国物产琳琅满目，海外物产进入交流的主要有70种；而精神文明层面上，马欢所至20个国家中明显可见三种类型：一是举国信奉一种宗教，包括国王、国人；二是国王信奉一种宗教，国人信奉另一种宗教；三是一个国家中有多种宗教并存。由此可见，印度洋文明是由多元文化组成的。现存斯里兰卡的《郑和布施锡兰山佛寺碑》，以中文、泰米尔文、波斯文三种文字记载着郑和向佛祖、毗湿奴和真主贡献布施的史实，就是明朝人对于多元文化兼容并蓄的最好例证。从整体来看，明朝在国际上的积极交往促成了多元文化的交融。通过外交诏令文书和航海外交行为，中华文明的道德准则在国际交往中大量传播，中华文明在区域国家间得到广泛认同的同时，产生了中华文明与海外多元文明的融会，用今天的话说就是国际关系的文化理念的融会。在明代中国皇帝的诏令中，非常突出的就是：以诚为本，厚德载物；

礼之用，和为贵；四海一家；协和万邦；等等。特别是"共享太平之福"这种和平价值观，在当时国际关系和秩序的建构中，起了重要作用。

元朝灭亡后，东亚至印度洋国际秩序急需重建。明朝统治者刻意追寻古贤帝王成为"天下主"，但务实地吸取了元朝扩张失败的教训，在外交观念上从天下向国家回归。以"不征"国策为标志，15世纪初明朝通过大规模远洋航海与印度洋沿岸国家建立了广泛外交联系，将和平与秩序的理念付诸实践，在东亚与印度洋地区建立起了各国官方认同基础上的国际秩序，这是一个各国和平共处的国际秩序：政治上国家权力整体上扬、经济上官方贸易资源共享互通有无、文化上国家间多元文化广泛认同交融，包括今天的东北亚、东南亚、中亚、西亚、南亚、东非乃至欧洲等广袤地方，连成了一个文明互动的共同体，也是利益与责任的共同体。明代中国和平的中华秩序理念得到了东亚以及印度洋沿边各国的赞同和响应，各国的利益融合在一起，共同发展与繁荣。所以才在600多年前明朝迁都北京大典时，出现了"万国来朝"的古代外交史上的盛况。

明代中国国际秩序的演绎*

  元朝灭亡后，国际关系格局出现新变化。明代中国是东亚大国，明初从农耕大国向海洋大国的走势和郑和七下印度洋形成的国际秩序，理应成为史学界高度关注的问题。明代中国作为崛起的海洋大国，面临如何应对元朝灭亡后快速变化的印度洋世界，如何理解明代中国建立的国际秩序的影响等问题？本文通过考察 14 世纪下半叶到 15 世纪初中国外交观念的演变，尝试为这一时期的中国对外关系建立一个宏观的分析框架。中国从明初就开始谋求在东亚建立一种不同于元朝的新的国际秩序，这是明朝从建国之初就萌生的新的国际秩序思想的延续；15 世纪初印度洋国际关系的演变过程，是明代中国不断推行和实施其国际秩序思想的过程，中国新的国际秩序思想集中体现在郑和七下西洋全面贯通了古代陆海丝绸之路，建立了新的国际秩序，形成了区域合作机制的过程，为区域史走向全球化做出了重要铺垫。明初建立的国际秩序，具有与此前元朝、此后西方进行海外扩张的殖民国家国迥然不同的特征，不应简单地以传统朝贡制度或体系笼统地归纳和理解。

一、明代初年中国认识的"世界"

  明朝代元而立，其建立之初就面临着一个新的时代大变局——横跨亚欧的元朝灭亡之后，国际格局出现了真空。明朝建立之后，一反元朝一味追求武力

  * 原载《新疆师范大学学报（哲学社会科学版）》2016 年第 5 期。收入本书，有订正。

扩张的姿态，海陆并举，遣使四出，建立邦交，形成了中国古代史上又一个对外交往极为繁荣的时期。重要的是，明代初年人们对于外部世界是如何认识的？了解这一点，对于我们认识明朝的对外关系至关重要。

洪武二十二年（1389 年），明太祖派人专门绘制了《大明混一图》。原件现藏于中国第一历史档案馆，此图长 3.86 米，宽 4.75 米，为彩绘绢本，其所绘的地理范围：东至日本、朝鲜，南到爪哇，西至非洲的东西海岸，包括一部分的西欧，即西班牙一带，北到贝加尔湖以南。《大明混一图》是中国目前已知年代最久远，也是保存最完好的一幅古代世界地图①，从这一地图中，我们可以看到明朝人当时所了解的"世界"的概貌。

按照明朝人的划分，明初对外交往主要在以下三大地区展开：西域、西洋与东洋。西域，在概念上指的是汉代以来张骞所开通的陆上通往西方的交往通道，传统上我们称之为"丝绸之路"，这是古代中世纪联结亚欧大陆主要文明地区的陆上交通要道。明代初期，这条古老的陆上文明通道仍发挥着重要的作用。明初利用这条通道的对外交往主要有傅安西使和陈诚西使到达了中亚撒马尔罕和西亚大不里士、伊斯法罕、设拉子、赫拉特等地。②另外两个地区就是西洋和东洋。

至今有不少学者是以明后期人们所认识的文莱作为东洋与西洋的划界的③，但这个认识实际上不是明初人认识的东洋与西洋的概念。明代初期，东洋和西洋是从海上划分的，这个划分当时是非常清楚的。根据永乐年间随郑和下西洋的马欢所著《瀛涯胜览》记载，当时是以南淳里国为东洋与西洋的分界，它位于今天的印度尼西亚苏门答腊岛，在岛的西北有一个很小的帽山，帽山以西被认为是西洋，也就是说今天的印度洋才被称为西洋，当年它叫"那没黎洋"。④

---

①　曹婉如、郑锡煌、黄盛璋，等编：《中国古代地图集（明代）》，北京：文物出版社，1995 年。

②　有关傅安的出使，参见万明：《明初中西交通使者傅安出使略考》，《中国边疆史地研究》1990 年第 2 期；万明：《傅安西使与明初中西陆路交通的畅达》，见中国明史学会主办：《明史研究》第 2 辑，合肥：黄山书社，1992 年，第 132—140 页；有关陈诚的出使，参见王继光：《关于陈诚西使及其〈西域行程记〉、〈西域番国志〉——代〈前言〉》，见（明）陈诚：《西域行程记　西域番国志》，周连宽校注，北京：中华书局，1991 年。

③　参见张燮《东西洋考》中关于西洋列国考与东洋列国考的划分。（明）张燮：《东西洋考》，谢方点校，北京：中华书局，1981 年。

④　（明）马欢原著，万明校注：《明钞本〈瀛涯胜览〉校注·南淳里国》，北京：海洋出版社，2005 年，第 50 页。

按照这样一种划定，帽山以东就应该是东洋。实际上在明朝永乐年间，郑和下西洋的影响巨大，以至于"西洋"这个名词很快就开始逐渐具有了指代海外、外国这样一种更广泛的含义。①虽然如此，研究明初这段历史，我们还是应以马欢在明初记载的概念来界定东洋与西洋的地理概念，那么，郑和下西洋的西洋专指的是印度洋，这一点在以往的研究中，被极大地忽视了，应该得到澄清。由此界定广义的东亚概念，包括现在的东北亚和东南亚，是一个整体的区域。

　　元朝灭亡后，东亚国际秩序急需重构。明朝建国伊始，在周边大环境处于元朝灭亡的震荡之中的时候，明太祖开始在西洋、东洋、西域三个地区进行全方位外交，致力于一种"共享太平之福"的理念，重建一种合法性的国际秩序。与此同时，在和平邦交的基础上，再度激活了联结亚洲、非洲、欧洲之间的陆上和海上的通道。在永乐与宣德年间，则更进一步，派遣郑和七下西洋，这一西洋特指印度洋，明代中国的国家航海外交直至印度洋区域，一个庞大的国际关系网络开始运作，一个新的国际秩序开始形成。国家权力深刻地影响着这个区域的国际格局，中华和平理念对这一区域国际秩序的建立影响深远。

二、后蒙元时代国际秩序的重构

（一）外交文书所见权威与秩序

　　元明之际，中国对外关系经历了一个崩溃和重构的过程，明朝和平崛起于亚洲，从诏令文书中，我们不难发现太祖"共享太平之福"的强烈愿望。在诏令的传递中，东亚国际政治格局全面改观，一个不是凭借武力实现的印度洋区域新局面形成。通过历史见证的一个个诏令，我们可以把明初对外关系的历史如珍珠般编串起来，这极大地丰富了后人对那段历史的完整认识。

　　明代初期的外交奠定在明太祖朝。明朝建立以后，对外关系的建立是依靠使臣传达外交文书而实现的。外交诏令是明初对外关系中形成的基本的政策、法令，是我们研究明初对外关系时最重要、最基本的史料。《明实录》是根据

---

① 万明：《释"西洋"——郑和下西洋深远影响的探析》，《南洋问题研究》2004 年第 4 期。

当时的外交文书由史官编纂而成，难免有不实之处。①而《明史》就更不是第一手资料了，它是清初史学家根据明朝遗存下来的文献编纂而成，加入了清初编纂者的观念。所以，如果我们想要了解明初国际交往的原生态，就必须从第一手资料——外交诏令文书的搜集和整理开始。这对于研究而言具有更新史料的意义。

作为国家的代表，以权威性的行为模式和社会规范来调控本国和其他国家之间的行为与关系，这种权威是和秩序连在一起的。我们从外交文书上可以很明显地看到明太祖打算和所有当时已知的世界范围的国家或王朝建立一种邦交联系。明太祖在完成国家的统一大业、实施一系列卓有成效的对内措施的同时，开始展开了一个新王朝对外关系的全新姿态。明初，明太祖致力于"方与远迩相安于无事，以共享太平之福"②，从洪武元年（1368 年）开始就派遣使臣四出颁诏，遍及当时已知的周边曾与中国有过关系的海陆各国，建立起外交关系，如易济出使安南、赵秩出使日本、刘叔勉出使西洋、傅安出使西域等；明朝先与朝鲜高丽朝，后与李朝的交往，更是使者络绎于途。与此同时，依赖或者说凭借这种外交文书信息的传递与沟通，实际上一个新的国际秩序正在形成。从笔者收集的外交诏令 129 通中，计颁给高丽 49 通，朝鲜 17 通，安南 25 通，占城 11 通，日本 9 通，琉球 4 通，暹罗 4 通，爪哇 3 通，三佛齐 1 通，西洋琐里 1 通，拂菻 1 通，缅国 1 通，撒马尔罕 1 通，浡泥 1 通，真腊 1 通，总共颁发给 15 个国家。③据明太祖晚年追忆，他即位便"命使出疆，周于四维，历诸邦国，足履其境者三十六，声闻于耳者三十一。风殊俗异，大国十有八，小国百四十九"④。他所说的明朝使臣所到国家与地区仅是约数，但说明

---

① 以明太祖调解安南、占城两国纠纷的诏书为例，原诏见存于王圻：《王忠文集》卷十二《谕安南占城二国诏》，而在《明太祖实录》中，此诏被大为缩减，见《明太祖实录》卷 47，"洪武二年十二月壬戌"条，台北："中央研究院"历史语言研究所校印，1962 年（以下实录类均采用此版本，不再一一标注）。这是《明实录》并非第一手资料的明显例证之一。

② 《明太祖实录》卷 37，"洪武元年十二月壬辰"条。

③ 从 2004 年起，笔者开始初步收集整理所见明朝洪武年间外交诏令文书的工作，2006 年给香港中文大学"明太祖及其时代国际学术研讨会"提交了论文《明太祖外交诏令文书述考》。根据初步统计，收集明太祖 129 通外交诏令中，有 35 通来自《明实录》，无其他来源替代。其他 92 通经过比对，《明实录》有很大不同的和缺失的为 72 通，占总数一半多。《明实录》的不实彰显出来，同时显示出诏令文书整理与研究的重要意义。

④ 《明太祖实录》卷 243，"洪武二十八年十二月戊午"条。

明初建立了一个广阔的国际交往网络。

　　明朝建立之初，面临的是元朝灭亡后国际格局的大动荡、大改组，周边国际环境错综复杂，陆上有元朝的残余势力，海上有日本海盗"倭寇"的不断侵扰。大陆的阻断，海上的威胁，可以说新王朝面临着中国历朝历代前所未有的严重的陆海两面威胁，这构成了新王朝国家安全的最大问题。也正是在这一背景下，明太祖急欲求得国际社会对其统治的正当性或合法性的认同，即得到各国对其统治的认可。玺书和诏令的颁发，正是帝位继承合法化的必要程序。[①]

　　值得注意的是，人类历史上各个时期强盛的帝国地位，基本上都是通过军事手段即武力征服而获得的，外交关系依据实力关系呈现多种形态。明朝建立之初遣使四出，以"通好"姿态示外，以和平交往的态度，表达了与各国建立友好关系、共享太平的愿望，更表明"非有意于臣服之也"，有其独特之处。明初外交实际上是在古代传统外交连续性的基础上建立起来的，具有明显的历史传承性。但是，这只是一个方面，从另一个方面看，明代不仅有传承，而且有创新。在明代初年，也就是 14 世纪后半叶至 15 世纪前半叶这一历史时期，以明朝积极外交为基础而建立起来的国际关系网络，前所未有地活跃，外交远航直达印度洋，明代中国的海洋大国形象于此树立，并促成了一种新的国际秩序的形成。

（二）外交模式的更新

　　明代外交所显示的特征，最为突出的是"不征"，以之为基本国策，导向了不依靠武力建立的一种和平的国际秩序，表明明朝人对于天下国家的认识与此前有了很大不同。换言之，明代外交的特征首先是建立在观念变化的基础上。

　　从明太祖的外交诏令中我们可以看到，"共享太平之福"的和平外交理念体现得非常普遍。一般来说，征服和扩张是帝国的特质，发展到明代初年，以明太祖的"不征"国策为标志，中国的对外关系发生了重大转折。

　　洪武四年（1371 年）九月，明太祖朱元璋曾经在奉天门召集臣僚，郑重地阐述过他的外交和国际秩序理念。他首先举出海外国家有为患于中国的，中国不可以不征讨；但不为患中国的，中国则不可轻易兴兵，引用古人的话说：

[①]　合法性，也即正统性。有关正统论的全面论述，参见饶宗颐：《中国史学上之正统论》，上海：上海远东出版社，1996 年。

"地广非久安之计，民劳乃易乱之源。"接着他列举了隋炀帝征讨的例子，说出了他的对外关系理念："得其地不足以供给，得其民不足以使令，徒慕虚名，自弊中土。"评价隋炀帝妄自兴师征伐失败的结果，是"载诸史册，为后世讥"。他还特别谈到元亡后逃到北方的蒙古部落是王朝重点防备的对象。①这是明太祖首次全面论述王朝的对外政策，充分反映出其个人的现实主义思想，实际上否定了帝国对外扩张倾向，在总结前朝历史经验教训的基础上，把基点明确放在保境安民上。

洪武六年（1373 年），明太祖修《祖训录》。后来陆续修订，洪武二十八年（1395 年）颁布了《皇明祖训》。其《首章》将上述对外关系理念的阐述定为明朝世代子孙必须遵行的基本国策之一：

> 四方诸夷，皆限山隔海，僻在一隅，得其地不足以供给，得其民不足以使令。若其自不揣量，来挠我边，则彼为不祥；彼既不为中国患，而我兴兵轻伐，亦不祥也。吾恐后世子孙，倚中国富强，贪一时战功，无故兴兵，致伤人命，切记不可。但胡戎与西北边境，互相密迩，累世战争，必选将练兵，时谨备之。②

为了让子孙后代明白世代都不要与外国交战，其中把当时明周边的"不征之国"，按地理方位一一罗列出来：东北是朝鲜，正东偏北是日本，正南偏东是大琉球、小琉球，西南是安南、真腊、暹罗、占城、苏门答剌、西洋、爪哇、湓亨、白花、三佛齐、浡泥，一共是 15 个国家。这些国家基本上都在上文所说的明朝人认为的东洋范围，即今天的东北亚和东南亚地区的国家（除了西洋国在今天的南亚）。明太祖当时把这些国家都作为要与之交往，但是不可出兵征伐的"不征之国"。由此奠定了和平外交的基调。

关于"不征"的理念，明太祖也曾在诏书中明确宣布："今朕统天下，惟愿民安而已，无强凌弱众暴寡之为，安南新王自当高枕，无虑加兵也。"③

上述明初和平外交基调的奠定，指的是整体的"和平外交"。不仅有大量

---

① 《明太祖实录》卷 68，"洪武四年九月辛未"条。
② 《皇明祖训·祖训首章》，见（明）张卤辑：《皇明制书》下卷，日本古典研究会，1967 年。
③ 《明太祖御制文集》卷二《谕安南国王诏》，台北：台湾学生书局，1965 年。

的外交文书说明了明太祖的和平外交理念，而且从实践上看，确实终明太祖一朝30年，从未发兵征伐外国，说明明太祖时奠定的明朝与周边国家及海外国家的和平外交基调，无论在理念上还是在现实上，都是能够成立的。即使是与日本的不和谐，明朝也绝没有主动征伐之举。在明太祖之后，除了永乐年间曾征安南是个例外，在其他时期明朝都与上述国家维持着和平关系。

进一步说，明初"不征"外交模式的出现，表明明太祖明确摒弃了自古以来中国天子至高无上的征伐之权，从而形成了明代外交有别于历朝历代的显著特征，更成为古代中外关系的一个引人注目的拐点。重要的是，表明了元朝灭亡后明朝人致力于一种新的国际秩序，是建立在明初外交"不征"的基础之上的国与国之间的和平互动关系与秩序。

一般说来，"中国威胁论"起源于元朝的征战与扩张，元朝灭亡后，明初以"不征"为特征的外交决策，是对于元朝对外极端行为的回归，代表了中国古代对外关系发展的新取向。

三、区域政治秩序：国家权力的整体上扬

明初自洪武年间全方位建立外交关系之后，永乐、宣德年间，国际交往在空间上有一个极大的拓展，这就是郑和七下印度洋。经过明初几十年的休养生息，王朝日益强盛，永乐帝积极推行了一种"锐意通四夷"的外交政策，宣称"今四海一家，正当广示无外，诸国有输诚来贡者听"。[①]

永乐三年（1405年）颁发诏书，永乐帝派遣郑和下西洋，中国人以前所未有的规模走向海外，成就了史无前例的海上交往壮举。他在位期间，除了派遣郑和六下西洋，还筹划派遣大量使团出使海外，开辟海道，招徕海外各国来华交往，在诏书中的表述与明太祖一脉相承：

朕奉天命，君主天下，一体上帝之心，施恩布德。凡覆载之内，日月所照、霜露所濡之处，其人民老少，皆欲使之遂其生业，不至失所。今特遣郑和赍敕，普谕朕意：尔等祇顺天道，恪遵朕言，循礼安分，毋得违

---

① 《明太宗实录》卷12上，"洪武三十五年九月丁亥"条。

越，不可欺寡，不可凌弱，庶几共享太平之福。若有竭诚来朝，咸锡皆赏。故此敕谕，悉使闻知。①

"宣德化而柔远人"，郑和远航印度洋使中外关系得到了极大的扩展，也使对外交往盛况空前。在跟随郑和下西洋的马欢笔下，所有使团到达之处，无论大小，皆称之为"国"，这无疑是明代中国的国家航海外交行为给区域国家带来积极影响的前所未有的彰显。马欢《瀛涯胜览序》云："敕命正使太监郑和等统领宝船，往西洋诸番开读赏赐。"②每到一国，郑和使团首先是开读诏书，在与各国确立政治上的邦交关系之后，随之而来的是一种正常的政治新秩序的建立和贸易网络的形成，对这个区域的发展具有重要意义，为区域合作奠定了良好基础，更推动了多元文明的交流全面走向繁盛。郑和七下印度洋，包括今天的东北亚、东南亚、中亚、西亚、南亚，乃至东非、欧洲等广袤的地方，并将这些地区连成了一个文明互动的共同体。郑和使团不仅起了沟通域外所至之国的重要政治作用，更引发了中外文明交流高潮的到来。永乐二十一年（1423年），出现了西洋古里、柯枝、加异勒、溜山、南浡里、苏门答剌、哑鲁、满剌加等16国派遣使节1200人到北京朝贡的盛况。③在和平外交理念的基础上，明初将中华秩序的理想付诸实践，建立起一种国际新秩序："循礼安分，毋得违越，不可欺寡，不可凌弱，庶几共享太平之福。"

从政治上来说，在当时东亚国际地缘政治平台上，这是一个国家权力整体上扬的过程，获得大国的力量、国际的支持，成为东亚一些国家兴起的主要因素。可以看到在东亚国际交往中，明朝是具有很大的国际影响力的。以满剌加为例，其在15世纪初的建立和发展，得到了明王朝的大力支持。满剌加扼守马六甲海峡，位于东西方海上贸易重要的交通路口。在1402年以前，那里只是一个小渔村④，"国无王，止有头目掌管诸事。此地属暹罗所辖，岁输金四十两，否则差人征伐"，永乐帝"命正使太监郑和等赍诏敕赐头目双台银印、

---

① 永乐七年三月敕谕"四方海外诸番王及头目人等"，见纪念伟大航海家郑和下西洋580周年筹备委员会、中国航海史研究会：《郑和家世资料》，北京：人民交通出版社，1985年，第2页。

② （明）马欢原著，万明校注：《明钞本〈瀛涯胜览〉校注》，北京：海洋出版社，2005年，第1页。

③ 《明太宗实录》卷263，"永乐二十一年九月戊戌"条。

④ Wake C H. Malacca's early kings and the reception of Islam. *Journal of Southeast Asia History*, 1964, 5(2): 104-128.

冠带袍服，建碑封城，遂名满剌加国"。①这使其摆脱了暹罗控制，不再给暹罗输贡，成为一个新兴独立的国家。在建立以后的半个世纪里，满剌加成为整个东南亚最好的港口和最大的商业中心。②不仅是满剌加，日本、苏门答剌、浡泥等国，在永乐年间也都希望得到明朝的支持，以满足建立或加强国家政权的需求。因为得到大国的支持，有利于他们国内政局的稳定，在此不一一列举。

当时东亚地缘政治进行了一些新的改组，有新的政治势力崛起。值得注意的是，这一时期对外交往的主体是各国政府，各国为维护自身利益，大多表现为合作，于是国际交往的增强起了整合区域国际秩序的作用。伴随东亚各国建立统一政权和国家权力的增长趋向，区域国与国之间的合作与对抗，往往影响着各国自身内部社会的治与乱以及区域的国际秩序。明朝对外积极交往与协和万邦"共享太平之福"的国际秩序思想，适应了区域内各国的需要，不仅对东亚区域国家政权有着促进发展的作用，同时也推动了区域内以和平共处为主导的发展趋势，实际上起了一种区域整合作用，在东亚迎来了一个和平与稳定的国际秩序。

从中国古代外交的全过程出发考察，15世纪初，从时间上看，东亚形成了统一政权国家兴起和发展的趋势；从空间来看，东亚乃至印度洋开始融为一个整体的历史过程。此前，唐代的对外交往虽然广阔，但是当时有大食存在，所以没有在东亚形成体系化的条件；宋代民间交往虽兴盛，但不可能形成一种区域整合，乃至形成新的国际秩序；而元代，以武威著称，曾造成海外外交惨败的结果。至明代初年，在"不征"的和平外交模式确定之下，与各国建立的朝贡关系体现了明朝与各国之间是一种形式上或者称作名义上的从属关系，各国依旧保留自己完整的国家机构，在内政上一般也不会受到干预。明初的"不征"，凸显了外交的作用和意义，与中外密切的交往关系相联系的是出现了东亚区域合作新秩序。整合后的东亚乃至印度洋国际结构，是以国家间官方建立的和平外交模式为主，可视为东亚与印度洋区域合作的开端。

① （明）马欢原著，万明校注：《明钞本〈瀛涯胜览〉校注·满剌加国》，北京：海洋出版社，2005年，第37页。

② Sardesai D R. *Southeast Asia：Past & Present*. Boulder: Westview Press, 1989: 62. 并参见万明：《郑和与满剌加——一个世界文明和平互动中心的和平崛起》，《中国文化研究》2005年第1期。

四、区域贸易秩序：资源合作机制的形成

随着东亚地缘政治重新改组，明朝建立的邦交关系是和通商紧密相连的，由此形成了一个区域国际贸易的网络规模，印度洋新的贸易秩序也由此生成。政治势力崛起，表现在经济方面，这一时期国际贸易的主体是各国政府，贸易特征是以官方贸易为主导、由各国上层垄断对外贸易主要商品。国际关系的这种结构对区域贸易交往关系的拓展也有作用。当时世界上大致可划分为三个大的贸易区域：欧洲贸易区、阿拉伯-印度贸易区、东亚贸易区。在东亚贸易区，国际交往圈的空间拓展产生了繁盛的贸易网络。自古以来，"朝贡"一词就包含外交和贸易双重含义，明初适应宋元以来国家管理外贸制度日益强化的趋势，把对外贸易基本上限定在官方形式之下，明朝人王圻曾经有过这样的评论："贡舶者，王法之所许，市舶之所司，乃贸易之公也；海商者，王法之所不许，市舶之所不经，乃贸易之私也。"①这使明初朝贡本身相对于历朝来说带有更为浓厚的贸易性质。

从地域来看，郑和七下印度洋，每次必到的是印度古里，将东亚贸易区拓展到了阿拉伯-印度贸易区。第四次下西洋起直至第七次，远航船队都到达了波斯湾的忽鲁谟斯，那里正是与欧洲贸易的交接之处。今天我们知道，印度洋是世界第三大洋，面积7000多万平方千米，约占世界海洋总面积的1/5。它位于亚洲、非洲、大洋洲三洲接合部，与大西洋、太平洋的水域连成一片。印度洋拥有红海、波斯湾、阿拉伯海、亚丁湾、阿曼湾、孟加拉湾、安达曼海等重要边缘海和海湾，紧紧地把南亚次大陆、非洲东部、非洲南部，以及大洋洲、东南亚、中东、南极洲的一部分连接在了一起。阿拉伯海和孟加拉湾是亚洲的重要海湾，红海和波斯湾直接联系了北非、中东乃至欧洲，阿曼湾锁住了阿拉伯海和波斯湾，亚丁湾是红海的咽喉。印度洋是贯通亚洲、非洲、大洋洲的交通要道。15世纪初，虽然大洋洲还没有彰显，好望角航线和苏伊士运河也都还没有出现，但是明朝扶植满剌加王国，开通了马六甲海峡航线，与红海、波斯湾、阿拉伯海、亚丁湾、孟加拉湾沿岸及非洲东部的国家和地区进行了频

---

① （明）王圻撰：《续文献通考》卷31《市籴考·市舶互市》，北京：现代出版社，1991年。

繁交往。从这些历史事实来看，每一次郑和使团都是以国家名义出现在国际贸易中心，在这种国际交往频繁、空间拓展的背景下，推动了印度洋诸国与中国官方之间的国际贸易并使其发展到了极盛。

从人员来看，在明朝以前，中外贸易的主角是商人，并且以阿拉伯商人来华为主。泉州著名的蒲氏在宋元时期一直掌管对外贸易，就是一个例证。到明朝初年，在和平外交的基调之上，以强盛的国力为后盾，作为国家航海外交行为，郑和船队规模庞大，每次出洋人数达到 2 万多人，推动了中国与亚非国家间关系进入全面发展和交往空前的新阶段，也极大地扩展了国际经济贸易交流，使各国间的贸易规模达到了前所未有的程度。具体来说，明初的朝贡贸易有互惠交换和市场交易两部分，大致可分为以下四种类型。

第一种类型：朝贡给赐贸易，相当于中外礼品交换的性质。在明太祖的诏令中，屡屡表达"薄来而情厚则可，若其厚来而情薄，是为不可"的思想。①这样的交换往往是政治外交的意义大于经济贸易利益的意义，它充分地被赋予了厚往薄来的原则精神。值得注意的是，这部分贸易在整个贸易中只占很小的部分。

第二种类型：由各国国王或使团附带而来的商品的贸易。这部分物品，明廷称为"附至番货"或"附搭货物"。在所谓的"正贡"之外，是外国人带到中国来进行贸易的，占有相当大的比例，可分别于京师会同馆和市舶司所在地进行贸易。②

第三种类型：遣使出洋直接进行的国际贸易，这以郑和下西洋为典型事例。以明朝强盛的国力为后盾的下西洋，与统一的国家存在是分不开的，没有强盛的统一国家的存在，就不可能有规模巨大的下西洋。下西洋满载着深受海外各国喜爱的丝绸、瓷器、铁器等物品，把中国与东亚国际的交往发展到了一个新的历史高度。凡是所到之地，郑和使团首先宣读皇帝的诏书，然后把带去的赏赐品（礼物）送给当地的统治者国王或酋长，而当地的统治者就会命令把全国各地的珍奇物品都拿来与中国的使团进行交易。就这样，在七下西洋过程中进行了大量贸易活动。马欢《瀛涯胜览》、费信《星槎胜览》、巩珍《西洋番

---

①　《明太祖御制文集》卷二《谕高丽国王诏》，台北：台湾学生书局，1965 年。

②　万明：《中国融入世界的步履——明与清前期海外政策比较研究》，北京：社会科学文献出版社，2000 年，第 74—85 页。

国志》，这些跟随郑和远航的人留下的著作中都非常详细地记载了他们在所到之地进行的交流、贸易等活动。总之，郑和下西洋走出国门直接交往，遍及亚非三四十个国家和地区，在这一次次的往来之中，实际上形成了一种国际合作的贸易网络。从整体丝绸之路的视角出发，我们会发现，这一历史时期中外交往极为繁盛，为中外物质文化交流创造了良好的条件。①

第四种类型：民间的私人贸易，这是在以往研究中常被忽略的官方管理下的民间对外贸易部分。学者一般认为，朝贡贸易中不存在民间私人对外贸易，其实是一种误解。事实上，朝贡贸易本身也包含一定的民间私人对外贸易。明人王圻曾言："凡外夷贡者，我朝皆设市舶司以领之……其来也，许带方物，官设牙行与民贸易，谓之互市。是有贡舶，即有互市，非入贡，即不许其互市明矣。"②其中"许带方物，官设牙行与民贸易"，就是说朝贡贸易本身带有互通有无的互市贸易过程。

明初外交是全方位的，与周边和海外国家的交往极为活跃，对外贸易也极其繁盛，最重要的是，以举国之人力、物力、财力，在区域整合为一种政治合作机制的同时，也形成了区域资源整合的局面。通过国际交流平台，国家权力介入区域合作的历史进程，为各国间官方贸易奠定了有力的基础，同时，中外物质文明的交融也达到了一个历史的新高度。

元朝虽然在政治上结束了，但其在贸易上的影响留了下来。明初一反元朝四出征伐，而是遣使四出交往，遂使国际交往在印度洋区域繁盛地开展起来。虽然印度洋区域各国间的经济贸易联系自古以来就存在，但是此时再也不是阿拉伯商人执牛耳了，中国人大规模地下西洋与各国直接交往贸易，改变了阿拉伯人掌控印度洋海上贸易的状况。明代中国以负责任的海洋大国形象促使印度洋地区国家权力整体上扬的同时，在与各国"共享太平之福"理念的指导下，维护了海道清宁、人民安业，与各国公平交易、互惠互利，推动了区域国际贸易活跃发展，促成了一个资源共享合作机制的形成，这是印度洋国际新秩序的重要内容之一。

---

① 万明：《整体视野下的丝绸之路：以明初中外物产交流为中心》，见中国中外关系史学会、暨南大学文学院主编：《中外关系史论丛》第11辑《丝绸之路与文明的对话》，乌鲁木齐：新疆人民出版社，2007年。

② （明）王圻撰：《续文献通考》卷31《市籴考·市舶互市》，北京：现代出版社，1991年。

五、区域文化秩序：多元文化的交融

在明太祖颁发的《礼部尚书诰》诰文中，曾清楚地谈到他对于礼与法的认识："盖为国之治道……所以礼之为用，表也；法之为用，里也。"①在明太祖的理念中，不仅有礼，而且是礼法并用，甚至我们也可以理解他心目中的礼仪就是一种立法。因此，仅将明朝对外关系视为"礼治"是不全面的。

明代初年，中国是以一种在国际上的影响力整合了整个区域，整合的渠道就是 14 世纪后半叶至 15 世纪初建立的东亚广泛国际交往，它是以外交文书为媒介的。当时东亚国际交往的通用语言是中文和阿拉伯文（马欢所说的"阿拉毕文"），通过大量外交文书传播了中华秩序的理念，这种传统文化道德秩序准则在区域权力的均衡中起了规范作用。同时，明代是一个复兴传统文化的朝代，所传承的传统文化不是只有儒家文化所谓的"礼治"，而是在文化政策上采取了包容多元文化的态度——兼容并蓄。这在郑和下西洋遗存的文物与文献中充分表现了出来。一般而言，人类文明的发展，可以分为物质文明与精神文明两个层面，从马欢《瀛涯胜览》的记载来看，物质文明层面，海外各国物产琳琅满目，海外物产进入交流的主要有 70 种；而精神文明层面上，马欢所至20 个国家中明显可见三种类型：一是举国信奉一种宗教，包括国王、国人；二是国王信奉一种宗教，国人信奉另一种宗教；三是一个国家中有多种宗教并存。由此可见，印度洋文明是由多元文化组成的。现存斯里兰卡的《郑和布施锡兰山佛寺碑》，以中文、泰米尔文、波斯文三种文字记载着郑和向佛祖、毗湿奴和真主贡献布施的史实，就是明朝人对于多元文化兼容并蓄的最好例证。从整体来看，明朝在国际上的积极交往促成了多元文化的交融。通过外交诏令文书和外交行为，中华文化的道德准则在国际交往中大量传播，中华文化在区域国家间得到广泛认同的同时，产生了中华文明与海外多元文明的融会，用今天的话说就是国际关系的文化理念的融会。在明代中国皇帝的诏令中，非常突出的理念是：以诚为本，厚德载物；礼之用，和为贵；协和万邦；等等。特别是"共享太平之福"这种国际秩序观，在当时国际关系和秩序的建构中，起到了重要作用。

---

① 《明太祖御制文集》卷四《礼部尚书诰》，台北：台湾学生书局，1965 年。

六、结　语

元朝灭亡后，东亚国际秩序急需重建。征服和扩张是帝国的特质，明王朝建立之初的外交诏令表明：统治者一方面刻意追寻古贤帝王成为"天下主"，延续传统的朝贡关系；另一方面，面对国与国之间互动的邦交现实，吸取了元朝扩张失败的教训，明朝君主在外交观念上从天下向国家回归，以"不征"作为对外关系的基本国策，明确摒弃了自古以来中国天子至高无上的征伐之权，从而形成了明代外交有别于历朝历代的显著特征，更成为古代对外关系引人注目的拐点。

以"不征"为标志，15世纪初明朝通过大规模远洋航海与印度洋沿岸国家建立了广泛的外交联系，将和平与秩序的理念付诸实践，在东亚与印度洋地区建立起各国官方认同基础上的国际秩序，这是一个各国和平共处的国际秩序：政治上国家权力整体上扬、经济上官方贸易资源共享、互通有无，文化上国家间多元文化广泛认同交融，包括今天的东北亚、东南亚、中亚、西亚、南亚、东非乃至欧洲等广袤地方，连成了一个文明互动的共同体。明代中国和平的中华秩序理念得到了东亚及印度洋各国的赞同和响应，各国的利益融合在一起，在某种意义上可视为东亚乃至印度洋区域一体化的开端。明初建立的国际秩序，具有与此前元朝、此后西方进行海外扩张迥然不同的特征，不应简单地以传统朝贡制度或体系笼统地归纳和理解。

从分散到整体的世界发展过程，即全球化的历史进程出发考察，伴随人类在海洋上的步伐加快，人们的地理知识大大地丰富了，人们对世界的认识也空前地开阔了。唐代的交往虽然广阔，但当时存在一个强盛的大食，所以没有在东亚形成体系化的条件；宋代民间交往虽兴盛，但国家力量积弱，不可能形成一种区域整合；而元代，以武力著称，曾造成海上外交惨败的结果。重新审视明初拓展至印度洋的国家航海外交行为，中国人以前所未有的规模走向海洋，全面贯通了古代陆海丝绸之路，史无前例地将中华秩序的理想在印度洋付诸实践，作为平衡区域国际政治经济势力的大国角色，作为负责任的海上强国形象，维护和保证了东亚乃至印度洋区域的和平与秩序，为世界从海上连成一个整体、从区域史走向全球化做出了重要铺垫。这段历史对于今天也有积极的启示意义。

郑和七下印度洋

——"那没黎洋"*

　　在人类文明发展史上，丝绸之路是中西交往的通道，是流动的文明之路。从张骞开通西域到郑和下西洋，其间经历了 1500 多年，中国人向西的寻求从来没有中断过。15 世纪初郑和下西洋，中国人以史无前例的规模走向海洋，促成了著名的古代陆海丝绸之路的全面贯通，而贯通的汇合点即在印度洋。更重要的是，郑和时代的西洋观曾有具体所指：在亲历下西洋的马欢笔下，当时明朝人所认识的西洋具体指向是"那没黎洋"，也即后来被称为印度洋的海域。由此可以断定当年郑和下西洋，那个西洋就是印度洋，并非他指。鉴于迄今大多学者仍以文莱划分东西洋界线，对郑和所下"西洋"的认识模糊不清，澄清下西洋即下印度洋，这对于下西洋目的的认识和史实的探讨至关重要。

　　百年以来，在郑和下西洋研究中，鲜见有将郑和下西洋的西洋就是印度洋的概念突出出来，把下印度洋作为一个整体来探讨的，以致迄今郑和所下西洋即印度洋的事实常常被遮蔽了，乃至不时出现以郑和出使暹罗、日本、浡泥等

　　*　本文曾为 2014 年加拿大维多利亚大学"郑和下西洋及自古以来中国与印度洋世界的关系"国际会议论文，后刊于陈忠平主编的《走向多元文化的全球史：郑和下西洋（1405—1433）及中国与印度洋世界的关系》（北京：生活·读书·新知三联书店，2017 年）。收入本书，有订正。

国或王景弘出使苏门答剌为八下、九下至十下西洋之论。[①]事实上，在郑和下西洋时代之初，西洋本是有特指的，就是马欢笔下所谓"那没黎洋"，即今天的印度洋。郑和第一次下西洋，终极目的地是西洋古里，也就是以位于印度洋中部的印度古里为目的地；此后七次下西洋，古里都是必到之地，并在第四次以后由古里延伸到波斯湾、阿拉伯半岛，乃至东非。重要的是，这些地区与海域都是在印度洋的范围以内。以往学界从中国与东南亚关系、中国与南亚关系、中国与西亚关系、中国与东非关系出发，已有相当丰硕的研究成果，比较而言，作为郑和航海时代一个整体的印度洋却被极大地忽视了。加拿大维多利亚大学在 2014 年举办的"郑和下西洋及自古以来中国与印度洋世界的关系"的会议是一个变化的重要标志，给了我们极大的启示，拨开云雾，使印度洋成为有关研究关注的重心，这无疑是举办此次会议的成功之处。探讨郑和时代的印度洋与印度洋世界的中国印记，可以发现郑和下西洋是中国人对于古代印度洋认识的一次历史性总结，并开辟了一个印度洋航海实践和认识的新纪元。

一、郑和时代明人笔下的西洋——"那没黎洋"

笔者曾撰写《释"西洋"——郑和下西洋深远影响的探析》一文，专门探讨"西洋"一词的内涵与演化及其意义。对于长期以来学界在东西洋及其分野认识上争议纷纭、莫衷一是的情形有所介绍。西洋，在元代文献中明确出现，东西洋并称。元初大德年间分西洋为"单马令国管小西洋"十三国，"三佛齐国管小西洋"十八国，从所列国家地区的地理位置来看，前者大致属于马来半岛及沿岸一带；后者大致属于印度尼西亚苏门答腊岛沿岸一带。这一区域在今

---

① 志诚的《郑和九下东西洋》(《航海》1983 年第 5 期)，将郑和出使暹罗、日本计入；何平立的《郑和究竟几下东西洋》(《航海》1984 年第 1 期)，认为该文没把郑和永乐二十二年（1424 年）的旧港（今印度尼西亚苏门答腊岛巨港一带）之行统计进去，因此《郑和九下东西洋》实应改为"十下东西洋"；又，陈平平的《试举析郑和船队到过浡泥的若干明代史料依据》(《南京晓庄学院学报》2009 年第 4 期)；郑一钧的《郑和下西洋"组群"结构的研究——兼评郑和"十下西洋"之说》(南京郑和研究会编：《走向海洋的中国人》，北京：海潮出版社，1996 年，第 178—189 页)，对于下西洋计入暹罗、日本、旧港之说进行了批评。关于王景弘八下西洋，参见徐晓望：《八次下西洋的王景弘》，见朱明元主编：《王景弘与郑和下西洋》，香港：香港天马图书有限公司，2004 年，第 93—99 页。

天马来西亚、新加坡、印度尼西亚境内，属于东南亚的范围。元末，西洋国所指是印度南部西南与东南沿海国度和地区。明初下西洋后，"西洋"一词成了指代海外、外国之义，沿用至今。①郑和时代的下西洋，自 1405 年起至 1433 年为止，前后七次，所历三四十个国家和地区，是历史上中国人大规模地走向海洋的一桩盛事，在世界航海史上占有重要地位，影响也极为深远。那么下西洋，西洋究竟指哪里？这是郑和下西洋研究的基本问题。②

明初永乐年间郑和开始下西洋，马欢《瀛涯胜览》、费信《星槎胜览》和巩珍《西洋番国志》是记载下西洋的三部最重要的史籍。这三部著作之所以重要，是因为它们的作者都曾跟随郑和下西洋，是亲历下西洋的明朝当时当事人所撰写的文字。其中，记述翔实、史料价值最高的是马欢的《瀛涯胜览》。马欢是通事，懂得"阿拉伯语"，所至二十国出自亲历，记载详细，因此《瀛涯胜览》格外重要。巩珍的《西洋番国志》中关于各国的记载，也是二十国，主要内容与《瀛涯胜览》大致相同。巩珍在《自序》中明言："凡所纪各国之事迹，或目及耳闻，或在处询访，汉言番语，悉凭通事转译而得，记录无遗。……惟依原记录者序集成编，存传于后。"③因此，巩书的价值主要是在书前的"敕书"，非常重要。费信的《星槎胜览》记载的国家比《瀛涯胜览》和

---

① 万明：《释"西洋"——郑和下西洋深远影响的探析》，《南洋问题研究》2004 年第 4 期；此文以《释西洋》为名，收入王天有、徐凯、万明编：《郑和远航与世界文明：纪念郑和下西洋 600 周年论文集》，北京：北京大学出版社，2005 年，第 97—113 页。关于东西洋，此文首先注明参考主要学术论文有：山本达郎：《东西洋とり称呼の起源に就いこ》，《东洋学报》1933 年第 1 号；宫崎市定：《南洋を东西洋に分つ根据に就いこ》，《东洋史研究》1942 年第 4 号；洪建新：《郑和航海前后东、西洋地域概念考》，见纪念伟大航海家郑和下西洋 580 周年筹备委员会、中国航海史研究会：《郑和下西洋论文集》第一集，北京：人民交通出版社，1985 年，第 207—221 页；沈福伟：《郑和时代的东西洋考》，见纪念伟大航海家郑和下西洋 580 周年筹备委员会：《郑和下西洋论文集》第二集，南京：南京大学出版社，1985 年，第 218—235 页；刘迎胜：《"东洋"与"西洋"的由来》，见南京郑和研究会编：《走向海洋的中国人》，北京：海潮出版社，1996 年，第 120—135 页；陈佳荣：《郑和航行时期的东西洋》，见南京郑和研究会编：《走向海洋的中国人》，北京：海潮出版社，1996 年，第 136—147 页，等等。以上各文讨论重心是在东西洋的分界，但各文涉及西洋，均为《释西洋》一文的重要参考，见原文注 1。《释西洋》一文旨在全面考释"西洋"一词的缘起及其演变。

② 冯承钧先生在 20 世纪 50 年代为马欢《瀛涯胜览》作了校注，他在《序》中云："当时所谓之西洋，盖指印度洋也。"见马欢著，冯承钧校注：《瀛涯胜览校注·序》，北京：中华书局，1955 年，第 5 页。此言不差。但观其征引马欢《纪行诗》以爪哇为分界，又引《明史》以文莱为分野，知其西洋概念仍不十分清楚。时至今日，大多数学者对于郑和所下西洋的概念，也并不明晰。

③ （明）巩珍：《西洋番国志》，向达校注，北京：中华书局，1961 年，第 7 页。

《西洋番国志》都要多，前集 22 处，后集 23 处，共 45 处。其中前集称国者 14 处，后集称国者 16 处，共 30 国，内容扩展到了非洲。但书中有不少并非出自亲历，一般认为费信亲历的是前集的 22 处，其他则是出自传闻和抄自元代汪大渊《岛夷志略》等文献记载。

从当时明朝人的认识来看，郑和七次下西洋，下的就是现代被称为印度洋的那没黎洋。那没黎洋的出处，就在马欢所著《瀛涯胜览》中。《瀛涯胜览》中出现"西洋"凡 9 处，下面结合巩珍《西洋番国志》、费信《星槎胜览》等第一手相关记述，将明朝人关于下西洋之初对于西洋的主要认识分为六点归纳如下。

其一，西洋即那没黎洋，出处在《瀛涯胜览》"南浡里国"条：

> 国之西北海内有一大平顶峻山，半日可到，名帽山。山之西大海，正是西洋也，番名那没黎洋，西来过洋船只俱投此山为准。①

南浡里国是处于今日苏门答腊岛西北的一个古国，其西部正是浩瀚的印度洋，可以参证的是巩珍《西洋番国志》"南浡里国"条：

> 国之西北海中有一大平顶高山名帽山，半日可到。山西大海即西洋也，番名那没嚟洋。②

查费信《星槎胜览》中没有"南浡里国"条，但有两处"南巫里洋"之记载，一见之于"龙涎屿"条：

> 望之独峙南巫里洋之中，离苏门答剌西去一昼夜程。此屿浮艳海面，波激云腾，每至春间，群龙来集于上，交戏而遗涎沫。③

另一见之于"花面国王"条：

---

① （明）马欢原著，万明校注：《明钞本〈瀛涯胜览〉校注》，北京：海洋出版社，2005 年，第 50 页。
② （明）巩珍：《西洋番国志》，向达校注，北京：中华书局，1961 年，第 21 页。
③ 《星槎胜览》卷三《龙涎屿》，见（明）陆楫等：《古今说海》说选二十二，成都：巴蜀书社，1988 年，第 213 页。

其国与苏门答剌邻境，傍南巫里洋。①

还有一条"巫里洋"的记载，是在"大葛兰国"条：

若过巫里洋，则雁重险之难矣，并有高头埠沉水罗股石之危。②

从上述史料看来，"南巫里洋"或"巫里洋"显然与那没黎洋紧密相关，其中前者即为那没黎洋的对音，仍然指印度洋。当然，明朝当时没有印度洋的概念，印度洋之名在现代才出现。按照马欢的表述，称为那没黎洋的，即今天的印度洋。之所以记载于"南浡里国"条，是因为"那没黎"即"南浡里"，是 Lambri 或 Lamuri 的对音。南浡里是苏门答腊一古国名。宋代周去非《岭外代答》作蓝里，赵汝适《诸番志》亦作蓝里，元代汪大渊《岛夷志略》作喃哑哩，《元史》作南巫里、南无力等，皆是马来语 Lambri 或爪哇语 Lamuri 的对音。其地在今苏门答腊岛西北角亚齐河（Achin River）下游哥打拉夜（Kotaraya）一带。③更确切地说，"西洋"是南浡里国西北海中的帽山以西的海洋。

帽山又称南帽山、小帽山，即今苏门答腊岛西北海上的韦岛（Weh Island）。英国学者米尔斯的解释比较清楚，他认为该山位于苏门答腊北部海岸的 Atjeh 地区；帽山，即 Kelembak Mountain，位于苏门答腊北部 Poulo Weh 岛；那没黎洋是沿着苏门答腊北部海岸和 Poulo Weh 岛以西延伸的海域。④

概观当时印度洋上的海路网络，从帽山出发的有以下航线。⑤

溜山国：在小帽西南，过小帽山投西南行，好风行十日到其国。

---

① 《星槎胜览》卷三《花面国王》，见（明）陆楫等：《古今说海》说选二十二，成都：巴蜀书社，1988年，第 212 页。
② 《星槎胜览》卷三《大葛兰国》，见（明）陆楫等：《古今说海》说选二十二，成都：巴蜀书社，1988年，第 215 页；明代费信著、冯承钧校注的《星槎胜览校注·大唄喃国》记载略有不同："若风逆，则遇巫里洋险阻之难矣，及防南郎阜沉水石之危。"高郎阜后加注云："《岛夷志略》作'高浪阜'，同一地名又在同书大佛山条作'高郎步'，今 Colombo 也。"（北京：中华书局，1954 年，第 16 页）
③ （明）马欢原著，万明校注：《明钞本〈瀛涯胜览〉校注》，北京：海洋出版社，2005 年，第 50 页。
④ Ma Huan: *Ying-yai Sheng-lan: The Overall Survey of the Ocean's Shores(1433)*. Mills J V G trans. Cambridge: Cambridge University Press, 1970: 207-209.
⑤ （明）马欢原著，万明校注：《明钞本〈瀛涯胜览〉校注》，北京：海洋出版社，2005 年，第 51、71、86 页。

锡兰山国：自帽山南放洋，好东风船行三日，见翠蓝山在海中。从锡兰山启程，顺风十昼夜可至古里。自锡兰国码头别罗里开船往西北，好风行六昼夜，到小葛兰国。自小葛兰国开船，沿山投西北，好风行一昼夜，到柯枝国港口泊船。从柯枝国港口开船，往西北行三日可到古里。

榜葛剌国：取帽山翠蓝西北而行，好风二十日至浙地港。

其二，西濒印度洋的苏门答剌国是通向西洋的总路头，见《瀛涯胜览》"苏门答剌国"条：

> 苏门答剌国，即古之须文达那国是也，其处乃西洋之总头路。[1]

《西洋番国志》"苏门答剌国"条云：

> 苏门答剌国，即古须文达那国也。其国乃西洋总路头。[2]

查《星槎胜览》，其中"苏门答剌国"条没有关于西洋的记载。

苏门答剌国的地理位置在苏门答腊岛，西濒印度洋。马欢的记载说明，明朝人认为苏门答剌的地理方位很重要，是一个从海上通向西洋的总路口。

如上所述，苏门答剌（Sumatra）指印度尼西亚苏门答腊岛西北角的古国，非指苏门答腊全岛。《宋史》称苏勿吒蒲迷（Sumutra-bhumi），《岛夷志略》作须文答剌，《元史》作速木都剌。《爪哇史赞》称为 Samudra，《马来纪年》称 Semudra，可能出自梵文 Samudra，意为海，另一说来自马来文 Samandra，是大蚁之意。[3]

其三，南临印度洋的爪哇属于东洋范围，见《瀛涯胜览纪行诗》云：

> 阇婆又往西洋去。[4]

值得注意的是，阇婆即爪哇，这里的方位表明，在爪哇以西是西洋。

《星槎胜览》"爪哇国"条云：

---

① （明）马欢原著，万明校注：《明钞本〈瀛涯胜览〉校注》，北京：海洋出版社，2005 年，第 43 页。
② （明）巩珍：《西洋番国志》，向达校注，北京：中华书局，1961 年，第 18 页。
③ （明）马欢原著，万明校注：《明钞本〈瀛涯胜览〉校注》，北京：海洋出版社，2005 年，第 43—44 页。
④ （明）马欢原著，万明校注：《明钞本〈瀛涯胜览〉校注》，北京：海洋出版社，2005 年，第 2 页。

　　古名阇婆，自占城起程，顺风二十昼夜可至。其国地广人稠，甲兵药铳为东洋诸番之雄。①

费信更加明确了爪哇属于东洋范围，其西才是西洋。

爪哇，或古阇婆国，在今印度尼西亚爪哇岛，即苏门答腊与巴厘岛之间，南临印度洋。《后汉书》作叶调，唐宋称阇婆，《元史》中爪哇与阇婆并称。7世纪以苏门答腊岛南部巨港为发祥地的室利佛逝王国建立，商业和文化发达，是当时印度以外的佛学中心，同中国、印度、阿拉伯都有经济与文化联系。9—10世纪室利佛逝王国版图扩及印度尼西亚西部各岛及马来半岛等地。13世纪末兴起于爪哇的满者伯夷王朝，在东爪哇兴建了密集的水利系统，农业、手工业、交通运输与对外贸易等空前发达，沿海城镇甚为繁荣。国势最盛时领有印度尼西亚大部分群岛及马来半岛南部，大体上奠定了现在印度尼西亚版图的基础。阇婆或爪哇古名是梵名 Yavadvipa 的略称，在唐代曾为苏门答腊与爪哇二岛的合称，至宋代始为爪哇专称。②元代汪大渊《岛夷志略》称爪哇"地广人稠，实甲东洋诸番"③。上引费信的"其国地广人稠，甲兵为东洋诸番之雄"，是沿袭《岛夷志略》之文。

其四，作为郑和下西洋目的地的古里国是西洋大国，那里是西洋诸国大码头，见《瀛涯胜览》"古里国"条：

　　古里国乃西洋大国也。从柯枝国港口开船，往西北行三日可到。其国边海，出远东有五、七百里，远通坎巴夷国。西临大海，南连柯枝国界，北边相接狠奴儿国地面，西洋大国正此地也。④

《西洋番国志》"古里国"条云：

① 《星槎胜览》卷一《爪哇国》，见（明）陆楫等：《古今说海》说选二十，成都：巴蜀书社，1988年，第205页。
② （明）马欢原著，万明校注：《明钞本〈瀛涯胜览〉校注》，北京：海洋出版社，2005年，第16—17页。
③ （元）汪大渊原著，苏继庼校释：《岛夷志略校释》，北京：中华书局，1981年，第159页。
④ （明）马欢原著，万明校注：《明钞本〈瀛涯胜览〉校注》，北京：海洋出版社，2005年，第63页。

古里国，此西洋大国也。①

《星槎胜览》"古里国"条云：

其国当巨海之要屿，与僧迦密迩。亦西洋诸国之马头也。②

古里（Calicut）在《伊本·白图泰游记》中作 Kalikut，《岛夷志略》作古里佛，《大明一统志》作西洋古里，皆指今印度南部西海岸喀拉拉邦的科泽科德。坎巴夷，《西洋朝贡典录》作坎巴夷替。据伯希和考订此坎巴夷替城即是昔之 Koyampadi，今之 Coimbatore。坎巴夷替似为 Koyampadi 的对音，即今印度泰米尔纳德邦西部之科因巴托尔（Coimbatre）的古称。其地在古里东。向达《西洋番国志》校注古里国条谓当即 Cambay，而坎贝远在西北部，故应以伯希和说为是。狠奴儿，伯希和认为是 Honore 的对音，即今印度马拉巴尔海岸科泽科德向北 199 里的 Honavar，今名霍那瓦。③冯承钧译《马可波罗行纪》记坎巴夷替为 Cambaet，是一大国。按语作 Cambay。④

其五，郑和统领宝船往西洋为其船队航海活动的主要范围，见马欢《瀛涯胜览序》。该序文作于永乐十四年（1416 年），明确指出上述航海活动的主要范围：

永乐十一年癸巳，太宗文皇帝敕命正使太监郑和等统领宝船，往西洋诸番开读赏赐。⑤

《瀛涯胜览》"旧港国"条云：

永乐五年间，朝廷差太监郑和等统领西洋大艅宝船到此。⑥

① （明）巩珍：《西洋番国志》，向达校注，北京：中华书局，1961 年，第 27 页。
② 《星槎胜览》卷三《古里国》，见（明）陆楫等：《古今说海》说选二十三，成都：巴蜀书社，1988 年，第 216 页。
③ （明）马欢原著，万明校注：《明钞本〈瀛涯胜览〉校注》，北京：海洋出版社，2005 年，第 63—64 页。
④ 〔意〕马可波罗：《马可波罗行纪》第 3 卷，冯承钧译，上海：上海书店出版社，1999 年，第 448 页。
⑤ （明）马欢原著，万明校注：《明钞本〈瀛涯胜览〉校注》，北京：海洋出版社，2005 年，第 1 页。
⑥ （明）马欢原著，万明校注：《明钞本〈瀛涯胜览〉校注》，北京：海洋出版社，2005 年，第 28 页。

其六，其他有关西洋的表述。

关于"下西洋"官军人员曾出现一次①；关于"西洋布"也曾出现一次②。

以上"西洋"凡曾出现 9 次，仅关于古里国的记载中就曾出现两次。在当时人看来，南浡里帽山之西大海，"正是西洋也"，"番名那没黎洋"；苏门答剌"乃西洋之总路"；古里"乃西洋大国"，是自第一次起下西洋之目的地。这里反映的是明初下西洋当时当事人具体理解的"西洋"本义。

陆容《菽园杂记》卷三云："永乐七年，太监郑和、王景弘、侯显等，统率官兵二万七千有奇，驾宝船四十八艘，赍奉诏旨赏赐，历东南诸番以通西洋。"③陆氏的"历东南诸番以通西洋"这句话，是对于明初人西洋认识的最佳注解。

总之，马欢《瀛涯胜览》所述"往西洋诸番"④，费信《星槎胜览》"历览西洋诸番之国"⑤，而巩珍所著书名《西洋番国志》，顾名思义，实际是将郑和船队所到国家和地区，包括占城、满剌加、爪哇、旧港乃至榜葛剌国、忽鲁谟斯国、天方国，一律列入了西洋诸番国，尽管其中的爪哇等国并不真正属于当时人所严格指称的"西洋"范围之内。换言之，在郑和七次下西洋后，人们开始把下西洋所至诸国都列入了"西洋"界限以内，这无疑极大地扩展了"西洋"范围。此后，约作于正德十五年（1520 年）的黄省曾的《西洋朝贡典录》更进一步，将"朝贡之国甚著者"全都列入了"西洋"的范围。他所列入的二十三国，包括广阔的区域，其中赫然列有位于东洋的浡泥国、苏禄国、琉球国。⑥于是"西洋"不仅得到了极大的彰显，而且无疑前所未有地扩大到了包括东西洋，乃至海外各国之义了。

郑和下西洋使"西洋"一词凸显，"西洋"一词在此后广泛流行于明代社会。自郑和下西洋以后，"西洋"有了狭义和广义的区别。狭义的"西洋"，包括郑和下西洋所到的今天印度洋至波斯湾、红海和东非一带。广义的"西洋"，是一个具有象征整合意义的西洋，引申出海外诸国、外国之义。这里值

① （明）马欢原著，万明校注：《明钞本〈瀛涯胜览〉校注》，北京：海洋出版社，2005 年，第 5 页。
② （明）马欢原著，万明校注：《明钞本〈瀛涯胜览〉校注》，北京：海洋出版社，2005 年，第 67 页。
③ （明）陆容撰：《菽园杂记》卷三，北京：中华书局，1985 年，第 23 页。
④ （明）马欢原著，万明校注：《明钞本〈瀛涯胜览〉校注》，北京：海洋出版社，2005 年，第 1 页。
⑤ （明）费信著，冯承钧校注：《星槎胜览校注·前集》，北京：中华书局，1954 年，第 2 页。
⑥ 参见（明）黄省曾：《西洋朝贡典录》，谢方校注，北京：中华书局，1982 年。

得注意的是，明代后期狭义的"西洋"受到明朝官方海外活动收缩的影响，出现了张燮《东西洋考》以文莱划分东西洋界线，更深刻地影响到后世的认识。这样一来，明朝人在郑和下西洋过程中对于西洋认识的延伸，遂使下西洋的初衷——下印度洋被遮蔽了起来，因此现在我们应走出迷雾，澄清本源。

二、郑和下西洋的前期终极点及其后期中转地——古里

据以下所引郑和亲立碑记，下西洋历次船队的主要航行目的地就是西洋的古里。当时，西洋是有特指的：马欢《瀛涯胜览》"南浡里国"条中称帽山以西为西洋，番名"那没黎洋"，地理方位明确，即今印度洋；"西洋诸番"具体指印度洋国家。马欢书中"古里国"条两度强调其为"西洋大国"，非比寻常，值得在此进行更为深入的探讨。

郑和首次下西洋，就是以印度古里为终点，这明确记载在郑和亲立之碑记上。如1431年郑和亲自在长乐南山天妃宫立下《天妃之神灵应记碑》，总结历次下西洋：

> 自永乐三年，奉使西洋，迨今七次。所历番国：由占城国、爪哇国、三佛齐国、暹罗国，直逾南天竺、锡兰山国、古里国、柯枝国、抵于西域忽鲁谟斯国、阿丹国、木骨都束国、大小凡三十余国。涉沧溟十万余里。[①]

郑和在下面排列了七次下西洋的经历，排在首次下西洋第一位目的地的是："永乐三年，统领舟师，至古里等国。"这里明确说明了郑和第一次下西洋以古里作为主要目的地。

郑和下西洋属于国家航海行为。无独有偶，郑和七次下西洋，七次必到古里，这显然绝非偶然，而是经过整体规划的明朝海洋政策使然。科泽科德大学副校长古如浦在《卡利卡特的扎莫林》一书《前言》所说："[该地]是中世纪

---

① 萨士武：《考证郑和下西洋年岁之又一史料——长乐"天妃灵应碑"拓片》，见纪念伟大航海家郑和下西洋580周年筹备委员会、中国航海史研究会：《郑和研究资料选编》，北京：人民交通出版社，1985年，第103页。

印度杰出的港口城市之一，是一个香料和纺织品的国际贸易中心。"①正是它吸引了郑和航行印度洋期间将之作为第一位的目的地。郑和在古里曾经册封并立碑，均见之于记载：

> 永乐五年，朝廷命正使太监郑和赍诏敕赐其国王诰命银印，及升赏各头目品级冠带。宝船到彼，起建碑亭，立石云："去中国十万余里，民物咸若，熙皞同风，刻石于兹，永示万世。"②

古里之行在当时郑和使团随员的出使经历中，似乎并没有太多的特别。然而，古里的作用，又绝非仅为郑和船队主要目的地那么简单。我们应该将其放在整个印度洋范围内加以考量。

我们知道，第四次下西洋发生了重大转折，即郑和船队从古里航行到忽鲁谟斯，此后每次下西洋都必到忽鲁谟斯。从下西洋的角度来说，无论是古里，还是忽鲁谟斯，都是那没黎洋的大国。从以古里为目的地到前往忽鲁谟斯，意义在于下西洋目的地的延伸，是明朝海洋政策在印度洋的一次大的调整。换言之，忽鲁谟斯可以视为郑和下西洋过程中以古里为中心开拓的新航线。

上述讨论已经说明，古里是当时一个西洋大国。到那里的航线是：自帽山南放洋，好东风船行三日，可到锡兰山，从锡兰山启程，顺风十昼夜可至古里。自锡兰国的码头别罗里开船往西北，好风行六昼夜，可到小葛兰国；自小葛兰国开船，沿山投西北，好风行一昼夜，可到柯枝国港口泊船；从柯枝国港口开船，往西北行三日可到古里。古里"远通坎巴夷国。西临大海，南连柯枝国界，北边相接狠奴儿国地面，西洋大国正此地也"③。古里是西洋诸国之码头，但是在郑和第四次下西洋后，郑和船队又转向了一个位于波斯湾的"各处番船并旱番客商都到此处赶集买卖"的西洋诸国之码头——忽鲁谟斯。于是此时的古里成为中国通往西亚、非洲乃至欧洲的中转站。

马欢《纪行诗》云"柯枝古里连诸番"，所言不虚。到明末时，何乔远

---

① Kurup K K N. Foreword. *In* Ayyar K V K ed. *The Zamorins of Calicut*. Calicut: University of Calicut, 1999: 1. 郑和下西洋时期，古里是在扎莫林王国统治之下。
② （明）马欢原著，万明校注：《明钞本〈瀛涯胜览〉校注》，北京：海洋出版社，2005年，第63页。
③ （明）马欢原著，万明校注：《明钞本〈瀛涯胜览〉校注》，北京：海洋出版社，2005年，第63页。

《名山藏·王亨记》甚至有"郑和下番自古里始"的记载。①

以下是郑和下西洋以古里为中心的 5 条航线，有关记载都证明了该地在印度洋航行和贸易的中枢地位。

1. 古里至忽鲁谟斯国

马欢记："自古里国开船投西北，好风行二十五日可到。其国边海倚山，各处番船并旱番客商都到此处赶集买卖，所以国人殷富。"②

费信记："自古里国十昼夜可至。其国傍海居，聚民为市。"③

此处记载从古里到忽鲁谟斯仅需十昼夜，而非马欢所记二十五日，大约是郑和船队日夜兼程航行之故。

忽鲁谟斯即波斯语 Hormuz，Ormuz 的对音，今属伊朗，位于阿曼湾与波斯湾之间霍尔木兹（Hormuz）海峡中格什姆岛（Qishm）东部的霍尔木兹岛。原旧港为鹤秫城，边海一城，是中古时期波斯湾头一个重要海港。13 世纪城为外族所毁，故迁至附近的哲朗岛（Djeraun），是为新港，仍名忽鲁谟斯。《郑和航海图》作忽鲁谟斯岛。此处"边海倚山"，系指旧港而言。④

2. 古里至祖法儿国

马欢记："自古里国开船，好风投西北，行十昼夜可到。"⑤

费信记："自古里国顺风二十昼夜可至。其国垒石为城，砌罗股石为屋。"⑥

按：祖法儿（Zufar），《诸番志》"大食国"条作奴发，《星槎胜览》《郑和航海图》作佐法尔，皆为 Zufar、Dhofar 的对音，即今位于阿拉伯半岛东南端的阿曼佐法尔。⑦

3. 古里至阿丹国

马欢记："自古里国开船，投正西兑位，行一月可到。其国边海山远，国

---

① （明）何乔远撰：《名山藏·王亨记》第 8 册，扬州：江苏广陵古籍刻印社，1993 年，第 6211 页。

② （明）马欢原著，万明校注：《明钞本〈瀛涯胜览〉校注》，北京：海洋出版社，2005 年，第 91—92 页。

③ 《星槎胜览》卷四《忽鲁谟斯国》，见（明）陆楫等：《古今说海》说选二十三，成都：巴蜀书社，1988 年，第 221 页。

④ （明）马欢原著，万明校注：《明钞本〈瀛涯胜览〉校注》，北京：海洋出版社，2005 年，第 91—92 页。

⑤ （明）马欢原著，万明校注：《明钞本〈瀛涯胜览〉校注》，北京：海洋出版社，2005 年，第 76 页。

⑥ 《星槎胜览》卷四《佐法儿国》，见（明）陆楫等：《古今说海》说选二十三，成都：巴蜀书社，1988 年，第 221 页。

⑦ （明）马欢原著，万明校注：《明钞本〈瀛涯胜览〉校注》，北京：海洋出版社，2005 年，第 76 页。

民富饶。"①

费信记："自古里国顺风二十二昼夜可至。其国傍海而居。"②

按：阿丹国（Aden）即今阿拉伯半岛也门首都亚丁。此地居于中国、印度与西方之间，一直是阿拉伯半岛通商要地，东西方贸易中心，也是古代西亚宝石、珍珠的集散中心。

4. 古里至刺撒国

费信记："自古里国顺风二十昼夜可至。其国傍海而居，垒石为城。"③

按：刺撒国（Lasa），据《郑和航海图》，位于祖法儿以西，阿丹以东。向达先生考订为 Ras Sharwein，陈佳荣等先生认为是阿拉伯半岛南岸，今木卡拉附近的 La'sa。④

5. 古里至天方国

马欢记："自古里国开船投西南申位，船行三个月到本国马头，番名秩达，有大头目主守。自秩达往西行一月，可到王居之城，名默加国。"又云："宣德五年，蒙圣廷命差内官太监郑和等往各番国开读赏赐，分䑸到古里国时，内官太监洪保等见本国差人往天方国，就选差通事人等七人，赍带麝香、磁器等物，附本国船只到彼。往回一年，买到各色奇货异宝、麒麟、狮子、驼鸡等物，并画天堂图真本回京。"⑤

费信记："其国自忽鲁谟斯四十昼夜可至。"⑥

南京发掘出土的洪保墓《知监太监洪公寿藏铭》，印证了下西洋的天方之行。⑦

按：天方国（Mecca），指位于沙特阿拉伯希贾兹（一译汉志）境内的麦加

---

① （明）马欢原著，万明校注：《明钞本〈瀛涯胜览〉校注》，北京：海洋出版社，2005年，第80页。
② 《星槎胜览》卷四《阿丹国》，见（明）陆楫等：《古今说海》说选二十三，成都：巴蜀书社，1988年，第220页。
③ 《星槎胜览》卷四《刺撒国》，见（明）陆楫等：《古今说海》说选二十三，成都：巴蜀书社，1988年，第220页。
④ 参见陈佳荣、谢方、陆峻岭编：《古代南海地名汇释》，北京：中华书局，1986年，第980页。
⑤ （明）马欢原著，万明校注：《明钞本〈瀛涯胜览〉校注》，北京：海洋出版社，2005年，第99、103—104页。
⑥ 《星槎胜览》卷四《天方国》，见（明）陆楫等：《古今说海》说选二十三，成都：巴蜀书社，1988年，第222页。
⑦ 参见南京市博物馆、江宁区博物馆：《南京市祖堂山明代洪保墓》，《考古》2012年第5期。

(Mecca)。后又泛指阿拉伯。麦加是伊斯兰教圣地，伊斯兰教兴起之前，曾是古代多神教的中心。610 年穆罕默德声称在城郊希拉山洞受到安拉的启示，在此开始传播伊斯兰教，630 年穆罕默德率军队攻克麦加并清除克尔白神殿中的偶像后，遂成为全世界穆斯林朝觐瞻仰的圣地。元代称天房，见刘郁《西使记》。《岛夷志略》作天堂。天房或天堂本指麦加的克尔白（ka'aba）礼拜寺，此寺又名安拉之居（Bayt Allah）。默伽国，《岭外代答》《诸番志》作麻嘉，《事林广记》作默伽，皆是 Mecca 的对音，即今位于红海东岸的麦加城，注天方、天堂、天房皆指此城，今属沙特阿拉伯。①

郑和下西洋还在古里附近有一个重要的延伸，即开辟了横跨印度洋直航东非的航线。郑和第三次下西洋时中国船队和东非的直接通航②，是印度洋海上交通的扩张式发展。

郑和在福建长乐《天妃之神灵应记碑》中明言："［其船队］抵于西域忽鲁谟斯国、阿丹国、木骨都束国。"③其中，木骨都束（Magadoxo）位于非洲东岸，即今天索马里的摩加的沙。

根据费信的记载："自小葛兰顺风二十昼夜可至［木骨都束］。其国濒海，堆石为城，垒石为屋。"④

---

① （明）马欢原著，万明校注：《明钞本〈瀛涯胜览〉校注》，北京：海洋出版社，2005 年，第 99—100 页。

② 明代陆容撰的《菽园杂记》卷三载："永乐七年，太监郑和、王景弘、侯显等，统率官兵二万七千有奇，驾宝船四十八艘，赍奉诏旨赏赐，历东南诸番以通西洋。是岁九月，由太仓浏家港开船出海。所历诸番地面，曰占城国……曰卜剌哇，曰竹步，曰木骨都束。"（北京：中华书局，1985 年，第 23 页）沈福伟先生据此认为郑和第三次下西洋就到了非洲，并考证了下西洋所至东非各地名，见沈福伟：《郑和宝船队的东非航程》，见纪念伟大航海家郑和下西洋 580 周年筹备委员会、中国航海史研究会：《郑和下西洋论文集》第一集，北京：人民交通出版社，1985 年，第 166—183 页。侯仁之先生曾撰文说："可以设想，横越印度洋直接联系锡兰或南印度与非洲东岸的航路，在十五世纪初郑和远航之前，是有可能被发现的。但是在中国图籍里关于这条航路的明确记载，则是从郑和远航时开始的。在郑和航海图和有关记载中可以看出，在锡兰与非洲东岸以及南印度与非洲东岸之间，都是直达航线，可以经过官屿溜（今马累岛），也可以不经过它。"见《所谓"新航路的发现"的真相》一文，收入王天有、万明编：《郑和研究百年论文选》，北京：北京大学出版社，2004 年，第 85 页。原载《人民日报》1965 年 3 月 12 日。此前元代的记载仍比较含糊，而从中国人首次大规模地远航印度洋史无前例的视角来看，这条航线反映了郑和航海期间航海路线的扩张。

③ 萨士武：《考证郑和下西洋年岁之又一史料——长乐"天妃灵应碑"拓片》，见纪念伟大航海家郑和下西洋 580 周年筹备委员会、中国航海史研究会：《郑和研究资料选编》，北京：人民交通出版社，1985 年，第 103 页。原载《大公报·史地周刊》（天津）1936 年第 80 期。

④ 《星槎胜览》卷四《木骨都束国》，见（明）陆楫等：《古今说海》说选二十三，成都：巴蜀书社，1988 年，第 219 页。

他还记有非洲东岸的卜剌哇国（Brawa）："自锡兰山别罗（里）南去，二十一昼夜可至，其国与木骨都束国相接连。"①

卜剌哇国即今非洲东岸索马里之布腊瓦，当时异称为"比剌"。

与木骨都束山地连接的有竹步国（Jubo）。②竹步国即今天非洲东岸索马里之朱巴。

从锡兰南端的别罗里（今 Belligame）或从南印度西岸之古里到非洲东岸卜剌哇（今布腊瓦 Brawa）或木骨都束（今摩加迪沙 Magadoxo）之间的直达航路，船队沿非洲东岸南行，航线更延伸到今肯尼亚的马林迪和莫桑比克的索法拉。③

《郑和航海图》表明，郑和船队远航到达印度洋孟加拉湾、阿曼湾、阿拉伯半岛南端的亚丁（阿丹），到达非洲东部，也就是印度洋的西部，最远到达非洲肯尼亚的蒙巴萨（慢八撒）。根据向达先生的研究，《郑和航海图》所收地名达 500 多个，其中本国地名约占 200 个，外国地名约占 300 个，比汪大渊《岛夷志略》的外国地名还多 2 倍。"十五世纪以前，我们记载亚、非两洲的地理图籍，要以这部航海图的内容为最丰富了。"④可以补充的是，这部航海图是 15 世纪西方航海东来以前的中国与印度洋最为丰富的历史图籍，是对印度洋海洋文明做出的重要贡献。

以郑和为首的中国船队，定期前往印度洋各国，在以古里为终极点或中转点的航海活动中，将中国的远洋航海推向了一个前所未有的高度。七下西洋的中国国家远洋航海活动，是 15 世纪末欧洲人东来以前最大规模的印度洋航海史上的壮举，为活跃中国与印度洋各国的政治、经济往来，做出了卓越贡献，并产生了深远影响。

---

① 《星槎胜览》卷四《卜剌哇国》，见（明）陆楫等：《古今说海》说选二十三，成都：巴蜀书社，1988年，第 218 页。

② 《星槎胜览》卷四《竹步国》，见（明）陆楫等：《古今说海》说选二十三，成都：巴蜀书社，1988年，第 219 页。

③ 《明太宗实录》卷 182，"永乐十四年十一月戊子"条（台北："中央研究院"历史语言研究所校印本，1962 年，以下实录均采用此版本，不再一一标注），记当时有古里等国遣使贡方物，其中有"麻林"，经学者考证，即今肯尼亚马林迪；《明太宗实录》卷 134，"永乐十年十一月丙申"条，记当时遣郑和等赍敕往赐的诸国中有孙剌之名，经学者考证，即今莫桑比克的索法拉。

④ 向达整理：《郑和航海图·整理郑和航海图序言》，北京：中华书局，1961 年，第 5 页。

三、印度洋的整体视野：中西海陆丝绸之路的全面贯通

为了探索郑和时期中国人对印度洋的整体视野，需要从明朝人自第四次下西洋开始每次必到的忽鲁谟斯说起。

在郑和亲立的两通著名的碑记中，都记录了忽鲁谟斯，并都在有关第四次下西洋记述中云："统领舟师，往忽鲁谟斯等国。"[①]

《娄东刘家港天妃宫石刻通番事迹记碑》云：

> 永乐初，奉使诸番，今经七次，每统领官兵数万人，海船百余艘，自太仓开洋，由占城国、暹罗国、爪哇国、柯枝国、古里国，抵于西域忽鲁谟斯等三十余国，涉沧溟十万余里。

福建长乐《天妃之神灵应记碑》云：

> 自永乐三年，奉使西洋，迨今七次。所历番国：由占城国、爪哇国、三佛齐国、暹罗国，直逾南天竺、锡兰山国、古里国、柯枝国、抵于西域忽鲁谟斯国、阿丹国、木骨都束国、大小凡三十余国。涉沧溟十万余里。

忽鲁谟斯是郑和第四次下西洋才开始访问的国家，乃至成为此后直至第七次下西洋每次必到之地。两碑均于郑和第七次下西洋出发前所立，时间是在宣德六年（1431年）。值得注意的是，在两碑中提及忽鲁谟斯的时候，都是以"西域忽鲁谟斯"相称的。

巩珍《西洋番国志》卷前收有《敕书》三道，其中两道涉及"西洋"，也均与忽鲁谟斯相关，现列于下。

永乐十八年（1420年）十二月初十日《敕书》：

[①] 萨士武：《考证郑和下西洋年岁之又一史料——长乐"天妃灵应碑"拓片》，见纪念伟大航海家郑和下西洋580周年筹备委员会、中国航海史研究会：《郑和研究资料选编》，北京：人民交通出版社，1985年，第104页。

敕太监杨敏等往西洋忽鲁谟斯等国公干。①

宣德五年（1430年）五月初四日《敕书》：

敕南京守备太监杨庆、罗智、唐观保、大使袁诚。今命太监郑和等往西洋忽鲁谟斯等国公干，大小舡六十一只。②

"往西洋忽鲁谟斯等国公干"，印证了明朝官方诏令文书中的忽鲁谟斯，均与"西洋"相联系，在时间上一为"永乐十八年十二月初十日"，一为"宣德五年五月初四日"。永乐十八年，是1420年，为郑和第六次下西洋前；宣德五年，是1430年，为郑和第七次下西洋前。比对郑和等所立碑记，同样一个忽鲁谟斯国，至永乐十八年，也就是郑和初次下西洋15年后，官方文书中出现了西域和西洋两个地理方位定语，明显是将西域与西洋重合在了一起。进一步说，明朝人对于波斯湾头的忽鲁谟斯，显然已经出现了新的观念：忽鲁谟斯从西域到西洋，标志着西洋与西域的贯通。

忽鲁谟斯的意义非比寻常：郑和七次下西洋在第四次首次访问了忽鲁谟斯，而且还从那里派遣分船队远赴红海和东非。③ 除了那里是东西方贸易的集散地以外，更重要的，那里是中国与西方之间的交往通路——所谓丝绸之路的陆路和海路的交汇之地。

在这里，有必要回顾一下明太祖时派遣傅安使团从陆路出使撒马尔罕的历史。明朝初年对外联系是全方位的，中西交通大开，包括西域与西洋，陆上与海上。与郑和自海路七下西洋交相辉映的，是明朝曾派遣傅安六次、陈诚五次从陆路出使西域，海陆并举，堪称中西交通史上的盛事。明初傅安出使帖木儿帝国发生在洪武二十八年（1395年）。傅安被帖木儿国王羁留，曾因此借机游历帖木儿帝国："由小安西至讨落思，安又西至乙思不罕，又南至失剌思，还至黑鲁诸诚，周行万数千余里。"④历时6年之久的游历虽是被迫的，但明朝使

---

① （明）巩珍：《西洋番国志》，向达校注，北京：中华书局，1961年，第9页。

② （明）巩珍：《西洋番国志》，向达校注，北京：中华书局，1961年，第10页。

③ 关于忽鲁谟斯，可参考西方学者最新的研究成果：〔德〕廉亚明、葡萄鬼：《元明文献中的忽鲁谟斯》，姚继德译，银川：宁夏人民出版社，2007年。

④ （清）万斯同：《明史纪传》卷五三《傅安传》，清抄本，国家图书馆藏。

团却因此远游到达了今天伊朗的大不里士（讨落思）、伊斯法罕（乙思不罕）、设拉子（失剌思）以及今天阿富汗的赫拉特（黑鲁，即哈烈）等地，成为明朝从陆路向西方行程最远的使团。①直至永乐五年（1407 年）六月，傅安被羁留在国外 13 年才回到中国。特别需要说明的是，郑和首次下西洋时，傅安还没有回来，因此，也可以说当时的陆路丝绸之路是不通畅的，所以下西洋的终极目的地是古里，合乎逻辑的规划是从海路通西域。

不仅忽鲁谟斯是东西方陆海丝绸之路的交汇之地，就是下西洋首航的主要目的地古里也同样是西域和西洋连接的枢纽城市。在元代汪大渊《岛夷志略》中，称古里为古里佛。汪大渊指出其地是西洋的重要码头："当巨海之要冲，去僧加剌密迩，亦西洋诸（番之）马头也。"②从马欢、费信、巩珍的记载也可知道古里是一个商业贸易聚集地。如果说下西洋去那里只有政治意图，那是说不通的。费信《古里国》诗曰："古里通西域，山青景色奇。路遗人不拾，家富自无欺。酋长施仁恕，人民重礼仪。将书夷俗事，风化得相宜。"③他道出了古里位于西域与西洋的连接点上，地位因此显赫。沈福伟先生认为，"下西洋"指通航印度洋固无疑问，所谓西洋也可指国名，就是南印度马拉巴海岸的科泽科特——古里的又一译名。④此说似嫌极端了些。事实上，古里与忽鲁谟斯完全相同，既同为东西方国际商业贸易中心，也同样在西域与西洋的交叉点上。可以认为，正是因为古里的这一特殊方位和特性，才成为郑和下西洋前期的主要目的地。

此外还有天方国。我们注意到，费信关于《天方国》的记载中提到了西域：

> 其国自忽鲁谟斯四十昼夜可至。其国乃西海之尽也，有言陆路一年可

① 关于傅安出使事迹，参见万明：《傅安西使与明初中西陆路交通的畅达》，见中国明史学会主办：《明史研究》第 2 辑，合肥：黄山书社，1992 年，第 132—140 页。
② （元）汪大渊原著，苏继庼校释：《岛夷志略校释》，北京：中华书局，1981 年，第 325 页。
③ 《星槎胜览·古里国》，见（明）邓士龙辑：《国朝典故》（下）卷一〇四，许大龄、王天有主点校，北京：北京大学出版社，1993 年，第 2083 页。
④ 沈福伟：《郑和时代的东西洋考》，见纪念伟大航海家郑和下西洋 580 周年筹备委员会：《郑和下西洋论文集》第二集，南京：南京大学出版社，1985 年，第 218—235 页。

达中国。其地多旷漠，即古筠冲之地，名为西域。①

费信《天方国》诗也谈及西域：

> 罕见天方国，遗风礼仪长。存心恭后土，加额感穹苍。玉殿临西域，山城接大荒。珍珠光彩洁，异兽贵训良。日以安民业，晚来聚市商。景融禾稼盛，物阜草木香。尤念苍生志，承恩览道邦。采诗虽句俗，诚意献君王。②

在当时下西洋的明朝人看来，西洋的尽头，也就是西域之地。由此可见，明朝人对于西洋与西域相连接的认识是相当明确的。因此，下西洋是联通陆上丝绸之路的西域与海上丝绸之路的西洋之举，于此清晰可见。

值得注意的是，永乐十一年（1413 年），在陆上，陈诚第一次出使西域，主要使命是送哈烈等国使臣回国，回国上《西域记》，"西域诸国哈烈、撒马儿罕、火州、土鲁番、失剌思、俺都淮等处各遣使贡文豹、西马、方物"③。显然，出使西域的陈诚并没有远达忽鲁谟斯和天方国。也就是说，明朝初年要前往"陆路一年可达中国"的天方国，道路并不通畅，摆在明朝人面前的选择必然是海路。

永乐十二年（1414 年），在海上，郑和第四次统领舟师下西洋，前往忽鲁谟斯等国。这里想强调的是，在郑和遗留的两通重要碑刻《娄东刘家港天妃宫石刻通番事迹记碑》和福建长乐《天妃灵应之记碑》中，是将忽鲁谟斯置于西域的。笔者曾著文考证"西洋"这一名词，注意到忽鲁谟斯冠以西域之地，而在七下西洋以后，也称为西洋的史实。④有关忽鲁谟斯的记载经历了从西域到西洋的认识过程，这说明了什么？下西洋时期郑和等明朝人的西域观提示我们，郑和从海路前往忽鲁谟斯，正是给古代中西丝绸之路画了一个圆。丝绸之路从陆到海，至此得以全面贯通。最重要的是，贯通的交汇之地就是所下的西

---

① 《星槎胜览》卷四《天方国》，见（明）陆楫等：《古今说海》说选二十三，成都：巴蜀书社，1988 年，第 222 页。
② 《星槎胜览·天方国》，见（明）邓士龙辑：《国朝典故》（下）卷一〇五，许大龄、王天有主点校，北京：北京大学出版社，1993 年，第 2103 页。
③ 《明太宗实录》卷 169，"永乐十三年冬十月癸巳"条，第 1884 页。
④ 参见万明：《释"西洋"——郑和下西洋深远影响的探析》，《南洋问题研究》2004 年第 4 期。

洋——印度洋。

郑和的远航,不是一个偶然事件,而是长期以来亚非人民泛海交往、和平贸易的重要发展。由于这次远航是国家航海行为,因此规模巨大,人员众多,远超前代,影响深远。

《瀛涯胜览纪行诗》云:

> 阇婆又往西洋去,三佛齐过临五屿。苏门答剌峙中流,海舶番商经此聚。自此分艚往锡兰,柯枝古里连诸番。弱水南滨溜山谷,去路茫茫更险艰。欲投西域遥凝目,但见波光接天绿。舟人矫手混西东,惟指星辰定南北。忽鲁谟厮近海傍,大宛米息通行商。曾闻博望使绝城,如何当代覃恩光。[①]

"曾闻博望使绝城,如何当代覃恩光"两行诗句说明,明初当时人马欢是将下西洋与张骞开通西域相提并论的。

让我们回顾一下,此前的忽鲁谟斯,一直是以西域大国见称的。此时由于郑和下西洋,改以西洋大国著称。我们由此看到的是通过郑和下西洋,明朝从海上取得了贯通西域与西洋的结果,也就是全面打通了陆上丝绸之路与海上丝绸之路。就此而言,下西洋也是一个"凿空"的划时代海上壮举。有人会说早在唐代中国人已经到达了波斯湾,在元代已有海陆并举。然而,我们不能忘记,张骞通西域之前民间丝绸之路早已存在,却无妨张骞代表国家行为的出使作为丝绸之路形成的标志。郑和下西洋也是同样的,是代表中国的国家航海行为,集举国之人力、物力和财力,中国人首次大规模地远航印度洋是史无前例的。因此马欢《纪行诗》中才出现那样的诗句。

今天我们知道,印度洋是世界第三大洋,面积7000多万平方千米,约占世界海洋总面积的1/5,拥有红海、阿拉伯海、亚丁湾、波斯湾、阿曼湾、孟加拉湾、安达曼海等重要边缘海域和海湾。在古代,印度洋贸易紧紧地将亚洲、非洲、欧洲连接在一起。古代世界大致可划分为三大贸易区域:欧洲贸易区、阿拉伯-印度贸易区、东亚贸易区。从地域来看,郑和七下印度洋,每次必到的是印度古里,将东亚贸易区拓展到了阿拉伯-印度贸易区;第三次下西

---

① (明)马欢原著,万明校注:《明钞本〈瀛涯胜览〉校注》,北京:海洋出版社,2005年,第2—3页。

洋期间，郑和船队到达了非洲东部，而从第四次下西洋起直至第七次，他的船队都到达了波斯湾的忽鲁谟斯，因为那里正是与欧洲贸易的交接之处。印度洋是贯通亚洲、非洲和欧洲的交通要道，郑和下西洋的重要意义更在于此。

四、结　语

总而言之，明初郑和出使海外，官私文书均称"下西洋"，但在明初当时人的观念中，"西洋"是有专指的，名"那没黎洋"，也就是今天的印度洋。因此，郑和七下西洋，主要就是七下印度洋。虽然在郑和下西洋后，影响所及，"西洋"已演变为泛称海外的一般名词，但是我们不能忘记，明初下西洋的初衷是通航印度洋，第一位的目的地是印度古里。明乎于此，我们面对的是重新评价郑和下西洋的历史意义。

郑和七下印度洋促使中西陆海丝绸之路在印度洋上全面贯通，明代中国在与印度洋周边各国建立和平友好关系及追求共同商贸利益的目的驱动下，形成了活跃的印度洋贸易网络，掀起了印度洋国际贸易一个繁盛的高潮期，为印度洋文明乃至世界文明做出了重要贡献。始撰于永乐年间下西洋，成书于16世纪的民间航海指南《顺风相送》，记载了晚明中国往印度洋的针路，目的地包括罗里、傍伽喇、古里、忽鲁谟斯、阿丹、祖法儿，以及南巫里洋。①是郑和下西洋的余脉。进一步说，15世纪初中国船队在印度洋长达28年的航海活动，是明代中国的国家航海行为。在马欢等当时当事人的记载中，所到之地，几乎均以"国"名之，当时中国人对印度洋的认知变得比以往任何时候都更为鲜明和准确。郑和七下印度洋，明代中国的海洋大国走势乃至海洋强国形象，在印度洋上留下了深刻印记，奠定了古代中国在世界航海史上的地位，也为区域史走向全球化做出了重要铺垫。至今郑和下西洋传为世界航海盛事，就是明证。

---

① 向达校注：《两种海道针经》，北京：中华书局，1961年，第21、39—41、76—81页。

15 世纪印度洋国际体系的建构

——以明代"下西洋"亲历者记述为线索*

一、引　言

中国古代朝贡体系问题，一直是中外学术界关注的领域，涉及多学科，涵盖历史学、外交学、国际关系学、政治学、人类学、社会学等，成果丰硕。这些研究，对于认识中国古代对外关系特点，洞察外交问题之根源，推动丝绸之路研究进展，贡献很大。但需要注意的是，由于相关研究已形成广泛而深远的惯性思维和话语体系，也影响了此问题的进一步深化。

元朝灭亡后，国际格局发生了重大变化，中外关系经历了崩溃与重建的过程。15 世纪初，明代外交政策出现重大转折——全面导向海洋，中国出现了前所未有的从农耕大国转向海洋大国的强劲走势。自永乐三年（1405 年）至宣德八年（1433 年），郑和率领 2 万多人的船队，七次从南海至印度洋远航，遍及三四十个国家和地区，展开了史无前例的大规模航海外交活动。这是明朝朝贡体系建立的典型事例。由此可以确认，明代中国在印度洋的大规模航海活动，促使印度洋国际体系的生成，并为全球一体化诞生于海上奠定了坚实的基础。

在这里，尤其需要关注跟随下西洋的通事马欢笔下的"那没黎洋"，即今天的印度洋，以及印度洋之整体发现。以往的研究，更多关注的是中国与某个

---

*　本文曾在 2018 年 7 月波恩大学汉语系主办"中华帝国晚期的朝贡体系与统治"工作坊宣读，在此特别
致谢廉亚明（Ralph Kauz）教授。原载《南国学术》2018 年第 4 期。收入本书，有订正。

地区或某些国别的关系，只抓住了"下西洋"的个别层面，没有对郑和下西洋整体历史的轨迹、特点、内在逻辑做全面系统的梳理分析，因而也就无法建立起对郑和远航历史的整体认知，使长时段下的动态考察以及经验与认知的互证分析缺少了一个可靠的历史基点。历史的纵线由时间组成，横线由空间组成，追寻下西洋的印度洋全覆盖航海外交轨迹，理解明朝人的整体海洋观念——对印度洋的整体认知，需要把下西洋的所有链条都连接起来，进行综合性研究，这样才能真实地了解15世纪初明朝航海外交的整体面貌及其对印度洋国际格局建构的影响。因此，本文拟以下西洋者的原始数据即马欢的《瀛涯胜览》为主，结合费信《星槎胜览》、巩珍《西洋番国志》、郑和下西洋所立之碑，以及《西洋朝贡典录》《郑和航海图》等明代文献，重新追寻明代航海外交在印度洋的事迹脉络，考察明代朝贡体系在印度洋区域演绎的内在逻辑，探究15世纪初中国与印度洋各国如何在互动中形成国际体系的历史事实，以期深化对于明代中外关系史乃至全球史的认识。

二、中国古代史无前例的海洋导向：七下印度洋

汉代派遣张骞通西域，名为"凿空"的外交活动，彰显的是官方开辟丝绸之路的意义。明代派遣郑和在印度洋上的航海活动，是中国官方主导的史无前例地走向海洋的外交活动，是古代中国与海外世界最大规模的直接接触，具有前所未有的开拓海域丝绸之路的意义。《瀛涯胜览纪行诗》云：

> 阇婆又往西洋去，三佛齐过临五屿。苏门答剌峙中流，海舶番商经此聚。自此分综往锡兰，柯枝古里连诸番。弱水南滨溜山谷，去路茫茫更险艰。欲投西域遥凝目，但见波光接天绿。舟人矫手混西东，惟指星辰定南北。忽鲁谟厮近海傍，大宛米息通行商。曾闻博望使绝城，如何当代覃恩光。[①]

最后两句说明，明初马欢正是将"下西洋"与张骞开通西域相提并论的。

---

① （明）马欢原著，万明校注：《明钞本〈瀛涯胜览〉校注》，北京：海洋出版社，2005年，第2—3页。

　　明朝建立伊始，为了因应元朝灭亡后的国际关系大变局，明太祖开始了在西洋、东洋、西域三个地区的全方位外交，确立了以"不征"为基点的国策，致力于一种"共享太平之福"的理念，重建一种合法性的国际秩序。这意味着，古代中国的对外关系模式发生了重大转折。与此同时，在和平邦交的基础上，再度启动了联结亚洲、非洲、欧洲之间的陆上和海上的通道。

　　明朝外交模式的转型是导向海洋，标志性事件是郑和七下印度洋。此时已不是听任输诚来贡者的问题，而是积极主动地向海外派出外交使团——"招徕朝贡"。在永乐皇帝的诏书中，作了如下表述：

　　　　今特遣郑和赍敕，普谕朕意：尔等祗顺天道，恪遵朕言，循礼安分，毋得违越，不可欺寡，不可凌弱，庶几共享太平之福。若有竭诚来朝，咸锡皆赏。故此敕谕，悉使闻知。[1]

特别值得注意的是，在跟随郑和下西洋的马欢笔下，中国使团所到之处，无论大小地方，甚至小至山村，皆无一例外地称之为"国"，这无疑是明代国家航海外交行为的明确定位。伴随明朝使团前往印度洋的航海外交，印度洋区域的"国家"概念出现了前所未有的彰显。

（一）马欢笔下的"那没黎洋"——印度洋

　　在亲历者马欢笔下，明朝人所认识的西洋，具体所称是"那没黎洋"。按照地理方位，也即后来被称为印度洋的海域。重新认识"西洋"范围，可以还原 15 世纪初整体印度洋的场景，了解明朝人全覆盖的印度洋航程网络连接。

　　在《瀛涯胜览》中，马欢亲历二十国：占城、爪哇、旧港、暹罗、满剌加、哑鲁、苏门答剌、那孤儿、黎代、南浡里、锡兰、小葛兰、柯枝、古里、溜山、祖法儿、阿丹、榜葛剌、忽鲁谟斯、天方。书中各国的顺序，显然不是按照航线所排列的。《西洋番国志》记载与之同，在此不再重复。

　　费信《星槎胜览》则记载了三十国，其中，前集十四国：占城、宾童龙、暹罗、爪哇、满剌加、苏门答剌、花面、锡兰山、小唄喃、柯枝、古里、忽鲁

---

① 永乐七年三月敕谕"四方海外诸番王及头目人等"，见纪念伟大航海家郑和下西洋 580 周年筹备委员会、中国航海史研究会：《郑和家世资料》，北京：人民交通出版社，1985 年，第 2 页。

谟斯、剌撒、榜葛剌。后集十六国：真腊、彭坑、琉球、麻逸、假里马打、浡泥、苏禄、大唄喃、阿丹、佐法尔、竹步、木骨都束、溜洋、卜剌哇、天方、哑鲁。史学界多认为，后集并非作者亲历。除去与马欢记载重合的国度，值得注意的有东非三国：竹步、木骨都束、卜剌哇。

从郑和亲立之碑可见，使团航海所至达 30 余国之多。例如，《娄东刘家港天妃宫石刻通番事迹记碑》云：

> 永乐初，奉使诸番，今经七次，每统领官兵数万人，海船百余艘，自太仓开洋，由占城国、暹罗国、爪哇国、柯枝国、古里国，抵于西域忽鲁谟斯等三十余国，涉沧溟十万余里。[①]

其中记述的"三十余国"，可补马欢、费信所记。如记录第五次下西洋，永乐十五年（1417 年），"统领舟师往西域，其忽鲁谟斯国进狮子、金钱豹、大西马。阿丹国进麒麟，番名祖剌法，并长角马哈兽。木骨都束国进花福鹿，并狮子。卜剌畦（哇）国进千里骆驼，并驼鸡"。碑文可使人们确认，费信所载之至东非木骨都束国、卜剌哇国，确为使团所达之国。又如，《天妃之神灵应记碑》云：

> 自永乐三年，奉使西洋，迨今七次。所历番国：由占城国、爪哇国、三佛齐国、暹罗国，直逾南天竺、锡兰山国、古里国、柯枝国、抵于西域忽鲁谟斯国、阿丹国、木骨都束国、大小凡三十余国。涉沧溟十万余里。[②]

此碑更强化了所到之处包括东非木骨都束国。

纵观郑和使团的航程，从南海到印度洋，是几乎全覆盖的整体印度洋航海实践，所到达的港口城市可分为东、中、西三部分：东部是从中国南海到达满剌加，再至爪哇、苏门答剌，即印度洋的十字路口。而从南浡里帽山航向"那没黎洋"，到达印度洋中部的古里。从古里延伸的航线，直接到达波斯湾头的

---

① 纪念伟大航海家郑和下西洋 580 周年筹备委员会、中国航海史研究会：《郑和史迹文物选》，北京：人民交通出版社，1985 年，第 54 页。
② 萨士武：《考证郑和下西洋年岁之又一史料——长乐"天妃灵应碑"拓片》，见纪念伟大航海家郑和下西洋 580 周年筹备委员会、中国航海史研究会：《郑和研究资料选编》，北京：人民交通出版社，1985 年，第 103 页。

忽鲁谟斯、阿曼湾的佐法尔、红海口的阿丹、红海的天方国，即到达了印度洋西部。以上只是大致的郑和海上航线，实际航线并非那么固定，而是多向变化，呈现网络状延伸的。

这里还需要注意的是，郑和使团既是外交使团，也是贸易使团，更是考察使团，一身兼具三种使命，航海外交活动连接起来的是一个整体的印度洋。在明朝海洋导向的决策中，整体规划的印度洋航海外交重心，是放在印度西海岸的古里。

（二）第一次航行目的地——古里

古里既是西洋大国，也是西洋诸国的大码头。《瀛涯胜览·古里国》载："古里国乃西洋大国也。……其国边海，出远东有五、七百里，远通坎巴夷国。西临大海，南连柯枝国界，北边相接狠奴儿国地面，西洋大国正此地也。"①《星槎胜览·古里国》云："其国当巨海之要屿，与僧迦密迩。亦西洋诸国之马头也。"②根据福建长乐南山天妃宫《天妃之神灵应记碑》，郑和第一次下西洋的目的地是古里，它"是中世纪印度杰出的港口城市之一，是一个香料和纺织品的国际贸易中心"。正是古里，吸引了郑和航行印度洋时将之作为首先的目的地。郑和下西洋时期，古里是在扎莫林王国统治之下。郑和在古里有册封，有立碑："永乐五年，朝廷命正使太监郑和等，赍诏敕赐其国王诰命银印，及给赐升赏各头目品级冠带。统领大䑸宝船到彼，起建碑亭，立石云：'去中国十万余里，民物咸若，熙皞同风，刻石于兹，永示万世。'"册封国是明朝特别重视的节点国家，由此凸显出来；而册封属于虚封，不具有实际占有领地的实质意义。

（三）古里——从目的地走向中转地

郑和第四次下西洋时，船队又开辟了新的目的地，即从古里航行到忽鲁谟斯，即今伊朗波斯湾口的霍尔木兹岛。此后三次，每次必到忽鲁谟斯。从下西洋的角度来看，无论是古里，还是忽鲁谟斯，都是印度洋的大国，从过去以古

---

① （明）马欢原著，万明校注：《明钞本〈瀛涯胜览〉校注》，北京：海洋出版社，2005 年，第 63 页。
② 《星槎胜览》卷三《古里国》，见（明）陆楫等：《古今说海》说选二十三，成都：巴蜀书社，1988年，第 216 页。

里为目的地到新目的地忽鲁谟斯，意味着下西洋的延伸，是明朝海洋政策在印度洋的一次调整。换言之，忽鲁谟斯可以视为下西洋以古里为中心开拓的新航线。

《瀛涯胜览》《星槎胜览》中明确记载了以古里为始发港的五条航线，它们分别是：古里至忽鲁谟斯国；古里至祖法儿国，即今阿拉伯半岛东南端的阿曼佐法尔；古里至阿丹国，即今阿拉伯半岛也门首都亚丁，是古代西亚宝石、珍珠的集散中心；古里至剌撒国，即也门沙尔韦恩角；古里至天方国，即今沙特阿拉伯的麦加。这五条航线，直达波斯湾、阿拉伯半岛、红海乃至东非，一环扣一环，一种全覆盖式的印度洋航海外交贸易旅程完整地呈现了出来。值得注意的是，这些航海旅程产生的影响，完全不是凭借武力所取得的。

（四）全面了解古里的地位

郑和船队第一次目的地为什么是古里？这是一个以往学术界没有深入探讨但却非常重要的问题。特别是 15 世纪末，达·伽马从欧洲绕好望角到印度，也是首先抵达古里的，这凸显了古里地位非同一般。从中外文献记载看，古里是东西方商品贸易中心，在印度洋沿岸海上贸易中处于中心地位。郑和使团七次必到古里，是因为从古里可以到波斯湾、阿曼湾、红海口、东非，即印度洋东部古里的辐射力可以直达印度洋西部。

在郑和下西洋之前，从元代汪大渊对古里佛的记载来看，当时古里繁荣景象显然还不如柯枝。但是到 15 世纪初，古里超过了以往更加繁华的柯枝和小唄喃。明朝对古里的重视，表现在明朝既封王又立碑，具有朝贡体系最为典型的一面；而根据马欢对当地贸易市场的现场详述，明朝使团在那里参与了当地的公平交易，揭示了这应该也是郑和使团到古里的主要目的之一。

下西洋亲历者记述的南海到印度洋航线与明朝使团的全面外交，呈现了下西洋过程的真相。同时，马欢、费信的记述，是中国人首次全面考察印度洋的综合调查报告，全面系统地介绍了印度洋周边各国地理分布、生态人文环境，包括航线、港口分布，并分析了印度洋沿岸各国的特点，为了解一个整体的印度洋奠定了基础。郑和使团七次远航，根据季风形成了定期的航线，时间长达 28 年。从航线来看，既有直达也有中转，既有固定也有临时。从航程来划分，既有主干航线，也有分支航线。所谓主干航线，是指从南海到印度洋枢纽港口国家、中心港口国家的海上航线。这些国家主要坐落在印度、波斯湾、红海、东非的中枢航线上。所谓分支航线，又称分艅，是连接分流港口国家的海上航线，用小型船舶可以抵达连接的各港口国家。这些是航线上的重要节点。通过远航，在各港口国家之间建立起了稳定的外交与贸易关系；通过航线，连接起了印度洋的海上国际社会网络。

《郑和航海图》表明，郑和船队远航到达印度洋孟加拉湾、阿曼湾、阿拉伯半岛南端的亚丁（阿丹），以及非洲东部，也就是印度洋的西部，最远到达非洲的最南端。根据向达先生的研究，《郑和航海图》所收地名达 500 多个，其中本国地名约占 200 个，外国地名约占 300 个，比汪大渊《岛夷志略》的外国地名多 2 倍，"十五世纪以前，我们记载亚、非两洲的地理图籍，要以这部航海图的内容为最丰富了"①。可以补充的是，这部航海图是 15 世纪西方航海东来以前印度洋最丰富的历史图籍，是对印度洋海洋文明做出的重要贡献。郑和航海外交将印度洋西边、东边、南边的地区全都连接起来，连接了陆海丝绸之路，证明了明朝人对于整个印度洋全覆盖的认知程度。

自古以来，印度洋连接着东西方，古代希腊罗马人首先进入了这片海域；随后穆斯林兴起于 7 世纪，在该海域占据重要地位；一直到郑和远航，印度洋区域各国在政治上认同，贸易上协作，文化上融通，形成了一个奠基于古代朝贡关系形态上的多元政治体结合的国际体系。而西方学者所著的印度洋史，往往是从 14 世纪直接跨越到了 15 世纪末至 16 世纪葡萄牙人东来时的印度洋，这些论述是一种历史的断裂性认知。

三、15 世纪初印度洋国际体系的建构

"体系"泛指相同或相似的事物按照一定秩序和内部联系组合而成的整体，"国际体系"是指由诸多相互作用的国际行为体组合而成的整体。在国际社会中，国际行为主体分为国家与非国家两类，相互影响与作用主要表现为行为体之间的冲突、竞争、合作和依存。国际体系不是随着资本主义在全球的扩

---

① 向达整理：《郑和航海图·整理郑和航海图序言》，北京：中华书局，1961 年，第 5 页。

张才发展起来的，15 世纪初郑和使团在印度洋上的航海外交活动，几乎覆盖了整个印度洋地区，将原本相对隔绝的广阔地域连接起来的下西洋过程，就是使印度洋国际关系体系化的一个过程，推动印度洋空间在元朝之后形成了一个新型国际体系。

（一）印度洋地缘政治：国家权力的整体上扬

国际体系的建构，首先表现在国家权力的整体上扬。郑和远航印度洋，使中外关系得到了极大的扩展，也使印度洋各国的交往盛况空前。《瀛涯胜览》云："敕命正使太监郑和等统领宝船，往西洋诸番开读赏赐。"[①]从南海到印度洋，郑和使团每到一国，首先是开读皇帝诏书，在确定与各国政治上邦交关系之后，随之而来的是一种正常国际政治新秩序的建立和国际贸易合作网络的形成，这为建立区域新型合作国际体系奠定了良好的基础，也推动了多元文明的交流走向繁盛。郑和七下印度洋，包括今天的东北亚、东南亚、中亚、西亚、南亚、东非、欧洲等广袤地区，连成了一个互动的国际共同体。使团不仅起了沟通域外所至之国的重要政治作用，更引发了中外交流高潮的到来。永乐二十一年（1423 年），出现了南淳里、苏门答剌、哑鲁、满剌加等 16 国派遣使节1200 多人到北京朝贡的盛况。在和平外交理念的基础上，明初将中华秩序的理想付诸实践，在印度洋构建起一种"循礼安分，毋得违越，不可欺寡，不可凌弱，庶几共享太平之福"的国际新体系。

之所以说 15 世纪初这一国际体系具有"新"的特征，是因为明初"不征"外交模式的出现，形成了明代外交有别于以往朝代的显著特征，更成为古代中外关系的一个引人注目的拐点。在这一外交模式转折的基础上，才可能出现与中国其他朝代内涵迥然不同的朝贡体系，也才可能导向一种不依靠武力建立的国际和平体系。这在印度洋的航海外交实践中得到了全面体现。

朝贡关系的建立，并非中国独有的现象。"朝贡"是久已形成的东西方交流区域的共同观念，是古代国际关系中认同的符号。一旦作为一种共识被承认，它的实现就成为一种国际原则。以往学术界提及"朝贡"概念只强调以中国为中心的内涵，是不确切的。实际上，各国接受"朝贡"概念是一种"国家

---

① （明）马欢原著，万明校注：《明钞本〈瀛涯胜览〉校注》，北京：海洋出版社，2005 年，第 1 页。

间认同",朝贡关系凸显了印度洋国际关系的共性。

"下西洋"是明廷一个长远的对外政策指向。与此前元朝的大肆扩张征伐不同,也与后来西方探险者掠夺财富、占据领土的做法截然不同,它主要表现为通过"不征"与"共享",把印度洋周边可以联络交往的国家联系起来,实现国际合作和建立国际秩序,共享太平之福,发挥了整合一个国际体系的作用,也可以说是印度洋沿岸各国参与共建了一个印度洋政治文化多元并存的国际体系。

在 15 世纪初的印度洋国际地缘政治平台上,获得大国力量、国际支持成为一些国家兴起的主要因素。以满剌加为例,它扼守马六甲海峡,是位于东西方海上贸易重要的交通路口,而航行于从中国到印度古里的海上商路需要一个中间站,这个中间站就选在了满剌加。根据马欢记述,在 1402 年以前,那里只是一个小渔村,"国无王,止有头目掌管诸事。此地属暹罗所辖,岁输金四十两,否则差人征伐",永乐帝"命正使太监郑和等赍诏敕赐头目双台银印、冠带袍服,建碑封城,遂名满剌加国"。[①]这使其摆脱了暹罗控制,不再给暹罗输贡,成为一个新兴的独立国家;同时,满剌加国王拜里迷苏剌抓住时机,与中国保持尽可能紧密的联系,这个新兴国家同意郑和在其国土上建立官场,存放货物,为郑和船队提供了一个安全的外府,"凡中国宝船到彼,则立排栅,如城垣,设四门更鼓楼,夜则提铃巡警。内又立重栅,如小城,盖造库藏仓厫,一应钱粮顿在其内",使郑和船队可以安全航行到印度、西亚、东非等地。更重要的是,郑和船队的船只分头出发到各国进行贸易,最后在回程都要汇合在满剌加,"打整番货,装载船内,等候南风正顺,于五月中旬开洋回还"。[②]国际贸易的兴盛,促使满剌加在建立后的半个世纪里迅速成为印度洋上最为重要的贸易中心地,成为整个东南亚最好的港口和最大的商业中心。满剌加王国凸显,名满全球的马六甲海峡由此得名。

不仅是满剌加,在 15 世纪初,印度洋周边各国如苏门答剌、忽鲁谟斯、阿丹等国,均为印度洋上的重要节点国家,全面认同明朝"共享太平之福"的外交理念,与明朝合作,以满足国家利益自身需求,有利于内政局面的稳定。

---

① (明)马欢原著,万明校注:《明钞本〈瀛涯胜览〉校注·满剌加国》,北京:海洋出版社,2005 年,第 37 页。

② 冯承钧校注:《瀛涯胜览校注》,上海:商务印书馆,1935 年,第 25 页。

区域国与国之间的合作与对抗，往往影响着各国自身内部社会的治与乱以及区域的国际秩序。明朝对外积极交往与以协和万邦"共享太平之福"为宗旨的国际秩序思想，适应了区域内各国的共同需要，不仅对于印度洋区域国家政权有着促进发展的作用，同时也推动了区域内和平共处为主导的国际发展趋势，实际上起了一种区域整合作用，在印度洋迎来了一个和平与稳定的国际秩序，构建了一个建立在合作共享基础上的新的国际体系。半个多世纪以后，全球化诞生在海上，让人们真正看到了这一印度洋国际体系最深刻的影响力。就此而言，15 世纪初是一个过渡期，东西方从陆向海的交往重心转移，建立起印度洋新的国际体系，是迈向近代历史进程的关键一步。

从整体印度洋的视野来看，15 世纪初，不仅在时间上形成了统一政权国家兴起和发展的趋势，在空间上也开启了融为一个新的国际体系的历史进程。此前，唐代对外交往虽然广阔，但是当时有大食存在，没有在印度洋形成国际体系化的条件；宋代民间对外交往兴盛，不可能形成一种区域整合作用，乃至形成新的国际体系；而在元朝，其是以武威著称的，海外征伐曾造成海上外交惨败的结果。至明代初年，以印度洋作为外交运作空间，是明朝永乐帝做出的新抉择，具有其个人性格特征的烙印，在"不征"的外交模式确定之下，与印度洋各国建立的朝贡关系主要是一种形式上或者称为名义上的朝贡关系，是一种实质上的和平合作共享关系，各国根据自身利益对于明朝使团进行应对与认同，保持国家的独立性，在印度洋时空状态中，形成互动的国际体系，而"不征"与"共享"成为这一新体系权力平衡的基石，可视为印度洋区域各国合作的良好开端。

（二）印度洋地缘经济：资源合作机制的形成

随着印度洋地缘政治重新改组，建立的邦交关系是与通商紧密相连的，由此形成了一个区域国际贸易的规模网络，印度洋新的国际贸易秩序也由此生成。这一时期，国际贸易的主体是各国政府，特征是以官方贸易为主导、由各国上层垄断对外贸易主要商品。国际关系的这种结构，对区域贸易交往关系的拓展也有积极作用。在印度洋贸易区，国际交往圈的空间拓展产生了繁盛的贸易网络。自古以来，"朝贡"一词就包含外交和贸易双重含义，明初延续宋元以来国家管理外贸制度并日益强化，把对外贸易限定在官方形式之下，所谓

"贡舶者,王法之所许,市舶之所司,乃贸易之公也;海商者,王法之所不许,市舶之所不经,乃贸易之私也"①。从而使明初朝贡关系本身相对于历朝来说带有更为浓厚的贸易性质。

印度洋是贯通亚洲、非洲、大洋洲的交通要道。15 世纪初,虽然大洋洲还没有彰显,好望角航线和苏伊士运河也都还没有出现,但明朝大力支持满剌加王国,不惜赠予海船,开通和保护马六甲海峡航线,郑和在红海、波斯湾、阿拉伯海、亚丁湾、阿曼湾、孟加拉湾乃至东非等处与各国进行了频繁的贸易交往。从地域来看,郑和七下印度洋,每次必到的是印度古里,将东亚贸易区拓展到了阿拉伯-印度贸易区。从第四次至第七次的下西洋,则到达了波斯湾的忽鲁谟斯,那里扼波斯湾口,意义更在于是亚欧贸易的交接之处。从波斯湾到阿拉伯半岛,郑和船队抵达了红海的阿丹、剌撒,那里扼守着红海口,连接了非洲东部的摩加迪沙。从这些历史事实看,郑和使团都是以国家名义出现在印度洋沿岸的国际贸易城市,在这种国际交往频繁、空间拓展的背景下,推动了印度洋国家官方之间的贸易发展达到了极盛。

从航海人员来看,在明朝以前,印度洋上的中外贸易主角是商人,并且是以阿拉伯商人执牛耳,来华商人也以阿拉伯人为主。泉州著名的蒲氏在宋元时期一直掌管市舶司事务,就是一个例证。到明朝初年,在"不征"的和平基调之下,以强盛的综合国力为后盾,以海洋政策为导向,形成大规模国家航海外交行为,郑和率领使团七次走向印度洋,推动中国与印度洋国家间关系进入到交往空前的新阶段,也极大地将中国的海外贸易融入了印度洋贸易之中,推动印度洋国际经济贸易规模达到了前所未有的程度。具体说来,明初的朝贡贸易有礼品交换和市场交易两部分。以明朝强盛国力为后盾的下西洋,满载着深受海外各国喜爱的丝绸、瓷器等物品,把印度洋国际交往发展到了一个新高度。凡所到之地,郑和使团首先宣读皇帝诏书,然后把带去的赏赐品(礼物)送给当地的国王或酋长,这种朝贡给赐贸易,相当于中外礼品交换的性质。而随后当地统治者就会命令把本地的珍奇物品都拿来与中国的使团进行交易。因此,在七下西洋过程中进行了大量的贸易活动。马欢、费信、巩珍这些跟随郑和远航的人留下的著作中,均非常详细地记载了他们所到之地进行的公平交易活

---

① (明)王圻撰:《续文献通考》卷 31《市籴考·市舶互市》,北京:现代出版社,1991 年。

动。在这一次次的来往之中，实际上形成了一种国际合作的贸易网络。从整体丝绸之路的视角出发，我们会发现，这一历史时期中外交往的繁盛，为中外物质文化交流创造了良好的条件。

明初外交是全方位的，与周边和海外国家的交往极为活跃，对外贸易也极其繁盛。最重要的是，以举国之人力、物力、财力，在印度洋区域整合为一种政治合作机制的同时，也形成了区域资源整合的局面。印度洋东西方航海贸易活动，从民间商人为主体到官方使团为主体，彰显了丝绸之路的官方整合作用。通过国际交流这个平台，国家权力介入区域合作的历史进程，为各国间官方贸易奠定了有力的基础；同时，中外物质文明的交融也达到了一个历史的新高度。

元朝在政治上结束了，然而在贸易上的影响留了下来。明初一反元朝四出征伐，而是遣使四出交往，遂使国际交往在印度洋区域繁盛地开展起来。中国人大规模地下西洋直接交往贸易，改变了阿拉伯人掌控印度洋海上贸易的状况。明代中国以一负责任的海洋大国形象促使印度洋地区国家权力整体上扬的同时，在与各国"共享太平之福"的理念指导下，维护了海道清宁，人民安业，维护了文明的多样性；而与各国公平交易、互惠互利，则推动了区域国际贸易的活跃发展，促成了一个资源共享合作机制的形成，这是印度洋国际体系的重要内容之一。

15世纪初，印度洋世界市场连接了亚洲、非洲和欧洲，在广度和深度上有重大的拓展，航海交通和造船技术上的进步，促使中国在印度洋范围的联系空前扩展，各国之间的相互依存程度也空前强化。中国与印度洋世界的关系已进入了新的发展阶段，并且地区利益要求呈现出了与以往任何阶段都迥然不同的特点，构建了印度洋新型国际关系。当时已存在一个印度洋国际体系，是一个客观事实。

四、15世纪初印度洋国际体系——解构西方霸权话语

西方霸权话语是国际政治话语体系中最重要的形式之一，在近代表现为殖民主义话语，在当代国际现实中则表现为一种强权政治。海上霸权理论是西方

长期以来的思维定式，采取这种思维的虽然主要是西方学者，但也有一些本土学者深受以西方为中心的现代西方霸权话语体系影响，一直将西方发展模式置于支配西方和中国学术界对历史研究的核心诠释地位，形成了一套国际关系常用范式和惯用话语体系。换言之，历史中的霸权话语，现实中的强权政治，长期支配着人们的思维取向，在某种程度上切割了印度洋历史的整体性。这既是西方中心论研究，也是整个印度洋研究中各种悖论现象发生的关键所在，更是"中国威胁论"滥觞的内在逻辑。

对于郑和下西洋的评价，做出"当中国称霸海上"表述的是西方学者，认为"中国在从日本到非洲广泛的东海岸之间享有霸权"的也是西方学者。美国学者阿布-卢格霍德（Janet L. Abu-Lughod）《欧洲霸权之前：1250—1350 年的世界体系》一书指出，11—13 世纪存在一个亚洲、中东农业帝国与欧洲城市之间联成一体的世界体系。这一世界体系在 13 世纪发展到高峰，在 1350 年以后，由于战争、瘟疫等原因而衰退；并认为，16 世纪初，当新参与者葡萄牙进入印度洋，进行下一个阶段的世界整合的时候，13 世纪世界体系的许多部分已经了无痕迹。从表面上看，该书在 13 世纪与 16 世纪的世界体系之间留有大量空白，忽视了 15 世纪初印度洋国际体系的存在；但在内容上，该书也有突破时间限制的对于郑和的描述："在 14 世纪后期和 15 世纪，中国具备了在印度洋——从它的海岸到波斯湾——建立统治的一切条件"，提出了"但它为何转过身去，撤回舰队，进而留下一个巨大的权力真空呢？"的问题，并指出，"其结果就是，中国人从海上撤退，集中精力重整农业经济基础，恢复国内生产和国内市场……随之，中国也失去了谋求世界霸权的可能"。这无疑是西方霸权理论思维与话语体系的惯性表述。历史是接续的，不存在空白。在她描述中的印度洋世界体系，是一个极为松散的、完全没有整合的"体系"，而 15 世纪初郑和代表明朝的航海外交远航，凸显了邦交的作用和意义。中国与印度洋周边各国密切的交往联系与互动，形成了整合后的印度洋国际体系，是以国家间官方建立的和平邦交模式为主，可视为印度洋区域合作的良好开端。正是各国相互合作共赢的需要，导向不依靠武力胁迫，不恃强凌弱，即以非霸权、非扩张性为特色的印度洋国际体系。

突破西方霸权话语的惯性表达情境，是建立在原始数据基础上的实证研究，这具有方法论意义。追寻明初中外交往的实态，元朝灭亡后，印度洋国际秩序急需重建。明王朝建立之初的外交诏令表明，统治者一方面刻意追寻古贤帝王，成为"天下主"，延续传统的朝贡关系；另一方面，面对国与国之间互动的邦交现实，汲取了元朝扩张失败的教训，在外交观念上从"天下"向"国家"回归，以"不征"作为对外关系的基本国策。"不征"表明，没有领土的扩张，也没有建立宗主国与附属国关系的关键——贡赋的索取，才可能出现截然不同以往帝国征伐模式的朝贡体系。"共享太平之福"的和平外交理念在郑和七下印度洋活动中体现得相当普遍，标志着明代中国外交模式的更新，也代表了中国古代对外关系发展的新取向，促使国家权力在印度洋整体上扬，国际贸易在印度洋发展繁盛。中国与印度洋各国共同建立了印度洋区域合作的国际新体系与新秩序。

在整个印度洋国际体系建构中，郑和下西洋发挥了至关重要的纽带和整合作用，推动了整体印度洋沿岸各国互动，并深刻影响了整个印度洋乃至世界历史发展进程。最重要的是从无序到有序，达成了一种国际共识，形成了一个印度洋国际体系。这一国际体系的主要特征有三：一是国家权力整体上扬，所至印度洋周边 30 多个国家，即国家行为主体都包括在这一国际体系之中。二是国家间相互依存，在体系中的所有行为主体之间都处于直接的相互联系之中；基点建立在不存在领土扩张与实土贡赋的要求，即扩张与掠夺不是国际交往的主题。三是非对称性存在，具有大国与小国的很大差距，但国家之间关系相对平等信任，带来的是国际社会的一定公正性。

重新梳理分析下西洋的原始数据文献，对于正确认识和解读 15 世纪初朝贡体系的历史有启发意义。它鲜明地呈现出两个特点：一是没有领土的占据；二是没有强迫性的贡赋要求。这两点也正是 15 世纪初中国参与建构的印度洋国际体系与之前元朝四出征伐，之后西方海外殖民扩张具有迥然不同的差别之处，不应简单地以传统朝贡制度或体系笼统地归纳和理解。

在印度洋国际体系的形成过程中，有两个因素发挥了关键性作用：一是东西方传统朝贡关系国际惯例的存在。国家是印度洋交往的基本单位，古代国家存在和发展与特定的自然环境体系密不可分，自然资源状况对国家的发展具有决定性意义。在古代长时段的东西方交往发展中，逐渐形成了朝贡的传统。它实际包括两种不同的概念：一种是在武力征服、领土扩张基础上的实际占有和对领地产出的掠夺性索取；另一种是仅作为交往关系形态出现的国际共同观念，形成合法的国际交往标准或惯例。朝贡传统的形成，对印度洋国际社会结构产生了深远影响。二是地理环境对印度洋国际社会经济和文化传统的影响。国家是印度洋区域基本的政治和社会单元，各国的发展不可避免地受其所处印度洋的影响，具体表现就是作为沿岸国家而深受航海外交活动的辐射，进一步密切了海上政治、经济的关系。中国海上外交与贸易，确保了15世纪初印度洋各国在没有发生政治、经济、文化巨变环境下实现了较好的互动生存与共同发展。

分析海上国际体系形成的基本因素，传统朝贡关系的延续和发扬无疑是关键因素。在印度洋国际体系形成的时代，以国家为主体的建构，各国从中获益为多；而各国自主性的认同，无疑具有更重要的作用。

从对下西洋亲历者的资料研究出发，具体观察印度洋航海外交的存在实态，是以相互尊重为基础达成的政治、经济合作，以公平交易为基础达成的国际贸易，以文化共生为基础达成的交流互动。这是15世纪初明代中国朝贡体系模式影响下形成的印度洋国际体系的运作实态。包括今天的东北亚、东南亚、中亚、西亚、南亚、东非乃至绵延欧洲等广袤地方，连成了一个文明互动的共同体，也是命运共同体。明代中国和平共享理念得到了印度洋各国的认同和响应，各国的利益融合在一起，建构了一个印度洋国际体系，在某种意义上可视为印度洋区域一体化的开端。

各国参与推动形成的印度洋国际体系，不是征服与扩张的结果，而是以国家为主体，将印度洋各国连接成一个整体。在活跃的贸易网络中合作共享，成为当时印度洋最有效的政治选择。

五、结　语

聚焦印度洋，从全球视野看郑和下西洋，是古代中国与海外世界最大规模的直接接触的历史事件，标志着明初中国从农耕大国全面走向海洋大国的态势出现，并最终导向了对未来全球化起引领作用。印度洋自古以来就是东西方汇聚的核心之地，15世纪初是印度洋时代，印度洋出现了一个以国家为核心建立的新的国际体系和国际秩序。这一国际体系，是印度洋各国和平交往协调互动的产物。从无政府状态到国际体系的合力打造，表明各国政权合法性的认同，使印度洋的海陆政治多元体整合达到一个历史新阶段，而主导印度洋地区发展繁荣的，正是各国的认同与合作。进一步说，这是人类交往史上的一次结构性调整，已朦胧出现走向近代国家过渡阶段的特征，孕育了全球一体化的海洋发展方向。今天人们仍在经历一个全球化历史进程，和平与发展始终是当今时代的主题，关注多样性经验来更好地理解全球化，全球史从大陆导向海洋的开端，并不是以西方大航海扩张为前奏，而是以15世纪初印度洋新型国际体系建构为开篇的。

文化视域

郑和下西洋资料的新发现

——明内府钞本《奉天命三保下西洋》杂剧及其史料价值*

　　郑和下西洋是明初盛事，这一盛事在有明一代广为流传。对此，学者经常引用的是钱曾《读书敏求记》所云："盖三保下西洋，委巷流传甚广，内府之剧戏，看场之平话，子虚亡是，皆俗语流为丹青耳。"这里传递给我们的信息是，明朝内府上演的戏剧有以郑和下西洋为题材的。那么，除了罗懋登《三宝太监西洋记通俗演义》这部著名的小说以外，还可能有下西洋的明代剧本传世。可惜的是，小说脍炙人口，而"内府之剧戏"却似隐去一般，沉寂了几百年。直到近日，承陈高华先生美意以示刘铭恕先生文①，笔者才知虽刘先生也未得见却披露了剧本确实存世的线索。循其线索笔者得见此剧本真有所谓"众里寻他千百度，蓦然回首，那人却在灯火阑珊处"之感。虽然戏剧界早知道此剧，但是从郑和研究的角度来看，这是一个新发现。笔者有关论述的全文即将发表，这里先作一梗概性介绍，以飨读者。

一、不同寻常的流传

　　《奉天命三保下西洋》杂剧钞本（以下简称《下西洋》），原来收入在明人

赵琦美辑《脉望馆钞校本古今杂剧》之中。①脉望馆是赵琦美的藏书之室。赵琦美，原名开美，字玄度，别号清常道人，生于嘉靖四十二年（1563 年），卒于天启四年（1624 年）。其父赵用贤，为官刚直不阿，万历初因疏论张居正夺情杖戍，后起官，终吏部侍郎，赠尚书，谥文毅。琦美以父荫，历官刑部贵州司郎中。钱谦益为之作《墓表》，说他"博闻强记"，"损衣削食"，"欲网罗古今载籍，甲乙铨次，以待后之学者"。由他钞校的《古今杂剧》，共收入元明杂剧 242 种，有钞本，也有刻本。钞本 173 种，其中的"内本"，也就是内府钞本 92 种，《下西洋》即其中之一。

难得的是，《古今杂剧》这部珍贵的元明戏剧集，是在抗日战争烽火连天的岁月里，由郑振铎先生苦心寻访搜购而得。当年，他得到此书传世讯息时，曾经"喜而不寐者数日"，在颇经一番周折之后，"国宝"才终于成为国家所有。对于这件事，郑先生念念不忘，曾说："我在劫中所见、所得书，实实在在应该以这部古今杂剧为最重要，且也是我得书的最高峰。想想看，一时而得到了二百多种从未见到过的元明二代的杂剧，这不该说是一种'发现'么？肯定地，是极重要的一个'发现'。"（《西谛书话》）他甚至将其提到了如此高度："这发见，在近五十年来，其重要，恐怕是仅次于敦煌石室与西陲的汉简的出世的。"（《脉望馆钞校本古今杂剧·跋》）

现在，就在这样一部戏剧宝库中，我们见到了《下西洋》。剧本后有赵氏所写"万历四十三年乙卯八月初二日校内清常道人记"。对作为"本朝故事"的这一作品，虽然郑先生以为"似乎可以写得活泼些"，《西洋记》"还比这有生气些"，但是，今天我们能够见到这一明代内府钞本，有感于它饱含着老一辈著名学者炽热爱国之忧的动人传世故事，其欣喜可想而知；更重要的，是它本身具有的珍贵史料价值，正应了郑先生所言《古今杂剧》242 种"几乎每种都是可惊奇的发现"之语。

二、《奉天命三保下西洋》杂剧梗概

明初宫廷剧盛行，《下西洋》剧本产生时间虽晚一些，却是内府编排在宫

---

① 佚名：《奉天命三保下西洋》，见（明）赵琦美辑：《脉望馆钞校本古今杂剧》，《古本戏曲丛刊四集》，北京：商务印书馆，1958 年。

中上演的本朝故事。剧中人物宾白充满了对皇上和王朝歌功颂德之辞，几乎每一角色上场都有一些类似的套话。比如殿头官一上场的宾白，就很典型："方今圣人在位，圣智神聪，敬天爱民，豁达大度，摄伏四夷，来宾八方进贡，臣宰贤良，文修武备，真乃是君王圣德赛汤尧，文武忠诚过伊吕。万民乐业，五谷丰登，天下太平，万方朝献。"这里充分表现出一种宫廷文化景象。

此剧一共四折。头折安排在宫廷保举任命，先以殿头官来牵出头绪。这一殿头官的职掌，应该说是与鸿胪寺官员相同，职掌朝仪、礼宾和官员引见之事。其后出场的几名文官武将，全部用的是真人真名。按照出场次序，先上场的是武臣，有：定国公徐景昌，他是明朝开国功臣中山王徐达次子徐增寿之子，袭封定国公；思恩侯房宽，洪武时练兵北平，后移守大宁，降燕王，以功封思恩侯；宁阳伯陈懋，陈亨少子，以战功于永乐初封宁阳伯。武将之后，剧中安排时称"蹇""夏"的蹇义和夏原吉两位永乐朝颇负盛名的文臣上场。蹇义官吏部尚书，夏原吉官户部尚书。

第二折开场在西洋古里国，紧接着是郑和等在天妃宫祭祀，编排有郑和梦中见天妃一段戏。第三折在西洋国。第四折场景安排在驿亭，回朝受赏。

特别应该提到的是，《古今杂剧》中内府本特征是每剧之末附有"穿关"。"穿关"就是戏中人物穿戴衣服、鞋帽的式样等，是研究明代戏剧舞台装扮极为珍贵的资料。

三、史料价值浅析

从宋代以滑稽调笑为特点的表演，到元代发展成戏曲，杂剧达到了它的鼎盛时期。元杂剧每本多为四折，每折由同宫调同韵的北曲套曲和宾白组成。明初继承元代北曲杂剧，大多用来表现歌舞升平，盛大祥和的气象。《下西洋》属于北杂剧，是一部宫廷剧，是用于庆典庆宴时供奉用的戏剧，内容上具有浓厚的盛世时代气息。以往一般学者以为，这种类型的杂剧主要是歌功颂德，没有多少意义。然而，如果我们从另一方面来看，它是一种历史存在，反映的是明朝现实，就此而言，它是时代的镜子，可以清楚地告诉我们明朝上层是如何看待下西洋的，同时，使我们从一个独特视角观察到明朝下西洋产生的真实场景。

为什么要下西洋？这是一个迄今为止中外研究者长期以来争议不休的问题，至少可以归纳出近十种原因。在剧中，答案既简单又明确："和番"和"取宝"。二者在剧中交替反复出现，构成了叙事的鲜明特征。"和番"按今天的话说，就是和平外交。更进一步，通过剧中郑和之口，直截了当地唱出"又不索动刀枪"之词，将明朝不采取军事行动的对外和平理念表述得淋漓尽致。

此剧作者不详，可能是内府钟鼓司乐人所作。此剧出现时间至少是在景泰以后，这可以从剧末加官赏赐部分看出来，宁阳伯加官掌管团营，而团营是在英宗"土木之变"以后，始建于景泰初年。时兵部尚书于谦改革京营，选出精锐团练，才出现团营之称。英宗复辟后，天顺年间罢团营，宪宗年间复设。这本杂剧的编排上演，只能在景泰以后，甚至可能是在成化以后。

剧中以本朝故事加上艺术创作而成。在杂剧类型上属于故事剧与神仙剧的结合。虽也不乏神话中的人物，但还是以真实色彩浓厚的本朝故事为主，突出表现了三保忠心报君王，得到天妃保佑，并以智谋而不是通过武力取宝归来。

此剧编排郑和是在朝中文官武将保举之下下西洋的。当年是否如此，史料阙如，我们已不得而知。郑和的"三保"一名，到明后期万历初年，世人已不晓来历。史学界至今争议纷纭。剧中郑和上场云"小官姓郑名和，又名三保是也"，明确说明"三保"（不是"三宝"），是他的名字，与尊称无关；郑和是宫中人，宫廷剧中应不致随意编排名字，以此也可否定郑和小名三保或以佛家三宝为名之说。

此剧为内府剧，原是在宫廷里上演，它收入脉望馆，说明已从宫中流传出来。明后期宫中除了上演杂剧以外，据刘若愚《酌中志》记载，内府钟鼓司还演出木傀儡戏《三宝太监下西洋》。

戏剧在社会上流传于街谈巷语中的郑和传说，都是小说的最好材料。通过戏剧、小说和街谈巷语，郑和事迹仿佛一再复生般地在宫廷和民间存活着。应该说，福建长乐显应宫"巡海大臣（神）"郑和塑像群就诞生在这样的土壤中。剧后"穿关"中郑和的"蟒衣曳撒"和剧中"三保赐蟒衣玉带"，可为显应宫"巡海大臣（神）"主塑像就是郑和增添一个例证。

明代郑和的塑像

——福建长乐显应宫出土彩塑再探*

　　福建长乐漳港镇仙岐村有一座显应宫（又称大王宫），于清光绪年间因海啸被沙埋于地下，直至 1992 年福州修建长乐国际机场才偶然出土。这座地宫中共有 5 个神台，供奉有大王和夫人、临水夫人、马将军、天妃，以及巡海大臣（神）5 组神像，计有 40 多尊彩泥塑像。其中，位于前殿右侧神台上的，是根据民间传说称为"巡海大臣（神）"的一组彩塑，共 10 尊，与前殿左侧的天妃彩塑组群置于完全平行地位，颇为引人注目。①根据文献记载，早在万历后期国外就已有庙宇奉祀郑和，至今在东南亚一些国家尚有三保庙，供奉的三保大人（公）就是郑和，但是，在国内却一直没有发现过。如果显应宫中的"巡海大臣（神）"是郑和，那么它将是在中国的首次发现，无疑具有相当重要的学术价值。本文拟在原基础上再对这组塑像作些探讨，不当之处，尚祈方家教正。

＊　原载《故宫博物院院刊》2005 年第 3 期。收入本书，有订正。
①　尽管这组塑像自 1992 年出土以来，就有是郑和一说，但一直没有研究确认，也没有研究者阐述它产生的历史年代和背景。显应宫出土 10 周年之际，尚只有猜想，缺乏依据说明祀奉的是郑和，参见长乐市漳港显应宫管委会 2002 年编《神奇的显应宫》。2003 年初，笔者接受邀请参加显应宫塑像研讨会，从明朝衣冠制度的角度出发，主要依据 5 种历史文献记载，经过初步考察，发表个人的看法，认为右侧神台主塑像就是郑和。见万明：《国内首次发现郑和彩塑组群》，《中国社会科学院院报》2003 年 3 月 4 日，《文摘报》2003 年 3 月 9 日转载；万明：《显应宫"巡海大臣"为郑和考》，《中国社会科学院院报》2003 年 6 月 5 日，第 3 版。

一、发现和研究

　　显应宫，1992 年由福建省博物馆考古部与福州市文物考古队联合发掘，以二者具名的《长乐漳港大王宫遗址清理简报》（以下简称《简报》）于 1994 年发表，该文由文物考古队队长林果执笔。①关于遗址的基本情况，《简报》主要是这样表述的：

　　　　该遗址为南北走向，长 26.4 米，宽 13.2 米。南墙基本上还部分保留，大门框部分尚高 2.41 米，有侧角。门宽 1.7 米，门两边的墙上各有一扇窗，宽约 1 米，残高约 1—1.2 米。门及窗周围砌以方整石，其他为夯土墙。地面为夯土厚约 13 公分，夯土之下仍是沙子，在天井的边缘处铺有一至二条略为加工的条石。五个放置塑像的台子均用条石铺就，呈台阶状。建筑石柱基本保留于原位，石础之下有方形柱顶石，长宽约 80 公分，柱础为鼓形，直径在 33 公分左右，高约 18 公分。在后座放置塑像的台前地面土色界限分明。南边是经常踩踏的路土。线内以北是黄沙土色，两种土质地相同。这里当时可能有一木质的拜台，使地面保持原先的土色。

　　　　根据平面上所显示的情况，该遗址为一个两进的庙宇，四周围土墙包围。前后进均为四扇三开间式，进深五柱。硬山顶，一进入大门便是前座，其次间是放置塑像的龛位。由明间进入第二进，第二进的两边是披榭，北边登上一级台阶即是主座，主座为硬山顶，四扇三开间，抬梁式建筑。

　　关于出土的泥塑像，《简报》记录共 44 尊，并分别详细给以记录。我们关注的前殿右侧神台上的主塑像，《简报》中列为 No.25，表述如下：

　　　　男性坐像，高 100 公分，从造型、装饰、体量位置上看，这尊像应是这组的主体雕像。身穿大襟宽袖袍，左手放膝上，右手扶在玉带，衣袖的皱纹很流畅，衣上胸、腹、袖等处贴金。

---

①　福建省博物馆考古部、福州市文物考古工作队：《长乐漳港大王宫遗址清理简报》，《福建文博》1994 年第 2 期。

《简报》最后小结说：

> 关于这批泥塑作品的年代，从地面遗迹现象看，目前地面上存在着两套柱础，一套是明代的，一套是清代的。明代的柱础废置不用，清代的柱础比较明显地表现出遗址的平面情况，可以认为该宫至少始建于明代，清代又在此基础重建而成的。泥塑的年代也应可能有两个时代的作品。

《简报》中还指出，罗哲文、温玉成两位先生对这批出土泥塑有很高评价，认为绝大多数应该是明代的作品，少量可能属于元代或清代的产物，他们的看法与建筑平面上反映的结论是大致相同的。

至此，我们了解到对于显应宫遗址和塑像，应该说是已经有了相当的研究成果。但是尚有不足，最主要的问题就是前殿右侧神台上的塑像究竟是何许人也。

二、"巡海大臣（神）"塑像为何许人

神像是宫观中的主体。人们祭祀祖宗、神灵以求庇护，祭祀帝王、先贤、忠烈以表达崇敬。作为塑像的造型，不仅反映艺术风格，更重要的是表现人物具有特色的生涯。从显应宫来看，供奉有五组神像。正殿居中的是大王和夫人。福建风俗每一村落大都奉祀特定的神祇，作为本境保护神，俗称大王，或者境主、社公。显应宫中的大王，即属此种神主。大王左右分别供奉的是临水夫人和马将军。临水夫人，俗名陈靖姑，福州下渡人，唐朝时人，后被尊为保胎救产，扶助妇女、儿童的女神；马将军是福建福清地方供奉的神灵。前殿左右侧供奉着天妃和根据民间传说定名的巡海大臣（神）。天妃也就是妈祖，原名林默，又称林默娘，莆田县湄州屿人，宋朝时人，后被尊为海神。从显应宫塑像的整体来看，体现了福建历史上真人成神的造神特征，即供奉的神灵大多在生前已在民间被视为超人，受到崇拜，死后被造成神灵，而且几乎都有来历，身份明白，并有记载其为受到福建其他地方民间供奉崇拜的神灵。[1]但唯

---

① 关于福建民间信仰的研究，详见林国平、彭文字《福建民间信仰》（福州：福建人民出版社，1993年）一书，书中对显应宫供奉的几种神像，除了"巡海大臣（神）"外，都有所记述。

独前殿右侧所谓"巡海大臣（神）"一组不见于他处，仅有传说名称，而传说的名称是后来人给的，并非塑像本身所具的文字说明，科学地说是不能为准的，因此其身份是一个谜，有待研究确定。

虽然几组塑像不一定完成于同一时期，前殿的塑像有可能是增塑的，但从左右并列看，右侧塑像与左侧的天妃应是同时出现的。这组塑像之所以值得引起注意，主要就是因为它实际上是一组无名塑像。

确切地说，要了解"巡海大臣（神）"一组彩塑到底是何方神明，关键是对为首的塑像进行考定。这组彩塑居中为一男性，高100厘米，呈坐姿，显然是这组神像中的主体塑像。塑像面如满月，表情慈善祥和，坐姿优雅端庄，身穿红色圆领袍服，胸前、两袖均有贴金纹饰，双手扶在腰间所束带上，脚下是一双皂色靴子（图1）。那么，这尊主体塑像是否为郑和？由于塑像出土时没有文字记录，为了避免先入为主，我们仅从塑像的形象入手进行探讨。

图1　明代郑和塑像
（1992年福建长乐显应宫出土，笔者提供）

服饰可以说明塑像的身份地位。在历史上，衣冠服饰占有特殊的地位，具有鲜明的时代特色。明朝继元朝之后是一个全面复兴传统文化的朝代，明太祖对衣冠服饰格外重视，制定了一整套颇具特征的明朝冠服制度。建国伊始，明朝对全国官民衣冠服饰的形制、质地和颜色、纹饰都作了严格规定。[①]我们首先认定塑像所着衣冠具有明显的时代特征，是明朝官服，从而确定了塑像应是明朝时人。继而观察，塑像的官服不是一般官员所服用的，而是高级官员才能服用的。明朝百官，不论官职高低，常服均是头戴乌纱帽，身穿圆领衫，腰间束带，只是规定常服以不同的补子和腰带区别品级。塑像身穿红色圆领袍服，红色是明朝规定的高官特有的服色，而胸前、两袖均有贴金纹饰，不是一般的官员常服；仔细观察，袍服

---

① 《明太祖实录》卷3，"洪武元年二月壬子"条，台北："中央研究院"历史语言研究所校印本，1962年（以下实录类均采用此版本，不再一一标注）。

上贴金纹饰有似龙纹，而官员是不可能着龙衣的，那是皇帝的特权，所以可以确定衣上的纹饰只能是类龙的蟒纹，也就是说塑像身着的是蟒袍。明朝有赐服制度，是皇上给予的特恩，主要就是赐以蟒衣。蟒纹形类龙纹，极为贵重，须赏赐才能服用。由此，塑像的服饰告诉我们，他们不仅是明代人物，而且是一个特殊群体，为首者不同于宫中其他塑像，不是一般的神像，是非比寻常的明朝高级官员。于是，进一步在明朝可以衣蟒的官员范围中寻找塑像的身份。

查《明史·舆服志》，有如下记载：

> 按大政记，永乐以后，宦官在帝左右，必蟒服，制如曳撒，绣蟒于左右，系以鸾带，此燕闲之服也。次则飞鱼，惟入侍用之。贵而用事者，赐蟒，文武一品官所不易得也。单蟒面皆斜向，坐蟒则面正向，尤贵。①

明朝太监刘若愚所撰《酌中志》中专门记载了太监服饰："圆领衬摆，与外廷同。各按品级，凡司礼监掌印、秉笔及乾清宫管事之耆旧有劳者，皆得赐座蟒补。"②刘若愚于万历二十九年（1601年）入宫，是晚明时人。说明蟒服在当时也是一种特赐。《金瓶梅》是世情小说，将世间万象"不徒肖其貌，且并其神传之"。《金瓶梅词话》第七十回记西门庆结识端妃马娘娘宫中的何太监，这位何太监新得到了皇帝赏赐的蟒衣玉带，他的装束是："身穿大红蟒衣，头戴三山帽，脚下粉底皂靴。"③亦可以作为明朝太监装束的一个证明。

值得注意的是，即使到了明后期，明初制定的等级森严的衣冠制度已经发生了解纽状况，衣蟒的人群仍是有限的。万历时人沈德符曾总结当时"天下服饰，僭拟无等者有三种"，一是"勋戚"，提到主要是"皆衣鳞服，系金带"。二是内官，称"在京内臣稍家温者，辄服似蟒、似斗牛之衣，名为草兽，金碧晃目，扬鞭长安道上，无人敢问"；甚至王府承奉之人"会奉旨赐飞鱼者不必言，他即未赐者，亦被蟒腰玉，与抚按藩臬往还宴会，恬不为怪也"。④三是"妇人"，这已不在我们的考察之列。至此，我们了解到塑像身着蟒服，而明朝身着蟒服的人群集中在内官上。此外，我们还知道即使到了明末，大臣中能够

---

① 《明史》卷67《舆服三·内使冠服》，北京：中华书局，1974年。
② （明）刘若愚：《酌中志》卷19《内臣服佩纪略》，北京：北京古籍出版社，1994年。
③ 兰陵笑笑生：《金瓶梅词话》，戴鸿森校点，北京：人民文学出版社，1985年。
④ （明）沈德符：《万历野获编》（上册）卷五《服色之僭》，北京：中华书局，1959年。

得赐蟒服的，仍是有较卓著功绩的高级官员。如明末官拜兵部尚书兼东阁大学士的孙承宗，亲自督师山海关外抵御后金，朝廷"赐承宗蟒服、白金慰劳之"，就是一例。[①]

回过头来，追寻有明一代历史，衣蟒之人而又与长乐有渊源关系的唯有郑和，以官品和功绩而言，无出其右者。无论是当时下西洋，还是后来的封舟使臣，我们都找不到可与郑和身份地位相比、更高级别的能够"衣蟒"的明朝高级官员。于是，需要了解郑和的形象，特别是他的衣着。罗懋登《三宝太监西洋记通俗演义》（以下简称《西洋记》）这部小说的重要学术价值早已为学界前辈向达、赵景深等先生的研究所肯定。[②]《西洋记》作于万历年间，今天所见当时刻本全名《新刻全像三宝太监西洋记通俗演义》，每回有图 2 幅。[③]其中不仅有关于郑和形象的记述，珍贵的是还配有图像。其书第四十六回《元帅亲进女儿国　南军误饮子母水》，用文字详细描绘了郑和的装扮形象："头上戴一顶嵌金三山帽，身上穿一领簇新蟒龙袍，腰里系一条玲珑白玉带，脚下穿一双文武皂朝靴。"将同书第二十一回《软水洋换将硬水　吸铁岭借下天兵》的所绘插图与上述记载相对照，我们可得到一个完整的郑和形象。那么，再将《西洋记》中的记载、图像与显应宫的塑像比照，基本上可以说是吻合的。换言之，显应宫塑像的整体衣冠系明内官所服，也就意味着显应宫塑像的形象就是明朝郑和的形象。

让我们先看塑像头上所戴帽子，上述所谓的三山帽，是明朝中官所戴的一种官帽，它不同于一般中官帽，帽后没有二条方带，是以漆纱制成，圆顶，在帽后高出一片山墙，中间凸，两边略削，呈现三山之势，故名三山帽。成书于万历年间的王圻、王思义编集《三才图会》中绘有三山帽图，下面文字记载："一名二郎帽，皆出自闾巷相传，不知其制所始。"可见作者对此帽来源已不很熟悉。[④]塑像的官帽造型虽然在上顶有些平，但是确实可看出是贴了金的。再看塑像身着的衣服，"衣上胸、腹、袖等处贴金"，现在仍可看出明显是织金蟒纹饰，也就是身穿蟒袍。根据上面引文记载，永乐年间的亲信宦官都是衣蟒服。那么深得永乐皇帝宠信的郑和，身着蟒袍可确认无疑。

对此，我们还有一条重要证据，即明宫中上演的郑和下西洋戏剧中郑和的衣着形象。除了罗懋登《三宝太监西洋记通俗演义》这部著名的小说以外，在明朝内府上演的剧目中，有以郑和下西洋为题材的戏剧。最近笔者获见明朝内府钞本《奉天命三保下西洋》杂剧（以下简称《下西洋》杂剧），它被收入明赵琦美辑《脉望馆钞校本古今杂剧》之中。① 《脉望馆钞校本古今杂剧》共有242 种，有钞本，也有刻本。钞本 173 种，其中"内本"，也就是明朝内府钞本 92种，《下西洋》杂剧即其中之一。值得注意的是在《下西洋》剧后所附"穿关"，也就是剧中人的装扮，其中说明了郑和的衣饰。郑和自第二折起就是身穿"蟒衣曳撒"，而剧中第四折中更有"三保赐蟒衣玉带"，剧中显示由于郑和的海上功绩而得到皇上特赐的蟒衣和玉带。这为显应宫塑像就是郑和又增添了一个例证。

实际上，这种蟒袍并不是什么蟒龙袍，蟒是无角的，只是看起来像龙而已，而龙纹是只有皇帝才可以服用的。至于蟒袍的颜色，是以红色为贵，而黄色则是皇帝专用的颜色。余下的还有塑像的腰带，也可以认为是一条白色玉带，明初规定，只有公、侯、驸马、伯和一品官员才可以佩带玉带，以显示品级地位的尊贵。最后，明朝官员一般脚蹬皂色朝靴，而塑像也正着一双皂靴。

此外，我们强调这一主塑像的衣饰与众不同，还可以与显应宫位于后殿中位的大王塑像相比较。虽然大王塑像是宫主，塑像的比例要大些，身上也满是金饰，富丽华贵。但是，大王身上的装饰见有红绿相间，显然不能以明朝官服来说明。再从同组彩塑的其他塑像组成来看，这组彩塑的其他几个塑像，大都可以说是身着明朝官服，头戴纱帽，是内官形象，有的手中还捧有类似诏书样的东西，也就是说基本上与主塑像是相一致，配套成型的。② 另外，主体塑像身旁一站立的男性塑像有些特别，呈立姿，面部具有高鼻深眼的特征，所着衣冠也与众不同，类似"胡衣胡帽"，可以认为是来自西域，或为"番人"。他的

① （明）赵琦美辑：《脉望馆钞校本古今杂剧》，《古本戏曲丛刊四集》，北京：商务印书馆，1958 年。最早提出此线索的是刘铭恕先生《郑和航海事迹之再探》一文，见金陵大学中国文化研究所、齐鲁大学国学研究所、华西大学中国文化研究所编：《中国文化汇刊》第 3 卷，1943 年。由于当时此书尚在整理中，故刘先生未得见。此文承陈高华先生美意为笔者找到，才得以寻踪得见此剧，谨此深表感谢。
② 在显应宫此组塑像中，有 3 个塑像形制略小，衣着也有所不同，似有可能摆放有误。

身份可以考虑是翻译或者向导一类，而这一类人物是郑和下西洋中不可或缺的。因此，同组塑像，特别是这一立像可作为主座像是郑和的一个旁证。

最后，让我们从"巡海大臣（神）"的名称来解读。从这一名称说明塑像被赋予了巡守海上、维护和平与秩序的使命。既然当地人称这组塑像为"巡海大臣（神）"，那么，我们可以分析一下什么人才可能获得这一称号。一般的封舟使臣应该不会有身穿蟒袍的尊贵地位，也不具备或难以承担"巡海"的职能，以"巡海大臣（神）"这样的身份地位出现在民间信仰中，最符合这一称号的神灵原型非郑和莫属。我们知道，郑和七下西洋远航持续近30年，开通了海路，剿灭了海盗，使"海道清宁"，百姓安业，他给海上带来了和平与秩序。马江易名太平港，就是证明。①就此意义而言，沿海民间百姓在心理和感情上认定郑和下西洋有"巡海"的作用是完全可以理解的。郑和的巡航，也就是航海保护神作用在这一名称上得到了凸显。至于长乐人民对于海上和平的特殊期盼，下面还将专门谈到。

需要说明的是，塑像是否是郑和的问题曾有地方专家提出了质疑，论据主要有两点：一是塑像下颌有胡须孔，因此断定塑像本身有胡须，而太监是不可能有胡须的；二是福建民间有与巡海大臣对应的巡山大臣。如果简要回答的话：这里是神化的郑和，是人们在造神过程中的创造，民间造神常会超出常人的想象之外，不应以此就否认塑像是郑和。鉴于海外供奉的郑和塑像，形象各式各样，如果我们大胆推测，也许正是因为避讳明后期太监名声不好，所以人们才特地给郑和塑像加上了胡须，对神化的塑像进行了再创作。当然这只是一种推测。至于"巡海大臣（神）"名称，只是民间传说，以上论证将"巡海大臣（神）"名称解读置于最后，就是考虑到考察主要从塑像本身出发，避免以名称为重要线索先入为主与郑和直接联系，产生附会。

三、塑像的由来

考察塑像的由来，首先是时间问题。《长乐县志》记载显应宫始建于南宋

---

① 弘治《长乐县志·山川志》，全国图书馆文献缩微复制中心影印。

绍兴八年（1138年）①，根据考古报告，发掘时从地面遗迹看，存在两套柱础，一为明代的，一为清代的。而宫中所奉神像，造神没有晚于明代的人物，而塑像大多是在明代产生，罗哲文先生已经认定。具体说来，郑和塑像很可能是在万历后期里巷传说的基础上形成的。

郑和事迹在明朝后期广为流传。钱曾说："盖三保下西洋，委巷流传甚广，内府之剧戏，看场之平话，子虚亡是，皆俗语流为丹青耳。"②罗懋登《西洋记》成书于万历二十五年（1597年），"特颇有里巷传说"，是在当时汇集了里巷传说基础上成书的，而塑像也应是在传说的基础上最终完成了神化的过程，很可能与小说同时，抑或在小说创作以后出现，是万历后期的作品。根据万历四十五年（1617年）刊刻的《东西洋考》记载，暹罗当时已有祭祀郑和的三宝庙③，因此，国内长乐显应宫与此同时供奉郑和塑像，则是完全有可能的。

在民间造像过程中，最有借鉴意义的莫过于流传在民间的小说和戏剧了。从民间造神过程和神灵造型来看，民间宫观所祀的神像大都来自里巷传说或者小说、戏剧中的形象，比如关帝庙中的关羽塑像就是根据《三国演义》中描绘的形象造型的，是一个典型例子。显应宫塑像的造型也不例外，应该也是依据这一途径塑造的。《奉天命三保下西洋》剧本所提供的郑和装扮信息，说明郑和的装扮在明后期很可能已形成特点或者说程式，民间塑像的衣饰就来源于戏剧、小说中的装扮。

塑像为万历后期时间段的提出，还有一旁证。郑氏是当地大族，以所见仙岐《郑氏家谱》来看，主要修成于万历六年（1578年）以前④，其中完全没有提及这座宫观，似可说明万历前期这座宫观还不存在，或者尚没有我们所见的增塑规模，反证万历后期出现的可能性大。

这里还有一个问题应该考虑到，一个具有国家正使身份的内官，成为明后期长乐本土的神灵，为民众所接受，反映了晚明民间信仰中的国家意识，是一

---

① 李驹主纂：民国《长乐县志》（上）卷七《名胜志》，长乐县地方志编纂委员会整理，福州：福建人民出版社，1994年。

② （清）钱曾撰：《读书敏求记》卷二《别志》，丁瑜点校，北京：书目文献出版社，1984年，第66页。

③ （明）张燮：《东西洋考》卷2《西洋列国考·暹罗六坤》，谢方点校，北京：中华书局，1981年。

④ 承显应宫管委会郑依德先生以家藏《郑氏家谱》复印件见赠，谨在此深致谢意。

种民间记忆的重塑。然而万历后期，正值万历帝派遣矿监税使四出，内官肆虐各地，声名狼藉之时，此时为什么会有郑和塑像产生？因此，还需要考察塑像的地域特征。

众所周知，福建长乐是郑和七次下西洋的开洋之地，即他迈出国门第一步的地方，也是郑和在近 30 年中频繁来往之地，庞大舟师"屡驻于斯，伺风开洋"，下西洋与长乐有着极为密切的关系，郑和对长乐具有重要影响是不言而喻的。郑和在长乐民间，应该说有着非比寻常的丰厚土壤。在长乐，至今不仅有郑和当年亲自树立、保存完好的《天妃灵应之记碑》，而且有郑和参与重修的南山三峰塔寺，以及在郑和下西洋影响下形成的"十洋街"等遗迹。长期在当地民间流传的地名"三宝岩"，是长乐民间对郑和永久纪念的典型事例。隆庆六年（1572 年），知县蒋以忠以宋代大儒朱熹曾在长乐龙峰以西寓居，其岩"里人辄唤三宝岩"，以为不宜尊崇"一内侍"，亟命易名为"晦翁岩"。但是，此后民间却仍称"三宝岩"，相延不改，至晚清，邑人郑勋还有《游三宝岩记》①，足见郑和在长乐深入民心的程度。

更重要的是"长乐之田，滨海者半"，显应宫所在的仙岐，滨海生态环境使当地居民与海洋结下不解之缘。而塑像出现于明后期，正是海防最重的时期。翻检《明实录》，嘉靖、万历年间发生的一连串战事记录，使我们对倭寇侵扰长乐有了深刻印象。自嘉靖三十七年（1558 年）有"福、兴、泉、漳四府及长乐、古田等县被倭"的记载，以后这类记载连年都有，至四十二年（1563年），更有戚继光、俞大猷等抗倭名将在长乐一带重创倭寇的记录。然而此后的记载说明，漳港仙岐在万历后期也仍处于海防前沿。万历三十七年（1609年）五月，"有倭船飘入闽洋小埕者，舟师追至漳港及仙崎"，根据福建巡抚徐学聚所奏，"获夷众二七人"②，其中有日本人、朝鲜人、吕宋人，还有所谓"西番"人，可能是葡萄牙人，也很可能是荷兰人。罗懋登有感于当时抗倭形势而作《西洋记》，无独有偶，至今我们在距离显应宫不远处还可见到当年防御倭寇所筑的城门，将这两点联系起来，明显的事实是明后期"倭患"严重，恶劣的海上环境促使人们纪念和崇拜与海洋相关的神祇，长乐人民对于海上安

① 明知县蒋以忠《晦翁岩记》、邑人郑勋《游三宝岩记》。参见李驹主纂：民国《长乐县志》（下）卷二十上《艺文录上》，长乐县地方志编纂委员会整理，福州：福建人民出版社，1994 年。
② 《明神宗实录》卷 458，"万历三十七年五月壬午"条。

定的特殊期盼，最终产生了将郑和塑像供奉在宫庙中，与天妃并列。

造像出现本身，也就是郑和从人到神的神化过程，反映了新的文化因素的生成。这一新的因素是在认同旧有因素基础上生成的，在与社会现实场景的契合中生成，它表明当时人们的社会期盼和文化追求，表明的是明朝人对郑和功绩的认识和理解，说明郑和的航海业绩得到了民间的肯定和推崇。塑像为那个特定的时代所创造，也揭示了那个时代人们的思想风貌。总之，塑像是长乐民间信仰、崇拜和纪念郑和历史功绩的产物。明后期福建地方祠祀群集、广供神祇，此时在长乐仙岐出现郑和的塑像，应该说是不奇怪的，也是合乎一般民间造神规律的。

四、结　论

综上所述，显应宫前殿右侧的一组"巡海大臣（神）"塑像之为首者，可以认为就是郑和的塑像。长乐显应宫的发掘，为我们打开了重新认识郑和在民间形象和作用的窗口。"巡海大臣（神）"彩塑组群与天妃彩塑组群置于平行地位，说明民间造像已经将郑和神化，并提高到与天妃并列的程度。显应宫塑像是国内首次发现，也是迄今为止国内外发现的造像时间最早的郑和塑像，对郑和研究具有重要的学术价值。

郑和下西洋与中外物产交流

——以马欢《瀛涯胜览》为中心的探析

物产，是天然出产和人工制造的物品，可以称作物质文明的代表。人类文明史上最古老也最普遍的文明对话与互动现象正是以此为起点而发生的。明朝初年郑和七下西洋，规模庞大的船队遍及亚非三四十个国家与地区，持续达 28 年之久，将中国的航海活动推向了历史的巅峰，同时达到了中外物产交流的一个高峰。众所周知，下西洋档案没有完整地保留下来，郑和本身又没有著述，今人所见下西洋原始资料中最重要的一部，即马欢的《瀛涯胜览》。马欢跟随郑和三次下西洋，实地考察，写下了《瀛涯胜览》这部著名的海外游记。他在《自序》中言："永乐十一年癸巳，太宗文皇帝敕命正使太监郑和等统领宝船，往西洋诸番开读赏赐，余以通译番书，忝备使末。"①作为通事，跟随"皇华使者承天敕，宣布纶音往夷域"②，他与所到国家和地区的人们进行了直接交往并将亲眼所见记述下来。《瀛涯胜览》的最大特点是"诸番事实悉得其要"，堪称一部下西洋的真实记录。本文拟从《瀛涯胜览》的记载出发，全面梳理郑和下西洋所至海上交易圈各国物产品种、中外物品交易实态，展现历史情境，并兼论物产交流的文化内涵，旨在说明下西洋的时代是中外物产大交流的时代，马欢成功地书写了这段历史，成为永存的历史记忆。

---

① （明）马欢原著，万明校注：《明钞本〈瀛涯胜览〉校注》，北京：海洋出版社，2005 年，第 1 页。

② 《瀛涯胜览纪行诗》，见（明）马欢原著，万明校注：《明钞本〈瀛涯胜览〉校注》，北京：海洋出版社，2005 年，第 2 页。

一、一份宝贵的海外各国物产清单

在马欢的记述中，反映出他对所到海外国家的政治、社会、制度、宗教、建筑、衣饰、艺术、礼仪、习俗等所有事务均表现出浓厚兴趣，而对与人们日常生活息息相关的物产尤为关心，可以说凡下西洋时所见海外各国物产，《瀛涯胜览》均有详细记述，从中可见下西洋所到 20 个国家的各种物产，现分国别列表于下（表 1）。

表 1　郑和下西洋所到国家的各种物产

国名	物产
占城国	伽蓝香、观音竹、降真香、乌木、犀角、象牙、马、水牛、黄牛、猪、羊、鸡、梅、橘、西瓜、甘蔗、椰子、波罗蜜、芭蕉子、黄瓜、冬瓜、葫芦、芥菜、葱、姜、鱼、米、槟榔、荖叶、酒、鳄鱼、野水牛
爪哇国	鱼、金子、宝石、米、芝麻、绿豆、苏木、金刚子、白檀香、肉豆蔻、荜拨、班猫、不剌头、镔铁、龟筒、玳瑁、鹦鹉、红绿莺哥、五色莺哥、鹩哥、珍珠鸡、倒挂鸟、五色花斑鸠、孔雀、槟榔雀、珍珠雀、绿斑鸠、白鹿、白猿猴、羊、猪、牛、马、鸡、鸭、芭蕉子、椰子、甘蔗、石莲、西瓜、茭吉柿、郎扱、瓜、茄、蔬菜、槟榔、荖叶
旧港国	鹤顶、黄速香、降真香、沉香、黄蜡、金银香、火鸡、神鹿、牛、羊、猪、犬、鸡、鸭、蔬菜、果瓜
暹罗国	红马厮肯的石、黄速香、罗褐速香、降真香、沉香、花梨木、白豆蔻、大风子、血竭、藤黄、苏木、花锡、象牙、翠毛、白象、狮子猫、白鼠、蔬菜、米子酒、椰子酒、牛、羊、鸡、鸭
满剌加国	黄速香、乌木、打麻儿香、花锡、损都卢斯、沙孤米、茭葦酒、细簟席、甘蔗、芭蕉子、波罗蜜、野荔枝、葱、姜、蒜、芥、冬瓜、西瓜、牛、羊、鸡、鸭、水牛、龟龙、黑虎
哑鲁国	米、鱼、绵布、牛、羊、鸡、鸭、乳酪、飞虎、黄速香、金银香
苏门答剌国	硫磺、米、胡椒、芭蕉子、甘蔗、茭吉柿、波罗蜜、赌尔焉、柑橘、俺拔、葱、蒜、姜、芥、冬瓜、西瓜、黄牛、乳酪、羊、竹鸡、蚕、椰子
那孤儿国	猪、羊、鸡、鸭
黎代国	野犀牛
南浡里国	黄牛、水牛、山羊、鸡、鸭、鱼、虾、降真香、犀牛、珊瑚
锡兰国	山芋、芭蕉子、波罗蜜、鱼、虾、象、红雅姑、青雅姑、青米蓝石、昔剌泥、窟没蓝、珍珠、螺、蚌、酥油、槟榔、荖叶、米、谷、芝麻、绿豆、椰子、糖、酒、芭蕉子、波罗蜜、甘蔗、瓜、茄、蔬菜、牛、羊、鸡、鸭
小葛兰国	苏木、胡椒、果、菜、黄牛、羊、酥油
柯枝国	椰子、象、胡椒、宝石、香货、珍珠、珊瑚、米、粟、麻、豆、黍、稷、马、牛、羊、犬、猪、猫、鸡、鸭

续表

国名	物产
古里国	象、猪、宝石、珍珠、珊瑚、胡椒、西洋布、蚕丝花巾、椰子、芥、姜、萝卜、胡荽、葱、蒜、葫芦、茄子、菜瓜、冬瓜、小瓜、葱、芭蕉子、波罗蜜、木鳖子、蝙蝠、米、鸡、鸭、羊、水牛、黄牛、乳酪、酥油、海鱼、鹿、兔、孔雀、乌鸦、鹰、鹭鸶、蒗子、金片、宝带
溜山国	虾、鱼、椰子、降香、龙涎香、海贝、马鲛鱼、丝嵌手巾、织金方帕、牛、羊、鸡、鸭
祖法儿国	象、驼、蔷薇露、沉香、檀香、俺八儿香、乳香、血竭、芦荟、没药、安息香、苏合油、木鳖子、米、麦、豆、粟、黍、稷、麻、谷、蔬菜、茄、瓜、牛、羊、马、驴、猫、犬、鸡、鸭、驼鸡、骆驼
阿丹国	猫睛石、各色雅姑、大颗珍珠、珊瑚、金珀、蔷薇露、狮子、麒麟、花福鹿、金钱豹、驼鸡、白鸠、金银生活、彩帛、书籍、米、面、乳酪、酥油、糖蜜、米、麦、谷、栗、麻、豆、蔬菜、万年枣、松子、把担干、葡萄、核桃、花红、石榴、桃、杏、象、驼、马、驴、骡、牛、羊、鸡、鸭、犬、猫、绵羊、紫檀木、蔷薇露、詹卜花、无核白葡萄、青花白驼鸡、大尾无角绵羊、宝带、金冠、蛇角
榜葛剌国	米、粟、麦、芝麻、豆、忝、姜、芥、葱、蒜、瓜、蔬菜、芭蕉子、椰子酒、米酒、树子酒、茭蓴酒、槟榔、波罗蜜、酸子、石榴、甘蔗、砂糖、霜糖、糖果、蜜煎姜、驼、马、驴、骡、水牛、黄牛、山羊、绵羊、鸡、鸭、猪、鹅、犬、猫、卑泊、满者提、沙纳巴付、忻白勤答黎、沙塌儿、蓦嘿蓦勒、桑蚕丝嵌手巾、漆器盘碗、镔铁枪、剪、纸、虎、珍珠、宝石
忽鲁谟斯国	羊、猴、红盐、红土、白土、黄土、核桃、把聃、松子、石榴、葡萄干、花红、桃干、万年枣、西瓜、菜瓜、葱、韭、薤、蒜、萝卜、胡萝卜、红雅姑、青雅姑、黄雅姑、剌石、祖把碧、祖母喇、猫睛石、金刚钻、大颗珍珠、珊瑚、大块金珀珠、神珀、蜡珀、黑珀（番名撒白值）、各色美玉器皿、水晶器皿、十样锦剪绒花毯、各色棱幅、撒哈剌、毯罗、毯纱、各番青红丝嵌手巾、驼、马、驴、骡、牛、大尾绵羊、狗尾羊、斗羊、草上飞（番名昔雅锅失）、狮子、麒麟、珠子、宝石
天方国	粟麦、黑黍、西瓜、甜瓜、绵花树、葡萄、万年枣、石榴、花红、梨子、桃子、骆驼、马、驴、骡、牛、羊、猫、犬、鸡、鸭、鸽、蔷薇露、俺八儿香、麒麟、狮子、驼鸡、羚羊、草上飞、各色宝石、珍珠、珊瑚、琥珀

资料来源：（明）马欢原著，万明校注：《明钞本〈瀛涯胜览〉校注》"各国"条，北京：海洋出版社，2005年

以上马欢所记各国物产，是通过他亲身经历考察到的，不是来自传闻或抄自前人著述，所以是当时亚洲各国物产的一份完整清单，反映出郑和下西洋交易圈各国物产的基本面貌。这些物产大致可以分为七大类：①宝物类，如珍珠、宝石、金子等；②香药类，如乳香、胡椒、苏木等；③果品类，如石榴、葡萄、波罗蜜等；④粮食类，如米、麦等；⑤蔬菜类，如黄瓜、葱、蒜等；⑥动物类，如狮子、麒麟（图1）等；⑦织品类，如西洋布、丝嵌手巾等。

应该说明的是，第一，所有物品主要以土产，即非人工制造物品为多。第二，记录各国物品中最少的是黎代国，只有1种；最多的是忽鲁谟斯国，共57种。这说明记载的物品大多属于当地特产，有些地方的物品不是当地所产，只

是在当地流通而已。如在忽鲁谟斯国的物品中，就不都是其国所产，而是贸易流通所致，显示出忽鲁谟斯作为贸易集散地的功能。第三，综合起来看，各国物产记载甚细，其中属于宝物的并不占多数，相反倒是人们日常用品占有相当大的比例。这就是说，马欢关注的明显不仅是宝物，还有粮食、蔬菜、果品等人们日常生活用品，更记录了许多与各国人们日常生活密不可分的畜禽动物。

马欢的记载甚至几乎到了不厌其详的地步，如在罗列了爪哇国有羊、猪、牛、马、鸡、鸭之后，又特别指出"但无驴与鹅尔"①。注意到这一点很重要，在以往的研究中这是恰恰被忽略了的信息。对此，如果我们以马欢对所到之地人们生活状况观察细微来说明，恐怕还是不够的。比较汪大渊撰《岛夷志

图1　榜葛剌国进贡的"麒麟"（长颈鹿），
《榜葛剌进麒麟图》清代陈璋临摹，
笔者提供

略》，汪氏记述了各地特产，从商人的眼光出发，并不记载人们日常生活所需的物品。②马欢显然与之有很大不同。为什么会这样？推测可能有两方面的原因：一是远航船队所至各地，需要不断补充给养品，这是航行在海上的生存需要；二是马欢作为生活在明朝的一个普通人，特别注意海外的民生，也就是海外人们的生存环境。如果以第一个原因来说明，并不完全合乎情理，因为汪大渊在海上生活也同样需要粮食蔬菜等给养，那么第二个原因才是更接近真实情况的原因。这里涉及一个重要问题，一般认为郑和下西洋是为明朝统治者满足"奢侈品"需要而进行的航海活动，实际上，古代远距离贸易无例外地都是"奢侈品"贸易。而这里我们还不应该忽略一个事实，即进行航海活动的并不是统治者本身，走出国门打开眼界的大都是普通明朝人，马欢不是一个孤立的

---

① （明）马欢原著，万明校注：《明钞本〈瀛涯胜览〉校注》，北京：海洋出版社，2005年，第20页。

② 参见（元）汪大渊原著，苏继庼校释：《岛夷志略校释》"各国"条，北京：中华书局，1981年。

例子。正是因为有像马欢这样的普通人，我们今天才得以见到下西洋交易圈内海外各国的一份完整的物产清单。虽然这些海外物产不可能都与郑和使团发生直接关系，但是这些海外各国物产的重要信息，对于日后民间海外贸易的开拓发展是极为重要的资源。

二、在海外的"货易"

《国朝典故》本《瀛涯胜览》是迄今流传于世的最接近马欢《瀛涯胜览》原本的一个明钞本。[①]此本前有正统九年（1444年）马敬序文一篇。关于马敬其人，生平事迹已不可考，其序文却为此本所独有，弥足珍贵。序中曰："洪惟我朝太宗文皇帝、宣宗章皇帝，咸命太监郑和率领豪俊，跨越海外，与诸番货易。其人物之丰伟，舟楫之雄壮，才艺之巧妙，盖古所未有然也。"值得特别注意的是"跨越海外，与诸番货易"一句。听其言，再让我们观下西洋之行，《瀛涯胜览》中记载了与各国的"货易"，可以得到以下实例，特摘录如下[②]：

占城：中国青磁盘碗等器，纻丝、绫绢、烧珠等物甚爱之，则将淡金换易。常将犀角、象牙、伽蓝香等进献朝廷。

爪哇：国人最喜中国青花磁器，并麝香、花绢、纻丝、烧珠之类，则用铜钱买易。国王常差头目船只将方物贡献朝廷。

旧港：市中交易亦使中国铜钱并布帛之类，亦将方物进贡朝廷。

暹罗：中国宝船到暹罗，亦用小船去做买卖……其王常时将苏木、降真香等物差头目进献朝廷。

满剌加：有一大溪，河水下流，从王居前过，东入海。王于溪上建立木桥，上造桥亭二十余间，诸物买卖皆从其上……其国王亦自采办方物，挈其妻子带领头目，驾船跟随回船赴阙进献。

哑鲁国：货用稀少。绵布番名考泥。米谷、牛、羊、鸡、鸭甚广，乳

---

① 参见《马欢〈瀛涯胜览〉源流考——四种明钞本校勘记（代前言）》，见（明）马欢原著，万明校注：《明钞本〈瀛涯胜览〉校注》，北京：海洋出版社，2005年。

② 各国"货易"实例摘自马欢《瀛涯胜览》"各国"条，见（明）马欢原著，万明校注：《明钞本〈瀛涯胜览〉校注》，北京：海洋出版社，2005年。

酪多有卖者。

苏门答剌：其王子荷蒙圣恩，常贡方物于朝廷……此处多有番船往来，所以诸般番货多有卖者。

黎代：山有野犀牛甚多，王亦差人捕捉，随同苏门答剌国进贡朝廷。

南浡里：其山边二丈上下浅水内生海树，被人捞取为宝物货卖，即珊瑚树也……其南浡里国王常自跟同宝船将降真香等物贡于朝廷。

锡兰：甚喜中国麝香、纻丝、色绢、青磁盘碗、铜钱、樟脑，则将宝石、珍珠换易。王常差人赍珍珠、宝石等物，随同回洋宝船进贡朝廷。

小葛兰：国王以金铸钱，每个官秤二分，通行使用。虽是小国，其国王亦将方物差人贡献于朝廷。

柯枝：名称哲地者，俱是财主，专收买下珍珠、宝石、香货之类，皆候中国宝船或别处番船客人……尔国王亦将方物差头目进献于朝廷。

古里：其哲地多收买下各色宝石、珍珠并做下珊瑚等物，各处番船到彼，王亦差头目并写字人来眼同而卖，亦取税钱……各色海鱼极贱，鹿、兔亦有卖者……王用赤金五十两，令番匠抽如发细丝结挽成片，以各色宝石、珍珠厢成宝带一条，差头目乃那进献于朝廷。

溜山：土产降香不广，椰子甚多，各处来收买往别国货卖……龙涎香，其渔者常于溜处采得。如水浸沥青之样，嗅之不香，火烧腥气。价高贵，以银对易。海贝彼人积采如山，奄烂内肉，转卖暹罗、榜葛剌国，当钱使用……中国宝船一、二只亦往此处收买龙涎香、椰子等物。

祖法儿：中国宝船到彼开读赏赐毕，王差头目遍谕国人，皆将其乳香、血竭、芦荟、没药、安息香、苏合油、木鳖子之类来换易纻丝、磁器等物……王亦差人将乳香、骆驼等物进献朝廷。

阿丹国：王闻其至，即率大小头目至海滨迎接诏赏至王府，礼甚尊敬。咸伏开读毕，王即谕其国人，但有珍宝许令卖易。其时在彼买到重二钱许大块猫睛石，各色雅姑等异宝，大颗珍珠……市肆、混堂并熟食、彩帛、书籍诸色物件铺店皆有……其国王感荷圣恩，特进金厢宝带二条、金丝珍珠宝石金冠一顶，并雅姑等各宝石，蛇角二枚，修金叶表文等物进献朝廷。

榜葛剌国：土产五、六样细布……漆器盘碗，镔铁枪剪等器皆有卖者……国王亦差人往番国买卖采办方物珍珠、宝石，进献朝廷。

忽鲁谟斯国：其市肆诸般铺店，百物皆有……土产米麦不多，皆有各处贩来粜卖，其价不贵……此处各番宝物皆有……国王将狮子、麒麟、马匹、珠子、宝石等物并金叶表文，差头目跟同回洋宝船，进献朝廷。

天方：就选差通事人等七人，赍带麝香、磁器等物，附本国船只到彼。往回一年，买到各色奇货异宝、麒麟、狮子、驼鸡等物，并画天堂图真本回京。其天方国王亦差使人将方物跟同原去通事七人，贡献于朝廷。

综上所述，在《瀛涯胜览》中，马欢共记述了 20 个国家，除了那孤儿外，其他 19 国均有贸易物品的记录。虽然有的国家没有与中国交易的明确记载，但是记录下当地使用货币或者物品交易的信息，是需要了解当地的实际买卖情况的，如果不是参与了贸易，就不会了解如此详细。那孤儿名下记录"田少人多，以陆种为生，米粮鲜少……乃小国也"，可见那里没有什么特产，又不是贸易中心，所以马欢作了如实记述。我们在篇目上见到那孤儿与苏门答剌放在一起，并没有单列为一国，在内容里也只有《瀛涯胜览》明淡生堂钞本有其国题名，其他本都没有，所以实际上也可以认为是马欢在谈到苏门答剌时顺便提到这个小邦的。①

最生动的"货易"场景发生在古里，马欢记载全部过程如下：

其二头目受朝廷升赏，若宝船到彼，全凭二人为主买卖。王差头目并哲地、米纳几即书算手、官牙人等，会领豚大人议择某日打价。至日，先将带去锦绮等货，逐一议价已定，随写合同价数各收。其头目、哲地即与内官大人众手相掌，其牙人则言某年月日交易，于众中手拍一掌，已定，或贵或贱，再不悔改。然后哲地富户将宝石、珍珠、珊瑚等货来看议价，非一日能定，快则一月，缓则二、三月。若价钱较议已定，如买一主珍珠等物，该价若干，是原经手头目、米纳几计算，前还纻丝等物若干，照原打手之货交还，毫厘无改。彼之算法无算盘，但以两手并两脚十指计算，分毫无差。②

① （明）马欢原著，万明校注：《明钞本〈瀛涯胜览〉校注》，北京：海洋出版社，2005 年，第 48 页。
② （明）马欢原著，万明校注：《明钞本〈瀛涯胜览〉校注》，北京：海洋出版社，2005 年，第 66 页。

1. 海外交易实例中，海外物产进入交流的主要品种

犀角、象牙、伽蓝香、金子、宝石、红马厮肯的石、苏木、降真香、绵布、乳酪、胡椒、野犀牛、珊瑚、锡、珍珠、香货、西洋布、花巾、海鱼、宝石与珍珠厢宝带、丝嵌手巾、织金方帕、龙涎香、椰子、乳香、血竭、芦荟、没药、安息香、苏合油、木鳖子、骆驼、猫睛石、各色雅姑、金珀、蔷薇露、狮子、麒麟、花福鹿、金钱豹、驼鸡、白鸠、金银生活、熟食、彩帛、书籍、金厢宝带、蛇角、荜布、姜黄布、布罗、布纱、沙塌儿、兜罗锦、绢、刺石、祖把碧、祖母喇、金刚钻、金珀珠、神珀、蜡珀、黑珀（番名撒白值）、美玉器皿、水晶器皿、十样锦剪绒花毯、各色梭幅、撒哈剌、氆罗、氆纱。

以上总共是 70 种。显然，这里都是各国的特殊产品。

2. 海外交易实例中，明代中国物产进入交流的主要品种

中国青瓷盘碗、纻丝、绫绢、烧珠、麝香、花绢、铜钱、布帛、色绢、樟脑、锦绮等。

其中，以青花瓷器、丝绸、麝香、铜钱最为重要，除了麝香以外，其他都是中国特有的人工产品，深受海外各国人民的喜爱。

以上中外物品构成了下西洋交易圈中流通物品的主体。

3. "货易"的方式

1）开读赏赐与方物贡献

郑和使团所到之处，与各国国王或酋长建立联系，所谓"开读赏赐"，相当于赠送礼品，招徕各国将方物进贡中国。方物即土产，这实际上构成一种特殊的交易方式，是在各国上层间进行的具有政治、外交意义的交易方式。在马欢所记述的 20 国中，除了土无所产的那孤儿以外，就只有哑鲁和溜山两国没有将方物进贡中国的记录。然查《明实录》，两国均有多次进贡的记载，为马欢所漏载。

2）以货易货

这是一种以物易物的直接交易方式。

如在祖法儿："中国宝船到彼升读赏赐毕，王差头目遍谕国人，皆将其乳香、血竭、芦荟、没药、安息香、苏合油、木鳖子之类来换易纻丝、磁器等物。"

在锡兰:"甚喜中国麝香、纻丝、色绢、青磁盘碗、铜钱、樟脑,则将宝石、珍珠换易。"

3)货币交易

关于当时下西洋交易圈的货币使用情况,马欢在记述外国货币以后,往往换算为中国"官秤"重量,这样就可以使读者对外国货币成色一目了然。现将下西洋交易圈内各国货币主要使用情况,列表于下(表2)。

表2 郑和下西洋交易圈内各国货币主要使用情况一览表

国别	淡金或银	金币	银币	铜钱	锡锭、锡钱	海贝
占城	√					
爪哇				√		
旧港				√		
暹罗						√
满剌加					√	
苏门答剌		√			√	
南浡里				√		
锡兰		√				
小葛兰		√				
柯枝		√	√			
古里		√	√			
溜山			√			
祖法儿		√		√		
阿丹		√		√		
榜葛剌			√			√
忽鲁谟斯			√			
天方		√				

资料来源:(明)马欢原著,万明校注:《明钞本〈瀛涯胜览〉校注》"各国"条,北京:海洋出版社,2005年

结合以上一览表及根据马欢记载,按照国别说明如下①:

占城:马欢没有提到铸币,只说使用"七成淡金或银",并在谈到与中国交易时称用"淡金",可见以使用淡金为主。

———————

① (明)马欢原著,万明校注:《明钞本〈瀛涯胜览〉校注》"各国"条,北京:海洋出版社,2005年。以下说明均见"各国"条,不另注。

爪哇：使用中国历代铜钱，没有自铸铜钱的记载。

旧港：使用中国铜钱，同时也用布帛之类，也就是有以物易物和货币交易两种交易方式。

暹罗：海贝当钱使用，不使用金、银、铜钱。

满剌加：交易以锡当钱使用，"铸成斗样小块输官，每块重官秤一斤八两。每一斤四两者，每十块用藤缚为小把，四十块为一大把，通市交易皆以此锡行使"，相当于锡锭。

苏门答剌：铸金币名底那儿，"以七成淡金铸造，每个圆径五分，面底有文，官秤三分五厘"，而凡买卖以锡钱使用。

南浡里：使用铜钱，未言是自铸铜钱，那么就有可能是与爪哇一样使用中国铜钱。

锡兰：以金钱通行使用，"每钱可重官秤一分六厘"。但是没有言明是自铸还是外来货币。观小葛兰尚铸金钱，则很有可能是自铸金钱。

小葛兰：以金铸钱，"每个官秤二分"。

柯枝：铸金币法南，含"九成金"，"重官秤一分一厘"。银币答儿，"每个约重官秤四厘"。金银币的兑换率是 1∶15，街市零用则以银钱行使。

古里：铸金币吧南，含"六成金"，官寸三分八厘，面底有文，重官秤一分。银币答儿，"每个约重三厘"，作为零用。

溜山：以银铸钱使用，马欢记述溜山是海贝产地，但是本国却不用作货币。

祖法儿：铸金币倘伽，"每个重官秤二钱，径一寸五分，一面有文，一面人形之文"。还以红铜铸为小钱，"径四分"，作为零用。

阿丹：铸金币哺噜嚓，是以"赤金"所铸，"每个重官秤一钱，底面有文"。又用红铜铸钱，名哺噜斯，作为零用。

榜葛剌：铸银币倘伽，名称与祖法儿金币相同，"每个重官秤三钱，径一寸二分，底面有文，一应买卖皆以此钱论价"，同时也用海贝作为零用，"街市零用海贝，番名考黎，亦论个数交易"。

忽鲁谟斯：铸银币底那儿，"径官寸六分，面底有文，重官秤四分"。

天方：铸金币倘伽，"每个径七分，重官秤一钱，比中国金有十二成色"。

下面将上述下西洋交易圈中各国使用货币的特点，略作归纳：

（1）马欢所至 20 国中，除了那孤儿、黎代、哑鲁 3 个小国以外，17 个国家有铸币或有货币流通，因此货币交易应占有一定比例。

（2）整个交易圈中使用货币的国家，铸币的达 10 个之多，有 7 个没有铸币，使用别国货币流通。使用金币的最多，达 8 个国家；使用银币和铜钱的各有 5 个国家。

（3）同时铸造和使用金、银币的有柯枝和古里。二国铸金币名称相近，实不相同。柯枝铸金币法南，古里铸金币吧南，但是柯枝金币为九成金，古里金币为六成金，柯枝金币重，古里金币轻；二国银币皆名答儿，但是分量并不相同：柯枝银币重官秤四厘，古里银币重三厘。

（4）上文见祖法儿国王令国人以物换易中国货物，由此我们可以得知在祖法儿的贸易是有两种交易方式的，一种是以物易物，另一种是货币交易，国王铸金币和铜钱作交易使用。锡兰也是如此，有"将宝石、珍珠换易"中国产品的记载。而记载中旧港也有类似情况。由此我们可以看到以物易物和货币交易同时存在的事实，这在交易圈中不应作为孤立的事实。

（5）同时使用两种货币的有 6 个国家：同时使用金、银币的有柯枝和古里国；同时使用金币与铜钱的有祖法儿和阿丹国；同时使用金币与锡钱的有苏门答剌国；同时使用银币与海𧵅的有榜葛剌国。

（6）各国货币即使同名，也有所不同。一是货币同名，但质地不同，如苏门答剌铸金币名底那儿，忽鲁谟斯铸银币也名底那儿，是两国铸币名称相同而实际不同，一为金币，一为银币；又如祖法儿、天方金币都称为倘伽，而榜葛剌铸银币也称为倘伽。二是货币同名，但成分不同，如祖法儿、天方金币都称为倘伽，但是成分与重量并不相同。

总之，以物易物是交换关系的初级形态，交易圈中大部分国家和地区货币流通的事实，说明下西洋交易圈的市场交换关系已经发展到相当程度。但是交易圈内的货币不统一，币制比较复杂，还有以物易物交易的存在，所以对交易圈的市场交换关系也不能作过高的估计。

三、物产交流的文化内涵

郑和下西洋具有丰富的内涵，当我们选取一个洞察其历史脉络与发展规律的视角时，物产交流正是这样一个视角，使我们从纷繁复杂的表象得以寻找到背后的规则。而《瀛涯胜览》正好为我们从这一视角观察提供了一个有利条件。

在漫长的历史长河中，物质欲求构成人类交往的基本前提，人有生老病死，月有阴晴圆缺，王朝更替无异于过眼烟云，地久天长、绵延不绝的是物质文明之流。物质不灭，文明相传，这是贯穿人类文明史的一条主线。无论是对这种交流模式的选择，还是对这种模式的坚守，都体现出一种人类长期以来形成的取向，这就是传统。

通过物质交往活动，人们相互联系，彼此沟通。法国历史学家布罗代尔（Braudel）在述及各种世界文明时说道："事实上，这些典型事例尤其说明了交往的至关重要性。没有一种文明可以毫不流动地存续下来：所有文明都通过贸易和外来者的激励作用得到了丰富。"①中外物产交流是人类文明对话与交流最基本的内容，而中外物产交流构成郑和下西洋在海外的主要活动内容。全面梳理这一历史事实，使我们对于郑和下西洋有了一个文明视野下的重新认识。

郑和下西洋促成了物产大交流，应该说是有继承也有创新。

首先，交流置于中外交流发展的延长线上，中国人的海上活动可以追溯到7000年前，中国与海外物产交流也早就开始了。汉朝已经派遣人员到南海贸易，中国丝绸等物产远输海外，海外物产输入中国，物产交流成为中外交往的重要内容。经历了唐代、宋代，中外交流绵延不绝。元代一度海陆并举，交通畅达，中外交往极为繁盛。下西洋物产交易圈的形成，是对以往交往的继承，这是毫无疑义的。

其次，下西洋具有新的特点甚至有新格局的产生。先说新特点：第一，下西洋是以强盛的国家综合实力为后盾，在国家作用下，政府组织的对外交流。明王朝派遣郑和庞大使团以史无前例的规模走出国门，走向海洋，进行持续时间长久的远距离大航海活动，一般认为主要是实现明朝帝王大一统的心理欲望。但是众所周知，现代外交使团是不直接进行海外交易活动的，而物产交流恰恰构成下西洋的一个基本内容。郑和每次必到占城、满剌加、苏门答剌、古里、忽鲁谟斯等国家，这些国家即便不是当时就已繁盛的交易中心，也是在下西洋持续时间段中形成的新的交易集散地。而这些地方往往政治、外交意义并

---

① 〔法〕布罗代尔：《文明史纲》，肖昶等译，桂林：广西师范大学出版社，2003年，第30页。

不大，进行物产交流却是不能不到的地方。就此而言，郑和使团的物产交流目的应该说是相当明显的。庞大使团走向海外主动经略，国家在航海活动的组织方面发挥了重大的可以说是首屈一指的积极作用，相对以往这是一个突破，进一步说以国家财力、物力、人力组织的大航海活动，能够有效地提升物产交流的规模和影响，这是不言而喻的。第二，物产交流构成文明对话的本质特征，郑和下西洋是物质文明大交流的历史见证。这体现在郑和下西洋是文明交流，非掠夺式的野蛮交流，推动形成的物产交易圈，交流的不仅是各国物产，而且是文明的载体；中国物品代表中华文明远播海外，中国物产与海外物产的交流，也就是中华文明与海外文明的对话与互动。就此而言，下西洋推动了物产交流高潮的出现，也就将文明对话推向了高潮。

再说新格局，这一格局为后来东西方会合在海上，为全球化的开端奠定了基础。从宏观角度出发，我们应关注亚洲区域历史同步发展的新开端。当时通过下西洋的频繁交往，明朝与海外各国国王或酋长建立起友好联系，国家权力在区域整体上扬，对区域整合作用极为明显。①下西洋从产地到运销地之间，形成了互动的物产交易圈，在区域建立起海上的安全和秩序，确保了航线的畅通无阻和物产交流的繁荣发展，同时也促进了交易圈各国的共同发展。其中，满剌加的发展具有突出的意义。郑和远航每次必到满剌加，中国庞大船队以满剌加作为集结地②，促使满剌加迅速成为各国物产新的集散地，并以此为中心形成了新的物产交易圈③，从而诞生了海上物产交流也即世界文明对话的新格局。

---

① 这是以国家权力为中心的贸易空间结构在亚洲历史上的首次出现，也是区域合作最早的开端。参见万明：《15 世纪中国与东亚贸易关系的建构》，见《明史研究》第 8 辑，合肥：黄山书社，2003 年。

② 马欢记载："凡中国宝船到彼，则立排栅，如城垣，设四门更鼓楼，夜则提铃巡警。内又立重栅，如小城，盖造库藏仓厫，一应钱粮顿在其内。去各国船只回到此取齐，打整番货，装载船内，等候南风正顺，于五月中旬开洋回还。"冯承钧校注：《瀛涯胜览校注》，上海：商务印书馆，1935 年，第 25 页。

③ 关于郑和下西洋与满剌加兴起的关系及其意义，参见万明：《郑和与满剌加——一个世界文明互动中心的和平崛起》，《中国文化研究》2005 年第 1 期；万明：《从"西域"到"西洋"——郑和远航与人类文明史的重大转折》，《河北学刊》2005 年第 1 期。

知识视野中的郑和下西洋*

作为事件的郑和下西洋，海内外的研究已经硕果累累；作为经验的郑和下西洋，特别是作为知识积累重要里程碑的郑和下西洋，仍有探究的空间。从知识的视野来看郑和下西洋，规模宏大的远航正是中国人海外知识累积与递进的重要历程。这一认识有必要从郑和研究的兴起谈起。

20世纪初，郑和研究兴起，作为20世纪史学的一个重要分支，它至今已经走过了百年历程。值得注意却鲜见提及的是，郑和研究的重要性在于研究的起步不同凡响，是与新史学同步产生的。1905年，梁启超在《新民丛报》上以笔名"中国之新民"发表《祖国大航海家郑和传》一文①，此文对于传统史学具有突破性意义，是从旧史学走向新史学的一个典范。它突出地表现在两点上：第一，研究从一开始就与祖国命运联系在一起。梁启超这位中国现代史学之父，有慨于中国被西方列强侵略和瓜分的现实，于1902年在《新民丛报》发表《新史学》，独树一帜，倡导新史学。他指出，史学是"国民之明镜""爱国心之源泉"，并将普通国民身份意识的启蒙作为史学的功用提了出来。既然新史学的意义在于启蒙"国民意识"，那么探讨中华民族在世界历史中地位这一重大命题，也就理所当然地成为新史学的题中之义了。《祖国大航海家郑和传》一文的产生，紧接在《新史学》发表之后，是梁启超史学革新思想理路的延伸。不仅是对于航海家伟绩的阐释，而且是对中国在世界所处空间位置的定位思考。第二，研究从一开始就是对传统旧史学的一种知识视野的超越。梁启超充分肯定了郑和是祖国的伟大航海家，对郑和远航投以关注，

---

* 原载《中华文史论丛》2006年第1期。收入本书，有订正。

① 梁启超：《祖国大航海家郑和传》，《新民丛报》1905年第21号。

不是偶然的，正是有感于传统旧史学的弊端，针对当时国民只知"家"，不知"国"，更不了解"国"以外还有一个世界的狭隘的知识观念。基于对传统史学的反省与批判，他向国人展示了航海与世界的关系，一个"全球比邻"的世界知识体系。

　　20世纪后半叶，中国史学又出现了一个重要变化，也可以说是一个方向性的转折，即发生了从政治史走向社会史，从社会上层发展到社会下层的研究重点的转移。史学研究视角的转换与下移，至今是我们研究中一个值得注意的问题。反思一下，对于下西洋这一震撼世界的伟大航海活动，迄今为止，我们探讨最多的是明朝统治者的目的和效果，采取的是王朝史的观点，较少从人类知识增长的视角看问题。而人类知识增长的历史，是人类文明史的重要组成部分，应该特别关注。毫无疑问，"万方来朝"是中国古代帝王通有的政治理念，然而，作为一次伟大的航海活动，我们不能只看作帝王和宦官的事业，而应视作中国古代文明的一次集中展示，中国古代航海技术与知识的一次集大成体现；与此同时，还有一个我们往往忽略的问题，这就是远航与海外的关系是一个文化互动关系，远航不仅输出了中国文化，也是中国人对于海外所知世界的一个加深了解和认识的过程，是中国人海外知识累积与递进的重要过程。知识是一个不断生成的概念，人们获取的知识在社会实践中不断地建构起来，具体存在于人们之间的活动和交往之中。郑和远航走出国门，遍及亚非三四十个国家和地区，其间所获取的海外知识，过去更多地被简单理解为地理知识，而现有成果基本上也是在地理知识层面上加以介绍和描述。实际上，远航持续近30年，知识的获取，应该说远不只在地理方面，而是具有极为丰富多彩的文化内涵。重要的是，在知识的积累中，人是载体，人们世代繁衍相传，知识通过人的载体世代获取、继承和传递。下西洋实际参与人员至少达十几万之多，远航得到的海外知识异常丰富，那么直接参与活动的大批普通人亲历海外，他们如何看待，如何思想，如何感受，如何传递了作为知识的历史记忆的？对此，尚有待发覆，值得认真加以研究。

　　海外知识的积累，与任何领域的知识一样，可以分为显性知识和隐性知识两种形式。显性知识的积累由于文献的记载而彰显和传承，而隐性知识存在于人们实践经验连续传递的过程中，常常由于缺乏文字记载而出现断裂，也就是我们所说的失传现象。这里主要涉及文献记载的知识累积范畴，从两条线索上展开：一是官修正史，二是民间记述。没有比较就没有鉴别，沿着这两条线索，本文选取郑和下西洋前后有关海外记述的文本为例，加以对照。具体地说，主要以跟随郑和三下西洋的马欢所著《瀛涯胜览》为例，与远航前包含海外认识内容的官修正史与民间记述进行比较，目的是借此了解下西洋前后中国人对海外的知识面貌究竟如何，追踪下西洋前后明朝人对海外知识积累的历史轨迹，引证出郑和时代知识积累的特色，揭示远航与海外知识累积的关系，说明航海极大发展的时期，也正是中国人对海外知识积累不断深化的重要进程。

一、知识累积的一条线索：官修正史

作为知识累积的一条线索，官修正史方面，在郑和下西洋前，明初有《元史》的纂修，因此本文以《元史》为例。

明初官方修《元史》，以李善长为监修，宋濂、王炜为总裁，经过两次纂修而成。明初大儒，先后两次任纂修总裁的宋濂，曾详细记载此事：

> 洪武元年秋八月，上既平定朔方，九州攸同，而金匮之书悉输于秘府。冬十有二月，乃诏儒臣发其所藏，纂修《元史》，以成一代之典。……至若顺帝之时，史官职废，皆无实录可征，因未得为完书。上复诏仪曹遣使行天下，其涉于史事者，令郡国上之。又明年春二月乙丑开局，至秋七月丁亥书成，又复上进。……凡前书有所未备，颇补完之。①

宋濂讲得很清楚，一是时间上，《元史》自洪武元年（1368 年）十二月下诏纂修，至洪武三年（1370 年）八月，经历一年多，先后两次纂修而成；二是《元史》纂修是在明朝攻下元都，"金匮之书悉输于秘府"的条件下，又一次"复诏仪曹遣使行天下"，集中了全国的涉及史事的典籍文献，最终补充完成。

《元史》所设《外夷传》，是全书关于海外记载最集中的部分，收入《外夷传》的有高丽、耽罗、日本、安南、缅、占城、暹、爪哇、琉球、三屿、马八儿等国。

---

① 《宋学士文集·銮坡前集》卷一《元史目录后记》，四部丛刊本，第 13 页上。

《外夷传》大致说明了明初官方对于元朝与海外关系的了解范围和认识，可以说相当简略。其中，包括在下西洋地域范围内的有占城、暹、爪哇、马八儿等国。值得注意的是，如果根据当时人的"西洋"概念，则占城、暹、爪哇都在东洋之列，那么在实际西洋范围内的就只有马八儿等国了。①

以《元史·爪哇传》为例，开始一段话，很可以说明当时人对爪哇的认识：

> 爪哇在海外，视占城益远。自泉南登舟海行者，先至占城而后至其国。其风俗土产不可考，大率海外诸蕃国多出奇宝，取贵于中国，而其人则丑怪，情性语言与中国不能相通。②

《爪哇传》中所述爪哇的地理方位不明确，只有一个比占城更远，先至占城再到达爪哇的大致说法；对于爪哇的风俗土产不了解，而且说明语言不能相通。接下来，全篇内容几乎都是围绕元朝征爪哇之役进行叙述的。这样做的原因，《爪哇传》中写得很清楚，是因为"世祖抚有四夷，其出师海外诸蕃者，惟爪哇之役为大"。而《爪哇传》中对于征爪哇之役以后的史事，则完全没有交代。

在《元史·成宗纪一》中，我们见到元贞元年（1295 年）九月爪哇"遣使来献方物"③的记载；在《元史·陈祐传》所附其弟《陈天祥传》，看到了时人对征伐海外后果的评价："近三十年，未尝见有尺土一民内属之益，计其所费钱财，死损军数，可胜言哉！"④综合起来，从《元史》对于爪哇的记述看，反映出在元朝爪哇之役以后，直至明初，明朝上层对于爪哇的信息仍为相当隔膜的状况。

再看《马八儿等国传》，这是《元史》中对西洋最重要的记述，但也颇为简略：

> 海外诸蕃国，惟马八儿与俱蓝足以纲领诸国，而俱蓝又为马八儿后障，自泉州至其国约十万里。其国至阿不合大王城，水路得便风，约十五

---

① 马欢《瀛涯胜览·纪行诗》："阇婆又往西洋去。"阇婆即爪哇，说明不在西洋范围，而属东洋。另费信《星槎胜览·爪哇国》记载："地广人稠，实甲兵器械，乃为东洋诸番之冲要。"明确说爪哇位于东洋。
② 《元史》卷 210《外夷传三·爪哇》，北京：中华书局，1976 年，第 4664 页。
③ 《元史》卷 18《成宗纪一》，北京：中华书局，1976 年，第 396 页。
④ 《元史》卷 168《陈祐传》附《陈天祥传》，北京：中华书局，1976 年，第 3949 页。

日可到，比余国最大。①

这里说明在当时海外各国中，马八儿和俱蓝是最大也最有影响的国家，很是强盛。元朝从当时闻名遐迩的海港泉州出发到达那里，要经过"约十万里"海路。这是记载海路所到最远的地方。阿不合大王城疑即《元史·地理志六·西北地附录》之阿八哈耳（Abhar），位于里海南，今伊朗的苏丹尼耶（Soltaniyeh）东南。②以下《马八儿等国传》中叙述了元世祖时遣使诏谕，马八儿"奉表称臣"以及遣使贡献方物的交往过程，表明了元朝与马八儿建立了政治关系。

《元史·亦黑迷失传》中，有可以补充之处，该传记述了亦黑迷失至元二十四年（1287年）出使事迹：

> 使马八儿国，取佛钵舍利，浮海阻风，行一年乃至。得其良医善药，遂与其国人来贡方物，又以私钱购紫檀木殿材并献之。

由于亦黑迷失四次出使，"四逾海矣"，于是"帝悯其劳，又赐玉带，改资德大夫，遥授江淮行尚书省左丞，行泉府太卿"。③

元朝出使西洋马八儿国的重要使臣还有广东招讨司达鲁花赤杨庭璧。在《马八儿等国传》中，列有杨庭璧奉诏招谕后"来降"各国名称，诸国凡十，依次是马八儿、须门那、僧急里、南无力、马兰丹、那旺、丁呵儿、来来、急兰亦䚟、苏木都剌。但《马八儿等国传》中对马八儿以外的几国，只云"皆遣使贡方物"，再无片言只语的说明。

参考前人研究成果，上述十国的地理位置大致如下④：

马八儿和俱蓝这两个"纲领诸国"的国家，都在印度西南海岸。

马八儿，是 Ma'bar 的对音。阿拉伯语称渡口为 Ma'bar。位于印度西南海岸，即 Malabar 海岸一带。

俱蓝，即宋代赵汝适《诸蕃志》所称故临，是阿拉伯语 Kulam 译音，即今

---

① 《元史》卷210《外夷传三·马八儿等国》，北京：中华书局，1976年，第4669页。

② 冯承钧原编，陆峻岭增订：《西域地名（增订本）》（第2版），北京：中华书局，1980年，第1页。

③ 《元史》卷131《亦黑迷失传》，北京：中华书局，1976年，第3199页。

④ 参见〔日〕藤田丰八校注：《岛夷志略校注》，国学文库本；（元）汪大渊原著，苏继庼校释：《岛夷志略校释》，北京：中华书局，1981年；陈佳荣、谢方、陆峻岭编：《古代南海地名汇释》，北京：中华书局，1986年，第108、166—167、392、583、603、605、663、833页。

印度西南海岸的奎隆（Quilon）。

须门那，有三说，一说在今印度西北古吉拉特邦的苏姆那（Somnath），一说在印度孟买以南的乔儿（Chaul），还有一说就是苏木达，指南印度的 Dvora Samudra，国名 Deogiri，也即《元史》吊吉而国。

僧急里，在今印度科钦（Cochin）北面克朗加诺尔（Cranganore），古名 Singili 译音。

南无力，即南巫里，也就是《爪哇史颂》中的印度尼西亚苏门答腊岛古国名 Lamuri 译音，《马来纪年》中的 Lambri。

马兰丹，也有三说，一说在印度尼西亚苏门答腊岛，一说在加里曼丹岛西北海岛，一说是非洲东岸的马林迪（Malindi）。

那旺，一说在印度尼西亚苏门答腊岛，一说在苏门答腊岛西岸 Nias 岛，阿拉伯人称 Neyan，还有一说是在印度 Nicobar 群岛，即《马可波罗游记》中的 Necuveran 群岛。

丁呵儿，即丁家庐，在今马来半岛东岸，马来西亚丁加奴一带。

来来，又作罗啰，西印度古国，梵名 Lala，即胡荼辣（Gujarat）别名，在今印度古吉拉特邦马希（Mahi）河与基姆（Kim）河之间一带。

急兰亦䑖，即急兰亦带，在今马来西亚吉兰丹一带。

苏木都剌，即苏门答剌。

由此，我们得知以上各国分布在东南亚到南亚一带，最远到达印度西南海岸。从《外夷传》中仅列其名来分析，明初对这些国家的地理位置及其状况并不清楚。在这里，除了《元史》纂修仓促，不免简略失当的缘故以外，最重要的原因还在于，从《外夷传》可知，官方修史的选材主要是与海外政治关系相关的内容，因此，在正史记载之中难以见到海外各国和民族的实际社会生活状况。这正是官修正史本身的缺陷。

二、知识累积的另一条线索：民间记述

除了古代著名僧人的游记以外，自宋代起，关于海外知识的记述已有几部重要的文献。其中，《岭外代答》的作者周去非没有出过洋；《诸蕃志》作者赵汝适也只阅海图，咨询商贾，了解海贸之事；至元末，民间产生了比较系统的

关于海外知识的记述，这就是汪大渊撰于元顺帝至正九年（1349 年）的《岛夷志略》。据学者考证，《岛夷志略》的作者汪大渊，字焕章，南昌人，曾两次随海舶出洋，浮海远游。其书特点是"汪氏于其本人所访问诸地，作有记载者共九十九条"，因此具有特殊的价值。①《四库全书总目·史部·地理类四》曾评论说："诸史外国列传秉笔之人，皆未尝身历其地，即赵汝适《诸蕃志》之类，亦多得于市舶之口传。大渊此书则皆亲历而手记之，究非空谈无征者比。故所记罗卫、罗斛、针路诸国，大半为史所不载。又于诸国山川、险要、方域、疆里，一一记述，即载于史者亦不及所言之详，录之亦足资考证也。"②对于此书出自亲历其地人之手，记载翔实，给予了高度评价。

首先，让我们以《爪哇传》为例。《岛夷志略·爪哇传》中，对爪哇有比较全面的记述，特录全文于下：

> 爪哇即古阇婆国。门遮把逸山系官场所居，宫室壮丽，地广人稠，实甲东洋诸番。旧传国王系雷震石中而出，令女子为酋以长之。其田膏沃，地平衍，谷米富饶，倍于他国。民不为盗，道不拾遗。谚云"太平阇婆"者此也。俗朴，男子椎髻，裹打布。惟酋长留发。
>
> 大德年间，亦黑迷失、平章史弼、高兴曾往其地，令臣属纳贡税，立衙门，振纲纪，设铺兵，以递文书。守常刑，重盐法，使铜钱。俗以银、锡、鍮、铜杂铸如螺甲大，名为银钱，以权铜钱使用。
>
> 地产青盐，系晒成。胡椒每岁万斤。极细坚耐色印布、绵羊、鹦鹉之类。药物皆自他国来也。货用硝珠、金银、青缎、色绢、青白花碗、铁器之属。③

记述涉及爪哇的地理、风俗、物产和政治、经济等各方面状况。这是郑和下西洋前民间出现的最完整的对于爪哇的了解与认识。

郑和远航之后，出现了三部亲历下西洋的人士所撰写的关于海外的民间记述，即马欢的《瀛涯胜览》、费信的《星槎胜览》和巩珍的《西洋番国志》。这

---

① （元）汪大渊原著，苏继顾校释：《岛夷志略校释·叙论》，北京：中华书局，1981 年，第 9 页。

② （清）永瑢等撰：《四库全书总目·史部·地理类四》，北京：中华书局，1965 年，第 632 页上。

③ （元）汪大渊原著，苏继顾校释：《岛夷志略校释》，北京：中华书局，1981 年，第 159 页。

里以马欢《瀛涯胜览》关于爪哇的记述为例，与《岛夷志略》加以对照比较，试以说明明代海外知识的递进。

《瀛涯胜览》的作者是马欢，回族，字宗道，别字汝钦，自号会稽山樵，会稽人，通晓阿拉伯语，曾以通事身份参与第四、第六、第七次下西洋远航。《瀛涯胜览》书前马欢序，明言著此书受到《岛夷志略》的影响：

> 余昔观《岛夷志》，载天时、气候之别，地理人物之异，慨然叹曰：普天下何若是之不同耶？永乐十一年癸巳，太宗文皇帝敕命正使太监郑和，统领宝船，往西洋诸番开读赏赐，余以通译番书，亦被使末。随其所至，鲸波浩渺，不知其几千万里。历涉诸邦，其天时、气候、地理、人物，目击而身履之，然后知《岛夷志》所著者不诬，而尤有大可奇怪者焉。于是采摭各国人物之丑美，壤俗之异同，与夫土产之别，疆域之制，编次成帙，名曰《瀛涯胜览》。[①]

此自序作于明太宗永乐十四年（1416 年）。由此可知《瀛涯胜览》应成书于永乐十四年之前。但此书明钞《国朝典故》本另有一序，署名马敬，作于明英宗正统九年（1444 年）。全书终于《天方国》，后书"景泰辛未秋月望日会稽山樵马欢述"，"景泰辛未"是明代宗景泰二年（1451 年）。永乐十四年与景泰二年两者相距 35 年，不可谓短时间了，应是初稿完成后又不断增补修改的缘故。总之，《瀛涯胜览》成书于 15 世纪上半叶，应该是没有疑问的。

将《瀛涯胜览·爪哇国》与《岛夷志略·爪哇》对比，不难看出二者存在明显的差异。第一，从字数上说，《岛夷志略·爪哇》有 239 字，而《瀛涯胜览·爪哇国》有 2242 字，十倍于前者。第二，从记述来看，相对汪大渊，马欢的记述更为广泛和详尽。下面根据内容分类略举数例说明。[②]

1. 地理

汪大渊只提及爪哇一处地名"门遮把逸山"，而马欢提到四处地名：杜板、新村、苏鲁马益、满者伯夷。最后的满者伯夷，即门遮把逸山的不同译名，《元史·爪哇传》作麻喏八歇，同为爪哇语 Madjapahit 的对音。由此可

---

① （明）马欢：《瀛涯胜览序》，见冯承钧校注：《瀛涯胜览校注》，上海：商务印书馆，1935 年。

② 冯承钧校注：《瀛涯胜览校注》，上海：商务印书馆，1935 年，第 7—15 页。

知，二者给予的地理认识是 1∶4 的比例。

2. 人种与等级

汪大渊没有提到。马欢则记："国有三等人，一等回回人，皆是西番各国为商流落此地……一等唐人，皆是广东、漳、泉等处人窜居此地……多有从回回教门受戒持斋者"；还有"一等土人，形貌甚丑异，猱头赤脚，崇信鬼教"。特别是他提到在杜板、新村、苏鲁马益都有中国人，新村更是中国人所创居，"村主"是广东人。

3. 衣饰

汪大渊只记载了男子的装扮："俗朴，男子椎髻，裹打布。惟酋长留发。"马欢则述及了国王以及男女服饰："国王之绊，鬓头或带金叶花冠，身无衣袍，下围丝嵌手巾一二条，再用锦绮或纻丝缠之于腰，名曰压腰。插一两把短刀，名不剌头。""国人之绊，男子鬓头，女子椎髻。上穿衣，下围手巾。男子腰插不剌头一把，三岁小儿至百岁老人皆有此刀，皆是兔毫、雪花上等镔铁为之，其柄用金或犀角、象牙雕刻人形鬼面之状，制极细巧。"

4. 饮食

汪大渊完全没有涉及。马欢则记述了当地抓饭与喜食槟榔的习俗。细述："国人坐卧无床凳，吃食无匙箸。男妇以槟榔荖叶聚蜊灰不绝口，欲吃饭时，先将水漱出口中槟榔渣，就洗两手干净，围坐，用盘满盛其饭，浇酥油汤汁，以手撮入口中而食。若渴则饮水，遇宾客往来无茶，止以槟榔待之。"

5. 住所

汪大渊只记王居"宫室壮丽"，而马欢则具体描述："以砖为墙，高三丈余，周围约有二百余步，其内设重门，甚整洁。房屋如楼起造，高每三四丈，即布以板，铺细藤簟，或花草席，人于其上盘膝而坐，屋上用硬木板为瓦，破缝而盖。"并述及民居："国人住屋以茅草盖之。家家俱以砖砌土库，高三四尺，藏贮家私什物，居止坐卧于其上。"

6. 出行

这方面汪大渊没有记述。马欢的记述有：国王"赤脚出入，或骑象，或坐牛车"。遇竹枪会，"国王令妻坐一塔车于前，自坐一车于后。其塔车高丈余，四面有窗，下有转轴，以马前拽而行"。

7. 物产

汪大渊记"其田膏沃，地平衍，谷米富饶，倍于他国。""地产青盐，系晒成。胡椒每岁万斤。极细坚耐色印布、绵羊、鹦鹉之类"。马欢则详载土特产状况："田稻一年二熟，米粒细白，芝麻、绿豆皆有，大小二麦绝无。土产苏木、金刚子、白檀香、肉豆蔻、荜拨、斑猫、镔铁、龟筒、玳瑁。奇禽有白鹦鹉，如母鸡大；红绿莺哥、五色莺哥、鹩哥，皆能效人言语。珍珠鸡、倒挂鸟、五色花斑鸠、孔雀、槟榔雀、珍珠雀、绿斑鸠之类。异兽有白鹿、白猿猴等畜。"特别的是，他还加入了与中国的比较，比如"其猪、羊、牛、马、鸡、鸭皆有，但无驴与鹅耳"。对于瓜果蔬菜类也详细记述："果有芭蕉子、椰子、甘蔗、石榴、莲房、莽吉柿、西瓜、郎扱之类。其莽吉柿如石榴样，皮内如橘囊样，有白肉四块，味甜酸，甚可食。郎扱如枇杷样，略大，内有白肉三块，味亦甜酸。甘蔗皮白粗大，每根长二三丈。其余瓜茄蔬菜皆有，独无桃、李、韭菜。"

8. 货币与贸易

汪大渊记有"使铜钱。俗以银、鍮、铅、铜杂铸如螺甲大，名为银钱，以权铜钱使用"。马欢则不仅记载："番人殷富者甚多，买卖交易行使中国历代铜钱。"而且述及"斤秤之法"："每斤二十两，每两十六钱，每钱四姑邦，每姑邦该官秤二分一厘八毫七丝五忽，每钱该官秤八分七厘五毫，每两该官秤一两四钱，每斤该官秤二十八两。升斗之法，截竹为升，为一姑剌，该中国官升一升八合。每番斗一斗为一捺黎，该中国官斗一斗四升四合。"并述及交易物品："国人最喜中国青花磁器，并麝香、销金、纻丝、烧珠之类，则用铜钱买易。"

其次，以古里国为例。如前所述，以《瀛涯胜览》《星槎胜览》的记述作为标准，爪哇不在当时明确的西洋范围。明初的"西洋"有着特定的含义。曾几何时，西洋强盛的马八儿国在元末汪大渊的书中，只记有"马八儿屿"，是马八儿国的一部分。① 而同时在汪大渊的笔下，出现了"西洋诸番之马头"古里佛，特录如下：

---

① （元）汪大渊原著、苏继庼校释的《岛夷志略校释》（北京：中华书局，1981 年）第 345 页，注释 1 引藤田丰八校注云："《元史》有马八儿国，为 Ma'bar 之对音，本书马八儿屿亦然。"苏案：称马八儿屿而不称马八儿国，似不能无别。以为马八儿屿局限于潘班岛 Pamban，或包括其东稍南的马纳尔岛 Manar，印度人称此二岛之间海面为罗摩桥 Rama setu，基督教徒则称为亚当桥 Adam's Bridge。总之，马八儿屿只是马八儿国的一部分。

当巨海之要冲，去僧加剌密迩，亦西洋诸番之马头也。山横而田瘠，宜种麦。每岁藉乌爹米至。行者让路，道不拾遗，俗稍近古。其法至谨，盗一牛，苫以牛头为准，失主仍以犯人家产籍没而戮之。官场居深山中，海滨为市，以通贸易。

地产胡椒，亚于下里，人间俱有仓廪贮之。每播荷三百七十五斤，税收十分之二。次加张叶、皮桑布、蔷薇水、波萝蜜、孩儿茶。其珊瑚、珍珠、乳香诸等货，皆由甘理、佛朗来也。去货与小唄喃国同。蓄好马，自西极来，故以舶载至此国。每匹互易，动金钱千百，或至四十千为率。否则番人议其国空乏也。①

马欢《瀛涯胜览》中《古里国》的记述，与《岛夷志略》相比较，也有与《爪哇国》对照所得相同的特点：第一，文字上，《岛夷志略·古里佛》只有201字，而《瀛涯胜览·古里国》有1897字，后者接近十倍于前者。第二，内容上，《瀛涯胜览》对于这一西洋大国，有着更为广泛和详细的记述。下面仍据内容分类略举数例说明。②

1. 地理

汪大渊只提到"当巨海之要冲，去僧加剌密迩，亦西洋诸番之马头也"。马欢则详细记述了古里"即西洋大国。从柯枝国港口开船，往西北行，三日方到。其国边海，山之东有五七百里，远通坎巴夷国。西临大海，南连柯枝国界，北边相接狠奴儿地面。西洋大国正此地也"。马欢两度重复古里是西洋大国，并且将东西南北四至和前往路线、航程都写得清清楚楚。

2. 人种与信仰

汪大渊没有提到人种和宗教信仰。而关于人种，马欢记："国人内有五等：回回人，南昆人，哲地人，革令人，木瓜人。""人甚诚信，状貌济楚标致。"有关宗教，着墨尤多："国王系南昆人，崇信佛教，尊敬象牛。""王有大头目二人，掌管国事，俱是回回人。国中大半皆奉回回教门，礼拜寺有二三十处，七日一次行礼拜。至日，举家斋浴，诸事不干，巳午时，大小男子到寺礼拜，至未时方散回家，才做买卖，干理家事。"说明国中分等级，并存在不同

---

① （元）汪大渊原著，苏继庼校释：《岛夷志略校释》，北京：中华书局，1981年，第325页。

② 冯承钧校注：《瀛涯胜览校注》，上海：商务印书馆，1935年，第42—50页。

的宗教信仰。

3. 法律与风俗

关于法律，汪大渊记"行者让路，道不拾遗，俗稍近古。其法至谨，盗一牛，酋以牛头为准，失主仍以犯人家产籍没而戮之"。马欢记述加详："王法无鞭笞之刑，罪轻者截手断足，重则罚金诛戮，甚则抄没灭族。人有犯法者，拘之到官，即伏其罪。"并记述"若事情或有冤枉，不伏者"，则于王前或大头目前置一盛油铁锅，让犯人以手指相试，如手指溃烂，是不冤枉，反之，就是冤枉了。马欢称"此事最为奇异"。

对于风俗，马欢也记载了为汪大渊所没有记下的重要内容："其王位不传于子，而传于外甥。传甥止论女腹所生为嫡族。其王若无姊妹，传之于弟，若无弟，逊与有德之人。世代相仍如此。"他描述"国人亦会弹唱，以葫芦壳为乐器，红铜丝为弦，唱番歌相和而弹，音韵堪听"。并且根据自己的观察，说明"民俗婚丧之礼，锁俚人、回回人各依自家本等体例不同"。

4. 物产

汪大渊记"山横而田瘠，宜种麦。每岁藉乌爹米至"。马欢记载："米红白皆有，麦大小俱无。其面皆从别处贩来卖。"汪氏记："地产胡椒，亚于下里，人间俱有仓廪贮之……次加张叶、皮桑布、薇蔷水、波萝蜜、孩儿茶。"马欢则进一步记述："胡椒山乡住人置园多种。到十月间，椒熟采摘晒干而卖，自有收椒大户来收，上官库收贮。若有买者，官与发卖，见数计算税钱纳官。"不仅有物产，而且有功用的详细描述："富家多种椰子树，或一千株，或二千、三千株为产业。其椰子有十般使用，嫩者有浆甚甜，好吃，可酿酒；老者椰肉打油，做糖，做饭吃；外包之穰打索造船；椰壳为碗、为杯，又好烧灰打箱金银细巧生活；树好造屋；叶好盖屋。"关于蔬菜水果，他的描述倍加细致："蔬菜有芥菜、生姜、萝卜、胡荽、葱、蒜、葫芦、茄子、菜瓜、东瓜，四时皆有。又有一等小瓜，如指大，长二寸许，如青瓜之味。其葱紫皮，如蒜，大头小叶，称斤而卖。波罗蜜、芭蕉子，广有卖者。木别子树高十余丈，结子如绿柿样，内包其子三四十个，熟则自落。"提到家禽鸟兽："鸡、鸭广有，无鹅。羊脚高，灰色，如驴驹子之样。水牛不甚大，黄牛有三四百斤者。""各色海鱼其价极贱，山中鹿、兔亦有卖者。人家多养孔雀，其他禽鸟则有乌鸦、苍鹰、鹭鸶、燕子，其余别样大小禽鸟，则并无有。"

5. 货币、度量衡与贸易

汪大渊仅在描述马贸易时，涉及货币："每匹互易，动金钱千百，或至四十千为率。"马欢不厌其详地记载了古里的铸币和使用情况："王以六成金铸钱行使，名吧南。每个径面官寸三分八厘，面底有纹，重官秤一分。又以银为钱，名搭儿。每个约重三厘，零用此钱。衡法：每番秤一钱，该官秤八分。每番秤一两，计十六钱，该官秤一两二钱八分。"汪大渊提及度量衡单位："每播荷三百七十五斤。"马欢则具体记述了古里的度量衡器具及其与中国器具的换算："番秤二十两为一斤，该官秤一斤九两六钱。其番秤名番剌失。秤之权钉定于衡末，称准则活动于衡中，提起平为定盘星，称物则移准向前，随物轻重而进退之，止可秤十斤，该官秤十六斤。秤香货之类，二百斤番秤为一播荷，该官秤三百二十斤。若称胡椒，二百五十斤为一播荷，该官秤四百斤。凡称一应巨细货物，多用天平对较。其量法，官锣铜为升行使，番名党夏黎，每升该官升一升六合。"这样详细的记载，只能产生于马欢等在当地的贸易实践。

汪大渊记载"官场居深山中，海滨为市，以通贸易"。马欢则记载了贸易的整个过程，极为详备："其二大头目受中国朝廷升赏，若宝船到彼，全凭二人主为买卖。王差头目并哲地、未讷几计书算于官府。牙人来会，领船大人议，择某日打价。至日，先将带去锦绮等物，逐一议价已定，随写合同价数，彼此收执。其头目哲地即与内官大人众手相拏，其牙人则言某月某日于众手中拍一掌已定，或贵或贱，再不悔改。然后哲地富户才将宝石、珍珠、珊瑚等物来看议价，非一日能定，快则一月，缓则二三月。若价钱较议已定，如买一主珍珠等物，该价若干，是原经手头目未讷几计算，该还纻丝等物若干，照原打手之货交还，毫厘无改。"还有"其哲地多收买下各色宝石珍珠，并做下珊瑚珠等物，各处番船到彼，国王亦差头目并写字人等眼同而卖，就取税钱纳官"。他对贸易物品的记载尤详："西洋布，本国名扯黎布，出于邻境坎巴夷等处，每匹阔四尺五寸，长二丈五尺，卖彼处金钱八个或十个，国人亦将蚕丝练染各色，织间道花手巾，阔四五尺，长一丈二三尺余，每条卖金钱一百个。""每胡椒一播荷，卖金钱二百个。"等等。

经过以上对《岛夷志略》和《瀛涯胜览》两国记述的对照和比较，可以发现，马欢的记述比较详细，而根据各国各地不同情况，尤详于所在地特产和其国特点，其中，贸易是记述重点，这在二传中是完全相同的。跟随郑和下西洋的马欢，具有三次亲历海外的丰富经历，使他得到一个难得的机会去了解和认识海外人群、事物与文化；而由于他懂得阿拉伯语，有利于交往深入，这也使他在与海外的交往中有比《岛夷志略》作者更优越的条件。作为一个明朝普通人，马欢以其特有的视野，全方位地扫描了海外世界。在他的眼里，绝不仅仅注重政治，而是试图探求、评价和记录下他亲眼所见的海外社会生活场景的方方面面。换言之，他获取的是海外全面的信息，并且将之记述了下来。因此，我们可以说从《岛夷志略》到《瀛涯胜览》，民间记述的海外知识完成了一个由粗到精、由表及里的深化过程，由此，中国人对海外的认知向前迈进了一大步。

三、知识累积两条线索的比较与启示

以上沿着知识累积的两条线索，官修正史和民间记述，笔者探寻了郑和下西洋前后中国人海外知识积累的历史轨迹。通过比较，大致可以得到如下启示。

1. 知识传承：主要依靠民间线索

以官修正史和民间记述相比较，知识的累积和传递更多体现在民间记述中。官方修史以政治内容为主，仅注意官方交往的层面，在官修正史中，我们往往只能见到中国与海外政治关系和战事的记载；民间记述的视野则广泛得多，从中可以得到比正史远为丰富的内容。明初《元史·外夷传》的纂修，距离元末《岛夷志略》成书不过二十年时间，可是《元史》信息量比《岛夷志略》却少了很多，这说明官修正史和民间记述虽然都在不同程度上反映出明朝人对外部世界的了解，对外部知识的累积，但是二者具有明显不同的取向，因此也就有了相当大的差异。相对明初朝廷中对于朝贡歌功颂德的大量文字，民间对海外知识的汲取和传递更为重要。下西洋后，民间记述更为翔实，是比较全面、完整的关于海外知识的记述，具有比官修正史更多的知识含量。

2. 知识累积：重在亲身体验和观察

在对海外知识累积的过程中，民间记述的链条充分说明了经验的重要性。知识增长依靠人们的亲身体验和观察，在民间记述方面，亲身经历基础上写就的记载更为真实可信。因此普通人亲历海外的视野，是我们应该特别关注的。

谈到知识，过去学界更多地聚焦于明朝船队地理上所到何处和中国文化的对外传播，较少关注文化交流是双向的，更鲜见探讨民间对海外的认识层面，以及参与航海活动普通人的心态。对此，马欢《瀛涯胜览》提供了一个相对全面的观察视角。航海本身就是一种探索未知事物的活动，马欢作为民间参与者，显示出对未知事物极大的好奇心，他关注的是所到之地社会生活的各个方面，以丰富的经历和准确全面的观察见长，加以客观的详尽描述，使人读后有一种逼近现实的感觉。更值得注意的是，马欢对有关民生格外关注，时时处处以中国人的眼光比较海外与中国事物的异同，海外有什么，没有什么，在海外如何生活，读罢都清清楚楚了。正因为如此，马欢的记述有民间需求，后来收入了刊刻的丛书中，在明后期社会得到了比较广泛的流传。

进一步而言，作为出洋亲历者之手的笔记，《瀛涯胜览》这一关于海外知识传承与发展的重要文献，特别之处就在于，它反映了明初普通人对海外世界的观察和关注点。记述包容了海外社会生活的方方面面，反映出与正史纂修者不同的价值观念。就这一意义上说，相对官方史书，民间记述又是一种价值的重构。

3. 知识递进：走出国门是必要途径

海外知识的增长与走出国门，亲历海外有着直接联系。特别应该提示的是，郑和下西洋是中国前所未有的大规模航海活动。官方扩大规模的海外活动，使大批明朝普通人得以亲历海外，在频繁的对外交往中，人们的海外知识骤增，传统的"外夷"观念，在航海实践活动中通过人们亲临其境的观察和体验得到了升华，最终得到了一个真实的概念。质言之，走出国门，打开视野，获得新知，是知识累积与递进的一个重要途径。

在马欢的眼里，海外生活中最实际的问题几乎都揭示了出来，如果马欢没有走出国门，亲历其地，亲游其境，亲眼目击，就不可能有如此活生生的记述。在记述中，首先映入视野的是实际的生活场景，这告诉我们民间普通人出洋关注的是海外人们生活和生存的环境。此后，海外不再神秘，有了实实在在的描述。在马欢等的记述刊刻以后，海外为更多的国民所了解，海外生活展现在人们眼前，作为一条生存出路，也很现实地摆在了人们面前。更何况海外贸易本身是获得高利润的途径。在这样的情势下，移民热潮出现也就在合乎逻辑的情理之中了。换言之，在远航之后，明代海外移民的大量产生，海外成为沿海人民一条生存的途径是很自然的事。从这一意义上说，正是几近三十年远航的这种知识积累，为人们指出了一条通向南洋开发的道路。

　　总之，从郑和下西洋前汪大渊撰写《岛夷志略》，到郑和下西洋后马欢著述《瀛涯胜览》，说明了以民间记述为主线的海外知识的传承与递进。以往论者有举《岛夷志略》来比较《瀛涯胜览》，认为马欢只记二十国，在数量上远不如汪大渊记载得多，远航也没有超出宋、元的航海范围。通过以上的比较分析，虽然今天我们没有数据说明下西洋确实突破了以往宋、元航海的地域范围，但是，从海外知识积累的角度来看，通过郑和下西洋走出国门，大航海活动之后成书的《瀛涯胜览》比《岛夷志略》的信息量要多出了许多倍，知识含量也更高，从中可以清楚地看到明朝人的认识比元末又加深了，表明中国人对海外的认知达到了一个新的高度，标志着中国人的海外知识向前迈进了一大步。这正凸显出了远航在知识积累和递进中的作用。

四、结　束　语

　　从知识的视野看，知识属于认识的范畴，是人们对事物的认识，是人类对客观世界认识活动的结果。随着人类认识活动的不断深化，知识也日趋丰富。航海与海外知识增长之间具有密切关系。明朝初年，在宋、元航海技术获得重大发展基础上，中国航海技术高度发达，郑和七下西洋，人们走出国门对海外世界进行探求，这本身就是一种累积和递进的知识建构过程。中国人对于航海与海外的知识，正是在这一语境中得到了切实的深化。中国与海外文化的互动关系，也于此显现。作为国家行为航海活动的下西洋与作为知识累积和传承的下西洋是这一事件的两个方面，而知识的累积和内化则主要发生在民间。

　　知识累积过程的展开，涉及人类文明发展史的重大命题。通过大航海活动，人们对海洋和海外认识不断加深，知识不断积累和递进，这正是郑和下西洋对人类文明发展史的重要贡献。就这个意义上说，郑和是属于中国的，也是属于世界的。

从明代青花瓷崛起看郑和下西洋伟大功绩*

众所周知，郑和下西洋在中国航海史乃至世界航海史上，具有里程碑的意义。而典雅古朴的青花瓷，在中国陶瓷史乃至世界陶瓷史上，也具有里程碑的意义。在中国，从唐代就产生了青花瓷，但是到明代青花瓷才脱颖而出，黄金时代在明朝永乐、宣德时期，与郑和下西洋在时间上重合，这不能不使我们思考：航海与瓷器同时达到鼎盛，仅仅是历史的偶然吗？进一步探讨，从海外遗存、景德镇明代御窑厂遗址、北京出土景德镇瓷器三方面的历史见证，证明了以下西洋为分界，作为大航海时代中外文明交融结晶的青花瓷，在明代崛起并形成中国陶瓷主流的历史轨迹。或许我们可以这样说，如果没有郑和远航活跃的对外贸易，青花瓷也许会像在唐代那样昙花一现，或者如元代一样，只是中国瓷器的诸多品种之一，而不会成为中国瓷器的主流，进而成为中国瓷器的代表。就此而言，青花瓷在明代的崛起，是郑和下西洋的伟大功绩之一。

一、作为商品的青花瓷崛起：海外遗存的证明

根据中外学者研究，青花瓷最早产生于唐代，到元代烧造成熟。这种中国创制烧造的带有阿拉伯-波斯或者说是伊斯兰风格的瓷器新品种，为什么在烧制几百年之后，唯独在明代永宣时，才凸显出来了呢？

20世纪在亚洲和非洲广阔地区的考古发掘，揭开了这一谜底。

* 原载《郑和研究》2007年第4期。收入本书，有订正。

根据中外学者的考察研究，在埃及的福斯塔特遗址，苏丹的埃得哈布遗址，索马里北部遗址和肯尼亚的马林迪、坦桑尼亚的基尔瓦遗址，阿拉伯半岛上也门的亚丁一带，都有中国15世纪前期青花瓷的发现。进入波斯湾港口，凡是船只停泊之地，处处都发现了中国陶瓷。英国考古学家斯坦因（Stein）就是在巴基斯坦印度河口上游的旁遮普地区发现了15世纪前后的青花瓷片。而在伊朗东北部的大城市马什哈德的博物馆、德黑兰国立考古博物馆、伊斯法罕博物馆、印度孟买和海德拉巴的博物馆、斯里兰卡科伦坡国立博物馆、印度尼西亚雅加达国立博物馆、马来西亚的马六甲博物馆、土耳其伊斯坦布尔考古博物馆等，都收藏有约15世纪初中国青花瓷。如此众多的国度和地区，都遗存了15世纪初青花瓷的踪迹。

这种现象，对照郑和下西洋使团的大规模航海贸易活动，特别是下西洋随行人员马欢《瀛涯胜览》、费信《星槎胜览》，以及《郑和航海图》等史籍，可以得到合理的解释。

航海技术发展为瓷器的运输提供了前所未有的便利，当时输出的大量瓷器中，青花瓷是重要的一种。除了少部分作为给予当地上层的礼物外，大部分青花瓷是在海外进行贸易之用的。跟随郑和下西洋的马欢《瀛涯胜览》记载所到五国进行了瓷器贸易，其特别指出，爪哇"国人最喜中国青花磁器"；同样跟随下西洋亲历海外的费信，更加留意海外的青花瓷贸易。他在《星槎胜览》中记载瓷器28处。明确指出，用青花瓷交易的国家有9处，用青白瓷交易的国家有4处。其他以瓷器交易的地方15处，现在我们知道一半以上是有15世纪初青花瓷遗存的。

文献与实物相互印证，当年下西洋遍及亚非三四十个国家和地区，所到之处大都是港口，包括占城（今越南南部）、爪哇（今印度尼西亚）、暹罗（今泰国）、满剌加（今马来西亚马六甲）、苏门答剌（今印度尼西亚）、锡兰（今斯里兰卡）、古里（今印度科泽科德）、溜山（今马尔代夫）、祖法儿（今阿曼佐法尔）、阿丹（今也门亚丁）、榜葛剌（今孟加拉）、忽鲁谟斯（今伊朗霍尔木兹）、天方（今沙特阿拉伯麦加）、木骨都束（今索马里摩加迪沙）、卜剌哇（今索马里布腊瓦）、麻林（今肯尼亚马林迪）、比剌（今莫桑比克）、孙剌（今莫桑比克索法拉河口）等，这些地方都有青花瓷的踪迹，呈现出青花瓷贸易在海外拥有一个广阔市场的事实。海外遗存是中外经济文化交流繁盛发展的真实写照。

二、外销改变了中国瓷器的发展走向：
景德镇珠山御窑厂遗址的证明

郑和下西洋持续近 30 年，所到之处，许多是伊斯兰文明流行的区域。下西洋给景德镇带回了"苏麻离青"，也称"苏泥勃青"。这种海外青料，使景德镇烧制的青花瓷达到了炉火纯青的地步，所谓永宣青花瓷"开一代未有之奇"，由此获得了最大成就。

自唐代以后，中国瓷器南青北白的格局已经形成，青花瓷虽然在唐代产生，但直到元代后期才烧制成熟，主要用于外销，不是大量生产的瓷器品种，也不足以动摇传统青瓷、白瓷的主流地位。中国瓷器发生重大变迁，是在明代。以郑和下西洋为分界线，青花瓷生产开始成为景德镇瓷器生产的主流。

20 世纪 80 年代开始，景德镇珠山明代御器厂相继发现和发掘了洪武、永乐、宣德、正统、成化等朝代的大批瓷器和瓷器碎片。在永乐官窑厂遗址出土文物中，青花瓷还只是与青瓷、白瓷等其他瓷器并列的一种。变化发生在宣德年间，"诸料悉精，青花最贵"，说明在宣德时青花瓷已后来居上，成为最重要的品种。在造型上，永乐、宣德朝青花瓷有传统的盘、碗、梅瓶等，更有许多新增器型，如八角烛台、花浇、筒形花座、扁瓶、扁壶、折沿盘等，明显具有浓厚的伊斯兰风格，不少是仿西亚的金属器皿等器型生产的。悠久的手工艺传统获得了更新，取得了骄人的成绩，带到海外的青花瓷深受当地人喜爱。随着下西洋中外交往的扩大发展，主要依托于外销，景德镇御窑厂生产规模进一步扩大，官窑从洪武时的 20 座，扩大到 58 座。景德镇的瓷都地位由此奠定。

在下西洋的宏大背景下，扩大的航海贸易—扩大的海外市场—扩大的瓷器生产，贸易、市场、异文化交流紧密联系在一起。强劲的海外市场支撑了景德镇青花瓷的生产，中国瓷业改革就这样发生了。此后官窑在事实上带动了民窑生产，瓷器新品种青花瓷最终取代传统的青瓷与白瓷，成为中国瓷器的主流。更重要的是，这标志着中国陶瓷从单色釉到彩色釉的重大转型。

三、商业化使青花瓷奠定了主流地位：北京出土青花瓷的证明

北京出土的明早期瓷器数量上显示，明初龙泉窑和磁州窑的销量大约与景德镇旗鼓相当，说明当时是一种"三足鼎立"的状况。这一切的改变，还要从15世纪那个激动人心的航海时代谈起。

元青花瓷主要用于外销，在国内的影响不大。明初景德镇继承了青花瓷的烧造，但是据成书于洪武年间的曹昭《格古要论》记载："青花及五色花者俗甚。"可见青花瓷在当时人眼里并非上品，也就不可能流行。永乐、宣德年间下西洋以后，青花瓷主要供给国外市场贸易之用，为青花瓷的崛起提供了绝好的契机。景德镇没有像龙泉窑、德化窑那样的沿海地理优势，却以创新品种和新工艺获得了海外市场的认同。按照以伊斯兰文明为主的广大地区的需要，青花瓷做工精美，具有独特风格，在海外流行的同时，逐渐也在国内上层流行，成为皇家、贵族的"奢侈品"。而开拓了的海外市场，从根本上加速了经济活动，促进了生产，更改变了人们的观念。在海外市场不断扩大的需求下，青花瓷的生产也呈现出扩展趋势。当官窑无法满足需求时，就产生了"官搭民烧"的形式，继之，民窑迅速兴起，直至极大发展的民窑取代了官窑。成化年间，进口青料用竭之后，景德镇又以国产青料代替进口青料，成功地完成了转换。此后，得到社会普遍喜爱的青花瓷以"宣、成窑"为标本，全国各地窑场大量仿造，于是，青花瓷有如"旧时王谢堂前燕，飞入寻常百姓家"，成为人们日常生活中一个必不可少的组成部分。从北京出土的青花瓷来看，明后期青花瓷完全取代了青瓷、白瓷，占有了瓷器的主导地位，名副其实地成为时尚。这种情况到清代仍然继续，经历几百年持久不衰。实际上，景德镇青花瓷不仅在北京成为瓷器的主流，而且在明后期更远销欧洲和美洲，进而独步世界，享誉全球。

四、结　语

明代中国的航海与青花瓷同时达到了历史的巅峰，也同样是中国对于世界

文明做出的重大贡献。二者在时间上的重合,不是历史的偶然。

起源于唐,成熟于元的青花瓷,在明初尚不为时人所接受。是郑和下西洋为其迅速崛起提供了历史契机,是航海推动了作为商品的青花瓷大量生产和外销,促进了技术创新并改变了中国瓷器发展的走向,同时也带来了人们审美观念的更新。因此,青花瓷崛起是大航海时代技术创新与文化交融的硕果,是郑和下西洋的伟大功绩之一。

通过青花瓷的实例,我们了解到科学航海与文化创新的关系、和平友好交往与中外文明交融的关系,也使我们进一步认识了郑和航海的伟大功绩及其深远影响。

21 世纪是一个海洋的世纪。今天,中国作为一个海洋大国,继承和发扬郑和精神,与世界各国和谐发展,重铸航海事业与科技创新的辉煌,是时代的召唤。中国必将迅速走向海洋强国,为世界文明做出更大的贡献。

主要参考文献:

《明史》,北京:中华书局,1974 年。

《明太宗实录》,台北:台湾"中央研究院"历史语言研究所校印本,1962 年。

(明)费信著,冯承钧校注:《星槎胜览校注》,北京:中华书局,1954 年。

(明)巩珍:《西洋番国志》,向达校注,北京:中华书局,1961 年。

(明)马欢原著,万明校注:《明钞本〈瀛涯胜览〉校注》,北京:海洋出版社,2005 年。

(明)申时行等修:《明会典》,北京:中华书局,1989 年。

北京大学考古文博学院、江西省文物考古研究所、景德镇市陶瓷考古研究所:《江西景德镇明清御窑遗址发掘简报》,《文物》2007 年第 5 期。

冯先铭:《青花瓷器的起源与发展》,《故宫博物院院刊》1994 年第 2 期。

傅振伦:《〈景德镇陶录〉详注》,孙彦整理,北京:书目文献出版社,1993 年。

陆明华:《明代景德镇官窑瓷器考古的重要收获》,见中国古陶瓷学会编:《中国古陶瓷研究》第十辑,北京:紫禁城出版社,2004 年。

马文宽、孟凡人:《中国古瓷在非洲的发现》,北京:紫禁城出版社,1987 年。

曲永建:《残片映照的历史——北京出土景德镇瓷器探析》,北京:中国建材工业出版社,2002 年。

吴仁敬、辛安潮:《中国陶瓷史》,北京:团结出版社,2006 年。

向达整理：《郑和航海图》，北京：中华书局，1961 年。

叶文程：《中国古外销瓷研究论文集》，北京：紫禁城出版社，1988 年。

〔日〕三上次男：《陶瓷之路——东西文明接触点的探索》，胡德芬译，天津：天津人民出版社，1983 年。

Freeman-Grenville G S P. *The Medieval History of the Coast of Tanganyika, with Special Reference to Recent Areaoligical Discoveries*. London: Oxford University Press, 1962.

Garner H. *Oriental Blue and White*. London: Faber and Faber, 1954.

郑和下西洋：异文化、人群与文明交融*

郑和下西洋是中国古代乃至世界史上最引人注目的航海活动之一，其基本特征主要表现在规模庞大、人员众多、船舶精良，持续 28 年，远航遍及亚非三四十个国家和地区，等等。下西洋时动用的人力、物力在中国历史上是史无前例的，在中国古代安土重迁的农业社会中，产生下西洋这样的航海盛事，是不同寻常的。对于这一航海壮举，100 多年来，人们持续探讨，已经产生了极为丰硕的研究成果，涉及方方面面。关于下西洋的目的，长久以来众说纷纭，莫衷一是，而郑和下西洋肇始于明朝永乐皇帝的一通诏书，这已是一个众所周知的事实，并由此诞生了当代的中国航海日。永乐三年（1405 年）六月十五日永乐皇帝颁下诏书："遣中官郑和等赍敕往谕西洋诸国。"[①] 可以说没有诏令就没有下西洋。然而，对于诏书背后"语境"的探究，即这通诏令是如何产生的，却仍是有待发覆的问题。郑和生于穆斯林家庭，自小耳濡目染穆斯林朝圣事迹和传说，对于郑和下西洋，很有必要从民族迁徙和文明交融演进的更广阔的大视野来考察。由此出发，本文对于下西洋诏令背后的语境、下西洋产生的目的、下西洋前后与下西洋期间的人员和物品交流，以及对古代陆海丝绸之路全面贯通的重要作用，等等，略作探讨，以就教于方家。

---

* 原载《郑和与亚非世界》，马来西亚马六甲博物馆与国际郑和学会，2012 年。收入本书，有订正。

① 《明太宗实录》卷 43，"永乐三年六月己卯"条，台北："中央研究院"历史语言研究所校印本，1962 年（以下实录类均采用此版本，不再一一标注）。

一、下西洋的前奏：外来民族的迁徙与异文化的融合

　　在郑和下西洋的研究中，长久以来已经形成了一个基本思路，就是认为郑和由于各方面具备优势条件，被选派为下西洋统帅。事实上，采取这种思路，一方面是由于资料所限；另一方面认为皇帝是最高统治者，诏敕由皇帝所颁。然而，值得考虑的是，即使是皇帝直接颁布的"王言"，也不会是皇帝的突发奇想，而是有其特定的"语境"。明初出现郑和下西洋的不同寻常之处，表现在此前中国历代都有许多出使海外的记录，但是，像郑和下西洋这样规模之大、持续时间之长、出使范围之广的航海活动，却是史无前例的。就此而言，下西洋不是简单地出使海外，而应是一项重大决策。许多中外学者对于中国这样一个历来以农业为本的农耕大国，为什么会出现下西洋的航海盛事而大惑不解。回答这一问题，大多数学者从中国古代航海技术发展和中国古代悠久的航海传统来说明，但这只回答了一个方面，并没有解答出为什么这样的航海会发生在特定的明朝初年。换言之，这个既陈旧而又不断被加以翻新的话题，依然摆在我们面前，并要求作出进一步的解答。

　　航海活动，最重要的是航海人群的衍生，是航海人的传承脉络。自南宋起，蒲寿庚提举泉州市舶司 30 年[1]，中国官方海外贸易，已经出现了海外民族融入的身影。中国航海人的崛起，并不自郑和下西洋始，但却是以史无前例规模的下西洋作为鲜明标志。这里有一个细节一直没有被广泛地加以注意，那就是郑和七下西洋之前，明朝有很多出使西洋的使团；郑和七下西洋之后，明朝也不是没有对于郑和曾经出使的国家或地区的出使，但是前后的出使并不冠以"下西洋"的名称，一般只是具体地出使某国而已。这说明郑和下西洋的不同凡响，在明朝当时已经出现，"下西洋"产生了深远影响。于是一个问题凸显了出来，那就是郑和其人。郑和的名字与七下西洋紧密联系在一起，彪炳史册。让我们回到原来的问题：诏令如何形成？史无记载，迄今也无人探讨。然而，没有朝堂之议的记载，更使我们确信下西洋是一项在内廷形成的决策，尽管我们拿不出郑和参与决策的直接证据，但是根据目前掌握的文献资料的整

---

[1]　〔日〕桑原骘藏：《蒲寿庚考》，陈裕菁译订，北京：中华书局，1954年，第149页。

合，我们仍然可以推断郑和很可能是促成下西洋决策的人物之一。这一推断的产生，一是注意到郑和其人是明初外来民族与异文化在中国本土融合的一个缩影；二是因为郑和所担任的内官第一监太监在皇帝身边的显赫地位，使之可以直接参与决策；三是内官监职掌所系与迁都北京的宫廷消费需求。下面依次对下西洋与郑和其人及上述关系加以钩稽。

（一）父亲的缺席与在场

众所周知，《故马公墓志铭碑》是研究郑和家世及其本人的第一手资料。从这篇碑文，我们可以了解到多方面的信息。尽管引述这通碑文的论述很多，但是这里仍有必要从这一郑和身世最基本的史料开始，结合其他明代史籍的记载，重新审视郑和与下西洋缘起的相关史事。该碑文如下：

> 公字哈只，姓马氏，世为云南昆阳州人。祖拜颜，妣马氏，父哈只，母温氏。公生而魁岸奇伟，风裁凛凛可畏，不肯枉己附人；人有过，辄面斥无隐。性尤好善，遇贫困及鳏寡无依者，恒保护赒给，未尝有倦容，以故乡党靡不称公为长者。娶温氏，有妇德。子男二人，长文铭，次和，女四人。和自幼有材志，事今天子，赐姓郑，为内官监太监。公勤明敏，谦恭谨密，不避劳勤，缙绅咸称誉焉。呜呼！观其子而公之积累于平日，与义方之训，可见矣。公生于甲申年十二月初九日，卒于洪武壬戌七月初三日，享年三十九岁。长子文铭奉枢安厝于宝山乡和代村之原，礼也。铭曰：身处乎边陲而服礼义之习，分安乎民庶而存惠泽之施，宜其余庆深长而有子光显于当时也。
>
> 　　　时永乐三年端阳日资善大夫礼部尚书兼左春坊大学士李至刚撰[①]

明朝礼部尚书大学士李至刚撰写的这篇碑文，是永乐三年（1405年）五月初五所撰，时间上正是在郑和下西洋前夕，这应该不是简单的偶合。永乐九年（1411年）六月，郑和第二次远航归来，皇帝以"远涉艰苦，且有劳效"，曾派遣内官赵惟善、礼部郎中李至刚宴劳于太仓。[②]碑阴所记的是同年十一月郑和告假还乡扫墓之事。

---

① 袁树五：《昆阳马哈只碑跋》，见纪念伟大航海家郑和下西洋580周年筹备委员会、中国航海史研究会：《郑和研究资料选编》，北京：人民交通出版社，1985年，第30页。

② 《明太宗实录》卷116，"永乐九年六月戊午"条。

碑文说明郑和出生在云南昆阳一个穆斯林家庭，值得注意的是"世为云南昆阳州人"，也就是说他的家族已经世代定居在昆阳。郑和之父曾去过伊斯兰圣地麦加朝觐，故在家乡被尊称为"哈只"。明人史仲彬《致身录》注载："《咸阳家乘》载和为咸阳王裔，夷种也，永乐中受诏行游西洋。"①李士厚先生在 1937 年就据《郑和家谱》研究郑和家世，后又根据发现的《郑和家谱首序》《赛典赤家谱》，指出郑和是元代咸阳王赛典赤·瞻思丁的六世孙。也就是说，郑和的祖先是来自西域布哈拉的赛典赤·瞻思丁，而赛典赤·瞻思丁的世系可以上溯到伊斯兰先知穆罕默德。②邱树森先生也持有同样观点。③赛典赤·瞻思丁入华为官，被元世祖忽必烈任为云南行省平章政事，故举家定居云南。他在任期间，对治理云南做出了突出贡献。明人盛赞赛典赤，叶向高《苍霞草》有《咸阳家乘叙》云：

> 当元之初兴，咸阳王以佐命功守滇，始教滇人以诗书礼义，与婚姻配偶养生送死之节。创立孔子庙，购经史，置学田，教授其生徒。于是滇人始知有纲常伦理，中国之典章，骎骎能读书为文辞。至国朝科举之制初行，滇士已有颖出者，则咸阳之遗教也。④

赛典赤·瞻思丁在云南建立孔庙的举措，说明来自波斯的移民已经接受了中国文化，产生了文化认同，而国家认同与文化认同是同步的，就这样，外来移民在云南开始了中国本土化的过程。

值得注意的是，虽然有学者对赛典赤·瞻思丁是郑和先祖提出了质疑⑤，但是有一点值得注意，那就是云南的穆斯林大多是在蒙古西征时由中亚迁徙而来，这是没有问题的。根据学者研究，元朝是波斯及波斯化的中亚穆斯林移居中国最盛的时期。蒙古帝国西征以后，数以百万计的穆斯林迁徙到中国定居，13 世纪时东迁的西域回族人（绝大多数为信仰伊斯兰教的中亚各族人以及波斯

① （明）史仲彬：《致身录》注，康熙八年刻本。
② 李士厚：《郑和家谱考释》，昆明：云南正中书局，1937 年；李士厚：《郑氏家谱首序及赛典赤家谱新证》，《中南民族学院学报》1985 年第 3 期。
③ 邱树森：《郑和先世与郑和》，《南京大学学报（哲学社会科学版）》1984 年第 4 期。
④ （明）叶向高：《苍霞草》卷 8《咸阳家乘叙》，万历刻本。
⑤ 周绍泉：《郑和与赛典赤·瞻思丁关系献疑》，见南京郑和研究会编：《郑和研究论文集》第 1 辑，大连：大连海运学院出版社，1993 年。

人、阿拉伯人）是云南回族的主要来源。①因此，郑和家族也应该是其中之一，这是毋庸置疑的。

关于郑和是否为赛典赤后代的问题，学术界是有争议的。赛典赤家族是最显赫的回族家族之一，影响颇巨。有学者指出："赛典赤和其儿子们在发展云南并将云南与中原融合一起中发挥了如此显赫的作用，以至于中亚和波斯定居者的后代子孙们都愿意将自己的祖先要么追溯到赛典赤，或者追溯到赛典赤的部属和家族成员。"②郑和家族与赛典赤的关系可能也有上述因素存在。但是郑和出身穆斯林家庭不是谜，更重要的是，从碑文"身处乎边陲而服礼义之习"，我们已知这一外来家族在保存了外来民族的鲜明特征——穆斯林信仰的同时，在明初业已完成了文化认同，也即中国本土化的过程。

（二）郑和的才志与地位

碑文涉及郑和的部分是："和自幼有材志，事今天子，赐姓郑，为内官监太监。公勤明敏，谦恭谨密，不避劳勤，缙绅咸称誉焉。""自幼有材志"，"材"是天赋才能，"志"则是志向与抱负。自幼生长在穆斯林家庭的郑和，在少年时离开家乡，他对于家乡和亲人留有深刻的记忆，"事今天子，赐姓郑"，所指即在"靖难之役"郑村坝之战中立有战功后赐姓"郑"，可见在靖难之役以后，郑和已经深得朱棣信任，而在朱棣成为皇帝以后，作为亲信之人，他有了得以施展才能和抱负的有利条件。再看赋性"公勤明敏，谦恭谨密，不避劳勤，缙绅咸称誉焉"，说明了郑和的才能与为人，在当时得到缙绅"称誉"。《明史·李至刚传》载，李至刚，松江华亭人，时任礼部尚书，在当时拥有"朝夕在上左右"的地位。③郑和与之有同僚之谊，都是在皇帝左右的亲信之人，而郑和由于是内廷之人，亲密程度自然又非外臣可比。

相士袁忠彻《古今识鉴》中的记述，适可作为郑和相貌才智的补充说明，特录于下：

> 内侍郑和，即三保也，云南人，身长九尺，腰大十围，四岳峻而鼻

① 杨兆钧主编：《云南回族史》，昆明：云南民族出版社，1989年，第2页。

② 王建平：《露露集：略谈伊斯兰教与中国的关系》，银川：宁夏人民出版社，2007年，第31页。

③ 《明史》卷151《李至刚传》，北京：中华书局，1974年，第4182页。

小，法及此者极贵。眉目分明，耳白过面，齿如编贝，行如虎步，声音洪亮……永乐初欲通东南夷，上问："以三保领兵如何？"忠彻对曰："三保姿貌材智，内侍中无与比者，臣察其气色，诚可任使。"遂令统督以往，所至畏服焉。①

这是论证选派郑和下西洋的一段重要史料，为众多学者所引用。值得注意的是，其中论及"三保姿貌材智，内侍中无与比者"。当时永乐皇帝颇信相士，而相士点明了郑和在内官中的超凡之处。

郑和生于穆斯林家庭，自小耳濡目染穆斯林朝圣事迹和传说，对海外有所了解，由此对海外交往也有较清楚的认识，在永乐皇帝的亲随大臣中，这方面的识见在他人之上，因此，其在下西洋决策中的作用，我们也应该重新审视。一般说来，皇帝诏敕，特别是关于重大政务的诏令的产生，具有三种形式：第一种形式，是皇帝按照自己的意志直接命令"著于令"；第二种形式，是臣僚上奏，皇帝认可，往往以"从之"来表述，或有臣僚直接言请"著为令"的；第三种形式，是皇帝令臣僚草拟制度，臣僚集议，定议后上奏，由皇帝批准发布的。②自从封藩以后就来到北部中国的燕王，长期生活在北方，其成为永乐皇帝以后，为什么会对海外情有独钟，颁旨下西洋？应该说下西洋诏令不是无源之水，向深发掘各种决策参与者的作用，通过正式渠道和非正式的渠道建言，都是可能的。郑和身为宫中内宫第一署的太监，他的建言没有在官方文献中披露是完全可能的。虽然没有直接文献记载留存下来，但是我们仍然可以在现存史料的基础上，将郑和富有的跨文化的知识背景与其认知和行为联系起来，特别是结合他在当时宫廷中的地位，身为内官监太监，也即宦官之首，郑和是永乐皇帝身边的心腹人物。以他的才智和显赫地位，尤其是富有外来因素的知识谱系，我们可推知他是对下西洋决策可能施加重要影响的人物之一。甚至可以大胆推测，当时永乐皇帝身边最可能建言下西洋的人物就是郑和。

（三）郑和职任与下西洋及迁都的关联

上述碑文给我们的重要信息是当时郑和"为内官监太监"。袁忠彻记"后

① （明）袁忠彻：《古今识鉴》卷8《国朝》，嘉靖刻本。
② 参见万明：《明代诏令文书研究——以洪武朝为中心的初步考察》，《明史研究论丛》第8辑，北京：紫禁城出版社，2010年。

以靖难功授内官太监"①，指出了郑和任此官职与靖难之功的直接关联。一般说来，学者在述及郑和生平事迹时，都会涉及郑和任官内官监一这点，而对于内官监的职掌及其当时的地位，却未见详析。其实，内官监在当时是内官衙门之首监，内官监太监，即内官监的长官，这意味着郑和是内廷宦官之首的显赫地位。

在这里有必要追溯一下内官监的职掌。内官监，于洪武十七年（1384 年）四月替代内使监而设立，其职掌是"通掌内史名籍，总督各职，凡差遣及缺员，具名奏请"②。这里值得注意的是"总督各职"，可以说明内官监的地位。设立之初，内官监通掌内史名籍，总掌内外文移。至洪武十七年（1384 年）七月，明太祖"敕内官毋预外事，凡诸司毋与内官监文移往来"③。这条史料说明，当时限制了内官监的权限。然而，在洪武二十三年（1390 年）又见规定："与在内衙门行移，中使司呈内官监，内官监帖下中使司；其余内府各衙门行移，俱由内官监转行。"④由此可见，内府文移仍是由内官监在掌管。

实际上，内官监还职掌礼仪之事。洪武二十六年（1393 年）所定亲王、公主婚礼及朝贺传制诸仪，皆由内官监官与礼部仪礼司官共同"设仪物于文楼下"，依此，参与宫廷礼仪之事是内官监的重要职事之一。⑤

需要说明的是，掌管内府文移的内官监甫设立时，在官员品级上比其他内官要高一品，为正六品，高于他监的正七品，显示出了内官监的显要。在洪武二十八年（1395 年）所颁的《皇明祖训·内官》中，规定内官各监升为正四品，而内官监职掌为"掌成造婚礼袭冠舄伞扇、衾褥帐幔仪仗及内官、内使贴黄诸造作，并宫内器用、首饰、食米、上库架阁文书、盐仓、冰窖"⑥。值得注意的是，这里的"贴黄"，即内官履历及迁转事故记录，掌管"贴黄诸造作"，就是"通掌内史名籍"。这一职掌与内缺除授、奏请差遣等重要的人事调遣有着密切关系；而职掌成造宫内仪仗、器用，以及掌管"架阁文书"，即宫中档案，都是宫廷极为重要的职掌。此外，《皇明祖训·内令》还规定：

① （明）袁忠彻：《古今识鉴》卷 8《国朝》，嘉靖刻本。
② 《明太祖实录》卷 161，"洪武十七年夏四月癸未"条。
③ 《明太祖实录》卷 163，"洪武十七年秋七月戊戌"条。
④ 《明太祖实录》卷 200，"洪武二十三年三月庚午"条。
⑤ 《明太祖实录》卷 224、卷 228、卷 233。
⑥ 《皇明祖训·内官》，见（明）张卤辑：《皇明制书》下册，日本古典研究会，1967 年，第 14 页。

"凡自后妃以下，一应大小妇女及各位下使数人等，凡衣食、金银、钱帛并诸项物件，尚宫先行奏知，然后发遣内官监官。监官覆奏，方许赴库关支。"①内官监掌管后宫器用的职能非常明确，显示出内官监在宫中器用方面的极大权限。

以上所有职掌奠定了内官监作为明初内官第一监的地位。至于司礼监为内官之首的情形，那是在宣德以后才形成的。关于司礼监的显赫地位，在明代文献中多有表述，以致明初内官监为宦官首监的事实长久以来被遮蔽了，这是应该澄清的。

一般认为，永乐时期大量任用宦官，是明代宦官权力提升的重要时期。永乐元年（1403 年）六月，由燕王而成为皇帝的朱棣，升旧燕府承奉司为北京内官监，秩正四品。②郑和被任为内官监太监后，这一内官之首的地位，使他可以朝夕接近皇帝，对时政拥有毋庸讳言的影响力。《明实录》中记载，永乐二年（1404 年）吏部尚书蹇义等上言在京各衙门官定额外添设事，述及"内府办事监生，止是誊写奏本，查理文册，稽算数目，别无政务，比内官监奏准半岁授官"③。内府办事监生由内官监奏准授官，说明内官监掌控着内府升选差遣的人事权。就此而言，后来出现将当时的内官监视为外廷吏部的看法："至永乐始归其事于内，而史讳之"④，应不是无稽之谈。

行文至此，涉及下西洋的一个重要问题，即以往大多数中外学者都将永乐迁都视为明朝内向的标志，认为迁都是停止下西洋的重要因素。但是，如果从内官监的职掌来看，永乐迁都在当时不仅没有成为阻碍下西洋的因素，而且还是促生下西洋的因素，也就是说迁都与下西洋有直接的关联。具体而言，内官监的职掌主要在三个方面：一是宫廷礼仪之事，这与下西洋对外交往有直接对应关系。二是内府升选差遣之事，这与决策和选派下西洋人员直接相关。最为重要的是第三方面，掌宫廷成造与器用诸事，这更加将下西洋与迁都的宫廷需求直接联系了起来，可以这样认为：正是由于采办是内官监的重要职

① 《皇明祖训·内令》，见（明）张卤辑：《皇明制书》下册，日本古典研究会，1967 年，第 13 页。
② 《明太宗实录》卷 21，"永乐元年六月乙亥"条。
③ 《明太宗实录》卷 32，"永乐二年夏六月己丑"条。
④ （明）沈德符：《万历野获编·补遗》卷 1《内监·内官定制》，《明代笔记小说大观》3，上海：上海古籍出版社，2005 年。

掌之一，更在下西洋以后成为内官监占据首位的职掌，其与迁都的关系必然紧密相连。特别是考虑到为郑和之父撰写碑文的礼部尚书李至刚，恰恰就是迁都北京的首议之人，当时他与郑和是永乐皇帝的左右亲信，一议迁都，一为迁都下西洋采办，这应该不仅是一种巧合，而且是合乎逻辑的内外亲信之臣的密切配合。

由于郑和的家世、他的才能，而更重要的，是他的职任所在，下西洋的统帅似乎是非郑和莫属，由此生成了中国史上史无前例的大规模航海活动。民族的迁徙与异文化的融合，体现在郑和的身上，作为内官第一监长官的地位，为郑和提供了参与下西洋决策和亲身实践下西洋的可能性，而郑和代表中国明朝下西洋，他的出使是隆重而不同凡响的，他所率领的船队，被称为"下西洋诸番国宝船"①，也正说明了为宫廷取宝的直接目的。时至今日，揭示内官监的职能，有助于我们了解下西洋的真实目的。我们应不再讳言下西洋为宫廷消费采办"奢侈品"的目的，这一点从郑和所任官职的职掌上充分显示了出来，因此下西洋与皇家经济利益紧密相连，也应该是确定无疑的。

从唐宋的番坊番客，到宋代蒲氏的职掌市舶司，乃至元代色目人大批入华，"回回遍天下"，并进入统治阶层，外来民族的迁徙与定居中国，蔚然可观。元明之际，是中国继魏晋南北朝以后，第二个民族发展与融合的高潮期。明代，从波斯、中亚大批来华的外来移民已经融入中华民族之中，以外来移民群体为主，融合中国本土民族成分的回族在明代形成，这已是学术界的共识。由唐代迁徙客居中国，到宋代成为中国职掌市舶司海外贸易管理的官员，再到元代任职地方大员，治理一方，乃至明初由于历史的机缘进入最高中枢，外来移民及其后裔将影响直接渗透到宫廷，完成的是一个文化认同与国家认同的全过程，是一个本土化的过程，而这是一个具有自认同和被认同的文化认同的双向过程。郑和下西洋，由郑和出任明朝出使海外的大型船队统帅，作为明代中国的代表，率领中国人大规模走向海外，与亚非各国交往，可以认为是上述过程圆满完成的表现形式之一。

产生郑和下西洋本身，是异文化在中国融合的结果，而下西洋通过海洋与亚非各国多民族大规模交往，其促进文明交融的作用和贡献更是不可低估。

① 《明仁宗实录》卷1上，"永乐二十二年八月丁巳"条。

二、下西洋的意义：古代陆海丝绸之路的全面贯通

从迄今传世的洪武年间《大明混一图》①，我们可以清楚地了解到明初中国人对于外部世界的认识已包括今天的亚洲和非洲。明初的中西交往，以中国与亚非各国诸民族的交往为主流，当时并没有与欧洲的直接交往关系。15世纪初，在亚非范围内的国际交往达到了历史上前所未有的程度，与郑和下西洋有着密不可分的关系。更重要的是，通过下西洋，古代陆海丝绸之路得以全面贯通，这一意义极其深远。

一般而言，人类文明的发展，可以分为物质文明与精神文明两个层面，以下首先就此简析下西洋的意义。

（一）物质文明层面：对话与交流

物产，是天然出产和人工制造的物品，可以称作物质文明的代表。人类文明史上最古老也最普遍的文明对话与互动现象正是以此为起点而发生的。明朝初年郑和七下西洋，规模庞大的船队遍及亚非三四十个国家与地区，持续达28年之久，将中国的航海活动推向了历史的巅峰，同时大规模的双向贸易，达到了中外物产交流的一个历史高峰。

在马欢的记述中，反映出他对所到海外国家的政治、社会、制度、宗教、建筑、衣饰、艺术、礼仪、习俗等所有事务均表现出浓厚兴趣，而对人们日常生活息息相关的物产尤为关心，可以说凡下西洋时所见海外各国物产，《瀛涯胜览》均有详细记述。②马欢所记各国物产，是通过马欢亲身经历考察得到的，不是来自传闻或抄自前人著述，因此是弥足珍贵的第一手资料，是当时亚洲各国物产的一份完整清单，反映出郑和下西洋交易圈各国物产的基本面貌。

这些物产大致可以分为七大类：①宝物类，如珍珠、宝石、金子等；②香药类，如乳香、胡椒、苏木等；③果品类，如石榴、葡萄、波罗蜜等；④粮食

---

① 绘于明洪武二十二年（1389年），长3.86米，宽4.75米，彩绘绢本，现藏中国历史第一档案馆。

② 各国物产均见于马欢：《瀛涯胜览》"各国"条，参见（明）马欢原著，万明校注：《明钞本〈瀛涯胜览〉校注》，北京：海洋出版社，2005年。

类，如米、麦等；⑤蔬菜类，如黄瓜、葱、蒜等；⑥动物类，如狮子、麒麟等；⑦织品类，如西洋布、丝嵌手巾等。

值得注意的是以下特征：

第一，所有物品主要以土产，即非人工制造的物品为多。

第二，记录各国物品中最少的是黎代，只有1种；最多的是忽鲁谟斯国，共57种。这说明记载的物品大多属于当地特产，有些地方的物品不是当地所产，只是在当地流通而已。如在忽鲁谟斯国的物品中，就不都是其国所产，而是贸易流通所致，显示出忽鲁谟斯作为贸易集散地的功能。

第三，综合起来看，各国物产记载甚细，其中属于宝物的并不占多数，相反倒是人们日常用品占有相当大的比例。这就是说，马欢关注的明显不仅是宝物，还有粮食、蔬菜、果品等人们日常生活用品，更记录了许多与各国人们日常生活密不可分的畜禽动物。

马欢的记载甚至几乎到了不厌其烦的地步，如在罗列了爪哇国有羊、猪、牛、马、鸡、鸭之后，又特别指出"但无驴与鹅尔"①。注意到这一点很重要，在以往的研究中这是恰恰被忽略了的信息。对此，如果我们以马欢对所到之地人们生活状况观察细微来说明，恐怕还是不够的。比较汪大渊撰《岛夷志略》，汪氏记述了各地特产，从商人的眼光出发，并不记载人们日常生活所需的物品。②马欢显然与之有很大不同。为什么会这样？推测可能有两方面的原因：一是远航船队所至各地，需要不断补充给养品，这是航行在海上的生存需要；二是马欢作为生活在明朝的一个普通人，特别注意海外的民生，也就是海外人们的生存环境。如果以第一个原因来说明，并不完全合乎情理，因为汪大渊在海上生活也同样需要粮食、蔬菜等给养，那么第二个原因才是更接近真实的原因。这里涉及一个重要问题，一般认为郑和下西洋是为明朝统治者满足"奢侈品"需要而进行的航海活动。实际上，古代远距离贸易无例外地都是"奢侈品"贸易，而这里我们还不应该忽略一个事实，即进行航海活动的并不是统治者本身，走出国门打开眼界的大都是普通明朝人，马欢应不是一个孤立

---

① （明）马欢原著，万明校注：《明钞本〈瀛涯胜览〉校注》，北京：海洋出版社，2005年，第20页。

② 参见（元）汪大渊原著，苏继庼校释：《岛夷志略校释》"各国"条，北京：中华书局，1981年；万明的《知识视野中的郑和下西洋》对《岛夷志略》与《瀛涯胜览》的记述进行了比较（《中华文史论丛》2006年第1期）。

的例子，如费信《星槎胜览》的记述中，也把关注点放在"货用"上。正是因为有像马欢、费信这样的明朝普通人，我们今天才得以见到下西洋交易圈内海外各国的一份完整的物产清单。虽然这些海外物产不可能都与郑和使团发生直接关系，但是这些海外各国物产的重要信息，对于日后民间海外贸易的开拓发展是极为重要的信息资源，这是毋庸置疑的。

纵观下西洋海外交易实例，海外物产进入交流的主要品种有犀角、象牙、伽蓝香、金子、宝石、红马厮肯的石、苏木、降真香、绵布、乳酪、胡椒、野犀牛、珊瑚、锡、珍珠、香货、西洋布、花巾、海鱼、宝石与珍珠厢宝带、丝嵌手巾、织金方帕、龙涎香、椰子、乳香、血竭、芦荟、没药、安息香、苏合油、木鳖子、骆驼、猫睛石、各色雅姑、金珀、蔷薇露、狮子、麒麟、花福鹿、金钱豹、驼鸡、白鸠、金银生活、熟食、彩帛、书籍、金厢宝带、蛇角、莘布、姜黄布、布罗、布纱、沙塌儿、兜罗锦、绢、刺石、祖把碧、祖母喇、金刚钻、金珀珠、神珀、蜡珀、黑珀（番名撒白值）、美玉器皿、水晶器皿、十样锦剪绒花毯、各色棱幅、撒哈剌、襪罗、襪纱。

以上总共是 70 种。显然，交流圈的特殊产品构成了当时海上贸易的主要内容。重要的是，以往我们忽略的还有金银。

图 1 为金锭，扁体弧端，束腰，正面铸有铭文。长 13 厘米、宽 9.8 厘米、厚 1 厘米，重 1937 克，铭文为："永乐十七年四月口日西洋等处买到八成色金壹锭伍拾两重。"①它是目前考古发现有铭文记载的直接与郑和下西洋贸易有关的文物。永乐十七年（1419 年）是郑和第五次下西洋之时。由于内官监的职掌中，重要的一项是"掌成造婚礼冠舄伞扇、衾褥帐幔仪仗"和宫廷器用、首饰，因此这件由下西洋直接从海外买到的金锭，就赐给了梁庄王。梁庄王名朱瞻垍，明仁宗第九子，卒于 1441 年。值得注意的是，铭文中的"买到"二字，是下西洋在海外公平交易的历史见证。

图 2 为金镶宝帽顶。帽顶上名贵的金玉珠宝，反映了明代亲王的奢华生活。梁庄王墓出土器物种类繁多，共计 5100 余件，其中金、银、玉器有 1400 余件，珠饰宝石则多达 3400 余件。结合图 1 的金锭，我们可以推知此墓出土的黄金与珠宝应有来自西洋的。一墓随葬如此大量的金银珠宝，为下西洋的目

---

① 图文见白芳：《郑和时代的瑰宝　明梁庄王墓文物展》，《收藏家》2005 年第 10 期。

的是去取宝做了一个最好的注脚。

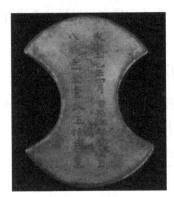

图 1　金锭　　　　　　　　图 2　金镶宝帽顶

　　马欢记述的下西洋海外交易实例中，明代中国物产进行交流的主要品种有青磁盘碗、纻丝、绫绡、麝香、花绢、铜钱、布帛、色绢、烧珠、樟脑，锦绮等。其中，以青花瓷器、丝绸、麝香、铜钱最为重要，除了麝香以外，其他都是中国特有的人工制造产品，深受海外各国人民的喜爱。①

　　对于中国物品在阿拉伯地区的交易，这里有一个阿拉伯史料的例证。伊本·泰格齐·拜尔迪《埃及和开罗国王中的耀眼星辰》中有一条重要史料可与郑和第七次下西洋的分遣船队活动相对应，（伊历）835 年"这一年 10 月 22 日，从光荣的麦加传来消息说：有几艘从中国前往印度海岸的祖努克（Zunūk），其中两艘在亚丁靠岸，由于也门社会状况混乱，未来得及将船上瓷器、丝绸和麝香等货物全部售出。统管这两艘赞基耶尼（al-Zankiyayini）船的总船长遂分别致函麦加艾米尔、谢利夫-拜莱卡特·本·哈桑·本·阿吉兰和吉达市长萨德丁·伊布拉欣·本·麦莱，请求允许他们前往吉达。于是两人写信向素丹禀报，并以此事可大获其利说服打动他。素丹复信允许他们前来吉达，并指示要好好款待他们"。据披露史料的盖双先生考，（伊历）835 年 10 月 22 日已进入1432 年。②这条史料直接谈到了瓷器、丝绸和麝香这些中国在吉达进行贸易的

<hr>

① 《大正藏》第 12 册，台北：新文丰出版公司，1983 年，第 407 页。
② 《大正藏》第 17 册第 113 页后秦北印度三藏弗若多罗译《十诵律》卷五记载："轮行人若伎人、歌舞人、踯绝人、相打人、相扑人、俳笑人，以粗轮载财物，细轮载妻子，游行诸国营轮住宿。"（《大正藏》第 23 册，台北：新文丰出版公司，1983 年，第 32 页）

货物名称①，并谈到前往亚丁的两艘船是中国前往印度海岸的几艘船中的一部分。由此可知，郑和船队的贸易船只在到达印度海岸以后分头进行贸易活动的情形。

（二）精神文明层面：传播与交汇

马欢《瀛涯胜览》中记述了亲身所至的 20 个亚洲国家的政教情况。笔者据此列表（表1）说明，以便试析这些国家的人文环境。

表1　《瀛涯胜览》中有关郑和下西洋所至亚洲国家的政教情况

国名	信息
占城	国王崇信释教
爪哇	国有三等人。一等回回人，皆是西番各为商流落此地……一等唐人，皆是广东、漳、泉等处人窜居此地……多有皈从回回教门受戒持斋者。一等土人，形貌甚丑黑，猱头赤脚，崇信鬼教
旧港	人之衣饮、语言等与爪哇国同
暹罗	国王崇信释教
满剌加	国王、国人皆依回回教门
哑鲁	国王、国人皆是回回人
苏门答剌	风俗、言语与满剌加同
那孤儿	言语、行用与苏门答剌同
黎代	言语、行用与苏门答剌同
南浡里	皆是回回人
锡兰	国王崇信佛教
小葛兰	国王、国人崇佛信教
柯枝	国王崇奉佛教，国人一等南毗，与王同类，二等回回人
古里	国王崇信释教，大头目掌管国事，俱是回回人，国人皆奉回回教门
溜山	国王、头目、民庶皆是回回人
祖法儿	国王、国民皆回回教门人
阿丹	皆奉回回教门
榜葛剌	举国皆是回回人
忽鲁谟斯	国王、国人皆是回回教门
天方	回回祖师始于此国阐扬教法，国人悉遵教规

资料来源：（明）马欢原著，万明校注：《明钞本〈瀛涯胜览〉校注》"各国"条，北京：海洋出版社，2005 年

---

① 《佛本行集经·角术争婚品》，《大正藏》第3册，台北：新文丰出版公司，1983 年，第 710—711 页。

　　跟随郑和下西洋的马欢，在《瀛涯胜览》中记述的是他所亲自抵达的诸国宗教信仰情况，由于他身为通事，了解应该是比较全面的。值得注意的是，记述所访问的 20 个国家中，绝大部分属于伊斯兰国家，16 个国家是由穆斯林掌控，或占有重要地位，如即使是国王信奉佛教的古里国，其掌管国事的大头目也"俱是回回人"。只有 4 个国家——占城、暹罗、锡兰、小葛兰是信奉佛教的，印度文明影响至深，没有回族人的记载。然而我们知道，宋末元初著名海商、掌管市舶司事务的蒲寿庚的家族正是来自占城，可见阿拉伯人早已有因经商而定居那里的情况；因此，当时几乎遍布西洋的"回回现象"，是一个不容忽视的重要国际社会现象。

　　归纳起来，马欢所至 20 个国家中明显可见三种类型：一是举国信奉一种宗教，包括国王、国人；二是国王信奉一种宗教，国人信奉另一种宗教；三是一个国家中有多种宗教并存。

　　概言之，郑和下西洋所到之处的人文环境，主要可分为两大类：一类是伊斯兰文明，另一类是印度文明。而实际上，通过人群的密切交往与迁徙移居，这一地区诸国存在多元文明的交汇和融合现象。最好的历史见证是迄今传世的郑和在锡兰国所立刻有汉文、波斯文和泰米尔文三种文字的石碑，对来往于印度洋上的阿拉伯、波斯、印度各民族的友好之情跃然其上。锡兰国人崇信佛教，而碑文中有一种是波斯文，其内容是对阿拉伯人与伊斯兰教的圣人的赞扬。[1]立碑时为永乐七年（1409 年），是第二次下西洋期间。费信于永乐八年（1410 年）到锡兰山时见此碑，曾记曰："永乐七年，皇上命正使太监郑和等赍捧诏敕、金银供器、彩妆、织金宝幡布施于寺，及建石碑。"[2]这一碑文是关于多元文化会通的典型事例。

　　至于马欢没有亲自前往的非洲国家和地区，费信《星槎胜览》中提到了竹步国、木骨都束国、卜剌哇国，但遗憾的是他并没有述及人文环境信息，而只是记述了该地有狮子、驼鸡、龙涎香、金珀、乳香、金钱豹、马哈兽，花福禄、豹、鹿、犀牛、没药、象牙、骆驼等物产情况。[3]

---

　① 〔日〕寺田隆信：《郑和——联结中国与伊斯兰世界的航海家》，庄景辉译，北京：海洋出版社，第 64—65 页。

　② （明）费信著，冯承钧校注：《星槎胜览校注·前集》，北京：中华书局，1954 年，第 29—30 页。

　③ （明）费信著，冯承钧校注：《星槎胜览校注·后集》，北京：中华书局，1954 年，第 20—21、24 页。

根据杨人楩先生研究，7世纪时，阿拉伯人就来到非洲东海岸开港。东非"各商业城市的统治长官均由阿拉伯人或波斯人担任，至16世纪西方殖民者入侵以前，沿海各商业城镇一直处于穆斯林独立自治的局面。""在阿拉伯人所控制的印度洋贸易网中"，当时的"东非诸港，交易活跃，吞吐可观"。①说明东非城邦贸易十分活跃，它东面印度洋，西靠内陆的广大腹地，自古以来就在印度洋贸易中扮演重要角色，与埃及、阿拉伯、波斯、印度、马六甲、缅甸、中国和印度尼西亚有着频繁的商业往来。值得注意的是，东非各城邦出口项目中，象牙和黄金占有重要地位。联系梁庄王墓的金锭就是下西洋"买到"的，也许就是来自东非。

在这里有必要特别提出从第四次下西洋开始，每次必到的忽鲁谟斯。郑和七次下西洋中有四次（第四、第五、第六、第七次）访问了忽鲁谟斯，而且还从那里派遣分队赴红海和东非。②而下西洋到达忽鲁谟斯的意义非比寻常，除了那里是东西方贸易的集散地以外，更重要的是，那里是陆路和海路的交会地。这还要从明太祖时派遣傅安使团出使撒马尔罕说起。明初年对外联系极其频繁，中西交通大开，与郑和自海路七下西洋交相辉映的，是傅安、陈诚等从陆路出使西域。海陆并举，堪称中西交通史上的盛事。关于傅安的出使帖木儿帝国，发生在洪武二十八年（1395年），傅安被帖木儿羁留，曾游历帖木儿帝国："由小安西至讨落思，安又西至乙思不罕，又南至失刺思，还至黑鲁诸诚，周行万数千余里。"③历时6年之久的游历虽是被迫的，但明朝使团却因此远游到达了今天伊朗的大不里士（讨落思）、伊斯法罕（乙思不罕）、设拉子（失刺思）以及今天阿富汗的赫拉特（黑鲁，即哈烈）等地，成为明朝从陆路向西方行程最远的使团。④傅安直至永乐五年（1407年）六月，被羁留13年才回到中国。这里需要说明的是，郑和首次下西洋时，傅安还没有回来，因此，当时的陆路丝绸之路是不通的，所以下西洋的目的也就是从海路通西域。至永乐十一年（1413年），郑和第四次统领舟师下西洋，前往忽鲁谟斯等国。在郑

---

① 杨人楩：《非洲通史简编——从远古至一九一八年》，北京：人民出版社，1984年，第108页。

② 关于忽鲁谟斯，可参考最新的研究成果：〔德〕廉亚明、葡萄鬼：《元明文献中的忽鲁谟斯》，姚继德译，银川：宁夏人民出版社，2007年。

③ （清）万斯同：《明史纪传》卷五三《傅安传》，清抄本，国家图书馆藏。

④ 关于傅安出使事迹，参见万明：《傅安西使与明初中西陆路交通的畅达》，见中国明史学会主办：《明史研究》第2辑，合肥：黄山书社，1992年，第132—140页。

和遗留的两通重要碑刻《娄东刘家港天妃宫石刻通番事迹记碑》和长乐《天妃灵应之记碑》中，也都是将忽鲁谟斯置于西域的。《天妃灵应之记碑》云："永乐十五年，统领舟师往西域，其忽鲁谟斯国进狮子、金钱豹、大西马。"[1]《娄东刘家港天妃宫石刻通番事迹记碑》中除了与上碑相同的一段文字外，还有一段不见于上碑的文字："永乐初，奉使诸番，今经七次，每统领官兵数万人，海船百余艘，自太仓开洋，由占城国、暹罗国、爪哇国、柯枝国、古里国，抵于忽鲁谟斯等三十余国，涉沧溟十万余里。"[2]笔者曾著文考证"西洋"这一名词，注意到忽鲁谟斯冠以西域之地，而在七下西洋以后，也称为西洋的史实。[3]忽鲁谟斯经历了从西域到西洋的认识过程，这说明了什么？下西洋时期郑和等明朝人的这种西域观提示我们，郑和从海路前往忽鲁谟斯，正是给古代丝绸之路画了一个圆。丝绸之路从陆到海，至此得以全面贯通。进一步联系当时的忽鲁谟斯是由波斯王室成员统治，而郑和的先祖正是来自波斯化的中亚，岂不是更加意味深长？！

从古代中西交往通路——丝绸之路的角度来看，伴随郑和下西洋与亚非各国、各民族大规模交往，促成了 15 世纪初丝绸之路的振兴，并形成了这样一些特点：

第一，丝绸之路的振兴，是一个超民族、国家和跨地域性的活动，这一振兴活动以印度洋地区为核心，影响到南亚、东南亚、西亚、东非等地，并辐射到北非乃至欧洲。凡丝绸之路的沿线国家，无论是伊斯兰国家、佛教国家，还是本土文明与外来文明相互融合的多元文明国家，都不同程度地卷入到活动之中。丝路振兴涉及的地域之广、民族之多，对各国经济、文化产生的影响，在历史上是空前的。下西洋近 30 年之久的航海活动，促成了丝绸之路极大的振兴，并对交往范围内的文明交融起着推波助澜的作用，由此可见。

第二，海上活动呈现出多中心的特点。振兴活动规模大、范围广阔，却不只是一个中心，而是有多个中心。这些中心都是航线上重要的海港，由货物集

---

① 纪念伟大航海家郑和下西洋 580 周年筹备委员会、中国航海史研究会：《郑和史迹文物选》，北京：人民交通出版社，1985 年，第 23 页。

② 纪念伟大航海家郑和下西洋 580 周年筹备委员会、中国航海史研究会：《郑和史迹文物选》，北京：人民交通出版社，1985 年，第 54 页。

③ 参见万明：《释"西洋"——郑和下西洋深远影响的探析》，《南洋问题研究》2004 年第 4 期。

散地到繁盛的国际贸易中心，也即文明的交汇处，这是其共同点。下西洋每次必到之地为印度古里，在马欢《瀛涯胜览》中称"古里国乃西洋大国也"。后又重复曰"西洋大国正此地也"。^①负有为宫廷采办之重任的郑和，到达古里的时期，马拉巴尔海岸正处于扎莫林（Zamorin）王的统治之下。早在 8 世纪的王国时期，卡里卡特作为泰米尔地区一部分已是当时最繁盛的海港。12 世纪王国分裂，扎莫林王朝是一个于 13 世纪建立的王朝。"在 14—15 世纪末，1498 年瓦斯科·达·伽马访问扎莫林王以前，它曾是国际贸易最杰出的中心，东西方的汇合点，在那里的街上，从中国和东南亚来的商人与从阿比西尼亚和欧洲来的商人熙熙攘攘。"^②古里成为马拉巴尔海岸最富庶和兴盛的国家。这也就是为什么郑和七下西洋必到古里的缘故。而满剌加是一个在下西洋中兴起的国际贸易集散地，也即文明中心，是更为典型的一例。由于这方面笔者曾有论述，故在此不赘述。^③

　　第三，丝绸之路上活动的主要领导者是各国的统治阶层，丝路的兴盛是各国人民互动的结果。交往中既有由各国官方组织或推动的自上而下的指令，也有民间自下而上的群众性活动。虽然二者目的与组织形式等不同，但官方与民间的活动相辅而行，其结果是共同推动着丝绸之路的繁荣，友好关系与公平贸易为此后民间海外贸易和移民的发展奠定了良好基础。

　　第四，文明的交流是以人群的迁徙、文明的互动为前提。自 7 世纪以来，阿拉伯人一直是海上的执牛耳者，以往有不少学者注意到番商或番客的东来。^④进一步考察，元代的多民族、异文化融合达到一个高峰，给中国带来新的文化契机，民族大迁徙引发异文化的大融合，到明代呈现出一种更深层的交融。从外到内，又从内向外的"回回现象"，是时代的一个显见的特征。这不仅表现在明朝开国功臣中有一批回族人，如常遇春、胡大海、沐英、蓝玉等，也表现

---

① （明）马欢原著，万明校注：《明钞本〈瀛涯胜览〉校注》，北京：海洋出版社，2005 年，第 63 页。

② Narayanan M G S. *Calicut: The City of Truth Revisited*. Calicut: Calicut University Press, 2006: 17.

③ 参见万明：《郑和与满剌加——一个世界文明互动中心的和平崛起》，（马来西亚）《华人研究学刊》2005 年第 8 期。

④ 杨怀中：《番客东来与郑和出使西洋》，见杨怀中主编：《郑和与文明对话》，银川：宁夏人民出版社，2006 年，第 27—36 页；郑永常：《从蕃客到唐人：中国远洋外商（618—1433）身分之转化》，见汤熙勇主编：《中国海洋发展史论文集》第十辑，台北：台湾"中央研究院"人文社会科学研究中心，2008 年。

在郑和下西洋，中国人以史无前例的规模走向海洋，促使丝绸之路极大地繁盛。民族融合造就了气势恢宏的唐王朝，民族融合也成就了超越汉唐的明王朝海上事业，将中国推向了古代世界航海的巅峰，完成了古代陆海丝绸之路的全面贯通。

三、结　语

文明的本质就在于交往与融合。自古以来，在中西交往中产生的人群的迁徙、民族的融合，是异文化融会的历史契机。中国历史上外来民族与本土民族的大融合，在魏晋到唐是一大高潮期，从元到明是又一大高潮期。人群的迁徙是文化移植和融合的前提与基础，正是民族迁徙与融合引发了异文化融合或者说文明交融的高潮。就此而言，下西洋既是一个文明交融的过程，也是一个文明交融的结果。

丝绸之路，是中西交往的通道，是流动的文明之路。从张骞开通西域到郑和下西洋，其间经历了 1500 多年，中国人向西的寻求始终没有中断过，史无前例地大规模走向海洋，促成了享誉世界的古代丝绸之路的陆海全面贯通，下西洋为沟通亚非文明的联系和进一步交融，做出了卓越贡献。正如法国历史学家布罗代尔在述及各种世界文明时所说的："事实上，这些典型事例尤其说明了交往的至关重要性。没有一种文明可以毫不流动地存续下来：所有文明都通过贸易和外来者的激励作用得到了丰富。"①

---

① 〔法〕布罗代尔：《文明史纲》，肖昶等译，桂林：广西师范大学出版社，2003 年，第 30 页。

整体丝绸之路视野下的郑和下西洋[*]

明朝永宣时期，是中国古代对外关系史上独具魅力的时代。作为时代的整体思考，置于人类文明发展史的范畴，丝绸之路，是中西交往的通道，是流动的文明之路。从张骞开通西域到郑和下西洋，其间经历了 1500 多年，中国人向西的寻求从来没有中断过；下西洋以史无前例的规模走向海洋，促成了著名的古代丝绸之路的陆海全面贯通；以印度洋为核心，影响到东南亚、南亚、西亚、东非等地，并辐射到东亚、北非乃至欧洲，将中华文明与丝绸之路广大地域内的诸文明连接了起来，对文明融合与会通起了推波助澜的作用，凸显了时代的风貌，对后世产生了深远影响。

一、引　言

20 世纪的郑和下西洋研究，展现出持续不衰的势头。作为一场具有重大意义的事件，受到中外学者的广泛关注，百年间积累的研究成果可谓极为丰硕。但传统研究大多聚焦于下西洋的目的与后果、过程与意义等方面，在解释产生原因时也主要着眼于政治、经济或科技，而较少关注广阔的民族与文化要素。鉴于此，本文将题目分解为四个方面加以简述：第一是整体丝绸之路概念的提出，以及在此概念基础上从世界发展史进程来看郑和下西洋地位；第二是从永乐皇帝一纸诏令谈起；第三是下西洋与古代陆海丝绸之路的全面贯通；第四是

---

[*]　原载故宫博物院编：《永宣时代及其影响：两岸故宫第二届学术研讨会论文集》（下），北京：故宫出版社，2012 年。收入本书，有订正。

影响。以此就教于方家。

　　需要说明的是，这里采用的丝绸之路是古代中西交往通路的定义。整体丝绸之路概念的提出，基于世界史的形成是经由各个分散的国家与地区发展到区域史，乃至最终形成一个整体世界的观点。[①]今天提到更多的是全球化和全球史。[②]从整体丝绸之路出发，就是以世界发展史的大视野来看郑和下西洋的历史地位。众所周知，15 世纪是一个海洋的世纪，世纪初郑和下西洋，世纪末西方航海东来，世界融为一个整体，这是全球化的开端。郑和下西洋是从海上走向区域史整合的重要历程，为最终一个整体世界从海上连接起来奠定了基础。

二、从永乐皇帝一纸诏令谈起

　　永乐三年（1405 年）六月十五日，永乐皇帝颁下一道诏令："遣中官郑和等赍敕往谕西洋诸国。"[③]没有诏令就没有下西洋。虽然对于郑和下西洋的研究成果极其丰硕，但迄今却缺乏诏书背后"语境"的探究，即这通诏令是如何产生的？仍是有待发覆的问题。

　　诏令由皇帝所颁。但是值得考虑的是，即使是皇帝直接颁布的"王言"，也不会是皇帝的突发奇想，而是有其特定的"语境"。明初出现郑和下西洋的不同寻常之处，表现在此前中国历代都有许多出使海外的记录，但是，像郑和下西洋这样规模之大、持续时间之长、出使范围之广的航海活动，却是史无前例的。就此而言，下西洋不是简单地出使海外，而应是一项重大决策。许多中外学者对于中国这样一个历来以农业为本的农耕大国，为什么会出现下西洋的航海盛事大惑不解。回答这一问题，大多数学者从中国古代航海技术发展和中

---

① 《从分散到整体的世界》，见万明：《中国融入世界的步履——明与清前期海外政策比较研究》，北京：社会科学文献出版社，2000 年，第 1 页；万明：《整体视野下的丝绸之路：以明初中外物产交流为中心》，见中国中外关系史学会、暨南大学文学院主编：《中外关系史论丛》第 11 辑《丝绸之路与文明的对话》，乌鲁木齐：新疆人民出版社，2007 年。

② 2010 年 8 月笔者随中国史学会代表团去荷兰阿姆斯特丹参加"第 21 届国际历史科学大会"，会上有关于世界史与全球史区别的专题讨论。

③ 《明太宗实录》卷 43，"永乐三年六月己卯"条，台北："中央研究院"历史语言研究所校印本，1962 年（以下实录类均采用此版本，不再一一标注）。

国古代悠久的航海传统来说明，但这只是回答了一个方面，并没有解答出为什么这样的航海会发生在特定的明朝初年。换言之，这个既陈旧而又不断被加以翻新的话题，依然摆在我们面前，并要求作出进一步的解答。

我们有必要从更广阔的民族与文化的视角考察，而具体落在郑和其人及其职任上。

我们知道，永乐皇帝出生于应天，就藩于北平，此后主要在北方地区活动，直至登上皇位，又迁都北京。这样一位皇帝，却屡次颁发历史上前所未有的大规模下西洋的诏令，岂不匪夷所思？而没有朝堂之议的记载，更使我们确信下西洋是一项在内廷形成的决策。尽管我们拿不出郑和参与决策的直接证据，但是根据目前所掌握的文献资料的整合，即根据身世、知识背景及其所职事的宫廷成造的人事和活动，可大胆推测郑和是促成下西洋决策的重要人物之一。这一推测的产生，一是注意到郑和其人是外来民族与异文化在中国本土融合的一个缩影；二是因为郑和的超凡才能而被任为内官第一监太监，在皇帝身边的显赫地位使之可以直接参与决策；三是内官监职掌所系与迁都北京的宫廷消费需求。下面依次对下西洋与郑和其人及上述关系加以钩稽。

（一）父辈的缺席与在场

众所周知，《故马公墓志铭碑》是研究郑和家世及其本人的第一手资料。从这篇碑文，我们可以了解到多方面的信息。尽管引述这通碑文的论述很多，但是这里仍有必要从这一郑和身世最基本的史料开始，结合其他明代史籍的记载，重新审视郑和与下西洋缘起的相关史事。该碑文如下：

> 公字哈只，姓马氏，世为云南昆阳州人。祖拜颜，妣马氏，父哈只，母温氏。公生而魁岸奇伟，风裁凛凛可畏，不肯枉己附人；人有过，辄面斥无隐。性尤好善，遇贫困及鳏寡无依者，恒保护赒给，未尝有倦容，以故乡党靡不称公为长者。娶温氏，有妇德。子男二人，长文铭，次和，女四人。和自幼有材志，事今天子，赐姓郑，为内官监太监。公勤明敏，谦恭谨密，不避劳勤，缙绅咸称誉焉。呜呼！观其子而公之积累于平日，与义方之训，可见矣。公生于甲申年十二月初九日，卒于洪武壬戌七月初三日，享年三十九岁。长子文铭奉枢安厝于宝山乡和代村之原，礼也。铭

曰：身处乎边陲而服礼义之习，分安乎民庶而存惠泽之施，宜其余庆深长而有子光显于当时也。

时永乐三年端阳日资善大夫礼部尚书兼左春坊大学士李至刚撰①

明朝礼部尚书大学士李至刚撰写的这篇碑文，是永乐三年（1405年）五月初五所撰，时间上正是在郑和下西洋前夕，这应该不是简单的偶合。永乐九年（1411年）六月，郑和第二次远航归来，皇帝以"远涉艰苦，且有劳效"，曾派遣内官赵惟善、礼部郎中李至刚宴劳于太仓。②而碑阴所记的是同年十一月郑和告假还乡扫墓之事。

碑文说明，郑和出生在云南昆阳一个穆斯林家庭，值得注意的是"世为云南昆阳州人"，也就是说他的家族已经世代定居在昆阳。郑和之父曾去过伊斯兰圣地麦加朝觐，故在家乡被尊称为"哈只"。从云南前往麦加朝觐，涉及古代西南丝绸之路。根据司马迁《史记》记载，早在张骞通西域以前，就存在一条自蜀通身毒的通道。③这条道路，自汉至唐，史不绝书，就是从巴蜀出发，经中国的云南及缅甸通往印度，直至中亚、西欧的通道，这一通道就是后世所称的"西南丝绸之路"。④具体而言，马哈只所走的路线是在云南昆明经大理，再经保山、腾冲到达缅甸境内，从缅甸出发有水陆两途到印度，从印度可通达西亚和中亚、欧洲。我们知道，丝绸之路有多条，学界称为陆上丝绸之路的，一般是指西北丝绸之路。

郑和之父曾去过麦加，他必然是通过这条西南丝绸之路前往麦加的，可见古道上的民族迁徙、商业贸易、宗教传播从未停息过，古老的西南丝绸之路一直在发挥着作用。值得注意的是，昆明—大理—永平—保山—腾冲—缅甸—印度—麦加这条路线是通过陆路和海路两种途径才能到达目的地的。

明人史仲彬《致身录》注载："《咸阳家乘》载和为咸阳王裔，夷种也，永

① 袁树五：《昆阳马哈只碑跋》，见纪念伟大航海家郑和下西洋580周年筹备委员会、中国航海史研究会：《郑和研究资料选编》，北京：人民交通出版社，1985年，第30页。
② 《明太宗实录》卷116，"永乐九年六月戊午"条。
③ 《史记》卷一二三《大宛列传》，北京：中华书局，1959年，第3165—3166页。
④ 学者认为这条丝绸之路比较北方陆上丝绸之路开通至少早2个世纪，参见王清华：《西南丝绸之路与中印文化交流》，《云南社会科学》2002年第2期。

乐中受诏行游西洋。"①1937年李士厚先生就根据《郑和家谱》研究郑和家世，后又根据发现的《郑和家谱首序》《赛典赤家谱》，指出郑和是元代咸阳王赛典赤·瞻思丁的六世孙。也就是说，郑和的祖先是来自西域布哈拉的赛典赤·瞻思丁，而赛典赤·瞻思丁的世系可以上溯到伊斯兰先知穆罕默德。②邱树森先生也持有同样观点。③ 赛典赤·瞻思丁入华为官，被元世祖忽必烈任为云南行省平章政事，故举家定居云南。他在任期间，对治理云南做出了突出贡献。明人盛赞赛典赤，叶向高《苍霞草》有《咸阳家乘叙》云：

> 当元之初兴，咸阳王以佐命功守滇，始教滇人以诗书礼义，与婚姻配偶养生送死之节。创立孔子庙，购经史，置学田，教授其生徒。于是滇人始知有纲常伦理，中国之典章，骎骎能读书为文辞。至国朝科举之制初行，滇士已有颖出者，则咸阳之遗教也。④

透过郑和祖父辈时期族群迁徙的轨迹，可知元代以后中亚族群融合于中国本土文化，但是他们的信仰和生活仍有异文化的痕迹。重要的是，赛典赤·瞻思丁在云南建立孔庙的举措，说明来自波斯的移民已经接受了中国文化，产生了文化认同，而国家认同与文化认同是同步的，就这样，外来移民在云南开始了中国本土化的过程。

值得注意的是，虽然有学者对赛典赤·瞻思丁是郑和先祖提出了质疑⑤，但是云南穆斯林大多在蒙古西征时由中亚迁徙而来，是没有问题的。根据学者研究，元朝是波斯及波斯化的中亚穆斯林移居中国最盛的时期。蒙古帝国西征以后，数以百万计的穆斯林迁徙到中国定居，13世纪时东迁的西域回族人（绝大多数为信仰伊斯兰教的中亚各族人以及波斯人、阿拉伯人）是云南回族的主要来源。⑥因此，郑和家族也应该是其中之一，这是毋庸置疑的。

---

① （明）史仲彬：《致身录》注，康熙八年刻本。
② 李士厚：《郑和家谱考释》，昆明：云南正中书局，1937年；李士厚：《郑氏家谱首序及赛典赤家谱新证》，《中南民族学院学报》1985年第3期。
③ 邱树森：《郑和先世与郑和》，《南京大学学报（哲学社会科学版）》1984年第4期。
④ （明）叶向高：《苍霞草》卷8《咸阳家乘叙》，万历刻本。
⑤ 周绍泉：《郑和与赛典赤·瞻思丁关系献疑》，见南京郑和研究会编：《郑和研究论文集》第1辑，大连：大连海运学院出版社，1993年。
⑥ 杨兆钧主编：《云南回族史》，昆明：云南民族出版社，1989年，第2页。

关于郑和是否为赛典赤的后代，是学术界有争议的问题。赛典赤家族是最显赫的回族家族之一，影响颇巨。有学者指出："赛典赤和其儿子们在发展云南并将云南与中原融合一起中发挥了如此显赫的作用，以至于中亚和波斯定居者的后代子孙们都愿意将自己的祖先要么追溯到赛典赤，或者追溯到赛典赤的部属和家族成员。"①郑和家族与赛典赤的关系可能也有上述因素存在。但是郑和出身穆斯林家庭不是谜，更重要的是，从碑文"身处乎边陲而服礼义之习"，我们已知这一外来家族在保存了外来民族的鲜明特征——穆斯林信仰的同时，在明初业已完成了文化认同，也即中国本土化的过程。

（二）郑和的才志与地位

碑文涉及郑和的部分是："和自幼有材志，事今天子，赐姓郑，为内官监太监。公勤明敏，谦恭谨密，不避劳勚，缙绅咸称誉焉。""自幼有材志"，"材"是天赋才能，"志"则是志向与抱负。自幼生长在穆斯林家庭的郑和，在少年时离开家乡，他对于家乡和亲人留有深刻的记忆，"事今天子，赐姓郑"，所指即在"靖难之役"郑村坝之战中立有战功后赐姓"郑"，可见在靖难之役以后，郑和已经深得朱棣信任，而在朱棣成为皇帝以后，作为亲信之人，他有了得以施展才能和抱负的有利条件。再看赋性"公勤明敏，谦恭谨密，不避劳勚，缙绅咸称誉焉"，说明了郑和的才能与为人，在当时得到缙绅"称誉"。《明史·李至刚传》载，李至刚，松江华亭人，时任礼部尚书，在当时拥有"朝夕在上左右"的地位。②郑和与之有同僚之谊，都是在皇帝左右的亲信之人，而郑和由于是内廷之人，亲密程度自然又非外臣可比。

相士袁忠彻《古今识鉴》中的记述，适可作为郑和相貌才智的补充说明，特录于下：

> 内侍郑和，即三保也，云南人，身长九尺，腰大十围，四岳峻而鼻小，法及此者极贵。眉目分明，耳白过面，齿如编贝，行如虎步，声音洪亮……永乐初欲通东南夷，上问："以三保领兵如何？"忠彻对曰："三保姿貌材智，内侍中无与比者，臣察其气色，诚可任使。"遂令统督以往，

---

① 王建平：《露露集：略谈伊斯兰教与中国的关系》，银川：宁夏人民出版社，2007年，第31页。
② 《明史》卷151《李至刚传》，北京：中华书局，1974年，第4182页。

所至畏服焉。①

这是论证选派郑和下西洋的一段重要史料，为众多学者所引用。值得注意的是，其中论及"三保姿貌材智，内侍中无与比者"。当时永乐皇帝颇信相士，而相士点明了郑和在内官中的超凡之处。

让我们考察郑和的超凡之处何在？郑和生于穆斯林家庭，自小耳濡目染穆斯林朝圣事迹和传说，对海外有所了解，由此对海外交往也有较清楚的认识，在永乐皇帝的亲随大臣中，这方面的识见完全可能在他人之上。因此，其在下西洋决策中的作用，我们也应该重新审视。一般说来，皇帝诏敕，特别是关于重大政务的诏令的产生，具有三种形式：第一种形式，是皇帝按照自己的意志直接命令"著于令"；第二种形式，是臣僚上奏，皇帝认可，往往以"从之"来表述，或有臣僚直接言请"著为令"的；第三种形式，是皇帝令臣僚草拟制度，臣僚集议定议后上奏，由皇帝批准发布的。②自从封藩以后就来到北部中国的燕王长期生活在北方，其成为永乐皇帝以后，为什么会对海外情有独钟，颁旨下西洋？应该说下西洋诏令不是无源之水，向深发掘各种决策参与者的作用，通过正式渠道和非正式的渠道建言，都是可能的。郑和身为宫中内官第一署的太监，他的建言没有在官方文献中披露也是完全可能的。虽然没有直接文献记载留存下来，但是我们仍然可以在现存史料基础上，将郑和富有的跨文化知识背景与其认知和行为联系起来，特别是结合他在当时宫廷中的地位，身为内官监太监，也即宦官之首，郑和是永乐皇帝身边的心腹人物。以他的才智和显赫地位，尤其是富有外来因素的知识谱系，我们可推知他是对下西洋决策可能施加重要影响的人物之一，甚至可以大胆推测，当时永乐皇帝身边最可能建言下西洋的人物之一就是郑和。

（三）郑和职任与下西洋及迁都的关联

上述碑文中给我们的重要信息是当时郑和"为内官监太监"。袁忠彻记

---

① （明）袁忠彻：《古今识鉴》卷 8《国朝》，嘉靖刻本。
② 参见万明：《明代诏令文书研究——以洪武朝为中心的初步考察》，《明史研究论丛》第 8 辑，北京：紫禁城出版社，2010 年。

"后以靖难功授内官太监"①，指出了郑和任此官职与靖难之功的直接关联。一般说来，学者在述及郑和生平事迹时，都会涉及郑和任官内官监这一点，而对于内官监的职掌及其当时的地位，尤其是与下西洋的联系，却迄今未见详析。其实，内官监在当时是内官衙门之首监，内官监太监，即内官监的长官，这意味着郑和是内廷宦官之首的显赫地位。

在这里有必要追溯一下内官监的职掌。内官监，于洪武十七年（1384年）四月替代内使监而设立，其职掌是"通掌内史名籍，总督各职，凡差遣及缺员，具名奏请"②。这里值得注意的是"总督各职"，可以说明内官监的地位。设立之初，内官监通掌内史名籍，总掌内外文移。至洪武十七年（1384年）七月，明太祖"敕内官毋预外事，凡诸司毋与内官监文移往来"③。这条史料说明，当时限制了内官监的关于文移往来的权限。然而，在洪武二十三年（1390年）又见规定："与在内衙门行移，中使司呈内官监，内官监帖下中使司；其余内府各衙门行移，俱由内官监转行。"④由此可见，内府文移仍是由内官监掌管。

实际上，内官监还职掌礼仪之事。洪武二十六年（1393年）所定亲王、公主婚礼及朝贺传制诸仪，皆由内官监官与礼部仪礼司官共同"设仪物于文楼下"，依此，参与宫廷礼仪之事是内官监的重要职事之一。⑤

需要说明的是，掌管内府文移的内官监甫设立时，在官员品级上比其他内官要高一品，为正六品，高于他监的正七品，显示出内官监的显要。在洪武二十八年（1395年）所颁的《皇明祖训·内官》中，规定内官各监升为正四品，而内官监职掌为"掌成造婚礼冬冠舄伞扇、衾褥帐幔仪仗及内官、内使贴黄诸造作，并宫内器用、首饰、食米、上库架阁文书、盐仓、冰窨"⑥。值得注意的是，这里的"贴黄"，即内官履历及迁转事故记录，掌管"贴黄诸造作"，就是"通掌内史名籍"。这一职掌与内缺除授、奏请差遣等重要的人事调遣有着密切关系；而职掌成造宫内仪仗、器用，以及掌管"架阁文书"，即宫中档案，都是宫廷极为重要的职掌。此外，《皇明祖训·内令》还规定："凡自后妃

①（明）袁忠彻：《古今识鉴》卷8《国朝》，嘉靖刻本。
②《明太祖实录》卷161，"洪武十七年夏四月癸未"条。
③《明太祖实录》卷163，"洪武十七年秋七月戊戌"条。
④《明太祖实录》卷200，"洪武二十三年三月庚午"条。
⑤《明太祖实录》卷224、卷228、卷233。
⑥《皇明祖训·内官》，见（明）张卤辑：《皇明制书》下册，日本古典研究会，1967年，第14页。

以下，一应大小妇女及各位下使数人等，凡衣食、金银、钱帛并诸项物件，尚宫先行奏知，然后发遣内官监官。监官覆奏，方许赴库关支。"①内官监掌管后宫器用的职能非常明确，显示出内官监在宫中器用方面的极大权限。

以上所有职掌奠定了内官监作为明初内官第一监的地位。至于司礼监为内官之首的情形，是在宣德以后才形成的。关于司礼监的显赫地位，在明代文献中多有表述，后世学者也多有论述，以致明初内官监为宦官首监的事实长期以来被遮蔽了，这是应该澄清的。

一般认为，永乐时期大量任用宦官，是明代宦官权力提升的重要时期。永乐元年（1403年）六月，由燕王而成为皇帝的朱棣，升旧燕府承奉司为北京内官监，秩正四品。②郑和被任为内官监太监后，这一内官之首的地位，使他可以朝夕接近皇帝，对时政拥有毋庸讳言的影响力。《明实录》中记载，永乐二年（1404年）吏部尚书蹇义等上言在京各衙门官定额外添设事，述及"内府办事监生，止是誊写奏本，查理文册，稽算数目，别无政务，比内官监奏准半岁授官"③。内府办事监生由内官监奏准授官，说明当时内官监掌控着内府升选差遣的人事权。就此而言，后来出现将当时的内官监视为外廷吏部的看法："至永乐始归其事于内，而史讳之"④，应不是无稽之谈。

内官监的职掌启示我们，明代宫廷采办不自郑和始，但是郑和下西洋无疑是有史以来最大规模的宫廷采办。那么接下去的问题就是当时明朝为什么会出现如此巨大的海外需求呢？

行文至此，涉及下西洋的一个重要问题，即以往大多数中外学者都将永乐迁都视为明朝内向的标志，认为迁都是停止下西洋的重要因素。但是，如果从内官监的职掌来看，永乐迁都在当时不仅没有成为阻碍下西洋的因素，而且还应该是催生下西洋的因素，也就是说下西洋与迁都有直接的关联，宫廷需求因迁都而加大，是合乎逻辑的，而宫廷对于海外市场的需求增大，使内官监事务扩张到海外，也与迁都的巨大需求相联系。总之，下西洋诏令的下颁，不仅是

①　《皇明祖训·内令》，见（明）张卤辑：《皇明制书》下册，日本古典研究会，1967年，第13页。

②　《明太宗实录》卷21，"永乐元年六月乙亥"条。

③　《明太宗实录》卷32，"永乐二年六月乙丑"条。

④　（明）沈德符：《万历野获编·补遗》卷1《内监·内官定制》，《明代笔记小说大观》3，上海：上海古籍出版社，2005年。

好大喜功的永乐皇帝"大一统""共享太平之福"等政治目的可以简单解释的，在其背后，更有深层的消费需求存在。具体而言，内官监的职掌主要在三个方面：一是宫廷礼仪之事，这与下西洋对外交往有直接对应关系。二是内府升选差遣之事，这与决策和选派下西洋人员直接相关。最为重要的是第三方面，掌宫廷成造与器用诸事，这更加将下西洋与迁都的宫廷需求直接联系了起来，可以这样认为：正是由于采办是内官监的重要职掌之一，更在下西洋以后成为内官监占据首位的职掌。下西洋与迁都紧密相连。从时间上看，永乐三年（1405 年）诏令郑和使西洋，四年（1406 年）颁诏"以明年五月建北京宫殿，分遣大臣采木于四川、湖广、江西、浙江、山西"①。五年（1407 年）徐皇后死，在北京选址，七年（1409 年）"营寿陵于昌平之天寿山"。②这些统合在一起，都预示着迁都的考虑。

特别是考虑到为郑和之父撰写碑文的礼部尚书李至刚，恰恰就是迁都北京的首议之人，当时他与郑和是永乐皇帝的左右亲信，一议迁都，一为迁都下西洋采办，这应该不仅是一种巧合，而且是合乎逻辑的内外亲信之臣的密切配合。

由于郑和的家世、他的才能，而更重要的，是他的职任所在，下西洋的统帅似乎是非郑和莫属，由此生成了中国史上史无前例的大规模航海活动。民族的迁徙与异文化的融合，体现在郑和的身上，作为内官第一监长官的地位，为郑和提供了参与下西洋决策与和亲身实践下西洋的可能性，而郑和代表中国明朝下西洋，他的出使是隆重而不同凡响的，他所率领的船队，被称为"下西洋诸番国宝船"③，也正说明了为宫廷采办取宝的直接目的。时至今日，揭示内官监的职能，有助于我们了解下西洋的真实目的。我们不再讳言下西洋为宫廷消费采办"奢侈品"的目的，这一点从郑和所任官职的职掌上充分显示了出来，因此下西洋与皇家经济利益紧密相连，也应该是确定无疑的。

从唐宋的番坊番客，到宋代蒲氏的职掌市舶司，乃至元代色目人大批入华，"回回遍天下"，进入统治阶层，成为边疆大吏，外来民族的迁徙与定居中国，蔚然可观。元明之际，是中国继魏晋南北朝以后，第二个民族发展与融合的高潮期。明代，从波斯、中亚大批来华的外来移民已经融入中华民族之中，

① 《明史》卷 6《成祖本纪》二，北京：中华书局，1974 年，第 83 页。
② 《明史》卷 113《后妃》一，北京：中华书局，1974 年，第 3511 页。
③ 《明仁宗实录》卷 1 上，"永乐二十二年八月丁巳"条。

以外来移民群体为主，融合中国本土民族成分的回族在明代形成，这已是学界的共识。由唐代迁徙客居中国，到宋代成为中国职掌市舶司海外贸易管理的官员，再到元代任职地方大员，治理一方，乃至明初由于历史的机缘进入最高中枢，外来移民及其后裔将影响直接渗透到宫廷，完成的是一个文化认同与国家认同的全过程，是一个本土化的过程，而这是一个具有自认同和被认同的文化认同的双向过程。郑和下西洋，由郑和出任明朝出使海外的大型船队统帅，作为明代中国的代表，率领中国人大规模走向海外，与亚非各国交往，可以认为是上述过程圆满完成的表现形式之一。

三、下西洋与古代陆海丝绸之路的全面贯通

明代是中国历史上中外文化交流最为活跃的时期之一，主要表现之一是明前期郑和下西洋，不仅使海上通道成为中外大规模文化交流的主要通道，而且从海上连接了陆地，形成了自古以来陆海丝绸之路的全面贯通。

进一步说，七下西洋打造了古代陆海丝绸之路全面贯通的新局面，以印度洋为核心，影响到东南亚、南亚、西亚、东非等地，并辐射到东亚、北非乃至欧洲。区域贸易网的贯通，将中华文明与丝绸之路广大地域内的诸文明连接了起来，下西洋在海上为陆海丝绸之路画了一个圆，具有区域整合的历史意涵。下面试举两例略加探讨。

其一，忽鲁谟斯。

这里有必要特别提出从第四次下西洋开始，每次必到的忽鲁谟斯。郑和七次下西洋，每次必到的是印度的古里，其中后四次（第四、第五、第六、第七次）访问了忽鲁谟斯，而且还从那里派遣分队赴红海和东非。[①]据马欢记载忽鲁谟斯国的物品，也不都是其国所产，而是贸易流通所致，显示出忽鲁谟斯作为陆海贸易集散地的功能："各处番船并旱番客商都到此处赶集买卖，所以国人殷富。""其市肆诸般铺店，百物皆有。""此处各番宝物皆有。""国王将狮子、麒麟、马匹、珠子、宝石等物并金叶表文，差头目跟同回洋宝船，进献

---

① 关于忽鲁谟斯，可参考最新的研究成果是〔德〕廉亚明、葡萄鬼：《元明文献中的忽鲁谟斯》，姚继德译，银川：宁夏人民出版社，2007年。

朝廷。"①

下西洋四次到达忽鲁谟斯的意义非比寻常，那里不仅是东西方贸易的集散地，而且更重要的，是传统陆上丝绸之路与海上丝绸之路的交会地。

在这里，让我们从明初中西交往开始时期明太祖派遣傅安使团出使撒马尔罕说起。明初对外联系极其频繁，中西交通大开，与郑和自海路七下西洋交相辉映的，是傅安、陈诚等从陆路出使西域。海陆并举，堪称中西交通史上的盛事。关于傅安的出使帖木儿帝国，发生在洪武二十八年（1395 年），傅安被帖木儿羁留，曾游历帖木儿帝国："由小安西至讨落思，安又西至乙思不罕，又南至失剌思，还至黑鲁诸诚，周行万数千余里。"②历时 6 年之久的游历虽是被迫的，但明朝使团却因此远游到达了今天伊朗的大不里士（讨落思）、伊斯法罕（乙思不罕）、设拉子（失剌思）以及今天阿富汗的赫拉特（黑鲁，即哈烈）等地，成为明朝从陆路向西方行程最远的使团。③傅安直至永乐五年（1407 年）六月，被羁留 13 年才回到中国。这里需要说明的是，郑和首次下西洋时，傅安还没有回来，因此，当时的陆路丝绸之路是不通的，所以下西洋的目的从一开始就具有从海路通西域的目的。至永乐十一年（1413 年），郑和第四次统领舟师下西洋，前往忽鲁谟斯等国。在郑和遗留的两通重要碑刻《娄东刘家港天妃宫石刻通番事迹记碑》和长乐《天妃灵应之记碑》中，都将忽鲁谟斯置于西域。《天妃灵应之记碑》云："永乐十五年，统领舟师往西域，其忽鲁谟斯国进狮子、金钱豹、大西马。"④《娄东刘家港天妃宫石刻通番事迹记碑》中除了与上碑相同的一段文字外，还有一段不见于上碑的文字："永乐初，奉使诸番，今经七次。每统领官兵数万人，海船百余艘，自太仓开洋，由占城国、暹罗国、爪哇国、柯枝国、古里国，抵于忽鲁谟斯等三十余国，涉沧溟十万余里。"⑤笔者曾著文考证"西洋"这一名词，注意到下西洋当时是将忽鲁谟

① （明）马欢原著，万明校注：《明钞本〈瀛涯胜览〉校注·苏门答剌国》，北京：海洋出版社，2005年，第 92、94、97—98 页。

② （清）万斯同：《明史纪传》卷五三《傅安传》，清抄本，国家图书馆藏。

③ 关于傅安出使事迹，参见万明：《傅安西使与明初中西陆路交通的畅达》，见中国明史学会主办：《明史研究》第 2 辑，合肥：黄山书社，1992 年，第 132—140 页。

④ 纪念伟大航海家郑和下西洋 580 周年筹备委员会、中国航海史研究会：《郑和史迹文物选》，北京：人民交通出版社，1985 年，第 23 页。

⑤ 纪念伟大航海家郑和下西洋 580 周年筹备委员会、中国航海史研究会：《郑和史迹文物选》，北京：人民交通出版社，1985 年，第 54 页。

斯冠以西域之地，而在七下西洋以后，却已称为西洋的史实。①这一现象在明朝皇帝的敕书中明显表现出来。永乐七年（1409年）三月的敕书云："大明皇帝敕谕南京守备驸马都尉宋彪、襄城伯李隆：今遣太监郑和往西域忽鲁谟思（斯）等国公干，合用扛抬搬运钱粮官军，尔等即便照数差拨，毋得稽迟。故谕。"②永乐十八年（1420年）的敕书云太监杨庆等往西洋忽鲁谟斯等国公干，说明至第六次下西洋，已经发生了从西域到西洋的名称变化；至宣德五年（1430年）五月初四的敕书，也是今命太监郑和往西洋忽鲁谟斯等国公干。③

忽鲁谟斯经历了从西域到西洋的认识变化过程，这说明了什么？下西洋时期郑和等明朝人的这种西域观提示我们，郑和从海路前往忽鲁谟斯，正是给古代丝绸之路画了一个圆，西域丝绸之路从陆到海，至此得以全面贯通。进一步联系当时的忽鲁谟斯是由波斯王室成员统治，而郑和的先祖正是来自波斯化的中亚，岂不更加耐人寻味？！

重要的是，在15世纪末西方人东来之前，下西洋促成了中西陆海交流通道的全面贯通，同时标志着区域多元文化整合进程的加速，催生了区域贸易与文化网络建构的新时代。

其二，苏麻离青。

这里应该特别提到青花瓷。青花瓷烧制技术成熟于元末至正年间，但近些年大量元青花的发现和研究显示，元青花无论在国内还是在国外都未能成为当时瓷器的主流，而青花瓷发展至鼎盛，处于中国瓷器主流地位的时期则是在明代。

吴仁敬、辛安潮著《中国陶瓷史》曾评论明人对于瓷业，无论在意匠上还是形式上，其技术均渐臻至完成之顶点。而永乐以降，因波斯、阿拉伯艺术之东渐，与我国原有之艺术相融合，于瓷业上，更发生一种异样之精彩。④永乐以降"异样之精彩"无疑是指青花瓷。探求瓷器"异样之精彩"的发展原因，一方面永乐、宣德年间重视瓷器的烧造，宫廷有对外交往需要；另一方面郑和

① 参见万明：《释"西洋"——郑和下西洋深远影响的探析》，《南洋问题研究》2004年第4期。
② 纪念伟大航海家郑和下西洋580周年筹备委员会、中国航海史研究会：《郑和家世资料》，北京：人民交通出版社，1985年，第2页。永乐七年是郑和第三次下西洋，应未至忽鲁谟斯，存疑待考。
③ （明）巩珍：《西洋番国志》，向达校注，北京：中华书局，1961年，第10页。
④ 吴仁敬、辛安潮：《中国陶瓷史》，北京：团结出版社，2006年，第59页。

下西洋持续近 30 年，所到之处大多是伊斯兰文明流行的区域，下西洋进行了大量海外贸易活动，给景德镇带回了"苏麻离青"或称为"苏勃泥青"。这种钴料，使得景德镇烧制的青花瓷达到了炉火纯青的地步，与此同时，伊斯兰风格也为景德镇的青花瓷增加了更多的域外情调。一些陶瓷专家指出，明永乐、宣德时期新出现的器形很多，主要是吸收了伊斯兰因素。①明代王世懋《窥天外乘》记载："永乐、宣德间内府烧造，迄今为贵。其时以骡眼甜白为常，以苏麻离青为饰。"②而王士性《广志绎》记载："宣德之青，真苏浡泥青也。"③高濂《遵生八笺》与文震亨《长物志》则都记有"宣德……苏麻尼青盘"④。以上明代史籍的记载中，名称或有不同，但显然都是外来青料的译音，这是没有问题的。

因此，学界一般认为，明代永宣时期的青花瓷器，是以进口的苏麻离青为青料，形成其独有的风格，并产生了青花瓷的黄金时代。近年有学者指出：永乐时期的青花钴料源确实是源于进口的苏麻离青料（高铁低锰），而宣德时期采用的却是另一种截然不同的高锰低铁钴料，并不是苏麻离青料，从而对于永宣时期的青花瓷进行了区别研究。⑤

那么苏麻离青的产地在哪里？迄今我们未在明初史籍中见到"苏麻离青"的记载，跟随郑和下西洋的马欢等也没有记录，所以学界对于这种进口钴料的考证颇费周折。中外学者早就认定苏麻离青含锰量少，铁及钴的含量较高，特别是铁的含量相当高，因此才呈现出浓艳的蓝色，并带有银黑色结晶斑。⑥通过化验分析和测试，英国牛津大学博物馆考古实验室的学者在 1956 年提出景德镇所用青花钴料 14 世纪（元至明初）源于波斯，15 世纪初中国才发现钴

---

① 王健华：《明初青花瓷发展的原因及特点》，《故宫博物院院刊》1998 年第 1 期；马文宽：《明代瓷器中伊斯兰因素的考察》，《考古学报》1999 年第 4 期。

② （明）王世懋撰：《窥天外乘》，北京：中华书局，1985 年，第 20 页。

③ （明）王士性：《广志绎》卷 4《江南诸省》，北京：中华书局，1981 年，第 83 页。

④ （明）文震亨编：《长物志》卷七《器具》，北京：中华书局，1985 年，第 54 页；（明）高濂：《遵生八笺·起居安乐笺》下，成都：巴蜀书社，1988 年，第 299 页。

⑤ 杜锋、苏宝茹：《两种不同的进口钴料："苏麻离青"与"苏渤泥青"》，《中国科学 E 辑：技术科学》2007 年第 5 期。

⑥ 冯先铭：《明永乐宣德青花瓷与外来影响》，见冯先铭主编：《中国古陶瓷研究》第二辑，北京：故宫博物院紫禁城出版社，1988 年。

矿。①马文宽先生撰文指出，伊朗早在公元前 2000 年已使用含砷钴料制造蓝色玻璃，到 13 世纪伊朗制陶中心卡善（Kashan）生产的陶器用钴料作釉下彩装饰。他特别介绍了出生于卡善的伊朗人阿布尔卡西姆（Abul-Qasim）于 1301年在大不里士（Tabriz）"著有一篇关于制造壁砖和陶器的论著。""第 24 节记：'……在白地上彩绘……用苏莱马尼料，呈拉杰瓦德（蓝）色。'"据此，他认为元和明初所使用进口钴料，主要是来自伊朗卡善的卡姆萨尔村。②据此，远在西亚波斯的钴料苏麻离青是由郑和自西洋带回了国内的。

此外，《明会典》中《朝贡事例》云：苏门答剌国于永乐三年（1405 年）遣使朝贡，贡物有"回回青"。③又见黄省曾《西洋朝贡典录·苏门答腊国第十二》中，贡物也有"回回青"。④谢方先生在此作注曰："产自西域者云回回青。"⑤由此可见，苏门答剌并非"回回青"的产地，而其产于西域。苏麻离青与"回回青"是否有所关联，还需要进一步研究。可是无论是苏麻离青还是"回回青"，产于西域的钴料都经由西洋引入，遂使青花瓷凸显出独特的魅力，产生了青花瓷的黄金时代，更成为中国瓷器长达 500 年的重要代表。⑥这可以视为下西洋打通了东西方交往的陆海通道，即陆海丝绸之路全面贯通，区域资源流通整合的典型事例，说明丝绸之路呈现重新整合的新局面。

四、影　响

郑和于 15 世纪初七下西洋，打造了古代陆海丝绸之路全面贯通的新局面，对于中华文化与东南亚乃至亚非文化的融合和会通具有重大的历史意涵。在中西交往通道全面贯通的同时，前所未有的大规模宫廷采办的展开，是郑和

---

① Garner H. The use of imported and native cobalt in Chinese Blue and White. *Oriental Arts*, 1956, (2): 43.
② 马文宽：《唐青花瓷研究——兼谈我国青花瓷所用钴料的某些问题》，《考古》1997 年第 1 期。
③ 《明会典》卷 98《礼部》五七《朝贡》三，东京：汲古书院影印正德六年司立监刻本，1989 年，第 368 页。
④ （明）黄省曾：《西洋朝贡典录》卷中《苏门答腊国第十二》，谢方校注，北京：中华书局，1982 年，第 69 页。
⑤ （明）黄省曾：《西洋朝贡典录》卷中《苏门答腊国第十二》，谢方校注，北京：中华书局，1982 年，第 70 页。
⑥ 参见万明：《明代青花瓷崛起的轨迹——从文明交融走向社会时尚》，《故宫博物院院刊》2008 年第 6 期。

下西洋的特性，而远航贸易活动不仅对当时中外文明的交流、融合与会通起了推波助澜的重要作用，而且也对后世产生了深远的影响。

（一）物质文化层面：流通与融合

物产，是天然出产和人工制造的物品，可以称作物质文化的代表。人类文明史上最古老也最普遍的文明对话与互动现象正是以此为起点而发生的。明朝初年郑和七下西洋，以强盛的国力为后盾，规模庞大的宫廷采办船队持续达 28 年之久，遍及亚非三四十个国家与地区，达到了中外物产流通与融合的一个历史的高峰。

在亲随郑和下西洋的通事马欢《瀛涯胜览》的记述中，下西洋海外交易的主要品种有犀角、象牙、伽蓝香、金子、宝石、红马厮肯的石、苏木、降真香、绵布、乳酪、胡椒、野犀牛、珊瑚、锡、珍珠、香货、西洋布、花巾、海鱼、宝石与珍珠厢宝带、丝嵌手巾、织金方帕、龙涎香、椰子、乳香、血竭、芦荟、没药、安息香、苏合油、木鳖子、骆驼、猫睛石、各色雅姑、金珀、蔷薇露、狮子、麒麟、花福鹿、金钱豹、驼鸡、白鸠、金银生活、熟食、彩帛、书籍、金厢宝带、蛇角、荜布、姜黄布、布罗、布纱、沙塌儿、兜罗锦、绢、刺石、祖把碧、祖母喇、金刚钻、金珀珠、神珀、蜡珀、黑珀（番名撒白值）、美玉器皿、水晶器皿、十样锦剪绒花毯、各色棱幅、撒哈刺、氁罗、氁纱。

以上总共是 70 种。显然，交流圈的特殊产品构成了当时海上贸易的主要内容。重要的是，以往我们忽略的还有金银。

明梁庄王墓 2001 年出土的一枚金锭，扁体弧端，束腰，正面铸有铭文。长 13 厘米、宽 9.8 厘米、厚 1 厘米、重 1937 克，铭文为："永乐十七年四月口日西洋等处买到八成色金壹锭伍拾两重。"①它是目前考古发现有铭文记载的直接与郑和下西洋贸易有关的文物。永乐十七年（1419 年）是郑和第五次下西洋之时。由于内官监的职掌中，重要的一项是"掌成造婚礼奁、冠冕伞扇、衾褥帐幔仪仗"和宫廷器用、首饰，因此这件由下西洋直接从海外买到的金锭，就赐给了梁庄王。梁庄王名朱瞻垍，明仁宗第九子，卒于 1441 年。值得注意的

---

① 见白芳：《郑和时代的瑰宝　明梁庄王墓文物展》，《收藏家》2005 年第 10 期。

是，铭文中的"买到"二字，是下西洋在海外公平交易的历史见证。①

梁庄王墓出土的一件金镶宝帽顶。帽顶上名贵的黄金与金玉珠宝，反映了明代亲王的奢华生活。梁庄王墓出土器物种类繁多，共计 5100 余件，其中金、银、玉器有 1400 余件，珠饰宝石则多达 3400 余件。结合图 1 的金锭，我们可以推知此墓出土的黄金与珠宝应有来自西洋的。一墓随葬如此大量的金银珠宝，为下西洋的目的是去取宝做了一个最好注脚，同时，也使我们了解到中外物质文化在流通中产生的融合。

马欢记述的下西洋海外交易实例中，明代中国物产进行交流的主要品种有青磁盘碗、纻丝、绫绢、麝香、花绢、铜钱、布帛、色绢、烧珠、樟脑、锦绮等。其中，以青花瓷器、丝绸、麝香、铜钱最为重要，深受海外各国人民的喜爱。②

对于中国物品在阿拉伯地区的交易，这里有一个阿拉伯史料的例证。伊本·泰格齐·拜尔迪《埃及和开罗国王中的耀眼星辰》中有一条重要史料可与郑和第七次下西洋的分遣船队活动相对应，（伊历）835 年 "这一年 10 月 22 日，从光荣的麦加传来消息说：有几艘从中国前往印度海岸的祖努克（Zunūk），其中两艘在亚丁靠岸，由于也门社会状况混乱，未来得及将船上瓷器、丝绸和麝香等货物全部售出。统管这两艘赞基耶尼（al-Zankiyayini）船的总船长遂分别致函麦加艾米尔、谢利夫–拜莱卡特·本·哈桑·本·阿吉兰和吉达市长萨德丁·伊布拉欣·本·麦莱，请求允许他们前往吉达。于是两人写信向素丹禀报，并以此事可大获其利说服打动他。素丹复信允许他们前来吉达，并指示要好好款待他们"。据披露史料的盖双先生考，（伊历）835 年 10 月

---

① 根据杨人楩先生研究，7 世纪时，阿拉伯人就来到非洲东海岸开港。东非 "各商业城市的统治长官均由阿拉伯人或波斯人担任，至 16 世纪西方殖民者入侵以前，沿海各商业城镇一直处于穆斯林独立自治的局面。" "在阿拉伯人所控制的印度洋贸易网中"，当时的 "东非诸港，交易活跃，吞吐可观"。见杨人楩：《非洲通史简编——从远古至一九一八年》，北京：人民出版社，1984 年，第 108 页。说明东非城邦贸易十分活跃，它东面印度洋，西靠内陆的广大腹地，自古以来就在印度洋贸易中扮演重要角色，与埃及、阿拉伯、波斯、印度、马六甲、缅甸、中国和印度尼西亚有着频繁的商业往来。值得注意的是，东非各城邦出口项目中，象牙和黄金占有重要地位。联系梁庄王墓的金锭就是下西洋 "买到" 的，也许就是来自东非。

② 参见（明）马欢原著，万明校注：《明钞本〈瀛涯胜览〉校注》"各国" 条，北京：海洋出版社，2005 年。

22 日已进入 1432 年。①这条史料直接谈到了瓷器、丝绸和麝香这些中国在吉达进行贸易的货物名称，并谈到前往亚丁的两艘船是中国前往印度海岸的几艘船中的一部分。由此可知，郑和船队的贸易船只在到达印度海岸以后分头进行贸易活动的情形，也是郑和宫廷采办活动在海外交易的实证。

（二）精神文化层面：传播与会通

马欢《瀛涯胜览》中记述了亲身所至的 20 个亚洲国家的政教情况。笔者据此列表（表 1）说明，以便试析这些国家的人文环境。

表 1　《瀛涯胜览》中有关郑和下西洋所至亚洲国家的政教情况

国名	信息
占城	国王崇信释教
爪哇	国有三等人。一等回回人，皆是西番各为商流落此地……一等唐人，皆是广东、漳、泉等处人窜居此地……多有饭从回回教门受戒持斋者。一等土人，形貌甚丑黑，猱头赤脚，崇信鬼教
旧港	人之衣饮、语言等与爪哇国同
暹罗	国王崇信释教
满剌加	国王、国人皆依回回教门
哑鲁	国王、国人皆是回回人
苏门答剌	风俗、言语与满剌加同
那孤儿	言语、行用与苏门答剌同
黎代	言语、行用与苏门答剌同
南浡里	皆是回回人
锡兰	国王崇信佛教
小葛兰	国王、国人崇佛信教
柯枝	国王崇奉佛教，国人一等南毗，与王同类，二等回回人
古里	国王崇信释教，大头目掌管国事，俱是回回人，国人皆奉回回教门
溜山	国王、头目、民庶皆是回回人
祖法儿	国王、国民皆回回教门人
阿丹	皆奉回回教门
榜葛剌	举国皆是回回人
忽鲁谟斯	国王、国人皆是回回教门
天方	回回祖师始于此国阐扬教法，国人悉遵教规

资料来源：（明）马欢原著，万明校注：《明钞本〈瀛涯胜览〉校注》"各国"条，北京：海洋出版社，2005 年

---

① 盖双：《关于郑和船队的一段重要史料——披览阿拉伯古籍札记之二》，《回族研究》2007 年第 2 期。

　　跟随郑和下西洋的马欢，在《瀛涯胜览》中记述的是他所亲自抵达的诸国宗教信仰情况，由于他身为通事，了解应该是比较全面的。值得注意的是，记述所访问的 20 个国家中，绝大部分属于伊斯兰国家，16 个国家是由穆斯林掌控，或穆斯林占有重要的地位，如即使是国王信奉佛教的古里国，其掌管国事的大头目也"俱是回回人"。只有 4 个国家——占城、暹罗、锡兰、小葛兰是信奉佛教的，印度文明影响至深，没有回族人的记载。然而我们知道，宋末元初著名海商、掌管市舶司事务的蒲寿庚的家族正是来自占城，可见阿拉伯人早已有因经商而定居那里的情况；因此，当时几乎遍布西洋的"回回现象"，是一个不容忽视的重要国际社会现象。

　　归纳起来，马欢所至 20 个国家中明显可见三种类型：一是举国信奉一种宗教，包括国王、国人；二是国王信奉一种宗教，国人信奉另一种宗教；三是一个国家中有多种宗教并存。

　　概言之，郑和下西洋所到之处的人文环境，主要可分为两大类：一类是伊斯兰文明，另一类是印度文明。而实际上，通过人群的密切交往与迁徙移居，这一地区诸国存在多元文明的交汇和融合现象。最好的历史见证是迄今传世的郑和在锡兰国所立刻有汉文、波斯文和泰米尔文三种文字的石碑，碑文对来往于印度洋上的阿拉伯、波斯、印度各民族的友好之情跃然其上。锡兰国人崇信佛教，而碑文中有一种是波斯文，其内容是对阿拉伯人与伊斯兰教的圣人的赞扬。①立碑时为永乐七年（1409 年），是第二次下西洋期间。费信于永乐八年（1410 年）到锡兰山时见此碑，曾记曰："永乐七年，皇上命正使太监郑和等赍捧诏敕、金银供器、彩妆、织金宝幡布施于寺，及建石碑。"②这一碑文是关于多元文化会通的典型事例。

　　陈达生先生曾专门深入探讨了郑和下西洋与东南亚伊斯兰化的关系，提出了有关郑和及其随从在爪哇传播伊斯兰教中扮演了重要角色的观点。王赓武先生则在其书《序言》中指出："佛教与伊斯兰教东传，由陆路横跨中亚传入中国，由海路和印度教一起传入东南亚，是这种文化交流现象的极佳反映。"③

---

① 〔日〕寺田隆信：《郑和——联结中国与伊斯兰世界的航海家》，庄景辉译，北京：海洋出版社，1988 年，第 64—65 页。

② （明）费信著，冯承钧校注：《星槎胜览校注·前集》，北京：中华书局，1954 年，第 29—30 页。

③ 〔新加坡〕陈达生：《郑和与东南亚伊斯兰》，北京：海洋出版社，2008 年，第 1 页。

五、结　语

从古代中西交往通路——丝绸之路的总体角度来看，自张骞开通西域，到郑和下西洋，其间经历了 1500 多年，中国人向西的寻求始终没有中断过。15世纪初丝绸之路的振兴，主要体现在史无前例地大规模走向海洋，下西洋促成了享誉世界的古代丝绸之路的陆海全面贯通，形成了东方区域贸易与文化网络前所未有的整合效果，从而推动了中西文化融合与会通的极大发展，并为 15世纪末从海上形成一个整体的世界奠定了基础。

文明的交流是以人群的迁徙、文明的互动为前提。自 7 世纪以来，阿拉伯人一直是海上的执牛耳者，以往有不少学者注意到番商或番客的东来。①进一步考察，元代的多民族、异文化融合达到一个高峰，给中国带来了新的文化契机，民族大迁徙引发了异文化的大融合，到明代呈现出了一种更深层的文化交融。从外到内，又从内向外的"回回现象"，是时代的一个显见的特征。这不仅表现在明朝开国功臣中有一批回族人，如常遇春、胡大海、沐英、蓝玉等，也表现在郑和下西洋，中国人以史无前例的规模走向海洋，促使丝绸之路极大地繁盛，中外文化交流达到空前的盛况。民族与文化融合造就了气势恢宏的唐王朝，民族与文化融合也成就了超越汉唐的明王朝海上事业，将中国推向了古代世界航海的巅峰，完成了古代陆海丝绸之路的全面贯通，也推动了中外文化的融合与会通。正是在这样一个大背景的铺垫下，成就了永宣文化艺术的辉煌时代。

---

①　杨怀中：《番客东来与郑和出使西洋》，见杨怀中主编：《郑和与文明对话》，银川：宁夏人民出版社，2006 年，第 27—36 页；郑永常：《从蕃客到唐人：中国远洋外商（618—1433）身分之转化》，见汤熙勇主编：《中国海洋发展史论文集》第十辑，台北："中央研究院"人文社会科学研究中心，2008 年。

多重文化视域下的郑和[*]

今天我很荣幸受邀在马六甲讲演。这是我第二次在马六甲讲演了，我很高兴。首先，我要感谢马六甲博物馆总经理拿督甘密司（Khanmis）先生、新加坡国际郑和学会会长兼马六甲郑和文化馆馆长陈达生博士，以及马六甲郑和研究会陈瑞燕会长的热情邀请。我要讲的题目是"多重文化视域下的郑和"。

一、中马友好关系的建立

今天人们谈到更多的是全球化和全球史。追溯历史，15 世纪是一个海洋的世纪，世纪初郑和下西洋，世纪末西方航海东来，世界融为一个整体，全球化由此开端。郑和下西洋时代，是中国与亚非世界交往独具魅力的时代。在人类文明发展史上，丝绸之路是中西交往的通道，是流动的文明之路。从张骞开通西域到郑和下西洋，其间经历了 1500 多年，中国人向西的寻求从来没有中断过。15 世纪初郑和下西洋，中国人以史无前例的规模走向海洋，促成了著名的古代丝绸之路陆海的全面贯通，郑和航海活动所到东南亚、南亚、西亚、东非等地，并辐射到东亚、北非乃至欧洲，将中华文明与广大地域内的诸文明连接起来，是从海上走向区域史整合的重要历程，为最终一个整体世界从海上连接起来奠定了基础，同时标志着区域多元文化整合进程的加速，催生了区域贸易与文化网络的建构，对文明融合与会通起了推波助澜的作用，对后世产生了深

---

    *   原为 2012 年在马来西亚马六甲讲演稿，刊于孙治国主编：《国家战略：郑和论坛文集》，北京：海洋出版社，2014 年。收入本书，有订正。

远影响。

中马友好交往关系源远流长，15 世纪郑和下西洋凸显了中马友好交往在当时东西方贸易和交往中的重要性。今天在吉隆坡马来西亚博物馆大门两侧用彩色瓷砖铺就的墙面上，展现了马来西亚历史沿革图，首先出现在图像上的一段绘有中国宝船，飘扬着"郑"字大旗，标志着 1409 年郑和船队到达满刺加的盛况。

郑和是促进中国与马来西亚友好和贸易的使者。作为伟大的航海家，他率领近 3 万人的庞大船队，七下西洋，足迹遍及亚非三四十个国家和地区，为中国与各国的友好交往和亚非贸易圈的稳定发展，作出了卓越贡献。在七次下西洋期间，海上往复近 30 年，郑和每一次都经过满刺加，每一次都访问满刺加，每一次都集结于满刺加。众所周知，郑和船队运载有大量的物资，由于季风的缘故，郑和船队需要在满刺加停顿休整，集结待发，他得到满刺加国王的大力支持，在满刺加建有官厂，跟随郑和下西洋的马欢以亲历者的身份曾写道：

> 凡中国宝船到彼，则立排栅，如城垣，设四门更鼓楼，夜则提铃巡警。内又立重栅，如小城，盖造库藏仓廒，一应钱粮顿在其内。去各国船只回到此处取齐。打整番货，装载船内，等候南风正顺，于五月中旬开洋回还。①

满刺加成为郑和船队的重要中转地，而满刺加国王也曾 5 次访华，15 世纪初明代中国与满刺加王国的亲密关系传为历史佳话。由此，在西方东来之前，15 世纪初形成的亚非国际贸易网，是当时世界上最稳定，也最为繁盛的国际贸易网之一。它的形成，与郑和下西洋密不可分，也与明代中国和满刺加王国友好关系的建立密不可分。

二、贸易之旅与王国兴盛

我们知道的一个事实是，郑和船队出航的大船称为宝船，顾名思义，是出洋取"宝"的，而曾经在明朝宫中上演的《奉天命三保下西洋》杂剧内府钞本

---

① 冯承钧校注：《瀛涯胜览校注》，上海：商务印书馆，1935 年，第 25 页。

中，更是明白无误地将出航目的简明扼要地表述为"和番"和"取宝"。当年满剌加是东西洋水陆交通的枢纽，而郑和是明朝内官监太监，他奉太宗皇帝诏令七下西洋，负有为宫廷采办的重要职责。远航持续近30年，郑和七次率领庞大的船队，满载着深受海外各国喜爱与欢迎的绫绢、纱罗、彩帛、锦绮、瓷器、药材、铁器、铜钱等物品，航行于南海和印度洋的波涛万顷之中，这一蔚为可观的海上活动，将明代中国与海外各国的贸易交往发展到一个新的阶段。

郑和开通了海路，并使"海道清宁"。一度巨港陈祖义等的海盗行径使商船受阻，贸易停顿。郑和维护海上和平，打击海盗活动，恢复巨港一带海上贸易活动，为保障人民生活安全作出了贡献。在给区域带来和平与秩序的同时，这支规模巨大的明朝官方国际贸易商队，在所到之地进行了频繁的贸易活动。郑和船队在与所访问的亚非国家贸易中，以平等互利、恪守信用、互相尊重为原则，由此东西方商路大开。郑和船队所到之地进行的互惠互利贸易，促使亚非国际市场繁荣，推动商业贸易兴盛，导向区域经济发展。一种以东方的航海模式、贸易模式和国际交往模式建构起来的亚非国际贸易网，繁盛地存在了一个世纪，直至西方东来才有所改变。

满剌加之成为贸易自由港，依靠的是地缘政治和经济的作用。一方面是满剌加与明朝建立友好关系，摆脱暹罗的控制，依靠自身发展条件，积极开拓商业贸易，逐渐发展形成商业贸易中心；另一方面也是郑和下西洋长达近30年的远距离贸易活动，将满剌加作为规模庞大船队的贸易货物集散地，引动区域贸易活动极大活跃的结果。

郑和在海外的贸易活动，交换方式有着国际互惠和市场交换两种。在物品交换方式上具有互惠性质的朝贡贸易，使满剌加获得大量价值丰厚的中国商品；此外市场交易性质的商业贸易活动，也给满剌加带来无法估量的贸易机遇。因此，郑和下西洋进行的规模庞大的贸易活动，为东西方交往海路的兴盛和发展铺平了道路，也为满剌加形成繁盛的国际贸易中心地铺平了道路。

物产，是天然出产和人工制造的物品，可以称作物质文化的代表。人类文明史上最古老也最普遍的文明对话与互动现象正是以此为起点而发生的。明朝初年郑和七下西洋，以强盛的国力为后盾，持续近30年之久，推动了亚非物产流通与融合发展到一个历史的高峰。

亲随郑和下西洋的通事马欢著有《瀛涯胜览》，记述了下西洋海外交易主要品种 70 种，亚非交流圈的物产，构成了当时海上贸易的主要内容。根据交易实例，明代中国物产进入交流圈的主要品种有青磁盘碗、青花瓷盘碗、纻丝、绫绢、麝香、花绢、铜钱、布帛、色绢、烧珠、樟脑、锦绮等。其中，以青瓷、青花瓷、丝绸、麝香、铜钱最为重要，深受海外各国人民的喜爱。

《马来纪年》记载了满刺加通商的情景："不论上风和下风的行商，也常到满刺加，当时非常热闹。阿拉伯人称这地方叫做马六甲（Malakat），意思是集合各商贾的市场，因为各种族各样的商贾，都常到这里，而当地大人物们的行动也极为公正。"① 从后来葡萄牙人的记述也可以了解到，在郑和始航以后满刺加的国际贸易发展迅速。1511 年葡萄牙果阿总督阿尔布克尔克说："我确实相信，如果还有另一个世界，或者在我们所知道的以外还有另一条航线的话，那么他们必然将寻找到马六甲来，因为在这里，他们可以找到凡是世界所能说得出的任何一种药材和香料。"② 看到了这一点的皮雷斯说："无论谁是满刺加的主人，其手便扼住了威尼斯的咽喉。"③ 这里道出的正是位于海峡重地的满刺加王国，在郑和下西洋以后控制了国际贸易航路枢纽，掌管了贯穿东西方航路生命线钥匙的地位。

三、多重文化视域下的郑和

我欣喜地看到，今天马六甲博物馆里设有专门的郑和纪念廊，立有郑和的雕像；以陈瑞燕会长为代表的马六甲郑和研究会，把研究郑和与研究马中友好历史相结合，促进郑和研究发展；新加坡国际郑和学会会长陈达生博士不仅在马六甲建立郑和文化馆，为郑和研究搭建了一个文化平台，还发起成立新加坡国际郑和学会，联合马六甲博物馆管理局、马六甲州旅游与文化遗产委员会等机构，集合了新马两地学人与学术团体共同合作，在 2010 年于马六甲成功主办了"郑和与亚非"国际学术研讨会，这是在中国之外第一次举办有关郑和研

---

① 许云樵译注：《马来纪年》，新加坡：新加坡青年书局，1966 年，第 130 页。
② De Albuquerque A. *The Commentaries of the Great Afonso Dalboquerque*. De Gray Birch W trans. New York: B. Franklin, 1970: 118.
③ Cortesao A. *The Suma Oriental of Tomé Pires*. London: Hakluyt Society, 1944: 287.

究的大型国际学术研讨会，标志着郑和研究的国际化，郑和研究进入一个新阶段。现在，这次会议论文集的出版，显示了郑和研究的新成果，将郑和研究推向一个新的高潮。

自 2005 年纪念郑和下西洋 600 周年，将郑和研究推向高潮以后，多重文化视域与国际化是郑和研究的最新态势。百年来，我们对于郑和研究资料的发掘已经相当深入，今日的郑和研究，已不再仅仅是历史学的研究范畴，而是多方面知识文化的整合研究。在这里我想谈谈"多重证据法"，也就是综合性的人文学术研究方法。我们知道，1925 年王国维先生首倡"二重证据法"，是采用"地下之新材料"和"纸上之材料"对应，以"地下之新材料"补正"纸上之材料"。但是，无论地上还是地下，他所重视的还都是文献材料。对于口传文化与其他非文字的文化材料，没有给以重视。实际上，除了古文字形成的材料，还有古物形成的材料，很有必要以考古材料为根据，以传说为线索，进行综合研究。这里郑和研究可以作为一个典型。后世出现的郑和形象，多是传说的表现。如果我们离开传说，只是根据文本孤立地来研究郑和形象，很难全面理解和解释清楚。我们应该融合传统史学实证方法与民族学、人类学、民俗学等方法，建立跨文化的比较研究，来阐释郑和形象，采用多重证据法，形成郑和研究新的生长点。思考郑和在国际"场域"中的地位和作用，迄今为止，存在两个郑和形象：一个是以文字书写为主的郑和形象；另一个是以非文字符号如口头传说和祭祀崇拜为主的郑和形象。实际上，无论是书写的表述，还是非文字符号的表述，两种郑和形象应该是殊途同归的关系，共同形成一个总体的郑和形象。我们必须承认，历史与现实有着割不断的联系，郑和形象是随着历史发展进程、人们思维意识改变而不断有所变化的，这里包含一个与时俱进的形象重塑的历程，也包含一个古代史与现代史乃至当代史的连接。有学者提出"文献郑和"与"文化郑和"之分，这种划分不够妥帖，因为我们不能将文献与文化截然分开。重要的是认识到二者虽然在思维及表述上有所差异，但不是截然不同的文化，而是交织融合的文化。以往我们的确更多关注的是文献资料，对文献与考古资料的结合和对于口传和图像的研究重视不够。这是需要改进的。

2010 年国际郑和研讨会在马六甲的召开，说明郑和研究已经国际化，走向了全球，不仅是中国史上的重大课题，也是全球史的重大课题之一。荣登了世界文化遗产的马六甲古城，至今保存着郑和访问满剌加的遗迹和美好的传说，如三保山、三保亭、三宝井，以及皇丽宝公主下嫁满剌加苏丹芒速沙的生动传说。马来西亚的其他地方也保存着有关郑和的遗迹和传说。在瓜拉丁加奴、槟榔屿和沙捞越都有三保公庙。在槟榔屿巴都茅的郑和庙中，有一块大脚掌印的巨石，据说是当年郑和留下的脚印。这些遗迹与传说，对于研究郑和与马来西亚的历史关系都很珍贵，反映了对 600 年前历史人物郑和的敬仰与纪念。如何将多元文化整合起来，马六甲博物馆、马六甲郑和文化馆为保存和传播郑和事迹以及中马文化交流已做出了重要贡献。作为中国学者，我很希望与马来西亚学者合作，从文本到实地和实物、传说和图像，进一步推进郑和研究，展现一个多重文化视域下的郑和。

海上丝绸之路：跨文明的对话与合作[*]

　　新世纪伊始，2001年5月联合国缔约国文件已指出："21世纪是海洋世纪。"2013年10月，习近平主席访问印度尼西亚和马来西亚时，均谈到了海上丝绸之路与郑和下西洋，表现出对古代中外海上交往活动的高度重视，并提出了"共同建设21世纪'海上丝绸之路'"的战略构想。新构想的提出，从历史纵深中走来，融通古今，连接中外，承载着海上丝绸之路沿线各国共同发展繁荣的梦想，赋予了古老海上丝绸之路以崭新的时代内涵。

　　从现实反观历史，讲好中国的故事，2000多年来古代海上丝绸之路跨文明的对话与合作，可清晰地呈现出人类文明发展的连续性和各个发展阶段的特殊性；15世纪初郑和七下西洋，海上丝绸之路发展至鼎盛时期，中国人大规模地走向印度洋，贯通了古代陆海丝绸之路，联通了亚洲、非洲和欧洲，拉开了全球史的序幕，对于今天有着借鉴和启示的意义；将历史与现实融通，今天的中国以博大的胸怀走向世界，建设21世纪海上丝绸之路，继承和发扬古代丝绸之路和平交往与合作的价值理念，赋予了古老海上丝绸之路以崭新的时代内涵：以和平合作、开放包容、互学互鉴、互利共赢的丝绸之路精神，打造与海上丝绸之路相关各国互利共赢的"利益共同体"和共同发展繁荣的"命运共同体"。海上丝绸之路跨文明对话与合作进入新纪元，将为人类文明发展作出新的贡献。

---

* 　原载《国际援助》2015年第5期。收入本书，有订正。

一、基于历史：讲好中国的故事

21 世纪是海洋的世纪，建设 21 世纪海上丝绸之路，首先我们要讲好中国的故事。

丝绸是中华文明的象征之一。中国是最早养蚕织丝的国家，古代中国和西方诸文明之间的交通与交流，源远流长。丝绸之路，是中国古代对外交往的通道，丝绸之路起始于中国境内，这条历史悠久的横跨亚欧的路线迄今为止已有 2100 多年的历史。丝绸之路的畅达，在古代促成了中国与沿线各国间友好合作关系的发展，也促成了中国与沿线各国经济贸易与文化艺术的发展机遇。德国地理学家李希霍芬（Ferdinand von Richthofen）在 1877—1912 年出版的《中国亲历》5 卷本中，将横贯东西的陆上交通路线命名为"丝绸之路"。20 世纪初海上丝绸之路的提出，源于法国汉学家沙畹（Édouard Émmannuel Chavannes）的《西突厥史料》，据唐朝贾耽著称有"陆、海两道"，此后法国学者让·菲琉杂（Jean Filliozat）首次使用了"海上丝绸之路"这一名称。以丝绸命名的中国通往西方各国的贸易和交往通道，是后世对中国与西亚、中亚、西方所有来往通道的统称。中外学界对丝绸之路的研究已经持续了 100 多年，取得了举世瞩目的成就。

海洋是人类文明的摇篮，中国这个著名的文明古国，拥有漫长的海岸线和广袤的海洋国土，既是东亚的大陆国家，又是太平洋西岸的海洋国家；是一个海洋大国，也曾经是一个海洋强国。中华文明是大陆和海洋共同孕育出的世界最古老的伟大文明之一。中华民族以勤劳勇敢和开拓进取精神，铸就了古代中国处于世界前列的辉煌航海业绩。海上丝绸之路始于何时？浙江杭州萧山跨湖桥新石器时代遗址考古发现告诉我们，早在 8000 年前已经诞生了"中华第一舟"；浙江吴兴钱山漾新石器时代遗址考古发现证明，早在 4700 年前长江流域已经有了丝织品。如此看来，开启海上丝绸之路中西文化交流之门的钥匙，很早就掌握在了中国先民的手中。2000 多年前，汉武帝不仅派遣张骞从陆上通西域，而且遣使开辟海上航线，开始与海外国家与地区的交往，正式开创了海上丝绸之路。浩瀚的海洋是大陆的延伸，海上丝绸之路也是陆上丝绸之路的延伸。但是我们要强调的是，陆海丝绸之路不是前后相续的两个发展阶段，而是两个相互平行的通道。虽说是大海无痕、印迹难觅，但是随着考古重大发现的推进，我们有理由相信，当伴随清脆的驼铃，享誉世界的中国丝绸穿过绿洲和荒漠的同时，海上丝绸之路也翻开了辉煌的一页。陆海丝绸之路不但沟通了古代东西方之间的了解和友谊，而且也推进了商贸与文化交流，对世界文明作出了重大贡献。

我们不能忘记，15世纪初这一海洋世纪开端于中国人。在古代中国乃至世界航海史上，郑和下西洋是最令人瞩目的事件之一。明朝永乐三年（1405年）至宣德八年（1433年），郑和率领船队七下西洋，以明朝强盛的综合国力为后盾，中国人以史无前例的规模走向海洋，历时28年之久，"涉沧溟十余万里"，遍及亚非三四十个国家和地区。远航壮举证明了中国的造船技术和航海能力是世界上其他任何国家都无法企及的，达到了古代世界航海史的巅峰。更重要的是，下西洋以与各国"共享太平之福"的理念，将海上丝绸之路推向了鼎盛。

追溯丝绸之路之初起，我们注意到这一由民间对外交往活动形成的线路，正式成名则来自国家层面推动的深远影响。2100多年前，张骞的赫赫声名与陆上丝绸之路联系在一起，正是因为张骞出使西域是汉代中国的国家代表；600多年前，郑和的辉煌业绩与海上丝绸之路联系在一起，正是因为郑和下西洋是明代中国的国家代表。中国不仅是一个海洋大国，而且是一个海洋强国由此凸显了出来。

郑和下西洋是国家航海行为，是经过整体规划的明朝海洋决策。百年以来，在郑和下西洋研究中，鲜见有将郑和下西洋的西洋就是印度洋的概念突出出来，把下印度洋作为一个整体来探讨的，以致迄今郑和所下西洋即印度洋的事实常常被遮蔽了，乃至不时出现将郑和出使暹罗、浡泥等国或王景弘出使苏门答剌作为八下、九下西洋之论。事实上，郑和下西洋时代之初，西洋本有特指，就是马欢笔下所谓"那没黎洋"，也即今天的印度洋。

今天我们知道，印度洋是世界第三大洋，面积7000多万平方千米，约占世界海洋总面积的1/5，拥有红海、阿拉伯海、亚丁湾、波斯湾、阿曼湾、孟加拉湾、安达曼海等重要边缘海和海湾。在古代，印度洋贸易紧紧地将亚洲、非洲、欧洲连接在一起。古代世界大致可划分为三大贸易区域：欧洲-地中海贸易区、阿拉伯-印度贸易区、东亚贸易区。从地域上看，郑和七下印度洋，以"共享太平之福"的理念，维护和保证了海上区域的和平与稳定，每次必到印度古里，是将东亚贸易区拓展到了阿拉伯-印度贸易区；郑和船队从第四次下西洋起直至第七次，都到达了波斯湾的忽鲁谟斯，那里正是与欧洲贸易的交接之处，而船队通过印度洋也到达了非洲东部。郑和七下印度洋，促使中西陆海丝绸之路在印度洋上全面贯通，联通亚洲、非洲和欧洲的交通要道，明代中国在与印度洋周边各国和平友好关系建立与共同商贸利益的驱动下，形成了活跃的印度洋贸易网络，从印度洋连接古代世界三大区域，促成了一个联通亚非欧的"全球"贸易网络雏形的出现，为区域史走向全球化做出了重要铺垫。郑和下西洋的重要意义正在于此。

二、融通古今：开辟海上丝绸之路新纪元

明代郑和七下西洋，走向印度洋，全面贯通了古代陆海丝绸之路，联通了亚非欧，拉开了全球史的序幕。今天，建设 21 世纪海上丝绸之路，中国走向世界，继承和发扬古代丝绸之路和平交往与合作发展的价值理念，赋予了古老丝绸之路以崭新的时代内涵：以和平合作、开放包容、互学互鉴、互利共赢的丝绸之路精神，打造了与海上丝绸之路相关各国互利共赢的"利益共同体"和共同发展繁荣的"命运共同体"。如何用创新的合作模式，深入践行 21 世纪海上丝绸之路，是新形势发展的要求。

开辟海上丝绸之路新纪元，大力开展国际文化线路的合作开拓与创新，可包括两方面内容：

其一，合作申报世界文化遗产。

"21 世纪海上丝绸之路"是中国连接世界的新型贸易与交流之路，其核心价值是和平共建，合作共赢。文化线路是近年世界遗产领域中出现的一种新的遗产类型。和以往的世界遗产相比，文化线路注入了一种新的世界遗产的发展趋势，即由重视静态遗产向同时重视动态遗产的方向发展，由单个遗产向同时重视群体遗产的方向发展。联合国教育、科学及文化组织世界遗产委员会在《行动指南》中指出，文化线路遗产代表了人们的迁徙和流动，代表了一定时

间内国家和地区之间人们的交往，代表了多维度的商品、思想、知识和价值的互惠和持续不断的交流。2000多年的海上丝绸之路，范围覆盖了大半个地球，不仅是国际商贸路线，更是国际文化对话、传播与合作之路。自古代以来，丝绸之路沿线聚居着的中外各国各民族，在漫长的历史发展进程中创造出了灿烂的文化艺术，传承和积累了极为丰富的文化遗产。文化遗产又可以分为物质文化遗产和非物质文化遗产两种类别，既有文物、典籍等物质形态存在的文化遗产，也有口头文学、传统艺术、节庆礼仪、民俗活动、民间工艺等以非物质形态存在的非物质文化遗产。海上丝绸之路沿线凝聚了各国的文化遗产，是一份多国共创共享的世界级文化遗产。

建设21世纪海上丝绸之路，与海上丝绸之路沿线各国合作，发掘、保护及研究各国的大量物质文化遗产和非物质文化遗产势在必行。2014年中国与哈萨克斯坦、吉尔吉斯斯坦的跨境项目"丝绸之路：起始段和天山廊道的路网"成功登录了世界遗产名录，是一个成功先例。2015年3月，顺应地区和全球的合作潮流，备受国内外关注的国家"一带一路"建设顶层设计规划发布，《推动共建丝绸之路经济带和21世纪海上丝绸之路的愿景与行动》明确指出"一带一路"建设是一项系统工程，要坚持共商、共建、共享原则，积极推进沿线国家发展战略的相互对接。除重点涉及的18个省以外，沿海有15个港口城市，即上海、天津、宁波-舟山、广州、深圳、湛江、汕头、青岛、烟台、大连、福州、厦门、泉州、海口、三亚。规划还提及要发挥香港、澳门、台湾地区作用。此前，中国参与海上丝绸之路申遗的已有9个城市，包括泉州、广州、宁波、扬州、北海、漳州、福州、南京、蓬莱，有更多的城市准备参与。将21世纪海上丝绸之路建设落到实处，构建遗产保护和研究的协作机制，跨国合作申报世界文化遗产，将在拉动丝绸之路沿线各国经济增长的同时，带动各民族传统文化艺术的全面繁荣发展，共同推进人类文明发展进程。

其二，共同构建国际文化旅游线路。

丝绸之路这条古老交通线路，是古代遗留下来的伟大文化遗产，在漫长的历史中，孕育产生的文化源远流长、博大精深，其重要的历史文化价值、科学研究价值和旅游开发价值正日益得到重视。随着丝绸之路不断向着未来延伸，文化线路作为文化遗产的重要组成部分，不但具有遗传价值和考古价值，还具有丰富的旅游价值。由于文化线路基本上是呈线状结构，文化线路沿线，一般都有很多文化遗产的遗存和古迹。如果将这些遗产资源很好地加以保护和进行合理的开发，那就是一份很有价值的国际旅游资源。丝绸之路国际旅游线路文化平台的搭建，将推动新的丝绸之路建设发展。

建设新的海上丝绸之路，是各国友好交往自政府到民众的盛事，必将促进各国文化旅游业的发展，将文化旅游业培育成中外战略合作的新亮点。当今旅游业已成为各国经济发展中最具活力的新兴产业之一，文化与旅游的结合是旅游业发展的最大特点，游客对文化体验的需求日益强烈，不同文化背景的国际游客更是如此。古丝绸之路，曾为促进中外人民的友谊、经济文化的发展发挥了巨大的历史作用，今天开发新丝绸之路国际旅游线路的文化价值至关重要，海上丝绸之路沿线各国都拥有广阔的市场空间。由于东盟地处海上丝绸之路的十字路口和必经之地，将是新海丝战略的首要发展目标。相信随着 21 世纪海上丝绸之路的开拓发展，必将形成一条国际文化旅游的繁荣热线，沿线的亚非欧国家和地区也必将连接成为合作共赢的命运共同体。

以郑和下西洋为例，根据向达先生的研究，《郑和航海图》所收地名达 500 多个，其中本国地名约占 200 个，外国地名约占 300 个。[1]国内外郑和文化遗迹调查至今方兴未艾，文化遗产散在下西洋所至沿海各国。如在马来西亚马六甲，陈达生先生多年来一直致力于郑和文化遗产的收集、研究和宣传工作，建立了郑和文化馆。加强国际对话与交流，开拓合作的前景正摆在我们的面前。

基于国家层面所需的历史文化软实力支撑，整合丰厚又分散的历史遗存，吸引众多 21 世纪海上丝绸之路沿线国家参与，以点带线，以线带面，增进同沿边国家和地区的合作，发展面向印度洋的战略合作经济与文化带，将连通东盟、南亚、西亚、北非、东非、欧洲等各大经济文化板块，使建设新的海上丝绸之路合作上一个新台阶。

21 世纪海上丝绸之路建设进入务实阶段，发扬先辈开拓丝绸之路的精神，在大力加强对于海上丝绸之路历史经验的总结与研究基础上，建议从以下几点考虑：

第一，探索创新的合作模式和对话机制，加强与各国政府和民间组织的多边合作，深化经贸与文化合作、加强人员学术交流往来，在沿途主要城市建立

---

[1]　向达整理：《郑和航海图·整理郑和航海图序言》，北京：中华书局，1961 年，第 5 页。

主题文化设施，整理和发掘、保护和研究丝绸之路的历史遗迹与遗物，建立博物馆或文化馆，开发旅游文化创意产品，共同开拓国际客源市场，建立立体化的国际旅游文化网络。

第二，联合开发文化旅游产业，在不同文化艺术领域展开多边合作，组织文艺团体，培养人才，传承历史上留下的传奇故事、诗歌、音乐、舞蹈、绘画等传统文化艺术，复兴丝绸之路丰富多彩的各国传统文化艺术。使新的丝绸之路成为乐舞文化之旅，促进国际旅游繁荣热线的生成。

第三，申遗将带来海上丝绸之路发展新机遇，发展和产生新的丝绸之路文化艺术。开发以丝绸之路热点城市为节点的国际旅游黄金线路，加强热点城市间的多边合作，满足国际游客多样化的旅游需求，形成新的丝绸之路文化艺术长廊。使游客可以体验到丝绸之路的多元文化，包括将传统民间音乐舞蹈和戏剧绘画艺术融入现代都市文化之中，形成"新的丝绸之路文化体验之旅"。

全 球 视 野

从《郑和锡兰布施碑》看海上丝绸之路上的
文化共生[*]

百年来，在中西交通史、中外关系史研究中，形成了诸多专门研究领域，诸如"陆上丝绸之路""草原丝绸之路""海上丝绸之路""南方丝绸之路"（也称"西南丝绸之路"）等。此外，还有不少是没有带"丝绸"二字的中外交往通道的研究，如"陶瓷之路""茶叶之路""茶马古道""瓷银之路"等。实际上，丝绸之路早已超出了其字面含义，成为后世对中国与西方所有来往通道的统称。不仅是一两条交通道路，而且是四通八达、辐射广远的中国与世界各国之间的交通网络，不仅是丝绸西传，西物东来，而且沉淀了东西方文明相互交往几千年的历史轨迹，不仅是一个地理概念，而且已扩展为一种历史文化的象征符号，构建的是一个多元共生互动的中外文明开放系统，凸显了古代诸文明之交流对人类的巨大贡献。明代郑和七下印度洋，贯通了陆海丝绸之路，就是一个典型范例。

本文尝试超越以往静止的、孤立的中外关系国别史或局部区域史研究的框架，从文化共生的新视角出发，以《郑和锡兰布施碑》为例，对海上丝绸之路上的文化共生现象进行探讨与研究。

---

* 本文提交于 2017 年 12 月 1—2 日由国际儒学联合会、斯里兰卡凯拉尼亚大学主办，北京外国语大学比较文明与人文交流高等研究院协办的"国际儒学论坛：科伦坡国际学术研讨会——海上丝绸之路的历史交往与亚非欧文明互学互鉴"。后载《国际汉学》2018 年第 4 期。收入本书，有订正。

一、郑和七下印度洋与《郑和锡兰布施碑》

15世纪初郑和七下西洋，中国人以史无前例的规模走向海洋，在亲历下西洋的马欢笔下，当时明朝人所认识的西洋具体指"那没黎洋"，即今天的印度洋。郑和七下印度洋，打造了古代陆海丝绸之路全面贯通的新局面，联通了亚洲、非洲和欧洲，为区域史走向全球化做出了重要铺垫，对于海上丝绸之路上的文化共生具有重大意涵。①

斯里兰卡，明朝时称锡兰国，是印度半岛南端印度洋中的一个岛国，是镶嵌在广阔印度洋海面上的璀璨明珠，北临孟加拉湾，西濒阿拉伯海，是印度洋东西方海上交通的必经之地。斯里兰卡有文字记载的历史长达2000多年，很早已有人类定居及文化生活的连续记载。斯里兰卡的主体民族是僧伽罗族。"僧伽罗"（梵语名 Simhalauipa）在该民族的语言中是"狮子"的意思，其始祖僧伽巴忽在神话传说中是狮子的后代，因此，在历史文献中又把斯里兰卡称为"狮岛"或"狮子国"。

中斯两国虽然山海相隔，但是古代友好交往的历史悠久，可追溯到公元1—2世纪以前，派往奥古斯都朝廷的僧伽罗族使节曾谈起锡兰和中国之间有商业往来。②《汉书·地理志》记载"已程不国"："平帝元始中，王莽辅政，欲耀威德，厚遗黄支王，令遣使献生犀牛。自黄支船行可八月，到皮宗；船行可二月，到日南、象林界云。黄支之南，有已程不国，汉之译使自此还矣。"③可推断这一"已程不国"是汉朝时中国对斯里兰卡的称呼。东晋时期的法显是中国第一个从陆上丝绸之路去印度取经，并由海上丝绸之路回国的高僧，著有

---

① 2014年在加拿大维多利亚大学召开的"郑和下西洋及自古以来中国与印度洋世界的关系"上，笔者依据马欢等明代第一手文献全面论证了郑和下西洋的"西洋"即印度洋，参见万明：《郑和七下印度洋——马欢笔下的"那没黎洋"》，《南洋问题研究》2005年第1期；万明：《郑和七下"那没黎洋"——印度洋》，见陈忠平主编：《走向多元文化的全球史：郑和下西洋（1405—1433）及中国与印度洋世界的关系》，北京：生活·读书·新知三联书店，2017年，第119—152页。

② 〔锡兰〕尼古拉斯·帕拉纳维达纳：《锡兰简明史：从远古时期至公元1505年葡萄牙人到达时为止》上册，李荣熙译，北京：商务印书馆，1964年，第22页。

③ 《汉书》卷二十八下《地理志下》，北京：中华书局，1962年，第1671页。

《佛国记》，记载"泛海西南行，得冬初信风，昼夜十四日，到师子国"①。他在此国留居两年，并求得中国没有的佛教经律带回中国。此国在中国史籍中被称为师子国。《宋书》记师子国遣使献方物。《梁书》云："师子国，天竺旁国也。"《旧唐书》《新唐书》也作师子国。《大唐西域记》译作僧伽罗，意为狮子。宋代《岭外代答》《诸番志》作细兰；《宋史》作悉兰池、西兰山等，皆为阿拉伯语 Silan 的音译。明代称锡兰国。②

1911 年发现于斯里兰卡加勒（Galle）的《郑和锡兰布施碑》，是郑和在锡兰布施寺院所立的石碑，现藏于斯里兰卡首都科伦坡国立博物馆。石碑上刻有五爪双龙戏珠精美浮雕，碑身正面长方体，周边均以中式花纹雕饰，中文铭文居右，从上至下正楷竖书，自右向左有 11 行，共 275 字；泰米尔文居左上端，自左向右横书 24 行，波斯文居左下端，自右向左横书 22 行。此碑以汉文、泰米尔文、波斯文三种文字记录了对三位航海保护神佛祖释迦牟尼（Sakyamuni）、印度教毗湿奴（Visnu）、伊斯兰教真主安拉（Allah）的尊崇，反映了印度洋航海者具有共同的航海保护神的历史事实，是中国与印度洋地区文化交流与融合的结晶，也是海上丝绸之路文化共生的真实体现。

德国近代法哲学理论创始人之一约翰斯·阿尔图修斯（Johannes Althusius，1557—1638 年）逝世后留下《共生学》（*Symbiotics*）草稿，指出"共生"（symbiosis）是人们如何实现一种共同生活。③而一般认为，共生的概念，是德国著名真菌学奠基人德贝里（Heinrich Anton de Bary，1831—1888 年）在 1879 年首创，其原意为不同生物之间密切生活在一起的共栖、共存的一种普遍存在的生物现象。④文化共生是多元文化之间紧密联结、共栖共存的文化状态，强调多元文化的依存理念，并强调多元文化的和谐发展。《郑和锡兰布施碑》正是文化共生的典型范例。

《郑和锡兰布施碑》在 1911 年由英国工程师托马林（H. F. Tomalin）发现于加勒克瑞普斯（Cripps）路转弯处的一个下水道口，当时碑面朝下成为盖板。发现以后，斯里兰卡考古学家将碑铭拓片寄给在北京的英国汉学家巴克斯

---

① （晋）法显著，郭鹏、江峰、蒙云注译：《佛国记注译》，长春：长春出版社，1995 年，第 124 页。
② 参见（明）马欢原著，万明校注：《明钞本〈瀛涯胜览〉校注》，北京：海洋出版社，2005 年，第 51 页。
③ 〔法〕高宣扬：《德国哲学通史》第 1 卷，上海：同济大学出版社，2007 年，第 59 页。
④ 参见洪黎民：《共生概念发展的历史、现状及展望》，《中国微生态学杂志》1996 年第 4 期。

（Edmund Backhouse，1873—1944 年）考证释读。1959 年向达先生在英国看到
此碑拓片，撰文介绍，这是中国学者的首次研究，引起学术界关注。诸多中外
学者考证和研究了此碑，给出了越来越多的识别释文，主要有英国学者巴克
斯、法国学者沙畹与伯希和、日本学者山本达郎、中国学者向达、德国学者伊
娃·纳高（Eva Nagel）等。①2011 年，此碑被发现 100 年时，斯里兰卡学者查
迪玛（A. Chandima）在以往诸位中外学者释文基础上，进行了综合研究，发表
了最新释文。②从比较完整的三种文字碑文，我们可以清楚地了解到此碑永彪
史册的，是郑和代表大明永乐皇帝，以汉文、泰米尔文、波斯文分别向佛祖释
迦牟尼、印度教主神毗湿奴和伊斯兰教真主安拉的祈愿和奉献。《郑和锡兰布
施碑》是郑和第二次下西洋时所立，碑的落款日期是永乐七年（1409 年）二月
甲戌朔日。此碑通高 4 英尺 9 英寸③，宽 2 英尺 6 英寸，厚 5 英寸，最上端是
飞龙浮雕，碑文四周饰有边框，碑上刻有中文、泰米尔文和波斯文三种文字。
为什么会有三种文字？而且是向三位神祇献礼？早在公元前 247 年，阿育王子
将佛教传入锡兰，此后，锡兰逐渐成为一个主要信奉佛教的国家，公元前 2 世
纪泰米尔人从印度南端渡过 32 千米的海峡，来到斯里兰卡的北部生活，他们
与本土主要民族僧伽罗人都信奉印度教；从 7 世纪起，阿拉伯商人来到锡兰，
在西海岸定居，进行商业活动，他们信奉的是伊斯兰教。这就是当时锡兰多元
文化共生的人文场景，也是明朝郑和为什么会在锡兰以三种文字向三位航海保

---

① Perera E W. The Galle Trilingual Stone. *Spaliza Zeilanica*, 1913, 8(30): 122-127; Anonymous. A Chinese
inscription from Ceylon. *Journal North China Branch of Royal Asiatic Soc*, 1914, 45: 171-172; Paranavitana
S. The Tamil inscription on the Galle Trilingual Slab. *Epigraphia Zeylanica*, 1933, 3: 331-340; Pelliot P. Les
grands voyages maritimes chinois au début du XVe siècle. *Toung Pao*, 1933, (30): 237-452. 又见〔法〕伯希
和：《郑和下西洋考》，冯承钧译，上海：商务印书馆，1935 年；〔日〕山本达郎：《郑和西征考》，王
古鲁译，《国立武汉大学文哲季刊》1935 年第 2 期；（明）巩珍：《西洋番国志》附 "郑和在锡兰所立
碑"，向达校注，北京：中华书局，1961 年，第 50 页；〔英〕李约瑟：《中国科学技术史》第一卷
《总论》，《中国科学技术史》翻译小组译，北京：科学出版社，1975 年，第 475 页；Negas E. The
Chinese inscription on the Trilingual Slabstone from Galle Reconsidered, a study case in early Ming Chinese
diplomatics. *In* Weisshaar H J, Roth H, Paia W W eds. *Ancient Ruhuna: Sri Lankan-German Archaeological
Project in the Southern Province*. Mainz am Rhein: Von Zabem, 2001: 437-468；龙村倪：《郑和布施锡兰
山佛寺碑汉文通解》，《中华科技史学会会刊》2006 年第 10 期；吴之洪：《郑和〈布施锡兰山佛寺碑〉
碑文考》，《黑龙江史志》2009 年第 20 期；沈鸣：《郑和〈布施锡兰山佛寺碑〉碑文新考》，《东南文
化》2015 年第 2 期。

② 〔斯里兰卡〕查迪玛、武元磊：《郑和锡兰碑新考》，《东南文化》2011 年第 1 期。

③ 1 英尺=30.48 厘米；1 英寸=2.54 厘米。

护神祈求"人舟安利，来往无虞"和进行奉献的原因。依凭此碑的释文，我们对于 15 世纪初印度洋海上丝绸之路上的文化共生，可以有一个真切的了解。

著名的《郑和航海图》中，在锡兰山上端标有一座佛堂，在下端也标有一座佛堂。①根据《郑和航海图》上南下北、左东右西的特征，在上端的那座佛堂，应该就是郑和供奉之所，也即《郑和锡兰布施碑》所立之处。《瀛涯胜览》和《西洋番国志》称"佛堂山"，《顺风相送》称为"大佛堂"②，即指锡兰南部栋德拉角（Dondra Head）的佛教寺院。栋德拉，是锡兰重要港口城市，僧伽罗语作 Devi-neuera 与 Duwundera，梵语为 Devanagara，意为"神城"，位于锡兰岛的最南端，距离发现《郑和锡兰布施碑》的加勒不远。据1344 年游历过这座城市的摩洛哥旅行家伊本·白图泰说："抵迪耶脑尔城，那是海岸上的一大城市……以迪耶脑尔出名的大佛像就在城内的一大庙中，庙内的婆罗门、柱肯耶近千人，还有印度姑娘近五百人，他们每夜于佛前唱歌跳舞。"③这里的翻译没有清楚地说明"大佛像"是什么神祇，只是证明与僧伽罗语称其为"神城"的情况相契合。新译本在这里译为"一尊迪奈沃尔神像"，而下面的原注则说明了"那里的毗湿奴（Visnu）佛像于 1587 年被葡萄牙人所毁"④，印证了栋德拉不但有佛教寺庙，而且自古以来那里也是锡兰人礼拜毗湿奴神（锡兰的保护神之一）的中心地，因此才被称作"神城"。郑和所布施的那座寺院，应该是伊本·白图泰所说的既供奉释迦牟尼佛，又供奉毗湿奴神的巨刹。可惜此寺院在 1587 年为葡萄牙人所毁。葡萄牙历史学家费尔南·德·奎依柔士（Fernao de Queyroz，1617—不详）曾记载，葡萄牙人在栋德拉发现了一块中国皇帝命人所立的石碑，碑上刻有中文。⑤斯里兰卡学者查迪玛指出，在斯里兰卡史书《大史》（Mahavamsa）中，栋德拉是朝拜 Uppalavanna 的圣地，而僧伽罗语中的 Uppalavanna，在印度《史诗》（Purana）中写作

---

① （明）茅元仪：《武备志·郑和航海图》，见（明）马欢原著，万明校注：《明钞本〈瀛涯胜览〉校注》附录，北京：海洋出版社，2005 年，第 244 页。

② 向达校注：《两种海道针经·顺风相送》，北京：中华书局，1961 年，第 40、76—77 页，书后附录地名索引（第 211 页）明确说："大佛堂即锡兰南端之 DondraHead。"

③ 〔摩洛哥〕伊本·白图泰：《伊本·白图泰游记》，马金鹏译，银川：宁夏人民出版社，1985 年，第519—520 页。

④ 〔摩洛哥〕白图泰口述，〔摩洛哥〕朱甾笔录：《异境奇观：伊本·白图泰游记》（全译本），李光斌译，北京：海洋出版社，2008 年，第 513 页。

⑤ Paranavitana S. The Tamil inscription on the Galle Trilingual Slab. *Epigraphia Zeylanica*, 1933, 3: 331-340.

Vishnu，即毗湿奴。毗湿奴是后期婆罗门教和印度教神话中三大主神之一，是世界的保护神。泰米尔文 Tenavarai-nayinar 意即栋德拉之神，也就是毗湿奴神 Vishnu。由此，他认为《郑和锡兰布施碑》原本应是立于栋德拉的。[①]这一看法是很有说服力的。

笔者在这里还可提出一个中文文献的佐证：明人黄省曾在《西洋朝贡典录》中记载郑和去锡兰的针位云："又九十更，见鹦哥嘴之山。又至佛堂之山。又五更平牙里，其下有沉牛之礁鼓浪焉。"[②]所云佛堂之山，即佛堂山，也即栋德拉角，而记载中的牙里，应该就是加勒。

二、《郑和锡兰布施碑》诞生的人文背景

明朝永乐三年（1405 年）至宣德八年（1433 年）的 28 年间，郑和七下西洋，遍及亚非三四十个国家和地区，对促进当时中国与印度洋周边各国的经济文化交流起了重大作用。600 多年来，中国与印度洋各国关系的佳话，流传不衰。

马欢是跟随郑和经历三次下西洋的通事。在他所撰的《瀛涯胜览》中，记述了亲身所至的 20 个国家的政教情况。下面一一说明，以便展现这些国家的人文环境，也为《郑和锡兰布施碑》的人文背景做一个概述。

表1　《瀛涯胜览》中有关郑和下西洋所至亚洲国家的政教情况

国名	信息
占城	国王崇信释教
爪哇	国有三等人。一等回回人，皆是西番各为商流落此地……一等唐人，皆是广东、漳、泉等处人窜居此地……多有饭从回回教门受戒持斋者。一等土人，形貌甚丑黑，猱头赤脚，崇信鬼教
旧港	人之衣饮、语言等与爪哇国同
暹罗	国王崇信释教
满剌加	国王、国人皆依回回教门
哑鲁	国王、国人皆是回回人
苏门答剌	风俗、言语与满剌加同

① 〔斯里兰卡〕查迪玛、武元磊：《郑和锡兰碑新考》，《东南文化》2011 年第 1 期。
② （明）黄省曾著，谢方校注：《西洋朝贡典录校注·锡兰山国第十五》，北京：中华书局，2000 年，第80 页。

续表

国名	信息
那孤儿	言语、行用与苏门答剌同
黎代	言语、行用与苏门答剌同
南浡里	皆是回回人
锡兰	国王崇信佛教
小葛兰	国王、国人崇佛信教
柯枝	国王崇奉佛教，国人一等南毗，与王同类，二等回回人
古里	国王崇信释教，大头目掌管国事，俱是回回人，国人皆奉回回教门
溜山	国王、头目、民庶皆是回回人
祖法儿	国王、国民皆回回教门人
阿丹	皆奉回回教门
榜葛剌	举国皆是回回人
忽鲁谟斯	国王、国人皆是回回教门
天方	回回祖师始于此国阐扬教法，国人悉遵教规

资料来源：（明）马欢原著，万明校注：《明钞本〈瀛涯胜览〉校注》"各国"条，北京：海洋出版社，2005 年

跟随郑和亲历下西洋的马欢，在《瀛涯胜览》中记述的是他亲自抵达的诸国的宗教信仰情况。他身为通事，了解得比较全面。值得注意的是，记述所访问的 20 个国家中，绝大部分属于伊斯兰国家，16 个国家是由穆斯林掌控，或穆斯林占重要地位的国家，如即使国王信奉佛教的古里国，其掌管国事的大头目也"俱是回回人"。只有 4 个国家——占城、暹罗、锡兰、小葛兰是信奉佛教的，印度文明影响至深，没有回回人的记载。然而我们知道，宋末元初著名海商、掌管市舶司事务蒲寿庚的家族正是来自占城，可见阿拉伯人早已有因经商而定居那里的情况；因此，当时几乎遍布西洋的"回回现象"，是一个不容忽视的重要国际社会现象。

归纳起来，马欢所至的 20 个国家明显可分为三种类型：一是举国信奉一种宗教，包括国王、国人，二是国王信奉一种宗教，国人信奉另一种宗教；三是一个国家中有多种宗教并存。

关于锡兰，马欢的记载是"国王崇信佛教"，而《郑和锡兰布施碑》，却明确说明当时明朝人了解的这个国家属于第三种类型，即有多种宗教并存。因此郑和代表大明永乐皇帝在锡兰寺庙布施，立碑采用了三种不同的文字，表明对

三位神祇的尊崇。其主要目的是向三位神祇祈求航海保佑，也就是向三位航海保护神祈求太平。这一行为充分展现了海上丝绸之路的多元文化内涵、海上丝绸之路文化发展的逻辑与特性，文化共生为海上丝绸之路的发展提供了广阔的对话与发展的空间。

三、《郑和锡兰布施碑》呈现文化共生特性

通过古代海上丝绸之路，印度洋周边族群密切交往与迁徙移居，这一地区诸国呈现了多元文明的交汇和融合现象。郑和下西洋所代表的中华文明，所到之处的人文环境，主要可分为两大类：一类是伊斯兰文明，另一类是印度文明。郑和七下印度洋，中华文明与印度文明、伊斯兰文明在海上丝绸之路上进入历史上前所未有的大规模对话和交流。最好的历史见证就是郑和在锡兰国所立迄今传世的汉文、波斯文和泰米尔文三种文字的石碑，反映了对多元文化的价值认同，使文化共生精神跃然其上。立碑时为永乐七年（1409 年），是郑和第二次下西洋期间。最早记述《郑和锡兰布施碑》的是曾随郑和两次下西洋的费信，费信在所著《星槎胜览》前集《锡兰山国》中，记述他于永乐八年（1410 年）到锡兰山时见到此碑，记曰："永乐七年，皇上命正使太监郑和等赍捧诏敕、金银供器、彩妆、织金宝幡布施于寺，及建石碑。"[①]碑文印证了文化的多元共生是海上丝绸之路的特性之一。

宗教文化是印度洋文化的重要组成部分。宗教的影响上至国家的政治生活，下至人们的意识形态、行为规范、日常生活，都印下了深深的烙印。如今佛教是斯里兰卡的国教，全国寺院和庙宇广布，信徒占全国人口一半以上；另有 20% 的人信奉印度教；还有一些伊斯兰教徒和基督教徒。僧伽罗语为斯里兰卡的国语，它和泰米尔语同为民族语言。此外，斯里兰卡人还普遍使用英语。斯里兰卡的首都科伦坡，扼印度洋东西航运要冲，《郑和锡兰布施碑》就存放在科伦坡国立博物馆中。此碑是郑和代表明朝永乐皇帝对佛教、印度教、伊斯兰教三大航海保护神的尊崇和奉献。从航海文明背景来看，共同的航海保护

---

① （明）费信著，冯承钧校注：《星槎胜览校注·前集》，北京：中华书局，1954 年，第 29—30 页。

神，是在同一海洋背景和文化氛围之中产生的文化共生现象。文化共生是古老的海上丝绸之路精神的产物。

此碑的三种碑文中，汉文碑文是对佛世尊即释迦牟尼的赞颂和奉献，波斯文碑文与泰米尔文碑文则分别是对伊斯兰真主和泰米尔、僧伽罗两个民族都信奉的保护神毗湿奴的赞颂与奉献。这说明明朝人对锡兰当时存在的僧伽罗人、泰米尔人和锡兰的阿拉伯人后裔及其三种宗教信仰十分了解，所以才可能在碑文中体现了对三位神祇的尊崇有加。佛教在两汉之际传入中国，伊斯兰教在 7 世纪时传入中国，郑和出身于穆斯林世家，而他又有佛教法号"福吉祥"，因此碑文中表现对释迦牟尼和真主安拉的敬奉是毫不奇怪的，可是碑文还用泰米尔文表达了对印度教保护神毗湿奴的敬奉与尊崇，而印度教当时并没有传入中国。这不能不说是郑和船队在出洋之前便已经做好了"功课"，明朝人对印度洋上的神祇早已有所了解，并且对印度洋上的保护神都有所认同，笔者不同意有些学者提出的这是郑和的"外交智慧"的观点，笔者认为明朝永乐皇帝与郑和是了解印度洋上存在多元神祇的，他们真心诚意地敬奉海上神明，祈求所有神明保佑明朝航海使团。这种钦敬的心境，在碑文中充分表达了出来。

中文碑文云："大明皇帝遣太监郑和、王贵通等昭告于佛世尊曰：仰惟慈尊，圆明广大，道臻玄妙，法济群伦。历劫河沙，悉归弘化，能仁慧力，妙应无方。惟锡兰山介乎海南，言言梵刹，灵感翕彰。比者遣使诏谕诸番，海道之开，深赖慈佑，人舟安利，来往无虞，永惟大德，礼用报施。"

泰米尔碑文云："皇帝陛下昭告，毗湿奴神的慈爱，保佑万民，安乐幸福。毗湿奴神的恩泽，为来往的人们扫平障碍。"

波斯碑文云："□/伟大的帝王□奉王命□明□/□被派来表示敬意□/□寻求帮助并□/□/□知道□/□为□/这些奇迹□/□被送给□/□知道□表达敬意/□。"①

以上三种文字所体现的内容大同小异，正是海上丝绸之路的文化共生实态；随此碑展现的是明朝君臣对印度洋上所有神明恭敬有加的多元并蓄文化观。永乐皇帝与郑和的布施寺院及立碑是真心诚意地认同印度洋上这三位神明作为航海保护神，诚挚的敬奉表明了明朝中国对印度洋文明的开放与包容心态，具有认同印度洋多元文明的广阔胸襟，并不是唯我独尊，只以中华文明为

---

① 〔斯里兰卡〕查迪玛、武元磊：《郑和锡兰碑新考》，《东南文化》2011 年第 1 期。按：□代表若干缺字。

尊，而是一种平等开放的文化思想。与此同时，也表达了明朝皇帝与使臣对信奉这些宗教神明的各民族的尊重和友好，绝不是今人揣测的所谓"外交智慧"。

通过碑文，我们可以了解到海上丝绸之路上的文化交流态势。锡兰处于中国至印度、阿拉伯，乃至印度洋海上丝绸之路的必经之地，在这里汇聚了佛教和伊斯兰教，还有印度教。可以看到印度洋上各种文明的融合与共生，形成了海上丝绸之路特点鲜明的多元文化共生格局。郑和七下印度洋，拓展了中外文明对话与发展的新空间，体现了海上丝绸之路上文化共生的特性，也充分表现出明朝对外关系的特质是包容和开放的；由此我们也可以了解到，15世纪在印度洋上，海上丝绸之路被极大地扩展，文化交流日益频繁，各种文明在印度洋相互交融、相互激荡，海上丝绸之路上各种文明的相遇、共生为各种文化相互吸收营养成分和信息交换提供了前提，也为航海发展提供了契机，文化共生的价值取向体现了各种文化的和谐发展，海上丝绸之路上的文明相互兼容并蓄，摒除冲突，形成了新的文化共生合力。特别重要的是，印度、中国、伊斯兰文化圈交错重叠。文化共生——印度洋共同的航海保护神为中国航海船队护航，中华文明融入了海上丝绸之路多元文化共生格局之中，郑和下西洋，推动印度洋文明进入到了一个前所未有的繁荣时期，形成了中华文明、印度文明、伊斯兰文明共同影响作用的多元复合文化。更重要的是，中国航海文明吸收多元海洋文明的合理元素，经过交流、吸纳和融合、会通，成为自身航海文明的一部分。《郑和锡兰布施碑》就是证明之一。

总之，15世纪初印度洋海上丝绸之路上，呈现出多元、包容、和谐的文化氛围，具有鲜明的文化共生特性，这是西方东来之前印度洋海上丝绸之路发展的真实图景。

四、古代海上丝绸之路文化共生与当代中国"一带一路"倡议

"一带一路"是"丝绸之路经济带"和"21世纪海上丝绸之路"的简称。中国这一倡议的提出，从历史纵深中走来，融通古今，连接中外，赋予了古老丝绸之路以崭新的时代内涵。

在全球化的今天，全球文明交流的广度、强度和速度都达到了前所未有的

程度，重温 15 世纪初中国与锡兰以及印度洋周边国家之间的文化交流，特别是文化共生的历史，对于 21 世纪海上丝绸之路建设具有启示与借鉴意义。在中国"一带一路"的倡议下，印度洋多元文化共生格局的演进将有新的发展态势，在广度与深度上也都将进一步得到增强。

倡议在今天正在变成实践。在南亚国家中，斯里兰卡率先实行经济自由化政策，经过多年的经济改革，国有化经济管理模式已被打破，市场经济格局基本形成。加强中斯的经济合作大有可为，同时也要加强中斯的文化合作。文化线路是近年世界遗产领域中出现的一种新的遗产类型。和以往的世界遗产相比，文化线路注入了一种新的世界遗产的发展趋势，即由重视静态遗产向同时重视动态遗产的方向发展，由重视单个遗产向同时重视群体遗产的方向发展。联合国教育、科学及文化组织世界遗产委员会在《行动指南》中指出，文化线路遗产代表了人们的迁徙和流动，代表了一定时间内国家和地区之间人们的交往，代表了多维度的商品、思想、知识和价值的互惠和持续不断的交流。历史上海上丝绸之路上文化多元共生，今天中斯合作发掘、保护和研究文化线路遗产，主动把中华文化与其他多元文化融通，创造出互相促进、互惠互利、合作共赢、造福未来的新型文化共生模式，将大力助推 21 世纪海上丝绸之路建设的发展。

从印度洋时代向太平洋时代的转型：
基于明代中国与海上丝绸之路的考察[*]

当前，中国已经崛起为大国并成为国际舞台的主要力量，中国面临着怎样处理国际关系、选择何种国家对外发展战略、如何运用国家实力在国际社会中扮演角色和参与全球治理等重大问题。在习近平 2013 年提出"丝绸之路经济带"和"21 世纪海上丝绸之路"的概念后，中国如何处理与陆地和海洋的关系，成了一个重要的问题。回答和解决问题需要的是对历史长时段的客观了解，对中外关系史的深入研究与思考，以及对中外关系演进的整体与长远发展趋势的把握。因此，引入全球史视野研究中外关系史上的重大问题，进行宏观思考，将中外关系史置于全球化进程和整体世界变迁中加以考察，在当下显得尤为重要。

在全球史的视野下，明代中国曾在海上走在世界的前列。明朝人两度走向海洋：15 世纪初走向西洋——凸显出印度洋在人类交往史上的地位；15 世纪末走向东洋——凸显出太平洋在人类交往史上的重要性。这里还有一个更新视角的意义，即突破"东亚"的意义。在历史上，全球发生了从印度洋时代向太平洋时代的转型，然而，随着历史学的学科细分，古代史或近现代史领域内对中国的研究大都是在"东亚"的框架内。中国是东亚大国，因此以东亚为研究中心是一个惯性思维，但是长期这样思考，就会对中国史乃至全球史研究产生局限。本文的核心论点是，明朝时期派遣郑和下西洋进行大规模的印度洋航海

---

* 原载《新丝路学刊》2019 年第 1 期。收入本书，有订正。

外交，引领了全球史上一次重大转折——人类交往从印度洋时代到太平洋时代的转折，也就是人类交往的重心从印度洋向太平洋的转移。以明朝中国与海洋的关系为切入点，本文认为，这一时期存在从"旧的海洋观"到"新的海洋观"的变化，是从"印度洋时代"向"太平洋时代"的转移。如今所说的"大航海时代"，一般是指西方东来的太平洋时代，即全球化的时代。应当注意到，历史上中国不仅是一个农耕大国，也是一个海洋大国，更曾经是一个海洋强国，在全球化中展现出重要作用。具体来看，明代中国与海上丝绸之路的关系，是以历史三部曲来展现的。

一、第一部曲：中国与印度洋

中国与印度洋之间的关系，本文主要通过"郑和七下西洋"这一重大历史事件来予以探究。首先的问题是，"郑和七下西洋"中的"西洋"，到底指哪里？在跟随郑和出海的通事马欢所著的《瀛涯胜览》中，记述有"南淳里国"条。南淳里国就在今天的苏门答腊岛上。"南淳里国"条记载：

> 国之西北海内有一大平顶峻山，半日可到，名帽山。山之西大海，正是西洋也，番名那没黎洋，西来过洋船只，收帆俱望此山为准。[①]

这里，帽山就是通向西洋的标志。按照马欢的表述，"那没黎洋"就指西洋。"那没黎"是马来语 Lambri 或爪哇语 Lamuri 的对音，其地在今苏门答腊岛西北角亚奇河下游哥打拉夜一带。帽山，据英国学者米尔斯的考证，即今苏门答腊岛西北方向上的韦岛。所以，"南淳里国"条中的"西洋"，确切所指的就是沿着苏门答腊北部海岸向西延伸的海域，而那里正是如今的印度洋。[②]明朝时并没有印度洋的概念，印度洋是一个现代的表述。因此，"郑和七下西洋"就是"郑和七下印度洋"。

具体来讲，郑和第一次航行的目的地是印度的古里。在《瀛涯胜览》中专

---

① （明）马欢著，万明校注：《明本〈瀛涯胜览〉校注》，广州：广东人民出版社，2018 年，第 45 页。
② 万明：《郑和七下印度洋——马欢笔下的"那没黎洋"》，《南洋问题研究》2015 年第 1 期。

门提到："古里国乃西洋大国也"①；《星槎胜览》中也提到："其国当巨海之要屿，与僧迦密迩。亦西洋诸国之马头也。"②郑和访问古里时进行了册封和立碑等政治外交活动。然而，访问古里绝不仅仅是出于政治上的考虑。古里是一个国际贸易中心地，科泽科德大学副校长 K. K. N.古鲁在他《卡利卡特的扎莫林》的前言中曾表示，"卡利卡特是中世纪印度杰出的港口城市之一，是一个香料和纺织品的国际贸易中心"③。费信在《古里国》的诗中就提到："古里通西域，山青景色奇。"④从地理上说，古里一直向北便是中国古代所称的西域，明朝人明确知晓古里就位于西域与西洋的连接点上。以往有些学者根据清修《明史》认为明朝只是为了宣扬国威而进行航海外交的观点是有偏差的。当时的古里并不在德里王朝的统治下，而是在扎莫林王朝的统治下，明朝并没有选择政治上更强势、经济上更发达的印度德里王朝开展联络，可见海上交往并不是仅仅出于政治上的炫耀，而是与当时东西方交往的连接点和延续性有关。在福建长乐《天妃之神灵应记碑》中记载："抵于西域忽鲁谟斯国、阿丹国、木骨都束国。"⑤由此可以看出，当时的明朝将波斯湾国家忽鲁谟斯国、红海阿丹国乃至东非国家木骨都束都看作西域。换言之，以明朝的眼光看，通向西域的丝绸之路被极大地延伸到了印度洋的西部。这也从某种程度上解释了明朝选择古里作为最初目的地的原因——在当时，虽然印度的科钦地区相比于繁荣的古里并不逊色，但明朝并没有选择科钦，就是因为明朝的目的不仅仅是到达印度，而是通过航海找到联通西域的道路。

继而，古里的地位从一开始的目的地逐渐变为中转站。郑和第四次下西洋时，船队又开辟了新的航线，即从古里航行到忽鲁谟斯。《瀛涯胜览》《星槎胜览》明确记载了以古里为始发港的五条航线，它们分别是：古里至忽鲁谟斯国；古里至祖法儿国，即今阿拉伯半岛东南端的阿曼佐法尔；古里至阿丹国，即今阿拉伯半岛也门首都亚丁，是古代西亚宝石、珍珠的集散中心；古里至剌

---

① （明）马欢著，万明校注：《明本〈瀛涯胜览〉校注》，广州：广东人民出版社，2018年，第57页。
② 《星槎胜览》卷三《古里国》，见（明）陆楫等：《古今说海》说选二十三，成都：巴蜀书社，1988年，第216页。
③ Kurup K K N. Foreword. *In* Ayyar K V K ed. *The Zamorins of Calicut*. Calicut: University of Calicut, 1999: 2.
④ （明）费信著，冯承钧校注：《星槎胜览校注》，北京：中华书局，1954年，第35页。
⑤ （明）钱谷辑：《吴都文粹续集》卷28《道观》，见《四库全书珍本初集》编委会：《四库全书珍本初集》，沈阳：沈阳出版社，1998年，第23页。

撒国，有学者认为刺撒国在索马里附近，但也有学者认为在也门沙尔韦恩角，这还需要进一步考证；古里至天方国，即今沙特阿拉伯的麦加，元代称天房，《岛夷志略》称其为天堂，而这都是指克尔白。①

印度洋全覆盖航线的建立体现了明代中国的"印度洋时代"特征，忽鲁谟斯便是一个典型的案例。忽鲁谟斯在明朝的记载中一般被称为"西域的忽鲁谟斯"。从东汉甘英"临东海而望大秦"之后，中国对西域的探索就被安息帝国阻挡在了波斯湾。从此东西方交往的中心就被固定在了亚欧大陆，千年未变。然而在巩珍《西洋番国志》卷前收录的《敕书》中，"西域的忽鲁谟斯"这一认识发生了改变。永乐十八年（1420年）十二月初十日《敕书》如此记载：

敕太监杨敏等往西洋忽鲁谟斯等国公干。②

宣德五年（1430年）五月初四日《敕书》记载：

今命太监郑和等往西洋忽鲁谟斯等国公干，大小舡六十一只。③

此时明朝人对忽鲁谟斯的定位从西域到了西洋，这代表着明朝时期西洋和西域的全面贯通。另一个例子就是天方国。费信关于天方国的记载如下：

其国自忽鲁谟斯四十昼夜可至。其国乃西海之尽也，有言陆路一年可达中国。其地多旷漠，即古筠冲之地，名为西域。④

又有诗言：

玉殿临西域，山城接大荒。⑤

这意味着，西海的尽头连接的就是西域，由此可见明朝人对西洋和西域相

① 万明：《十五世纪印度洋国际体系的建构——以明代"下西洋"亲历者记述为线索》，《南国学术》2018年第4期。
② （明）巩珍：《西洋番国志》，向达校注，北京：中华书局，1961年，第9页。
③ （明）巩珍：《西洋番国志》，向达校注，北京：中华书局，1961年，第10页。
④ （明）费信著，冯承钧校注：《星槎胜览校注》，北京：中华书局，1954年，第26页。
⑤ （明）费信著，冯承钧校注：《星槎胜览校注》，北京：中华书局，1954年，第26页。

接的认识是非常明确的。去天方国，陆路需要一年，且不通畅，而此时海路的开辟给了明朝更多的机会。从罗马时代开始，印度洋便是东西方交往的重心，证据之一就是《汉书》中记载了中国与斯里兰卡在汉时就已通商。可是7世纪以后，阿拉伯人崛起，掌控了印度洋。这个局面一直维持到郑和下西洋之前，此后中国人改变了阿拉伯人称霸印度洋的局面。

可以说，郑和七下西洋其实就是明朝对印度洋区域的全覆盖全方位外交，而这一点在马欢的《瀛涯胜览》、费信的《星槎胜览》和巩珍的《西洋番国志》中得到了很好的体现。《瀛涯胜览》记载了郑和所到的20个国家；《星槎胜览》的《后集》中提到了《瀛涯胜览》所没有记载的东非部分，虽然一般认为《后集》记载的是费信听闻而非亲历的内容；巩珍的《西洋番国志》与《瀛涯胜览》相同，也记载了20个国家，三部书的记载可以使我们确认，郑和的航行对印度洋基本上是全覆盖的。

这里有一个问题。以往中外学界有关郑和下西洋的研究，一般是以中国与东南亚、中国与南亚、中国与西亚、中国与阿拉伯世界、中国与东非的关系为线索分别研究的，这样就将郑和下西洋的"西洋"——一个整体的印度洋分割了。因此，郑和下西洋所代表的明朝对印度洋地区的航海外交，某种程度上是被遮蔽的。郑和七下印度洋说明明朝对印度洋有一个全面的认知，是把印度洋视为一个整体来看待并规划外交活动的，因此在印度洋中枢的古里产生了直达波斯湾和东非的航线。由此可以看出，从忽鲁谟斯到祖法儿，到红海的阿丹，乃至东非木骨都束，一环扣一环，这是一种针对整个印度洋的航海外交规划。值得注意的是，中国的航海外交基本不是依靠武力进行的，即使发生过短暂的军事冲突，也很快化干戈为玉帛，这与明太祖时期"共享太平之福"的外交理念有着密切的联系。

笔者认为，15世纪初的中国，实际上在印度洋上建立了一个新的国际体系。在元朝灭亡后，国际格局发生了重要的变化，中外关系其实经历了从崩溃到重建的过程。明代的外交政策在15世纪初出现了一个重大转折，即全面地转向海洋，中国由此出现了一个史无前例的走势，就是从农耕大国向海洋大国的转向。郑和的船队，有2.7万多人，从永乐三年（1405年）到宣德八年（1433年），七次从南海出发航向印度洋，遍及亚非三四十个国家和地区，展开了史无前例的航海外交。可以认为，明代中国在印度洋的航海外交活动促进了印度洋新的国际体系的形成，也为全球一体化在海上的诞生奠定了坚实的基础。

明朝的转型与明初制定的外交政策有极大的关系。明太祖在立国之初就制定了"不征"的国策，此外交政策的确立表明，明统治者放弃了自古以来中国天子至高无上的征伐之权，从而形成了明朝外交有别于此前的显著特征——试图不依靠武力来建立一种和平的国际体系。在郑和下西洋时期，中国一直在大力发展朝贡体系，从而构成了印度洋新的国际体系。笔者认为，当时的印度洋国际体系有三个主要特征。

第一，国家权力整体上扬，30多个国家都被包括在了国际体系之中。

第二，国家间相互依存。在体系中的所有行为主体都处于直接的联系中，达成了经济资源合作共享，其合作基点是不存在领土扩张与实土贡赋要求，即扩张和掠夺不是印度洋体系下国际交往的主题。

第三，非对称性存在。虽然具有大国小国的差距，但国家之间关系相对平等且相互信任，国际社会具有一定公正性。

需要说明的是，朝贡关系的建立不是明朝独有的现象。朝贡是久已形成的东西方区域交流的共同观念，在古代国际关系中被广泛认同。一旦作为一种共识被承认，它的实践就成了一种国际原则与国际惯例。[①]以往学界讨论朝贡概念，一般强调以中国为中心，以批判居多，其实这种意见并不确切。各国接受朝贡关系，也是一种国家间的认同。朝贡关系凸显了印度洋国际关系的共性。郑和下西洋是明朝对外政策长远走向的表现：一是体现了古代中国对外交往进入海洋导向的重大转折；二是联通了古代中国对外交往的海陆通道；三是连缀了印度洋区域各国，维护了海上交通航线，展现了中国航海外交"不征"和"共享"的特征。中国把印度洋周边可以交往的主要国家都联系起来，通过合作共建了一个不同政治文化多元并存的国际体系，并建立了一种国际秩序，同时从地缘经济上来说，这也推动了印度洋区域内各国资源合作机制的形成。明朝此举与此前元朝的大肆征伐扩张，也与后来西方探险者掠夺财富、占据领土的做法截然不同。

在现代国际关系研究中，霸权理论是重要的分支理论之一，海上霸权理论是西方长期以来的思维定式，因此，西方学界讨论郑和下西洋时，仍然会做出

---

① 万明：《十五世纪印度洋国际体系的建构——以明代"下西洋"亲历者记述为线索》，《南国学术》2018年第4期。

"中国称霸海洋"这种表述，认为中国在从日本到非洲广阔的东海岸之间享有霸权。美国学者阿布-卢格霍德在她的《欧洲霸权之前：1250—1350 年的世界体系》一书中指出，11—13 世纪存在亚洲、中东农业帝国与欧洲城市之间连成一体的世界体系，该体系在 13 世纪发展到高峰，在 1350 年以后由于战争、瘟疫等原因慢慢衰退；16 世纪初，葡萄牙人进入印度洋，进行下一个阶段世界整合的时候，13 世纪的世界体系的许多部分已经了无痕迹。[①]

从这种表述可以很明显地看出，在对 13—16 世纪的世界体系的研究中还留有大量空白，西方长期以来忽视了 15 世纪初印度洋国际体系的存在。阿布-卢格霍德虽然提到了郑和，指出的却是"为什么郑和转过身去撤回舰队，留下一个巨大的权力真空"的问题，并认为其结果是中国人从海上撤退，集中精力重整农业生产，恢复国内市场，随之中国也失去了谋求世界霸权的欲望。这些观点无一不是受到了霸权理论和霸权话语体系惯性的影响。近几年来，西方印度洋史在研究郑和下西洋的部分时更多的是表达对郑和行为的质疑和不解，而具体的历史事实，西方学者则很少提及。

实际上，通过 15 世纪初郑和的航海外交，中国将此前相对孤立的印度洋周边地区连接了起来，形成一个网络，这样就使印度洋国际关系体系化的过程开始成形。质言之，郑和七下印度洋，通过印度洋联通了陆海丝绸之路，构建了一个新的印度洋国际体系。在印度洋上，中国的对外交流获得了前所未有的拓展，推动了多元文明的互动与交流。郑和使团不仅起到了使明朝沟通海外之国的政治作用，还对印度洋区域内各国间的经济文化交流起到了重要的推动作用。

二、第二部曲：印度洋向太平洋的嵌入

三部曲的第二部是"印度洋向太平洋的嵌入"，主要是指郑和下西洋和满剌加王国兴起的关系。满剌加王国位于今马六甲海峡一带，满剌加王国的兴盛，即印度洋东大门马六甲海峡的崛起。马六甲海峡占据重要地理位置，是连接印度洋与太平洋的海上通道，其崛起既代表着印度洋向太平洋的嵌入，是人

[①] 〔美〕阿布-卢格霍德：《欧洲霸权之前：1250—1350 年的世界体系》，杜宪兵、何美兰、武逸天译，北京：商务印书馆，2015 年，第 43—44 页。

类交往由"印度洋时代"向"太平洋时代"转型的开端，也预示了全球化在海上的诞生。

洪武年间，明朝对外交往的30个国家中并没有满刺加。有关该城市建立的年代，学界存在很大的分歧。英国东南亚史学家霍尔认为，无论是记载1292年马可·波罗由海洛返回威尼斯、1322年鄂多立克东游、1345—1346年伊本·白图泰经海洛来华的相关文献，还是1365年的《爪哇史颂》，都没有提到过这个地方，说明满刺加是由拜里迷苏刺建立的。后来这种观点被普遍接受。[①]拜里迷苏刺是满刺加王国的创建者，马六甲海峡的崛起和满刺加王国的兴盛有着密不可分的关系。马六甲海峡得名于满刺加的音译，这一史实在以往虽没有被更多关注，却是极为重要的。

其实，阿拉伯人在唐宋时期已经通过马六甲海峡来到中国，但是那时的马六甲海峡一直没有确切的名称，也没有与其他港口相媲美的国际商业中心。15世纪初，满刺加王国处于暹罗王国的控制之下，每年给暹罗贡金40两。马欢随郑和第四次下西洋时（1413年）第一次到达满刺加后，记述了当时满刺加的地理生态环境和人民生存状态：

> 其国东南是大海，西北是老岸连山，沙卤之地。气候朝热暮寒，田瘦谷薄，人少耕种……人多捕鱼为业，用独木刳舟泛海。[②]

在郑和下西洋之后，这种情况发生了改变。明朝使得满刺加摆脱了暹罗的控制，郑和与马六甲海峡建立了直接的联系。马欢在书中记载：

> 永乐七年己丑，上命正使太监郑和等赍诏敕赐头目双台银印、冠带袍服，建碑封城，遂名满刺加国。[③]

郑和远航和满刺加王国的兴起有着特殊的关系，其中的关键因素是季风，它使得满刺加成为出使航线上的重要节点——船队远航到西洋的古里需要一个

---

① 〔英〕D. G. E.霍尔：《东南亚史》上册，中山大学东南亚历史研究所译，北京：商务印书馆，1982年，第260—261页。
② （明）马欢著，万明校注：《明本〈瀛涯胜览〉校注》，广州：广东人民出版社，2018年，第35—36页。
③ （明）马欢著，万明校注：《明本〈瀛涯胜览〉校注》，广州：广东人民出版社，2018年，第34页。

中间站，满剌加优越的地理条件使其成为中间站的不二选择。这就是满剌加兴起的机遇，在郑和下西洋之前，它是名不见经传的；其后在郑和的航海外交中，它无疑发挥了重要的作用。《瀛涯胜览》中记载：

> 凡中国宝船到彼，则立排栅，如城垣，设四门更鼓楼，夜则提铃巡警。内又立重栅，如小城，盖造库藏仓廒，一应钱粮顿在其内。①

更重要的是，郑和船队的船只分头出发到各国进行交往贸易，最后回程都要汇合在满剌加取齐，"打整番货，装载停当，等候南风正顺，于五月中旬开洋回还"②。满剌加国王拜里迷苏剌抓住机遇，与中国保持尽可能紧密的联系，为郑和船队提供了一个安全的存放货物之地。满剌加王国的兴起主要依靠的是其国际船只和货物集散地的身份。

永乐九年（1411 年），满剌加国王拜里迷苏剌为了表示对中国的友好，曾率领一个 540 多人的使团出访明朝，而明朝也赐予他船只回国守土。这在《西洋番国志》中有明确记载：

> 又赐造完大舡，令其乘驾归国守土。③

这就说明中国作为大国和满剌加这一新兴小国的关系是一种合作共赢的关系，这一新型的国际关系与以前蒙元帝国攻打爪哇和后来葡萄牙人建立马六甲殖民地都是完全不同的。

海峡的崛起不可逆地将东西方交往的重心转移到了海上。大约一个世纪以后，葡萄牙人托梅·皮雷斯来到满剌加，他对满剌加进行了详细的描述，记录了满剌加极为繁盛的贸易景象，甚至认为满剌加获得的利润之多是人们根本无法估计的。他在《东方志》（*The Suma Oriental of Tomé Pires*）一书中记载，满剌加有 4 个沙班达尔，负责来自世界各地的贸易。④这里需要补充的是，在葡萄牙殖民者攻占满剌加之前，探险家达·伽马越过好望角后首先到达的正是印

① 冯承钧校注：《瀛涯胜览校注》，上海：商务印书馆，1935 年，第 25 页。
② 冯承钧校注：《瀛涯胜览校注》，上海：商务印书馆，1935 年，第 25 页。
③ （明）巩珍：《西洋番国志》，向达校注，北京：中华书局，1961 年，第 17 页。
④ Cortesao A. *The Suma Oriental of Tomé Pires*. London: Hakluyt Society, 1944: 265.

度的古里，然后沿着郑和的航线于 1511 年来到了满剌加。从葡萄牙人的记述中可以了解到，在郑和下西洋后到 15 世纪末，位于海峡最狭窄地带的强盛的满剌加王国控制着世界贸易航线的重要组成部分，因此，满剌加也就掌管了贯穿东西方航路生命线的钥匙，从而成长为一个繁盛的世界文明交往中心。

这样一个繁盛的贸易中心的兴起与郑和的航海外交有着直接的关系，英国东南亚史学家霍尔认为，这是使满剌加在 15 世纪末以罕见的速度获得世界重要地位的秘密。①葡萄牙人皮雷斯指出，无论谁是满剌加的主人，其首先便扼住了威尼斯的咽喉。②满剌加不仅是印度洋的东大门，更是贯通印度洋和太平洋的连接点。由此可见，明代中国不仅通过郑和下西洋连接起了印度洋海域周边各国，建构起了一个新的国际体系，而且促发了满剌加海峡的崛起，引领了印度洋向太平洋的嵌入。

从地缘政治经济的角度来看，明朝和满剌加之间由不了解到友好结盟，关系发展迅速，其中的奥秘，是双方都看清了国家的共同利益所在，相互信任，最终达成了合作双赢的结果。明朝对于兴起的满剌加王国，除了在礼仪层面进行颁诏封王之外，还派遣郑和下西洋开通海道，使得海路畅达，这对满剌加王国的意义极为重大。满剌加扼中国与西方的海上航道之要冲，是前往西洋的必经之地。依托满剌加，明朝官方朝贡贸易逐步扩大，双方频繁交往近 30 年。而这 30 年，也正是满剌加繁荣商业贸易、迅速崛起的时间段。满剌加王国成功地与中国在政治上结成紧密关系，从而摆脱了暹罗的控制。美国学者泰勒曾指出："马六甲的建立和伊斯兰教的出现标志着马来历史的开端。""作为一种集体记忆的马来历史可以说是从马六甲才开始的。"③郑和下西洋的壮举让满剌加如一颗新星在马来西亚升起，它的兴起导致了文明互动中心的迁徙。

我们都知道，自古以来东西方文明交汇的重心在大陆上，印度、西亚都曾是世界文明互动的中心。从人类文明发展史来看，满剌加的崛起，标志着马来人的崛起，也就是东南亚的崛起。④马来语成为当时的商业用语，讲马来语的

① 〔英〕D. G. E. 霍尔：《东南亚史》（上册），中山大学东南亚历史研究所译，北京：商务印书馆，1982 年，第 268 页。

② Cortesao A. *The Suma Oriental of Tomé Pires*. London: Hakluyt Society, 1944: 287.

③ 转引自〔新西兰〕尼古拉斯·塔林主编：《剑桥东南亚史》第 1 卷，贺圣达等译，昆明：云南人民出版社，2003 年，第 144 页。

④ 万明：《郑和与满剌加——一个世界文明互动中心的和平崛起》，《中国文化研究》2005 年第 1 期。

满剌加作为一个繁盛的国际商贸中心，促成了世界文明互动中心的空间转移，带来了东南亚的整体凸显。更重要的是，满剌加王国兴起，使马六甲海峡之名得以彰显，而它正位于印度洋与太平洋的交接点上，由此引领了印度洋向太平洋的嵌入，为后来西方东来、东西方交往重心全面转移到太平洋打下基础，是人类交往史上的重要一步。

满剌加的和平崛起，无疑有利于区域的稳定和发展，有利于国际贸易网络的形成，也有利于世界文明间的对话与交流。在 15 世纪初印度洋国际体系中，在印度洋向太平洋嵌入的过程中，满剌加王国的兴盛与印度洋东大门马六甲海峡崛起，同郑和下西洋具有不可分割的关系，是大国与新兴小国合作共赢的经典案例，也预示了全球化的历史发展趋势。这正是 16 世纪以后西方人东来，丝绸之路在太平洋上全面展开的前提。

三、第三部曲：中国与太平洋

15 世纪下半叶，白银之路连接了全球。中国与太平洋的关系，主要是通过明代中国的白银货币化与海商集团的崛起体现出来的。

白银成为完全形态的货币是在明朝时期。15 世纪下半叶，中国产生了对白银的巨大需求，这一需求催生出了蓬勃发展的私人海外贸易。此时，中国再一次走向海洋，主体从官方转移到了民间。晚明时期，中国实现了白银货币化的转型，国内巨大的白银需求推动了海外贸易的发展，使一条连接全球的白银之路逐渐成形。白银货币化在全球发展史上有着重大的意义。

德国学者弗兰克的《白银资本：重视经济全球化中的东方》一书对中国的白银货币化有一定的研究，但他引用的史料以二手资料居多，缺乏对中国白银的实证研究。[1]洪武至成化年间 427 件徽州土地买卖契约文书，即大宗土地交易文书，证明 100 多年间几乎所有的土地买卖清一色使用了白银作为交易货币，印证了白银自下而上货币化的发展历程，即白银崛起于民间市场，不是国家法令推行的结果。民间社会大量使用白银进行交易，使得中国产生了巨大的

---

① 〔德〕弗兰克：《白银资本：重视经济全球化中的东方》，刘北成译，北京：中央编译出版社，2000 年。

白银需求，也使得明朝政府自上而下地开始"赋役折银"，以满足国家对白银交易的需求。明朝以前王朝都掌握铸币权，也就意味着掌握货币垄断权，而白银崛起于市场，表明国家不能掌握货币的垄断权，打破了这一古代赋役国家的特征。白银使得明朝发生了自下而上到自上而下合流的变革，各个阶层对白银的巨大需求推动了中国产生大量的私人海外贸易，从国内市场走向世界市场。

由于国内矿产资源的不足，海外商品交换所得到的白银成了中国白银货币的主要来源。美国学者提出，1571年西班牙人征服菲律宾，构建了从马尼拉到墨西哥阿卡普尔科再到欧洲的航线，即形成了著名的大三角贸易，这是白银之路的起始。必须注意到的是，这个贸易的最早推动力源于中国。在经济全球化的开端中，是中国的白银需求和海外贸易推动了全球第一个经济贸易体系的建立。

中国白银的来源还有日本。日本最初也用中国铜钱，并自铸铜钱。中国白银货币化浪潮下巨大的白银需求直接推动了日本银矿大开发。16世纪40年代，日本的银开采量激增。大量白银在日本的银矿开发后源源不断地流到了中国。值得注意的是，哥伦布到达美洲时，欧洲需要的是黄金，白银并不是殖民者的首选，因此美洲银矿的开发时间略微延后。后来美洲银矿的大开发与中国有着直接关系——中国存在巨大的白银需求，而西班牙人嗅到了白银贸易的巨大利益，由此展开了中国与太平洋的关系。

经历了一个半世纪左右的地方赋役改革后，白银货币化基本奠定，明代中国迎来了一个重要的历史时刻——张居正改革。古代中国唯一存留下来的财政会计总册——《万历会计录》，就是张居正改革的产物，而这仅仅是明朝户部掌控的会计总册。经笔者研究，明朝此时实际上已经将白银作为统一的计量单位和征税形态。笔者与数学教授徐英凯合作10余年，对《万历会计录》进行了整理，通过研究分析明代户部掌控的财政主体的规模、结构和货币化比例[①]，发现张居正改革的核心是财政改革。这标志着传统以实物和力役为主的财政体系向以白银货币为主的近代财政体系的全面转型，无疑是中国2000年来的重大转变，是迈入近代发展进程的重要一步。财政体系由赋役向赋税的转型更是一种社会的转型、国家的转型。白银货币化印证了中国走向世界有着强劲的内部驱动力。中国是当时最大的经济体之一，中国白银结算提升了白银在国际通

---

① 万明、徐英凯：《明代〈万历会计录〉整理与研究》，北京：中国社会科学出版社，2015年，第1页。

用结算方式中的影响力，这是中国积极参与经济全球化的证据之一。①

日本银矿大开发和中国海外私人贸易的兴起，引起了嘉靖年间海上国际贸易争夺战并引发了倭寇的再度出现。嘉靖年间平息倭乱后，明朝的海外政策发生巨大的转变。官方朝贡贸易模式衰退，两种新的海外贸易模式开启：一是在福建漳州开海，允许中国商民出洋贸易；二是在澳门开埠，允许外商入华经营海外贸易。前者标志着中国海外贸易的合法化，从而孕育了海商集团的迅速崛起；后者推动了葡萄牙人入居经营及其合法化，以澳门为广州外港，开辟了多条国际贸易航线。贸易模式的转变，使得新的东西洋贸易网络正式开始运行。

在全球化兴起的初始阶段，海洋是国际贸易竞争的前沿阵地。中国与西方力量的博弈首先是海上力量的竞争。从整体上来看，明代中国再度走向海洋时，海上贸易的主体由官方向民间转移，海商力量迅速崛起。其中的典型代表就是郑氏海商集团。明末郑芝龙接受了明朝政府的招安，完成了从海寇到明朝官员的身份转换，并作为海商集团的代表跻身于明朝政治之中，成为统治层中海商的政治首领。海商在政治领域中重新塑造自己的角色，表明明朝官方对海商的认可和海商对国家的认同。②中国海外贸易的兴盛助推了中国海商集团的产生，加强了中国的海洋实力。明朝先后在澳门开埠、在漳州开海，在太平洋上，中国在与西方的博弈中不落下风，甚至在 17 世纪中国的海洋力量还一度居于世界领先地位。

在全球化开端在海上的历史大背景下，晚明中国以白银需求为引擎处于近代转型的历史进程中。中国直接促发了日本银矿的大开发，又间接促发了美洲银矿的大开发，内外动因结合，太平洋海上贸易日趋繁盛。随着海上贸易的发展和对付西方扩张的需要，维护海上安全的要求变得越来越迫切，郑氏海商集团应运而生。郑氏海商集团的快速发展，是在郑芝龙接受明朝招安以后。从游击到总兵，借助明廷给予的名号和权力，郑氏拥兵海上。崇祯初年，明朝重新整治了海上秩序，制定了海洋政策，即"内平海盗，外逐红夷"。这里的"红夷"指的就是荷兰人。官、商、民通力合作，整合海上力量，平息了东南海乱，实现了海上秩序的重建。明朝灭亡后，郑芝龙等迎接唐王朱聿键，建立了南明隆武朝廷，声威显赫。后来郑芝龙降清，其子郑成功于海上起义抗清，锐

---

①　万明：《中国的"白银时代"与国家转型》，《读书》2016 年第 4 期。

②　万明：《商品、商人与秩序——晚明海上世界的重新解读》，《古代文明》2011 年第 3 期。

意拓展海上贸易活动，进而"独有南海之利"，开始了在明清之际垄断东南沿海乃至东亚、东南亚海上贸易、称雄太平洋的历程。[①]作为中国海上力量的代表，郑成功在世界融为一体的全球化开端时，在中国海上力量与西方海上势力的正面交锋中，迎击并挫败了西方号称"海上马车夫"的荷兰。这一历史事实充分证明了当时的西方并未能独霸太平洋。

17世纪是中国海上力量发展的黄金时期。这里还应该提到明末的一个重大事件，就是发生在崇祯十年（1637年）的英国威德尔船队闯入虎门事件。这是中英的第一次正面碰撞。笔者根据中、葡、英三方档案和英国亲历者的日记，证实当时英国以武力打入中国的企图完全以失败告终，最后英国人承诺"永不再来"。[②]这说明资产阶级革命和工业革命前的英国相比于明朝中国处于弱势地位，也体现了明朝中国对海洋的控制能力，印证了17世纪中西海上实力对比中，中国具有的明显优势。

质言之，明朝时中国从郑和到郑成功，两度走向海洋。从西洋凸显到东洋凸显，中国人为从印度洋时代到太平洋时代的转型做出了突出贡献。

四、结　语

在漫长的历史进程中，文明生长的关键在于人类彼此之间结成的各种交往网络，"丝绸之路"就是人类文明交往史上的一个重要象征符号。上述所论，从明代中国与海上丝绸之路这一独特视角出发，重新审视人类文明交往史的发展脉络及其特征，阐释长期以来被相对孤立的不同领域在长时段的历史进程中是如何融为一体的，并进一步思考人类文明交往史上古代中国的地位以及古代中国对全球一体化进程的历史性贡献，得出的结论是：全球化诞生于海上的最初推动者是中国，新海洋史不应长期忽视中国而只专注于西方大航海时代。

---

① 万明：《明代海商与海上秩序》，《文史知识》2017年第8期。
② 万明：《明代中英第一次直接冲突与澳门——来自中、英、葡三方的历史记述》，见《16—18世纪中西关系与澳门》国际学术研讨会论文集》，2003年，第67页。

全球史视野下的郑和下西洋[*]

全球史兴起于 20 世纪七八十年代，是史学界对于全球化的学术反思与回应。随着"全球"一词作为核心词汇在史学论著中的频繁出现，史学的全球史转向成为一股潮流，已经为世界上越来越多学者所接纳，并将中外关系史研究推到史学研究的前沿。21 世纪初，笔者将晚明社会变迁研究与全球化开端相联系，从单纯关注中外国家间的相互关系转变为关注全球史（全球史意味着以全球的视角重新梳理人类交往的历史，关注全球空间发生的人类经验）的一部分。[①]海洋是把不同国家和社会相互连接在一起的纽带，考察人类历史上的航海现象和海上各国各地区的交往与联系，是全球史极为重要的一部分。15 世纪在海上拉开全球化帷幕的是郑和下西洋，清晰地标志着一个海洋新时代的开始。下西洋如何为建立现代意义的全球史提供了历史资源？作为历史上一次全球化的运动来阐释郑和下西洋，可以丰富我们对全球史的认知。

一、"西洋"——印度洋的整体认知

元朝灭亡后，国际关系格局出现新变化。明朝建立以后，对外联系是全方位的，中西交通大开，包括陆上与海上。明朝六遣傅安、五遣陈诚从陆路出使西域，郑和七下西洋，亦失哈七上北海。毋庸讳言，其中最令人瞩目的是郑和下西洋。

---

* 原载《中国史研究动态》2019 年第 2 期。收入本书，有订正。
① 万明主编：《晚明社会变迁：问题与研究·绪言》，北京：商务印书馆，2005 年。

　　七下西洋，"西洋"究竟指哪里？这是理解郑和下西洋的基本问题。根据笔者的研究，"西洋"一开始是有特指的，在跟随郑和下西洋的通事马欢所著《瀛涯胜览》中，当时明朝人所认识的"西洋"，具体所指为"那没黎洋"，也即今天被称为印度洋的海域。因此，这里是一个关键节点。百年以来，在郑和下西洋研究中，学界从中国与东南亚关系、中国与南亚关系、中国与西亚关系、中国与东非关系出发，都已有相当丰硕的研究成果。然而，迄今鲜见有将郑和下西洋的西洋就是印度洋的概念突出来，把下印度洋作为一个整体来探讨，以致郑和所下西洋即印度洋的事实被有意无意地遮蔽了。换言之，作为郑和大航海时代一个整体的印度洋久已被极大地忽视了。鉴于迄今大多学者仍以文莱划分东西洋界线，对郑和所下"西洋"的认识模糊不清，澄清下西洋即下印度洋，调整观念，这对于下西洋目的认识和史实的探讨至关重要，同时也说明我们对于明代中国的外交理念与实践应该有一个全面的重新认识。

　　印度洋，是一个整体丝绸之路的空间。印度洋自古以来是东西方交往的汇聚之地。在世界古代四大文明摇篮中，印度洋孕育了其中之三。印度河流域文明、两河流域文明、尼罗河流域文明分列印度洋区域的东、中、西部。今天我们知道，印度洋是世界第三大洋，面积 7000 多万平方千米，约占世界海洋总面积的 1/5，拥有红海、阿拉伯海、亚丁湾、波斯湾、阿曼湾、孟加拉湾、安达曼海等重要边缘海域和海湾。在古代，印度洋贸易紧紧地将亚洲、非洲、欧洲连接在一起。

　　印度洋上的商业贸易自古繁荣发达，在印度洋西部，印度人、阿拉伯人、埃及人等活动频繁，希腊、罗马时代的商业活动发达。产生于公元 1 世纪的《厄立特里亚海回航记》（*Periplus of the Erythraean Sea*）是一本描写印度洋沿岸东非、西亚及南亚海上贸易的著作。"厄立特里亚海"译为"红海"，但不同于今日所指的地中海与印度洋之间的红海。这个希腊、罗马地理学家使用的名词，不仅包括今日的红海、阿曼湾到印度洋等地区，而且也包括孟加拉湾。[①]中国《汉书·地理志》记载了公元前 2 世纪和公元前 1 世纪自徐闻、合浦到已程不国（今斯里兰卡）的航行路线，说明中国与印度洋早已有通商关系。7 世纪

---

　　①　关于古代西方对印度洋的记述，请参见〔法〕戈岱司编：《希腊拉丁作家远东古文献辑录》，耿昇译，北京：中华书局，1987 年；〔法〕G. 费琅辑注：《阿拉伯波斯突厥人东方文献辑注》，耿昇、穆根来译，北京：中华书局，1989 年。

以后，执印度洋牛耳的则主要是阿拉伯人。

在人类文明发展史上，从西汉张骞开通西域，同时开辟了南海航线，到东汉甘英"临西海以望大秦"，受阻于波斯湾头望洋兴叹，东西方交往的重心从此定于亚欧大陆，经久不衰。这里涉及两个关键问题：一是何时陆海丝绸之路全面贯通？二是东西方交往重心从陆到海的重大转折，发生在什么时候？笔者认为虽然有唐代海路转折之说，但是看看敦煌的璀璨，就毋庸赘言；还有认为元朝是海陆交通大开之时，实际上那是遗忘了元朝在海上打爪哇和日本，均以失败告终。直至15世纪初郑和七下西洋，中国人以史无前例的规模走向海洋，陆海丝绸之路才全面贯通，而贯通的汇合点即在印度洋，接着发生的就是古代丝绸之路从陆向海的重大转折。

从全球史的视野来看，郑和七下印度洋，历史发展到一个新阶段——一个印度洋时代。通过七下印度洋全覆盖式的航海实践，可以了解到15世纪初明代中国已形成了一个整体印度洋的认知。"郑和下番自古里始"，当年的古里就是今天印度喀拉拉邦的科泽科德。从下西洋亲历者马欢、费信的书中，我们可以看到以古里为中心的5条航线：古里至忽鲁谟斯国（在今伊朗霍尔木兹海峡，扼波斯湾出口处）；古里至祖法儿国（在今阿拉伯半岛东南端的阿曼佐法尔）；古里至阿丹国（在今亚丁湾西北岸一带，扼红海和印度洋出入口）；古里至剌撒国（旧说在今索马里西北部的泽拉即 Zeila 一带，近人认为是阿拉伯文 Ra's 的对音，义为岬，即也门沙尔韦恩角）；古里至天方国（今沙特阿拉伯的麦加），包含印度洋周边几乎所有的重要地点。而重要延伸是东非航线，据郑和等立的《天妃之神灵应记碑》，上面的木骨都束即今索马里首都摩加迪沙。郑和对印度洋全覆盖式的航海外交全貌由此明确显示了出来。而古里的选择，远离德里政治统治中心，"宣扬国威"不能成立。古里"是中世纪印度杰出的港口城市之一，是一个香料和纺织品的国际贸易中心"①。这说明古代国际事务不全是受国家意志的左右，而是受到东西方固有海上联系网络与贸易交往趋势的影响。

更重要的是跟随下西洋的费信诗所说"古里通西域，山青景色奇"，在当时明朝人看来，西洋的尽头就是西域，这是明朝人对于西洋与西域连接的认

① Kurup K K N. Foreword. *In* Ayyar K V K ed. *The Zamorins of Calicut*. Calicut: University of Calicut, 1999.

知。因此我们可以得出结论：郑和下西洋的国家航海外交行为，全面贯通了陆上丝绸之路与海上丝绸之路，交汇之地就在印度洋，这是从海上给古代丝绸之路画了一个圆。同时，印度洋上互动贸易网络的建构，使得海上丝绸之路达于鼎盛。此后明朝人将亚欧大陆上的撒马尔罕称作"旱西洋"，忽鲁谟斯的定位也从"西域"到了"西洋"，明朝人对于海外世界互联互通的理念于此凸显出来。

传统的主流论述是从朝贡体制视角来理解和书写下西洋历史的，认为由此形成了东亚文明核心圈，即所谓东亚世界体系。从全球史的视角来看，郑和下西洋的面貌和意义会有很大不同，不仅在空间上早已超出了东亚范围，而且更重要的，是需要修正以往极大地忽视了古代亚洲乃至欧洲都有朝贡概念与国际惯例的存在。明初建立的国际秩序，具有与此前元朝、此后西方进行海外扩张的殖民帝国迥然不同的特征，不可简单地以传统朝贡制度或体系笼统地归纳和理解。进一步说，明朝外交的"不征"与"共享"理念，彻底改变了元朝对外交往的暴力征服模式，使明代中国与印度洋各国之间的互动变得比以往任何一个历史时期都要频繁和密切得多。郑和七下印度洋，将今天的东北亚、东南亚、中亚、西亚、南亚，乃至东非、欧洲等广袤的地方，连成了一个文明互动的共同体，政治上国家权力整体上扬，经济上贸易资源互通有无，文化上多元文化认同交融。现存斯里兰卡科伦坡国立博物馆的《郑和布施锡兰山佛寺碑》，以中文、泰米尔文、波斯文三种文字记载着永乐皇帝的代表郑和向佛祖、毗湿奴和真主阿拉贡献布施的史实，是明朝人对于印度洋多元文化共生兼容认识的最好例证。中国通过走在世界前列的先进航海技术，改变了阿拉伯人掌控印度洋海上贸易的状况，印度洋海上跨国网络的建立，推动了区域国际贸易的活跃发展，开创了印度洋区域各国跨文明对话与合作发展的新局面和国际新秩序。如果要问跨国网络和互动的结果是什么？是国际合作成为潮流，是新的国际体系的建构。永乐二十一年（1423 年），出现了西洋古里、柯枝、加异勒、溜山、南淳利、苏门答剌、哑鲁、满剌加等 16 国派遣使节 1200 人到北京的所谓"万国来朝"盛况，是下西洋将中华秩序理念付诸实践，在没有对任何国家产生威胁的基础上，建立起一种"共享太平之福"国际新体系的标志。

古代印度洋贸易紧紧地将亚洲、非洲、欧洲连接在了一起，郑和七下印度洋，成功地全面贯通了陆海丝绸之路，中国与印度洋周边各国的合作互动，为一个"全球"贸易雏形的构建，也为一个整体的世界诞生于海上做出了重要铺垫，可以说是拉开了全球史的序幕，如果把这些功劳仅仅记在了后来欧洲人的账上，是令人遗憾的。

二、个案分析：满剌加王国兴起与马六甲海峡凸显

现在让我们回到第二个关键问题：东西方交往重心从陆到海的重大转折，发生在什么时候？这就要谈到马六甲海峡地理位置的重要性，虽然在此前马六甲一直名不见经传。15世纪初满剌加王国的兴起，是海峡得名的历史渊源，直至15世纪初明朝永乐、宣德年间，郑和率领庞大的船队，穿过马六甲海峡，以达浩瀚的印度洋，留下了大量的印迹，其最深的印迹，莫过于满剌加王国的兴起和马六甲海峡的凸显。

马六甲海峡，又译麻六甲海峡（英语：Strait of Malacca；马来语：Selat Melaka），是位于马来半岛与印度尼西亚苏门答腊岛之间的漫长海峡，现今由新加坡、马来西亚和印度尼西亚三国共同管辖。海峡西连安达曼海，东通南海，呈西北—东南走向，是沟通太平洋与印度洋的重要航道。海峡有着悠久的历史，阿拉伯商人早就开辟了从印度洋穿过海峡，经过南海到达中国的航线。作为连接印度洋和南海的水道，马六甲海峡是印度和中国之间最短的海上航道，是中国通往印度洋的重要通道。然而，马六甲海峡得名于贸易港口马六甲（Melaka，原称 Malacca），国际上习惯以马六甲称呼该海峡，这只能追溯到15世纪初满剌加王国的兴起，形成一个重要的国际贸易港口的时间点。而满剌加王国兴起，与郑和下西洋密不可分。

明朝洪武年间，在明朝交往的海外"三十国"中，尚没有满剌加出现。英国东南亚史学家霍尔认为，关于这座城市建立的年代，存在很大的意见分歧。他指出，1292年马可·波罗、1323年鄂多立克、1345—1346年伊本·白图泰及1365年的《爪哇史颂》都没有提到这个地方，说明这座城市是由拜里迷苏剌建立的。[①]王赓武指出，"在1403年10月以前，中国朝廷对马六甲是一无所知的"，他认为，"可能是来自南印度的一些穆斯林商人使明廷相信马六甲是一

---

① 《东南亚史》上册，中山大学东南亚历史研究所译，北京：商务印书馆，1982年，第260—261页。

个很大的商业中心"。①笔者注意到，说明朝是从穆斯林商人那里得到满剌加消息的，这是准确无误的；但是，从中外历史记录了解到，说下西洋开始时那里已是"一个很大的商业中心"，尚不存在。②跟随郑和下西洋的马欢记载，满剌加"此处旧不称国，因海有五屿之名，遂名曰五屿。无国王，止有头目掌管。此地属暹罗所辖，岁输金四十两，否则差人征伐"③。记述满剌加"田瘦谷薄，人少耕种……人多以渔为业，用独木刳舟泛海取鱼"④。同时，马欢还记述了那里当时的商贸状况："有一大溪，河水下流，从王居前过，入海，其王于溪上建立木桥，上造桥亭二十余间，诸物买卖俱在其上。"⑤法国学者戈岱司根据拜里迷苏剌在马来群岛的活动，推测他在满剌加形成聚落出现在 15 世纪头两年。⑥这也就引向了满剌加与明朝建立联系的关键时间点。拜里迷苏剌是满剌加王国的创建者，据中国史籍记载，满剌加国王 5 次亲自前来中国，规模最大的一次是在永乐九年（1411 年），拜里迷苏剌国王亲率王妃、王子和陪臣540 多人到明朝访问。⑦明朝不仅帮助满剌加摆脱了暹罗的控制，还曾赠送船只给满剌加国王"归国守土"。

　　更重要的是，郑和远航与满剌加有着特殊关系，马欢《瀛涯胜览》记载："凡中国宝船到彼，则立排栅，如城垣，设四门更鼓楼，夜则提铃巡警。内又立重栅，如小城，盖造库藏仓廒，一应钱粮顿在其内。去各国船只回到此处取齐，打整番货，装载船内，等候南风正顺，于五月中旬开洋回还。"⑧这里清楚地表明，郑和船队的船只分头出发到各国进行贸易，最后都要汇合在满剌加，等待季风到来一起回国。进一步说，即使前往西洋的航程不经过扼守马六甲海峡的满剌加，回程也全都要在满剌加集结。因此郑和下西洋绝不仅是 5 次到达满剌加，以往返计，可能会达到十几次之多。满剌加国王拜里迷苏剌同意郑和在其国土上建立官场，存放货物，为郑和船队提供了一个安全的外府，使得郑

---

① 〔澳〕工赓武：《东南亚与华人——王赓武教授论文集》，姚楠编译，北京：中国友谊出版公司，1987
　　年，第 85 页。
② 〔英〕理查德·温斯泰德：《马来亚史》上册，姚梓良译，北京：商务印书馆，1974 年，第 79—80 页。
③ 冯承钧校注：《瀛涯胜览校注》，上海：商务印书馆，1935 年，第 22 页。
④ 冯承钧校注：《瀛涯胜览校注》，上海：商务印书馆，1935 年，第 23 页。
⑤ 冯承钧校注：《瀛涯胜览校注》，上海：商务印书馆，1935 年，第 23 页。
⑥ Coedès G. *Les États Hindouisés D'Indochine et D'Indonesie*. Paris: E. de Boccard, 1948: 409.
⑦ 《明太宗实录》卷 117。
⑧ 冯承钧校注：《瀛涯胜览校注》，上海：商务印书馆，1935 年，第 25 页。

和船队可以安全航行到印度洋周边各地。15 世纪初明满之间由完全不了解到关系发展迅速，其中的奥秘，是双方都看清了海峡地区的共同利益所在，互相信任，建立了一种新型国际关系，最终产生了合作双赢的结果。在中国和印度洋之间一个重要贸易中转地与一个繁盛的国际贸易中心的兴起，标志着马六甲海峡的崛起，其兴盛几乎持续了一个世纪，直至西方葡萄牙人东来才被打断。

马六甲海峡崛起，掌管了贯穿东西方交往生命线的钥匙。发展到 15 世纪末，位于海峡最狭窄地带的强盛的满剌加王国，控制着世界贸易航路的重要组成部分。《马来纪年》记载了满剌加通商的情景："不论上风和下风的行商，也常到满剌加，当时非常热闹。阿拉伯人称这地方叫做马六甲（Malakat），意思是集合各商贾的市场，因为各种族各样的商贾，都常到这里，而当地大人物们的行动也极为公正。"①后来的葡萄牙人印证了满剌加的重要国际贸易地位。葡萄牙人达·伽马在 1492 年在印度科泽科德，即郑和七下西洋每次必到的古里登陆，紧接着沿着郑和航行的路线于 1511 年占据了满剌加。葡萄牙人皮雷斯描述了在 16 世纪初所见满剌加繁盛的商业贸易景象，当时在满剌加的街道上行走，可以听到至少 84 种不同的语言。②城内的外国商贾约有 4000 人之众。③此话虽有夸大之嫌，但却也说明了当时的满剌加连接了亚洲、非洲和欧洲，是东西方文明间对话与交流的汇聚之地。认识到满剌加在东西方贸易中的地位举足轻重，1511 年葡萄牙果阿总督阿尔布克尔克说："我确实相信，如果还有另一个世界，或者在我们所知道的以外还有另一条航线的话，那么他们必然将寻找到马六甲来，因为在这里，他们可以找到凡是世界所能说得出的任何一种药材和香料。"④明人何乔远《名山藏》中记载满剌加时用了"诸番之会"来形容，是恰如其分的。

满剌加王国兴起，是历史上国际关系合作共赢的成功范例；海峡得名恰在此时，从此海峡凸显在世界地标之上，而更为深远的意义，则莫过于标志着东西方交往重心从亚欧大陆向海上的重大转折发生。

---

① 许云樵译注：《马来纪年》，新加坡：新加坡青年书局，1966 年，第 130 页。

② Cortesao A. *The Suma Oriental of Tomé Pires*. London: Hakluyt Society, 1944: 269.

③ Cortesao A. *The Suma Oriental of Tomé Pires*. London: Hakluyt Society, 1944: 254-255.

④ De Albuquerque A. *The Commentaries of the Great Afonso Dalboquerque*. De Gray Birch W trans. New York: B. Franklin, 1970: 118.

三、结　语

　　航海活动如何构成了世界性的网络？全球的网络又是如何在海上构建起来？追本溯源，15世纪初明代中国从农耕大国向海洋大国的强劲走势，以及郑和七下印度洋全覆盖式的印度洋航海外交与印度洋周边各国的互联互动，形成了畅通的东西方海上交往网络，构建了一个以合作共赢为核心的新的国际体系。一个相对和平、合作与繁荣的印度洋时代，其特征体现在两方面：一是陆海丝绸之路的全面贯通；二是东西方交往重心从亚欧大陆向海上发生重大转折。这产生了极为深远的影响，展现了更为丰富深刻的历史图景：奠定了全球化在海上的诞生，人类最终融为一个整体世界——一部全球史。

明代中国与爪哇的历史记忆

——基于全球史的视野*

中国与印度尼西亚的交往关系历史悠久，源远流长。爪哇岛位于印度洋和太平洋，以及亚洲大陆和大洋洲大陆之间的十字路口，因自古以来就是东西方的交通要道，吸引了中国、印度、阿拉伯、波斯、欧洲、非洲等地商人在这里交会。早在汉朝，中国已开始了与爪哇的友好往来。《后汉书》载：顺帝永建六年（131 年）"十二月，日南徼外叶调国、掸国遣使贡献"。李贤注引《东观记》曰："叶调国王遣使师会诣阙贡献，以师会为汉归义叶调邑君，赐其君紫绶，及掸国王雍由亦赐金印紫绶。"[1]据法国学者伯希和考证，叶调即爪哇。[2]

从全球史的视野考察，两国进入全面交流的高潮，是在 15 世纪初郑和七次下西洋时期，通过国家行为的大规模航海外交，与爪哇当地人及中国移民发生了频繁的互动关系，对促进不同文明之间的经济、社会和文化交流都发挥了重要作用，并对 16 世纪以后的历史产生了持续而广泛的影响。

* 本文初稿在 2018 年井里汶召开的印度尼西亚 9 城市郑和足迹国际研讨会上宣读，后载《中国史研究》2020 年第 2 期。收入本书，有订正。在此衷心地感谢井里汶 Permadi Budiatma 先生、新加坡陈达生先生，并对陈达生先生惠赐《三宝垄及井里汶马来编年史》中译稿致以谢忱。

[1] 《后汉书》卷六《顺帝纪》，北京：中华书局，1965 年，第 258 页。

[2] 〔法〕伯希和撰：《叶调斯调私诃条黎轩大秦》，见冯承钧译：《西域南海史地考证译丛九编》，北京：中华书局，1958 年，第 120 页；〔法〕伯希和：《交广印度两道考》，冯承钧译，北京：中华书局，1955 年，第 87—88 页。

一、郑和下西洋与爪哇

洪武二年（1369 年）二月，明太祖派遣颜宗载出使爪哇，赐爪哇国王玺书①，开始了两国交往。15 世纪初，郑和七次下西洋，经历 28 年之久，"天书到处腾欢声，蛮魁酋长争相迎"②，成为海上丝绸之路的鼎盛时期。七次下西洋，明朝使团每次必经爪哇，明代中国与爪哇之间的航线，当时是一条从占城国新州港（今越南归仁港，Qui Nhom）出发，直航爪哇的航线。

跟随郑和下西洋的通事马欢《瀛涯胜览》记载："自福建福州府长乐县五虎门开船，往西南行，好风十日可到"占城国。③ 费信《星槎胜览》云："自占城起程，顺风二十昼夜可至其国。"④可见从占城国东北的新州港出发，可直接驶向爪哇，爪哇是郑和下西洋的第二站。郑和下西洋没有航海日志保存下来，跟随他下西洋的亲历者著述成为弥足珍贵的第一手资料，即马欢的《瀛涯胜览》、费信的《星槎胜览》、巩珍的《西洋番国志》三种书。由于马欢是通事，他的《瀛涯胜览》是三书中最为翔实的一部，其中"爪哇国"条留下了当时爪哇历史与社会最为全面的纪录，下面是其中的主要记载：

> 爪哇国，古者名阇婆国也。其国有四处，皆无城廓。其他国船来，先至一处名杜板，次至一处名新村，又至一处苏鲁马益，再至一处名曰满者伯夷，国王居之。其王之所居，以砖为墙，高三丈余，周围二百余步，其内设重门，甚整洁。房屋如楼起造，高每三四丈即布以板，铺细藤簟或花草席，人于其上蟠膝而坐……
>
> 于杜板投东行半日许，至新村，番名曰革儿昔。原系沙滩之地，盖因中国之人来此创居，遂名新村。至今村主广东人也，约有千余家。其各处番船多到此处买卖。其金子诸般宝石、一应番货多有卖者，民甚殷富。

---

① 《明太祖实录》卷 39，"洪武二年二月辛未"条，台北："中央研究院"历史语言研究所校印本，1962 年（以下实录类均采用此版本，不再一一标注），第 786 页。
② （明）马欢著，万明校注：《明本〈瀛涯胜览〉校注》，广州：广东人民出版社，2018 年，第 3 页。
③ （明）马欢著，万明校注：《明本〈瀛涯胜览〉校注》，广州：广东人民出版社，2018 年，第 7 页。
④ （明）费信著，冯承钧校注：《星槎胜览校注》，北京：中华书局，1954 年，第 13 页。

自二村投南，船行半日许，则到苏鲁马益港口。其港口流出淡水，沙浅，大船难进，止用小船。行二十余里到苏鲁马益，番名苏儿把牙，亦有村主掌管，番人千余家。其间亦有中国人……

自苏儿把牙，小船行七八十里到埠头名漳沽。登岸往西南行一日半，到满者伯夷，即王居之处也。其处有番人二三百家，头目七八人辅助其王。①

费信《星槎胜览》将爪哇国置于《前集》，中外学界一般认为《前集》是他"亲监目识"②之国。其中记载："古名阇婆，自占城启程，顺风二十昼夜可至其国。地广人稠，实甲兵器械，乃为东洋诸番之冲要。"提到"港口以入去马头曰新村，居民环接。编茭樟叶覆屋，铺店连行为市，买卖聚集"。又记载"苏鲁马益，亦一村地名也。为市聚货商舶米粮港口"。对于杜板，则仅记"杜板一村，亦地名也"。③

巩珍《西洋番国志》记载内容与马欢书无异，也是 20 国，可视为马欢书别本。文字简洁，也记爪哇的四处曰："爪哇国古名阇婆国也。其国有四处，一曰杜板，一曰新村，一曰苏鲁马益，一曰满者伯夷。"④

综上所述，当时郑和下西洋主要是在爪哇岛东部活动，到达了爪哇岛东部的四个地方。

（1）杜板，爪哇语 Tuban，又名赌班。即《诸番志》中的打板，《岛夷志略》中的杜瓶，今厨闽，在今印度尼西亚东爪哇锦石西北。杜板是当时爪哇岛上主要海港。明代后期张燮《东西洋考》中称"吉力石港，即爪哇之杜板村，史所谓通蒲奔大海者也"⑤。

（2）新村，即今爪哇岛的格雷西（Gresik），又称锦石，是满者伯夷王朝爪哇北岸一个重要商港。后文记载原系沙滩之地，因中国人到此创居，遂名新村，村主是中国人。马欢记载爪哇的港口新村是华人所创建，居民主要是广东和福建人，他们把新村建成爪哇的一个商业中心和国际贸易港口。新村创建之

① （明）马欢著，万明校注：《明本〈瀛涯胜览〉校注》，广州：广东人民出版社，2018年，第14—15、17—18页。
② （明）费信著，冯承钧校注：《星槎胜览校注·星槎胜览序》，北京：中华书局，1954年，第10页。
③ （明）费信著，冯承钧校注：《星槎胜览校注》，北京：中华书局，1954年，第13—15页。
④ （明）巩珍：《西洋番国志》，向达校注，北京：中华书局，1961年，第4—5页。
⑤ （明）张燮：《东西洋考》卷8《舟师考》，谢方点校，北京：中华书局，1981年，第180页。

初，人口仅千余名，经过开拓，到 1523 年，发展成为拥有 3 万人口的"繁华港口"。①

（3）苏鲁马益（Surabaya），又名苏儿把牙，即今印度尼西亚东爪哇北岸布兰塔斯河（Brantas River）入海处的苏腊巴亚，今称为泗水。

（4）满者伯夷（Madjapahit）是爪哇语 Madjapahit、马来语 Majapahit 的对音。即《岛夷志略》中的门遮把逸②，《元史》中的麻喏八歇、麻喏巴歇。③明代史籍称满者伯夷，指 13 世纪末至 15 世纪末印度尼西亚爪哇岛东部一个强大王国，在今泗水西南，以布兰塔斯河附近都城名为国名，满者伯夷即其译音。在爪哇语中意思为"苦马贾果"，即木苹果。1293 年建国，1478 年为东爪哇淡目（Demak）所灭。或称 1293—1500 年，满者伯夷王国曾统治马来半岛南部、婆罗洲、苏门答腊和巴厘岛。

马欢《瀛涯胜览》反映了 15 世纪初中国前往爪哇的交通航线以往爪哇岛东部为主，郑和使团人员目睹了中国侨民在爪哇的厨闽、锦石、泗水定居的历史事实。爪哇岛东部港口活跃，与当时满者伯夷王国建都于此有所关联，也与中国侨民在爪哇的活动地区集中在东爪哇有着密不可分的关联。马欢提到杜板、新村、苏鲁马益等港口城市，都有中国人居住。特别是在新村，当时已形成了华人聚落，以广东人、漳州人、泉州人为主体，说明当时在爪哇的华人已初具规模，对当地的港口以及爪哇的政治经济发展做出了贡献。

进一步分析，根据《明实录》记载，爪哇派往中国朝贡的使者中，出现很多华人，表明在郑和下西洋前后，中国明朝与爪哇的官方外交中，爪哇华人充当了重要角色。现简列其国任为亚烈（阿烈）的使臣如下（同名者只列一次）：

> （永乐二年九月）爪哇国西王都马板遣使何烈于都万等奉表，贡方物，谢赐即币。④

> （永乐三年十二月）爪哇国西王都马板遣使阿烈安达加、李奇等来

① Schrieke B. *Indonesian Sociological Studies, Part I*. The Hague: W. van Hoeve, 1955: 25.
② （元）汪大渊原著，苏继庼校释：《岛夷志略校释》，北京：中华书局，1981 年，第 159 页。
③ 《元史》卷 162《史弼传》，北京：中华书局，1976 年，第 3802 页；《元史》卷 210《爪哇传》，北京：中华书局，1976 年，第 4666 页。
④ 《明太宗实录》卷 34，"永乐二年九月己酉"条，第 600 页。

朝，贡方物。①

（洪熙元年四月）爪哇国王杨惟西沙遣头目亚烈黄扶信贡方物。②

（洪熙元年闰七月）爪哇国旧港宣慰司遣正副使亚烈张佛那等奉表，贡金银香、象牙方物。③

（宣德元年十一月）爪哇国王杨惟西沙遣使臣亚烈郭信等来朝，贡方物。④

（宣德三年正月）爪哇国王杨惟西沙遣通事亚烈张显文等来朝，贡方物。⑤

（宣德四年八月）爪哇国王杨惟西沙遣使臣亚烈龚以善等……贡马及方物。⑥

（宣德四年十一月）爪哇国王杨惟西沙遣使者亚烈龚用才等贡方物。⑦

（正统元年七月）爪哇国王杨惟西沙遣使臣亚烈高乃生等俱来朝，贡马及方物。⑧

（正统二年七月）爪哇国遣使臣亚烈张文显……来朝。⑨

（正统三年六月）爪哇国使臣亚烈马用良、通事良殷、南文旦奏："臣等本皆福建漳州府龙溪县人。"⑩

（正统八年秋七月）爪哇国遣使臣李添福等贡方物。⑪

（景泰三年五月）爪哇国王巴剌武遣陪臣亚烈麦尚耿等来朝，贡方物。⑫

（景泰五年五月）爪哇国王巴剌武遣臣曾端养、哑烈龚麻等来朝，贡

---

① 《明太宗实录》卷49，"永乐三年十二月癸酉"条，第739页。

② 《明仁宗实录》卷9，"洪熙元年四月壬寅"条，第278页。

③ 《明宣宗实录》卷5，"洪熙元年闰七月丙午"条，第138—139页。

④ 《明宣宗实录》卷22，"宣德元年十一月壬寅"条，第597页。又，天顺四年（1460）八月，亚烈郭信在34年后还被派遣来华，可见其在爪哇颇受信任，见《明英宗实录》卷318，"天顺四年八月辛亥"条，第6627页。

⑤ 《明宣宗实录》卷35，"宣德三年正月甲辰"条，第884页。

⑥ 《明宣宗实录》卷57，"宣德四年八月辛巳"条，第1351页。

⑦ 《明宣宗实录》卷59，"宣德四年十一月甲辰"条，第1409—1410页。

⑧ 《明英宗实录》卷20，"正统元年七月辛酉"条，第398页。

⑨ 《明英宗实录》卷32，"正统二年七月癸巳"条，第627页。

⑩ 《明英宗实录》卷43，"正统三年六月戊午"条，第831页。

⑪ 《明英宗实录》卷106，"正统八年秋七月戊辰"条，第2156页。

⑫ 《明英宗实录》卷216，"景泰三年五月癸巳"条，第4641页。

马、方物。①

（成化元年九月）爪哇国遣使臣亚烈梁文宣等贡马、物。②

如同很多中古时期东南亚王国的研究一样，还原爪哇历史，需要依赖中国文献，也需要结合文献资料与文物资料。爪哇与中国的商贸往来一直繁盛，郑和下西洋，当时中国的铜钱作为爪哇流通货币使用，与郑和下西洋带去大量宋明铜钱也是分不开的。考察文献，《瀛涯胜览》中的爪哇有关中国青花瓷的记载格外重要："国人最喜中国青花磁器，并麝香、花绢、纻丝、烧珍之类，则用铜钱买易。"③可见 15 世纪早期的爪哇大量进口中国青花瓷。这一事实还可以从考古发掘得到证实。中国派遣郑和七次下西洋，满者伯夷与中国朝贡关系频繁；中国与满者伯夷两国的商贸兴盛，铜钱在满者伯夷成为流通货币，闽广华人到爪哇定居，形成华人聚落，都促成了贸易的繁盛发展。在满者伯夷的德罗乌兰遗址，考古发现大量中国陶瓷。这是研究满者伯夷与中国关系的重要文物资料，是两国之间繁荣的贸易交流的历史见证。④

综上所述，无论是郑和下西洋亲历者的记述，还是明朝官方《明实录》的记载，都没有关于井里汶的纪录。

二、明代文献与爪哇文献中的井里汶

爪哇是海上丝绸之路必经之地，今天井里汶是位于西爪哇北部的港口，濒临爪哇海。井里汶海域打捞的唐宋时期沉船，已说明这一带海域在历史上早已是中国与爪哇海上联系的重要通道，打捞出水的船货不但数量多，种类也多。⑤沉船中打捞的中国瓷器，见证了昔日海上丝绸之路的辉煌。新加坡学者

---

① 《明英宗实录》卷 244，"景泰五年八月壬辰"条，第 5304 页。
② 《明宪宗实录》卷 21，"成化元年九月丙辰"条，第 415 页。
③ （明）马欢著，万明校注：《明本〈瀛涯胜览〉校注》，广州：广东人民出版社，2018 年，第 25 页。
④ 辛光灿《浅谈满者伯夷与德罗乌兰遗址发现的中国陶瓷》，《考古与文物》2016 年第 6 期。
⑤ 秦大树《拾遗南海　补阙中土——从井里汶沉船出水瓷器看越窑兴衰》（《东方收藏》2012 年第 6 期），介绍 2003 年 2 月，距印度尼西亚爪哇岛中部约 100 海里外的井里汶岛海域发现一艘沉船。这是一条沉没于北宋早期的井里汶沉船。沉船中的船货充分体现了两浙地区 10 世纪后半叶以越窑瓷器为龙头的瓷器贸易盛况。请注意沉船地点"距印度尼西亚爪哇岛中部约 100 海里外的井里汶岛海域"。

约翰 N. 米希认为："直到最近，考古学家和古代史学家仍倾向于认为，早期东南亚港口的生存主要归功于来自中国、印度以及近东等外来因素的刺激，以及外销的需求。这个模式低估了区域内贸易的重要性。"①他提出了"区域内贸易"即爪哇本土贸易发展的问题。

然而，以往中外史界较少论及井里汶，更遑论专门研究。15 世纪初郑和下西洋主要到达了爪哇岛东部，在马欢等记述的几个地名中，并没有井里汶，因此在这里我们来到了一个问题点，即郑和船队是否到达过井里汶？换言之，井里汶地名于何时彰显？下面让笔者将郑和下西洋后中国和爪哇本地文献结合起来进行考察。

（一）明代文献中的井里汶地名考

地名是人们对具有特定方位和地域范围的地理实体赋予的专有名称。在地名形成中，往往有着复杂的演变，是地名，也是山名的情况多见。一地多名，也常造成名称的混乱。地名的外语与汉语对音，也很容易造成位置的混乱。井里汶地名就呈现出这种复杂的特征。

载于茅元仪辑录《武备志》卷 240 的《郑和航海图》中见有"吉利门"之地名，记云："吉利门五更船，用乙辰及丹辰针取长腰屿，出龙牙门。龙牙门用甲卯针十更船平满剌加。"②向达先生认为"吉利门"在满剌加港南③；观《郑和航海图》中的吉利门位置，是在靠近今马六甲海峡之处。

又，《郑和航海图》的交栏山至爪哇航路，经过"吉利闷"。④吉利闷是哪里？向达先生认为即爪哇三宝垄（Samarang）海上之卡里摩爪哇群岛（Karimon Djava）。⑤观《郑和航海图》中的吉利闷位置，是在爪哇岛北部对面海上，指卡里摩爪哇群岛应是无误。因此《郑和航海图》中的"吉利门"与"吉利闷"不是同一地之名。

查《古代南海地名汇释》"吉利门"条，其中有两种解释：第一种是"又

---

① 〔新加坡〕约翰 N. 米希：《井里汶沉船的精致陶器——始发地、目的地和意义》，辛光灿译，《故宫博物院院刊》2007 年第 6 期。

② 向达整理：《郑和航海图》，北京：中华书局，1961 年，第 49—50 页。

③ 向达整理：《郑和航海图·附录·郑和航海图地名索引》，北京：中华书局，1961 年，第 16 页。

④ 向达整理：《郑和航海图》，北京：中华书局，1961 年，第 46 页。

⑤ 向达整理：《郑和航海图·附录·郑和航海图地名索引》，北京：中华书局，1961 年，第 16 页。

作吉里问山、吉里闷山、吉里门、吉里汶……指印度尼西亚苏门答腊岛东岸外的卡里摩（Karimun）群岛"；第二种是"又作吉利闷、吉里门山、吉里闷山、吉里问山、吉里问大山、吉里问、吉里闷、吉里文、吉里门、吉理门、蒋哩闷……指印度尼西亚爪哇岛北面的卡里摩爪哇（Karimunjawa）群岛"。[1]由此，我们可以了解到这一地名的复杂情况，不仅存在多种异称，而且还有名称相同，地理位置却并不相同的情况，即一在苏门答腊岛外，一在爪哇岛外。

收藏于英国牛津大学鲍德林图书馆的明代《顺风相送》一书，主要记载了郑和下西洋以后至 16 世纪中国南海到印度洋的航线针路。[2]《顺风相送》形成非经一人之手，故其中地名多异，颇难分辨。查向达校注本，见有与井里汶相关的地名：吉里门（闷）6 处、吉里问山 7 处、吧哪大山 4 处、遮里问 3 处。[3]其中最值得关注的，是出现了地名"遮里问"。《古代南海地名汇释》释为："又作遮里问大山、井里问、井里汶、井裏汶、砥利文……即今印度尼西亚爪哇岛北岸的井里汶（Cheribon）。"[4]井里汶，亦作 Tjirebon。从同音异字出发，在这里笔者提出一种推测，爪哇岛外的吉里问又称吉里闷的，即井里汶的对音，井里汶名称由来与此相关。

下面胪列《顺风相送》中相关的几条航线地名之例，以便分析。

（1）《万丹往池汶精妙针路》，是从爪哇西部万丹（Bantam）到池汶（又名迟闷，吉里地闷，即今帝汶 Timor）的针路："万丹出屿外，用乙卯、单卯、甲卯，沿茭绿巴、茭薯园头、遮里问、吧哪大山及胡椒山，对开是吉里问山，西边有屿四五个。"[5]针路中遮里问即今井里汶，在爪哇岛上，对开是吉里问山。万历年间张燮《东西洋考·舟师考》中云："吉里问大山，西面坤身，拖尾甚长，有老古浅，离山宜防。用辰巽，四更，取保老岸山"；"保老岸山，山与吉里问相对，俗讹称巴哪大山，《一统志》所谓番舶未到，先见此山。顶耸五

① 陈佳荣、谢方、陆峻岭编：《古代南海地名汇释》，北京：中华书局，1986 年，第 323 页。
② 此书向达先生最早发现并从英国抄录回国，出版校注本《两种海道针经》（北京：中华书局，1961 年）；现有刘义杰先生《〈顺风相送〉研究》（大连：大连海事大学出版社，2017 年）新著相赠，在此特致谢忱。
③ 向达校注：《两种海道针经·顺风相送》，北京：中华书局，1961 年，第 38、44—45、56、58、62、66—71、85—86 页。
④ 陈佳荣、谢方、陆峻岭编：《古代南海地名汇释》，北京：中华书局，1986 年，第 835 页。
⑤ 刘义杰：《〈顺风相送〉研究》，大连：大连海事大学出版社，2017 年，第 248 页。

峰，云复其上者也。用巽巳，四更，取椒山"；"又从保老山，用乙辰针，五更取吉力石港"。①据载，吧哪大山即保老岸山，在爪哇岛上，与吉里问大山相对，有针路通吉力石（即杜板）。

（2）《浯屿往杜蛮、饶潼》的针路，是从福建出发前往杜蛮（又名杜板、猪蛮，今厨闽）、饶潼（又名饶洞），相关部分如下："正路，用丙午，三十更，取吉里问山。单午及丙午，五更，取胡椒山。丁巳及丙巳，十更，取猪蛮。饶潼地与猪蛮相连。吧哪即吉里问山，对笼。"②

这里的文字"吧哪即吉里问山"，单看很容易让人产生误解，二者位置似不是面对面，而是合而为一了；但实际意义还在后面的"对笼"上，仍然是相对合一之义。③

（3）《顺塔往淡目》航线，是从顺塔起航经遮里问到今爪哇岛东部淡目的一段针路，这段针路如下："港口开船，用乙卯，三更，取茭禄巴山。用乙辰，三更，又辰巽，沿山使巡昆峷，使四更，用乙辰，三更，平昆峷尾。用乙辰及丁午，沿使四更，取遮里问。前面有出烟大山名特结。用辰巽，三更；乙辰，三更，取五角屿。用卯，三更，见昆峷，淡目港口，打水十托，正路，防浅。"④这段航程的回针是："淡目开船，用辛酉，三更，取五角屿。辛戌，三更、乾戌，沿昆峷使六更见出烟大山。遮里问大山对开，一更，有三角屿一个可防。若船在遮里问港内，开船用子癸。离屿用辛戌，四更，平昆峷尾，用辛戌，三更；乾戌，四更；又辛戌，四更，取茭禄巴大山。单酉及辛酉，近陇，屿浅，三更，取顺塔昆峷。开，屿南边有浅沙坛，防之，使一更收入，妙。"⑤

上述航线中有几个地名需要解释。顺塔也就是万丹，又名下港，是在今印度尼西亚爪哇岛最西部的古国，隔巽他海峡与苏门答腊岛相望，16世纪以后国势繁盛。张燮《东西洋考》记载："下港即古阇婆，在南海中者也。亦名社婆，至元始称爪哇。今下港正彼国一巨镇耳。舶人亦名顺塔，再进入为咖嚠

① （明）张燮：《东西洋考》卷8《舟师考》，谢方点校，北京：中华书局，1981年，第180页。
② 刘义杰：《〈顺风相送〉研究》，大连：大连海事大学出版社，2017年，第215页。
③ 此处刘义杰先生解释为："吧哪即吉里问山，可作吉里闷、吉里问的补充。"参看刘义杰：《〈顺风相送〉研究》，大连：大连海事大学出版社，2017年，第216页。
④ 刘义杰：《〈顺风相送〉研究》，大连：大连海事大学出版社，2017年，第250页。
⑤ 刘义杰：《〈顺风相送〉研究》，大连：大连海事大学出版社，2017年，第251页。

吧。"①淡目是位于爪哇岛东北部的古国（1478—1586 年），创建者拉登·巴达（Radem Patah，不详—1518 年），他趁满者伯夷国瓦解之机，建立起一个印度尼西亚王国。淡目港口，在今爪哇三宝垄东面；茭禄巴大山，在咬𠺕吧港，即今雅加达；遮里问即井里汶；五角屿，即今爪哇三宝垄湾。这段回针值得注意，"遮里问大山对开"，云在井里汶有大山对开；值得注意的是"若船在遮里问港内"，则说明井里汶是爪哇岛上的一个港口，并不是海外的岛屿。

在对这段针路进行叙述时，刘义杰先生直接以"吉里问"代称了"遮里问"②。

（4）《万丹往马神》的针路："取遮里问，见出烟大山。用乙卯、单卯，十更，取吧哪大山，开是吉里问山。放洋，用艮寅，三十更，取三密港口。"马神又称文郎马神，即今加里曼丹岛南部的 Bandjarmasin。三密港即今塞木达（Semuda）。从万丹起航，沿爪哇岛西北岸向东航行到井里汶，取吧哪大山，对面是吉里问山，然后"放洋"，驶向爪哇海对岸的三密港。回针简单："港口开船，用单坤，三十更，取吉里问，沿山使至万丹入港。"③"取遮里问"："取吧哪大山"，"开是吉里问山"，这里是以爪哇海两岸之山作为标志进行航行，遮里问与吉里问明显不是一处。

（5）新村到满喇咖针路，名为《新村、爪蛙至满喇咖山形水势之图》。航线从新村即东爪哇锦石（格雷西，Gresik）出发，经杜板即厨闽（图班，Tuban）、吉里闷到旧港，再到马六甲的五屿。④这里清楚地呈现了从爪哇岛东部航往爪哇岛西部，经吉里闷，到苏门答腊岛旧港再到马六甲五屿的航线：从爪哇岛东部新村出发，经杜板，向西经吉里闷到苏门答腊岛旧港，这里的吉里闷应是井里汶的位置。

综合以上明代文献所见，我们可以得到以下认识：

井里汶的拼法有两种：一种是 Cirebon，还有一种是 Tjirebon。明代中文译名"遮里问"，出现在郑和下西洋以后至 16 世纪的航线上，证明井里汶是郑和下西洋以后兴起的爪哇西部海港。

---

① （明）张燮：《东西洋考》卷 8《舟师考》，谢方点校，北京：中华书局，1981 年，第 179 页。

② 刘义杰：《〈顺风相送〉研究》，大连：大连海事大学出版社，2017 年，第 250 页。

③ 刘义杰：《〈顺风相送〉研究》，大连：大连海事大学出版社，2017 年，第 251—252 页。

④ 刘义杰：《〈顺风相送〉研究》，大连：大连海事大学出版社，2017 年，第 291—292 页。

　　吉里问山，或吉里闷山，本在爪哇海卡里摩爪哇群岛上，在爪哇北部三宝垄、井里汶的对面。井里汶与吉里问（吉里闷）之名有着千丝万缕的联系，一是根据名称对音基本相同的特征。黄盛璋先生曾提出此问题："吉里问一般以为爪哇岛北之卡里摩爪哇群岛（Kairmun Java），然就对音论亦和井里汶亦称井里向（问）相合。"①笔者则进一步认为井里汶名称来自吉里问，还可根据二者的空间位置：共同拥有爪哇海海域。据《郑和航海图》所绘地貌特征，可以判断在郑和下西洋时，吉里闷是卡里摩爪哇岛，是在海上的岛屿，发展到后来的遮里问，即今天的井里汶，则是爪哇岛陆地上的一个港口城市。伴随港口城市的发展，地名的内涵有一个扩展过程。井里汶港口城市兴起后在空间上既包括陆地，也包括海洋，即成为指代爪哇岛与卡里摩爪哇之间广袤海域的名称。

　　进一步分析，在郑和下西洋之时，由于贸易发展，东爪哇北部沿海城市日益繁荣，其中最主要的城市是厨闽、锦石、泗水等，中国侨民对当地发展做出了重要贡献。郑和下西洋时船队到过的地方，马欢等没有提及井里汶，可见当时井里汶还处于人烟稀少状况，尚未发展成为一个重要港口城市。但航路所经，郑和下西洋经过爪哇岛与卡里摩爪哇岛之间的海域，也有可能在爪哇岛井里汶登陆。这里有三宝垄的例子，可作佐证。虽然明代中国史籍从未提到郑和航行曾到过三宝垄，而印度尼西亚华人林天佑马来文《三宝垄历史》则谈及郑和 1416 年对三宝垄的访问，以及当地的三宝洞、三宝公庙、王景弘墓等与郑和及随从有关庙宇、历史遗迹和当地马来人与华人及土著祭祀郑和的宗教仪式与活动。②这些说明三宝垄、井里汶作为爪哇港口城市的兴起，其名得以彰显，正是在郑和下西洋以后；井里汶的兴起，是爪哇岛西部航线得到发展，爪哇中西部各港口逐渐兴起的一个缩影。

　　综上所述，明后期文献说明，井里汶是在郑和下西洋以后发展起来的港口城市，在郑和七次下西洋直接或间接的推动作用下，爪哇岛中西部的城市逐渐兴旺发展起来。下面爪哇本土历史文献也证明了这一点。

---

①　黄盛璋：《明代后期船引之东南亚贸易港及其相关的中国商船、商侨诸研究》，《中国历史地理论丛》1993 年第 3 期。

②　李学民：《郑和·华侨·三宝垄》，《华侨历史》1986 年第 4 期。

（二）爪哇本地文献中的井里汶

在郑和下西洋前后，华人在爪哇社会发展中做出重要贡献，虽然以往中外研究主要集中在宗教传播上，但是我们注意到爪哇本地文献也正反映了郑和下西洋在爪哇井里汶的活动及其作用与影响。

爪哇本地华人著述的记载，有《三宝垄编年史》和《井里汶编年史》两种。根据陈达生先生《三宝垄及井里汶马来编年史》中译文及其研究，我们了解到现在所看到的《编年史》其实只是《端古劳》（Tuanku Rao）书中的一篇附录。《端古劳》的作者是苔达（Batak）人，名叫巴令弄岸（Parlindungan），据他说他是从荷兰老师波曼（Pootman）那里得来的资料。1928年，波曼接受政府命令去调查人们所说的成立印度尼西亚王国淡目的拉登·巴达（Radem Patah），是一位华人。波曼搜查三宝垄的三宝公庙及井里汶的达朗庙（Klenteng Talang），结果发现，庙里存有大量有关三宝太监与其后华人的各种资料。于是波曼根据这些资料写成一份秘密报告，呈给荷兰殖民政府，当时只印了 5 份，并注明"高度机密文件"，不许普通人阅读这份文件。这份文件今已遗失。巴令弄岸与波曼是师生关系，所以有幸一睹密件。[1]钱江先生介绍："荷兰学者德·格拉夫与皮高德经过仔细审读、分析两部马来文《纪年》后，也同意《纪年》的原始文献应该是中文，出自公元 15—16 世纪在当地侨居的早期华人商贾或船员之手，因为文献中对明朝永乐年间中国朝廷的海外远航活动之记载相当准确，与中国官方的正史记载一致。"[2]其实，《编年史》创作的年代，被认为很可能是 18 世纪。因为所讲述有关郑和的各细节，都把郑和神明化了，称他为"公"。特别应该注意的一个事实是，当时各地所谓郑和所创立的建筑物，后已改为三宝公庙。陈达生先生认为其中涵盖 15、16 世纪的事迹："正如爪哇其他历史传记一样，编年史最早应该是在民间流传的郑和事迹，但由于在民间十分盛行这一故事，所以到了公元 18 世纪时，便有人陆陆续续地记录下来，它不是一个人的记录，可能是许多人及在不同年代所记录下

---

① 本文根据的《三宝垄及井里汶马来编年史》，见〔新加坡〕廖建裕编：《郑和与东南亚》，陈达生译，新加坡：新加坡国际郑和学会，2005 年，第 52—83 页。在此感谢陈先生惠赐。下面征引其文与《编年史》中译文，均注上书页码。

② 钱江：《从马来文〈三宝垄纪年〉与〈井里汶纪年〉看郑和下西洋与印尼华人穆斯林社会》，《华侨华人历史研究》2005 年第 3 期。

来的传说。从编年史中用了大量的单音字，足以证明它最早的版本可能是以中文书写的。"①笔者认为这一论断是有说服力的。

三宝垄与井里汶都是在郑和下西洋以后发展起来的港口城市。《三宝垄编年史》主要记载 1403—1546 年三宝垄华人社会的历史，《井里汶编年史》主要记载 1415—1585 年井里汶华人社会的历史。1413 年，是郑和第四次下西洋，《三宝垄及井里汶马来编年史》记载：是年"明朝舰队在三宝垄停泊了一个月，以修整他们的船队。郑和及其他随员如马欢、费信等"，经常到三宝垄华人聚集地去。据说三宝垄的三保庙是当年"三保太监及其侍从"所建。②并记述了"1431 年（应是 1433 年——引者注）郑和逝世，三宝垄的华人社区为他举行丧祷仪式"③。其实《三宝垄及井里汶马来编年史》内容丰富，是爪哇岛社会生活与发展情况弥足珍贵的资料。其中记载在 1411—1416 年，"在爪哇岛今雅加达（Djakarta）附近的安作儿（Antjol）、井里汶（Tjirebon）、拉森（Lasem）、杜板（Tuban）、锦石（Gresik）、焦东（Djiaotung）、莫若哥多（Modjokerto）等各地也都成立了同样的社区"④。显然，这正是移民与港口城市发展的真实轨迹。

《三宝垄及井里汶马来编年史》的井里汶部分，记述了 1415 年井里汶（Tjeribon）第一个华人社区在柚木山（Gunung Djati）成立。"孔夫子的后代孔武斌（Kung Wu Ping）在柚木山上设立灯塔"，他又在附近的森梦、沙令地和达郎，相继建立了华人村。沙令地被令提供柚木（Teak），作为装修木船之用；达朗被分派去管理及维修船坞海港；森梦村则专门管理灯塔。三个华人村庄都要负责提供明朝舰队的各种军需食品等。当时，井里汶人烟稀少，但是土地非常肥沃，因为它地处逝内迈（Tjeremai）火山脚下。⑤这里明确记述了郑和下西洋时到达井里汶的情形，当地华人密切配合，并协助提供各种军需给养，同时记录了当时的井里汶人烟稀少，处于发展的初期阶段。结合《剑桥东南亚

① 〔新加坡〕廖建裕编：《郑和与东南亚》，陈达生译，新加坡：新加坡国际郑和学会，2005 年，第 59 页。
② 〔新加坡〕李炯才：《印尼——神话与现实》，新加坡：教育出版社，1979 年，第 85 页。
③ 〔新加坡〕廖建裕编：《郑和与东南亚》，陈达生译，新加坡：新加坡国际郑和学会，2005 年，第 64 页。
④ 〔新加坡〕廖建裕编：《郑和与东南亚》，陈达生译，新加坡：新加坡国际郑和学会，2005 年，第 62—63 页。
⑤ 〔新加坡〕廖建裕编：《郑和与东南亚》，陈达生译，新加坡：新加坡国际郑和学会，2005 年，第 76—77 页。

史》记载东南亚三个造船中心之一，是在爪哇沿岸北部的南望和井里汶周围地区，特征就是那里有柚木林。①或可作为上文的佐证。

根据《三宝垄及井里汶马来编年史》，井里汶王国的兴起，与淡目王国及万丹王国紧密相关，这一点至关重要，却一直鲜见揭示，值得特别关注。满者伯夷王国衰败后，淡目王国建立并盛极一时，曾派人来到井里汶，《三宝垄及井里汶马来编年史》记载了当时井里汶人们的活动细节。淡目的海军及陆军来到达朗码头，随军中有一名叫金山的土生华人，他通晓华语。淡目的总司令沙立夫·喜拉益·华地希拉（Sjarit Hidajat Fatahillah）和达朗来的金山，一起到沙令地会见陈英发（Tan Eng Huat）。淡目军队和陈英发一起和平地进入了森梦。淡目总司令以淡目王的名义，册封了森梦陈英发。淡目的舰队向西进，金山在陈英发处做客一个月。②接着记述的是井里汶苏丹王朝的建立："1552年，25年后，淡目总司令独自又到森梦来，并没有军队随行。哈芝陈英发非常惊奇。"淡目的总司令说他已是万丹王了，还说，"他将于沙令地苦修终生"。陈英发来自福建，当时他说在森梦的华人已经有 4 代和云南断绝了来往，而来自福建的华人在井里汶大事发展。重要的是，《三宝垄及井里汶马来编年史》特别记载：他要求淡目的前总司令在森梦建立一个华人苏丹王国，结果是年迈的前任淡目总司令同意了。③于是在 1522—1570 年，在森梦华人支持下，"这位前总司令成立了井里汶王国，都于今日的加色波汗王宫（Kasepuhan）。森梦被放弃了后……森梦的居民们……全部迁到井里汶定居。井里汶的第一个苏丹当然是前淡目总司令莫属"④。

关键就在这里，《三宝垄及井里汶马来编年史》记述中的这位"前淡目总司令沙立夫·喜拉益·华地希拉（Sjarit Hidajat Fatahillah，又译法拉希拉）"，据查考他就是著名的印度尼西亚九大贤人之一苏南·古农·查迪（Sunan Gunung Jati，葡萄牙文献称为 Faletehan，不详—1570 年）。他在西爪哇传教，死后葬于井里汶查迪山，因此得名苏南·古农·查迪。他是将淡目王国、井里汶王国、

① 〔新西兰〕尼古拉斯·塔林主编：《剑桥东南亚史》第 1 卷，贺圣达等译，昆明：云南人民出版社，2003 年，第 308 页。
② 〔新加坡〕廖建裕编：《郑和与东南亚》，陈达生译，新加坡：新加坡国际郑和学会，2005 年，第 77 页。
③ 〔新加坡〕廖建裕编：《郑和与东南亚》，陈达生译，新加坡：新加坡国际郑和学会，2005 年，第 78 页。
④ 〔新加坡〕廖建裕编：《郑和与东南亚》，陈达生译，新加坡：新加坡国际郑和学会，2005 年，第 79 页。

万丹王国联系起来的一个关键人物。但也许是由于他拥有不同的名字，使得以往学者一直没有注意到他政治上的多重身份：他不仅是淡目的"总司令"，是井里汶王国创建人，更是万丹王国的创建人。在时间上，苏南·古农·查迪建立井里汶国和万丹国在16世纪以后，相距郑和下西洋已有近一个世纪，这恰恰反映了郑和下西洋以后爪哇西部井里汶港口城市发展的印迹，以及井里汶与爪哇东部淡目、爪哇西部万丹的关系。苏南·古农·查迪影响了井里汶这座城市的历史，井里汶在他的领导下成为井里汶王国，建都于今天的卡斯普汉王宫，死后葬于井里汶的查迪山，墓地位于 Gunung Jati 区外数公里处。而井里汶从简陋的渔村发展到爪哇北部海岸繁忙的港口城市，与爪哇西部港口城市的兴起也有着密切关系。印度尼西亚史学家萨努西·巴尼记述："法达希拉夺取万丹，1527年又侵占巴查查兰的重要港口巽他·噶喇吧（后改名雅加达），以后又征服井里汶。"①通过苏南·古农·查迪的业绩，可以将万丹、雅加达、井里汶按照时间顺序连接起来，说明原来在爪哇东部的政治经济中心向爪哇西部转移的历史过程，其间中国移民对于爪哇的社会发展发挥了重要作用。《三宝垄及井里汶马来编年史》的记述，就是郑和下西洋对爪哇历史发展产生了直接或间接影响的见证。

对照《明实录》记载，明孝宗弘治十二年（1499年）十月爪哇国王派遣使臣来华，此后明朝与爪哇的朝贡往来没有延续。②官方关系既断，但民间往来不断，上述明代《顺风相送》就是最好的证明。郑和下西洋激发了整体海上贸易交往的繁盛，引发了海上丝绸之路发展的高潮，一直持续至葡萄牙人来到东方，乃至有着更为深远的影响。16世纪以后港口贸易发展，当地人与华人在东爪哇的贸易活动向西迁移到西爪哇，推动当时的万丹王国成为爪哇最重要的贸易口岸。万历年间张燮《东西洋考·西洋列国考》中首列"下港"（即万丹）云"下港，一名顺塔"，"下港为四通百达之衢。我舟到时，各州府未到，商人但将本货兑换银钱铅钱。迨他国货到，然后以银铅钱转买货物，华船开驾有早

① 〔印尼〕萨努西·巴尼：《印度尼西亚史》，吴世璜译，北京：商务印书馆，1959年，第129页。
② 《明孝宗实录》卷155，"弘治十二年十月丙辰"条，第2789页。

晚者，以延待他国故也"。①并在其下附有"加留吧"②。当时的加留吧，即雅加达，是下港的属国。根据印度尼西亚学者论述，在万丹贸易中，"中国人大量运来铅钱，他们还运来了磁器、丝绸、呢绒、金色丝线、金色丝线刺绣的布帛、针、梳子、伞、拖鞋、扇、纸等。他们购买胡椒、蓝靛、檀木、丁香、肉豆蔻、玳瑁和象牙"③。由于与中国海商及其他各地商人之间的贸易极为兴盛，万丹就这样繁荣起来了。1596 年荷兰人首次到达爪哇，就是在万丹港口停泊；1602 年英国东印度公司在万丹设立了它在东方的第一个商馆；1619 年荷兰人从爪哇人手里夺取了万丹，改名巴达维亚。所有这些历史，都指向了一个事实，即万丹的繁荣发展，早在西方人东来以前就已经发生了，万丹成为著名的国际贸易中心，所以西方人东来后均汇集于斯。

综上所述，从爪哇本土文献记载，我们可以了解到井里汶在郑和下西洋以后兴起，更重要的是，了解到爪哇港口自东向西方向的推移，即西部港口兴起的历史轨迹，这无疑可以推进我们对于爪哇港口历史发展演变脉络的认知。历史上，明初官方航路承接了民间传统贸易航路，由于当时爪哇的政治、经济中心在东爪哇，故明初前往爪哇的东路航线发达。郑和下西洋对爪哇港口贸易中心的发展产生了重要影响。其后在郑和下西洋推动下，伴随爪哇满者伯夷王朝的衰落，淡目王国建立，在向西爪哇扩张过程中，16 世纪爪哇岛政治经济重心从东爪哇转移到西爪哇。西爪哇兴起了几个重要的港口城市，凸显了航线在陆域上的枢纽点，即遮里问（井里汶，Cirebon）、下港（万丹，Bantam）、加留吧（雅加达，Jakarta），直达爪哇岛西端，从而完全改变了爪哇岛港口城市发展的

---

① （明）张燮：《东西洋考》卷 3《西洋列国考·下港加留吧》，谢方点校，北京：中华书局，1981 年，第 41、48 页。（清）王大海《海岛逸志》（清小方壶斋舆地丛钞本）详细记载了后来荷兰人统治下的万丹："万丹在葛剌巴之西，地广土沃，货繁人富，所产经纹幼席为西洋最……计瓜亚之人，东自巴城、井里汶、北胶浪、三宝垄、臂森、竭力石、四里猫、外南旺，西自柔佛、巨港、占卑、览房等数十区，皆其种类，众奚止百万，和兰人数千，不及其百一，大相悬绝。"关于雅加达的记载曰："葛剌巴，南洋一大岛国也……左万丹，右井里汶，前则屿珠罗列，门户坚固，城池严峻，地域雄阔，街衢方广，货物充盈，百夷聚积之区，诚一大都会也……其所统辖有北胶浪、三宝垄、竭力石、四里猫、马辰、望加锡、安汶、万澜涧、仔低、万丹、马六甲等处，不下数十岛。闽广之人扬帆而往者，自明初迄今四百余载，留寓长子孙，奚止十万之众。"

② （明）张燮：《东西洋考》卷 3《西洋列国考·下港加留吧》，谢方点校，北京：中华书局，1981 年，第 44 页。

③ 〔印尼〕萨努西·巴尼：《印度尼西亚史》，吴世璜译，北京：商务印书馆，1959 年，第 135 页。

格局。中国与爪哇的航线由此得到了开拓发展。更重要的是，海上贸易网络的新布局及港口变迁为早期全球化国际性枢纽大港，即区域性国际航运中心的形成提供了重要的信息，或者可以说拉开了全球化的序幕。

三、三井里汶的"述说"："中国公主"王珍娘及其他

井里汶在郑和下西洋以后成为重要航海口岸。郑和下西洋对井里汶的影响，在卡斯普汉王宫展现出来。位于印度尼西亚西爪哇省井里汶的卡斯普汉王宫，在印度尼西亚语中被称为 Keraton Kasepuhan Cirebon。井里汶开创卡斯普汉王朝的君主是苏南·古农·查迪，井里汶王国以井里汶为首都。卡斯普汉王宫经过历史的积淀，成为当地人在这里例行节日和庆典活动的主要场所，其中保存有纪念明朝"中国公主"王珍娘（Putri Ong Tien）的遗物与遗迹。据悉在卡斯普汉王家博物馆，"中国公主"留下的衣服至今仍保存成为馆藏珍品，定期开放。[①]

我们对历史的了解和认识，往往靠时人或后人的记述和追忆，但对于认识历史事实，这些记述和追忆却在有些时候令我们困惑不已。郑和七下西洋，在东南亚留下大量的传说，郑和被神化和塑造为华人开拓东南亚的先驱，郑和下西洋的历史记忆，成为东南亚华人精神寄托的象征。如马来亚重要史籍《马来纪年》记载了明朝公主皇丽宝（Hong Li Po）嫁给满剌加苏丹芒速沙的故事，[②]是当地华人融入马来社会的证据，对此报刊论著均纷纷引述。然而，井里汶卡斯普汉王宫的"中国公主"王珍娘，却一直没有进入中国学者的视域。华嘉先生在 20 世纪 50 年代曾经到井里汶游览，介绍了当地一个传说："这个传说是从十六世纪留（流）传下来的。大概在 1550 年，井里汶国的一个王子到中国去朝贡，实质上就是一种以物易物的通商，他带去很多爪哇的珍贵礼物，中国的皇帝看见了非常高兴，于是赐了一个公主嫁给他。两口子回到井里汶来，王子说中国公主有了三个月孕，大家都不相信，后来果然到时候生下来一个漂亮的孩子，于是大家就对王子和他的妻子很尊敬。王子做了国王以后，看见中国

---

① 此信息由李峰先生提供，在此致以谢忱。

② 许云樵译注：《马来纪年》，新加坡：新加坡青年书局，1966 年，第 174 页。

公主常常想念故乡，就在海边的苏牙拉基湖上给她盖了一座望乡台，每逢中国的节日，就陪了她到望乡台去远望北边的祖国。以后他们的儿子也做了国王，世世代代都和中国来来往往。"[①]显然，他记述的正是王珍娘的故事，只是没有王珍娘之名出现。在卡斯普汉王宫里，王珍娘是苏南·古农·查迪的王后。今天我们可以看到在苏南的墓下方，也有她的墓地。可是迄今王珍娘的来历仍是一个谜。

　　让我们来看印度尼西亚学者根据印度尼西亚文献与口头传述撰述的关于苏南·古农·查迪与王珍娘的故事。苏南·古农·查迪"在鞑靼之国的传教引起了该国皇帝的注意"，皇帝本欲将苏南·古农·查迪驱逐出境，后来利用女儿（Nio Ong Tien）设计考验，让公主假装怀孕，可苏南·古农·查迪的预言成真，公主真的怀孕了。为了使公主停止怀孕，皇帝请来了他的老师三宝太监（Sam Po Taizin）为其排忧，但其方法并不奏效。上述故事在公主与苏南·古农·查迪结婚的故事中得到延续，二人结婚的故事仅在发源于井里汶历史及巽他编年史的当地民间传说中有所提及：一天苏南·古农·查迪在乡间传教，忽然有一大队来自华国（原文：中国人之国）的人马簇拥着一个身怀六甲的美丽公主来到此地。这位公主就是 Nio Ong Tien，她此番来的目的便是寻找苏南·古农·查迪。公主向苏南·古农·查迪表达悔意，希望他能将自己腹中之物取出。同时，公主也表明自己不会再回国，愿意留在井里汶和苏南·古农·查迪度过余生。苏南·古农·查迪触碰公主的腹部，念了两句祷词，只消片刻，公主腹中的黄铜奖杯便与其身体分离，公主的身体也终于恢复了原样。然而与此同时，公主腹中黄铜的奖杯也顿时化作一个面泛金光、目光炯炯、面容美好的男婴。该男婴被赐名雷登·葛姆宁（Raden Kemuning）。这个男婴在长大成人后，将成为卡杰尼一地之领袖。随后，苏南·古农·查迪和公主起身前往井里汶的小村庄。在这个小村庄里，二人举行了简短的婚礼。在与苏南·古农·查迪结婚，成为其新娘后，Nio Ong Tien 公主入乡随俗，更名为拉拉·苏曼丁（Nyi Mas Rara Sumanding）。[②]这是一个情节生动、饶有趣味的传说。

---

①　华嘉：《千岛之国》，广州：广东人民出版社，1958年，第109页。

②　Prof. Dr. H. Dadan Wildan, M. Hum: *Sunan Gunung Jati*, pertama kali diterbitkan dalam bahasa Indonesia oleh penerbit Buku Salima Network, Oktober, 2012: 124-128.

　　发掘传说背后的历史信息，探考传说的中国要素在爪哇的渊源关系，还原爪哇王珍娘的历史大背景，解析爪哇地域文化兴衰更替的线索，特别是追寻井里汶"中国公主"王珍娘的历史原型，需要了解苏南·古农·查迪其人。上面已经提到他是印度尼西亚鼎鼎大名的九大贤人之一，构成这谜一样迎娶"中国公主"王珍娘的故事，有两个关节点：一是井里汶与郑和下西洋发生联系的历史背景，传说故事中明确提及皇帝请来了他的老师"三宝太监"；二是迄今当地人们对于明代中国与爪哇关系历史的追忆。这桩婚姻也许是两个国家间一系列更为复杂的文化和经济关系的冰山一角，而在井里汶的苏南·古农·查迪墓与王珍娘墓，也充分展现了中国文化与印度尼西亚文化，乃至多元文化的交融。①郑和下西洋激发了印度洋整体贸易的繁盛，华人在爪哇的活动高潮一直持续至葡萄牙人来到东方以后。16世纪初年到来的葡萄牙人托梅·皮雷斯撰写的《东方志》（*The Suma Oriental of Tomé Pires*）中，也曾提到当地人告诉葡人说："爪哇人曾和中国人联姻，中国的一个皇帝把他的女儿之一送到爪哇嫁给巴他拉罗阇苏达（Batara Raja Cuda），并且派许多中国人护送她到爪哇，同时送去现在还是通货的钱币。"②可见传说故事流传甚广。

　　据当地人记忆，苏南·古农·查迪在1497年（明弘治十年）娶了"中国公主"王珍娘。我们从明朝制度史出发考察，其历史真实性无法确认。在中国，宽泛意义上的和亲，可以追溯到春秋战国时期，而严格意义上的和亲始于汉代。君主为了免于战争与异族统治者通婚和好，自汉以后一直到清代，几乎所有的朝代都有次数不等、缘由各异的和亲。只有宋朝与明朝是例外。根据明朝文献记载，明朝从来没有和亲政策，在对外交往中从未采用这种政治联姻的方式，在制度上也从未出现过和亲，即远嫁公主之例，这是明朝不同于中国古代历朝历代之处。既然在明代对外关系实践中，我们找不到一例和亲，因此在明代文献里是找不到"中国公主"王珍娘的任何记载的。

　　关于"中国公主"的来历，另一种解释值得特别关注。王任叔先生指出，在印度尼西亚和马来半岛的许多传说中，常常提到那儿的国王和贵族与"中国公主"结婚。这里的"中国公主"实际上是当地的"华侨女子"③。陈达生先

---

①　这次会议前参观了井里汶的苏南·古农·查迪墓，以及其墓下方的王珍娘墓。

②　Cortesao A. *The Suma Oriental of Tomé Pires*. London: Hakluyt Society, 1944: 179.

③　王任叔：《印度尼西亚古代史》下册，北京：中国社会科学出版社，1987年，第706页。

生进一步分析指出："编年史也说明了在十五、十六世纪时，华人……也存在与土著普遍通婚的现象，绝大多数是华人男子与土著女子结婚，他们所生的男儿，取名只有两个字，女儿则称为'华人公主'，华人公主成为土王显贵择偶的首选。"①王赓武先生研究认为：这些华人与土著人所生的混血儿，就是峇峇（Baba），或土生华人（Peranakan），他们在公元15—18世纪的政治与商业舞台上做出过巨大贡献。②苏南·古农·查迪是九大贤人之一（wali songo），他所娶的明朝公主王珍娘，很可能就是这样一位"华人公主"。根据《三宝垄及井里汶马来编年史》中记载："1553年，为了在新兴的井里汶王国有个王后，年已老迈的井里汶苏丹娶了哈芝陈英发的女儿为妻，从森梦到井里汶王宫，一路上，人们以'华人公主'的大礼迎接她，有如当时三宝公在明朝宫中的盛况。她是由侄儿陈三才（Tan Sam Tjai）护送而来的。"③这里明确说明这位井里汶王国的王后，就是来自福建的陈英发的女儿。

另据张永和《瓦希德传》记载，印度尼西亚原总统瓦希德（Abdurrahman Wahid）祖上陈金汉随同郑和下西洋到海外，"落户东爪哇绒望镇德南雅乡，一直繁衍下来"。并记载瓦希德亲口对记者说："我的祖先有个成员的妹妹成为一名公主，她被派往满者伯夷（十三至十六世纪印度尼西亚印度教古王国，又译麻喏巴歇），与该国末代国王巴拉耶威五世结婚。"他还说："我的祖先陈金汉（Tan Kin Han）……到了满者伯夷，后来娶了一位公主的女儿。他一个兄弟的阿拉伯文姓名是Abdul Palah，中文名译音是Tan Eng Hua。"这一名字，经记者确认是"福建（闽南音）的陈英发"。该书还记载：历史资料表明，晋江"陈金汉是在永乐十五年，即公元1417年5月跟随郑和第五次下西洋时，从晋江迁徙到海外，最后定居印尼东爪哇"。④

关于爪哇的"中国公主"，我们还可以继续追寻。根据《爪哇编年史》记载，14世纪一位名叫Dara Wiat的占婆公主来到爪哇，与满者伯夷国王Angka Wijaya结婚，"她死于1398年，满者伯夷国王……为她举行葬礼，她的陵墓至今仍在满者伯夷故都"⑤。印度尼西亚史学家萨努西·巴尼一方面记述：根据

① 〔新加坡〕廖建裕编：《郑和与东南亚》，陈达生译，新加坡：新加坡国际郑和学会，2005年，第56页。
② Wang G W. *China and the Chinese Overseas*. Singapore: Times Academic Press, 1991: 79-101.
③ 〔新加坡〕廖建裕编：《郑和与东南亚》，陈达生译，新加坡：新加坡国际郑和学会，2005年，第79页。
④ 张永和：《瓦希德传》，香港：天马图书有限公司，2003年，第142—143、153页。
⑤ Raffles T S. *The History of Java*, II. New York: Oxford University Press, 1965: 115-129.

传说，有一位占婆公主和麻喏巴歇王结婚。"人们指出了这位公主的坟墓在麻喏巴歇首都，其年份为 1448 年。"另一方面他又对传说提出了疑问："但是这个坟墓可能不是麻喏巴歇王后的坟墓，占婆公主也可能不是和麻喏巴歇王结婚。"①在同书中，他还记载了另一个传说："人们认为淡目的第一个国王是拉登·巴达。根据传说，拉登·巴达是麻喏巴歇末朝国王勃罗威佐约和中国公主生的儿子。中国公主跟随勃罗威佐约的儿子阿尔若·达玛尔到巨港去。阿尔若·达玛尔被委任为副王。拉登·巴达是在巨港出生的，长大后回到爪哇。"②《三宝垄华人编年史》记载了郑和下西洋时期"占婆公主"之说：在 1419 年，海军司令三宝公任命占婆（Tjampa）的彭德庆（Bong Tak Keng）为南洋各地蓬勃兴起的华人社区的总管。彭德庆来自云南，曾被占婆政府任命为官员，以促进海外贸易。他受命担任海外华人总管后，任命了许多来自云南的华人为各个港口的华人首领。彭德庆的女婿马洪福（Ma Hong Fu）是明朝云南总兵之子，于 1424 年奉明朝皇帝的派遣，出使满者伯夷。他与妻子由费信一路陪同，从三宝垄前往满者伯夷朝廷。"马洪福的妻子名 Putri Tjampa，意即'来自占婆的公主'。"③值得注意的是，这里直接提到了费信，而来自占婆王国的华人对爪哇所起的重要作用④，有待发掘史料进一步研究。

古代文化视线的交汇，往往出现某某国公主，由此我们有必要重新思考公主的母题。公共记忆的"场"，是郑和下西洋前后在井里汶的活动场域。公主记忆，是现实与追忆的接点，包括记忆共同体的创造，表明记忆的断裂与接续。传说中哪一部分是真实的，现已难以分辨。这些传说显然掺杂许多神话成分，但是其中部分说明了，无论是满者伯夷、淡目，还是井里汶，都有着与中国的血脉关联。传说未必可靠，却折射出明代中国与爪哇之间的历史亲缘关系，"中国公主"王珍娘的故事，恰恰说明郑和下西洋以后，中国移民已经融

---

① 〔印尼〕萨努西·巴尼：《印度尼西亚史》，吴世璜译，北京：商务印书馆，1959 年，第 125 页。

② 〔印尼〕萨努西·巴尼：《印度尼西亚史》，吴世璜译，北京：商务印书馆，1959 年，第 127—128 页。

③ 引自廖大珂：《从〈三宝垄华人编年史〉看伊斯兰教在印尼的早期传播》，《世界宗教研究》2007 年第 1 期。

④ 占婆即占城古国，又名占婆补罗（"补罗"，梵语意为"城"），简称占婆，自唐至明与中国的关系密切。法国学者撰称："既习海航，故其舟常至中国、爪哇。"〔法〕马司帛洛：《占婆史》，冯承钧译，北京：中华书局，1956 年，第 16 页。尼古拉·塔林教授指出："占婆的民族有低地占族、高地埃地族和嘉莱族，他们在民族语言上属于马来语族。"〔新西兰〕尼古拉斯·塔林主编：《剑桥东南亚史》第 1 卷，贺圣达等译，昆明：云南人民出版社，2003 年，第 126 页。

入当地社会之中，中国故事和文化的影响力长期以来在井里汶存留了下来，卡斯普汉王宫中"中国公主"王珍娘的遗迹与遗物，围墙上镶嵌着的很多中国瓷器，以及在苏南·古农·查迪墓附近的大量中国瓷器，这些至今鲜活的中国元素与井里汶主流文化乃至西方文化元素融洽地展现在一起，是明代中国与爪哇井里汶以及国际多元文化交流的历史见证。传说并非全部是神话，与现实紧密相连，王珍娘是一位中国妇女，这是整个故事中的真实部分，这个故事充分说明了中国与井里汶的友好关系源远流长。

四、结　语

从单纯关注国家间的相互关系，到关注跨国群体活动及其历史书写，构成我们重新认识明代中国与爪哇关系的重要资源，下面是形成的几点认识。

第一，井里汶的历史一直未引起史学界应有的关注。根据马欢《瀛涯胜览》等下西洋亲历者第一手资料记载，郑和下西洋到达爪哇东部的四处地方，完全没有提及井里汶，说明郑和下西洋时的井里汶还没有形成兴盛的港口城市；以明代文献与爪哇本土文献结合，分析郑和下西洋有可能在井里汶登陆，只是由于当时的发展水平较低而名不见于史著，从而印证了井里汶是在郑和下西洋以后兴起的爪哇港口城市。

第二，井里汶的地名和港口定位问题。井里汶并不在《郑和航海图》中卡里摩爪哇岛的位置，而是在爪哇岛上新兴的港口城市，并发展为指代爪哇岛与卡里摩岛之间广袤的爪哇海海域的地名。《顺风相送》等明代文献表明，井里汶是郑和下西洋后在爪哇中西部兴起的港口城市，实际上是 15 世纪中后期随着海上贸易发展而崛起的，到 16 世纪，井里汶已是爪哇北方沿海一个繁盛的港口城市。

第三，井里汶作为海港城市的基础，是在郑和下西洋时期奠定的。从文献与实物两方面考察，都存在郑和下西洋影响的明确例证。追寻井里汶的兴起，郑和下西洋时期实为关键。郑和下西洋推动了爪哇作为异常活跃的海上丝绸之路网络的一部分，使外来移民群体融入当地社区，为井里汶社会带来了新的发展契机。郑和下西洋在爪哇的影响持久延续的历史见证，至今鲜活地呈现在井里汶卡斯普汉王宫等地，王珍娘的传说与文物遗存，则是中国与井里汶血脉关联的典型例证。

第四，进一步突破以往郑和下西洋研究的局限，考察 15 世纪初郑和下西洋以后爪哇港口城市发展的历史脉络，可大致复原海上丝绸之路爪哇段的航线变迁与港口城市发展历史进程，可见网络从爪哇东部转移到爪哇西部的轨迹十分明显：从厨闽、锦石、泗水，到三宝垄、井里汶、万丹、雅加达，爪哇西部港口的大规模发展是在 15 世纪下半叶。贸易港口逐渐西移，最终移至距离苏门答腊岛最近的万丹。万丹是随着海上贸易向西部发展而兴起的，到 15 世纪末一度成为著名的国际性商品贸易集散地。总之，上述爪哇中西部港口重要节点的地位，均构建于 15 世纪初以后，至 16 世纪，也就是在西方东来前已逐渐形成，因此我们有必要强调爪哇经济社会内在的发展动力，对于过分夸大西方殖民者对爪哇经济发展影响的传统观点，应该加以修正。

第五，关于全球化研究的思考。全球史意味着以全球的视角重新梳理人类交往的历史，关注全球空间发生的人类经验。海洋是把不同国家和社会相互连接在一起的纽带，考察人类历史上的航海现象和海上各国各地区的交往与联系，是全球史极为重要的一部分。15 世纪初叶郑和下西洋，海上丝绸之路发展达于鼎盛，到 15 世纪末，伴随海上贸易的发展，爪哇中西部港口城市迅速崛起，西部航线取代东部成为海上贸易网络中最重要的交通干线。因此 16 世纪西方东来以后在爪哇选择的通商口岸，主要就是西部港口城市。这些港口城市在郑和下西洋以后数十年的海上贸易中得到很大发展，当时已成为爪哇西部重要的流通枢纽。我们不否认西方东来后对于爪哇社会发展的作用，但需要强调的是，这些爪哇西部沿海最大的港口城市的地位，实际上在此前已经奠定。全球化是一个较长的历史演进过程。长期以来我们的研究以西方大航海划分世界古代史和近代史，以西方大航海作为全球化研究的起点，似乎全球化是西方带来的，这在相当程度上忽视了历史发展的连续性，是将历史人为地割断，局限了全球化过程的研究。在全球史的视野下，探讨明代中国与爪哇的这段互动关系，特别是郑和下西洋的作用，强调爪哇本土内在的发展动力，认真考察爪哇港口城市的发展脉络，有助于我们对于早期全球化历史面貌的认知，对深化全球化的研究也具有重要意义。

何以全球化：明代中国与世界[*]

以明代中国为主体，从全球视野重新审视梳理明代以来全球化的历史起源及其真实进程十分必要。15 世纪初，以郑和七下西洋为代表的中国大航海奠定了人类交往从陆地到海洋发展的基础，成为人类文明发展史的一大转折。以郑和为代表的中国大航海促使处于印度洋与太平洋咽喉之地的满剌加王国兴起，这是人类交往重心从陆地向海洋转移的重要标志，这一转移是实现全球化的前提和路径。全球化不是西方大航海带来的，明代中国的白银需求带动亚洲、欧洲、美洲进入全球贸易体系，在全球化起源中扮演了重要角色，作出了重大历史性贡献。

全球化是指世界各国、各地区的经济、社会、文化、政治等要素在全球范围内相互交往、广泛流动并相互影响的过程，全球范围内的联通与互动使全球形成一个联系密切、不可分割的整体。全球史兴起于 20 世纪七八十年代，成型于 90 年代，是史学界对于全球化的学术反思与回应。随着"全球"这一核心词语在史学论著中频繁出现，史学研究的全球史转向成为一股潮流，已为越来越多的中国学者接纳，而且全球史中的中国史研究成为史学研究的前沿。打通中国史与世界史，从全球视野重新审视全球化的起源，既从全球看中国，也从中国看全球，这是了解中国独特历史发展道路的基础性研究，也是全球史研究的重要组成部分。

关于全球化何时开始，美国学者罗比·罗伯森认为，人类经历了三波全球化浪潮，第一波在 1500 年之后开始，建立了世界贸易网络；第二波在 1800 年

---

* 原载《中国社会科学》2024 年第 2 期。收入本书，有订正。

后开始，至 20 世纪初，实现了工业化；第三波是指 1945 年以后建立的世界新秩序，至今这一新秩序仍发挥着重要作用。①这一观点存在诸多值得商榷的地方。笔者认为，全球化的第一波以 15 世纪开始的中国大航海为前提，以 16 世纪的中国白银货币化和市场经济转向为中心，中国是全球化第一波的主要引领者。

关于全球化起源，中外学界存在多种观点，最早的追溯直到远古，最近的则置于 20 世纪 90 年代以后，但大多数观点是以西方大航海与哥伦布发现新大陆作为全球化的起源。②全球化起源于大航海，但以往片面强调西方大航海，这是一种错误的思维定式，大航海时代是一个全人类整体的历史进程。15—16世纪，人类从海洋走向全球化的历史进程，正是人类走向共同的世界历史的大趋向。这一时期，人类交往从以"大陆"为中心到以"海洋"为主线，将分割的陆海区域连成一个整体的"全球"，人类历史从海洋重新展开。

地球上七分是海洋，三分是陆地，人类从陆地向海洋扩展，是历史发展的必然趋向。因此，当人类开始全球化进程的时候，具备了三个显著特征：一是人类造船与航海技术有了极大进步；二是经由海洋的交往，从民间层面发展到国家层面；三是陆海互通互联的海洋世界新观念，客观上具有开拓海洋交往并延伸发展前景的作用。这三个特征也是判断全球化开端的标准。以此标准判断，全球化的进程先后经历了 15—16 世纪中国郑和大航海时期、西方大航海时期和东西方共同开拓海洋时期三个阶段，全人类参与、同心协力促成了全球化的形成。过去西方大航海发展主导全球化这一话语体系的独尊地位，是仅凭西方历史经验发展出来的全球化理论与方法，全球化并非由西方大航海开启，全球化的历史应该重写。

① Robertson R. *The Three Waves of Globalization: A History of a Developing Global Consciousness*. London: Zed Books, 2003: 4.

② 以西方大航海作为世界近代史开端是史学界的主流观点。一般来说，史学界将世界近代化开端与全球化开端联系在一起。如美国斯塔夫里阿诺斯所著的《全球通史——1500 年以前的世界》就是选择1500 年为世界古代与近代的分水岭，认为世界是通过西方大航海连通为一体（参见〔美〕L.S.斯塔夫里阿诺斯：《全球通史——1500 年以前的世界》，吴象婴、梁赤民译，上海：上海社会科学院出版社，1988 年）。作为高等教育文科教材，吴于廑、齐世荣主编的世界史教材第一章第一节就谈到了地理大发现和商业革命的背景与过程（参见吴于廑、齐世荣主编：《世界史·近代史编》上卷，北京：高等教育出版社，2011 年）。

一、海上奠基：中国郑和大航海与早期全球化的关联

追寻全球化的缘起，就不能不谈到明朝永乐、宣德年间派遣郑和七下西洋。以强盛的综合国力为后盾，郑和统率一支规模庞大的船队持续 28 年之久的远航，标志着中国古代的造船技术和航海水平发展到巅峰，推动海上丝绸之路达于鼎盛，从而为昭示近代意义的全球史提供了历史资源，也丰富了我们对全球史的认知。

（一）郑和七下西洋的地理核心概念——"西洋"

郑和七下西洋，是大规模的国家航海行为。那么，郑和七下西洋的"西洋"是哪里？这是郑和七下西洋研究的基本问题，也是我们了解郑和七下西洋的基本航线及其所到国家和地区的关键。笔者认为，郑和七下西洋的"西洋"即今天的印度洋。郑和七下西洋标志着早期全球化在海上的展开，人类交往史也从此由海洋展开了一幅新的世界发展图景。

在人类交往史上，从张骞"凿空"西域，陆上丝绸之路载入史册，到郑和七下西洋，开拓了海上丝绸之路，其间经历了 1500 年左右，中华文明的对外联系从来没有中断过。15 世纪初郑和七下西洋，从西洋到西域，明人不仅在理念而且在实践上，首次实现了陆海丝绸之路的跨越式连接发展，促成古代陆海丝绸之路的全面贯通，贯通的汇合点即在"西洋"。

明朝没有印度洋的概念，印度洋之名在现代才出现。我们可以看到的最早记载郑和下西洋的原始文献出自郑和的随员之手。它们分别是马欢的《瀛涯胜览》、费信的《星槎胜览》和巩珍的《西洋番国志》，这也是现存的郑和下西洋的三部基本文献。[①]结合郑和等亲立的石刻碑文，以及明人《郑和航海图》，我们可以发现明人对"西洋"的认知就是今天的印度洋。

第一，明初人认识的西洋是有特指的，即"那没黎洋"。"国之西北海内有一大平顶峻山，半日可到，名帽山。山之西大海，正是西洋也，番名那没黎

---

① 其中最重要的一部，是通事马欢的《瀛涯胜览》，记述最为翔实。巩珍《西洋番国志》系根据马欢书而成，可以说是马欢书的别本，唯有书前序与三通皇帝敕书具有较高的文献价值。

洋，西来过洋船只，收帆俱望此山为准。"①"国之西北海中有一大平顶高山名帽山，半日可到。山西大海即西洋也，番名那没黎洋。"②那没黎洋即今天的印度洋。之所以记载于"南浡里国"条，是因为"那没黎"即"南浡里"，是Lambri 或 Lamuri 的对音。

第二，西濒印度洋的苏门答剌国是通向西洋的总路头。这进一步说明位于今天苏门答腊岛以西的印度洋才是西洋。"苏门答剌国，即古之须文达那国是也，其处乃西洋之总头路"③。"苏门答剌国，即古须文达那国也。其国乃西洋总路头"④。

第三，明人将南临印度洋的爪哇视为东洋范围。"阇婆又往西洋去。"⑤"古名阇婆，自占城起程，顺风二十昼夜可至其国。……乃为东洋诸番之冲要。"⑥

第四，郑和下西洋的目的地是西洋诸国的大码头——古里。"古里国乃西洋大国也。从柯枝国港口开船，往西北行三日可到。其国边海，出远东有五七百里，远通坎巴夷国。西临大海，南连柯枝国界，北边相接狠奴儿国地面，西洋大国正此地也。"⑦"古里国，此西洋大国也。"⑧"其国当巨海之要屿，与僧迦密迩。亦西洋诸国之马头也。"⑨古里即今天印度喀拉拉邦的卡利卡特。郑和在古里有册封、立碑，"永乐五年，朝廷命正使太监郑和等，赍诏敕赐其国王诰命银印……统领大舟宗宝船到彼，起建碑亭，立石云：'去中国十万余里，民物咸若，熙暤同风，刻石于兹，永示万世'"⑩。

第五，郑和船队航行于整个印度洋。印度洋是人类历史上大陆间海运的发祥地，尤其红海—阿拉伯半岛—波斯湾—印度西部的航线是古代海上丝绸之路

---

① （明）马欢著，万明校注：《明本〈瀛涯胜览〉校注》，广州：广东人民出版社，2018 年，第 45 页。
② （明）巩珍：《西洋番国志》，向达校注，北京：中华书局，1961 年，第 21 页。
③ （明）马欢原著，万明校注：《明钞本〈瀛涯胜览〉校注》，北京：海洋出版社，2005 年，第 43 页。
④ （明）巩珍：《西洋番国志》，向达校注，北京：中华书局，1961 年，第 18 页。
⑤ （明）马欢著，万明校注：《明本〈瀛涯胜览〉校注》，广州：广东人民出版社，2018 年，第 3 页。
⑥ （明）费信著，冯承钧校注：《星槎胜览校注·前集·爪哇国》，北京：中华书局，1954 年，第 13 页。
⑦ （明）马欢原著，万明校注：《明钞本〈瀛涯胜览〉校注》，北京：海洋出版社，2005 年，第 63 页。
⑧ （明）巩珍：《西洋番国志》，向达校注，北京：中华书局，1961 年，第 27 页。
⑨ 《星槎胜览》卷三《古里国》，见（明）陆楫等：《古今说海》说选二十三，成都：巴蜀书社，1988 年，第 216 页。
⑩ （明）马欢著，万明校注：《明本〈瀛涯胜览〉校注》，广州：广东人民出版社，2018 年，第 57—58 页。

贸易网络的核心和中枢。①郑和首次下西洋的目的地是古里，七次下西洋每次
必到"西洋大国"古里，即"郑和下番自古里始"。根据马欢、费信的记载，
当时以古里为中心有 5 条航线：古里至忽鲁谟斯国、古里至祖法儿国、古里至
阿丹国、古里至刺撒国、古里至天方国。这 5 条航线包含印度洋周边几乎所有
重要港口。

值得关注的是，在亲历者的记述中，即使小至村庄规模，也均称之为
"国"，明确显示了郑和七下西洋的国家航海背景。郑和七下西洋每次必到的古
里，却远离大陆上的德里政治统治中心，因此，郑和七下西洋"宣扬国威"，
这一清修《明史》的说法恐不够全面。更为重要的因素正如印度卡利卡特大学
副校长古如浦所言：古里"是中世纪印度杰出的港口城市之一，是一个香料和
纺织品的国际贸易中心"②。古里繁荣的贸易在马欢的《瀛涯胜览》中也有体
现。这表明东西方海上贸易市场和网络的繁盛更对古代海外交往产生重要影响。

重要的航线延伸发生在郑和第四次下西洋从古里到达波斯湾的忽鲁谟斯国
后，这条航线延伸到了东非，也就是印度洋西部。据郑和等在福建长乐亲立的
《天妃之神灵应记》碑记载，"抵于西域忽鲁谟斯国、阿丹国、木骨都束国"③。
其中，忽鲁谟斯国、阿丹国前文已述及，木骨都束位于非洲东岸，即今天索马
里首都摩加迪沙。由此，郑和对印度洋全覆盖式的航海外交与贸易全貌明确显
示了出来。

郑和七下西洋，就是七下印度洋，留下的宝贵遗产《郑和航海图》，是海
上航线图。此图原称《自宝船厂开船从龙江关出水直抵外国诸番国》，包括以
南京为起点的航行入海口与流域岛屿，印度洋沿岸的主要城市、港口、航线、
方位、行程、距离等大量航海信息。该图以书卷的形式，在明天启年间被收录
于茅元仪的《武备志》第 240 卷。郑和船队首先是从南京龙江关出发，经长江

---

① 古代西方称印度洋为厄立特里亚海，约成书于 1 世纪中叶的《厄立特里亚海航行记》，描述了西方通
过印度洋到达东方的交往贸易活动，转引自〔法〕戈岱司编：《希腊拉丁作家远东古文献辑录》，耿
昇译，北京：中华书局，1987 年，第 17—18 页。

② Kurup K K N. Foreword. *In* Ayyar K V K ed. *The Zamorins of Calicut*. Calicut: University of Calicut, 1999: 1.
郑和七下西洋时期，古里是在札莫林王国统治之下。

③ 萨士武：《考证郑和下西洋年岁之又一史料——长乐"天妃灵应碑"拓片》，见纪念伟大航海家郑和
下西洋 580 周年筹备委员会、中国航海史研究会：《郑和研究资料选编》，北京：人民交通出版社，
1985 年，第 103 页。

下游及中国沿岸，到达福建长乐五虎门出洋，经南洋海域马六甲海峡，进入印度洋海域。《郑和航海图》的上半部分是印度和西亚，下半部分是东非和阿拉伯半岛，囊括印度洋周边国家与地区许多重要的国家港口城市。《郑和航海图》表明，郑和船队远航到达印度洋孟加拉湾、阿曼湾、阿拉伯半岛南端的亚丁（阿丹），到达非洲东部，最远达至非洲东岸的慢八撒（今肯尼亚蒙巴萨）。根据向达整理，该书附有《过洋牵星图》4幅，郑和七下西洋图考与地名索引，全部地名达500个，其中本国地名约占200个，外国地名约占300个。①此图进一步说明，郑和七下西洋是基于整个印度洋的航海行为。

（二）观念变化：西洋与西域会通——海陆丝绸之路全面贯通

郑和七下西洋是以观念变化为基础的航海行为，从当时人对郑和七下西洋主要目的地地位的认识，我们可以了解明人观念不同以往的变化。

第一，郑和七下西洋目的地——古里：西域与西洋的交接点。《星槎胜览·古里国》诗曰："古里通西域，山青景色奇。路遗人不拾，家富自无欺。酋长施仁恕，人民重礼仪。将书夷俗事，风化得相宜。"②在明人看来，西洋大国古里的地理位置格外重要，可以通达西域，处于西洋与西域的连接点上。由此可见，明朝将其选为目的地并非偶然，而是在认识上已经将西洋与西域连接起来。

第二，忽鲁谟斯：西洋与西域的重叠。位于波斯湾的忽鲁谟斯在《娄东刘家港天妃宫石刻通番事迹碑》《天妃灵应之记碑》中均冠以"西域"。③在巩珍《西洋番国志》卷前永乐十八年（1420年）十二月初十日和宣德五年（1430年）五月初四日的敕书中，又均冠以"西洋"。④因此，处于中国与欧洲贸易中心的原西域大国忽鲁谟斯又有了新的西洋大国之称，忽鲁谟斯的定位，从"西域"转到了"西洋"，而其西域与西洋名称又发生重叠，说明的正是海陆的"会通"作用。

---

① 参见向达整理：《郑和航海图》，北京：中华书局，1961年。

② 《星槎胜览·古里国》，见（明）邓士龙辑：《国朝典故》（下）卷一〇四，许大龄、王天有主点校，北京：北京大学出版社，1993年，第2083页。

③ （明）钱谷辑：《吴都文粹续集》卷28《道观》，《景印文渊阁四库全书》集部，第1385册，台北：台湾商务印书馆，1986年，第722页。

④ （明）巩珍：《西洋番国志》，向达校注，北京：中华书局，1961年，第9—10页。

　　第三，天方国：西海之尽，临西域之地。费信《星槎胜览》记载，"其国乃西海之尽也，有言陆路一年可达中国。其地多旷漠，即古筠冲之地，名为西域。""玉殿临西域，山城接大荒"。①明初人认为达至西海的尽头，也就是西域之地。由此可见，明人认识到西洋与西域海陆相连接。当时要前往"陆路一年可达中国"的天方国，陆路并不通畅，海路是明人的明智选择。在明人的理念中，海路连接了陆路，海陆通达，丝绸之路可以全面贯通。

　　综上所述，建立在对郑和七下西洋第一手资料发掘的基础上，本文对明代"西洋"语词语义加以分析阐释，彰显明代的核心地理概念"西洋"，即"那没黎洋"就是今天的印度洋。郑和七下西洋展现了明朝在印度洋全覆盖式的航海交往与实践，表明从海上通往西域是明人的观念。明朝认为古代陆海丝绸之路全面贯通的汇合点就在印度洋。印度洋将亚洲、非洲、欧洲连接在一起，自古以来就是东西方交往的汇聚之地。印度洋区域包括印度河流域、两河流域、尼罗河流域多元文明，郑和七下西洋推动了中华文明与其他多个文明的交流互鉴。

　　明人以西洋联通西域，海外世界互联互通的观念于此凸显。基于陆海互联互通的新观念，明代促成了古代海上丝绸之路的鼎盛局面，实现了陆海丝绸之路的全面贯通，从海上给陆海丝绸之路"画了一个圆"，一个新的海洋世界观由此形成，为未来世界发展奠定了基本态势。明代陆海丝绸之路的全面贯通极具全球史意义，预示了人类历史将进入一个大航海时代，是对人类发展史的一大贡献，拉开了早期全球化的序幕。基于此，我们将以郑和七下西洋为代表的明代中国大航海称为早期全球化的先驱并不为过。

二、重心转移：实现全球化的前提与路径生成

　　自古以来，人类交往的主要途径在陆路。从西汉张骞"凿空"西域，同时开辟南海航线，到东汉甘英"临西海以望大秦"②，中西方交往受阻于波斯湾后，东西方交往重心从此定于亚欧大陆。而当明朝打通了陆海丝绸之路，东西方交往重心何时又发生了从大陆向海洋的重大转折？

----

① （明）费信著，冯承钧校注：《星槎胜览校注》，北京：中华书局，1954年，第26页。
② 《后汉书》卷八八《西域传》，北京：中华书局，1965年，第2931页。

对此，虽然学界有唐代后期陆海转折之说①，但看到唐代敦煌的璀璨，就可知此观点尚可商榷；尽管元代海陆交通发达之时，"巨艘大舶帆交番夷中"②，但元朝在海上征伐爪哇和日本均以失败告终。而明朝初年就确立了"不征"的外交模式，以及中外"共享太平之福"的外交理念，在事实上放弃了天子征伐之权。这一理念彻底改变了元朝对外交往的暴力征服模式，也与后来西方殖民国家的海外扩张有着本质区别。

郑和七下西洋率领的庞大船队，满载着深受海外各国喜爱与欢迎的丝绸、瓷器、药材、铁器等物，船队所至大都是各国的沿海贸易港口城市。关于郑和船队的大量海外贸易活动，《瀛涯胜览》的作者马欢亲历20个国家，除了那孤儿和黎代两个小国"土无出产"外，他对其他18个国家都有关于产品、流通货币、度量衡、市场价格及交易情况的记述，对下西洋目的地古里的贸易场景更是描绘得栩栩如生。同时，郑和船队的贸易活动在埃及马穆鲁克王朝留存的史料中也有记载。③特别是郑和远航与满剌加建立的特殊关系成为中外交流史上的一段佳话，更是当时中外交流方式和中国驱动早期全球化的典型例证。

（一）郑和下西洋与满剌加王国兴起

以郑和七下西洋为代表的中国大航海穿越马六甲海峡，抵达浩瀚的印度洋，留下了历史的印迹。在这一过程中，中国大航海影响了世界很多地区，具有代表性的是满剌加王国兴起和因其得名的马六甲海峡的凸显。马六甲海峡西连安达曼海，东通南海，是位于马来半岛与印度尼西亚苏门答腊岛之间的漫长海峡，也是沟通太平洋与印度洋的重要航道。满剌加王国处于马六甲海峡这一太平洋与印度洋的咽喉之地，其兴起与郑和下西洋密不可分。

郑和下西洋从"西域"到"西洋"，又将"西洋"与"西域"重叠起来，凸显了海上丝绸之路的意义，标志着人类文明史上一个海洋新时代的开始。中国明朝与满剌加的关系，堪称当时和平外交的典型范例。从一开始，中国—满

---

① 有学者提出自唐代后期，"海路交通遂获得很大发展，比起陆路交通来，已成为中西交往的主要交通线路"（杨建新、卢苇：《丝绸之路》，兰州：甘肃人民出版社，1988年，第81页）。

② 参见〔元〕陶宗仪撰：《南村辍耕录》卷5，北京：中华书局，1959年，第64页。

③ 参见〔日〕家岛彦一：《郑和分艦访问也门》，见中外关系史学会编：《中外关系史译丛》第2辑，上海：上海译文出版社，1985年，第55页。

刺加—古里就是郑和船队的主导航线。郑和七下西洋，每次必到满刺加。在这一过程中，明朝帮助满刺加王国摆脱了暹罗的控制。[①]永乐年间，满刺加国王曾多次到访中国。《明实录》记载规模最大的一次，由拜里迷苏刺国王亲率王妃、王子和陪臣540多人来访[②]，永乐皇帝慷慨地赠送满刺加国王船只"归国守土"[③]。

郑和船队的航行和商贸活动给满刺加带来了无限商机，郑和在满刺加建立货场，储放货物，当船队分头前往各国进行贸易后，最终汇合在满刺加，等待季风到来一起回国。郑和七下西洋激发了印度洋繁盛的国际贸易，促使满刺加王国迅速兴盛起来。很快，满刺加就超过了苏门答腊等国港口，在中国和印度洋之间形成一个重要的贸易中转地，在下西洋过程中起了不可替代的重要作用。与此同时，满刺加王国逐渐形成一个颇具国际特色的强盛王国，从"旧不称国""人多以渔为业"的渔村迅速发展起来，成为海上连接东西方的国际贸易中心，有多个沙班达尔（Xabandar，即港务长）负责来自四面八方的商人。[④]满刺加繁荣了近一个世纪，直到葡萄牙人航海东来于1511年将其灭亡。

郑和七下西洋促成了满刺加的兴起，也强有力地彰显了海洋在人类交往史上的作用。从海上将海陆丝绸之路贯通的理念与实践是全球联通理念的前导，展现了人类文明交流互鉴的宏大前景。满刺加王国的崛起，就是海洋的崛起，是中国主导的东西方早期交流的一个典型例证。马六甲海峡得名于满刺加王国，就是最好的证明。它标志着人类文明史上从陆地向海洋的重大转折，导致自古以来通过亚欧大陆的东西方文明互动转向以海洋为中心，完成了世界文明互动的陆海空间转换。位于印度洋和太平洋咽喉之地的满刺加王国的兴起以及马六甲海峡的彰显，客观上推动人类交往的重心脱离了亚欧大陆、转移至海上的历史进程。[⑤]这也是基于海洋交流互通的全球化的前提和路径，这一发展道路最终奠定了东西方文明汇合于海上的世界大格局，以海洋开启了全球化第一

① （明）马欢著，万明校注：《明本〈瀛涯胜览〉校注》，广州：广东人民出版社，2018年，第34页。

② 《明太宗实录》卷117，"永乐九年七月甲申"条，台北："中央研究院"历史语言研究所校印本，1962年，第1490页。

③ （明）巩珍：《西洋番国志》，向达校注，北京：中华书局，1961年，第17页。

④ Cortesao A. *The Suma Oriental of Tomé Pires*. London: Hakluyt Society, 1944: 274.

⑤ 参见万明：《马六甲海峡崛起的历史逻辑——郑和七下西洋七至满刺加考实》，《太平洋学报》2020年第3期。

波。其中，以郑和为代表的明代中国发挥了引领的作用。

（二）西方大航海见证满剌加的贸易中心地位

将 15 世纪初郑和时代留存下来的第一手文献中对满剌加的记述，与 16 世纪初葡萄牙人占据满剌加王国后的第一手文献记述联系起来考察，可见中国大航海推动人类交往重心从亚欧大陆转移到海上。满剌加王国兴起和繁盛的国际海上贸易中心建立是其中一环，此后东西方汇集于海上，人类发展史进入海洋新阶段。中国大航海为全球化准备了前提条件。

15 世纪初的中国大航海催生了满剌加王国的兴盛，其繁荣的海上国际贸易情景被不少文献记录下来。除中国文献外，马来文献《马来纪年》也有记载，"不论上风和下风的行商，也常到满剌加，当时非常热闹。阿拉伯人称这地方叫做马六甲（Malakat），意思是集合各商贾的市场"①。

15 世纪末，西方大航海勃发，率先来到东方的葡萄牙人见证了满剌加王国在后郑和时代持续保持重要国际贸易中心地位。1498 年，葡萄牙人达·伽马到达印度卡利卡特，那里正是郑和七下西洋每次必到的古里国。1511 年，葡萄牙人沿着郑和航线灭亡了满剌加王国，从而控制了马六甲海峡。葡萄牙人托梅·皮雷斯在其《东方志》中，详细记述了满剌加繁盛的国际商业贸易景象，肯定了满剌加的国际贸易中心地位，郑和时代的历史遗产得到了彰显。同样，晚明闽人何乔远的《名山藏》在描绘满剌加时，用了"诸番之会"的称呼②，与葡萄牙人的记录相印证，可见其称呼是恰如其分的。满剌加在后郑和时代的繁盛景象，说明中国大航海确实起到了将东西方交往贸易重心转移至海上的作用，并且将海上新兴的国际贸易中心拉到了中国附近。这是后郑和时代中国商民大量移民在东南亚一带贸易，不再远赴印度洋贸易交往的重要因素之一。

郑和下西洋全面贯通了陆海丝绸之路，此后满剌加王国和马六甲海峡的兴起具有全球意义。这意味着人类文明互动中心从陆地向海洋转移，古老的东西方文明交往重心从亚欧大陆转向了海上，从此偏离了大陆上的传统交通网络和几大帝国的政治中心，在海上形成了一个新的文明互动中心，体现了多元文明互鉴。进一步说，处于印度洋与太平洋咽喉之地的满剌加王国及以其命名的马

---

① 许云樵译注：《马来纪年》，新加坡：青年书局，1966 年，第 130 页。
② （明）何乔远撰：《名山藏》，扬州：江苏广陵古籍刻印社，1993 年。

六甲海峡的兴起，还预示了人类交往从印度洋时代向太平洋时代的转移，处于太平洋西岸的中国七次航向印度洋，进而促使满剌加崛起，也使世界贸易中心向太平洋回归。试想一下，如果上述一切都不曾发生，那么欧洲人的大航海活动不可能直接抵达亚欧大陆各国的政治中心，也就难以对人类历史进程起到重大的影响。

梳理人类历史发展的全球化过程，可以称之为一部人类观念变迁史。观念是人类看待世界的方式，观念的变化可以引领时代转型的潮流。从 15 世纪初开始，明人看待世界的观念发生了变化，走向海洋践行了新观念，深刻影响了人类历史发展的大趋势。具体而言，元朝灭亡崩溃后，世界发生了大变局，明人的海洋世界观形成，拥有国家大航海背景的郑和七下西洋，打破了此前东西方交往以陆路为中心的模式，促使人类交往重心从陆地向海洋的转折，迈向了新的海洋空间。这一空间转换的路径，为人类交往开辟了新的格局与模式，在人类文明史上具有里程碑意义，改变了人类历史进程发展方向。

三、内在理路：明代白银货币化与全球化的开端

15 世纪初明朝走向海洋，开启了人类大航海时代。由于郑和七下西洋之后明朝政府不再派出船队前往西洋，中外学界对此大多表现出极大不解，并对明朝的"退却"采取了批评态度。①实际上，历史上没有突如其来的事件，只不过人们不了解其来龙去脉。后郑和时代的中国并非从海上退却，而是经历了内生原发型变革，从而改换了走向世界的方向，在东亚海上与全球化开端发生了关联，这一切还要从中国内部的全球化原动力出发考察。

全球化由经济全球化开篇。15 世纪初中国大航海时，寻找黄金是中西方各国的共同诉求，郑和七下西洋在海外买到的金锭在明梁庄王墓出土，其上铭文

① 中外史学界长期以来鲜见论述郑和七下西洋就是七下印度洋，明代中国参与的印度洋史及其意义被有意无意遮蔽了。参见罗荣渠：《15 世纪中西航海发展取向的对比与思索》，《历史研究》1992 年第 1 期；辛元欧：《郑和与哥伦布现象的比较研究》，《上海造船》2005 年第 1 期。近年中译的两部西方学者著《印度洋史》，其中均未见中国郑和下西洋的篇章，仅略提及郑和本人。参见〔澳〕麦克弗森：《印度洋史》，耿引曾、施诚、李隆国译，北京：商务印书馆，2015 年；〔澳〕迈克尔·皮尔逊：《印度洋史》，朱明译，上海：东方出版中心，2018 年。

明确记载："永乐十七年四月□日西洋等处买到八成色金壹锭伍拾两重。"①事实上，郑和时代的印度洋上各国并非在追逐白银而是黄金，货币流通呈现多元状态。15世纪末西方大航海时，哥伦布误航至美洲，他仍在寻找黄金。

但是，今天我们在讨论全球化起源时，却发现各国对白银而非黄金的诉求才与全球化起源有着密切关联，那么这样一种世界范围内追求白银的潮流又是如何开始涌动的呢？笔者认为，这与明代中国的白银货币化直接相关。14世纪下半叶，明代中国被禁用交易的白银已从市场悄然崛起，其后中国逐步实现了白银货币化，进而导致对于海外白银的大量需求。这既是明代中国市场经济繁荣的标志，也是中国市场与世界市场联系的新起点。法国学者布罗代尔说："贵金属将显示出经济生活逐级上升的趋势。"②15—16世纪经济全球化作为不可阻挡的历史浪潮，是以市场经济为基础的全球化，中国白银货币化成为全球化起源的引擎。

中国的白银货币化与全球化起源的关系，我们可以从时空两个维度考察：一是时间的维度，以时间的先后顺序确定如何影响；二是空间的维度，从地域上来看全球化的中心何在。无论从时间上还是空间上来看，我们需要了解16世纪全球化前夜中国发生了什么，全球化与中国近500年的白银时代（14世纪末至1935年）有何关联。③

（一）中国的白银需求引领了全球化第一波

首先，从时间维度上分析，有明一代，白银从贵重商品走向完全的货币形态，在社会流通领域大规模行用白银，正是白银从非法货币到合法货币的货币化过程。明初，明朝实行宝钞货币制度，禁用金银交易。翻开《大明会典》，其中唯见"钞法""钱法"，却没有"银法"，这说明白银原本不是明朝的法定

---

① 白芳：《郑和时代的瑰宝　明梁庄王墓文物展》，《收藏家》2005年第10期。

② 〔法〕费尔南·布罗代尔：《十五至十八世纪的物质文明、经济与资本主义》第2卷，顾良译，北京：生活·读书·新知三联书店，1993年，第192页。

③ 在西方学者弗兰克的《白银资本：重视经济全球化中的东方》（刘北成译，北京：中央编译出版社，2000年）一书中，他提出1500—1800年中国是全球经济的中心，白银货币周游世界，推动世界运转。他直接向欧洲中心论挑战，以此搭建了他的世界体系理论架构。但弗兰克不了解白银如何从明代中国内部兴起，笔者对于明代白银货币化过程的研究，正是以中国内部在全球化前夜发生了什么为起点的。

货币，也没有相关制度可言。

因此，从洪武末年起，不在王朝制度设计和国家体制内的白银崛起是市场的萌发。在市场与国家的博弈过程中，白银自下而上兴起，这是一个历史上不同寻常的现象。笔者通过对 427 件第一手民间徽州土地买卖契约文书①的分析研究，证实白银在市场这只"看不见的手"的作用下，历百年而崛起，形成了白银货币化。至 15 世纪后半叶（成化年间）契约文书中呈现出清一色的白银货币交易，因此，成化年间是一个关键的历史拐点，由于市场自下而上的潮流与朝廷自上而下的认可相结合，明朝开始实行大规模的赋役改革——将赋役折银向全国铺开，"看不见的手"与"看得见的手"共同推进了白银货币化进程，这正是中国农业经济向市场经济转型的体现。与此同时，白银成为社会流通主要货币这一现象，由礼部侍郎掌国子监事丘浚以白银为上币之议反映到朝堂之上。②这一时期，尽管在此时的赋税折银、以银代役的大趋势下，明朝对白银的需求量剧增，但朝廷却已没有办法像郑和时代那样大规模征调军民下西洋。

这一时期，私人海外贸易冲破朝贡贸易与海禁的樊篱，迅速发展起来。史载福建"成、弘之际，豪门巨室间有乘巨舰贸易海外者"③，漳州私人海外贸易发达，荒野海滨兴起的漳州月港，在成化、弘光之际已享有"小苏杭"的盛誉。④广东与海外市场的密切交流也屡见不鲜，广东市舶太监韦眷"纵党通番"，番禺知县高瑶"发其赃银巨万"。⑤广东"有力者则私通番船"成为普遍现象。⑥值得注意的是，伴随民间私人海外贸易发展的正是明朝对于白银的巨大需求，客观上促使民间商人突破海上贸易禁区，走向海外获取白银，市场扩大到海外成为必然出路，中国引领全球化第一波的内在理路由此形成。更重要的是，这一切发生在 16 世纪西方航海扩张东来之前的历史时段，促进形成全

---

① 参见安徽省博物馆编：《明清徽州社会经济资料丛编》（第一集），北京：中国社会科学出版社，1988年；中国社会科学院历史研究所徽州文契整理组编：《明清徽州社会经济资料丛编》（第二集），北京：中国社会科学出版社，1990 年；张传玺主编：《中国历代契约会编考释》（下），北京：北京大学出版社，1995 年。

② 《大学衍义补》卷 27《铜楮之币》下，万历刊本。

③ （明）张燮：《东西洋考》卷 7《饷税考》，谢方点校，北京：中华书局，1981 年，第 131 页。

④ 崇祯《海澄县志》卷 11《风土志》。

⑤ 《国朝献征录》卷 99《广东布政司左布政使赠光禄卿谥恭愍陈公选传》。

⑥ （明）桂萼：《广东图序》，《明经世文编》卷 182《桂文襄公奏议》四。

球贸易网络与体系，东西方大航海的两条主线也由此在太平洋上合而为一。

嘉靖初年，白银成为中国社会流通领域的主币，也由此奠定了白银在海外市场上的地位。明代中国巨大的白银需求，通过以中日丝银为主线的私人海上贸易引发了 16 世纪 40 年代日本银矿的大开发，推动了日本银矿开采数量的急剧增长。由此，日本银矿成为中国白银的第一个海外来源。日本货币史专家黑田明伸认为日本银矿开发是在中国巨大需求刺激下才产生的，他认为石见银的需求在日本国内几乎没有，专门向中国出口。[①]同一时期，葡萄牙人在 1517 年派出使臣托梅·皮雷斯到明朝寻求正式交往失败后，一直在中国东南沿海从事走私贸易活动。他们不失时机地投入了中日丝银贸易为主的太平洋贸易，参与了太平洋上全球贸易网络的开辟。

对于明代中国而言，大规模的白银输入是明后期对外贸易的主要特征。明朝有识之士看到开海是大势所趋，只能因势利导，以保利权在上。因此，明朝的重要政策转变表现在以下两方面：一是隆庆元年（1567 年）在福建漳州月港开海，"准贩东西二洋"。[②]此时的东西洋以文莱为界划分，中国海商活跃于东洋若吕宋、苏禄，西洋则交趾、占城、暹罗等东南亚一带港口，标志着明朝国际贸易制度与贸易模式从官方朝贡贸易为主向民间私人海上贸易为主转变，促使民间海商集团的崛起与海外贸易的繁盛发展。同时开海完成了关税从实物到货币的转变，也使中国古代海上贸易管理向近代海关及关税过渡。

二是在广东、澳门的开埠，明朝在澳门开埠政策的确立，标志着明朝引进外商经营海上贸易的合法化，澳门就此兴起为广州外港。允许葡萄牙人入居澳门经营中转贸易，在中国商民的积极参与下，以澳门为中心开辟了多条海上国际贸易航线，推动海上丝绸之路新样态——白银之路的极大发展。整合起来的大西洋—印度洋—太平洋贸易网络，开启了一个全球贸易—全球互动的历史，形成了中国、日本、葡萄牙，以及东南亚各国参与的全球化第一波的建构。西班牙人在 1571 年占据了马尼拉之后，为了与中国贸易而开发的美洲银矿，是明代中国白银的第二个重要来源。

从时间维度可见，全球白银贸易起源于中国，白银需求最早出现于中国而

---

① 〔日〕黑田明伸：《货币制度的世界史：解读"非对称性"》，何平译，北京：中国人民大学出版社，2007 年，第 124 页。

② （明）张燮：《东西洋考》卷 7《饷税考》，谢方点校，北京：中华书局，1981 年，第 131 页。

非西方，因此全球化第一波的起点在中国，中国是全球化的先行者，西方是后来者。这源于中国白银需求的内在驱动力，首先直接引发了日本白银矿产资源大开发，其后才有美洲白银矿产的大开发。亚洲是全球化的发源地，已为历史所证实。葡萄牙与西班牙人先后加入了开端于亚洲太平洋的全球白银贸易，却不是主导者。因此，全球化第一波不是西方大航海带来的，更不是它们规划了全球经济贸易体系。中国以自身内生原发型变革发起并深刻影响了世界早期全球化，引领和推动世界格局发生了重大变化。

（二）中国白银潮带动欧美加入全球化第一波

从空间维度上分析，16 世纪全球化的起源是围绕资源、货币、市场的大规模世界性经济交流互动的过程，而非开端于地理上的全球化。以地理大发现作为全球化的开端，实属不了解当时的人类经济互动关系。当时全人类最活跃、最重要的经济互动关系，发生在白银矿产开发、国际贸易网络，以及全球市场的形成过程中，由此建构了全球第一个基于市场经济的全球贸易网络和经济体系。

当 1492 年哥伦布航行到达他认为的西印度群岛——美洲时，其主要目的在于寻求黄金。《马可·波罗游记》对东方遍地黄金的描述，勾起了西方人到东方获取黄金的热情。西班牙塞维利亚的大教堂至今保存着哥伦布阅读过的一本《马可·波罗游记》，上面布满了小字批注，多达数百条。[①]在哥伦布的日记中，黄金是促使他前往东方的驱动力。当他第一次踏上美洲大陆时，于 10 月 13 日写道："我们决定向西南去寻找黄金和珍贵的宝石"，10 月 15 日写道："那么在上帝的帮助下，我必须找到出产黄金的地方。"第一次探险归来，哥伦布向西班牙国王和王后报告："陛下会看到我们给他们带回了他们所渴望的黄金"；并在 1494 年 2 月第二次航海到达中美洲诸岛时说："在那里掀起了黄金热。"[②]这些都证明了欧洲人到达美洲和开发美洲的早期活动是围绕黄金展开的，在美洲航线上运回欧洲的货物也是黄金。

西班牙人在美洲寻找黄金来源时，葡萄牙人到达马六甲。1510 年左右，西

---

① 1996 年初笔者在西班牙塞维利亚大教堂参观所见。
② 〔意〕克里斯托弗·哥伦布：《哥伦布美洲发现记》，刘福文译，哈尔滨：黑龙江人民出版社，1998年，第 47、55、230、240 页。

班牙人在圣多明各的淘金达到高峰，波多黎各、巴拿马和古巴的黄金才开始生产。1520 年左右，葡萄牙人参与中日丝银贸易时，美洲黄金生产才逐渐放慢，此后，墨西哥和中美洲的黄金生产进入顶峰，秘鲁也开始生产黄金，而在1550—1552 年，西班牙的美洲黄金生产达到最高水平。根据皮埃尔·肖努统计，第一个周期运往西班牙的黄金为 25—30 吨，1540 年前墨西哥生产了 20吨，而在这一周期结束前，秘鲁的产量可能与之相仿。[①]由此可见，西班牙在美洲主要开采的黄金，在规模上完全不能与后来大帆船贸易的白银相比。[②]因此，15 世纪末哥伦布到美洲是为黄金梦所驱使，而当时美洲黄金的开采量远不足以影响整个世界，更不能成为连接全球贸易市场的媒介，美洲的发现不能成为全球化开端的标志，而应以白银矿产开发为标志。

直至西班牙人来到东方，1571 年占据马尼拉以后，西班牙人才了解到从福建月港到菲律宾的中国海商将大批商品运往那里，以从海上贸易中获取白银。于是，西班牙人也立即投入了太平洋贸易，形成美洲白银大开发时期，开辟了马尼拉到美洲阿卡普尔科白银贸易这一重要的海上国际贸易航线：马尼拉（菲律宾）—阿卡普尔科（墨西哥）—利马（秘鲁）—塞维利亚（西班牙）航线，即"马尼拉大帆船贸易航线"，这一跨越三大洲的所谓"大三角贸易"，主要进行美洲白银和中国商品的交易。因此，明代中国的白银需求间接促成了美洲白银矿产的大开发。至此，白银贸易连接了亚洲、美洲、欧洲，形成跨越世界三大洲的国际贸易网络，进一步掀起了白银矿产开发的世界潮流，促使白银在全球范围内流动，推动了世界第一个经济体系的建构，深刻改变了整个世界。全球化第一波在东西方海上活动的共同促进下，得以全面实现。

美国学者丹尼斯·弗莱恩和阿拉图罗·热拉尔德兹提出全球贸易在 1571年（明隆庆五年）诞生的观点。[③]笔者则认为，如以中国商人为主体从事活跃的白银贸易为起点，那么全球贸易诞生时间至少应该提前到 16 世纪 40 年代更

---

① 转引自〔英〕莱斯利·贝瑟尔主编：《剑桥拉丁美洲史》第 1 卷，林无畏、吴经训、孙铢，等译，北京：经济管理出版社，1995 年，第 347 页。

② 按照厄尔·汉米尔顿的统计，在 1503—1660 年这一个半世纪里，从美洲运到欧洲的白银约 1.6 万吨。参见 Hamilton E J. *American Treasure and the Price Revolution in Spain, 1501-1650*. Cambridge: Harvard University Press, 1934: 42.

③ Flynn D O, Giráldez A. Born with a "silver spoon": The origin of world trade in 1571. *Journal of World History*, 1995, 6(2): 201-221.

为贴切，也就是中国对白银的大量需求直接引发了日本银矿大开发，葡萄牙人东来积极参与了繁盛的丝银国际贸易之时。①正是从那时起，全球第一个经济体系雏形出现，此后 16 世纪 70 年代西班牙人东来，连接了美洲白银矿产开发与亚洲为起点的全球白银贸易狂潮。历史事实证明，当中国掀起白银潮之时，先在亚洲，再到美洲，亚洲与美洲的主从关系明显，美洲白银矿产资源开发与白银贸易加入了全球化第一波，即全球第一个经济体系的建构过程。

明代中国白银货币化，白银成为促成全球贸易诞生的重要因素。中国传统经济向市场经济转型，在需求与供给的经济规律指引下，本土内生原发型变革推动中国再度走向海外，中国特色的资源开发与贸易模式形成全球化启动的基本要素与模式，形成全球化的原动力。中国是当时世界上最大的经济体，也是最大的白银需求国，白银在世界贸易中是国际通用结算方式。这种国际交换关系，一端联系的是中国商品，另一端联系的是海外白银，围绕中国的三条海上主干线，跨越三大洲，构建了全球贸易网络：中国—东南亚—日本；中国—马尼拉—美洲；中国—果阿—欧洲，形成了市场网络的全球性链接。丝银／瓷银之路与市场网络的全球扩展、海上丝绸之路新样态白银之路的形成，展现了全球化的图景。

全球白银之路的形成，具有明代中国国家与社会向早期近代化转型的深刻背景。以万历初年张居正改革为标志，市场直接嵌入了国家财政过程，白银货币化完成于财政货币化，长达 2000 年的中国国家财政体系从以实物与力役为主向以白银货币为主转型，中国进入了从传统赋役国家向近现代赋税国家转型的新阶段。因此，16—17 世纪日本白银产量的绝大部分和美洲白银产量的一半流入了中国。②葡萄牙学者马加良斯·戈迪尼奥因此将中国形容为一个"吸泵"，形象地说明了中国吸纳了全球的白银。③值得注意的是，白银是中国市场扩展至全球范围后，以丝绸瓷器等主要商品交换而来。16 世纪世界市场上中国

---

① 万明：《明代中国白银货币化研究——中国早期近代化历史进程新论》，北京：中国社会科学出版社，2022 年。

② 在总量上，肖努估计美洲白银最终有 1/3 流入了中国，而谢和耐估计美洲白银的一半流入了中国。全汉昇认为，肖努的估计比较接近事实。参见全汉昇：《明清间美洲输入中国白银的估计》，《"中央研究院"历史语言研究所辑刊》（第 66 册），台北："中央研究院"历史语言研究所，1995 年。通过考察，笔者认为谢和耐的估计可能更接近事实。

③ Godinho V M. *Os Descobrimentos ea Economia Mundial*, Vol. 4. Lisboa: Editorial Presença, 1991: 217.

丝绸和瓷器是独步世界的商品，充分展示了明代中国对外贸易的竞争力，将中国市场与全球市场连接了起来。明代中国以白银货币化为契机，凭借自身变革的驱动力主动走向海外，拉动了外银的大量流入，引领并推动了全球第一个经济体系的建构，深刻影响了中国社会的变迁、国家的转型和全球化开端时期中国与世界近代化进程的链接。

四、结　语

从全球史的视野来看，大航海时代是一个整体概念，大航海将人类带入一个整体发展的全球化新时代。世界历史并不是自始就是世界性的，而是经历了一个发展的历程。随着人类社会的发展，人们海上经济活动增加，世界各地区、各民族打破彼此间的闭塞状态，在越来越大的范围相互交往、接触、紧密联系，多元文明互鉴，最终形成了一个整体的世界，这就是全球化。

以全球视野重新审视梳理明代以来全球化的历史起源及其真实进程，要将中国大航海与西方大航海联系起来，对东西方海上活动作一个真实的勾稽，厘清并补充其间历史事实的缺环，还原历史的本来面貌。全球化起源于大航海，这是毋庸置疑的，但并非起源于西方大航海，也不是起源于西方地理大发现。

15世纪初，中国大航海奠定了人类交往从陆地到海洋发展的基础，这成为人类文明发展史的一大转折枢纽。人类交往重心从陆地向海洋转移，这是实现全球化的前提和路径，从而拉开了自海上开始的经济全球化的序幕。前者有中国大航海，后者有西方大航海，中国大航海与西方大航海存在着有机关联性。把握时代特征，全球化不是西方大航海带来的，16世纪初明代中国以本土白银货币化进程形成内生原发型的改革动力，市场经济发展突破国界，率先在东亚—太平洋引领了世界白银开发潮的兴起，将中国早期近代化进程与世界早期近代化进程紧密联系，推动了全球第一个经济体系的建构，中国在经济全球化起源中扮演了极为重要的角色，作出了重大的历史性贡献。正是东西方大航海的接力发展，才共同塑造出一个整体世界——文明交流互鉴的全球化新图景。

外　文

Reflections on the Study of Zheng He's Expeditions*

Zheng He's series of naval expeditions was one of the most remarkable incidents in Chinese history as well as in world history. His seven voyages, sponsored by the powerful Ming Dynasty between the third year of the Yongle Period (1405) and the eighth year of the Xuande Period (1433), were no small affairs. During those twenty-eight years, Zheng He led his fleet over the seas, covering ten thousand *li*[①] and traveling to dozens of countries and areas. The expeditions demonstrated China's unrivaled sea power, her magnificent skills in ship building and her seafaring capability at that time . It shows that China then had attained the highest level of maritime power in pre-modern history.

I. A BRIEF REVIEW OF STUDIES ABOUT ZHENG HE

A century has passed since the study of Zheng He emerged as a major field in Chinese historiography. Liang Qichao, who initiated the study, wrote an article entitled

---

* 原刊于美国《明史研究》(*Ming Studies*, Volume 2004, Issue 1. USA.) 卷 2004，第 1 期。收入本书，有订正。

① 1*li*=500m.

"Zheng He: A Great Chinese Voyager" in 1905.[1] In this article, Liang extolled the Chinese spirit of seafaring. The article set up an analytical framework for comparison with the West in terms of navigation. The subsequent discovery of new documents and archeological excavation inspired new waves of studies. Substantial scholarly study and textual research led to the accumulation of voluminous literature; many excellent works on Zheng He's expeditions were published. The three-volume collection, *Zheng He Xia Xiyang Ziliao Huibian* (Collected literature on Zheng He's expeditions, 《郑和下西洋资料汇编》, compiled by Zheng Hesheng （郑鹤声） and Zheng Yijun （郑一钧）, is comprehensive and covers an enormous body of historical documents on Zheng He's expeditions. Based on solid historical documentation, the study has reaped substantial fruits. For example, scholars now agree that the number of Zheng He's expeditions is seven. They also agree that the size of treasure ships recorded in historical documents is believable. Some scholars insist on the credibility of historical documents while a few scholars cast their doubts. It is also generally accepted among scholars that Zheng He's expeditions reached as far as East Africa. As for the motivation and the nature of the expeditions, no consensus has been reached among scholars. In the Ming and early Qing, there were sayings such as "searching for emperor Jianwen" and "making a show of military power". Such arguments reemerged in the 1930s.

As the studies deepened, many scholars employed political and economic perspectives to understand Zheng He's expeditions. There are four viewpoints. One is a political perspective, represented by Xu Daoling (许道龄) and Li Jinhua (李晋华). The second is an economic perspective, represented by Wu Han (吴晗).[2] The third is a political economy perspective, advanced by Tong Shuye (童书业) and Han Zhenhua (韩振华).[3] The fourth is a periodization perspective, which argues that the first three

①　Liang Q C. Zuguo da hanghaijia Zheng He zhuan. *Xinmin Congbao*, 1905, 3(21): 28-43. 梁启超：《祖国大航海家郑和传》，《新民丛报》1905 年第 3 卷第 21 号，第 28—43 页。

②　Wu H. Shiliu shiji qian zhi Zhongguo yu Nanyang: Nanyang zhi kaituo. *Qinghua Xuebao*,1936, (1): 137-186. 吴晗：《十六世纪前之中国与南阳：南阳之开拓》，《清华学报》1936 年第 1 期，第 137—186 页。

③　Tong S Y. Chonglun "Zheng He xia Xiyang" shijian zhi maoyi xingzhi: Dai Wu Chunhan xiansheng da Xu Daoling, Li Jinhua er xiansheng. *Yugong*, 1937, 7(1-3): 239-246. 童书业：《重论"郑和下西洋"事件之贸易性质：代吴春晗先生答许道龄、李晋华二先生》，《禹贡》1937 年第 7 卷第 1—3 期合刊，第 239—246 页；Han Z H. Lun Zheng He xia Xiyang de xingzhi. *Xiamen Daxue Xuebao*, 1958, (1): 172-188. 韩振华：《论郑和下西洋的性质》，《厦门大学学报》1958 年第 1 期，第 172—188 页。

expeditions were politically motivated while the last four were trade-inspired. This last perspective is advanced by Zheng Hesheng and Zheng Yijun.[①] Generally speaking, most scholars view Zheng He's expeditions from a political perspective. Consequently, there is less articulation of the economic influence and function of Zheng He's expeditions which are not highly evaluated. It is generally accepted that Zheng He's expeditions were to satisfy the rulers' need for luxuries. This established a foundation for the argument of a "weakness motive". Many scholars, while extolling Zheng He's great achievements, make a comparison between Zheng He's expeditions and those of Christopher Columbus. Some scholars address the question that why Chinese expeditions to the Western oceans did not lead to the accomplishment of "great geographical discoveries".

By the end of the last century, due to a scarcity of sources, studies of Zheng He had nearly become a settled matter. As noted above, debate continues on some questions, but because of the lack of new historical materials, they have lapsed into stagnation. Many articles try to articulate the significance of the expeditions. These arguments often are not based on a foundation of collection and ordering of historical source materials but are based on contemporary opinions rather than historical documents. This trend moves ever farther away from scholarly study. The study of Zheng He's expeditions needs new breakthroughs in either historical materials, theories, or ideas and methods.

II. BREAKING OUT OF A EUROCENTRIC THEORETICAL FRAMEWORK

The new century will bring forth some new developments in the study of Zheng He's expeditions. Therefore, to further deepen the studies in memory of Zheng He is a task assigned to our Chinese scholars in the new era. The study of Zheng He is in

---

① Zheng H S, Zheng Y J. Zheng He xia Xiyang jianlun. *Jilin Daxue Shehui Kexue Xuebao*, 1983, (1): 36-48. 郑鹤声、郑一钧:《郑和下西洋简论》,《吉林大学社会科学学报》1983 年第 1 期, 第 36—48 页。

essence a key issue in the field of Chinese history, which should be built on solid historical documentation. If we do not explore the objective truth of history itself, we cannot give a reasonable interpretation of history. Yet the Eurocentric way of thinking in our subconscious minds clearly influences our overall understanding of Zheng He's expeditions. We are greatly influenced by the linear progressive historiography based on European experience. Therefore, at the outset, it is absolutely essential for us to rethink the implicitly Eurocentric theoretical framework.

In the last century, from the outset of his studies about Zheng He, Liang Qichao undertook to make a comparison between Zheng He and Columbus. Subsequently a great many works, while not openly employing the term "comparison", have for the most part actually put Zheng He's expeditions to the Western oceans in a comparative framework. In comparison with Westerners' maritime achievements, they draw conclusions such as "weak motive" and "different outcomes". There is nothing strange about the fact that Chinese and Western expeditions resulted in different consequences. History never flows in a single channel. Historical contexts are not the same; they produce different outcomes. The problem here is the comparative framework that we employ, which developed from the middle of the eighteenth century, a theoretical framework that took Europe's experience as a foundation. As we know from our knowledge of historical development, Europe did not take an advantageous position in the beginning. Europe's advantage did not emerge until the second half of the eighteenth century, with the success of the industrial revolution and capitalism in England. From then on, Europeans outshined other regions in the world with their economic power. This also endowed them with the power of their discourse, making the world incline toward Europe. The power of Europe's experience became the standard by which we made historical evaluations.

Eurocentrism became a hegemonic and dominant discourse in the world, producing a comparative framework in which Europe's experience was used to judge the history of other regions. This created an exaggerated Eurocentric view of history. The West became a universal standard, which biased and twisted history and culture in other regions. This made us unable to understand and explain the process of Chinese history in a fair and objective way. Under such a comparative framework Portuguese and Spanish expeditions are perceived as expansion eastward and represent an advance in power while Chinese expeditions are instead perceived as an indication of stagnation and backwardness in the Ming and the Qing periods. It was hypothesized that from the sixteenth century China lagged far behind the West. The exaggeration of Western maritime expeditions situates the West above the East in a way that influences our ability to make an objective evaluation of Zheng He's expeditions. What is behind the comparison of Zheng He's and Columbus's maritime expeditions is really just the claim for the validity of the European practices.

If we want to break through the Eurocentric framework and make a reasonable interpretation of Zheng He's expeditions, we need to make a new comparison and evaluation of Eastern and Western expeditions. We especially need to start from a Chinese-oriented perspective and make a comparison and evaluation of Eastern and Western voyages on an equal basis. Here are some of my thoughts.

1. Motivation. It is generally believed that Zheng He's expeditions had weak motivation, which derived from the feudal emperors' political ambitions as well as their desires for luxuries. By contrast, Western explorers like Columbus represented the progressive power of capitalism which sought to accumulate gold for the development of capitalism. As a matter of fact, expeditions to explore the oceans in both the West and the East were inspired by the desire for goods. Zheng He's expeditions were organized and supported by the Chinese emperors while, in a like manner, Portuguese and Spanish expeditions were carried out under the control of feudal monarchs. If we argue that the former only pursued luxuries and had no economic motive while the latter's pursuit of gold was economically motivated, then was gold not also a luxury item? As we know, the international trade between the East and the West in pre-modern times was a long-distance trade in which luxuries were common commodities. With the increase of international trade, daily commodities took the place of luxuries. This has been demonstrated by the history of expeditions in

the West and in the East.[1] On the one hand, Portugal and Spain were still feudal empires after their expeditions. The luxuries they obtained from the East were primarily for the consumption of the ruling houses. Capitalism did not emerge in these countries. On the other hand, Zheng He's voyages to the Western oceans were not the products of "weak motivation". Without the foundation of China's social and economic development to expand overseas, and without great economic strength, it would not have been possible to accomplish such dynamic expeditions. Just as China had established extensive foreign intercourse in times of prosperity in the Han and Tang dynasties, the Ming was no different. Zheng He's expeditions were backed up by Ming Dynasty's state power. It is notable that international trade was a key issue that linked China with the West. Political history is indispensable to economic history; the tributary system had both political and economic implications. However some scholars insist on dividing them without regard to the historical facts, which is unreasonable. For example, the fact that all of Zheng He's seven voyages visits were made to Guli indicates this port had a flourishing East-West trade. Had there been no economic motivation, and were we to consider only political significance, it would be very hard to explain these visits. Or again, the great support that the Ming Empire gave to Malacca was intimately connected to the establishment of the Asian and Asian-African trade networks. That country played an important role in the expeditions to the southern seas. To exclude the trade relations and speak only of the international relations would be patently one-sided.

In the West, maritime expeditions are called exploration while in pre-modern China they are always associated with the tributary system. This is because of different paths of historical development. However to speak in this way and conclude that the Chinese did not have the spirit of exploration didn't tell the whole story. Previously, based on the proposition that the voyages of Columbus and others were established as world exploration, some have been led to the conclusion that because of "weak

---

[1] Wan M. Haiwai zhengce de fankui—Zheng He xia Xiyang de liangji xiaoying. *In Zhongguo Rongru Shijie de Bulu—Ming yu Qing Qianqi Haiwai Zhengce Bijiao Yanjiu* (The steps by which China merged into the world), Chapter 3, Section 3. Beijing: Shehui Kexue Wenxian Chubanshe, 2000.

motivation" Zheng He could not have reached more distant parts of the world. In point of fact, the motive for the Portuguese and Spanish royal houses to organize and support voyages was to expand the scope of their feudal control, not to develop capitalism. Based on historical facts about the mentalities of the Chinese in Zheng He's time, it is entirely possible that he could have sailed far beyond East Africa. From Ming Taizu and Ming Chengzu, down to Ming Xuanzong, the concept of a unified world was consistently held. From titles of the still extant maps produced at the time, such as *Da Ming Hunyi Tu* (大明混一图 The Great Ming Unification Map), we can see clearly that the Ming emperors took a comprehensive view of the empire.[1] The term "Unity" (*hunyi* 混一) represents the concept of a unified world. The early Ming was a golden age of Chinese political, economic and military power. The rulers were eager to restore China's ancient glory; Zheng He's expeditions were an important component of such a "Great Han Restoration". This can be well demonstrated by a recently-discovered poem by Emperor Xuanzong entitled "Qian Shi Yu Xiyang Guli Sumendala Zhu Guo" (Sending an Envoy to Guli and Sumatra in the Western Ocean). It says:

> On the sea I hear the whale-tossed waves subside/Recently many vassals sent their envoys to my court/They come from small star-like islands in the ocean/Bringing their special gifts and tributes/The court should reach every remote territory to pacify them/My envoys show them favors and unite with them/Don't be afraid to ride a horse to the furthest place/Like Zhang Qian who said that he would go to the Milky Way[2]

We can see from the poem that Emperor Xuanzong perceived Zheng He's expeditions to be like Zhang Qian's journey to the Western region in the Han. With such an idea of "reach every remote territory to pacify them" and "show them favors and unite with them", Zheng He might lead his fleet not just to those places that were

---

[1] The *Da Ming Hunyi Tu* painted on silk, made in the 22nd year of Hongwu (1389), is now in the Number 1 National Archive in Beijing.

[2] Zhu Z J. Da Ming Xuanzong Huangdi Yuzhiji, Juan 22. 《大明宣宗皇帝御制集》。

known, but even to the ends of the Earth, even to the Milky Way. The significance of Zhang Qian's journey lay in "opening up to the outside world" in the Han. Zheng He's expeditions served a similar function by opening up a route to the outside world.

Some scholars argue that Zheng He could not have been able to sail westward to America because the Chinese at that time did not have the concept that the Earth is round. But in ancient times marvels were accomplished without any scientific knowledge or theories. Such an assertion about Zheng He cannot be employed to prove that it was impossible for Zheng He to sail to more distant places.

2. Consequences. It is generally argued that after the discovery by Columbus America was explored and developed and that the geographic discovery of the New World became a key prerequisite for the rise of capitalism. Yet Portugal and Spain did not enter the capitalist world after their discovery of the New World. Therefore, it is inappropriate to categorize them as capitalist states, representing modernity and progress. The rise of capitalism in Europe was not generated by geographical discoveries and overseas plunder. It came about several hundred years later in England which was not directly linked to the voyages of the fifteenth and sixteenth centuries.

Comparing Chinese and Western records, and putting aside the halo over Western seafaring achievements, it is not difficult to see that Eastern and Western maritime expeditions were both state-initiated. In both cases, the rulers' curiosity about the world and desires for foreign commodities were quite similar. The only difference lay in whether they had a desire to occupy overseas territory and whether this desire was linked to the subsequent rise of capitalism. In fact, comparison using a Eurocentric framework fetters our research and influences our complete evaluation of Zheng He's expeditions. Not only has the historical significance of the expeditions not been reasonably explained, it has also caused us to ignore the significance of the voyages in both domestic and international affairs. It has even led some scholars to link Zheng He's voyages with China's backwardness and the West's advance, which is contrary to historical reality. In fact, Zheng He's expeditions prepared conditions for internal social transformations in China, and had undeniable historical significance.[1] After Zheng He's voyages to the Western oceans, a large number of Chinese migrated to Southeast Asia and made a great contribution to regional development.

In both the East and the West, fifteenth-century voyages of exploration were related to overseas migration but in different ways: one was peaceful and the other was violent. Is seafaring great only if it results in the occupation of colonies? Zheng He's expeditions in the early fifteenth century were typically models for the propagation of regional peace and order. If we say that Western voyages were economically motivated, it is equally obvious that their conquest and occupation of territory was politically motivated. If we say that the tributary system was only politically motivated, it is clear that Ming Dynasty had no desire to expand its territory, nevertheless China then was establishing a flourishing international trade network between Asia and Africa. Recent Western scholarly studies show that there was no direct connection between Columbus' expeditions and the rise of capitalism in England. As for China, the great impact of Zheng He's expeditions lay in transferring overseas trade to the people. The creativity of Zheng He's expeditions was not in conquest and occupation of territory but in large-scale migration to Southeast Asia. Along with Zheng He's expeditions, China established a trade network between Asia and Africa, increased the power of states in the region, and brought about regional economic prosperity and development.

After Zheng He's voyages to the Western Ocean, the tribute trade of the Ming government fell into decline, and a series of noteworthy social changes appeared within Chinese society. Private overseas trade prospered, which indicated that Chinese maritime power was not lagging behind that of the West. In the late Ming, a group of merchants led by the Zheng family came to dominate the East Asian seas. The maritime activities of Zheng Zhilong and his son Zheng Chenggong suffice to show that Chinese maritime power was not weaker than that of the West, amply demonstrating that throughout the Ming era, China was the most powerful maritime nation on the Earth.

---

[1] Wan M. Zheng He xia Xiyang yu Ming zhongye shehui bianqian. *Mingshi Yanjiu*, 1994, (4): 83-96.

Down to the end of the Ming, the West could not challenge her. The Portuguese and Spanish could not, and a bit later it was the same with the Dutch. The activities of Zheng He and Zheng Chenggong amply illustrate the superiority of China's maritime power; it is certainly not the case that China became backward and stagnant as soon as Westerners came to the East. The decline of China's maritime power occurred in the period after the Ming. The viewpoint that the Chinese lagged behind as soon as the West discovered the New World and came to East Asia emerged only after the West established dominance and Western discourses became hegemonic as well.

Since the 1980s, Western scholars have raised doubts about the Eurocentric theory. Many scholars have pointed out that the industrial revolution in eighteenth-century England and the rise of capitalism were historical contingencies and discussed their peculiarities.[①] Linking seafaring and the capitalist mode of production and placing them in a cause-and-effect relationship is not supported by historical facts. Portuguese and Spanish seafaring did not stand in a direct and necessary causal relationship with the appearance of capitalism in England. As the pioneer feats of seafaring, they not only did not produce capitalism as a direct result, but they instead reinforced their feudal empires and squandered the riches obtained from the expeditions. Then what is the basis for us to take Spain and Portugal as the representatives of capitalism? The voyages of Columbus and others had their own significance: They were products of several centuries of explorations of the West toward the East. Zheng He's voyages were products of China's continuous exploration of the West and of the oceans. Placing a halo of progress over Western voyages is doubtless a consequence of subconsciously held Eurocentric views. In fact, the arguments about whether there was or was not a connection between Western voyages and the rise of capitalism are all based on European experience and models. We have our own unique model and path of development. So it would be more meaningful to understand Zheng He's expeditions based on China's own historical experience.

The point is that there are two models for maritime expeditions. If we use

---

① Wrigley E A. *Continuity, Chance and Change: The Character of the Industrial Revolution in England.* Cambridge: Cambridge University Press, 1988: 115.

European experiences to judge success or failure, we cannot give a just and reasonable evaluation of Zheng He's expeditions. Capitalism and its world system did not exist in Zheng He's time, much less the conception of it that took shape much later in the West. Historical study should proceed on the basis of historical facts. Our research is meaningless if it is based neither on facts nor on inferences derived from facts. If we make historical judgments objectively, then we must accept that there are both European historical experiences and Chinese historical experiences. By the late eighteenth century, Columbus' experiences were recognized as European experiences and European power impressed its mark on history. Thus we were greatly influenced by European history in such a way that our historical framework was clearly marked by Eurocentrism. So our history was dissolved within a European discourse and judged by European experiences. These constituted the thoughts and theories that were used to evaluate Zheng He's voyages.

Previously, studies on Zheng He's expeditions in China were based on the assumption that China would eventually have developed capitalism. This clearly reveals a model of historical development based on the European experiences; this heavily influenced our historical studies by taking European experiences as a universal model. Taking this as the starting point for evaluating the course of China's historical development caused deviations in our theoretical explanations. Chinese and Western patterns of historical development were different. There are many different paths of development in world history, not a single, linear one, as historical research has already proven. If we are to objectively respect historical facts, we must break free of the influence of Eurocentrism. We must proceed from historical facts without making any hypotheses. We need to study and assess historical events with an objective attitude rather than reconstructing Chinese history based on European experience. We must jump free of our previous model of thinking, break out of the old theoretical framework, and return to the historical scenario in which Zheng He was living. Then we might understand that the great fifteenth-century voyages all had great significance and powerful influence on the development of human society. This is true in the West and in the East. Eastern and Western maritime explorations were both great feats in the history of human development.

III. TWO PATTERNS OF EXPEDITIONS AND THEIR SIGNIFICANCE

Seafaring in the East and in the West was carried out against completely different historical backgrounds and in completely different geographical contexts so that each case had its own particular characteristics. They were similar instances of humans fearlessly exploring the seas. The American scholar R. Bin Wang pointed out that the comparison between China and the West should employ a two-way standard. This can assure fair evaluation and objective judgments. Wu Chengming reckoned that "this may be the only viable, or at least the fairest way to do comparative research"[1]. From ancient times China and the West have followed different paths of development. This historical reality was explicitly manifested in the fifteenth-century expeditions in two models of maritime expeditions. Only by comparing from both sides and evaluating according to both standards can we avoid bias.[2]

The echoing between the Eastern and Western maritime expeditions was a significant event in the on-going development of human communication. It played an important role in facilitating the convergence of the West and the East. Although expeditions emerged in different contexts and conditions, the desires to go to seas and learn about the outside world were similar; this was the only way for human development. The two patterns in the East and the West have something in common: They were both ways for humanity to develop by going via the ocean to learn about the outside world. In Zheng He's time, China was one of the most advanced states in the world. Therefore if we evaluate the historical significance of Zheng He's voyages

---

[1] Wong R B. *China Transformed: Historical Change and the Limits of European Experience*. Li B Z, Lian L L trans. Nanjing: Jiangsu Renmin Chubanshe, 1998: 3. 〔美〕王国斌：《转变的中国——历史变迁与欧洲经验的局限》，李伯重、连玲玲译，南京：江苏人民出版社，1998 年，第 3 页。

[2] It should be noted that the purpose of this article is to discuss studies of Zheng He. Due to limitations of space, I have not attempted to compare Western patterns of seafaring.

objectively, instead of using the Western framework formulated in the nineteenth century, we can see that, besides the seafaring in the West, there existed another model of seafaring, another model of pre-modern international relations. In other words, in the fifteenth century there were two models of maritime exploration and two patterns of connecting humanity. The logical conclusion we gain from comparing seafaring in the East and the West is that the peaceful and stable model of Chinese maritime expeditions contrasted sharply with the Western model dominated by violence and plundering.

The existence of two models of expeditions and international relations reflects the fact that historical development is diverse rather than unilinear. In some sense, the two seafaring patterns in the East and the West represent two patterns of historical development. World history is rich and colorful, and historical experiences are diverse. The purpose of our study is to explore Chinese history to find its developmental rules and characteristics.

Zheng He's expeditions in the early fifteenth century show China's great influence in the region and the world at large. China had its own particular path of historical development which greatly influenced Asian history. Understanding Chinese history and Zheng He's expeditions in terms of the peculiarities of China's historical development will help us to understand the political and economic relationship between China and East Asia or other areas in Asia in the Ming with an objective attitude. From the perspective of his contemporaries, Zheng He's expeditions were seen in the same context as Zhang Qian's journey to the Western regions, as a manifestation of the spirit of exploration. Just like exploration in the West, Zheng He's voyages initiated a new stage of exploration by sea to increase human contact in the fifteenth century. It was an important step toward the world. With Zheng He's successive expeditions, an Asian tributary system was established and the power of states became ascendant in the whole region. A regional trade network based on governmental trade came into being. It is noteworthy that this network was based on traditional Chinese cultural practices. Zheng He's fleets transmitted Chinese culture overseas and established rules for international communication based on Chinese practice. A stable regional order was established because of these rules which became the basis for regional cooperation. This was an extension of the Han and Tang rulers' ideology of "promoting virtue to the four seas", which is fundamentally different from the power politics of violence and plunder of the West. Up to the present time， this significance has not been fully elucidated.[①]

History shows that the tributary system of the Ming Dynasty not only reinforced the autocratic power of despotism and satisfied the rulers' vain desire to have "envoys come from myriad places", but it also was supported by the concentrated power of the dynasty. The flourishing ages of the Han and Tang were also brought about by strong national power. In the past, we have emphasized the negative aspect of Ming's despotism and neglected the positive role early Ming's unification and dominance played in preserving regional order and creating an international trade network. Zheng He was a representative of Ming officialdom and an envoy of China abroad. His voyages embodied China's cultural values to the world. Yet such an innovation in the Ming was long neglected and scholars paid more attention to the maritime prohibition. Some scholars even argue that Zheng He's voyages were for the purpose of implementing maritime prohibition. What is wrong with our studies? As scholars, we should hold an attitude of understanding Zheng He in his own context and avoid the influence of the Eurocentric framework. We need to reinterpret the history of Zheng He's expeditions based on a new collection and ordering of the historical documents.

If we say the fifteenth century was an era of maritime exploration, then Zheng He's expeditions must have initiated such an era. In temporal terms, Zheng He's expedition had world significance; in spatial terms, the role of China was preeminent in Asia. The tributary system the Ming Dynasty established "brought together the myriad countries", brought political and economic order to the whole region, initiated

---

① I submitted a paper to the Fifth China & ASEAN Scholarly Forum hosted by the Asian Studies Center of Hong Kong University in 2002. The paper is forthcoming. It should be noted that the term "East Asia" is used in an inclusive sense to mean ten countries in ASEAN as well as China, Japan and Korea.

legal restraints in the relations among states, and formed a regional international trade network. What prevailed in the region was peaceful order and development.

At that time China was the largest economic entity in East Asia. The voyages to the Southern Oceans established a trade network from East Asia to Southeast Asia, West Asia and even to Africa, forming one of the three great trading zones. This demonstrated the strength of Eastern civilization, and fostered the development of regional trade in an atmosphere of unity and reciprocity. We can say that it was the earliest regional cooperation in East Asia or Asia. This far-reaching collaboration lasted until the arrival of Europeans. This was something the Western maritime expeditions lacked utterly. About a hundred years later, when Westerners came to the East and participated in the Asian trade network, they did so in an illegitimate way. Europeans did not control Asia right away upon their arrival. According to the Japanese scholar Hamashita Takeshi when the Europeans came to the East they were to participate in the tributary system centered on China. He argues that the regional Asian trade network based on the tributary system still restricted Westerners' entry and impact even down to modern times.[1]

Zheng He's expeditions, with their unique characteristics and great scale and in which the number of Chinese going abroad had no historical precedent, were the products of a spirit of exploration. We need to compare them in an objective way, that is, to position Zheng He's expeditions in their own fifteenth and sixteenth century contexts, instead of anachronistically from the perspective of European experience and conceptions from the mid-eighteenth century. The fifteenth century, the great century of maritime navigation, produced two patterns of maritime exploration, one Eastern and one Western. Both made great contributions to human development. It was the continuous exploration of the seas in both the East and the West that eventually united all of humanity into an integrated world.

---

[1]   Hamashita T. *Jindai Zhongguo de Guoji Qiji: Chaogong Maoyi Tixi yu Jindai Yazhou Jingjiquan.* Zhu Y G, Ouyang F trans. Beijing: Zhongguo Shehui Kexue Chubanshe, 1999. 〔日〕滨下武志：《近代中国的国际契机：朝贡贸易体系与近代亚洲经济圈》，朱荫贵、欧阳菲译，北京：中国社会科学出版社，1999 年。

IV. CONCLUSION: ZHENG HE STUDIES GO GLOBAL

Ming Dynasty's image in the world was established by Zheng He's expeditions, which have already gained international recognition. Today, when China's opening to the world has already become a reality, the question of how we Chinese perceive the outside world and how we conduct our research on the process of historical development is a matter of contemporary significance. It will inspire us to further thought.

First of all, we should break through the framework of Eurocentrism, liberate our thinking, and rethink and re-evaluate the significance of Zheng He's expeditions based on historical facts. We should focus on new documentation and new evidence to clarify the whole process of Zheng He's expeditions. At the same time we should enhance studies on the influence of Zheng He's seafaring. We should do this not by taking the European practice and development as normative and asking why there was not a similar development path in China, but by starting from Chinese historical facts to make a concrete study based on the pattern of Chinese historical development.

Secondly, we should break through the received framework of concepts and methods. Research today shows that the studies on Zheng He's expeditions tend to be interdisciplinary. It requires that we expand our historical collection and broaden our views on historical documentation. We must also emphasize reconstructing historical facts based on textual and non-textual historical materials from both domestic China and abroad. At the same time we must step out of the restrictive traditional knowledge system. Zheng He studies have transcended the limits of a single traditional discipline to unite history, oceanography, astronomy, geology, cartography, archaeology, anthropology, nautical history and shipbuilding history. If we want to further our studies in depth, we need to extend interdisciplinary studies on Zheng He. It is important to have scholars from various disciplines cooperating with each other. In the past, our exploitation of historical materials was limited by our knowledge and a narrow field of vision. For example, on the basis of a world map produced by the Venetian Fra Mauro in 1459, some Western scholars argue that Chinese fleets might have passed the Cape of Good Hope and traversed the seas off Southern Africa.[1] Yet it seems that few Chinese scholars even noticed such an important clue. Another example is a group of statues of the maritime minister in the Xianying Palace in Changle, Fujian Province, which were excavated in the 1990s. A report about the excavation was made in 1994. But since the statues were not identified, their discovery did not attract scholars' attention.[2] The discovery of this group of statues shows that, in the popular religion of the late Ming, Zheng He had already ascended to the status of a protective god on a level equal to the Heavenly Consort (Tianfei). Such an image of Zheng He is the product of recognition in local society and shows a close connection between the practice of maritime exploration and peaceful development. In Zheng He's time, there were other navigators besides him. In the past we have only paid attention to Zheng He, Wang Jinghong (王景弘) and Hou Xian (侯显). Navigators such as Yang Qing (杨庆) and Hong Bao (洪保) did not get enough attention. Furthermore, based on stone inscriptions, it is agreed that the number of Zheng He's expeditions is seven. Yet other seafaring activities were not included, nor were others sent out as ambassadors. All of these call for a broadening of our research.

Last but not least, the study of Zheng He has already broken through national borders to the world. Not only is it an important topic in Chinese history, it is also an important topic in world history and in the history of human development. The study

---

[1] Needham J. *Science and Civilisation in China, Vol.4, Part 3*. Cambridge: Cambridge University Press, 1971: 572.

[2] Fujian Sheng Bowuguan Kaogu Bu, Fuzhou Shi Wenwu Kaogu Gongzuodui. Changle Zhanggang Dawanggong yizhi qingli jianbao. *Fujian Wenbo*, 1994, (2):56-63. 福建省博物馆考古部、福州市文物考古工作队：《长乐漳港大王宫遗址清理简报》,《福建文博》1994 年第 2 期，第 56—63 页. In the report the excavated figures are numbered and briefly described but not identified. The figure of the main statue, wearing the official cap of a Ming eunuch (sanshanmao 三山帽）, wearing a dragon robe and black boots, matches the description of Zheng He in Chapter 46 of the *Sanbao Taijian Xiyangji Tongsu Yanyi* (《三宝太监西洋记通俗演义》) by the Ming author Luo Maodeng (罗懋登). It also matches the illustration in Chapter 21. In addition, from the materials in the *Ming History* (《明史》), *Zhuozhongzhi* (《酌中志》) by Liu Ruoyu (刘若愚), *Sancai tuhui*(《三才图会》) by Wang Qi (王圻) and Wang Siyi (王思义), and the *Jinpingmei cihua* (《金瓶梅词话》) by Lanling xiaoxiaosheng (兰陵笑笑生）, we can conclude that the main statue is an image of Zheng He.

of Zheng He is an important element in the history of Chinese international relations, half of which is Chinese history and half of which is world history. Thus it is natural for us to extend our studies to the world. This will require cooperation between Chinese scholars as well as overseas scholars. China's international image in the Ming period was formed by Zheng He's expeditions and is recognized throughout the world. Zheng He's expeditions embodied the theme of peace, order and cooperative development. Isn't that just what our international community needs nowadays? In this sense, our commemoration of Zheng He can have great significance for the quest for world peace and development.

全体視野からみるシルクロード[*]

—14世紀後半から15世紀前半までにおける東西の物産交流を中心に—

　　物産とは、天然の物と人造の製品であり、物質文明の代表とも言える。人類文明史上において最も古くて普遍的な異文明間の交流は、まさにこれを原点として始まる。

　　古来、東西各民族における物産の交流は、異文明間の対話の最も重要な内容の一つである。人類にとって、交流は普遍的な要求である。交流の根本的な目的は、有無相通ずることにある。物産の交流は、幾千年にわたって延々と続き、これを中心に人類文明の対話という極めて複雑な歴史的現象を成している。古代東西の交通は、物産の交流から始まって長らく続き、東西文明の発展に大きな影響を与えた。

　　19世紀、ドイツの地理学者リヒトホーフェンが東西を貫く陸上の交通路を「シルクロード」と命名した。シルクをもって名付けられた中国から西方諸国への貿易と交流の通路は、広義的には最初の東西交通路である。シルクロードと諸文明との対話は、古代の東西各民族・国家の間に行なわれていた交流のネットワークに繋がっていた地域史の仕組である。その仕組全体から見ればこそ、その対話の真義を明らかにできるだろう。

　　シルクロードに関しては、膨大な先行研究が挙げられ、枚挙に暇がないほどである。しかしながら、東西の物産の交流を中心とした全体視野からの

---

　　*　原刊于日本《亚洲文化交流研究》（アジア文化交流研究、関西大学アジア文化交流研究センター）第5号，2010年。收入本书，有订正。

元の滅亡以降のシルクロードにおける異文明間の対話は、現在まで欠如している。全体視野とは、巨視的・微視的な考察を結びつけ、陸路と海路を統合し、局部地方と全体地域を繋ぎ、シルクロードに発生したできごとと持久的な東西文明の対話を貫く視野である。

　そこで、本稿は、14世紀前半から15世紀後半までにおける明の人々から見た西洋・東洋・西域の三大地域からなる全体視野をもって、シルクロードにおける物産の交流の輪郭を把握した上で、当時の東西交流の全体図を浮彫りにするものである。

一、全体概念としてのシルクロード

　シルクロードは、広義的には、東西交流の通路を指している。

　シルクロードと言えば、まず伝統的な西域への陸上シルクロード、次に海のシルクロード、北方の草原シルクロード、西南シルクロードなどが想起される。事実上、物流に基づく東西交流は、単一的に一つの通路という固定的な考え方から考察・分析するのは、交流の全貌を伺いかねる。しかしながら、明の時代以前については、中国と海外の学者が陸路、即ち狭義的なシルクロードに、重大な関心を寄せている。それは、歴史上の交流が陸路を主なルートとしているからである。注意すべきのは、東西交流が陸路と海路などに分けられ、複数の通路が存在したことが、全体としての東西交流への認識を妨げたことである。

　元に続く明は14世紀後半に興り、新たな世界的激動に臨んでいた。学界に認識されたように、唐・宋・元の時代以来、中央アジアと西アジアの諸民族、特にアラビア人が長期間にわたってアフロ・ユーアジア世界の国際貿易の主導権を取っていたが、明の時代以降、状況は大きく変わった。元が歴史の舞台を退とともに、明初期から新たな歴史段階に入った。明の人々の区分によると、当時中国の対外交流は、「西域」・「西洋」・「東洋」という三つの地区に分かれていた。「西域」とは、伝統的な古い東西の陸上通路である。「西洋」と「東洋」とは、当時の明の人々が命名した二つの海上世界である。永楽年間の大航海に参加した馬歓の記載によると、明の人々は、南浡里國（現インドネシアスマトラ島）の西北帽山の西部、即ち現在のインド洋をもって西洋と為し①、その東部、即ち現在の東アジアを、東洋と為していた。②実は、鄭和の南海への大航海以降、西洋は海外と外国という広範な意味を持つこととなった。③しかし、本稿では、馬歓の概念に準じて論述を行う。

14世紀後半から15世紀初頭まで、明は頻繁に対外交渉を行っていた。傅安④・陳誠の西域奉使、鄭和の南海への大航海、趙居任・兪士吉の日本奉使などが最も有名である。交渉が一番多かったのは、恐らく朝鮮半島の高麗王朝（後の李朝）であろう。明は陸路・海路を共に利用し、「西域」・「西洋」・「東洋」の三大地域との全方面的な外交をもって、アフロ・ユーラシアの国際貿易を繋ぐシルクロードを再開した。この時期は、シルクロード史上のもう一つの全盛期となった。

西域を取り挙げてこの時期のシルクロードを見てみたい。明初期の使者陳誠が立て直したのは、陝西道から出発し、嘉峪關――哈密（クムル）――吐魯番（トルファン）――伊黎河（イリ川）――養夷城（現カザフスタン共和国のジャンブール）――賽蘭城（現カザフスタン共和国のシムケント）――達失幹（現ウズベキスタン共和国のタシュケント）――阿姆河（アムダリヤ川）――迭里迷（現ウズベキスタン共和国のテルメズ）――渴石（現ウズベキスタン共和国のシャフリサブス）――俺都淮（現アフガニスタン・イスラム共和国のアンホイ）を経由し、哈烈（現アフガニスタン・イスラム共和国のヘラート）に至る伝統的な通路である。

しかし、当時の波斯王シャー・ルフが派遣した使節が別の通路によって明に至った。彼らの往路はモンゴル草原を経由して伊黎河→吐魯番→哈密というルートを辿って甘粛の玉門關（嘉峪關）に入ったのである。復路は、モ

① 馬歓著・万明注『明鈔本「瀛涯勝覽」校注』「南浡里國」、海洋出版社、2005年、50頁。
② 本稿での東アジアは、現在の北東アジアと東南アジアを含む広義の東アジアである。即ち、東南アジア諸国連合十ケ国と中・日・韓三国という概念である。
③ 万明「釋西洋――鄭和下西洋深遠影響的探析」（『南洋問題研究』、2004年4号）を参照。
④ 傅安の西域奉使について、榎一雄「傅安の西域奉使について」（『榎一雄著作集』第3巻所収、中央アジア史3、汲古書院、1992年）、万明「傅安西使與明初中西陸路交通的暢達」（『明史研究』第2輯、黄山書社、1992年）などの論考を参照。

ンゴル地域に戦乱があったため、旧シルクロードの南道を利用して砂漠を横断し、和闐（ホータン）・喀什噶爾（カシュガル）・俺的干高原を経由してそれぞれ撒馬爾罕（サマルカンド）か哈烈へ帰ったのである。①

　　陸路より、むしろ海路による東西交通のほうが活発である。鄭和大航海は 30 年間近く続き、海外諸国と幅広い交流関係を築いた。明初期の中国は浙江の寧波、福建の泉州、広東の広州で市舶司と懷遠駅などを創設し、海外諸国からの外交・貿易使節団を招待する制度を整えた。

　　14 世紀後半から 15 世紀前半にかけて、西域・西洋・東洋との三大地域において外交が頻繁に行われた結果、安定的な東西国際貿易圏が築き上げられた。新区域・貿易構成・貿易圏の形成は、明らかに異文明間の対話の発展過程を示している。その対話に発展の周期があるとすれば、元の滅亡以後、14 世紀後半から 15 世紀前半にかけて新たな発展周期を迎えた。言い換えれば、明が建国してから 40 年も経たない永楽年間に、積極的な外交によって貿易往来が促進され、中央アジア・西アジア・南アジア・東南アジア・北東アジア、ないし東アフリカなどの地域は一つの貿易システムに組み込まれた。その貿易システムは、東西文明の対話が全盛期を迎えたことを示している。

　　シルクロードの繁栄を直接に立証できるのは、広域的な物産の大規模な交流である。物産の交流の活動によって、西洋・東洋・西域が結び付けられた。この交流の地域は、現在の中央アジア・西アジア・南アジア・東南アジア・東アジア、ないし東アフリカ・ヨーロッパなどが含められている。物流はアフロ・ユーアジア三大陸を連接し、地域プレート経済の形成を促進し、当時活発な国際貿易圏が存在したことを雄弁に物語っている。三大地域において物産あるいは貿易品が重なったことは、貿易圏が形成したことの好例である。このネットワークにおいて、物産は複数のルートに沿って流れている。当時のシルクロードにおける物産の交流は、内容が極めて豊富で、規模が以前より大きくなった。西洋では、明が直接に派遣した大規模な使節団が、国際貿易の発展を大きく促進した。馬歓は目撃者として西洋諸国の物産のリストと貿易の実情を本に著わした。東洋では、寧波に入港した東洋諸国

---

① 　陳誠著・周連寛校注『西域行程記』「西域番國志」、中華書局、1991 年。

からの貿易品リストが、シルクロードにおいて数多くの物産の交流が盛んに行われていたことを示している。西域では、使者陳誠が記した西域の物産と他の関係資料もある。以上の文献記録から、全体概念としてのシルクロードにおける物産の交流の様相の概略が伺えるだろう。

二、ある貴重な西洋諸国の物産リスト

　　明初期、鄭和は大規模な船団を率いてアジア・アフリカ 30 数ヶ国に至り、28 年間も持続していた大航海は、中国航海史上の最高峰に位置づけられていた。その大航海は、中国と海外諸国との物産の交流の最高峰にも位置づけられていた。周知のように、鄭和大航海に関する檔案資料は保存されておらず、鄭和も何の著書も残していない。鄭和大航海に関する最も重要な文献の一つは、馬歓が著わした『瀛涯勝覧』である。

　　馬歓は鄭和に従って三回にわたって大航海に参加した。彼は自らの実地調査によって『瀛涯勝覧』という有名な海外旅行記を著わした。『瀛涯勝覧』の「自序」に、馬歓は航海の趣意について次のように述べている。

　　永樂十一年癸巳、太宗文皇帝敕命正使太監鄭和等統領寶船、往西洋諸番開讀賞賜、餘以通譯番書、忝備使末。①

　　馬歓は通事に任命され、使者に従って海外諸国へ渡ったのである。②彼は、自分が至った所で地元の人々と直接交流し、さらにこの交流の様相を『瀛涯勝覧』に記した。『瀛涯勝覧』は、鄭和大航海の実録ともいえるだろう。その最大の特徴は、「諸番事實悉得其要」とあり、即ち海外諸国の事情は悉くその肝心を得たことにある。

　　そこで、本章では、『瀛涯勝覧』の記録を基本資料として、鄭和大航海における明と貿易を行った海外諸国の物産の種類、当時貿易の実態を整理して歴史事実を復元し、15 世紀初頭には、東西の物産の交流が新たな全盛期を迎えたことを立証したい。

---

①　『明鈔本「瀛涯勝覽」校注』、1 頁。
②　『明鈔本「瀛涯勝覽」校注』「瀛涯勝覽紀行詩」、2 頁。

　　馬歓は、自分が至った海外諸国の政治・社会・制度・宗教・建築・服飾・芸術・儀礼・風習など、すべてのことに強く興味を持っていた。彼は、日常生活に密接に関係する物産に対して特別な関心を払っていた。大航海から見た海外諸国の物産は、『瀛涯勝覧』にはすべて詳細に記載されている。その関わる20ヶ国の様々な物産については、下記の表にあげておく。①

国名	物産
占城国	伽藍香・観音竹・降真香・烏木・犀角・象牙・馬・水牛・黄牛・豬・羊・雞・梅・桔・西瓜・甘蔗・椰子・波羅蜜・芭蕉子・黄瓜・冬瓜・葫蘆・芥菜・蔥・薑・魚・米・檳榔・蔞葉・酒・鱷魚・野水牛
爪哇国	雞・羊・魚・金子・寶石・米・芝麻・緑豆・蘇木・金剛子・白檀香・肉豆蔻・蓽撥・班貓・不剌頭・鑌鐵・龜筒・玳瑁・鸚鵡・紅緑鸚哥・五色鸚哥・鸚哥・珍珠雞・倒掛鳥・五色花斑鳩・孔雀・檳榔雀・珍珠雀・緑斑鳩・白鹿・白猿猴・羊・豬・牛・馬・雞・鴨・芭蕉子・椰子・甘蔗・石蓮・西瓜・菁吉柿・郎扱瓜・茄・蔬菜・檳榔・蔞葉
舊港国	鶴頂・黄速香・降真香・沉香・黄蠟・金銀香・火雞・神鹿・牛・羊・豬・犬・雞・鴨・蔬菜・果瓜
暹羅国	紅馬廂肯的石・黄速香・羅褐速香・降真香・沉香・花梨木・白豆蔻・大風子・血竭・藤黄・蘇木・花錫・並象牙・翠毛・白象・獅子貓・白鼠・蔬菜・米子酒・椰子酒・牛・羊・雞・鴨
滿剌加国	黄速香・烏木・打麻兒香・花錫・損都盧廝・沙孤米・菱葦酒・細簟席・甘蔗・芭蕉子・波羅蜜・野荔枝・蔥・薑・蒜・芥・冬瓜・西瓜・牛・羊・雞・鴨・水牛・龜龍・黒虎
啞魯国	米・魚・綿布・牛・羊・雞・鴨・乳酪・飛虎・黄速香・金銀香
蘇門答剌国	硫黄・米・胡椒・芭蕉子・甘蔗・菁吉柿・波羅蜜・賭爾焉・柑桔・俺拔・蔥・蒜・薑・芥・冬瓜・西瓜・黄牛・乳酪・羊・竹雞・鱷・椰子
那孤兒国	豬・羊・雞・鴨
黎代国	野犀牛
南浡里国	黄牛・水牛・山羊・雞・鴨・魚・蝦・降真香・犀牛・珊瑚
錫蘭国	山芋・芭蕉子・波羅蜜・魚・蝦・象・紅雅姑・青雅姑・青米藍石・昔剌泥・窟没藍・珍珠・螺・蚌・酥油・檳榔・蔞葉・米・穀・芝麻・緑豆・椰子・糖・酒・芭蕉子・波羅蜜・甘蔗・瓜・茄・蔬菜・牛・羊・雞・鴨
小葛蘭国	蘇木・胡椒・果・菜・黄牛・羊・酥油
柯枝国	椰子・象・胡椒・寶石・香貨・珍珠・珊瑚・米・粟・麻・豆・黍・稷・馬・牛・羊・犬・豬・貓・雞・鴨

---

① この表にみる諸国の物産はすべて馬歓『瀛涯勝覧』の各国条に見られる。万明『明鈔本「瀛涯勝覧」校注』を参照。

续表

国名	物産
古里国	象・豬・寶石・珍珠・珊瑚・胡椒・西洋布・蠶絲花巾・椰子・芥・薑・蘿蔔・胡荽・蔥・蒜・葫蘆・茄子・菜瓜・冬瓜・小瓜・蔥・芭蕉子・波羅蜜・木鱉子・蝙蝠・米・雞・鴨・羊・水牛・黃牛・乳酪・酥油・海魚・鹿・兔・孔雀・烏鴉・鷹・鷺鷥・蒝子・金片・寶帶
溜山国	蝦・魚・椰子・降香・龍涎香・海肌・馬鮫魚・絲嵌手巾・織金方帕・牛・羊・雞・鴨
祖法兒国	象・駝・薔薇露・沉香・檀香・俺八兒香・乳香・血竭・蘆薈・沒藥・安息香・蘇合油・木鱉子・米・麥・豆・粟・黍・稷・麻・穀・蔬菜・茄・瓜・牛・羊・馬・驢・貓・犬・雞・鴨・駝雞・駱駝
阿丹国	貓晴石・各色雅姑・大顆珍珠・珊瑚・金珀・薔薇露・獅子・麒麟・花福鹿・金錢豹・駝雞・白鳩・金銀生活・彩帛・書籍・米・面・乳酪・酥油・糖蜜・米・麥・谷・栗・麻・豆・蔬菜・萬年棗・松子・把擔幹・葡萄・核桃・花紅・石榴・桃・杏・象・駝・馬・驢・騾・牛・羊・雞・鴨・犬・貓・綿羊・紫檀木・詹蔔花・無核白葡萄・花福鹿・青花白駝雞・大尾無角綿羊・寶帶・金冠・蛇角
榜葛剌国	米・粟・麥・芝麻・豆・忝・薑・芥・蔥・蒜・瓜・蔬菜・芭蕉子・椰子酒・米酒・樹子酒・茭蔁酒・檳榔・波羅蜜・酸子・石榴・甘蔗・砂糖・霜糖・糖果・蜜煎薑・駝・馬・驢・騾・水牛・黃牛・山羊・綿羊・雞・鴨・豬・鵝・犬・貓・卑泊・滿者提・沙納巴付・忻白勤答黎・沙塌兒・驀嘿驀勒・桑蠶絲嵌手巾・漆器盤碗・鑌鐵槍・剪・紙・虎・珍珠・寶石
忽魯謨斯国	羊・猴・紅鹽・紅土・白土・黃土・核桃・把聃・松子・石榴・葡萄乾・花紅・桃幹・萬年棗・西瓜・菜瓜・蔥・韭・薤・蒜・蘿蔔・胡蘿蔔・紅雅姑・青雅姑・黃雅姑・剌石・祖把碧・祖母喇・貓睛・金剛鑽・大顆珍珠・珊瑚・大塊金珀珠・神珀・蠟珀・黑珀（番名撒白值）・各色美玉器皿・水晶器皿・十樣錦剪絨花毯・各色梭幅・撒哈剌・氁羅・氁紗・各番青紅絲嵌手巾・駝・馬・驢・騾・牛・大尾綿羊・狗尾羊・鬥羊・草上飛（番名昔雅鍋失）・獅子・麒麟・珠子・寶石
天方国	粟麥・黑黍・西瓜・甜瓜・綿花樹・葡萄・萬年棗・石榴・花紅・梨子・桃子・駱駝・馬・驢・騾・牛・羊・貓・犬・雞・鴨・鴿・薔薇露・俺八兒香・麒麟・獅子・駝雞・羚羊・草上飛・各色寶石・珍珠・珊瑚・琥珀

表に示めした諸国の物産のリストは、伝聞と先人の記録から成したものではなく、すべて馬歓が身をもって考察したものである。このリストは、当時アジア諸国の物産に関する完全なリストと言え、そこに鄭和大航海における諸国の物産の様相が窺えるだろう。

物産リストは、概ね7種類に分けられる。

（1）宝物　真珠、宝石、金子など

（2）香料　乳香、胡椒、スオウなど

（3）果物　ザクロ、葡萄、ハラミツなど

（4）食糧　米、麦など

（5）野菜　胡瓜、葱、葫など

（6）動物　獅子、キリンなど

（7）織物　西洋布、シルク手ぬぐいなど

ここで説明したいのは、次の三点である。

第一に、物産には、人造の製品ではなく天然の物が多い。

第二に、各国の物産の種類から言えば、黎代国は一種類しかなく、最も少ないが、忽魯謨斯國は 57 種類と最も多い。実は、記載された忽魯謨斯國の物産は、すべて自国で生産するわけではない。その一部分は、外国との貿易から獲得したものである。これにより、忽魯謨斯國は貿易集散地としての役割を果たしていたことが分かる。

第三に、細かく記載された諸国の物産の中で、宝物はあまり多くなく、日常生活品が圧倒的に多い。ここから、馬歡が注目したのは、明らかに宝物だけではなく、食糧・野菜・果物などの日常生活品、および生活に密接な関係がある動物であることが分かる。彼は煩をいとわず詳しく記載している。例えば、爪哇國に羊・豚・牛・馬・鶏・アヒルなどの物産を挙げた後、わざわざ「但無驢與鵝爾」[1]と、ロバとガチョウがないことを明記した。

これに対して、馬歡は行った所の人々の生活を細かく観察したからという説明だけでは、恐らく足りないと思われる。汪大淵は『島夷志略』を著わした際、商人の立場から諸国の特産品を多く記載しているが、日常生活品はあまり記載していない。[2]それは、馬歡の記録とは明らかに異なっている。

その原因は次の二つにあると思われる。一つは、遠征船団が諸国に至ったとき、物資の補給が必要であるため。もう一つは、明に暮らしていた一庶民として、馬歡が海外の庶民の生き方に特に関心を払ったためである。

第一の原因で二人の相違点を説明するならば、理くつにあうとは限らない。それは、汪大淵の渡航も、鄭和大航海の船団と同じように物資の補給が必要であるからだ。それならば、第二の原因は真実に近いと考えられる。

普通の考えでは、鄭和大航海は、明皇室が奢侈品を求めるために行われた。しかし、この大航海に参加した者は明皇族ではなく、普通の庶民である。馬歡はその一例である。

---

①　『明鈔本「瀛涯勝覽」校注』、20 頁。

②　［元］汪大淵著・蘇繼廎校釈『島夷志略校釋』（中華書局、1981 年）の各国条を参照。

　馬歓のような普通の庶民がいたからこそ、大航海貿易における海外諸国の完全な物産リストが見られるのである。リストにある海外の物産のすべては鄭和大航海の船団と直接関わるわけではない。しかし、この海外の産物リストは重要な情報として、以後の民間海外貿易の開拓に大きく影響した。

　海外の物産リストを作成したほか、馬歓は鄭和大航海における海外の「貨易」の様相をも記した。

　『国朝典故』に所収された『瀛涯勝覧』の版本は、今まで見られる原本に最も近い明の写本である。①その写本の冒頭部に正統九年（1444）馬敬の記した序文がある。馬敬に関しては一切不明であるが、この序文は該版本にしか残っていないため、きわめて貴重である。序文に、

　洪惟我朝太宗文皇帝、宣宗章皇帝、咸命太監鄭和率領豪俊、跨越海外、與諸番貨易、其人物之豐偉、舟楫之雄壯、才藝之巧妙、盖古所未有然也。

　とあり、鄭和大航海の船団と海外諸国との貿易実態を表わしている。実は『瀛涯勝覧』には、鄭和大航海における海外の「貨易」の実例が幾つか見られる。②

　占城：中國青磁片碗等器、紵絲・綾絹・燒珠等物甚愛之、則將淡金換易。常將犀角・象牙・伽藍香等進獻朝廷。

　爪哇：國人最喜中國青花磁器、並麝香・花絹・紵絲・燒珠之類、則用銅錢買易。其國王常差頭目船隻將方物貢獻朝廷。

　舊港：市中交易亦使中國銅錢並布帛之類、亦將方物進貢朝廷。

　暹羅：中國寶船到暹羅、亦用小船去做買賣。其王常時將蘇木・降真香等物差頭目進獻朝廷。

　滿剌加：有一大溪河水下流從王居前過、東入海。王于溪上建立木橋、上造橋亭二十餘間、諸物買賣皆從其上。其國王亦自採辦方物、挈其妻子帶領頭目、駕船跟隨回船赴闕進獻。

　啞魯國：貨用稀少。綿布名考泥、並米・谷・牛・羊・雞・鴨甚廣、乳酪多有賣者。

① 万明「馬歓『瀛涯勝覧』源流考——四種明鈔本校勘記」を参照、『明鈔本「瀛涯勝覧」校注』所収。
② 西洋諸国の「貨易」の実例は、馬歓『瀛涯勝覧』の各国条によるものである。『明鈔本「瀛涯勝覧」校注』を参照。

　　蘇門答剌：其王子荷蒙聖恩、常貢方物於朝廷。此處多有番船往來、所以諸般番貨多有賣者。

　　黎代：山有野犀牛甚多、王亦差人捕捉、隨同蘇門答剌國進貢朝廷。

　　南浡里：其山邊二丈上下淺水內生海樹、被人撈取為寶物貨賣、即珊瑚樹也。其南浡里國王常自跟同寶船將降真香等物貢於朝廷。

　　錫蘭：甚喜中國麝香・紵絲・色絹・青磁片碗・銅錢・樟腦、則將寶石・珍珠換易。王常差人齎珍珠・寶石等物、隨同回洋寶船進貢朝廷。

　　小葛蘭：國人以金鑄錢、每個官秤二分、通行使用。雖是小國、其國王亦將方物差人貢獻於朝廷。

　　柯枝：名稱哲地者、俱是財主、專收買下珍寶石・香貨之類、皆候中國寶船或別處番船客人。爾國王亦將方物差頭目進獻于朝廷。

　　古里：其哲地多收買下各色寶石・珍珠並做下珊瑚等物、各處番船到彼、王亦差頭目並寫字人來眼同而賣、亦取稅錢。各色海魚極賤、鹿・兔亦有賣者。王用赤金五十兩、令番匠抽如髮細絲結挽成片、以各色寶石・珍珠廂成寶帶一條、差頭目乃那進獻於朝廷。

　　溜山：土產降香不廣、椰子甚多、各處來收買往別國貨賣。龍涎香、其漁者常於溜處采得。如水浸瀝青之樣、嗅之不香、火燒腥氣、價高貴、以銀對易。海𧵅彼人積采如山、奄爛內肉、轉賣暹羅・榜葛剌國、當錢使用。中國寶船一・二隻亦往此處收買龍涎香・椰子等物。

　　祖法兒：中國寶船到彼開讀賞賜畢、王差頭目遍諭國人、皆將其乳香・血竭・蘆薈・沒藥・安息香・蘇合油・木鱉子之類來換易紵絲・磁器等物。王亦差人將乳香・駱駝等物進獻朝廷。

　　阿丹國：王聞其至、即率大小頭目至海濱迎接詔賞至王府、禮甚尊敬。咸伏開讀畢、王即諭其國人、但有珍寶許令賣易。其時在彼買到重二錢許大塊貓晴石、各色雅姑等異寶、大顆珍珠。市肆混堂並熟食・彩帛・書籍諸色物件鋪店皆有。其國王感荷聖恩、特進金廂寶帶二條・金絲珍珠寶石金冠一頂、並雅姑等各寶石、蛇角二枚、修金葉表文等物進獻朝廷。

　　榜葛剌國：土產五・六樣細布。漆器盤碗、鑌鐵槍剪等器皆有賣者。國王亦差人往番國買賣採辦方物珍珠・寶石、進獻朝廷。

　　忽魯謨廝國：其市肆諸般鋪店、百物皆有、土產米麥不多、皆有各處販來糶賣、其價不貴。此處各番寶物皆有。國王將獅子・麒麟・馬匹・珠子・寶石等物並金葉表文、差頭目跟同回洋寶船、進獻朝廷。

　　天方：就選差通事人等七人、齎帶麝香・磁器等物、附本國船隻到彼。往回一年、買到各色奇貨異寶・麒麟・獅子・駝雞等物、並畫天堂圖真本回京。其天方國王亦差使將方物跟同原去通事七人、貢獻於朝廷。

　　以上の実例から、馬歓が記した 20 ケ国の中に、那孤兒国以外、他の 19 ケ国はすべて貿易の記録がある。その中の数ケ国は船団との貿易が明らかに記録されていないが、『瀛涯勝覧』に詳しく記録されたその国の貿易の実態から見れば、明の人々が地元の貿易に参与したことが推察できる。那孤兒国については、馬歓は「田少民多、以陸種為生、米糧稀少、乃一小邦也」と述べ、その国が貿易集散地でもなく、特産品もないことを忠実に記した。もちろん、馬歓の『瀛涯勝覧』は当時の西洋諸国と明との物産交流のすべてを記録したわけではない。例えば、『明会典』に記述された阿魯國（即ち啞魯國）が永樂五年（1407 年）に明に朝貢した象牙と熟腦との二種の朝貢品が、馬歓の『瀛涯勝覧』には抜けている。[①]

　　当時の「貨易」の様相が生き生きと伝えられたのは、『瀛涯勝覧』に記録された古里国で行われた貿易である。

　　其二頭目受朝廷升賞、若寶船到彼、全憑二人為主買賣。王差頭目並哲地・米納幾即書算手・官牙人等、會領㮨大人議擇某日打價。至日、先將帶去錦綺等貨、逐一議價已定、隨寫合同價數各收。其頭目・哲地即與内官大人衆手相掌、其牙人則言某年月日交易、於衆中手拍一掌已定、或貴或賤、再不悔改。然後哲地富戶將寶石・寶珠・珊瑚等貨來看議價、非一日能定、快則一月、緩則二三月。若價錢較議已定、如買一主珍珠等物、該價若干、是原經手頭目・米納幾計算前遺紵絲等物若干、照原打手之貨交遺、毫釐無改。彼之演算法無算盤、但以兩手並兩腳十指計算、分毫無差。[②]

　　以上の「貨易」の実例から、次のようにまとめることができる。

1. 海外貿易の実例に見られる海外物産の主な種類

　　犀角、象牙、伽藍香、金子、寶石、紅馬廝肯的石、蘇木、降真香、綿

①　万暦『明會典』巻 106「禮部六四・朝貢二・東南夷下」、中華書局 1988 年影印本。

②　『明鈔本「瀛涯勝覧」校注』、66 頁。

布、乳酪、胡椒、野犀牛、珊瑚、錫、珍珠、香貨、西洋布、花巾、海魚、寶石與珍珠廂寶帶、絲嵌手巾、織金方帕、龍涎香、椰子、乳香、血竭、蘆薈、沒藥、安息香、蘇合油、木鱉子、駱駝、貓晴石、各色雅姑、金珀、薔薇露、獅子、麒麟、花福鹿、金錢豹、駝雞、白鳩、金銀生活、熟食、彩帛、書籍、金廂寶帶、蛇角、蕐布、薑黃布、布羅、布紗、沙塌兒、兜羅錦、絹、刺石、祖把碧、祖母喇、金剛鑽、金珀珠、神珀、蠟珀、黑珀（番名撒白值）、美玉器皿、水晶器皿、十樣錦剪絨花毯、各色梭幅、撒哈剌、薘羅、薘紗。

2. 海外交易の例では、中国の明時代の物産が交流の主要品目に入っている

中国の明時代の物産が海外諸国に齎された物は、青磁盤碗・紵絲・綾絹・燒珠・麝香・花絹・銅錢・布帛・色絹・樟腦、錦綺などがある。特に、青花瓷器・絲綢・麝香・銅錢が最も重要とされた。麝香以外は、すべて中国が製造した特有の人造の製品である。以上の物は、海外諸国の人々に愛用されていた。

3.「貨易」の様式は、次の三つある

1）明の「開讀賞賜」と海外諸国の「方物貢献」

「開讀賞賜」とは、鄭和大航海の船団が海外諸国に至った時、地元の国王あるいは酋長と政治関係を結び、明皇帝の勅書を読んでからプレゼントを下賜し、海外諸国の明への朝貢を招き寄せることである。「方物貢献」とは、海外諸国は土産品をもって明に朝貢することである。「方物貢献」は、政治・外交的意味を持つ特殊な貿易様式である。馬歡が記した２０ケ国の中に、土産品のない那孤兒国以外、啞魯国と溜山国との二国だけ明への朝貢記録がない。

2）バーター貿易

バーター貿易とは、貨幣などの媒介物を経ず、物品と物品を直接に交換することである。例えば、祖法兒国では、

中國寶船到彼開讀賞賜畢、王差頭目遍諭國人、皆將其乳香、血竭、蘆薈、沒藥、安息香、蘇合油、木鱉子之類來換易紵絲、磁器等物。

とのバーター貿易の記録がある。また、錫蘭国では、

　　甚喜中國麝香、紵絲、色絹、青磁片碗、銅錢、樟腦、則將寶石、珍珠
換易。

　　という物々交換の状況も『瀛涯勝覧』に描いている。

　3）貨幣貿易

　　当時の鄭和大航海の貿易圏における貨幣の使用について、馬歓が外国の
貨幣を紹介した後、中国の「官秤」に準ずる金・銀の値段に換算した。この
換算によって、外国貨幣の品質が一目瞭然で分かる。西洋諸国の貨幣の材料
状況は、次の表の通りである。[①]

国別	淡金或銀	金幣	銀幣	銅錢	錫錠、錫錢	海貝
占城	✓					
爪哇				✓		
舊港				✓		
暹羅						✓
滿剌加					✓	
蘇門答剌		✓			✓	
南浮里				✓		
錫蘭		✓				
小葛蘭		✓				
柯枝		✓	✓			
古里		✓	✓			
溜山			✓			
祖法兒		✓		✓		
阿丹		✓		✓		
榜葛剌			✓			✓
忽魯謨廝			✓			
天方		✓				

　　上記の表から、馬歓が記した西洋の20ケ国の中に、那孤兒国・黎代
国・啞魯国の三小国以外の17ケ国では、硬貨か貨幣か流通している。その
中に、貨幣を鋳造する国は10国あり、外国の貨幣を使う国は7国ある。金
貨を使う国は8国あり、銀貨と銅貨を使う国はそれぞれ5国ある。錫貨を使

---

　　① この表は『明鈔本「瀛涯勝覧」校注』の各国条により作成。表の説明文も同じ出典。

う国は 2 国あり、海貝を使う国も 2 国ある。これにより、当時の西洋諸国で
は、貨幣貿易が少なくないと思われる。

　　総じて言えば、鄭和大航海の貿易圏において、大多数の国や地域で貨幣
が使用されていることから、西洋諸国の貿易形態は既に相当なレベルに達し
ていたことが分かる。しかし、貿易圏内の貨幣制度が複雑で、貨幣も統一さ
れていない。さらにバーターという貿易の初級形態が存在したことから、西
洋世界での貿易関係を慎重に評価せねばならないであろう。

三、寧波で新たに発見された東洋の物品リスト

　　明の時代、浙江省の寧波に府という行政機関が置かれていた。その府の
治所は、「首県」即ち第一等の県、鄞県にある。明末期に、鄞県人高宇泰が
著わした『敬止録』40 巻①は、現存する最初の鄞県の地方志である。『敬止
録』は、沿革疆域考、城池郷里考、坊表考、山川考、學校考、倉儲考、海防
考、貢市考、武衛考、遺事考、壇廟考、寺觀考、勝跡考、穀土考、歳時考、
災異考、方言考、薔蕘考、曆志考などの項目を設けている。巻二十から巻二
十一までの「貢市考」上・下には、寧波歴代の「貢市」の沿革と興廃が細か
く考証されている。さらに、永楽年間、海外の朝貢国から明への貴重な貿易
品リストが、『敬止録』「貢市考」に残されている。このリストは、既に亡佚し
た『皇明永樂志』（永樂《鄞縣志》ともいう）から引用されたものである。

---

①　高宇泰『敬止録』の巻首に徐時棟の「新定次第」に「四明故有志也、而鄞邑未有專書」とあり、
　高氏の『敬止録』が最初の鄞県志とされている。その後、康煕・乾隆年間に何人も『鄞県志』が
　編纂されたが、徐氏に「其考據皆不逮隱學」とあまり評価されていない。高宇泰、字は元發、後
　虞尊と字を改め、別字は隱學、晩年に宮山と自署、また藥庵と署し、知識が該博で考証に優れて
　いる。明末に鄞県で兵を起し、魯王より兵部郎が授けられた。清軍に敗れた後隠居して生涯を終
　えた。高氏の『敬止録』は清順治初年に作成されたが、刊行されなかった。二百年後の清末にな
　って、鄞県の徐時棟より再編され、現在の 40 巻になった。道光十九年（1839 年）の煙嶼樓鈔本が
　中国国家図書館に所蔵されている。また、同じく徐氏の再編本である浙江図書館所蔵本は、馮貞
　群先生による抄校本であり、1983 年古旧書店より 12 冊の複写本が作られ、広く流布されている。
　しかし、筆者の考察によれば、この抄校本は「貢市考」下の内容しか記されておらず、この貴重
　な海外物産のリストは欠如している。

　明の時代において、明と海外諸国との間に「貢市」という制度があった。「貢」とは、政府間の物品交換をいい、「市」とは、民間の貿易をいう。「貢市」は、政府間の物品交換と民間の貿易という二つの面よりなる制度である。寧波の「貢市」は、実質的な中外海上貿易である。明は、「貢市」制度を通して海外諸国の貨物を輸入し、また自国の物を輸出した。『敬止録』「貢市考」に見られる東洋の物品リストから、15世紀初頭における中外間の物産交流について新しい認識が成される。[1]

　宋元以降、中国は貢市のため明州（後の慶元、寧波）に市舶司を設けていた。明は寧波に市舶司を設けたのは、日本との貿易のためである。

　南宋の時代の地方志によると、明州市舶司に入港した貿易品は 170 余種あり、その中、「細色」は 70 余種、「粗色」100 余種ある。[2]元末期の地方志の記載では、「細色」は 135 種にのぼり、「粗色」は 90 種となり、南宋の時代の一部分の「粗色」は「細色」に変わったことが窺える。[3]元の時代には、貿易品は日本からだけではなく、東南アジアないし西アジア・アラビア世界から合計 225 種類あった。

　明の時代になると、海外からの詳しい貿易品リストも『皇明永樂志』に収められた。『敬止録』「貢市考」によると、貿易品リストには「粗色」・「細色」の区別をせず「日本国」と「シャム国」と二部が記録され、その中、「日本国」からの貿易品は 248 種、「シャム国」からは 36 種ある。[4]分析の便宜を図るため、このリストの内容を類別にして次の二つの表にまとめる。

日本国からの物品リスト

類別	物品リスト
寶物・礦物	金子、砂金、銀子、白銀、雑銀、散銀、荒鐵、硫黄、瑪瑙石、琥珀、紫石英、辰砂、水銀、碎黄、金剛砂、石青、二青、心中青、蛤珠、蛤碎米珠、犀角
香料・藥物	乳香、沉香、速香、丁香、木香、安息香、降真香、土降香、薫陸香、檀香、紫香、壊香、松香、沒藥、人參、肉豆蔲、肉豆蔲花、白豆蔲、胡椒、蓽撥、蓽澄茄、當歸、茯苓、蒼術、大腹子、石決明、桔梗、瓜蔞、蕐薢、巴豆、芍藥、檳榔、黄連、荊樹皮、黄白皮、龍骨、獨活、萬耕子、鶴蝨子、烏木、蘇木

①　万明「明代寧波「貢市」――以明末高宇泰『敬止録』為中心」（『浙東文化』、2006 年第 1 輯）、万明「明初「貢市」新證」（『明史研究論叢』第七輯、紫禁城出版社、2007 年）などを参照。

②　寶慶『四明志』巻 6「敍賦下・市舶」。

③　至正『四明續志』巻 5「土產・市舶物貨」。

④　『敬止録』巻 21「貢市考」上。

续表

類別	物品リスト
馬・毛皮	馬、馬皮、熟馬皮、生牛皮、熟牛皮、鞭鼓、生牛皮、牛皮膠、虎皮、豹皮、海驢皮、水獺皮、黑熊皮、熟花鹿皮、柿花色羊皮、蹬踏皮
兵器	鎧盔並匣、甲盔並匣、長槍、小槍、槍頭、鐵鞭、金大刀、大刀、大腰刀、腰刀、短小腰刀、長刀、長滾刀、短滾刀、劍樣帶刀、小帶刀、背劄刀、小踞刀、小刀、小刀頭、竹弓、弓弦
布絹	日本花紗、土絹日本、日本生絹、織機花絹、花絹捜帶、綿子、高麗布、高麗粗布、麻布、白粗麻布、本色麻布、皂麻布、紅麻布、香色麻布、日本紅麻布、日本白麻布、葛巾、花手巾布
工藝品	銀花瓶、銀香爐、銀香盒、銀甌雀燭臺、銀碗、銅鏡、水精搭兒、盛堅固子以水晶罐兒、古銅甌雀爐臺花瓶、生銅香爐瓶台、灑金銅香爐、灑金香爐、鍍金銅台盞、錫香盒、鍍金銀銅銚、鍍金水銀銅銚、木銚角盥、灑金木銚、撒金木銚、灑金硯匣並硯、螺甸硯匣、黑漆描金硯匣、紅黑漆硯匣、疊銅硯匣、撒金研匣、黃銅螺甸研匣、花梨木研匣、白木研匣、黑漆硯匣、黑漆花硯匣、灑銅硯匣、漆器硯匣、黑漆剃刀匣、四明漆描金書箱、四明漆小燭臺、四明漆粉盒、四明漆提桶、剔紅花門、黑漆燈檠、象牙袈裟環、金剛子數珠、彩畫人物像、彩畫小紙人兒、狗兒、紅花木瓶、金屏風金紙彩畫、塗金屏風、貼金銀彩畫屏風、彩畫屏風、白紙屏風、兩面金扇、兩面銀扇、一面金銀扇、抹金扇、貼金彩畫扇、貼金銀扇、紙扇
日用雜品	銅火箸、銕茶鍋、錫燭臺、銕火箸、鐵板鎖、鐵銚、銅銚、切菜刀、剃刀、磨刀石、脂粉、輕粉、葛粉、膩粉、生漆、油蠟、書匳、花匱、書匣、書箱、筆匣並筆、廚、文台大小、低幾卓、手箱並蓋替、妝盒、方減妝、鏡合、粉盒、香盒、茶盒、藥盒、梳盒並木梳、盤方員、茶盞、酒盞、酒壺、茶架、托大小、水盆盂、折酒碗、碟、碗匣並碗、角盥、水灌、湯灌、湯瓶、火爐架、面盆、鉢盂以上俱各色目、松子、麵粉、花鼓、小皮箱、小皮匣、小藤枕並匣、蠅拂子、黑漆食籮、砂碌、石碌、白紙、紅紙、花紙、黃紙、青紙、手本紙、白小方紙、薄白紙、彩畫紙並匣

シャム国からの物品リスト

類別	物品リスト
寶物	小沒紅刻石、小沒紅比者達石、小洗納泥石別有沒紅者、小沒青雅呼石、小青米喇石、沒紅比隅只石、沒綠撒不喇者石、碎細沒孔石、小錦麟翅石、白押忽石、孔穆喇石、瑪瑙石、紫英石、青硝子、戒指以上謫石共十四種、金相之、象牙並器物、犀角、紅雀毛、鶴頂、翠、毛犀角① 、玳瑁殼、礦殼、花薄海螺、沙魚皮
布匹	紅剪絨五色花單、紅絲織人象手巾
動物	孔雀、紅絲鸚鵡、山貓、母象、龜
其他	畫花漆坐墩、小番兒、黑番兒、海巴

　　上掲の表から分かるように、『敬止録』が引用した『皇明永樂志』に記
された海外物品リストは、明初期の寧波の海外貿易が極めて繁栄していた歴

---

① 『敬止録』巻20「貢市考」上の原文には、「翠」の後抜け、「毛犀角」三文字は連続である。この箇所は「翠毛」「犀角」であるはずと思われるが、「犀角」は既に前出したことから、重複を避けるため原文のままに記す。

史的事実を明らかに示している。当時の寧波に入港した貨物の種類は極めて豊富で、日本一国だけで 248 種類にも達した。日本以外に、シャム国の朝貢品リストも載せられている。しかし、36 番目の「海巴」の以下、割注をもって「永樂志以下脱頁」[1]と説明を加え、他の記録が全部喪失したことが分かる。『明會典』に記載されているシャム国の朝貢品は 60 種類に達した[2]ことから、『皇明永樂志』に記されたシャム国の朝貢品はもっと多かったと思われる。また、その以外の国からの朝貢品リストもあったと考えられる。

　『明會典』の記録には、日本国からの朝貢品は下記の 20 種類しかない。

　馬、盔、鎧、劍、腰刀、鎗、塗金裝彩屏風、灑金廚子、灑金文台、灑金手箱、描金粉匣、描金筆匣、抹金銅提銚、灑金木銚角盥、貼金扇、瑪瑙、水晶數珠、硫黄、蘇木、牛皮。[3]

　日本の遣明使が著わした書物には、朝貢品について詳細な記録があるものの、完全的な記録とは言えない。当時明、日間の朝貢貿易の実態を最も詳しく伝えたのは、『敬止錄』に残る『皇明永樂志』の朝貢物品リストであろう。このリストから、当時明と海外の朝貢国との間に、航路が広く通じていたこと、貨物が雲集したこと、貿易が繁栄していたことなどが窺える。250 種類近くの物品リストは、寧波海外貿易の繁栄の証として、15 世紀初頭の明の海外貿易が全盛に達した事実を物語っている。さらにこのリストに日本以外の国の物品も記されたことは、当時のシルクロードにおいて物産の流通の普遍性をも十分に表している。

　総じて言えば、朝貢貿易は個人レベルの商人貿易に比べ、国家が主導する行為であるので、その規模は通常より大きかった。15 世紀初頭の朝貢貿易により寧波に入港した海外の品物の種類や数量は、これまでの時代より一層豊富になった。当時の朝貢貿易には、二つの大きな傾向が見られる。一つは、中国の上層階級向けの高級品はさらに精緻になったこと。もう一つは、明の民間の要求に応じて、朝貢品の中で日常品も増えたことである。朝貢貿易という特殊な貿易は、明の朝廷への貢ぎ物と下賜の品を求めることだけで

---

① 『敬止錄』巻 20「貢市考」上に、「海巴、永樂志以下脱頁」とある。
② 万暦『明會典』巻 105「禮部六三・朝貢一」。
③ 万暦『明會典』巻 105「禮部六三・朝貢一」。

はない。大規模な民間との貿易、即ち「互市」による利益の獲得は、朝貢貿易の重要な一側面である。

　　永楽時期、明王朝は、朝貢貿易という国家行為をもって東西文化交流の全盛期が花開いた。鄭和の大航海も、寧波の朝貢貿易も、何れもシルクロードの大繁栄を裏付けている。

四、西域との物産交流

　　以上のような豊富な資料から見る西洋と東洋の貿易品の交流とは異なり、西域においては、物産に関する資料が極めて少ない。しかし、その僅かな資料から、西域も同様に中国と貿易関係を保ち、同じような文明対話が行われていたことが分かる。

　　15 世紀初頭における西域の物産に関しては、その地域に使者として派遣された陳誠が提供した情報が最も有名である。ここで、当時陳誠が行った西域諸国の物産を下記の表に示す。[1]

国名	物産
哈烈	銅・鐵・瓷器・琉璃器・蠶桑・紈綺・金線・鎖伏・剪絨花毯・綿布・桑・榆・楊・柳・槐・檀・松・檜・白楊・桃・杏・梨・李・花紅・葡萄・胡桃・石榴・巴旦杏・忽鹿麻・芯思檀・麻・豆・菽・麥・穀・粟・米・粱・小豆・綿花・瓜・蔥・菜根・良馬・雞・犬・鵝・鴨・獅子・花獸[2]・薔薇水
撒馬兒罕	金・銀・銅・鐵・氍毹・白楊・榆・柳・桃・杏・梨・李・葡萄・花紅・五穀
迭里迷	獅子
沙鹿海牙	阿魏・甘露
塞藍	瓦失實
達失幹	樹木・五穀
葡花兒	五穀・桑麻・絲綿・布帛・生菜・牛・羊・魚・肉・天鵝・雞・兔
渴石	白鹽・芯思檀

①　陳誠著・周連寛校注『西域番國志』、中華書局、1991 年、72～98 頁。現在中国新疆ウイグル自治区境内の物産については、本稿では検討を避ける。

②　『西域番國志』には「有一花獸、頭耳似驢、馬蹄騾尾、遍身文采、黑白相間、若織成者、其分布明白、分毫寸不差」とある。以上の記述から、「花獸」はシマウマであることは明らかである。周知のように、シマウマはアフリカの特産物であり、哈烈国には元々なかったはずである。哈烈国もシマウマがいたことは、物産交流の典型的な好例といえよう。

　哈烈国の物品について、陳誠は「多有金・銀・宝貝・珊瑚・琥珀・水晶・金剛・朱砂・剌石・珍珠・翡翠」と述べながら、「云非其所産、悉来自他所、有不可知」①と、当時の哈烈国において盛んに貿易活動が行われていたことを指摘している。また、撒馬兒罕国の貿易状況について、陳誠は「城内人煙俱等、街巷縦横、店肆稠密、西南番客等聚于次。貨物雖衆、皆非本地所産、多自諸番至者。交易亦用銀銭、皆本国自造、而哈烈来者亦使」②と記し、撒馬兒罕国が国際貿易の集散地であったことを明らかにした。

　三回にわたって哈烈国に遣わされた陳誠は、哈烈国の貨幣の流通について、次のように述べた。

　通用銀銭、大者重一銭六分、名曰等哥、此者毎銭重八分、名曰抵納、又其次者、毎銭重四分、名曰假即眉、此三等銭、從人自造、造完于國主處輸税、用印為記、交易通用、無印記者不使。假即眉之下、止造銅銭、名曰蒲立、或六或九當一假即眉、惟於其地使用、不得通行。……税銭什分取二、交易則買者償税、國用全資此銭。③

　ここから、哈烈国では貨幣が貿易の中心になっていたことが分かる。

　残念なことに、陳誠は貿易品しか記していない。当時の西域世界で行われていた貿易の実態は、彼の記録には一切見られない。それは、恐らく海外の宝物を購入する使命を背負っていた鄭和船団と異なり、陳誠使節団が単純な政治外交のためだからであろう。陳誠の立場からすると、物産のみを朝廷に上申したのは、当然といえよう。

　西域と明との貿易実態（明への朝貢貿易）が、陳誠の著書では欠如しているが、『大明一統志』には書かれている。物産については、『大明一統志』に撒馬兒罕国が「土産金、銀、玉、銅、鉄、珊瑚、琥珀、琉璃、厮芝思檀、水晶盐、瓦失實、阿魏、甘露、花蕊布、名馬、獨峰駝、大尾羊、狻猊」とあり、哈烈国が「土産葡萄、巴旦杏、蘿蔔、鎖伏、金、銀、玉、銅、鉄、珊瑚、琥珀、珠、翡翠、水晶、金剛、朱砂、名馬、獅子」とある。明への朝貢品については、『大明一統志』に撒馬兒罕国が「貢駝馬」、「貢馬及玉石」と

①　『西域番國志』、72頁。
②　『西域番國志』、81頁。
③　『西域番國志』、67頁。

あり、哈烈国が「貢馬及玉石」とある。①上記の物産に関する記録は、陳誠のそれとほぼ一致しているが、朝貢品に関する記録は簡単すぎる。

　『大明一統志』の記録の不足を補充するのが、万暦朝に刊行した『明會典』である。『明會典』には、当時の朝貢貿易の実態が記されている。撒馬兒罕国から明への朝貢品については、『明會典』に「馬、駝、玉石、阿思馬亦花珠、賽藍珠、瑪瑙珠、水晶蔓碗、番碗、珊瑚樹枝、梧桐鹼、鎖服、矮納、鑌鐵刀、鑌鐵銼、磁砂、黑樓石、眼鏡、羚羊角、銀鼠皮、鐵角皮」②などとある。このリストに、嘉靖年間から新出した物品であった眼鏡が見られるが、ほかは、ほとんど明初期の物である。西域との貿易品の中で、最も明王朝に重視されたのは、馬である。例えば、洪熙帝（明仁宗）が即位したばかりの永楽二十二年（1424年）八月十五日、その「即位詔」に、次のような内容がある。

　一往迸西撒馬兒罕、失剌思等處買馬等項、及哈密取馬者悉皆停止。將去給賜緞匹、磁器等件、就於所在官司明白照數入庫。③

　ここから、永楽年間の明王朝は緞匹、磁器をもって撒馬兒罕・失剌思など西域諸国と馬貿易を行っていたことが分かる。この馬貿易は、永楽末年まで続けられていた。

　上述のように、陳誠『西域番國志』には物産しか記録されておらず、『大明一統志』には貿易品と貿易実態がともに記されている。しかし、『大明一統志』に見える貿易実態の記録はあまりにも簡単である。幸い『明會典』には、物産ばかりではなく、朝貢貿易の実態も多く記されている。以上の三書から、当時西域世界の物産と明・西域間の貿易の様相が窺える。

　ここで注意すべきことは、西域世界にある伝統的な物産は、西洋貿易にも殆ど見られることである。その一部分は、東洋貿易にも見られる。例えば、西洋の物産である獅子は、阿丹・忽魯謨斯・天方・撒馬兒罕・哈烈・迭里迷など西域の六国にもある。また、花獣（シマウマ）、すなわち馬歓の

---

①　李賢ほか『大明一統志』巻89「外夷」。ここに注意すべき所は、文内割注の説明文は『西域番國志』の内容と同じである。

②　万暦『明會典』巻107「禮部六五・朝貢三・西戎上」。

③　[明]傅鳳翔『皇明詔令』巻7、嘉靖刻本明仁宗昭皇帝「即位詔」（永樂二十二年八月十五日）。

『瀛涯勝覧』に見られる「花福鹿」は、実は阿丹国の産物である。西域の哈烈国の薔薇水は、『瀛涯勝覧』にある祖法兒、阿丹国、天方国諸国の薔薇露と同じ物である。各種の物産が、西洋・東洋・西域の記述上に重なったことは、東西物産交流から生まれた経済現象である。

　　以上の論述から分かるように、物産の交流には重要な歴史事実が反映されている。

　　第一に、人間の物に対する欲求から、全体的なシルクロードネットワークが生まれた。

　　第二に、貿易ルートが変わったとしても、物の流れは変わらない。15世紀初頭の明の大規模な航海活動によって、前漢から始まった西域を経由するペルシャ湾までの伝統的なシルクロードは段々海路に変わりつつあったが、そのルートに流れていた物は、永遠に変わらない。

　　おわりに

　　長い歴史の流れにおいて、物を求める欲求は、常のことであり、人と人との間の交流の根本的前提条件である。しかし、人間というものは、生まれること、老いること、病気になること、死ぬことは、避けられないことであり、無常の極みである。永続するものは、物質文明しかないと思われる。物質は不滅であり、物の交流は絶えることなく、文明の伝承は相次いだ。これこそ人類文明史の最も重要な規律と言えるだろう。

　　人間は、ある定着した物の交流のパターンを選択し、さらにそのパターンを守ることが、長い歴史の中で形成した確なる認識である。その確なる認識は、伝統であり、東西という二つの世界の対話を濃縮したものである。

　　本稿では、物産の交流という視野から、14世紀後半から15世紀前半までにおける東西を貫くシルクロードの全体的な実態を把握するために、まずは東西方貿易交流を前提とする物産、次に貿易を行ったその当時の様相を考察した。

　　当時の資料から言えば、西洋では馬歓の著わした『瀛涯勝覧』があり、東洋では高宇泰の著わした『敬止録』にみられる海外貿易品リストがあり、何れも豊富である。一方、西域では、使者陳誠が提供した物産の情報と、『大明一統志』、『明会典』に記されている朝貢品などの記録のみである。朝貢の実態と「互市」の完全なリストは、一切不明である。

　　先行研究では、シルクロードを陸路と海路に分けて研究したものが多い。しかし、以上「西洋」・「東洋」・「西域」という三大地域の物産の交流を一つのものとして研究すれば、以前と異なる新しい東西交流の結論が出せる。14 世紀後半から 15 世紀前半までに、明と西洋・東洋・西域という当時の世界では、既に一つの大きな貿易ネットワークが形成された。即ち、海路と陸路との二つのシルクロードが共に働き、広い空間を渡り、延々と続く東西の経済と文明を貫く新しい通路が形成されたのである。世界各国の使者と商人は、この新しい通路に沿って往来、交流し、シルクロードの新たな繁栄を築いた。東西の物産の交流が全盛に達したことは、既に明代の文献で証明された。多元的な文明が共に機能する物流は、各地域が相通ずることの典型的な好例である。それは、東西交通の通路であるシルクロードが全体的役割を果たしたことを明らかに示している。

　　物産の交流は、異文明間の対話の本質的特徴であり、物質文明の大いなる交流を証明したものである。物質の交流活動を通して、異文明の人々がお互いに通じ合い、様々な文明も疎通された。フランスの歴史学者フェルナン・ブローデル（Fernand Braudel）が指摘された通り、交流は極めて重要であり、流動することのない文明は保存されない。すべての文明は、貿易と外来者の刺激によって豊富にされてきた。①東西の物産の交流は、異文明間の対話と交流の最も基本的な内容である。14 世紀後半から 15 世紀前半までに形成された新しい貿易ネットワークは、新たな文明対話の構成を誕生させた。その新たな文明対話の構成は、歴史発展の連続性を表わすとともに、新しい時代に人々が本能から同じ選択をしたことをも裏付けた。総じて言えば、海路と陸路の物流が合わさった全体図は、シルクロードを、全体的視野から改めて認識せねばならない啓示を我々に与えている。

古今地名対照表

国名	現地名
占城国	Champa　現ベトナム社会主義共和国南部

---

　　① [法]フェルナン・ブローデル著・肖昶ほか訳『文明史綱』、廣西師範大學出版社、2003 年、30 頁。

续表

国名	現地名
爪哇国	Java　現インドネシア共和国ジャワ島
舊港国	Palembang　インドネシアのスマトラ島にある都市パレンバン
暹羅国	Siam　現タイ王国
滿剌加国	Malacca　現マレーシア連邦のムラカ州の州都
啞鲁国	Aru　現インドネシア共和国のスマトラ島に在り
蘇門答剌国	Sumatra　現インドネシアのスマトラ島
那孤兒国	現インドネシアのスマトラ島に在り
黎代国	現インドネシアのスマトラ島に在り
南浮里国	現インドネシアのスマトラ島に在り
錫蘭国	Ceylan　現のスリランカ民主社会主義共和国
小葛蘭国	Kulam,Quilon　現インド共和国コッラム
柯枝国	Cochin　現インドのコーチ
古里国	Calicut　現インド西南部ケーララ州の港湾都市カリカット
溜山国	Maldives　現モルディブ共和国
祖法兒国	Zufar　現オマーン国ドファール特別行政区
阿丹国	Aden　現イエメン共和国の港湾都市アデン
榜葛剌国	Bengal　現南アジア北東部の地域ベンガル
忽鲁謨斯国	Hormuz　現イラン・イスラム共和国のホルムズ
天方国	Mecca　現サウジアラビア王国メッカ
哈烈	Heart　現アフガニスタン・イスラム共和国都市ヘラート
撒马尔罕	Samarkand　現ウズベキスタン共和国サマルカンド
迭里迷	Termid, Termiz　現ウズベキスタン共和国テルメズ
沙鹿海牙	Shahrokia，Shahrokhia　現ウズベキスタン共和国サマルカンド東部に在り
塞藍	Sairam　現カザフスタン共和国のシムケントに在り
达失干	Tash，Tashkent　現ウズベキスタン共和国首都タシュケント
葡花兒	Bokhara　現ウズベキスタン共和国都市ブハラ
渴石	Kesh　現ウズベキスタン共和国サマルカンドの西南部に在り

Zheng He's Seven Voyages into the Namoli Ocean– The Indian Ocean[*]

Previous studies of Zheng He's voyages during the past hundred years have rarely stressed the fact that the main scope of Zheng He's expeditions was the Indian Ocean. They have usually investigated Zheng He's voyages as a whole, and this has tended to obscure the fact that the Indian Ocean was the precise scope of his expeditions. Some people have even theorized that Zheng He's diplomatic missions to Siam, Japan, Brunei and other countries, as well as Wang Jinghong's (王景弘) mission to Samudra-Pasai, constituted the eighth, ninth, or even tenth expeditions.[①] The truth is that during the first phase of Zheng He's expeditions, the term *xiyang* (西洋) had a very specific

[*] 原载《中国与亚洲》(*China and Asia: A Journal in Historical Studies*, Vol.1, No.1, 2019, Brill.) 2019 年第 1 期。收入本书，有订正。

[①] Zhi C.志诚 Zheng He jiu xia Dong-Xi yang. 郑和九下东西洋 *Hanghai*, 航海 1983, (5): 7-8. The author claims that Zheng He led nine voyages to the Eastern and Western Oceans, including two diplomatic missions to Siam and Japan. He P L. 何平立 Zheng He jiujing jixia Dong-Xi yang. 郑和究竟几下东西洋 *Hanghai*, 1984, (1): 37. argues that Zheng He's 1424 trip to Palembang (Old Haven, Jiugang 旧港) should be taken account of as well, and therefore instead of "nine voyages" it should be "ten voyages". See Chen P P. 陈平平 Shi juxi Zheng He chuandui daoguo Boni de ruogan Mingdai shiliao yiju.试举析郑和船队到过浡泥的若干明代史料依据 *Nanjing Xiaozhuang Xueyuan Xuebao*, 南京晓庄学院学报 2009, 25(4): 89-94. Zheng Y J. 郑一钧 Zheng He xia Xiyang "Zuqun" jiegou de yanjiu—Jianping Zheng He "shixia Xiyang" zhi shuo. 郑和下西洋 "组群" 结构的研究——兼评郑和 "十下西洋" 之说 In Nanjing Zhenghe Yanjiuhui ed. 南京郑和研究会编 *Zouxiang Haiyang de Zhongguo Ren*.走向海洋的中国人 Beijing: Haichao Chubanshe, 1996:178-189. Concerning the idea that Wang Jinghong 王景弘 went on the eighth voyage, see Xu X W. 徐晓望 Baci xia Xiyang de Wang Jinghong.八次下西洋的王景弘 In Zhu M Y ed. 朱明元编 *Wang Jinghong yu Zheng He xia Xiyang*. 王景弘与郑和下西洋 Hong Kong: Hong Kong Tianma Tushu Youxian Gongsi, 2004: 93-99.

meaning—the Namoli Ocean, or today's Indian Ocean. A related point to be made here is that the ultimate destination of Zheng He's first voyage was "Calicut of the Western Oceans" (*Xiyang Guli* 西洋古里), i.e., the port of Calicut in Kerala on the west coast of India. It is situated in the middle of the Indian Ocean region. After the first voyage, Calicut became an obligatory stop for all the expeditions. Moreover, starting from the fourth expedition, Zheng He's fleets extended their reach from Calicut to the Persian Gulf, the Arabian Peninsula, and even East Africa. It is important to note that these places were also within the Indian Ocean.

While there has been extensive academic research into China's relations with Southeast Asia, South Asia, West Asia, and East Africa, the voyages of Zheng He in the Indian Ocean as a whole have, comparatively speaking, been largely neglected. The 2014 conference entitled "Zheng He's Maritime Voyages (1405–1433) and China's Relations with the Indian Ocean World from Antiquity" held at the University of Victoria, Canada, marked a change in this trend. One of the most important accomplishments of the conference was to open up academic debates on this subject, bringing clarity to what had been a befogging discussion. It showed that the Indian Ocean deserves attention, thus making it an important focus of research. Investigating China's influence on the Indian Ocean World at the time of Zheng He reveals that these expeditions encapsulated China's understanding of the ancient Indian Ocean at the time. This endeavour thus inaugurated a new era in our understanding of those who sailed across that great ocean in the fifteenth century.

I. The Western Oceans as Depicted by Ming Authors at the Time of Zheng He—The Namoli Ocean

In a previous article, I investigated the evolution and significance of the term "Western Oceans" (*Xiyang*), discussing the long-term debate that has been held among academics over the meaning of the terms "Eastern Oceans" and "Western Oceans" and the areas they cover. The term "Western Oceans" clearly existed in the Yuan Dynasty, as it is mentioned in Yuan documents. Meanwhile, "Eastern Oceans" also existed as a term. In the early Yuan period, during the Dade reign (1297-1308), the Western Oceans were divided into the thirteen states of the "Little Indian Ocean" (*Xiao Xiyang* 小西洋) under the control of *Danmaling* (单马令, Nakhon Si Thammarat Kingdom in today's southern Thailand) and the eighteen states of the "Little Indian Ocean" under the control of Srivijaya (*Sanfoqi Guo* 三佛齐国). Regarding their geographical position, the former, for the most part, belonged to the coastal region of the Malay Peninsula, while the latter were located mostly on the coast of Sumatra in Indonesia. Today, this region lies within the boundaries of Thailand, Malaysia, Singapore and Indonesia in Southeast Asia. At the end of the Yuan period, the term "Western Ocean states" (*Xiyang Guo* 西洋国) referred to the southern part of India, particularly the coastal states of southwestern and southeastern India. After Zheng He's expeditions, however, the term "Western Oceans" widened in its scope and began to refer to all overseas and foreign countries. It is used this way even today.[①] This change in the

---

① Wan M.万明 Shi "Xiyang"—Zheng He xia Xiyang shenyuan xingxiang de tanxi. 释"西洋"——郑和下西洋深远影响的探析 *Nanyang Wenti Yanjiu*, 南洋问题研究 2004, (4): 11-20, 96. Shi Xiyang. 释西洋 (Explaining the Western Oceans). *In* Wang T Y, 王天有 Xu K, 徐凯 Wan M 万明 eds. *Zheng He Yuanhang yu Shijie Wenming—Jinian Zheng He xia Xiyang 600 Zhounian Lunwenji*. 郑和远航与世界文明——纪念郑和下西洋 600 周年论文集 Beijing: Beijing Daxue Chubanshe, 2005: 97-113. On the issue of the Eastern and Western Oceans (Dong-Xi yang 东西洋), I have consulted Yamamoto Tatsurō 山本达郎, "Tōseiyō to iu syōgō no kigen ni tsuite" 东西洋という称号の起源に就いて, Tōyō gakuhō 东洋学报 1933, 21(1); Miyazaki Ichisada 宫崎市定, "Nanyō o Tōseiyō ni wakatsu konkyo ni tsuite" 南洋を东西洋に分かつ根拠に就いて, Tōyō shi kenkyū 东洋史研究 1942, 7(4): 1-22; Hong J X.洪建新 Zheng He hanghai qianhou Dong-Xi yang diyu gainian kao.郑和航海前后东、西洋地域概念考 *In* Jinian weida hanghaijia Zheng He xia Xiyang 580 zhounian choubei weiyuanhui, Zhongguo hanghaishi yanjiuhui. 纪念伟大航海家郑和下西洋 580 周年筹备委员会、中国航海史研究会 *Zheng He xia Xiyang Lunwenji Di Yi Ji*. 郑和下西洋论文集第一集 Beijing: Renmin Jiaotong Chubanshe, 1985: 207-221; Shen F W. 沈福伟 Zheng He shidai de Dong-Xi yang kao. 郑和时代的东西洋考 *In* Jinian weida hanghaijia Zheng He xia Xiyang 580 zhounian choubei weiyuanhui. *Zheng He xia Xiyang Lunwenji Di Er Ji*. Nanjing: Nanjing Daxue Chubanshe, 1985: 218-235; Liu Y S. 刘迎胜"Dongyang" yu "Xiyang" de youlai. "东洋"与"西洋"的由来 *In* Nanjing Zheng He yanjiuhui ed. *Zouxiang Haiyang de Zhongguo Ren*. Beijing: Haichao Chubanshe, 1996: 120-135; Chen J R. 陈佳荣 Zheng He hangxing shiqi de Dong-Xi yang. 郑和航行时期的东西洋 *In* Nanjing Zheng He yanjiuhui ed. *Zouxiang Haiyang de Zhongguo Ren*. Beijing: Haichao Chubanshe, 1996:136-147; and others. The above writings focus on the issue of determining where to divide the Eastern and Western Oceans, but they all touch on the Western Oceans and their discoveries were all used in my reference data for the aforementioned article, "Shi Xiyang", which focuses on the origins and development of the term "Western Oceans".

scope of the term is one of the issues discussed below.

　　Zheng He's expeditions took place between 1405 and 1433. There were altogether seven expeditions that visited thirty to forty foreign countries. These expeditions were Chinese ventures of the largest scale into the oceans in history, occupying an important position in the history of world navigation. Moreover, they had an extremely farreaching influence. However, perhaps the most basic question in the study of Zheng He's expeditions is what exactly the term "Western Oceans" means.[①] To address this question, it is necessary to examine the documents written at the time concerning Zheng He's expeditions.

　　The three most important documents written about the expeditions at the beginning of the Ming are the first-hand accounts by Ma Huan (马欢), Fei Xin (费信) and Gong Zhen (巩珍). These are entitled *Yingya Shenglan* (《瀛涯胜览》), *Xingcha Shenglan* (《星槎胜览》), and *Xiyang Fanguo Zhi* (《西洋番国志》). These works are important because their authors sailed on Zheng He's expeditions in person. They are thus eye-witness accounts. Among them, Ma Huan's *Yingya Shenglan* has the greatest historical value. Ma Huan was an interpreter fluent in Arabic. With his language ability, he was able to interact with many of the people he met, and to understand what was going on. What makes his work particularly important is that his detailed descriptions of the twenty states are based on his informed observations.

　　Gong Zhen also describes twenty countries in his *Xiyang Fanguo Zhi*, but the contents of his book are almost exactly the same as Ma Huan's, and it is likely that he used Ma Huan's as a source.[②] He says in his preface:

[①]　Feng Chengjun (冯承钧) produced an annotated edition of Ma Huan's *Yingya Shenglan* during the 1950s. In his preface, he said: "At the time, the term 'Western Oceans' must have referred to the Indian Ocean." See Feng C J. *Yingya Shenglan Jiaozhu*. 瀛涯胜览校注 Beijing: Zhonghua Shuju, 1955: 5. This is correct. However, note that Feng quoted Ma Huan's poem on his departure, "Jixing Shi" 纪行诗, which says that Java was the dividing point between the Eastern and Western Oceans, and also from the *Ming Shi* 明史, which says that Brunei was the dividing line. Thus his concept of the Western Oceans is not entirely clear, nor is the concept well understood by many scholars today.

[②]　J V G Mills says that Gong Zhen's work was "largely identical with that of Ma Huan". See Ma Huan: *Ying-yai Sheng-lan: The Overall Survey of the Ocean's Shores (1433)*. Mills J V G trans. Cambridge: Cambridge University Press, 1970: 55.

Everything I recorded about these countries was "ascertained either by personal observation and inquiry, or through the medium of interpreters"; I attempted to leave nothing out... I relied on the original record of it, the contents and the order of presentation, in order to preserve it and pass it down to posterity.[1]

The "original record" he refers to is probably the work of Ma Huan. What makes Gong Zhen's work particularly valuable is the three imperial edicts included at the beginning of the book that contain important information.

Fei Xin's *Xingcha Shenglan* covers more polities than either *Yingya Shenglan* or *Xiyang Fanguo Zhi*. It has 45 chapters altogether divided into two parts, with 22 chapters in the first that concern the places he personally visited, and 23 in the second about those that he only heard from others or copied from earlier writings. Fourteen places in the first part are called "states" or "polities" (*guo* 国), and so are sixteen places in the second part, making a total of 30 places that are called "states" or "polities". Fei Xin's work also includes a number of places in Africa.[2]

From the perspective of these Ming authors, the places Zheng He visited were located in the Namoli Ocean, which is the same not only as the Indian Ocean today but also as the "Western Oceans", as it was conceived at the time. In what follows, it is clear that the term Namoli originated from Ma Huan's *Yingya Shenglan*. Ma Huan uses the term "Western Oceans" nine times in his work. These instances of the term are provided below together with references to Gong Zhen's *Xiyang Fanguo Zhi*, Fei Xin's *Xingcha Shenglan* and other first-hand and relevant accounts. They are grouped together under six points, which I consider to be the most important concerning the Chinese view of the Western Oceans at the beginning of the Ming period.

The first of these six points is that the identification of the Namoli Ocean as the Indian Ocean comes from the Nanpoli (南浡里) chapter of *Yingya Shenglan*. In that

---

[1] Gong Z. 巩珍 *Xiyang Fanguo Zhi*. 西洋番国志 Xiang D jiaozhu. 向达校注 Beijing: Zhonghua Shuju, 1961: 6-7.

[2] Fei X.费信 Xingcha Shenglan. 星槎胜览 *In* Lu J, et al. 陆楫等 *Gujin Shuohai*. 古今说海 Chengdu: Bashu Shushe, 1988. For its English translation, see Fei H. *Hsing-ch'a Sheng-lan: The Overall Survey of the Star Raft*. Mills J V G, Ptak R trans. Wiesbaden: Harrassowitz, 1996.

chapter, Ma Huan says:

> In the sea to the north-west of the country, there is a large, flat-topped, steep mountain, which can be reached in half a day; its name is Mao mountain {Maoshan 帽山}. On the west of this mountain, too, it is all the great sea; indeed, this is the Western Oceans, [this area being] named the Na-mo-li ocean, ships coming across the ocean from the west take in sail [here], and they all look to this mountain as a guiding mark.[①]

Nanpoli is the name of an ancient state located in northwestern Sumatra. To its west is the vast Indian Ocean. Gong Zhen's description of Nanpoli is almost identical to the passage cited above.[②] Fei Xin does not have a chapter on Nanpoli, but he mentions the Nanwuli Ocean (南巫里洋) twice in his text. The first mention is in the chapter on Longxian Island (*Longxian yu* 龙涎屿):

> [This island stands] alone in the ocean of Lambri {Nanwuli}. This island floats beautifully on the surface of the sea; waves beat it and clouds dance upon it. Every time that spring arrives, crowds of dragons gather here and couple on [the island], leaving behind their spittle.[③]

The second mention of the Nanwuli Ocean occurs in Fei Xin's chapter on "The Country of the Tattooed Faces" (*Huamian Guo* 花面国): "This place is adjacent to the boundary of Samudra-Pasai, next to the Nanwuli Ocean."[④] There is also a reference

---

① Ma H.马欢 *Ming Chaoben "Yingya Shenglan" Jiaozhu*. 明钞本《瀛涯胜览》校注 Wan M jiaozhu. 万明校注 Beijing: Haiyang Chubanshe, 2005: 50; Ma Huan: *Ying-yai Sheng-lan: The Overall Survey of the Ocean's Shores (1433)*. Mills J V G trans. Cambridge: Cambridge University Press, 1970:123. The curly brackets are used to indicate explanatory insertions in a quotation in which the translator has already used curved and square brackets for similar and other purposes.

② Gong Z. *Xiyang Fanguo zhi*. Xiang D jiaozhu. Beijing: Zhonghua Shuju, 1961: 21.

③ Fei X. Xingcha Shenglan. *In* Lu J, et al. *Gujin Shuohai*. Chengdu: Bashu Shushe, 1988: 213; For its English translation, see Fei H. *Hsing-ch'a Sheng-lan: The Overall Survey of the Star Raft*. Mills J V G, Ptak R trans. Wiesbaden: Harrassowitz, 1996: 60-61. The spelling "Lambri" is used by the transla- tors for Nanwuli.

④ Fei X. Xingcha Shenglan. *In* Lu J, et al. *Gujin Shuohai*. Chengdu: Bashu Shushe, 1988: 212.

to the "Wuli Ocean" (*Wuliyang* 巫里洋) in the chapter on "The Country of Ta Junan guo" 大唄喃国 (or *Da Gelan Guo* 大葛兰国), which probably refers to the same body of water: "If the winds are contrary, they [the ships] will encounter grave difficulties in the Lamuri (Wuli) Ocean, and have to avoid the dangers from the submerged rocks near Colombo."[①]

From these references, we can see that the Nanwuli Ocean, the Wuli Ocean and the Namoli Ocean are all the same body of water; they are just different ways of pronouncing the name. Moreover, from Ma Huan's text, we can see that they all refer to today's Indian Ocean. Of course, there was no concept of the Indian Ocean during the Ming period; it did not appear as a name until modern times. The similarity of these names probably explains why the Namoli Ocean is recorded in the chapter on Nanpoli. All these versions of the name are based on the sound of "Lambri", which is Malaysian, or "Lamuri", which is Javanese. It is written as Lanli (蓝里) in the Song texts *Lingwai Daida* (《岭外代答》) by Zhou Qufei (周去非) and *Zhufan Zhi* (《诸番志》) by Zhao Rugua (赵汝适). Wang Dayuan (汪大渊) writes it as "Nanwuli" (喃哑哩) in his *Daoyi Zhilue* (《岛夷志略》). The *Yuan Shi* (《元史》) has both "Nanwuli" (南巫里) and "Nanwuli" (南无力). As the Chinese writers have indicated, it is in the northwestern corner of present-day Sumatra, along the lower reaches of the Achin River (*Yaqi He* 亚齐河), in a region called Kotaraya (*Gedalaye* 哥打拉夜).[②] The most accurate way of identifying the "Western Oceans", therefore, is to say that it is the ocean to the west of Maoshan, which is northwest of the polity of Nanpoli.

---

①　Fei X. Xingcha Shenglan. *In* Lu J, et al. *Gujin Shuohai*. Chengdu: Bashu Shushe, 1988: 215. This quotation was translated by Mills and Ptak, and they also identified the place discussed in this chapter as Quilon. See Fei H. *Hsing-ch'a Sheng-lan: The Overall Survey of the Star Raft*. Mills J V G, Ptak R trans. Wiesbaden: Harrassowitz, 1996: 98; Fei X. 费信 *Xingcha Shenglan Jiaozhu*. 星槎胜览校注 Feng C J jiaozhu. 冯承钧 校注 Beijing: Zhonghua Shuju, 1954:16, Fei records "Da Junan guo" slightly differently: "If the winds are contrary, they will encounter grave difficulties in the Lamuri Ocean, and they have to avoid the dangers from the submerged rocks near Gaolang bu 高郎步 [Columbo]."

②　Ma H. *Ming Chaoben "Yingya Shenglan" Jiaozhu*. Wan M jiaozhu. Beijing: Haiyang Chubanshe, 2005: 50. Mills also listed Kutaradja as a district of Atjeh, and said that Lamuri was the name used by the Arabs and Malays. See Ma Huan: *Ying-yai Sheng-lan: The Overall Survey of the Ocean's Shores (1433)*. Mills J V G trans. Cambridge: Cambridge University Press, 1970.

Maoshan is also called Nan Maoshan (南帽山) or Xiao Maoshan (小帽山). It is the island today called Poulo Weh, northwest of Sumatra. Mills' explanation is quite clear on this point. He identified it with Atjeh, on the northern coast of Sumatra. On the island there is a mountain, called Maoshan, which is Kelembak Mountain, located on Poulo Weh. Ma Huan said clearly that Namoli Ocean was the region of the ocean that extended west of Poulo Weh island and along the coast of northern Sumatra.[1]

Ma Huan's text allows us to identify a number of sea routes that begin at Maoshan. These routes give us an idea of the Indian Ocean sea route network that existed at the time. The following routes begin at Maoshan:

To the Maldives and Laccadive Islands (*Liushan Guo* 溜山国): "Setting sail from Su-men-ta-la{苏门答剌 Samudra-Pasai}, after passing Hsiao mao mountain, you go towards the southwest; [and] with a fair wind you can reach [this place] in ten days."[2]

To Ceylon, Cochin and Calicut: "Putting out to sea from the South [side] of Mao mountain and travelling towards the northeast with a fair wind for three days, you see Ts'ui lan mountains {*Cuilan Shan* 翠蓝山} situated in the middle of the sea…After the ship has passed here and travelled towards the west" for about ten days, "then you reach the jetty in the country of Hsi-lan {*Xilan* 锡兰, Ceylon }"; "setting sail from the jetty named Pieh-lo-li {*Bieluoli* 别罗里, Beruwala} in the country of Hsi-lan, you go northwest, [and] you can reach [this place {Quilon}] after travelling with a fair wind for six days and nights"; "setting sail from the country of Little Ko-lan {*Xiao Gelan* 小葛兰, Quilon} and following the mountains in the direction of northwest, you travel with a fair wind for one day and night, [and], when you reach the country {of *Kezhi* 柯枝, Cochin}, the ship is moored in the anchorage"; "setting sail from the anchorage in the country of Ko-chih {*Kezhi* 柯枝, Cochin}, you travel northwest, and arrive

① Ma Huan: *Ying-yai Sheng-lan: The Overall Survey of the Ocean's Shores (1433)*. Mills J V G trans. Cambridge: Cambridge University Press, 1970: 207-209.

② Ma H. *Ming Chaoben "Yingya Shenglan" Jiaozhu*. Wan M jiaozhu. Beijing: Haiyang Chubanshe, 2005:71; Ma Huan: *Ying-yai Sheng-lan: The Overall Survey of the Ocean's Shores (1433)*. Mills J V G trans. Cambridge: Cambridge University Press, 1970: 146-147.

[here {Calicut}] after three days".[1]

To Bengal: "Setting sail from the country of Su-men-ta-la, you make Mao mountains and Ts'ui lan islands; [then] you proceed on a north-westerly course, and after travelling with a fair wind for twenty days, you come first to Che-ti-chiang {*Zhedigang* 浙地港, Chittagong on the southeastern coast of today's Bangladesh}."[2]

The second major point is that Samudra-Pasai, on the western coast of the Indian Ocean, was the principal gateway to the Western Oceans. The chapter on Samudra-Pasai in Ma Huan's *Yingya Shenglan* makes this clear: "The country of Su-men-ta-la is exactly the same country as that formerly [named] Hsü-wen-ta-na {*Xuwendana* 须文达那}. This is indeed the principal center {*Zongtoulu* 总头路, should be the principal gateway} for the Western Oceans."[3] The chapter on Samudra-Pasai in Gong Zhen's work is almost identical.[4] Fei Xin's *Xingcha Shenglan* does not mention "Western Oceans" in the chapter on Samudra-Pasai.

Samudra-Pasai was an ancient polity in the northwest corner of the island of Sumatra, and its western shores are on the Indian Ocean. Ma Huan's account shows that it occupied a very important geographical position in the Ming, and that it was a main stop on Zheng He's voyages. The *Song Shi* (《宋史》) calls it Sumutra-bhumi (*Suwutuo pumi* 苏勿咤蒲迷), Wang Dayuan's *Daoyi Zhilue* writes it as *Xuwendala* (须文答剌); and the *Yuan Shi* writes it as *Sumudula* (速木都剌). The *Nagarakretagama* (Javanese epic; Chinese title: *Zhaowa Shisong* 《爪哇史颂》) calls it Samudra; the *Malay Annals* (Sejarah Melayu; Chinese title: *Malai Jinian* 《马来纪年》) calls it Semudra, which may come from the Sanskrit word "samudra", meaning "ocean".

① Ma H. *Ming Chaoben "Yingya Shenglan" Jiaozhu*. Wan M jiaozhu. Beijing: Haiyang Chubanshe, 2005: 51, 53, 57-58, 63; Ma Huan: *Ying-yai Sheng-lan: The Overall Survey of the Ocean's Shores (1433)*. Mills J V G trans. Cambridge: Cambridge University Press, 1970: 124-125, 130, 132, 137.

② Ma H. *Ming Chaoben "Yingya Shenglan" Jiaozhu*. Wan M jiaozhu. Beijing: Haiyang Chubanshe, 2005: 86; Ma Huan: *Ying-yai Sheng-lan: The Overall Survey of the Ocean's Shores (1433)*. Mills J V G trans. Cambridge: Cambridge University Press, 1970: 159.

③ Ma H. *Ming Chaoben "Yingya Shenglan" Jiaozhu*. Wan M jiaozhu. Beijing: Haiyang Chubanshe, 2005: 43; Ma Huan: *Ying-yai Sheng-lan: The Overall Survey of the Ocean's Shores (1433)*. Mills J V G trans. Cambridge: Cambridge University Press, 1970: 115.

④ Gong Z. *Xiyang Fanguo Zhi*. Xiang D jiaozhu. Beijing: Zhonghua Shuju, 1961: 18.

Another theory is that it comes from the word "samandra" in Malay, which means "a large ant".[1]

The third major point is that Java, which is more southerly in the Indian Ocean, belongs to the Eastern Oceans (*Dongyang* 东洋), as opposed to the Western Oceans (*Xiyang*). Ma Huan's "*Poem Commemorating the Journey*" ("*Jixing Shi*"《纪行诗》), included in *Yingya Shenglan*, says: "From She-p'o again [the envoy] the Western Ocean broached" (*Shepo you wang Xiyang qu* 阇婆又往西洋去).[2] The ancient name for Shepo or today's Java in Sanskrit was Yavadvipa. The *Hou Han Shu* (*East Han History*《后汉书》) calls it Yetiao (叶调). In the Tang period, Shepo was used for both Sumatra and Java. In the Song, it came to refer only to Java, but the term "Shepo" was still used interchangeably with "Zhaowa" (Java 爪哇) in the *Yuan Shi*.[3] From the line in Ma Huan's poem, it is clear that the Western Oceans are seen as west of Java.

Fei Xin's chapter on Java says:

> The old name was She-p'o. Starting one's journey from Champa, with a fair wind one can reach this country after twenty days and nights. The area [of this country] is wide and it is densely populated. They have substantial military equipment and mechanical arms, and it is the key position of all the foreigners in the Eastern Ocean.[4]

This passage states even more clearly that Java is in the Eastern Oceans, and that the Western Oceans are to its west.

The polity of Java, anciently Shepo, is the island of Java in Indonesia, between

---

[1] Ma H. *Ming Chaoben "Yingya Shenglan" Jiaozhu*. Wan M jiaozhu. Beijing: Haiyang Chubanshe, 2005: 43-44.

[2] Ma H. *Ming Chaoben "Yingya Shenglan" Jiaozhu*. Wan M jiaozhu. Beijing: Haiyang Chubanshe, 2005: 2; Ma Huan: *Ying-yai Sheng-lan: The Overall Survey of the Ocean's Shores (1433)*. Mills J V G trans. Cambridge: Cambridge University Press, 1970: 74.

[3] Ma H. *Ming Chaoben "Yingya Shenglan" Jiaozhu*. Wan M jiaozhu. Beijing: Haiyang Chubanshe, 2005: 16-17.

[4] Fei X. *Xingcha Shenglan*. *In* Lu J, et al. *Gujin Shuohai*. Chengdu: Bashu Shushe, 1988: 205; translated by Mills J V G, Ptak R. *Hsing-ch'a Sheng-lan: The Overall Survey of the Star Raft*. Wiesbaden: Harrassowitz, 1996: 45.

Samudra-Pasai and the island of Bali. To its south, it borders on the Indian Ocean. In the seventh century, there was a huge port in the southern part of Sumatra where the kingdom of Srivijaya was founded. It was well-developed in commerce and culture, and was one of the main centers of Buddhism outside of India. It had both economic and cultural connections with China, India and Arabia. In the ninth and tenth centuries, the kingdom of Srivijaya expanded its territory to include the western part of present-day Indonesia, all the islands and the Malay Peninsula. The Majapahit Empire arose in Eastern Java at the end of the thirteenth century, establishing an extensive water conservancy system, with a sophisticated agriculture, handicrafts industry, communications, transport, and foreign trade, which had not existed before. The coastal towns and ports were diverse and flourishing, with the Indonesian islands and the Malay Peninsula being the most prosperous areas of the empire. This empire laid the foundations for Indonesia in the present day.[①] Wang Dayuan's *Daoyi Zhilue* called it "a place with a large area and a dense population, truly superior to the other polities of the Eastern Ocean"[②]. The passage quoted from Fei Xin above about the area, population, and military power follows a similar passage in *Daoyi Zhilue*.

The fourth major point is that Calicut, the ultimate destination of Zheng He's early stage of expeditions, was an important port in the Western Oceans. Ma Huan says in his chapter on Calicut:

> [This] is the great country of the Western Ocean... The country lies beside the sea. [Travelling] east from the mountains for five hundred, or seven hundred, *li*, you make a long journey through to the country of K'an-pa-i {*Kanbayi* 坎巴夷, Coimbatore}. On the west [the country of Ku-li] abuts on the great sea; on the south it joins the boundary of the country of Ko-chih; [and] on the north side it adjoins the territory of the country of Hen-nu-erh {*Hennuer* 狠奴儿, Honavar}.

---

① Ma H. *Ming Chaoben "Yingya Shenglan" Jiaozhu*. Wan M jiaozhu. Beijing: Haiyang Chubanshe, 2005: 16-17.

② Wang D Y. 汪大渊 *Daoyi Zhilue Jiaoshi*. 岛夷志略校释 Su J Q jiaoshi. Beijing: Zhonghua Shuju, 1981: 159.

"The great country of the Western Ocean" is precisely this country.[1]

Gong Zhen puts down roughly the same in his chapter on Calicut.[2]   Fei Xin said: "This is an important [place] of the oceans. It is very near to Ceylon {written *Sengjiamier* 僧迦密迩}, and it is also a [principal] port for all the foreigners of the Western Ocean."[3]   In the *Travels of Ibn Battuta* it appears as Kalicut or Qaliqut, the standard Arabic name for the city, anglicized as "Calicut"[4]. *Daoyi Zhilue* calls it *Gulifo* (古里佛) and *Daming Yitong Zhi* (《大明一统志》) calls it *Xiyang Guli* (西洋古里). All of these different names refer to today's Kochikode located in Kerala on the southwestern coast of India. As for Kanbayi, Huang Shengzeng's (黄省曾) *Xiyang Chaogong Dianlu* (《西洋朝贡典录》), written in 1520, writes it as *Kanbayiti* (坎巴夷替). Paul Pelliot identifies the city of *Kanbayiti* as Koyam-padi, the ancient name of present-day Coimbatore in Tamil Nadu. It is east of Calicut. In his notes on Gong Zhen's chapter on Calicut, Xiang Da (向达) calls it Cambay, or Kanbei (坎贝). However, Kanbei was far away in the northwest. Therefore Pelliot must be correct. Pelliot also thought Hen-nu-er was Honore because of the similarity in sound. Honore is today's Honavar (*Huonawa* 霍那瓦) on the Malabar coast, 199 *li* north of Calicut.[5] Feng Chengjun's translation of Marco Polo's *Travels* uses the name "Cambaet" for Kanbayiti. He asserted that this was a large country, which he identified in his note as Cambay.[6]

The fifth major point is that the "Western Oceans" defines the limits of Zheng

①   Ma H. *Ming Chaoben "Yingya Shenglan" Jiaozhu*. Wan M jiaozhu. Beijing: Haiyang Chubanshe, 2005: 63; Ma Huan: *Ying-yai Sheng-lan: The Overall Survey of the Ocean's Shores (1433)*. Mills J V G trans. Cambridge: Cambridge University Press, 1970: 137-138.

②   Gong Z. *Xiyang Fanguo Zhi*. Xiang D jiaozhu. Beijing: Zhonghua Shuju, 1961: 27.

③   Fei X. *Xingcha Shenglan*. *In* Lu J, et al. *Gujin Shuohai*. Chengdu: Bashu Shushe, 1988: 216; translated by Mills J V G, Ptak R. *Hsing-ch'a Sheng-lan: The Overall Survey of the Star Raft*. Wiesbaden: Harrassowitz, 1996: 67.

④   Gibb H A R ed. *The Travels of Ibn Battuta, A. D. 1325-1354, Vol. IV*. Cambridge: Cambridge University Press for the Hakluyt Society, 1994: 812-815.

⑤   Ma H. *Ming Chaoben "Yingya Shenglan" Jiaozhu*. Wan M jiaozhu. Beijing: Haiyang Chubanshe, 2005: 63-64.

⑥   Polo M. 马可波罗 *The Travels of Marco Polo*. 马可波罗行纪 Feng C J trans. Shanghai: Shanghai Shudian Chubanshe, 1999: 448.

He's maritime activities when he commanded the fleet of treasure ships. This can be seen in the preface to Ma Huan's *Yingya Shenglan*. Written in 1416, the preface clearly points out that the Indian Ocean constituted the theatre of Zheng He's activities:

> In the eleventh year of the Yung-lo [period], [the cyclic year] *kuei-ssu* {1413}, The Grand Exemplar, the Cultured Emperor {Yongle} issued an imperial order that the principal envoy, the grand eunuch Cheng Ho should take general command of the treasure-ships and go to the various foreign countries in the Western Ocean to read out the imperial commands and to bestow rewards.[1]

In the chapter on Palembang (Old Haven, *Jiugang* 旧港), Ma Huan again says: "In the fifth year of the Yung-lo [period {1407}], the court despatched the grand eunuch Cheng Ho and others commanding the treasure-ships of the great fleet going to the Western Ocean, and they arrived at this place."[2]

The sixth point is that there are two additional references to the Western Oceans in Ma Huan's text. One is to the personnel who went to the Western Oceans[3], and the other is to "Western Ocean cloth" (*Xiyang bu* 西洋布)[4].

Of the above nine uses of the word *Xiyang* in Ma Huan's text, two concern with Calicut. In the eyes of those who lived at the time, the great sea west of Maoshan and Nanpoli was identical to the Western Oceans, called Namoli Ocean in the local language. Samudra-Pasai was on the major route to the Western Oceans, and Calicut was a great country of the Western Oceans. The latter was also the destination of the first voyage. These textual instances reflect how the term "Western Oceans" was understood at the time.

---

① Ma H. *Ming Chaoben "Yingya Shenglan" Jiaozhu*. Wan M jiaozhu. Beijing: Haiyang Chubanshe, 2005: 1; Ma Huan: *Ying-yai Sheng-lan: The Overall Survey of the Ocean's Shores (1433)*. Mills J V G trans. Cambridge: Cambridge University Press, 1970: 69.

② Ma H. *Ming Chaoben "Yingya Shenglan" Jiaozhu*. Wan M jiaozhu. Beijing: Haiyang Chubanshe, 2005: 28; Ma Huan: *Ying-yai Sheng-lan: The Overall Survey of the Ocean's Shores (1433)*. Mills J V G trans. Cambridge: Cambridge University Press, 1970: 99-100.

③ Ma H. *Ming Chaoben "Yingya Shenglan" Jiaozhu*. Wan M jiaozhu. Beijing: Haiyang Chubanshe, 2005: 5.

④ Ma H. *Ming Chaoben "Yingya Shenglan" Jiaozhu*. Wan M jiaozhu. Beijing: Haiyang Chubanshe, 2005: 67.

Chapter 3 of Lu Rong's (陆容) *Shuyuan Zaji* (《菽园杂记》) says: "In the seventh year of Yongle (1409), the grand eunuchs Zheng He, Wang Jinghong, Hou Xian and the troops (*guanbing* 官兵) numbering more than 27,000 boarded 48 ships, presented edicts and gifts, and visited in succession all the foreign countries to the southeast polities in order to connect with the Western Oceans (*li dongnan zhufan yi tong Xiyang* 历东南诸番以通西洋)"[1]. Lu's words beautifully express the way the "Western Oceans" was understood in the early Ming.

In sum, Ma Huan writes of "going to the various foreign countries in the Western Ocean"[2], as Fei Xin does in his *Xingcha Shenglan*.[3] The title of Gong Zhen's book, *Xiyang Fanguo Zhi* pointedly refers to the region where Zheng He's fleet sailed. It too includes Champa, Melaka, Java, Palembang, and even Bengal, Hormuz, Aden, Makkah (Mecca), listing them together among the various foreign polities of the Western Oceans even though Java and some others among them do not belong to what was strictly called the Western Oceans at the time. In other words, after Zheng He's expeditions, polities that were not previously thought of as belonging to the "Western Oceans" were included in this term. All the polities Zheng He visited were included in the Western Oceans, thus greatly expanding the scope of the word *Xiyang*. Huang Shengzeng's *Xiyang Chaogong Dianlu* (1520) went further and listed all tribute-bearing states as polities of the Western Oceans. The twenty-three regimes he included have a very wide regional scope, even including those that were formerly thought to belong to the Eastern Oceans, such as Brunei, Sulu (苏禄, the Philippines) and Liuqiu (琉球, Ryukyu, or Okinawa).[4] Thus the term "Western Oceans" was unprecedentedly widened to include the lands of the Eastern Oceans as well as all foreign places.

Zheng He's expeditions made the term "Western Oceans" stand out in relief. After the expeditions, the term became widely popular in the Ming Dynasty with its extended

[1]   Lu R. 陆容 *Shuyuan Zaji*. 菽园杂记 Beijing: Zhonghua Shuju, 1985: 23.

[2]   Ma H. *Ming Chaoben "Yingya Shenglan" Jiaozhu*. Wan M jiaozhu. Beijing: Haiyang Chubanshe, 2005: 1.

[3]   Fei X. *Xingcha Shenglan*. *In* Lu J, et al. *Gujin Shuohai*. Chengdu: Bashu Shushe, 1988: 2.

[4]   Huang S Z. 黄省曾 *Xiyang Chaogong Dianlu*. 西洋朝贡典录 Xie F jiaozhu. 谢方校注 Beijing: Zhonghua Shuju, 1982.

meaning. At that time, the term had both a narrow meaning and a broad meaning. In its narrow meaning, it referred just to the polities Zheng He visited, i.e., in the Indian Ocean, including those on the shores of the Bay of Bengal, the Persian Gulf, the Arabian Peninsula, the Red Sea, West Asia and East Africa. The broad meaning of the term was more comprehensive, referring to all foreign regimes. It is worth noting that after the Ming period, the narrow meaning of the Western Oceans resurfaced. This happened because of the Ming government's withdrawal from overseas activities. As Zhang Xie (张燮) described in *Dong-Xi Yang Kao* (《东西洋考》), the line separating the Western and Eastern Oceans was drawn at Brunei, and this influenced the understanding of later periods even more deeply. The extension of the meaning of the term "Western Oceans" during Zheng He's voyages caused the original intention of the expeditions to be obscured. For this reason, we now have to cut through a thicket of misinformation in order to clarify the destination of the expeditions.

II. Calicut as the Destination of the Early Voyages and a Transfer Station for the Later Ones

As noted below, the stele inscriptions set up by Zheng He during the voyages on China's shores tell us that the main destination of the fleet was "Calicut of the Western Oceans" at first, but there were important changes in his navigation line later on. However, the term "Western Oceans" had a specific meaning at the time: the Namoli Ocean, referring to what is now known as the Indian Ocean. In addition, the oft-repeated phrase "various foreign countries of the Western Oceans" (*Xiyang zhufan* 西洋诸番) refers to the polities of the Indian Ocean. Ma Huan's chapter on Calicut shows that Calicut was not just an ordinary port but a "great country of the Western Oceans". Hence it is worth further investigation.

We know that Calicut was the destination of the first expedition from the stele inscriptions carved on stones set up on Zheng He's last outward voyage in two places on the coast of China. One of these inscriptions was at Liujiagang (刘家港) in Taicang near present-day Shanghai[1], and the other was at Changle (长乐) in Fujian Province. The inscription on the southern hill of Changle was installed in 1431, and it lists the places where the expeditions went in the Western Oceans:

> From the 3rd year of Yung-lo (1405) till now we have seven times received the commission of ambassadors to the countries of the Western Ocean. The barbarian countries which we have visited are: by way of Chan-ch'eng (Champa), Chao-wa (Java), San-fo-ch'i (Palembang) and Hsien-lo (Siam); crossing straight over to Hsi-lan-shan (Ceylon) in South India, Ku-li (Calicut), and K'o-chih (Cochin); we have gone to the western regions Hu-lu-mo-ssü (Hormuz), A-tan (Aden), Mu-ku-tu-shu (Mogadishu). All together are more than thirty countries large and small. We have traversed more than one hundred thousand *li* of immense waterspaces…[2]

Here it seems that Calicut is just one of a number of polities Zheng He visited. However, below the general summary of all the voyages, the inscription lists each of the voyages separately and the places visited on that expedition. For the first expedition, it says: "In the third year of Yongle reign period [1405, the starting year of the first voyage, Zheng He] commanded ships and soldiers, [and] went to Calicut and the other countries." The fact that Calicut is the primarily named polity clearly shows that it was the main destination of the first voyage.

It was not an accident that the seven expeditions all went to or through Calicut. Zheng He's expeditions were state-sponsored maritime activities, and the decision to go to Calicut was the result of careful planning. It was the official policy of the Ming

[1] Loudong Liujiagang tianfeigong shike tongfan shiji bei. 娄东刘家港天妃宫石刻通番事迹碑 *In* Qian G. 钱谷 *Wudu Wencui Xuji* 吴都文粹续集 Vol. 28, "Dao guan", 道观 *Siku Quanshu Zhenben*. 四库全书珍本。

[2] Sa S W. 萨士武 Kaozheng Zheng He xia Xiyang niansui zhi youyi shiliao—Changle "Tianfei lingying bei" tapian. 考证郑和下西洋年岁之又一史料——长乐 "天妃灵应碑" 拓片 *In Zheng He Yanjiu Ziliao Xuanbian*. 郑和研究资料选编 Beijing: Renmin Jiaotong Chubanshe, 1985: 102-105; originally published in Tianjin's *Dagongbao. Shidi Zhoukan* 天津大公报 • 史地周刊, 10 April 1936. The translation is from Duyvendak J J L. The true dates of the Chinese maritime expeditions in the early fifteenth century. *Toung Pao*, 1939, 34: 341-412.

state. In the preface to his book, the *Zamorins of Calicut*, K. K. N. Kurup, Vice President of Calicut University, not only called Calicut "one of the major ports of medieval India", but also said that it "was a center of international trade in incense and textiles". He was fascinated by Zheng He's expeditions in the Indian Ocean, noting that Calicut was their main destination.[1]

From Ma Huan's chapter on Calicut, we know that Zheng He set up a stele in Calicut, and conferred titles of nobility on the local chiefs. The stele itself does not survive but Ma Huan records it as follows:

> In the fifth year of the Yongle [period] (1407) the court ordered the principal envoy Grand Eunuch Zheng He and others to deliver an imperial mandate to the king of this country and to bestow on him a patent conferring a title of honour, and the grant of a silver seal, [also] to promote all the chiefs and award them hats and girdles of various grades. [So Zheng He] went there in command of a large fleet of treasure ships, and he erected a tablet with a pavilion over it and set up a stone which said: "Though the journey from this country to the central country is more than a hundred thousand *li*, yet the people are very similar, happy and prosperous, with identical customs. We have here engraved a stone, a perpetual declaration for ten thousand ages"[2].

Zheng He only set up stone steles in territories he thought were important. This passage, therefore, shows that Calicut was a significant partner to China.

He Qiaoyuan (何乔远) of the late Ming also said in *Ming Shan Cang* (《名山藏》) that "Zheng He's expeditions started from his voyage to Calicut"[3]. However, Calicut was more than the fleet's destination during Zheng He's early voyages; it was also a

① Kurup K K N. Foreword. *In* Ayyar K V K ed. *The Zamorins of Calicut*. Calicut: University of Calicut, 1999:1. At the time of Zheng He's expeditions, Calicut was under the rule of the Zamorin regime.

② Ma H. *Ming Chaoben "Yingya Shenglan" Jiaozhu*. Wan M jiaozhu. Beijing: Haiyang Chubanshe, 2005: 63; Ma Huan: *Ying-yai Sheng-lan: The Overall Survey of the Ocean's Shores (1433)*. Mills J V G trans. Cambridge: Cambridge University Press, 1970: 138.

③ He Q Y. 何乔远 *Ming Shan Cang*. 名山藏 Yangzhou: Jiangsu Guangling Guji Keyinshe, 1993: 6211.

place of transit for the later voyages. Its role thus needs to be placed within the scope of the Indian Ocean as a whole, and given even further consideration.

We know that on the fourth voyage an important change took place: Zheng He's fleet went beyond Calicut to Hormuz. From then on, all the other voyages went to Hormuz.[1] Thus from the point of view of the expeditions, not only Calicut but also Hormuz was a great polity in the Namoli Ocean. In fact, to have the destination extended from Calicut to Hormuz, there must have been a major change in Ming overseas naval policy, as Zheng He's maritime activities show. A new route was opened up from Calicut, branching outward in different directions, especially towards Hormuz.

Hormuz was a key emporium of trade coming from and going to West Asia, Africa and even Europe, but Calicut was still in contact with regions in all directions, both by land and by sea. It served as a transfer station for trade to and from those areas around Hormuz. As Ma Huan's poem, "*Jixing Shi*", says, "Cochin and Calicut were connected to all of the foreign countries".[2]

Five routes branched out from Calicut to areas further west. These are listed below, together with supporting evidence from first-hand accounts. Calicut's pivotal role—in the literal sense of the word—in navigation and trade in the Indian Ocean is clear from these records.

1. From Calicut to Hormuz

The route from Calicut to Hormuz is clearly documented in Ma Huan's chapter on Hormuz:

> Setting sail from the country of Ku-li (Calicut), you go towards the northwest; [and] you can reach [this place] after travelling with a fair wind for twenty-five days. The capital lies beside the sea and up against the mountains. Foreign ships from every place and foreign merchants travelling by land all come to this country to attend the market and trade; hence the people of the country are

---

① Qian G. *Wu Du Wen Cui Xu Ji*, Vol. 28, "Dao guan". Siku Quanshu Zhenben.

② Ma H. *Ming Chaoben "Yingya Shenglan" Jiaozhu*. Wan M jiaozhu. Beijing: Haiyang Chubanshe, 2005: 3.

all rich.[①]

This passage clearly demonstrates the key role Hormuz played as an emporium of international trade at the time. Fei Xin corroborated the importance of trade in Hormuz: "From Calicut you can reach it in ten days and nights. The country is situated next to the ocean, and the people gather there to trade."[②] Fei Xin calculated the sailing time as ten days, whereas Ma Huan had said twenty-five days. This discrepancy is probably because the days and nights were counted differently.[③]

Hormuz originated from an old harbour city called Hemo (鹤秼) in Chinese, which in the Middle Ages was the most important port of the Persian Gulf. The thirteenth-century city was destroyed, so the port was moved to a nearby island. This became the new port called Hormuz and one of the major emporia of the Indian Ocean trade. The "*Mao Kun Map*" calls it Hormuz Island.[④]

---

① Ma H. *Ming Chaoben "Yingya Shenglan" Jiaozhu*. Wan M jiaozhu. Beijing: Haiyang Chubanshe, 2005: 91-92; Ma Huan: *Ying-yai Sheng-lan: The Overall Survey of the Ocean's Shores (1433)*. Mills J V G trans. Cambridge: Cambridge University Press, 1970: 165.

② Fei X. Xingcha Shenglan. *In* Lu J, et al. *Gujin Shuohai*. Chengdu: Bashu Shushe, 1988: 221. This passage is also included in Fei's book in the Ming edition of *Jilu Huibian* 纪录汇编 and quoted by Fei X. *Xingcha Shenglan Jiaozhu*. Feng C J jiaozhu. Beijing: Zhonghua Shuju, 1954: 37, but it is not translated by Mills J V G, Ptak R. *Hsing-ch'a Sheng-lan: The Overall Survey of the Star Raft*. Wiesbaden: Harrassowitz, 1996: 70.

③ W W Rockhill noted this discrepancy in journey time and said: "This was probably the time he {Ma Huan} took to make the journey, not the average time." See Rockhill W W. Notes on the relations and trade of China with the eastern archipelago and the coasts of the Indian Ocean during the fourteenth century. *Toung Pao*, 1915, 16 (3): 374-392.

④ Ma H. *Ming Chaoben "Yingya Shenglan" Jiaozhu*. Wan M jiaozhu. Beijing: Haiyang Chubanshe, 2005: 92; Ma Huan: *Ying-yai Sheng-lan: The Overall Survey of the Ocean's Shores (1433)*. Mills J V G trans. Cambridge: Cambridge University Press, 1970. The "*Mao Kun Map*" is Mills' name for the navigation chart that may have something to do with the ones used in Zheng He's voyages. In Chinese it is called *Zheng He Hanghai Tu* 郑和航海图, and this name suggests that it was the chart used by Zheng He himself, but this is by no means known for certain. Mills gave it this name because it was found in the collection of Mao Kun 茅坤 (1512-1601), and subsequently published by his grandson Mao Yuanyi 茅元仪 (1594-1640) in the collection of military documents known as *Wubei Zhi* 武备志. Mills has an appendix on the map. See Ma Huan: *Ying-yai Sheng-lan: The Overall Survey of the Ocean's Shores (1433)*. Mills J V G trans. Cambridge: Cambridge University Press, 1970: 236-302.

2. From Calicut to Dhofar

In his chapter on Dhofar (*Zufa'er* 祖法儿), Ma Huan says: "Setting sail from the country of Ku-li (Calicut) and travelling in the direction of northwest, with a fair wind you can reach [this place] after ten days and nights."[1] Fei Xin's text says that it could be reached in twenty days and nights. He adds: "The city wall was built of rocks and the houses of *luogu* (罗股) rocks."[2] In Zhao Rugua's *Zhu-fan Zhi*, Dhofar is called Nufa (奴发) and is listed among the Arabian countries. Fei Xin's *Xingcha Shenglan* and the *Mao Kun Map* call it Zuofa'er (佐法尔); the various ways of rendering the name are all similar in pronunciation to Zufar or Dhofar. Present-day Dhofar is in Oman in the southeastern part of the Arabian Peninsula.[3]

3. From Calicut to Aden

In his chapter on Aden (*Adan* 阿丹), Ma Huan says:

> Setting sail from the country of Ku-li and going due west—the point *tui* 兑 [on the compass]—you can reach [this place after] travelling with a fair wind for one month. The country lies beside the sea, and is far removed from the mountains. The country is rich, and the people numerous.[4]

Fei Xin said it could be reached in twenty-two days from Calicut. He too remarked: "The polity is near the sea."[5]

① Ma H. *Ming Chaoben "Yingya Shenglan" Jiaozhu*. Wan M jiaozhu. Beijing: Haiyang Chubanshe, 2005: 76; Ma Huan: *Ying-yai Sheng-lan: The Overall Survey of the Ocean's Shores (1433)*. Mills J V G trans. Cambridge: Cambridge University Press, 1970: 151.

② Fei X. *Xingcha Shenglan*. *In* Lu J, et al. *Gujin Shuohai*. Chengdu: Bashu Shushe, 1988: 221.

③ Ma H. *Ming Chaoben "Yingya Shenglan" Jiaozhu*. Wan M jiaozhu. Beijing: Haiyang Chubanshe, 2005: 76. Concerning Dhofar, also see Ma Huan: *Ying-yai Sheng-lan: The Overall Survey of the Ocean's Shores (1433)*. Mills J V G trans. Cambridge: Cambridge University Press, 1970.

④ Ma H. *Ming Chaoben "Yingya Shenglan" Jiaozhu*. Wan M jiaozhu. Beijing: Haiyang Chubanshe, 2005: 80; Ma Huan: *Ying-yai Sheng-lan: The Overall Survey of the Ocean's Shores (1433)*. Mills J V G trans. Cambridge: Cambridge University Press, 1970: 154.

⑤ Fei X. *Xingcha Shenglan*. *In* Lu J, et al. *Gujin Shuohai*. Chengdu: Bashu Shushe, 1988: 220. This passage is marked as a quotation from the *Jilu Huibian* edition by Fei Xin, *Xingcha Shenglan*, ed. Feng Chengjun, Part 2, 18, but it is not translated by Mills J V G, Ptak R. *Hsing-ch'a Sheng-lan: The Overall Survey of the Star Raft*. Wiesbaden: Harrassowitz, 1996: 98.

Today Aden is the capital of Yemen in the Arabian Peninsula. It is situated in what was then a strategic position: between China, India and the West. Ever since ancient times, it has been an important port on the Arabian Peninsula: a commercial center for East-West trade and an emporium of precious stones and pearls from West Asia.

4. From Calicut to La'sa

Of La'sa (剌撒), Fei Xin says: "From Calicut with a favourable wind in twenty days and nights one can reach it. The country is situated near the ocean. They use layered stones (*lei shi* 垒石) to make the city walls."[1] On the "*Mao Kun Map*", La'sa is west of Dhofar and east of Aden. Xiang Da identified it as Ras Sharwein. Chen Jiarong (陈佳荣) and others argue that it is present-day La'sa near [Ras] Mukalla, on the southern coast of the Arabian Peninsula.[2]

5. From Calicut to Makkah

Ma Huan said the following in his chapter on Makkah (*Tianfang guo* 天方国, today called *Maijia* 麦加):

> Setting sail from the country of Ku-li (Calicut), you proceed towards the southwest—the point *shen* 申 on the compass; the ship travels for three months, and then reaches the jetty of this country. The foreign name for it is Chih-ta {*Zhida* 秩达, Jeddah}; [and] there is a great chief who controls it. From Chih-ta you go west, and after travelling for one day you reach the city where the king resides; it is named the capital city of Mo-ch'ieh {*Mojia guo* 默伽国}.

Later in the chapter Ma Huan adds:

> In the fifth year of the Hsuan-te [period] an order was respectfully received

---

[1] Fei X. Xingcha Shenglan. *In* Lu J, et al. *Gujin Shuohai*. Chengdu: Bashu Shushe, 1988: 220. This passage is marked as a quotation from the *Jilu Huibian* edition by Fei Xin, *Xingcha Shenglan*, ed. Feng Chengjun, Part 1, 38, but it is not translated by Mills J V G, Ptak R. *Hsing-ch'a Sheng-lan: The Overall Survey of the Star Raft*. Wiesbaden: Harrassowitz, 1996: 72.

[2] See Chen J R, 陈佳荣 Xie F, 谢方 Lu J L. 陆峻岭 Gudai Nanhai Diming Huishi. 古代南海地名汇释 Beijing: Zhonghua Shuju, 1986: 980. It also translated by Ma Huan: *Ying-yai Sheng-lan: The Overall Survey of the Ocean's Shores (1433)*. Mills J V G trans. Cambridge: Cambridge University Press, 1970: 347-348.

from our imperial court that the principal envoy, the grand eunuch Cheng Ho and others should go to all the foreign countries to read out the imperial commands and to bestow rewards. When a division of the fleet reached the country of Ku-li, the grand eunuch Hung {Hong Bao 洪保} saw that this country was sending men to travel there; whereupon he selected an interpreter and others, seven men in all, and sent them with a load of musk, porcelain articles, and other such things; [and] they joined a ship of this country and went there. It took them one year to go and return. They bought all kinds of unusual commodities, and rare valuables, ch'i-lin {*qilin* 麒麟, giraffes}, lions, "camel-fowls" {*tuoji* 驼鸡, ostriches}, and other such things; in addition they painted an accurate representation of the "Heavenly Hall" {*Tiantang* 天堂}; [and] they returned to the capital.[①]

Fei Xin notes that Makkah "could be reached from Hormuz in forty days and nights"[②].

There has been some controversy over whether Zheng He or anyone in his entourage really went to Makkah. This is because some of his descriptions do not seem quite accurate. However, a few years ago, the tomb of Hong Bao was excavated in Nanjing, containing an inscription that substantiates the visit to Makkah by a fleet under Hong's command. The inscription is entitled "Da-Ming Duzhijian Taijian Hong Gong shouzangming" (大明都知监太监洪公寿藏铭).[③]

Makkah is located in Xijiazi (希贾兹, also called Hanzhi 汉志) in what is now Saudi Arabia. It is the holy land of Islam where, in 630 AD, Mohammad swept the Holy Temple, called the Ka'ba, cleared it of idols, eliminating all of the pantheistic

---

① Ma H. *Ming Chaoben "Yingya Shenglan" Jiaozhu*. Wan M jiaozhu. Beijing: Haiyang Chubanshe, 2005: 99, 103-104; Mills J V G. *Ma Huan: Ying-yai Sheng-lan—The Overall Survey of the Ocean's Shores (1433)*. Cambridge: Cambridge University Press, 1970: 173, 177-178.

② Fei X. Xingcha Shenglan. *In* Lu J, et al. *Gujin Shuohai*. Chengdu: Bashu Shushe, 1988: 222. Mills and Ptak did not translate this passage in Mills J V G, Ptak R. *Hsing-ch'a Sheng-lan: The Overall Survey of the Star Raft*. Wiesbaden: Harrassowitz, 1996: 104-105. It is marked as a quotation from the *Jilu Huibian* edition in Fei X. *Xingcha Shenglan Jiaozhu*. Feng C J jiaozhu. Beijing: Zhonghua Shuju, 1954: 26.

③ See Nanjing shi bowuguan, Jiangning qu bowuguan. 江宁区博物馆 Nanjing shi Zutangshan Mingdai Hongbao mu. 南京市祖堂山明代洪保墓 *Kaogu*, 考古 2012, (5): 41-52.

images that were in it, and turning it into a mosque. This became the holy place that all Muslims turn to face when they worship. In the Yuan period, Liu Yu's (刘郁) *Xishi Ji* (《西使记》) calls it Tianfang or Heavenly Square, and Wang Dayuan's *Daoyi Zhilue* calls it Tiantang or Heavenly Hall. The Ka'ba is also called "the place where Allah lives" (Bayt Allah). In *Lingwai Daida* and *Zhufan Zhi*, Makkah is written as Majia (麻嘉), and in *Shilin Guangji* (《事林广记》), it is called Mojia (默伽). All these different renditions of the name are similar in pronunciation to Makkah, and all refer to the same place, near the eastern coast of the Red Sea, which belongs to present-day Saudi Arabia.[1]

It was probably on Zheng He's fourth expedition that the Chinese fleet sailed directly to East Africa.[2] This marked an even further extension of the route taken by Zheng He's expeditions from the Calicut region across Indian Ocean. The inscription at Changle clearly says: "The fleet arrived at Hormuz, Aden and Mogadishu (*Mugudushu* 木骨都束) of the Western regions."[3] The modern Chinese name for the

---

[1] Ma H. *Ming Chaoben "Yingya Shenglan" Jiaozhu*. Wan M jiaozhu. Beijing: Haiyang Chubanshe, 2005.

[2] In Ming scholar Lu Rong's *Shuyuan Zaji*, 23, it is recorded that Zheng He's fleet reached African countries like "Brawa, Jubo, Mogadishu" on his third voyage starting in 1409. Based on this source, Shen Fuwei 沈福伟 also argued that Zheng He's fleet went to East Africa on his third voyage. See Zheng He baochuandui de Dong-Fei hangcheng.郑和宝船队的东非航程 *In* Jinian weida hanghaijia Zheng He xia Xiyang 580 zhounian choubei weiyuanhui, Zhongguo hanghaishi yanjiuhui. *Zheng He xia Xiyang Lunwenji Di Yi Ji*. Beijing: Renmin Jiaotong Chubanshe, 1985: 166-183. However, Duyvendak J J L argued in an early publication that Zheng He's fleet sailed to Africa only on his fifth voyage (1417-1419) and sixth voyage (1421-1422). See Duyvendak J J L. *China's Discovery of Africa*. London: Arthur Probsthain, 1949: 30, 32. Yen-kuang Kuo and Chen Zhongping's most recent research on the issue shows that Lu Rong's aforementioned record has been questioned by scholars. Thus, Shen Fuwei's argument based on Lu's record needs to be re-examined. Moreover, Duyvendak neglected the African visit of Zheng He's fleet on his seventh voyage in 1431-1433. Kuo and Chen's study also reveals the arrival of African envoys to the Ming court as early as 1416, right after Zheng He's fourth voyage in 1413-1415, implying the possibility for Zheng He's fleet to start expeditions to Africa on his fourth voyage beginning in 1413. See Guo Y G [Kuo Yen-kuang], 郭晏光 Chen Z P 陈忠平. Zheng He chuandui yuanhang Feizhou de zhuangju ji qi zai Yinduyang shijie de yingxiang. 郑和船队远航非洲的壮举及其在印度洋世界的影响 *In* Chen Z P ed. *Zouxiang Duoyuan Wenhua de Quanqiushi: Zheng He xia Xiyang (1405-1433) ji Zhongguo yu Yinduyang Shijie de Guanxi*. 走向多元文化的全球史：郑和下西洋（1405—1433）及中国与印度洋世界的关系 Beijing: Shenghuo·Dushu·Xinzhi Sanlian Shudian, 2017: 206, 210-211, 213-214, 216.

[3] Sa S W. Kaozheng Zheng He xia Xiyang niansui zhi youyi shiliao—Changle "Tianfei lingying bei" tapian. *In Zheng He Yanjiu Ziliao Xuanbian*. Beijing: Renmin Jiaotong Chubanshe, 1985: 104.

city of Mogadishu in Somalia is *Mojiadisha* (摩加迪沙); it is also sometimes written as Magadoxo. Fei Xin's description of the route is as follows: "From Xiao Gelan (小葛兰, Quilon) with a favourable wind one can reach Mogadishu in twenty days and nights. This polity lies on the seashore. The city wall is made of piled-up rocks (*dui shi* 堆石), and their houses are made of layered stone (*lei shi*)."[1]

Fei Xin also mentions Brawa (卜剌哇, today's Bulawa 布腊瓦 in Somalia) on the eastern coast of Africa: "From Beruwala in Ceylon, heading south with a favourable wind you can reach the Maldives (*Liushan Guo* 溜山国) in seven days and nights; then if you extend the journey to Brawa it takes twenty-one days and nights. This country borders on the polity of Mogadishu."[2] Like Brawa or today's Bulawa, both Mogadishu and its neighbouring country, Zhubu (竹步, Jubo), which is written as *Juba* (朱巴) in Chinese[3], are located in present-day Somalia.

From Beruwala (also called Berberyn) on the southern point of Ceylon, and from Calicut on the western coast of southern India, there are direct routes to Brawa or Mogadishu on the East African coast. The fleet then followed the eastern coast of Africa and headed south, extending the sea route to Malindi (马林迪) in present-day Kenya and Sofala (索法拉) in Mozambique.[4] The *Mao Kun Map* shows that Zheng He's fleet sailed across large bodies of water in the Indian Ocean—the Bay of Bengal,

[1] Fei X. Xingcha Shenglan. *In* Lu J, et al. *Gujin Shuohai*. Chengdu: Bashu Shushe, 1988: 219. The passage is also marked as a quotation from the *Jilu Huibian* edition in Fei X. *Xingcha Shenglan Jiaozhu*. Feng C J jiaozhu. Beijing: Zhonghua Shuju, 1954:21.

[2] Fei X. Xingcha Shenglan. *In* Lu J, et al. *Gujin Shuohai*. Chengdu: Bashu Shushe, 1988: 218. A part of the passage appears as a quotation from the *Jilu Huibian* edition in Fei X. *Xingcha Shenglan Jiaozhu*. Feng C J jiaozhu. Beijing: Zhonghua Shuju, 1954: 24. Mills J V G, Ptak R. *Hsing-ch'a Sheng-lan: The Overall Survey of the Star Raft*. Wiesbaden: Harrassowitz, 1996: 103-104.

[3] Fei X. Xingcha Shenglan. *In* Lu J, et al. *Gujin Shuohai*. Chengdu: Bashu Shushe, 1988: 219. Zhubu is written Giumbo by Mills J V G, Ptak R. *Hsing-ch'a Sheng-lan: The Overall Survey of the Star Raft*. Wiesbaden: Harrassowitz, 1996: 100-101.

[4] In December 1412, the Yongle Emperor ordered Zheng He's fleet to bestow gifts and edicts to overseas countries, including Sunla (孙剌), which scholars have identified as Sofala (索法拉) in Mozambique. In December 1416, the local products were presented as tribute to the Yongle Emperor from envoys of foreign countries, one of which was called Malin (麻林). Scholars have identified it as Malindi (马林迪) in Kenya. See Zhang Fu 张辅, *Ming Taizong Shilu* 明太宗实录 (Taibei: Taiwan "Zhongyang Yanjiuyuan" Lishi Yuyan Yanjiusuo, 1962, facsimile edition), vol. 134, 3a; vol. 183, 1A-B.

the Gulf of Oman to Aden, and even across East Africa, at the western extreme of the Indian Ocean. The furthest place they reached was Mombasa in Kenya.

According to Xiang Da, there are 500 place names on the "*Mao Kun Map*", of which about 200 are in China, and 300 are outside China, containing thus twice as many foreign place names as Wang Dayuan's *Daoyi Zhilue*. Xiang Da concluded: "This map is the richest in information about Asian and African geography of any of our [Chinese] maps before the fifteenth century."[1] In fact, it is the richest historical map of China and the Indian Ocean before the Western navigators sailed east in the fifteenth century, and it constitutes an important contribution to the maritime civilizations of the Indian Ocean.

Amongst the maritime activities with Calicut either as a destination or as a point of transit, Zheng He's expeditions sailed to various countries around the Indian Ocean within the short time span of twenty-eight years, extending China's state-sponsored long-distance expeditions to an unprecedented level. These seven expeditions to the Western Oceans constituted a magnificent feat of the largest scale in the history of the navigation of the Indian Ocean before the Europeans sailed east at the end of the fifteenth century. The huge contribution of the voyages was to invigorate political contact and economic exchange between China and the various polities of the Indian Ocean; they had a profound and far-reaching influence.

III. A Comprehensive Vision of the Indian Ocean: The Linkage of the Overland and Maritime Silk Roads between China and the West

Zheng He's Liujiagang and Changle inscriptions both say that on the fourth

---

[1] Xiang D zhengli. 向达整理 *Zheng He Hanghai Tu*. 郑和航海图. Beijing: Zhonghua Shuju, 1961: 5.

voyage he "led ships and troops to Hormuz and other countries"[1]. There are two main points we can infer about Hormuz in these inscriptions. First, we see from the list of places visited in each voyage that beginning with the fourth voyage, Hormuz was a main stop in each succeeding expedition. It is included in the general list of places that were visited, as well as in the specific lists for the fourth, fifth, and sixth voyages. (It is not listed under the seventh voyage because the inscriptions were only set up at the beginning of that voyage, in 1431, before the fleet left China's shores.)

Second, both inscriptions refer to Hormuz as belonging to the Western Regions (*Xiyu* 西域), rather than to the Western Oceans (*Xiyang*). The Liujiagang inscription says:

> From Taicang {Zheng He}sailed to Champa, Siam, Java, Cochin, Calicut, and reached Hormuz and other countries of the Western Regions, all together over thirty countries, large and small, covering over 100,000 *li*.[2]

The Changle inscription has a similar entry, speaking of "the Western Regions Hu-lu-mo-ssü (Hormuz), A-tan (Aden), Mu-ku-tu-shu (Mogadisho)" [3]. In these passages, Hormuz is noticeably mentioned among "polities of the Western Regions". In the past, the term *Xiyu* has referred to regions on the overland route, whereas *Xiyang* refers to polities of the maritime route. It seems significant that Hormuz, a port on the Maritime Silk Road, is referred to here by a term usually used for the places on the Overland Silk Road.

However, in other sources Hormuz is associated with the Western Oceans. Two of the three imperial edicts preserved in Gong Zhen's *Xiyang Fanguo Zhi* connect Hormuz with the Western Oceans rather than the Western Regions. The edict issued on

---

[1]   Qian G. *Wu Du Wen Cui Xu Ji*, Vol. 28, "Dao guan". Siku Quanshu Zhenben; Sa S W. Kaozheng Zheng He xia Xiyang niansui zhi youyi shiliao—Changle "Tianfei lingying bei" tapian. *In Zheng He Yanjiu Ziliao Xuanbian*. Beijing: Renmin Jiaotong Chubanshe, 1985: 104.

[2]   Qian G. *Wu Du Wen Cui Xu Ji*, Vol. 28, "Dao guan". Siku Quanshu Zhenben.

[3]   Sa S W. Kaozheng Zheng He xia Xiyang niansui zhi youyi shiliao—Changle "Tianfei lingying bei" tapian. *In Zheng He Yanjiu Ziliao Xuanbian*. Beijing: Renmin Jiaotong Chubanshe, 1985: 107.

13 January 1420 proclaimed the launch of the sixth voyage. It says that "the Grand Eunuch Yang Min and others were ordered to go to the Western Oceans, Hormuz and other countries on official business"[1]. The seventh voyage was ordered by an edict issued on 26 May 1430, saying that "today the Grand Eunuch Zheng He and others are ordered to go to Hormuz in the Western Oceans on official business with sixty-one large and small ships"[2]. Thus Hormuz was associated with both the Western Regions (*Xiyu*) in the inscriptions and the Western Oceans (*Xiyang*) in the edicts. Thus we can see that by this time, which was fifteen years after the first voyage, there was a certain merging of the Western Oceans and Western Regions.

It seems clear from these passages that people in the Ming were already conscious of a connection between the Western Regions and the Western Oceans and that Hormuz was part of that connection. Hormuz thus had a unique significance. Not only did Zheng He's fourth, fifth, sixth and seventh expeditions visit this port, but they also sent ships to make further journeys from there to the Red Sea and East Africa.[3] This port was not only where the East and the West came together and traded, but even more importantly, it was also where China came in contact with the West, where the maritime and overland silk routes met.

Here, we must remember another chapter in history, when Emperor Hongwu sent Fu An (傅安) and his entourage for a diplomatic mission overland to Samarkand. The diplomatic relations of the early Ming extended to all directions. Communications between the East and the West were wide open, via both the Western Regions and the Western Oceans, both land and sea routes. Parallel with Zheng He's seven expeditions on the sea route was the Ming's dispatch of diplomats overland to the Timurids. Fu An was sent six times, and Chen Cheng (陈诚) five, on diplomatic missions by the overland route. Thus both land and sea routes flourished; it was a breakthrough in the

---

[1] Gong Z. *Xiyang Fanguo Zhi*. Xiang D jiaozhu. Beijing: Zhonghua Shuju, 1961: 9.

[2] Gong Z. *Xiyang Fanguo Zhi*. Xiang D jiaozhu. Beijing: Zhonghua Shuju, 1961: 10.

[3] Concerning Hormuz, the newest research produced by Western scholars is Lian Y M 廉亚明 (Ralph Kauz), Pu T K 普塔克 (Roderich Ptak). *Yuan-Ming Wenxian zhong de Hulumosi*. 元明文献中的忽鲁谟斯 Yao J D trans. Yinchuan: Ningxia Renmin Chubanshe, 2007.

history of the communications between China and the West. The mission of Fu An to Timur (r. 1370-1405) took place in 1395. He was detained with his entourage by Timur for thirteen years. Although he was kept there against his will, he had the opportunity to travel within Timur's regime and see things he would not otherwise have seen. We are told by one of his biographers:

> From Xiaoanxi (小安西) he went west to Talas (*Taoluosi* 讨落思). [Fu] An then went further west to Isfahan (*Yisibuhan* 乙思不罕), and then south to Shiraz (*Shilasi* 失剌思). He also went to the various cities of Herat (黑鲁). Altogether he travelled many thousands of *li*.[1]

Although it was under captivity, this Ming envoy was able to travel, over a period of six years, to Talas, Isfahan and Shiraz in present-day Iran, and even to Herat in present-day Afghanistan. Thus this overland diplomatic mission travelled the furthest westward of any other such missions.[2] Fu An was detained until the sixth month of 1407, for a total of thirteen years before he was able to return to China. It should be remembered that by the time Zheng He sailed on his first voyage, Fu An had not yet returned. It may have been because the overland route was closed, due to Timur's hostilities, that Zheng He's expeditions were launched on the seas and had Calicut as their destination. It is logical to conclude that Zheng He was sent by sea to maintain contact with the Western Regions while the overland route was blocked.

The main destination for the early stage of Zheng He's maritime expeditions, in Hormuz or Calicut, was thus a place where the East and the West met on both land and sea Silk Roads. Both of them were pivotal connecting points between the "Western Regions" and the "Western Oceans". Yuan scholar Wang Dayuan's *Daoyi Zhilue* had already pointed out that Calicut (in its transcription, *Gulifuo* 古里佛) was a significant

---

[1] Wan S T. 万斯同 *Mingshi Jizhuan*, 明史纪传 *Vol. 53, "Biography of Fu An"*. (*Fu An Zhuan* 傅安传), Qing manuscript, in the National Library of China (Zhongguo Guojia Tushuguan 中国国家图书馆).

[2] On Fu An's diplomatic mission, see Wan M. 万明 Fu An xishi yu Ming chu Zhong-Xi lulu jiaotong de changda. 傅安西使与明初中西陆路交通的畅达 *In Ming Shi Yanjiu*. 明史研究 Hefei: Huangshan Shushe, 1992: 132-140.

port in the Western Oceans: "It was an important communications hub in the vast oceans; located close to Sengjialamier (僧迦剌密迩, Ceylon), it is the principal port for the various foreign polities of the Western Oceans."[1]

The accounts by Ma Huan, Fei Xin and Gong Zhen show that Calicut was a place where people gathered to carry out commerce and trade. If one assumes that Zheng He's expeditions went there for political motives alone, it is impossible to understand the full purpose of the voyages. They must also have been undertaken for commercial reasons. Fei Xin's poem on Calicut says:

> Calicut communicates with the Western Regions,
> It is unusual in its green mountain scenery.
> The people are content; there is no stealing,
> Families are well-off; there is no cheating. The governors are benevolent and tolerant,
> The people are very polite to each other.

> As I lift my brush to describe their customs,
> I feel we have much to learn from each other.[2]

Fei Xin was probably describing the same qualities that Ma Huan was referring to when he said they "seal their agreement with a hand-clasp", that is, their honesty when engaged in trade.[3] The poem also testifies that Calicut had a pivotal position not only in the "Western Oceans" but also in the "Western Regions." Shen Fuwei (沈福伟) even takes the extreme position that the term *Xiyang* refers to the name of a polity, i.e. Calicut[4], though he does accept that "going down to the Western Oceans"

① Wang D Y. *Daoyi Zhilue Jiaoshi*. Su J Q jiaoshi. Beijing: Zhonghua Shuju, 1981: 325. The translation follows Rockhill W W. Notes on the relations and trade of China with the eastern archipelago and the coasts of the Indian Ocean during the fourteenth century. *Toung Pao*, 1915, 16 (3): 374-392.

② Fei X. *Xingcha Shenglan Jiaozhu*. Feng C J jiaozhu. Beijing: Zhonghua Shuju, 1954: 35.

③ Ma H. *Ming Chaoben "Yingya Shenglan" Jiaozhu*. Wan M jiaozhu. Beijing: Haiyang Chubanshe, 2005: 66.

④ Shen F W. Zheng He shidai de Dong-Xi yang kao. In Jinian weida hanghaijia Zheng He xia Xiyang 580 zhounian choubei weiyuanhui. *Zheng He xia Xiyang Lunwenji Di Er Ji*. Nanjing: Nanjing Daxue Chubanshe, 1985: 222.

(*xia Xiyang*) refers to sailing on the Indian Ocean. The point is that Calicut and Hormuz share the same status as centers of international trade and commerce. They are both at intersection points between the Western Regions and the Western Oceans, where the East and the West came together. It may have been this special status of bringing the two worlds together that made Calicut the destination for Zheng He's early expeditions.

The same was also true of Makkah. Fei Xin mentions the Western Regions in his chapter on Makkah:

> From Hormuz this polity [Makkah] can be reached in forty days and nights. It is at the extreme end of the Western Sea. Some say that by land one can reach China from there in one year. "The land is mostly wild desert. It is the place of the old Yün-ch'ung {筠冲 *Yunchong*} and is [also] called 'The Western Region'."[1]

He also mentions the Western Regions in his poem about Makkah: Makkah is a rare treasure,

> Its customs and rituals have lasted long.
> In their hearts they respect the Earth,
> Performing their bows, they thank Allah.
> Their jade palace is in the Western Regions,
> Mountains and cities join across the vast expanse.
> Bright pearls and gems sparkle and gleam,
> Strange animals are easy to train.

---

[1] Fei X. Xingcha Shenglan. *In* Lu J, et al. *Gujin Shuohai*. Chengdu: Bashu Shushe, 1988: 222. The first part of this passage was not translated by Mills and Ptak, but the portion in quotes was translated by them in Mills J V G, Ptak R. *Hsing-ch'a Sheng-lan: The Overall Survey of the Star Raft*. Wiesbaden: Harrassowitz, 1996: 104. Their notes on *Yunchong* says it "is perhaps a transcription of Yathreb (Yatheret, etc.), Medina, or the surrounding territory, or perhaps Al-Hijaz, on the Red Sea coast?" Quoting from *Daoyi Zhilue*, Rockhill says: "It was anciently called the land of Yun-ch'ung." He also says: "There is a land route from Yunnan which, in a year or more, leads to this country. There is also a way thither by the Western Ocean." See Rockhill W W. Notes on the relations and trade of China with the eastern archipelago and the coasts of the Indian Ocean during the fourteenth century. *Toung Pao*, 1915, 16 (3): 374-392.

In the day, they are peaceful and happy,

In the evening, they gather in the marketplace to trade.

The scenery is lovely, the grain abundant,

Goods are plentiful, the grasses and trees are fragrant.

We remember our duty to do the people's will,

The Emperor's grace allows us to gaze at these roads and realms.

The words chosen for this poem may be commonplace,

But they are offered to your majesty with utmost sincerity.[1]

Thus we can see from the Ming writers who joined Zheng He's expeditions that the Western Oceans ended in the Western Regions. People of the Ming had thus clear realization that the Western Oceans and Western Regions were connected to each other. For this reason, I think that the maritime expeditions of Zheng He arose as an effort to link up the overland silk route of the Western Regions and the maritime silk route of the Western Oceans.

It should be noted that the main purpose of Chen Cheng's first embassy overland to the Western Regions in 1413 was to escort the Timurid envoys and others who had come from Herat to China back to their home country. After Chen's return, he submitted his account of the journey, *Xiyu Ji* (《西域记》), to the Yongle Emperor. Meanwhile, "the various polities of the Western Regions, including Herat, Samarkand, Karahojo, Turfan, Shiraz, Anduhui, and others, sent tribute consisting of leopards, Western horses and local products"[2]. When Chen Cheng served as the ambassador to the Western Regions he did not go to Hormuz or Makkah. At the beginning of the Ming, it was impossible to take the year-long land route between China and Makkah because the route was blocked. Therefore, the only choice was to go by sea.

It needs to be emphasized that the Liujiagang and Changle stele inscriptions, set up by Zheng He, say that Hormuz was in the Western Regions. I have elsewhere

---

[1] Fei X. *Xingcha Shenglan Jiaozhu*. Feng C J jiaozhu. Beijing: Zhonghua Shuju, 1954: 26. Mills and Ptak did not include the poems in their translation of the Makka chapter in Mills J V G, Ptak R. *Hsing-ch'a Sheng-lan: The Overall Survey of the Star Raft*. Wiesbaden: Harrassowitz, 1996: 104-105.

[2] Zhang F. *Ming Taizong Shilu*, Vol. 169, 2b-6b.

investigated the term "Western Oceans", pointing out the fact that Hormuz was categorized as one of the major polities of the Western Regions, but that after Zheng He's expeditions it was also called a port in the Western Oceans.[①] I have pondered the significance of this change from being regarded as a polity of Western Regions to being seen as one of the Western Oceans. When Zheng He took the sea route to Hormuz, he was joining one of the two silk routes between China and the West, the land and sea routes. The Silk Road had extended from the land to the sea, and in the process the overland and overseas routes were linked. The geographical entity that facilitated the linkage was precisely where Zheng He travelled—the Indian Ocean.

Zheng He's long-distance voyages were not accidental. They were part of a long-term trend toward increasing contact and exchange across the vast seas where Asian and African people had been in contact previously, and toward the development of peaceful trade among these regions. The fact that these long-distance voyages were state-sponsored naval activities accounts for their huge scale, their involvement of such a large number of people, and their penetrating influence. The poem at the beginning of Ma Huan's work says:

> From She-p'o again [the envoy] the Western Oceans broached, passing on by San Fo-ch'i, five islands he approached.
>
> The peaks of Su-men-ta-la in middle ocean [stand]; foreign merchants' sea-junks pass and gather in this land. A part of the flotilla to Hsi-lan went from here, and to Ko-chih and to Ku-li and all foreign [places] near.
>
> [There lies] the Liu mount country by Weak waters' southern shore; an endless route they travelled, and dangerous and sore.
>
> They wished to go to the Western Land, from afar they fixed their eyes; but they [only] saw the glint of the waves as they joined with the green of the skies.
>
> The shipmen lifted up their heads; the west with the east they mixed; only pointing to the star whereby north and south were fixed.

---

① Shi Xiyang. *In* Wang T Y, Xu K, Wan M eds. *Zheng He Yuanhang yu Shijie Wenming—Jinian Zheng He xia Xiyang 600 Zhounian Lunwenji*. Beijing: Beijing Daxue Chubanshe, 2005: 18.

Hu-lu-mo-ssu! close to the ocean's side;

to Ta-yuan and Mi-hsi the travelling merchants ride. Of the embassy of Po wang to distant lands we heard;

greater still the glorious favour in the present reign conferred![①]

The last two lines show that Ma Huan was comparing Zheng He's expeditions at the beginning of the Ming with the journey of Zhang Qian, who is credited with the accomplishment of having opened the Overland Silk Road. In doing so, he seems to be crediting Zheng He with opening up the Maritime Silk Road.

In history, Hormuz was often referred to as a great country of the Western Regions even before Zheng He's voyages. After the voyages, it was called a great country of the Western Oceans rather than of the Western Regions because of these expeditions. Thus we see that through Zheng He's expeditions, the people of the Ming Dynasty were able to open a channel from the Western Regions to the Western Oceans, and to make a seamless connection between the silk routes of land and sea. Seen in this way, the expeditions were a magnificent, epoch-making breakthrough in which a new period of oceangoing activities was created. Some people will say that Chinese people had already reached the Persian Gulf as early as the Tang period, and that in the Yuan period the maritime and overland Silk Roads were both in ascendance. However, we cannot forget that the Silk Road had already existed before Zhang Qian "opened up" the Western Regions. Otherwise there would have been no way for Zhang Qian to act as a diplomat from China to other polities, or to become a symbol of the Silk Road. The same is true for Zheng He's expeditions. Although people had navigated these waters long before, his voyages were the first large-scale state-sponsored maritime activities that China had undertaken in the region. They represented a concentration of manpower, resources and finances of the state. These voyages are unprecedented large-scale expeditions of the Chinese state into the Indian Ocean. For this reason, these words appear in Ma Huan's poem and not before.

---

① Ma H. *Ming Chaoben "Yingya Shenglan" Jiaozhu.* Wan M jiaozhu. Beijing: Haiyang Chubanshe, 2005: 2-3; Ma Huan: *Ying-yai Sheng-lan: The Overall Survey of the Ocean's Shores (1433).* Mills J V G trans. Cambridge: Cambridge University Press, 1970: 74.

Today we know that the Indian Ocean is the third largest ocean in the world. Its area is 74.91 million square kilometers, occupying one-fifth of the world's ocean surface. It includes the Red Sea, Arabian Sea, the Gulf of Aden, the Persian Gulf, the Gulf of Oman, the Bay of Bengal, the Andaman Sea, and other major bodies of water. In ancient times, the trade on the Indian Ocean gradually connected Asia, Africa and Europe together. The ancient world, for the most part, can be divided into three great trade regions: Europe, Arabia and India, and East Asia. From a geographical point of view, with each successive voyage that took him to Calicut, Zheng He expanded the East Asian trading region to include the Arab and Indian trading regions. On the fourth voyage, the fleet began to sail to East Africa, and from the fourth to the seventh voyages, it reached Hormuz in the Persian Gulf, which traded and had contact with Europe. Thus the Indian Ocean was an important communication route linking Asia, Africa and Europe. This is the significance of Zheng He's voyages.[1]

IV. Conclusion

In sum, at the time of Zheng He's expeditions at the beginning of the Ming period, these expeditions were called "going down to the Western Oceans" in both official and private writings. However, in the early Ming period, the term *Xiyang* (Western Oceans) had a narrow meaning, specifically referring to the Namoli Ocean, which is the Indian Ocean of today. For this reason, Zheng He's "expeditions to the Western Oceans" mainly meant his seven expeditions into the Indian Ocean. After the expeditions, the term "Western Oceans" became a general term for "overseas". However, we cannot forget that the original intention of the expeditions in the early Ming was to bring together the whole Indian Ocean. It is clear that a new evaluation of the historical significance of Zheng He's expeditions is needed.

---

[1] The overlapping of maritime and overland routes at the time of the voyages was independently noticed by Sally K. Church from a different set of information. The same eunuchs were sent as ambassadors to places on the ocean route as well as on the overland route. See Church S K. The giraffe of Bengal: A medieval encounter in Ming China. *The Medieval History Journal*, 2004, 7(1): 1-37.

Zheng He's seven expeditions into the Indian Ocean provided impetus for forging connections between the overland and maritime silk routes in the Indian Ocean. Motivated by the desire to establish peaceful, friendly relations and pursue common commercial advantages between China and all the countries along the coasts of the Indian Ocean, a lively Indian Ocean trade network took shape. It inspired a flourishing international trade across the vast waterways, making an important contribution to both the civilization of the Indian Ocean and that of the entire world. The work entitled *Shunfeng Xiangsong* (《顺风相送》), which was first written in the Yongle period when the expeditions were launched and became a popular guide to navigation in the sixteenth century, records the compass directions used by people of Ming Dynasty for sailing across the Indian Ocean. Their destinations included Luoli (罗里, Beruwala), Bengal, Calicut, Hormuz, Aden, Dhofar and the Nanwuli Ocean[1], which were places on the routes Zheng He had sailed. Furthermore, the maritime activities of the fleet during the 28 years of the early fifteenth century were undertaken by the Ming state as official expeditions. Zheng He's seven voyages in the Indian Ocean exhibited a trend for the great maritime state of Ming Dynasty to establish contact with the other strong oceanic countries, which left a deep impression on those countries in the Indian Ocean and secured China's position in the history of world navigation.

V. Acknowledgment

I would like to thank the two anonymous readers of the earlier version of the Chinese article, who gave invaluable suggestions for this paper. I'm also grateful to Sally K. Church for her translation of the article into English and her suggestions for further revision of the English version.

---

[1]　Xiang D jiaozhu. 向达校注 *Liang Zhong Haidao Zhenjing.* 两种海道针经 Beijing: Zhonghua Shuju, 1961: 21, 39-41, 76-81.

Zheng He's Seven Voyages to the Western Oceans and Malacca: The Rise of the Strait of Malacca[*]

I. Introduction

The Strait of Malacca or Selat Melaka in Malay is one of the most strategic waterways in the world. It is hemmed in by the Malay Peninsula and Sumatra Island, and it is connected to the Andaman Sea to its west and the South China Sea to its east. Then and now, it is the geographical pivot that links the four continents of Asia, Europe, Africa and Oceania, and the main channel that connects the Pacific Ocean and the Indian Ocean. Thanks to its strategic significance, its long history stretches back to the ancient civilizations of China and India. For centuries, Arab merchants had sailed from the Indian Ocean to China via this narrow channel. In view of the current profound changes in Sino-American relations and China's position in the region, the traditional reliance on the Strait of Malacca could pose uncertainties and risks for safe and uninterrupted passage in the conduct of maritime affairs. Research on reviewing the history of the Strait of Malacca is an academic exercise but it also has practical

* 原载《马来西亚华人研究》(*Malaysian Journal of Chinese Studies*, New Era University College, 2021.) 2021 年。收入本书时有订正。

significance.

At the beginning of the 15th century during the Ming Dynasty of China, Zheng He's seven voyages to the Western Oceans (*Xiyang*) signified China's attention to the sea. This was a move that potentially linked the continental and Maritime Silk Roads which converged in the Indian Ocean. This historical episode also marked a shift of the ancient Silk Road from its overland to maritime routes inevitably elevating the strategic importance of the Strait of Malacca.

This study is underpinned by a research framework of textual analysis of primary historical materials. Although certain recent publications also refer to the subject of the study, citing these sources is not consistent with the research aim which is to verify historical facts based on first-hand materials. These historical sources include Ma Huan's *Yingya Shenglan* (*The Overall Survey of the Ocean's Shores*), Fei Xin's *Xingcha Shenglan* (*The Overall Survey by the Star Raft*), Gong Zhen's *Xiyang Fanguo Zhi* (*A Record of Foreign Lands of the Western Oceans*), Zhang Xie's *Dong-Xi Yang Kao* (*East-West Maritime Investigations*), *Zheng He Navigation Charts* as well as other titles such as *Ming Taizong Shilu* (*True Record of Emperor Taizong's Reign*), *Zhengde Da Ming Huidian* (*Collection of Official Institutions of the Ming Dynasty*), and Wang Dayuan's *Daoyi Zhilue* (*A Synoptical Account of the Foreign Lands and Their Peoples*).[1]

After a review of the history of the Strait of Malacca, this study will examine the close correlation between the rise of the strait and the prosperity of the Malacca Sultanate in the early 15th century. This is followed by an investigation into the influence of Zheng He's voyages on the ascendancy of the Sultanate to become a maritime center of international trade and regional power. This event and the emergence of the Maritime Silk Road reflect the far-reaching influence of China's maritime diplomacy during the time of Zheng He's voyages. This study will throw light on the heyday of the Maritime Silk Road to offer a new perspective on the history

---

[1] The historical manuscripts are in the form of different drafts and editions without any "publication" date. There are 29 editions of Ma Huan's manuscript and block copies. The *Ming Shilu, Ming Taizu Shilu* are available in three revised versions but were not published in the Ming or Qing Dynasties. The original years of appearance of other historical titles are similarly unavailable.

of the Strait of Malacca in the context of the 21st century Belt and Road Initiative.

1. Malacca and Zheng He's Voyages

From the perspective of global history, the voyages led by Zheng He at the turn of the 15th century initiated maritime contacts between the East and West Asia through the Strait of Malacca to complement the ancient overland contacts in Eurasia. Little known about the East before then, this narrow waterway became identified with the ancient city of the coastal settlement of Malacca or Man-La-Jia (Malacca) to the Chinese during the Ming period. The founding of Malacca just prior to Zheng He's voyages augured well for the fortunes of the settlement during that time. Its commanding position overlooking the narrow straits was a decisive factor in its emergence as a regional center and this advantage was soon much enhanced by the visits of Zheng He and his fleet. Both these events were to establish the importance of the Strait of Malacca and to consolidate its role in regional affairs.

2. The Rise of the Malacca Sultanate

The name "Man-La-Jia" featured prominently in the classical accounts of members of Zheng He's voyages as they chronicled their travels and encounters or through the works of Ming Dynasty officials. Among them were Ma Huan's *Yingya Shenglan*, Fei Xin's *Xingcha Shenglan*, Gong Zhen's *Xiyang Fanguo Zhi*, Zhang Xie's *Dong-Xi Yang Kao* as well as the ground-breaking *Zheng He Navigation Charts*. All these sources recorded the place name of "Man-La-Jia". According to the *Malay Annals* (*Sejarah Melayu* in Malay) believed to be authored by Abdullah Ham'mat Shah[1], when Parameswara, the founder of the Kingdom of Malacca, was resting under a shady tree, he saw his hound chasing a mouse deer but itself was driven back into the water. He said: "This is a good place, even the mouse deers are very brave. Let us build a city here." Then he named the city after the tree which he was resting under as "Malacca".[2] "Malacca" has also been explained as "gathering" or "assembling" possibly after the Arab term for market or commercial centre, namely "Molakot". Regardless of how the

---

[1] Abdullah Ham'mat Shah, Sultan. *Malay Annals*. Hsu Y T trans. and annotates. Singapore: Singapore Youth Book Company, 1966. (Original work published in 1612).

[2] Zhang L Q. *History of Malacca*. Singapore: Zheng Chengkuai Memorial Committee, 1941.

name originated from a historic perspective, the Strait of Malacca was named after the Kingdom of Malacca in the 15th century whose rise was inseparable from the Strait of Malacca.

During the reign of Emperor Zhu Yuanzhang (1368-1398), the first emperor of Ming Dynasty, Malacca was not recorded among the 30 countries which had diplomatic links with China. According to Chinese historical documents, Malacca was first mentioned in Chinese records in 1403 or in the first year of the reign of Emperor Zhudi, the third emperor of Ming Dynasty. According to the *Ming Taizong Shilu*, an official chronicle compiled by the Ming court, it was in October 1403 in the lunar calendar that the Emperor sent the eunuch Yin Qing to issue imperial proclamations in countries including Malacca and Kochi and to bestow woven gold valances and umbrellas to their kings. Two years later, Parameswara, the ruler of Malacca, instructed an envoy and his entourage to sail to China with Yin Qing to pay tribute to the Ming court. Ma Huan, an interpreter accompanying Zheng He's voyages, recorded in his book *Yingya Shenglan* that Malacca was formerly not designated as a "country." The territory was controlled only by a chief and was subordinated to Siam. It paid an annual tribute of forty *liang* (a traditional Chinese weight unit equivalent to about 37.3 grams), spangled gold silk gauzed rapes and parasols, together with patterned fine silks and coloured silks, and if it did not pay, then Siam would send men to attack it.[1]

It was obvious that Malacca was a dependency of Siam and Parameswara was only a chief. It was after the visit of his envoy to China that he was confirmed by Emperor Yongle as a king. Furthermore, in response to the envoy's request, Emperor Yongle also granted Malacca a stone tablet with an inscription as a sign of China's protection of the Sultanate. Wang Gengwu claimed that "Malacca was the first overseas country to receive a stone tablet bestowed by Emperor Yongle, and this fact

---

[1] Ma Huan: *Ying-yai Sheng-lan: The Overall Survey of the Ocean's Shores (1433)*. Mills J V G trans. Cambridge: Cambridge University Press, 1970: 108. (Original work n.d.)

is remarkable"[1]. Indirectly, this act might reflect the emperor's awareness of the geographical importance of Malacca and its strategic position leading directly to the Indian Ocean. For Parameswara, "the arrival of Zheng He's ships provided a powerful mechanism to cement connections between the imperial center and its distant tributary"[2].

An account of the geographical environment and living conditions of Malacca was given by Ma Huan, who accompanied Zheng He on his third voyage in 1409:

> On the southeast of the country is the great sea; on the northwest the seashore adjoins the mountains. All is sandy, saltish land. The climate is hot by day, cool by night. The fields are infertile and the crops poor; and the people seldom practise agriculture...the men mostly practise fishing for a livelihood; they use a dug-out boat made from a single tree-trunk, and drift on the sea to get the fish.[3]

An immediate impact of the new relationship between the Ming court and the Sultanate enabled Malacca to shake off the control of Siam. According to historical records, in October 1407, the kings of Sumatra and Malacca dispatched envoys to China to complain about Siam for invading them and seizing their seals issued by the Ming court. In order to maintain regional peace and the trust of Malacca, the Ming court ordered Siam to return the seals to Malacca. Siam was to abide by diplomatic protocols and observe good-neighbourly relations. Siam subsequently sent envoys to China in recognition of the Ming court's role in keeping regional peace. In September 1409, Zheng He arrived as an envoy to Malacca during his third voyage. According to the official chronicles of Ma Huan and Fei Xin, who accompanied Zheng He on his voyages, the ruler of Malacca was bestowed two silver seals, an official cap, a girdle,

[1] Wang G W. *Southeast Asia and Chinese People: Collected Papers of Professor Wang Gengwu*. Beijing: China Friendship Publishing Company, 1987.

[2] Clulow A. Zheng He (1371–c. 1433). *In* Martel G ed. *The Encyclopedia of Diplomacy*. New York: Wiley Press, 2018: 1-2.

[3] Ma Huan: *Ying-yai Sheng-lan: The Overall Survey of the Ocean's Shores (1433)*. Mills J V G trans. Cambridge: Cambridge University Press, 1970: 109-110. (Original work n.d.)

a robe and the title of "Sultan" by the Ming Emperor. Malacca subsequently became a kingdom and "thereafter Siam did not dare to invade it"[①].

3. Determining the Number of Visits by Zheng He to Malacca

The Malacca-China relationship was inseparable from the visits of Zheng He. A key issue in examining this relationship is the number of visits made by Zheng He to Malacca. The general assumption is that five such visits were made. A mural on the wall of the Malaysian National Museum in Kuala Lumpur depicts a ship flying a flag with Zheng He's family name "Zheng" and the year "1409". The implication is that Zheng He first arrived at Malacca during his third voyage in 1409, and thus visited Malacca only in five occasions. However, this assumption is subject to dispute.

The claim that Zheng He's first visit to Malacca occurred on his third voyage is based on three historical sources. Both Ma Huan's *Yingya Shenglan* and Fei Xin's *Xingcha Shenglan* mentioned that Zheng He's first visit was made during his third voyage. The third source, the *Ming Shilu* was silent on whether Zheng He visited Malacca during his first two voyages. The inscriptions carved on the stone tablet which was set up by Zheng He to record the seven voyages made no mention of Malacca on the first and second voyages. However, the careful analysis of the records casts doubts on the veracity of these claims.

To date, there is insufficient evidence to show who was the Chinese envoy and who extended formal recognition to the Malacca Sultanate on behalf of the Emperor. The purpose of this study is to ascertain the identity of this envoy. The general belief was that the China-Malacca relationship was established during Yin Qing's voyage, and that Zheng He's first voyage showed no direct contact with Malacca. Yin Qing was sent to Malacca in October of the first year of Yongle period (1403); he returned to China in September two years later (1405), but there is no evidence that he was ordered to extend the Ming court's formal recognition of the Sultan of Malacca. The envoy and entourage of Malacca came with his fleet to pay tribute to China and received Emperor Yongle's recognition of their ruler's status and the imperial seal. In

① Ma Huan: *Ying-yai Sheng-lan: The Overall Survey of the Ocean's Shores (1433)*. Mills J V G trans. Cambridge: Cambridge University Press, 1970: 109. (Original work n.d.)

response to the envoys' request, Emperor Yongle granted Malacca a stone tablet with inscriptions written in his own hand. This historic event is documented in *Ming Shilu* and another court document known as *Zhengde Da Ming Huidian* provided a similar account. Compiled during the reign of Emperor Wuzong, the tenth emperor of the Ming Dynasty, the *Zhengde Da Ming Huidian* documents the laws and affairs of the preceding rulers of the Ming Dynasty. The chapter on Malacca Kingdom recorded that in the third year of Yongle period, the envoy of Malacca arrived to pay tribute. However, the account in the *Ming Shilu* is incomplete as the records did not mention when the Sultan's envoy returned to Malacca and who accompanied him in this journey. The question remains as to whether it could have been Zheng He himself.

4. Possibility

Based on the time and duration of Zheng He's first voyage, it was possible that Zheng He sailed to Malacca as the emperor's envoy. This was supported by official documents including the *Ming Taizong Shilu*. In June 1405, Emperor Yongle issued an order sending Zheng He on his first voyage to the Western Oceans. Three months later, in September 1405, the ruler of Malacca was formally recognized when his envoys visited China. There was seemingly no connection between these two events because Zheng He's first voyage was ordered before Emperor Yongle's formal recognition of the Malacca ruler. Based on this argument, it is not surprising to conclude that Zheng He did not go to Malacca during his first voyage. However, there is no historical record of Zheng He's first voyage in the imperial chronicles. Considering that Zheng He and his retinue might have taken a period of time after the emperor issued the order in June to make preparations for the voyage, it is highly possible that Zheng He met the Malacca envoys in China in September. According to the *Ming Xuanzong Shilu* which is the official records of fifth Emperor's reign, Zheng He's seventh voyage was officially commissioned by the Emperor in June 1430. Remarkably, the imperial orders of Zheng He's seventh and first voyages were issued in June. However, the embarkation of the seventh voyage took place only at the beginning of 1431. [1]It may therefore be

---

[1]　Zhu Y M. *Historical Events of Early Ages of the Ming Dynasty.* Deng Z C annotates. Beijing: Peking University Press, 1993: 1415. (Original work n.d.)

logical to infer that Zheng He might have spent a period of time preparing for his departure on his first voyage. Although the emperor issued the order in June 1405, Zheng He's fleet might have set off as late as the following year because of the monsoons. This would have provided an opportunity for Zheng He to meet the envoys from Malacca in September 1405. Since the documents are silent on the envoy's return trip to Malacca, it may be inferred that they have been escorted back by Zheng He's fleet on his first voyage. It was also Zheng He's responsibility as the Ming court's envoy to extend formal recognition to the Sultan.

5. Inevitability

Voyages between China and Southeast Asia were naturally affected by the monsoons and ocean currents. Ma Huan's records show that Zheng He's fleet arrived at Zhan City (Champa or central Vietnam) and Java as the first and second stops before sailing to Malacca. In the chapter on the Malacca Sultanate, the *Yingya Shenglan* begins with an account of the location of Malacca:

> From Zhan City you go due south, and after travelling for eight days with a fair wind the ship comes to Long Ya Men; after entering the Straits you travel west, and you can reach this place in two days. Formerly the place was not designated a "country"; and because the sea hereabouts was named "Five Islands".[①]

This description indicates that Malacca is located on the navigation route after the Lung Ya Straits (Long Ya Men) and Five Islands (Wu Yu). Lung Ya Straits is the current Selat Panikam south of Singapore. It was once called the Long Ya (meaning Dragon's Teeth) because there are high peaks standing on both sides, like sharp teeth piercing the sky. Today, it is called Keppel Harbour. The sequence of Zheng He's arrivals at different places along this route is also evidenced by Ma Huan's poem commemorating the journey in *Yingya Shenglan*: "From She-p'o again [the envoy] the Western Ocean

① Ma Huan: *Ying-yai Sheng-lan: The Overall Survey of the Ocean's Shores (1433)*. Mills J V G trans. Cambridge: Cambridge University Press, 1970: 108. (Original work n.d.)

broached; passing on by San Fo-ch'i, Wu Yu he approached."[1] San Fo-ch'i is the ancient name of present-day Palembang in Sumatra Island.

The Strait of Malacca was already the thoroughfare of East-West traffic and where the monsoons from the Indian Ocean, the South China Sea and the Java Sea intersected. Maritime travel was then determined by the monsoons and ocean currents that enabled smooth sailing to and from the Asian continent and Southeast Asia on alternative seasons. In the Indian Ocean, the northeast trade winds blow from the Indian subcontinent in winter and the southwest monsoons reverse the flow in summer. Zheng He's voyages entailed sailing to and from Strait of Malacca across the North Indian Ocean. His fleet sailed westward in winter and eastward in summer. Similarly, he embarked on his return voyages to China when the monsoons flowed northeast in summer, taking advantage of sailing downwind along the entire route. It was from Malacca where the fleet would set sail to China.

In his book entitled *Qian Wenji*, Zhu Yunming offered anecdotal accounts of Zheng He's seventh voyage. [2] The details help to reconstruct a comprehensive understanding of Zheng He's voyages to the Indian Ocean. Zheng He's fleet assembled at Changle Port in the estuary of Minjiang River in southeast China on February 26, 1431. Hindered by the monsoons, his voyage was delayed until winter, when the northeast monsoons began to flow toward insular Southeast Asia. Setting off from the estuary of the Minjiang River on December 9, Zheng He arrived at Zhan City 15 days later. Subsequently, on January 11, 1432, the voyage continued southward to the Sunda Islands with the monsoons and arrived at east Java's Su-lu-ma-i (Surabaja) on February 6. As the monsoons and ocean currents were not favourable for sailing westward, the fleet was forced to wait for the arrival of southeast trade winds that blow from the south of the equatorial region in summer to sail northwest. Specifically, the fleet set out on June 16 and arrived at Palembang on June 27 before continuing from here on

---

[1] Ma Huan: *Ying-yai Sheng-lan: The Overall Survey of the Ocean's Shores (1433)*. Mills J V G trans. Cambridge: Cambridge University Press, 1970: 74. (Original work n.d.)

[2] Zhu Y M. *Historical Events of Early Ages of the Ming Dynasty*. Deng Z C annotates. Beijing: Peking University Press, 1993. (Original work n.d.).

July 1, and arrived at Malacca a week later. After a one-month break, the fleet headed northwest on August 8 on a ten-day voyage to Sumatra. The monsoons would then assume a clockwise circulation from the North Indian Ocean to impede the travel further to the northwest. The fleet had to make a temporary stop in Sumatra until October when the monsoons gathered speed in winter and the North Indian Ocean currents moved anticlockwise. They departed on October 10 and arrived at Beligam in Sri Lanka on November 6, where they sailed onward on November 10 and arrived at Kuli (present-day Calicut in southwest India) on November 18. Four days later, on November 22, they sailed to Hormuz and arrived on December 26.

On February 18, 1433, the fleet started the return voyage to China. Upon arriving at Kuli on March 11, the fleet sailed at full speed with the monsoons until March 20 before arriving at Sumatra on April 6. They left on April 12 and reached Malacca on April 20. The voyage from Malacca sailed through the dangerous waters of the surrounding Kunlun Sea near the Vietnam coast on May 10. The fleet arrived at Chikan on May 23, at Champa on May 26, and finally returned to Taicang in Jiangsu Province of China on June 21.[1]

A careful examination of Zheng He's routes reveals that the monsoon regime and ocean currents were the determining factors in the direction and duration of the arrival and department of the fleet. The conventional view that Zheng He arrived at Malacca on only five occasions lacks logical basis, and it is most possible that he made seven visits.

6. Certainty

To sail from China to the Indian Ocean, Zheng He's fleet must pass through the Strait of Malacca. In the inscriptions written by Zheng He and his assistants, the destination of his first voyage was Kuli, and an important goal was to capture the pirate leader, Chen Zuyi. Malacca was right on the route of Zheng He's voyage after Old Haven or Palembang. Starting the journey from Palembang, with a fair wind he would

---

① Zhu Y M. *Historical Events of Early Ages of the Ming Dynasty*. Deng Z C annotates. Beijing: Peking University Press, 1993: 1415-1416. (Original work n.d.)

arrive here after eight days and nights.[1] Ma Huan also described the location of Old Haven in *Yingya Shenglan*: "Old Haven is exactly the same country as that formerly named San Fo-ch'i, and the foreigners call it by the name 'P'o-lin-pang'. It is under the sovereignty of Java. On the east it adjoins the country of Java, on the west it adjoins the borders of the country of Malacca."[2]

After capturing Chen Zuyi in Old Haven, it was natural for Zheng He's fleet to sail up to Malacca. Returning from his first voyage in September 1407, Zheng He was recorded in *Ming Taizong Shilu* to sail to several countries, such as Kuli and Malacca. This is a reference to Zheng He's visit to Malacca during his first voyage. It can be confirmed that Zheng He's first voyage to the Western Oceans was at the beginning of the fourth year of the Yongle period, and he returned to China in September of the fifth year of the Yongle period.

Piracy was a threat in the Strait of Malacca before the 15th century. Wang Dayuan, a Chinese navigator in the Yuan Dynasty, gave an account of the Strait of Malacca before the 15th century in his book *Daoyi Zhilue*. Specifically, he described the piracy in the Strait of Malacca in the chapter named "Long Ya Men".

When returning to China after sailing to the Western Oceans, once arriving at Karimon (an island near Java), the ship's crew have to drive an arrow shed, set up a curtain and use sharp weapons to guard against pirates. Two or three hundred ships of pirates will surely come, so they need to fight against the pirates for several days. If they are lucky enough to get along with the wind, they might miss the pirates. Otherwise, people will be killed and the goods will be seized, then people will die in an instant.[3]

① Fei X. *The Overall Survey by the Star Raft*. Feng C J annotates. Beijing: The Commercial Press, 1938. (Original work n.d.); Mills J V G, Ptak R. *Hsing-ch'a Sheng-lan: The Overall Survey of the Star Raft*. Wiesbaden: Harrassowitz, 1996. (Original work n.d.)

② Ma Huan: *Ying-yai Sheng-lan: The Overall Survey of the Ocean's Shores (1433)*. Mills J V G trans. Cambridge: Cambridge University Press, 1970: 98. (Original work n.d.)

③ Wang D Y. *Synoptical Account of Foreign Lands and Their Peoples*. Su J Q annotates. Beijing: Zhonghua Book Company, 1981: 214. (Original work n.d.)

Lung Ya Straits is the entrance to the Strait of Malacca. The Strait of Malacca was a pirate-infested and dangerous route. With the capture of Chen Zuyi, the suppression of piracy established a degree of security in the straits and promoted travel and trade, directly contributing to the prosperity of the Malacca Sultanate.

7. Identification of Errors in the Historical Materials

Based on the analysis above, it was very probable that Zheng He and his fleet visited Malacca on each of the seven voyages to the Western Oceans. The error in the number of voyages made by Zheng He to Malacca may be traced to the dating recorded in the writings of Ma Huan and Fei Xin. Both these chroniclers had accompanied Zheng He to the Western Oceans and mentioned Zheng He arrived at Malacca during his third voyage. In the chapter on the Kingdom of Malacca in *Yingya Shenglan*, Ma Huan wrote:

> In the seventh year of Yongle reign (1409), the emperor ordered the plenipotentiary envoy the grand eunuch Zheng He and others to assume command of the treasure-ships, and to take the imperial proclamation and to bestow upon this chief two silver seals, a hat, a girdle and a robe. Zheng He set up a stone tablet and raised the place to a city; and it was subsequently called the country of Malacca.[1]

Similarly, Fei Xin in the chapter "Kingdom of Malacca" of *Xingcha Shenglan* also recorded 1409 as the date of Zheng He's first arrival. Ma Huan referred to Parameswara as "this chief" in 1409. This was obviously inconsistent with other records which recognized Sultan as a king in 1405. In October 1405, Emperor Yongle granted the inscription of the stone tablet on the status of Malacca. It was unlikely that this tablet was brought by Zheng He to Malacca as late as 1409. Instead, attention should be focused on the fact that the Ming emperors had formally recognized the Sultan twice. A reasonable explanation is that in 1405 during Zheng He's first voyage, he was ordered by Emperor Yongle to confirm Parameswara as the king of Malacca.

---

[1] Ma Huan: *Ying-yai Sheng-lan: The Overall Survey of the Ocean's Shores (1433)*. Mills J V G trans. Cambridge: Cambridge University Press, 1970: 108. (Original work n.d.)

Two years later, in 1407, the imperial seal granted to Malacca was seized by Siam and Parameswara sent envoys to the Ming court to lodge his complaint. Zheng He was ordered by Emperor Yongle in 1409 to reconfirm the status of Parameswara, which occurred during his third voyage. This historical fact was recorded in several official documents of Ming Dynasty such as *Ming Shilu, Ming Taizong Shilu* and *Zhengde Da Ming Huidian*. These documents were compiled by imperial authorities and all gave the same dates. The accounts of Ma Huan and Fei Xin may be scrutinized further. Despite their reliable accounts of the places visited, this might not be the case with the recording of dates. This could be due to several reasons. Firstly, Fei Xin and Ma Huan only joined Zheng He during the third and fourth voyages, respectively. Hence they probably had limited information on the events of the earlier voyages. They might not be clear on Zheng He's prior confirmation of the Malacca ruler's status in his first voyage or that Zheng He was ordered to reconfirm the Malacca Sultan formally in the third voyage. Secondly, Ma Huan and Fei Xin, who only chronicled Zheng He's voyages after his third voyage, completed their accounts as individual writers and thus did not have the authoritative status as the official chroniclers of the Ming court.

The above analysis shows that the Chinese fleet sailing to Kuli must pass through the Strait of Malacca. Following the first voyage, Zheng He established a strong connection with the Malacca Sultanate. In view of the strategic position of Malacca, the fact that Zheng He's fleet dropped anchor in Malacca during each of his voyages and on the way to or from the Indian Ocean was a logical and rational decision. According to Chinese historical documents, the friendly relations between China and Malacca during the period from 1411 to 1433 were cemented by the visits of envoys from Malacca on up to 15 occasions. Besides, Parameswara himself made visits to China on five occasions. The grandest visit took place in 1411 when the Sultan led an entourage of more than 540 people, including his wife, to pay his homage to Emperor Yongle, who welcomed them with a royal banquet. The record states that "the emperor then granted them a newly-built large ship and ordered them to sail back to Melaka and defend the land"[1]. During the Yongle period, there were 60 translators and

---

[1]   Gong Z. *A Record of Foreign Lands of the Western Oceans.* Xiang D annotates. Beijing: Zhonghua Book Company, 1959: 17. (Original work n.d.)

interpreters in the Ministry of Rites, among whom one was proficient in the languages and affairs of Malacca. This shows that China-Malacca relations were those between a major power and an emerging country. This symbolized a new form of international relationship that was different from that of the Yuan Dynasty's attack on Java to set up a local administration, and that of the later Portuguese policy of conquest.

After Zheng He completed his seventh voyage, the Sultan of Malacca, Sultan Muhammad Shah who had once taken the title of Seri Maharaja, visited China in 1433 and was warmly entertained. He stayed in China for one and a half years and witnessed the occasion of the death of Emperor Xuanzong and the ascension of Emperor Yingzong. The imperial edict confirmed the special status of Malacca when the emperor assigned eight large ships to accompany the ruler's return voyage to Malacca. In contrast, the envoys of 11 other countries had to make their own arrangements to sail home.

The development of close relations between China and Malacca was beneficial to the interests of both countries. The Ming court had demonstrated its recognition of Malacca by both ceremonial and military means. The Ming emperor also instructed Zheng He to suppress pirates to guarantee the security of the Strait of Malacca as a key maritime route and thus accelerated the rise of Malacca. The monsoons too further reinforced the nodal position of Malacca for maritime navigation between East and West Asia and the essential intermediate station for voyages to India and distant lands.

From the rule of the first Sultan, Parameswara, Malacca was to be seen as a safe haven for the Chinese fleets to stow goods and facilitate the onward voyage to the Indian Ocean. In this manner, the cooperation of Malacca contributed to Zheng He's success in maritime diplomacy while at the same time boosted the rise of Malacca. Zheng He's seven visits to Malacca during his voyages to the Western Oceans opened up a peaceful maritime route, and encouraged multilateral cooperation and contributed to the expansion of international trade and the prosperity of Malacca. Specifically, Zheng He's voyages made the Maritime Silk Road safe, consolidated Malacca's "commercial appeal" to merchants from different territories and enhanced its international status as a regional entrepot port.[1] The role of Malacca as a staging post for Zheng He was vividly described in *Yingya Shenglan*.

> Whenever the Chinese treasure ships arrived there, they at once erected a line of stockading, like a city-wall, and set up towers for the watch-drums at four gates; at night they had patrols of security guards carrying bells; inside, again, they erected a second stockade, like a small city-wall, within which they constructed warehouses and granaries; and all the money and provisions were stored in them.[2]

From Malacca, ships from Zheng He's fleet set off to different countries in the Indian Ocean and promoted maritime diplomacy and trade. Back in Malacca, the fleet waited for the southwest monsoons in the middle of May before putting out to sea on its homeward voyage with cargoes of foreign goods.[3] According to Keith Taylor, an American historian, Malay history "as a collective memory, can thus be said to begin with Malacca"[4]. The Malacca Sultanate was in fact the embodiment of the glorious past of Malaysia and the historical memory of the Strait of Malacca.

II. The Establishment of the International Trade Centre in Malacca and the Highlight of the Strait of Malacca

The establishment of relations between China and Malacca in the early 15th century was a symbol of active cooperation among countries along the Maritime Silk Road. For nearly 30 years, Zheng He's travels to the Indian Ocean furthered regional

---

① Kennedy J. *A History of Malaya*. 2nd ed. New York: St. Martin's Press, 1970: 3.

② Ma Huan: *Ying-yai Sheng-lan: The Overall Survey of the Ocean's Shores (1433)*. Mills J V G trans. Cambridge: Cambridge University Press, 1970: 113. (Original work n.d.)

③ Ma Huan: *Ying-yai Sheng-lan: The Overall Survey of the Ocean's Shores (1433)*. Mills J V G trans. Cambridge: Cambridge University Press, 1970: 113. (Original work n.d.)

④ Taylor K. The early kingdoms. *In* Tarling N ed. *The Cambridge History of Southeast Asia (Vol.1): From Early Times to c. 1800*. Cambridge: Cambridge University Press, 1993: 176.

trade in commodities through Malacca. The desire for peaceful and friendly relations in pursuit of common interests between China and the territories of Southeast Asia and the Indian Ocean had given a strong impetus to the emergence of a regional trade network.[1] The vibrant commercial and trade activities led to an influx of traders from different countries, leading to the development of an international trade center in the Strait of Malacca for the first time in the history of the region, which grew into one of the most prosperous ports of the time. Malacca had linked Asia, Africa and Europe in economic and cultural contacts, and promoted trade across the Pacific Ocean and the Indian Ocean. The maritime route provided the shortest and best conduit that facilitated economic exchanges between West Asia and the robust market demands in East Asia, enabling all countries to seek their "ideal resources and markets at a lower cost"[2].

Nearly a century later, the Portuguese arrived at the East through the Cape of Good Hope. Vasco da Gama reached Kuli in India in 1498. He was followed later by Afonso de Albuquerque, who captured Malacca in 1511. This aggressive act of the first Western power, as recorded by Tomé Pires in *The Suma Oriental of Tomé Pires* of 1512, marked the beginning of the colonial era of Southeast Asia. In this early Western account of Malacca, Pires stated Malacca began to attract attention when Parameswara "settled down here", and three years later, the population reached 2,000. After his death, Malacca was a settlement of 6,000.[3]

Pires was a personal witness of the thriving trade of Malacca as it grew in international stature. In his accounts of the four Shahbandars or the major administrators in charge of trade and the collection of port duties, he documented their work in managing traders and merchants from Gujarat, Coromandel, Bengal, Bagu and Pasay, Java, Maluku, Banda islands, Palembang, Luzon, as well as those from China and Champa. He observed that this management system was "extremely fair"[4]. In

[1] Wan M. Zheng He's seven voyages into the Namoli Ocean—The Indian Ocean. *China & Asia: A Journal in Historical Studies*, 2019, (1): 121.
[2] Zhang Z G. Managing pattern transformation of maritime choke points: In the case of the Strait of Malacca. *Pacific Journal*, 2018, 26 (10): 85.
[3] Cortesao A. *The Suma Oriental of Tomé Pires*. London: Hakluyt Society, 1944: 238.
[4] Cortesao A. *The Suma Oriental of Tomé Pires*. London: Hakluyt Society, 1944: 265.

terms of the prosperity of Malacca, Albuquerque, the Portuguese governor of Goa once commented:

> I hold it as very certain that if we take this trade of Malacca out of their hands, Cairo and Me'ca are entirely ruined, and to Venice will no spices be conveyed except that which her merchants go and buy in Portugal.[1]

His observation confirmed the appeal of this center of international trade to traders from many countries. Pires claimed that, while walking along the streets, he could hear no less than 84 different languages to portray the cosmopolitan face of Malacca. Malacca was then a major maritime power after Zheng He's voyages and effectively controlled the strategic trade routes. It was "the secret of Malacca's quite exceptionally rapid rise to a position of world importance at the end of the fifteenth century"[2]. On the significance of the Strait of Malacca, Pires's view was that whoever had control over Malacca would naturally seize "the throat to Venice" and the Western world.[3]

From the perspective of the history of human civilization since ancient times, the focus of East-West exchanges was oriented towards the Eurasian Continent. However, it was Zheng He's voyages to the Indian Ocean that shifted this focus to the maritime route. In the process, these voyages led to the rise of the Malacca Sultanate and to the growing importance of the Strait of Malacca. Unwittingly, this opened the way later for the rapid infiltration of Western influence through economic activities and colonization in the entire region.

III. Conclusions

From the perspective of human history, Zheng He's voyages to Southeast Asia

---

[1] Birch W D G. *The Commentaries of the Great Afonso Dalboquerque, Second Viceroy of India*. London: The Hakluyt society, 1875: 118. (Original work published in 1774)

[2] Hall D G E. *A History of Southeast Asia*. London: MacMillan & Co. Ltd, 1968: 212-213.

[3] Cortesao A. *The Suma Oriental of Tomé Pires*. London: Hakluyt Society, 1944: 287.

and the Indian Ocean marked an era of navigation on a grand scale. The navigation technology of China then was ahead of its time and the scale of the voyages was unprecedented. This study of Zheng He's maritime feat not only unveils China's great navigation achievements in the 15th century, but also yields insights into the understanding of global history. As to whether Zheng He's voyages changed the world, part of the answer is manifested in the rise of the Strait of Malacca as a vital maritime passage. It was this passage that allowed Zheng He's mission to fulfil its diplomatic objectives and, at the same time, projected the strategic importance of the Strait of Malacca. The Chinese and Portuguese accounts all noted the changes in the straits during and after Zheng He's visits. Contemporary Western scholars also interpreted that Zheng He's mission "had an enormous effect in stimulating Southeast Asian trade and commerce".[1] The waters of the straits were rendered from being dangerously pirate-infested to become a safe and secured trading route. Overall, Zheng He's voyages provided the impetus to the emergence of Malacca and the straits as much as they opened the way for European penetration that played such a crucial part in the shaping of global history.

---

[1] Reid A. Economic and social change, c. 1400-1800. *In* Tarling N ed. *The Cambridge History of Southeast Asia (Vol.1): From Early Times to c. 1800*. Cambridge: Cambridge University Press, 1992: 464.

Focusing on the Indian Ocean:
An Interpretation of the Tributary System
in the Early 15th Century[*]

Introduction

The tributary system in ancient China has always been the focus of Chinese and foreign academic circles with fruitful results, involving many disciplines, including history, diplomacy, international relations, politics, anthropology, sociology and so on.[①]

---

[*]   原刊于德国《权力与政治研究》(*Studien zu Macht und Herrschaft*) 第 9 卷，2022 年。收入本书，有订正。

[①]   In the past, the main achievements of Chinese and foreign historians focused on the study of tributary system or so-called feudatory system, among which was particularly the "theory of tributary system" put forward by some scholars represented by John King Fairbank (1907-1991) and Ssu-yu Teng (1905-1988), see John K. Fairbank and Ssu-yu TENG, On the Ch'ing Tributary System. In John K. Fairbank (ed.), *The Chinese World Order: Traditional China's Foreign Relations*, Cambridge 1968. The original edition was published in 1968, was edited by John K. Fairbank and translated into Chinese by Du Jidong 杜继东, which includes 13 papers in total by scholars from many countries, researching and analyzing the tributary system of traditional China from theory to practice, and is the masterpiece on the study of tributary system and traditional diplomatic relations in China. It was Huang Zhilian who proposed the "system of the rule of rites by Chinese dynasty", see Huang Zhilian 黄枝连, *Tianchao Lizhi Tixi Yanjiu* 天朝礼制体系研究 [Research on the System of the Rule of Rites by Chinese Dynasties], 3 vols., Beijing 1992, 1994, 1995. James L. Hevia, an American scholar, criticized "the tributary system" represented by John K. Fairbank and the view that Chinese world order was centered on the West from the perspective of courtesy. See works of James L. Hevia, *Cherishing Men from Afar: Qing Guest Ritual and the Macartney Embassy of 1793*, Chapel Hill 1995, translated by Deng Changchun 邓常春, Huairou yuan ren: Maga'erni shihua de Zhong-Ying liyi Chongtu 怀柔远人：马嘎尔尼使华的中英礼仪冲突, Bejing, 2002, 251. Generally speaking, commentaries on the tributary system often started from China, or from East Asia. My article (Wan Ming 万明, Chongxin sikao chaogong tixi 重新思考朝贡体系 [Rethinking of the tributary system], in Zhou Fangyin 周方银 and Gao Cheng 高程 ed., Dongya zhixu: Guannian, zhidu yu zhanlüe 东亚秩序：观念、制度与战略 [Order in East Asia: Ideas, institutions and strategies]. Beijing: Shehui Kexue Wenxian Chubanshe, 2012, 114-129) proposed to re-recognize it from a broader perspective, and proposed that paying tribute in ancient times was not a unique form of international relations in China, but an international inertial practice which had long existed between the East and the West.

These studies have contributed greatly to the understanding of the characteristics of foreign relations in ancient China, gaining insight into the causes of diplomatic issues, and promoting the research of the Silk Road. However, it should be noted that extensive scientific discourse has been formed during the research, which has also affected further in-depth discussion of the issue.

After the collapse of the Yuan Dynasty, great changes took place in the international arena, and Sino-foreign relations underwent a process of collapse and reconstruction. At the beginning of the 15th century, the foreign policy of the Ming Dynasty took a major turn aiming at the ocean. There appeared an unprecedented trend in China from a "big farming country" to a "big ocean country". From 1405 to 1433, Zheng He (1371-1433) led a fleet of more than 20,000 people to conduct seven long-distance voyages from the South China Sea to the Indian Ocean; he visited more than 30 countries and launched unprecedented large-scale nautical diplomatic activities. This was a typical example of the establishment of the tributary system in the Ming Dynasty.[1] It could be confirmed that the large-scale naval activities of the Ming Dynasty in the Indian Ocean promoted the formation of an international system in the Indian Ocean and laid a solid foundation for the birth of global integration at sea.

Here, in particular, special attention should be paid to the "Namoli Ocean" (那没黎洋), described by Ma Huan (1380-1460), who accompanied Zheng He on his voyages to the "Western Oceans" (viz. the Indian Ocean) and contributed to its broader exploration. The previous research focused more on the relationships between China

---

[1] In the early 1960s, Yang Lien-sheng pointed out that "in East Asia, the power of military-civilian integration in China undoubtedly often played a leading role, but it could not be inferred that China had no concept of the existence of other civilized countries". He believed that "China-centered world order" was not a fact, but a myth. (Chinese World Order from the Perspective of History, in Fairbank 1968, 20-33).

During the Qing Dynasty, China and the West collided directly, which formed clear oppositions and accounted for "the impact-response theory". In the early Ming Dynasty, people's understanding of Sino-foreign relations of the Ming Dynasty was formed before the expansion arrival of Western force. The indigenous diplomatic concept of ancient China and its evolution process deserved special attention. See my book Wan Ming, *Zhongguo Rongru Shijie de Bulü—Ming yu Qing Qianqi Haiwai Zhengce Bijiao Yanjiu* 中国融入世界的步履——明与清前期海外政策比较研究 [China's Road to the World: A Comparative Study of Foreign Trade Policy in the Ming and the Early Qing Dynasty], Beijing 2000 (reprint 2014) and my article Wan Ming 2012.

and certain regions or countries, and specifically on special aspects of "voyages to the Western Oceans". These researchers did not comprehensively and systematically sort out and analyze the routes, characteristics and internal logic of Zheng He's voyages, making it impossible to establish a holistic understanding of the history of Zheng He's long-distance voyages. Thus, the investigation over a lengthy period lacked a reliable historical basis. The vertical line of history was composed of time, and the horizontal line was composed of space. In order to seek all the tracks of naval diplomacy of voyages to the Western Oceans, and to understand the concept of the "Overall Ocean" in the Ming Dynasty, I believe that it is necessary to connect all the voyages to the Western Oceans and carry out comprehensive research. Thus, it may be possible to truly understand the overall appearance of naval diplomacy of the Ming Dynasty in the early 15th century and its influence on the construction of the international pattern of the Indian Ocean. Therefore, this paper mainly used the original reports, namely Ma Huan's *Yingya Shenglan* (《瀛涯胜览》), together with Fei Xin's (费信) *Xingcha Shenglan* (《星槎胜览》), Gong Zhen's (巩珍) *Xiyang Fanguo Zhi* (《西洋番国志》), the steles erected by Zheng He on the voyages to the Western Oceans, records of Western countries' tributes and Zheng He's nautical charts and so on, to retrace the detailed naval diplomacy of the Ming Dynasty around the Indian Ocean. It will further examine the evolving internal logic of the tributary system, and explore how China and the countries around the Indian Ocean formed the international system in the early 15th century, in order to deepen the understanding of the history of China's foreign relations and even global history.

I. Unprecedented Orientation in Ming Dynasty: The Seven Voyages to the Indian Ocean

Zhang Qian (张骞, 164 BC-114 BC) was dispatched to the Western Regions in the Han Dynasty. This diplomatic activity and others were called "chiseling out" and highlighted the "official" opening of the Silk Road. Zheng He's activities in the Indian

Ocean were an unprecedented diplomatic activity by the Chinese government, and the largest direct contact between ancient China and the overseas world, providing a basis for exploring the Maritime Silk Road. The *"Poem of Travelling"* (preface of Ma Huan's *Yingya Shenglan*) says:

> Of the embassy of Po wang[1] to distant lands we heard;
> Greater still the glorious favour in the present reign conferred![2]

These two lines show that Ma Huan equated "going down to the Western Oceans" in the early Ming Dynasty with Zhang Qian's "chiseling out" the Western Regions.

At the beginning of the establishment of the Ming Dynasty, in response to the great changes in international relations after the collapse of the Yuan Dynasty, Emperor Taizu (1328-1398) of the Ming Dynasty adopted an all-round diplomacy in the three regions: the Western Oceans, the Eastern Oceans and the Western Regions. He established a national policy based on "no exploitation" and was committed to the idea of "sharing the blessings of peace" (*gongxiang taiping zhi fu* 共享太平之福) and rebuilding a legitimate international order. That meant that the pattern of foreign relations in ancient China underwent a major turning point.[3] At the same time, on the basis of peaceful diplomatic relations, the land and sea channels connecting Asia, Africa and Europe were reactivated.

The transformation of the Ming Dynasty's diplomatic mode was oriented to the ocean, and the landmark event was Zheng He's seven voyages to the Indian Ocean. At this time, it was no longer a policy of receiving visitors who expressed their sincerity

---

[1] That is the famous Han envoy Zhang Qian 张骞 who was sent to the Yuezhi 月氏.

[2] Ma Huan, trans., annot. by J. V. G. Mills, *Ying-yai Sheng-lan—The Overall Survey of the Ocean's Shores (1433)* (Cambridge University Press), Cambridge 1970, 74; MA Huan, ed. by Wan Ming, *Mingben "Yingya shenglan" jiaozhu* 明本《瀛涯胜览》校注 [Annotations of the Yingya shenglan of the Ming editions], Guangzhou 2005, 3.

[3] Wan Ming 万明, Mingdai waijiao moshi ji qi tezheng kaolun: Jian lun waijiao tezheng xingcheng yu beifang youmu minzu de guanxi 明代外交模式及其特征考论：兼论外交特征形成与北方游牧民族的关系 [The textual research on the diplomatic model and its characteristics of the Ming dynasty: Concurrently discussing the relation between formation of diplomatic characteristics and nomadic nationalities in the North, *in*: *Zhongguo shi yanjiu* 中国史研究 [Journal of Chinese Historical Studies] 4 (2010), 27-57.

by paying tribute, but of actively sending diplomatic missions abroad to "attract tribute". In an imperial edict of Emperor Yongle (the 3rd month, the 7th year of the Yongle period [1409]), the following statements were made:

> Now I dispatch Zheng He who takes the imperial edict to publicize my will: You should follow the heavenly law, abide by my words strictly, abide by the rules of propriety and order, do not violate the rules, do not bully the minority and the weak, so people can share the blessings of peace. If some people express their sincerity and visit us, they will all be bestowed with rewards. Therefore, the imperial edict is issued to help everybody to know that.[①]

It was particularly worth noting that in the works of Ma Huan, the places where the Chinese ships arrived, no matter how big or small, even as small as a mountain village, were without exception called "countries". This was undoubtedly a clear orientation of diplomatic behavior and the concept of "country" in the regions of the Indian Ocean emerged as never before.

1. The "Namoli Ocean" in Ma Huan's Writings—The Indian Ocean

In the writings of Ma Huan, the "Western Oceans" was called the "Namoli Ocean" (Indian Ocean).[②] Scrutinizing the scope of the "Western Oceans" could restore the geographical knowledge of the whole Indian Ocean in the early 15th century, and help to understand the coverage of the network in the Indian Ocean.

According to the *Yingya Shenglan*, Ma Huan visited twenty countries by himself:[③] Champa (*Zhancheng* 占城), Java (*Zhaowa* 爪哇), Palembang (*Jiugang* 旧

---

① Huangdi chiyu sifang haiwai zhu fanwang ji toumuren deng. 皇帝敕谕四方海外诸番王及头目人等 [The imperial edict to kings and leaders all around and overseas]. In Jinian Weida Hanghaijia Zheng He xia Xiyang 580 Zhounian Choubei Weiyuanhui 纪念伟大航海家郑和下西洋 580 周年筹备委员会 [Preparation Committee for the 580th Anniversary of the Voyages to the Western Oceans of the Great Navigator Zheng He] (ed.), *Zheng He jiashi ziliao* 郑和家世资料 [The family data of Zheng He], Beijing 1985, 2.

② Wan Ming. Zheng He qixia Yinduyang—Ma Huan bixia de "Namoliyang" 郑和七下印度洋——马欢笔下的"那没黎洋" [Zheng He's seven voyages to the Indian Ocean—The "Namoli Ocean" in Ma Huan's writings]. In *Nanyang wenti yanjiu* 南洋问题研究 [Southeast Asian Affairs] 1 (2015), 79-89, here 79-83.

③ The characters of the various place names differ; here only one version is given.

港), Siam (*Xianluo* 暹罗), Malacca (*Manlajia* 满剌加), Aru (*Yalu* 哑鲁), Samudra (*Sumendala* 苏门答腊), Nagur (*Nagu'er* 那孤儿), Lide (*Lidai* 黎代), Lambri (*Nanboli* 南浡里), Ceylon (*Xilan* 锡兰), Quilon (*Gelan* 葛兰), Cochin (*Kezhi* 柯枝), Calicut (*Guli* 古里), Maldive and Laccadive Islands (*Liushan* 溜山), Dhufar (*Zufa'er* 祖法儿), Aden (*Adan* 阿丹), Bengal (*Banggela* 榜葛剌), Hormuz (*Hulumosi* 忽鲁谟斯) and Mecca (*Tianfang* 天方). The order of countries in the book is obviously not arranged according to the route.[1] The same record is found in *Xiyang Fanguo Zhi*.

Fei Xin's *Xingcha Shenglan* records 44 countries, of which the first 22 countries were: Champa, Panduranga (*Bintonglong* 宾童龙), Cape Varella (*Lingshan* 灵山), Pulau Condore (*Kunlunshan* 昆仑山), Celam Islet (*Jiaolanshan* 交兰山), Siam, Java, Palembang, Malacca, Pulau Sembilan (*Jiuzhoushan* 九洲山), Samudra, Tattooed Faces (*Huamian* 花面), Langkasuka (*LongyaxiJiao* 龙牙犀角), Pulau Rondo (*Longxian Yu* 龙涎屿), Nicobar Islands (*Cuilan Yu* 翠兰屿), Ceylon (*Xilanshan* 锡兰山), Quilon (*Xiao Junan* 小咀喃), Cochin, Calicut, Hormuz, Lasa (*Lasa* 剌撒)[2] and Bengal. The latter 22 countries were: Cambodia (*Zhenla* 真腊), Pulau Aur (*Dongxizhu* 东西竺), Tamiang (*Danyang* 淡洋), Singapore Strait (*Longyamen* 龙牙门), Langkawi (*Longyashanti* 龙牙善提), Timor (*Jili dimen* 吉里地闷), Pahang (*Pengkeng* 彭坑), Ryukyu (*Liuqiu* 琉球), Three Islands (*Sandao* 三岛), Mait (*Mayi* 麻逸), Karimata (*Jialimada* 假里马打), Janggala (*Zhongjialuo* 重加罗), Burneo (*Boni* 渤泥), Sulu (*Sulu* 苏禄), Quilon, Aden, Dhufar, Guimbo (*Zhubu* 竹步), Mogadishu (*Mugudushu* 木骨都束), Maldive and Laccadive Islands (*Liuyang* 溜洋), Brawa (*Bulawa* 卜剌哇) and Mecca.[3] Many historians believe that the author did not visit all these areas. In addition to the respective countries in Ma Huan's records, it is worth noting these three countries in East Africa: Guimbo, Mogadishu and Brava.

According to the stone tablets erected by Zheng He, he reached over thirty

---

[1] Ma Huan, ed. by Wan Ming 2005, 1-2, Ma Huan/Mills 1970, viii; the suffix "country" (*guo* 国) is dropped here and below.

[2] For a discussion of Lasa, see Ma Huan/Mills 1970, 347-348.

[3] Fei Xin, trans. by J. V. G. MILLS, rev., ed., annot. by Roderich Ptak, Hsing-ch'a Sheng-lan: The Overall Survey of the Star Raft (*South China and Maritime Asia 4*), Wiesbaden 1996, 5-6.

countries on his voyages. For example, the tablet "Deeds on Visiting Foreign Countries" in the Tianfei Palace (天妃宫) of Liujiagang (刘家港), Loudong (娄东) reads:

> At the beginning of the reign of Yongle, Zheng He was dispatched to visit foreign countries seven times, leading tens of thousands of officers and soldiers, and more than 100 ships from Taicang to the sea each time. They passed by more than 30 countries, such as Champa, Siam, Java, Cochin and Calicut, and reached Hormuz in the Western Regions, etc., covering an area of more than 100,000 *li* in the sea.[①]

The "more than 30 countries" could complement the records of Ma Huan and Fei Xin. For example, the record of the 5th voyage to the Western Oceans in 1417 says:

> When the navy reached the Western Regions led by Zheng He, Hormuz offered lions, leopards and horses for tribute. Aden offered Kirins for tribute, Zulafa offered long-horn elands for tribute, Mogadishu offered zebras and lions for tribute, and Brava offered camels and ostriches for tribute.[②]

The inscription of the tablet enabled people to confirm that Mogadishu and Brava in East Africa in Fei Xin's record were indeed the countries reached by the missions. The "Tablet of Efficacious Deeds of Tianfei's Holy Spirit" reads:

> Since the mission in the 3rd year of the reign of Yongle to the Western Oceans, this was the 7th time. Zheng He visited Champa, Java, Samboja and Siam, directly

---

①　Loudong Liujiagang Tianfei Gong tong fan shiji zhi bei 娄东刘家港天妃宫通番事迹之碑 [the tablet of "Deeds on Visiting Foreign Countries" in the Tianfei Palace of Liujiagang, Loudong], this monument has been lost. Jiang Weiyan 蒋维锬, Zheng Lihang 郑丽航 (eds.), *Mazu wenxian shiliao huibian* 妈祖文献史料汇编 [Collection of historical documents on Mazu], Series 1, Beijing 2007, 45.

②　Loudong Liujiagang Tianfei Gong tong fan shiji zhi bei 娄东刘家港天妃宫通番事迹之碑 [the tablet of "Deeds on Visiting Foreign Countries" in the Tianfei Palace of Liujiagang, Loudong], this monument has been lost. Jiang Weiyan 蒋维锬, Zheng Lihang 郑丽航 (eds.), *Mazu wenxian shiliao huibian* 妈祖文献史料汇编 [Collection of historical documents on Mazu], Series 1, Beijing 2007, 45.

across Southern Sindhu, Sri Lanka, Calicut and Cochin to Hormuz, Aden and Mogadishu in the Western Regions with more than 30 foreign countries, big and small, covering an area of more than 100,000 *li* in the sea.[1]

This stone tablet proves that Mogadishu was included in the places where they had been. From the South China Sea to the Indian Ocean, Zheng He's voyages were a nautical endeavor covering almost all of the Indian Ocean. The port cities they reached can be divided into three parts: east, middle and west. The eastern part was from the South China Sea to Malacca, and then to Java and Samudra, namely the intersection of the Indian Ocean. And sailing from Pulau Weh in the Ocean of Lambri (to Namoli Ocean), they arrived in Calicut in the middle of the Indian Ocean. The route from Calicut extended directly to Hormuz at the head of the Persian Gulf, Dhufar, Lasa, Aden at the mouth of the Red Sea, Mecca and Mogadishu in East Africa, that is to the west of the Indian Ocean. The above was just a rough sketch of the sea route of Zheng He; the actual route was not so determined but showed multi-directional changes and network-like extensions.[2]

It should also be noted that the missions of Zheng He showed not only diplomatic, but also commercial and even for investigative purposes. These maritime activities connected the Indian Ocean as a whole, but the focus of the navigation was placed on Calicut on the western coast of India.

---

[1] Tianfei zhi shenling yingji bei 天妃之神灵应记碑, discovered in Changle, Fujian in 1930, *in*: Jiang, Zheng 2007, 45.

[2] Concerning the understanding of network, I was inspired by Professor Chen Zhongping, see Chen Zhongping 陈忠平, Zouxiang quanqiuxing wangluo geming: Zheng He xia Xiyang ji Zhongguo yu Yinduyang shijie de chaogong-maoyi guanxi 走向全球性网络革命：郑和下西洋及中国与印度洋世界的朝贡—贸易关系 [Towards a global network revolution: Tributary-trade relationship between Zheng He's voyages to the Western Oceans and the Indian Ocean world], in Chen Zhongping 陈忠平 (ed.), *Zouxiang Duoyuan Wenhua de Quanqiushi: Zheng He xia Xiyang (1405-1433) ji Zhongguo yu Yinduyang Shijie de Guanxi* 走向多元文化的全球史：郑和下西洋（1405—1433）及中国与印度洋世界的关系 [Global history stepping towards multi-culture: Zheng He's travels to the Western Oceans (1405-1433) and the relations between China and the world in the Indian Ocean], Beijing 2017, 22-75.

2. The Destination of the First Voyage—Guli 古里国 (Calicut)

Calicut was not only a great power in the Western Oceans, but also an important wharf for countries in the Western Oceans. Thus, the *Yingya Shenglan* reads: "[This is] the great country of the Western Oceans"[1]. And the *Xingcha Shenglan says*: "This is an important [place] of the oceans. It is very close to Ceylon, and it is also a [principal] port for all the foreigners of the Western Oceans."[2] Calicut, nowadays Kozhikode in Kerala, was "one of the outstanding port cities of India in the Middle Ages and an international trade center for spices and textiles"[3]. When Zheng He went on voyages to the Western Oceans, Calicut was ruled by the Kingdom of Zamorin. Zheng He erected a stone tablet in Calicut:

> In the 5th year under the reign of Yongle, the Imperial Court appointed Zheng He, who was the leader eunuch, and others to take an imperial edict and reward the king in Calicut with a silver seal in the name of China's emperor, and reward the top leaders with high-grade crowns and belts. When the treasured ships arrived there, the pavilion and the stele were built, and the stone tablet was erected saying: This place is more than 100,000 *li* from China, but people's affluent life and the rich products here are just like those of China. We have carved the stone in this place for the later generations to know that.[4]

Calicut was a country to which the Ming Dynasty attached great importance, however, though labelled a feudatory country, it did not pay tribute.

3. Guli (Calicut)—From Destination to Transit Point

When Zheng He went to the Western Oceans for the fourth time, the fleet aimed for a new destination, namely Hormuz, situated on the Barren Island of Hormuz today. Altogether the fleet had been to Hormuz four times. Going to Hormuz meant that the scope of the maritime policy of the Ming Dynasty was extended to the far West. In the

---

[1]   Ma Huan/Mills 1970, 137.

[2]   Fei Xin 1996, 76.

[3]   K. K. N. Kurup. *Foreword, The Zamorins of Calicut*. Calicut: Publication Division University. 1999.

[4]   Ma Huan, annotated by Wan 2005, 58.

Yingya Shenglan and the *Xingcha Shenglan*, five routes with Guli as the starting port were recorded: 1) Guli to Hormuz; 2) Guli to Dhufar; 3) Guli to Aden, distribution center of gems and pearls in ancient West Asia; 4) Guli to Lasa; 5) Calicut to Mecca, Mecca via the port of Jiddah.[①] These five routes went directly to the Persian Gulf, the Arabian Peninsula, the Red Sea and even to East Africa, and most parts of the Indian Ocean were covered by Chinese ships. It should be stressed that the impact of these voyages was not achieved by force, which was the major difference between the foreign relations of the Ming Dynasty and of the preceding Yuan Dynasty.

4. A Comprehensive Understanding of Guli's Status

Why was Calicut chosen as the destination of Zheng He's first mission? This significant issue had not been discussed in depth in the past. When Vasco da Gama （1469-1524）sailed from Europe to India around the Cape of Good Hope, he arrived in Calicut at the end of the 15th century and highlighted the unusual status of this port.

According to Wang Dayuan's (汪大渊) records of Calicut in the Yuan Dynasty, the prosperity of Calicut was obviously less than that of Cochin at that time.[②] But until the beginning of the 15th century, Calicut surpassed Cochin and Quilon. The erection of a stone tablet reflected the great attention of the Ming Dynasty to Calicut, as it was a typical aspect of the tributary system. Ma Huan described in detail the local trade market in Calicut, and the missions participated in the fair trade there; this aspect should also show one of the main purposes of Zheng He's voyages. The missions chose Calicut, which was far from the center of Delhi, but they did not try to contact the Tughluq Dynasty (1320-1413), the third Delhi Sultanate. This shows that Zheng He did not attempt to "publicize national prestige" and fight for political prestige, and thus proves that Zheng He's nautical diplomacy did not aim to seek political power. It also shows that international affairs in ancient times were not completely influenced by political considerations, but rather by the inherent maritime network and the quest for commercial exchanges between the East and the West.

---

① Wan 2015, 84.

② Wang Dayuan 汪大渊 ed. Su Jiqing 苏继庼 annot. *Daoyi Zhilüe Jiaoshi* 岛夷志略校释 [Annotations to the Daoyi Zhilüe], Beijing 1981, 325.

Ma Huan's and Fei Xin's accounts were the first comprehensive survey reports of the Indian Ocean by Chinese people, which comprehensively and systematically introduced the geographical distribution, the ecological and human environment of the various countries, including the routes and ports. They analyzed the characteristics of the countries along the coasts of the Indian Ocean, which laid the foundation for a complete understanding of the Indian Ocean. Zheng He made seven voyages, and the regular routes were shaped by the monsoon; the expeditions lasted for 28 years. Concerning the routes, there were both direct destinations and transits, both fixed routes and temporary routes. Concerning the voyages, there were the main routes and branch routes. The main routes referred to the nautical routes starting from the South China Sea to countries which served as hub ports and countries which were central ports of the Indian Ocean. These countries were along the central route and included places in India, the Persian Gulf, the Red Sea and East Africa. The so-called branch routes were sea routes connecting the port countries of parts of the whole network. Small vessels connected the ports, which were the important nodes of the routes. Stable diplomatic and trade relations had been established among these port countries, and the maritime international network of the Indian Ocean had been connected through these routes.

According to the research done by Xiang Da (向达, 1900-1966), more than 500 place names were collected in Zheng He's nautical chart, about 200 of which were local names of China and 300 were place names of foreign countries, twice more than those in Wang Dayuan's *Daoyi Zhilüe* (《岛夷志略》). "Among the geographical maps of Asia and Africa before the fifteenth century, the content of this nautical chart was the richest."[①] It could be added that this nautical chart shows the most abundant content of the Indian Ocean before the Western voyagers came to the East in the 15th century, and it was an important contribution to the marine civilization of the Indian Ocean. In fact, Zheng He's nautical diplomacy connected the western, eastern and

---

① Xiang Da 向达. *Zhengli Zheng He hanghaitu xuyan* 整理郑和航海图序言 [Preface to the arrangement of Zheng He's nautical charts], in Xiang Da 向达 ed. *Zheng He Hanghai Tu* 郑和航海图 [Zheng He's Nautical Charts], Beijing 1961, 5.

southern parts of the Indian Ocean, and connected the Silk Road overland and overseas.[①] Since ancient times, the Indian Ocean connected the East and the West. The ancient Greeks and Romans first entered these seas; then Persians rose up in the 5th century and occupied an important position in the region, later in cooperation with Arab seafarers. But only until Zheng He's voyages did the countries in the Indian Ocean have a political identity, trade cooperation and cultural integration, based on the ancient tributary relations. The history of the Indian Ocean, written by the Western scholars, often spanned directly from Ibn Battuta (1304-1377) to the Portuguese who came to the East in the late 15th and 16th centuries.[②]

II. Construction of the International System of the Indian Ocean in the Early 15th Century

"System" generally refers to the integration of the same or similar things in accordance with a certain order and internal relations, and the "international system" refers to the integration of many interacting international actors. In the international community, actors are divided into two categories: state and non-state. The interaction and impact of actors are mainly manifested in conflicts, competition, cooperation and dependence. The international system did not develop with the expansion of capitalism in the world. At the beginning of the 15th century, the nautical diplomatic activities of Zheng He's missions in the Indian Ocean almost covered the entire Indian Ocean region. The process of going down to the Western Oceans, which connected the vast areas that were partially isolated from each other, was a process of systematizing the international relations in the Indian Ocean, and promoted the formation of a new international system in the space of the Indian Ocean after the Yuan Dynasty.

1. Geo-politics of the Indian Ocean: The Overall Promotion of State Power

The construction of an international system was first manifested in the overall

---

① Wan 2012.

② Kenneth Mcpherson. *The Indian Ocean: A History of People and the Sea*. Beijing 2015. translated by Geng Yinzeng; Michael Pearson. *The Indian Ocean*. Oxford 1993. translated by Zhu Ming 朱明. Shanghai 2018; Pius Malekandathil ed. *The Indian Ocean in the Making of Early Modern India*, Abingdon 2017.

promotion of state power. Zheng He's voyage to the Indian Ocean greatly expanded Sino-foreign relations and brought unprecedented exchanges between countries in the Indian Ocean. In the preface to the *Yingya Shenglan* we can read: "The Grand Exemplar the Cultured Emperor issued an imperial order that the principal envoy the grand eunuch Cheng Ho should take general command of the treasure ships and go to the various countries in the Western Oceans to read out the imperial commands and bestow rewards."[1] From the South China Sea to the Indian Ocean, whenever Zheng He's missions arrived at a country, the imperial edict was read first. After relations with other countries were established, an international political order and a network of international trade cooperation were set up. This was a sound foundation of a new international system of regional cooperation, which promoted exchanges of diverse civilizations.

Zheng He's seven voyages and the other political measures of this period included vast areas of Northeast Asia, Southeast Asia, Central Asia, West Asia, South Asia, East Africa and Europe, and an interactive international community was formed. The missions not only played an important political role in communicating with the countries where they arrived, but also triggered a climax of Sino-foreign exchanges. On October 24, 1423 (9th month, *wuxu*), more than 1,200 envoys from 16 countries went to Beijing to pay tribute; they included places like Lambri, Samudra, Aru and Malacca, and many others.[2] On the basis of peaceful diplomacy, the early Ming Dynasty put the ideal of Chinese order into practice and constructed a new international system in the Indian Ocean, which was "abide by the rules of propriety and order, do not violate the rules, do not bully the minority and the weak, so people can share the blessings of peace"[3].

The main reason why this international system in the early 15th century embodied

---

[1] Ma Huan/Mills 1970, 69.

[2] *Ming Shilu* 明实录, 133 vols., Taibei 1966, *Taizong Shilu*, j. 263, p. 2403.

[3] Huangdi sifang haiwai zhu fanwang ji toumuren deng. 皇帝四方海外诸番王及头目人等 [Imperial edict to kings and leaders all around and overseas], *in* Jinian Weida Hanghaijia Zheng He xia Xiyang 580 Zhounian Choubei Weiyuanhui 纪念伟大航海家郑和下西洋 580 周年筹备委员会 [Preparation committee for the 580th anniversary of the voyages to the Western Oceans of the great navigator Zheng He], *Zheng He Jiashi Ziliao* 郑和家世资料 [The Family Data of Zheng He], Beijing 1985, 2.

this "new" characteristic was the emergence of a diplomatic model of "no exploitation" in the early Ming Dynasty, which formed a remarkable feature of the diplomacy of the Ming Dynasty different from previous dynasties. It became a noticeable turning point in ancient Sino-foreign relations. On the basis of this diplomatic model, the tributary system with different connotations of other dynasties in China emerged, leading to an international peaceful system that did not rely on force, which fully reflected the practice of nautical diplomacy in the Indian Ocean.

The establishment of tributary relations was not a unique phenomenon in China. "Paying tribute" was a long-formed common concept in the area of East-West exchanges and a symbol of identification in ancient international relations. Once recognized as a kind of consensus, its realization became a kind of international principle. It is inaccurate that academic circles only emphasize the concept of "paying tribute" as a connotation of "taking China as the center" in the past. In fact, the acceptance of the concept of "paying tribute" by all countries was a kind of "inter-state identity", and the tributary relations highlighted the universality of international relations in the Indian Ocean.

Xia Xiyang (下西洋, going down to the Western Oceans) was a long-term direction of foreign policy of the Ming Dynasty. Unlike the extensive expansions and expeditions of the Yuan Dynasty before, and the subsequent explorations of the West, which occupied territories and plundered wealth, it was mainly manifested by the fact that by using the concepts of "no exploitation" and "sharing altogether", the countries around the Indian Ocean which could communicate with each other cooperated and established an international order. Thus, they shared the blessings of peace, which played a major role in integrating an international system, and participated in the construction of an international system in which political and cultural diversity coexisted in the Indian Ocean.

On the international geopolitical platform of the Indian Ocean in the early fifteenth century, gaining the backing of big powers and international support became the main factor for the rise of some countries. Malacca, for example, guarding the Strait of Malacca, was located at an important intersection of maritime trade between the

East and the West. Navigating on the maritime trade route from China to Calicut of India required a transit station, which was chosen in Malacca. According to Ma Huan's record, this place was only a small fishing village before 1402: "There was no king in the country, [and] it was controlled only by a chief. This territory was subordinate to the jurisdiction of Siam, and it paid an annual tribute of forty *liang* of gold; [and] if it were not [to pay], then Siam would send men to attack it." Emperor Yongle "ordered the principal envoy the grand eunuch Cheng Ho and others to assume command [of the treasure ships], and to take the imperial edicts and to bestow upon this chief two silver seals, a hat, a girdle, and a robe. [Cheng Ho] set up a stone tablet and raised [the place] to a city; [and] it was subsequently called the 'country of Man-la-chia'"[1]. Going down to the Western Oceans freed the country of Malacca from Siam's control, and it stopped paying tribute to Siam and became a newly independent country. Meanwhile, King Parameswara of Malacca seized the opportunity to establish a close relationship with China and provided a safe place for Zheng He's fleet to store goods. "Whenever the treasure ships of the Central Country arrived there, they at once erected a line of stockading, like a city-wall, and set up towers for the watch-drums at four gates; at night they had patrols of police carrying bells; inside, again, they erected a second stockade, like a small city-wall, [within which] they constructed warehouses and granaries; [and] all the money and provisions were stored in them."[2] This helped the fleet to sail safely to India and further to the West. The vessels of Zheng He's fleet set out separately to travel to other countries, and eventually converged in Malacca on their return journey. "They marshalled the foreign goods and loaded them in the ships; waited till the south wind was perfectly favourable. In the middle decade of the fifth moon they put to sea and returned home."[3] Zheng He's journey to the Western Oceans promoted the prosperity of international trade in the Indian Ocean, and also promoted the country of Malacca to become the most important trading center in the Indian Ocean and the best port and the largest commercial center in Southeast Asia for half a

---

[1]   Ma Huan/Mills 1970, 108-109.

[2]   Ibid., 113.

[3]   Ibid., 113-114.

century after its establishment.[①] Thus, the Strait of Malacca got its name.

In the early 15th century, besides Malacca, countries such as Samudra, Hormuz and Aden and others were all important emporia in the Indian Ocean. They fully agreed with the diplomatic concept of "sharing the blessings of peace" of the Ming Dynasty and cooperated with the Ming Dynasty in order to meet the national interests and their own needs. Cooperation and confrontation among countries in the region often impacted the rule and chaos of their own societies and the international order in this region. The Ming Dynasty's idea of international order with the aim of active external exchanges and harmonious coexistence with all nations to "share the blessings of peace" adapted to the common needs of all countries in the region, which not only promoted the development of state power in the Indian Ocean, but also promoted international development characterized by peaceful coexistence in the region. In fact, it played an important role in regional integration, promoted a peaceful and stable international order in the Indian Ocean, and constructed a new international system based on cooperation and sharing. Thus, pre-modern globalization was born at sea and made people perceive the most profound influence of the international system in the Indian Ocean. The beginning of the 15th century was a transitional period, with a focus on human communication shifting from land to sea, and was a key step in the process of modern history.

Regarding the Indian Ocean, at the beginning of the 15th century, it was not a unified regime that was formed, but a historical process of integration into a new international system was initiated. Previously, the exchanges between the Tang Dynasty and the Arab Empire were significant, but there was no international system. The exchanges during the Song Dynasty developed, and a form of regional integration was formed, perhaps even a preliminary international system. Then the Yuan Dynasty was famous for its military power, which resulted in a disastrous defeat of peaceful maritime diplomacy. Only in the early Ming Dynasty, the Indian Ocean was taken as a

---

① Sardesai D R. *Southeast Asia: Past & Present.* Boulder, CO: Westview Press 2003, 62. Wan Ming. 万明, Zheng He yu Manlajia—Yige shijie wenming heping hudong zhongxin de heping jueqi 郑和与满剌加———一个世界文明和平互动中心的和平崛起 [Zheng He and Malacca—Peaceful rise of a peaceful interactive center of world civilization], in *Zhongguo Wenhua Yanjiu* 中国文化研究 [Chinese Culture Research] 1 (2005), 100-109.

space for diplomatic operation, a new concept initiated by Emperor Yongle. By confirming the model of "no exploitation", the tributary relationship in the Indian Ocean was mainly a formal or nominal relationship, and a kind of relationship of peaceful cooperation. According to their own interests, these countries recognized the Ming Dynasty missions, but maintained the independence of their realm. An interactive international system was formed, with "no acquisition" and "sharing altogether" as the cornerstones, which could be regarded as the beginning of cooperation of Indian Ocean countries.

2. Geo-economics in the Indian Ocean: Formation of Resource Cooperation Mechanism

With the reorganization of geopolitics in the Indian Ocean, the establishment of diplomatic relations was closely related to commerce, thus forming a large-scale network of regional international trade. The new order of international trade came into being. During this period, the main body of international trade was the governments of these countries, and official trade dominated the scene. This structure played a positive role in expanding regional trade relations and the expansion in space produced a prosperous trade network.

Since ancient times, the term "paying tribute" had the dual meanings of diplomacy and trade. In the early Ming Dynasty, the foreign trade system had been continuously strengthened, and foreign trade was characterized in this way: "The tributary visitors are permitted by the emperor's law, and the business of their ships is also the trade of the government; while the maritime merchants are forbidden by the emperor's law, the business of their ships is not permitted, as it is private trade."[1] This shows that tributary relations in the early Ming Dynasty showed a stronger commercial nature than in previous dynasties.

As Oceania had not been of special significance and the routes of the Cape of Good Hope had not yet been discovered or possibly forgotten as there is some evidence that the Phoenicians knew this route, the Ming Dynasty strongly supported the crucial

---

① Wang Qi. 王圻 *Xu wenxian tongkao* 续文献通考 [General examination of continued documents], Beijing 1991, vol. 31, *Shidi kao* 市籴考 [Examination of purchasing grains in the market].

country of Malacca, sending vessels to open and protect the route of the Strait of Malacca.

Before the Ming Dynasty, the main protagonists of Sino-foreign trade were basically businessmen, Persians and Arabs playing a major role. The Pu (蒲) family in Quanzhou who had been in charge of the affairs of the *Shibosi* (市舶司, the office dealing with affairs of maritime trade) in the Song and Yuan Dynasties are a famous example. But the official Ming fleets were loaded with silk, porcelain, iron ware and other articles, which were deeply appreciated by overseas countries. The trade activities conducted after the arrival of the Chinese ships were recorded by Ma Huan, Fei Xin and Gong Zhen in great detail. Thus good conditions for Sino-foreign material and cultural exchanges were formed.[1] The nations' manpower, material and financial resources were integrated into a political cooperative mechanism and regional integration was established.

Even after the downfall of the Yuan Dynasty, its influence on trade remained. Unlike fighting against others with the expeditions of the Yuan Dynasty, the missions were sent out to communicate with each other in the early Ming Dynasty, thus enabling international exchanges to flourish in the region of the Indian Ocean. In the Ming Dynasty, China promoted the development of state power in the Indian Ocean. By the concept of "sharing the blessings of peace" with other countries, China maintained the tranquility of the sea routes and the fair dealings with other countries for mutual benefit, and promoted active development of regional international trade.

The relationship between China and the world in the Indian Ocean entered a new stage of development, and a new type of international relations was established in the Indian Ocean. Thus an international "Indian Ocean system" came into being.

---

[1]　Wan Ming. 万明 Zhengti shiye xia de sichou zhi lu: Yi Ming chu zhongwai wuchan jiaoliu wei zhongxin 整体视野下的丝绸之路：以明初中外物产交流为中心 [The Silk Road from an overall perspective: Focusing on the exchanges of product between China and foreign countries in the early Ming Dynasty], in Zhongguo Zhongwai Guanxishi Xuehui 中国中外关系史学会 [Chinese Society for Historians of China's Foreign Relations] (ed.), *Sichou zhi Lu yu Wenming de Duihua* 丝绸之路与文明的对话 [Dialogue Between Silk Road and Civilization), Urumqi 2007, 143-164.

III. The International System of the Indian Ocean in the Early 15th Century: Deconstruction of Western Hegemonic Discourse

Western hegemonic discourse is one of the crucial forms of international political discourse, which manifests itself as a colonial discourse in modern times and a kind of power politics in contemporary international reality. The theory of maritime hegemony has been a long-standing thinking pattern. As Western scholars mainly adopt this kind of thinking, some non-Western scholars are deeply influenced by this discourse and have always placed the development model of the West at the core of historical interpretation. A set of common paradigms and conventional discourse systems in international relations have thus been formed. In other words, the hegemonic discourse in history and the power politics in reality have long dominated public reasoning, cutting the integrity of the Indian Ocean history to a certain extent. This is not only the key to the study of Western centralism and to the occurrence of various paradoxical phenomena in the study of the Indian Ocean as a whole, but also the internal logic of the origin of the "China Threat Theory".

As for the evaluation of Zheng He's expeditions, we find expressions like *"When China ruled the Seas"*[1], and thought that "China enjoyed hegemony along the far-reaching east coast from Japan to Africa"[2]. The book *Before European Hegemony: The World System A.D. 1250-1350* written by Janet L. Abu-Lughod pointed out that there existed a world system in the 11th-13th centuries, in which the agricultural empires of Asia and the Middle East were united with the European cities. The world system reached its peak in the 13th century and declined after 1350 due to wars, plagues and other reasons. This book pointed out that in the early 16th century, when Portuguese who were the new participants entered the Indian Ocean for the world

---

[1] Levathes L. *When China Ruled the Seas: The Treasure Fleet of the Dragon Throne, 1405-1433.* Qiu Zhonglin trans. Guilin 2004 (Engl. original Oxford 1997).

[2] Ma Huan / Mills 1970, 2-3.

integration at the next stage, many parts of the world system in the 13th century had no trace.[1] Superficially, there were a lot of gaps in the world system between the 13th century and the 16th centuries, but the existence of an international system in the Indian Ocean in the early 15th century was ignored. However, there were also studies of Zheng He that broke through the time limit. In the late 14th century and the 15th century, China was equipped with all the conditions to establish rule in the Indian Ocean, from its coast to the Persian Gulf. This book put forward a question "Why did she turn around and withdraw her fleet, leaving a huge power vacuum?", and pointed out that "as a result, China withdrew from the sea and concentrated on restructuring the foundation of agricultural economy and restoring the domestic production and market... Accordingly, China also lost the possibility of seeking the world hegemony"[2]. This is undoubtedly an expression of the discourse of Western hegemonic theory. History was continuous and there was no gap. In this description, the world system of the Indian Ocean was a very loose and totally disintegrated "system", but the voyages of Zheng He, as the representative of the Ming Dynasty in the early 15th century, highlighted the role and significance of diplomatic relations. Close contacts and interactions between China and other countries around the Indian Ocean formed an integrated international system, which was characterized as a peaceful diplomatic model, which could be regarded as a good beginning of regional cooperation in the Indian Ocean. This led to an international system in the Indian Ocean of non-hegemony and non-expansionism, which did not rely on coercion and bullying. After the collapse of the Yuan Dynasty, the international order in the Indian Ocean needed to be urgently rebuilt.

The diplomatic decrees at the beginning of the Ming Dynasty showed that, on the one hand, the rulers learned from ancient emperors and became "the world lord" to continue the traditional tributary relationship; on the other hand, in the face of the interactive reality of state-to-state diplomacy, they learned the lessons of the failure of expansion of the Yuan Dynasty, and transited from "the world" to "the state" in

[1]　Abu-Lughod J L. *Before European Hegemony: The World System A.D. 1250-1350*, Du Xianbing trans. Beijing 2015 (Engl. original Oxford 1989), 43-44.

[2]　Abu-Lughod 2015, 312.

diplomatic concepts. They adopted "no expropriation" as the basic national policy of foreign relations. "No expropriation" demonstrated that there was no territorial expansion and claim of tribute. The key for establishing relationships between suzerain and affiliated states, which were summoned under the tributary system, was totally different from the previous model of imperial expeditions. "Sharing the blessings of peace"—the concept of peaceful diplomacy was quite common in Zheng He's seven voyages to the Indian Ocean. It marked the renewal of China's diplomatic model in the Ming Dynasty, represented the new orientation of development of foreign relations and promoted the overall development of state power in the Indian Ocean and the flourishing development of international trade in the Indian Ocean. China established a new international system and an order for regional cooperation together with other countries in this region.

In the construction of the international system of the Indian Ocean, Zheng He's voyages played an important role of integration, as they promoted the interaction of countries around the whole Indian Ocean and reshaped the Indian Ocean area. This profoundly impacted the historical development of the entire Indian Ocean and even the world. Most importantly, an international consensus was reached, and an international system of the Indian Ocean was formed from disorder to order. The main characteristics of this international system were as follows.

(1) The overall rise of state power. More than 30 countries around the Indian Ocean were involved, and the state actors were included in this international system.

(2) Interdependence among countries. All actors in the system were in direct contact with each other, which was based on the absence of territorial expansion and land tribute. Expansion and plunder were not subjects of international exchanges.

(3) Asymmetric existence. Although there was a gigantic gap between big and small countries, the establishment of cooperative relations and relatively equal trust between countries brought about certain fairness in the international community.

The reorganization and analysis of original materials and documents about going down to the Western Oceans are of great significance to the correct understanding and interpretation of the history of the tributary system in the early 15th century. It has two distinct characteristics: 1) There is no occupation of territory; 2) there was no compulsory demand for tribute. These two points were the basic differences between the international system in the Indian Ocean constructed by China in the early 15th century and the four expeditions of the former Yuan Dynasty and the colonial expansion of the West. Thus, it should not be simply generalized and understood in terms of a traditional tributary system.

In the formation of this international system, two factors played a key role.

(1) In the traditional practice of tributary relations between the East and the West, states were the basic unit of communication in the Indian Ocean. The existence and development of ancient countries were closely related to the specific natural environmental system, and natural resources were of decisive significance to the development of countries. During the long period of communication between the East and the West in ancient times, the tradition of paying tribute was gradually formed, which actually included two different concepts: The actual possession and predatory claim of territorial output on the basis of military conquest and territorial expansion; the international common concept emerging as a form of relations, which formed a legitimate form of international relations.[①] The formation of tributary tradition had a far-reaching impact on the structure of the international community in the Indian

---

[①] Taken the imperial edicts and documents of the Ming Dynasty as an example, the concept of paying tribute is not only the Chinese emperor's vision of taking China as the center, but also the common concept recognized by the whole international community in East Asia, or an international practice which has already been formed. With the horizons extended to the East and the West, the tributary relationship is not the product of consciousness opposition between the East and the West. The viewpoint of paying tribute or giving tribute is a common concept between the East and the West. Therefore, we cannot say that paying tribute is the unique diplomatic model of China, nor can we say that it is only a China-centered diplomatic model, nor can it be called "China-centered world order". In the parts of *Introduction of Lifelines from Our Past* written by Leften S. Stavrianos (Stavrianos L S, Introduction of Lifelines from Our Past: A New World History Written of the United States, trans. by Wu Xiangying 吴象婴/Tu Di 屠笛/Ma Xiaoguang 马晓光, Beijing Press 1992 [Engl. original London 1990]), it is pointed out that "it should be only noticed that all these societies of human being, past and present, fall into three major categories: the kinship societies, including all human societies before 3500 B.C.; the tributary societies (also known as civilizations), first appearing in the Middle East around 3500 B.C. and then gradually spreading or spontaneously appearing on all continents except Australia; the free-market societies, i.e. the capitalist societies, first appearing as early as around A.D. 1500 in Northwest Europe (but the precise date being in dispute) and continuing to expand until it covers the whole world and occupies the first place in the world". In the book, the author obviously puts all of the tributes together for discussion, but he also talks about the view that "in this long period of time, many different types of tributary societies have developed in different continents", which is quite enlightening for our research.

Ocean.

(2) the impact of the geographical environment on the economic and cultural traditions of the international community in the Indian Ocean. As a basic political and social unit in the region of the Indian Ocean, the development of each country was inevitably influenced by the Indian Ocean in which it was located, with the specific manifestation that it was deeply exposed to maritime diplomatic activities as a coastal country, which further strengthened the political and economic relations at sea. China's maritime diplomacy and trade ensured the fact that the countries around the Indian Ocean in the early 15th century achieved better interactive survival and common development with the absence of political, economic and cultural radical changes.

The continuation and development of traditional tributary relations were undoubtedly the key factors in analyzing the basic factors of the formation of a maritime international system. In the era of formation of the international system in the Indian Ocean, the countries benefited greatly from the construction of countries acting as the subjects, and the identification of national autonomy undoubtedly played a more crucial role.

Starting from researching the data of people who went down to the Western Oceans, this paper observed concretely the existential practical condition of maritime diplomacy in the Indian Ocean, with the political and economic cooperation based on mutual respect, international trade based on fair trade, and interactive exchanges based on cultural symbiosis. This was the operational reality of the international system in the Indian Ocean formed under the influence of the mode of China's tributary system in the Ming Dynasty in the early 15th century. The vast areas such as today's Northeast Asia, Southeast Asia, Central Asia, West Asia, South Asia, East Africa and even Europe and so on became a community of civilized interaction. The concept of China's peaceful sharing in the Ming Dynasty was recognized and responded by the countries in the Indian Ocean. The interests of all countries merged together and constructed an international system of the Indian Ocean, which could in a sense be regarded as the beginning of regional integration in the Indian Ocean.

This international system was not the result of conquest and expansion, but of linking the countries around the Indian Ocean. Whether big or small countries, cooperation and sharing in an active trading network became the most effective political choice in the Indian Ocean at that time.

In short, focusing on the Indian Ocean and looking at Zheng He's voyages from the perspective of global history, it was the largest-scale historical incident with direct contact between China and the overseas. It marked the emergence of China from a big agricultural country to a big maritime country in the early Ming Dynasty, and ultimately led to the reconstruction of the Indian Ocean and to future globalization. Since ancient times, the Indian Ocean had been the core of convergence between the East and the West, and developed into a new era in the early 15th century. A new international system emerged based on the single countries as cores.

This international system was the product of peaceful exchanges, coordinations and interactions among the countries of the Indian Ocean. From anarchy to the joint forging of the international system, it showed that the legitimacy of regimes of all countries was recognized, and the integration of political pluralism on land and sea in the Indian Ocean reached a new historical stage. It was the recognition and cooperation of all countries that dominated the regional development and the prosperity of the Indian Ocean. Furthermore, this was a structural adjustment in the history of human interaction, which had dimly embodied the characteristic of moving towards the transitional stage of modern countries, and gestated the direction of marine development of global integration. People are still experiencing a historical process of globalization today. Peace and development are always the themes of the times. People try to pay attention to the diverse experiences to better understand globalization. The beginning of global history from the mainland to the ocean is not based on the expansion of Western navigation as a prelude, but on the construction of a new international system in the Indian Ocean in the early 15th century.

Bibliography

Janet L. Abu-lughod, *Before European Hegemony: The World System A.D. 1250-1350*, trans. by Du Xianbing 杜宪兵, *Ouzhou Baquan Zhiqian: 1250-1350 Nian de Shijie Tixi* 欧洲霸权之前:

1250—1350 年的世界体系, Beijing 2015 (Engl. original Oxford 1989).

Chen Zhongping 陈忠平, Zouxiang quanqiuxing wangluo geming: Zheng He xia Xiyang ji Zhongguo yu Yinduyang shijie de chaogong-maoyi guanxi 走向全球性网络革命：郑和下西洋及中国与印度洋世界的朝贡—贸易关系 [Towards a global network revolution: Tributary-trade relationship between Zheng He's voyages to the Western Oceans and the Indian Ocean world], *in*: Chen Zhongping 陈忠平 (ed.), *Zouxiang Duoyuan Wenhua de Quanqiushi: Zheng He xia Xiyang (1405-1433) ji Zhongguo yu Yinduyang Shijie de Guanxi* 走向多元文化的全球史：郑和下西洋 (1405—1433) 及中国与印度洋世界的关系 [Global history stepping towards multi-culture: Zheng He's travels to the Western Oceans (1405-1433) and the relations between China and the world in the Indian Ocean], Beijing 2017.

John K. Fairbank and Ssu-yu Teng, On the Ch'ing Tributary System. *in*: John K. Fairbank (ed.), *The Chinese World Order: Traditional China's Foreign Relations*, Cambridge 1968.

Fei Xin 费信, trans. by J. V. G. Mills, rev., ed., annot. by Roderich Ptak, *Hsing-ch'a Sheng-lan: The Overall Survey of the Star Raft (South China and Maritime Asia 4)*, Wiesbaden 1996.

James L. Hevia, *Cherishing Men from Afar: Qing Guest Ritual and the Macartney Embassy of 1793*, trans. by Deng Changchun 邓常春, Huairou Yuan Ren: Maga'erni shi Hua de Zhong-Ying Liyi Chongtu 怀柔远人：马嘎尔尼使华的中英礼仪冲突, Beijing 2002 (Engl. original Chapel Hill 1995).

Huang Zhilian 黄枝连, *Tianchao Lizhi Tixi Yanjiu (Shangjuan): Yazhou de Huaxia Zhixu—Zhongguo yu Yazhou Guojia Guanxi Xingtai Lun* 天朝礼治体系研究（上卷）：亚洲的华夏秩序——中国与亚洲国家关系形态论 [Researches on the System of the Rule of Rites of Dynastical China. The Chinese order in Asia: Views on the Patterns of the Relations between China and Asian Countries, vol. 1]; *Tianchao Lizhi Tixi Yanjiu (Zhongjuan): Dongya de Liyi Shijie—Zhongguo Fengjian Wangchao yu Chaoxian Bandao Guanxi Xingtai Lun* 天朝礼治体系研究（中卷）：东亚的礼仪世界——中国封建王朝与朝鲜半岛关系形态论 [The Ritual World of East Asia: Views on the Patterns of the Relations between Feudal Dynasties in China and the Korean Peninsula, vol. 2]; *Tianchao Lizhi Tixi Yanjiu (Xiajuan): Chaoxian de Ruhua Qingjing Gouzao—Chaoxian Wangchao yu Manqing Wangchao de Guanxi Xingtai Lun* 天朝礼治体系研究（下卷）：朝鲜的儒化情境构造——朝鲜王朝与满清王朝的关系形态论 [Studies of the Dynastical Ritual System: Structure of the Confucianization of Korea: Views on the Patterns of the Relations between Korean Dynasties and the Man-Qing Dynasty, vol. 3], Beijing 1992-1995.

Jiang Weiyan 蒋维锬, Zheng Lihang 郑丽航 (eds.), *Mazu wenxian shiliao* huibian 妈祖文献史料汇编 [Collection of Historical Documents on Mazu], Series 1, Beijing 2007.

Jinian Weida Hanghaijia Zheng He Xia Xiyang 580 Zhounian Choubei Weiyuanhui 纪念伟大航海家郑和下西洋 580 周年筹备委员会 [Preparation committee for the 580th anniversary of the voyages to the Western Oceans of the great navigator Zheng He] (ed.), *Zheng He jiashi ziliao* 郑和家世资料 [The Family Data of Zheng He], Beijing 1985.

Louise Levathes, *When China Ruled the Seas: The Treasure Fleet of the Dragon Throne, 1405-1433*, trans. by Qiu Zhonglin 邱仲麟, Guilin 2004 (Engl. original Oxford 1997).

Pius Malekandathil (ed.), *The Indian Ocean in the Making of Early Modern India*, Abingdon 2017.

Kenneth Mcpherson, *The Indian Ocean: A History of People and the Sea*, trans. by Geng Yinzeng 耿引曾, Beijing 2015 (Engl. original Oxford 1997).

MA Huan 马欢, ed. by Wan Ming, *Mingben "Yingya Shenglan" jiaozhu* 明本《瀛涯胜览》校注 [Annotations of the Yingya Shenglan of the Ming Editions], Guangzhou 2005.

MA Huan, trans., annot. by J. V. G. Mills, *Ying-yai Sheng-lan—The Overall Survey of the Ocean's Shores (1433)*. Cambridge University Press, Cambridge 1970.

Michael Pearson, *The Indian Ocean*, trans. by Zhu Ming 朱明, Shanghai 2018 (Engl. Orig. Oxford 1993).

Ming Shilu 明实录, 133 vols., Taibei 1966.

D.R. Sardesai, *Southeast Asia: Past & Present*, Boulder, Co. 2003.

L. S. Stavrianos, *Introduction of Lifelines from Our Past: A New World History Written of the United States*, trans. by Wu Xiangying 吴象婴/Tu Di 屠笛/MA Xiaoguang 马晓光, Beijing Press 1992 (Engl. original London 1990).

Wan Ming 万明, Chongxin sikao chaogong tixi 重新思考朝贡体系 [*Rethinking* of the Tributary System], *in*: Zhou Fangyin 周方银 and Gao Cheng 高程 (ed.), *Dongya Zhixu: Guannian, Zhidu yu Zhanlüe* 东亚秩序：观念、制度与战略 [Order in East Asia: Ideas, Institutions and Strategies]. Beijing: Shehui kexue wenxian chubanshe, 2012, 114-129.

Zheng He qixia Yindu yang—Ma Huan bixia de "Namoliyang" 郑和七下印度洋——马欢笔下的"那没黎洋"[Zheng He's seven voyages to the Indian Ocean—the "Namoli Ocean" in Ma Huan's writings], *in*: *Nanyang Wenti Yanjiu* 南洋问题研究 [Southeast Asian Affairs] 1 (2015), 79-89.

Mingben Yingya Shenglan Jiaozhu 明本瀛涯胜览校注 [Annotations of Yingya Shenglan of the Ming Dynasty], Guangzhou 2005.

Mingdai waijiao moshi ji qi tezheng kaolun: Jian lun waijiao tezheng xingcheng yu beifang youmu minzu de guanxi 明代外交模式及其特征考论：兼论外交特征形成与北方游牧民族的关系 [textual research on the diplomatic model and its characteristics of the Ming dynasty: Concurrently discussing the relation between formation of diplomatic characteristics and nomadic nationalities in the North, *in*: *Zhongguo Shi Yanjiu* 中国史研究 [Journal of Chinese Historical Studies] 4 (2010), 27-57.

Zheng He yu Manlajia—Yige shijie wenming heping hudong zhongxin de heping jueqi 郑和与满剌加——一个世界文明和平互动中心的和平崛起 [Zheng He and Malacca-Peaceful rise of a peaceful interactive center of world civilization], *in*: *Zhongguo Wenhua Yanjiu* 中国文化研究 [Chinese Culture Research] 1 (2005), 100-109.

Zhengti shiye xia de sichou zhi lu: Yi Ming chu Zhongwai wuchan jiaoliu wei zhongxin 整体视野下的丝绸之路：以明初中外物产交流为中心 [The silk road from an overall perspective: focusing on the exchanges of product between China and foreign countries in the early Ming dynasty], *in*: Zhongguo Zhongwai Guanxishi Xuehui 中国中外关系史学会 [Chinese Society for Historians of China's Foreign Relations] (ed.), *Sichouzhilu yu Wenming de Duihua* 丝绸之路与文明的对话 [Dialogue between Silk Road and Civilization), Urumqi 2007, 143-164.

Zhongguo Rongru Shijie de Bulü—Ming yu Qing Qianqi Haiwai Zhengce Bijiao Yanjiu 中国融入世界的步履——明与清前期海外政策比较研究 [China's Road to the world: A Comparative Study of Foreign Trade Policy in the Ming and the Early Qing Dynasty], Beijing 2000, 2014.

Wang Dayuan 汪大渊, ed., annot. by SU Jiqing 苏继庼, *Daoyi Zhilüe Jiaoshi* 岛夷志略校释 [Annotations to the Daoyi Zhilüe], Beijing 1981.

Wang Qi 王圻, *Xu Wenxian Tongkao* 续文献通考 [General Examination of Continued Documents], Beijing 1991.

Xiang Da 向达, Zhengli Zheng He hanghaitu xuyan 整理郑和航海图序言 [Preface to the arrangement of Zheng He's nautical charts], *in*: Xiang Da 向达 (ed.), *Zheng He Hanghai Tu* 郑和航海图 [Zheng He's Nautical Charts], Beijing 1961.

Yang Lien-sheng 杨联陞, Historical Notes on the Chinese World Order, *in*: John King Fairbank (ed.), *The Chinese World Order*, Harvard 1968, 20-33, trans. by Xing Yitian 邢义田, *Guoshi Tanwei* 国史探微 [Exploration of National History], Beijing 2005.